Ihrer Exzellenz Frau Johanne Planck

in Verehrung und treuem Gedenken.

G. Planck

Gottlieb Planck,

deutscher Jurist und Politiker.

Von

F. Frensdorff,
Geh. Justizrat und Professor.

Mit vier Bildbeilagen.

Berlin 1914.
J. Guttentag, Verlagsbuchhandlung,
G. m. b. H.

Vorwort.

Die letzten Jahrzehnte haben dem deutschen Publikum eine reiche Fülle biographischer Schriften gebracht. Eine stattliche Reihe unter ihnen ist durch das Bedürfnis hervorgerufen, die historische Entwicklung der Männer kennen zu lernen, die bei dem Aufbau des Deutschen Reichs mitgewirkt oder den errichteten Bau haben einrichten helfen. Die Zahl dieser Biographien um eine neue zu vermehren, wird keiner besondern Rechtfertigung bedürfen, wenn sie einem Manne gilt, der durch seine Person wie durch den Gegenstand seines Wirkens die öffentliche Aufmerksamkeit auf sich gezogen hat. Gottlieb Planck hat in dem langen Leben, das ihm beschieden war, für beides gewirkt: für die Begründung des nationalen Staats und für seine Ausstattung mit einem einheitlichen Recht. Sein Leben vollzog sich wie das weniger anderer unter staatlichen Impulsen; die öffentlichen Angelegenheiten begleiteten und bestimmten seinen Lebensweg fast von Anfang an. So war es von selbst geboten, auf den Hintergrund einzugehen, auf dem sich sein Leben abspielte. Es ist das mit einiger Ausführlichkeit für den Teil geschehen, der zeitlich und sachlich der Gegenwart am entferntesten liegt: für die hannoversche Zeit, die wenigen der heutigen Leser bekannt, über die auch wenig Zuverlässiges veröffentlicht ist. Wer sie erlebt hat, der ist, möchte ich sagen, darüber zu berichten verpflichtet, ehe die Kunde dieser Zeit und ihrer Zustände der Vergessenheit und damit der Sagenhaftigkeit anheimfällt. Es ist sehr zu bedauern, daß keiner aus der großen Zahl kundiger Männer, die an den öffentlichen Geschäften teilhatten, Denkwürdigkeiten publiziert oder seinen Nachkommen zur Veröffentlichung hinterlassen hat.

Für den zweiten Teil, die deutsche Zeit in Plancks Leben, wie sie genannt werden darf, war ein anderes Vorgehen geboten. Der allgemeine Hintergrund der politischen Verhältnisse durfte als bekannt vorausgesetzt werden; sie griffen auch nicht so bestimmend in Plancks Leben ein wie die der hannoverschen Zeit. Hier spielte sich sein Leben im Rahmen der großen gesetzgeberischen Arbeit ab, an der er mitzuwirken berufen war. Eine Geschichte der Entstehung des Bürgerlichen Gesetzbuches zu schreiben, konnte mir nicht in den Sinn kommen. Dazu würde nur imstande sein, wer inmitten der Arbeit gestanden hätte. Ich mußte mich auf Plancks Anteil an dem nationalen Werke beschränken, und auch hier konnte ich nicht mehr geben, als was mir durch Mitteilungen seiner Freunde und Arbeitsgenossen zugänglich geworden ist. Ganz besondern Dank schulde ich in dieser Beziehung den drei Herren Wirkl. Oberkonsistorialrat D. Th. Braun in Hildesheim, Oberlandesgerichtspräsident Dr. Börner, Exzellenz, in Dresden und Wirkl. Geh. Oberregierungsrat Dr. Hermann Struckmann in Berlin, die auf den Wunsch von Frau Geh. Rat Planck ausführliche Berichte über ihr Zusammenwirken mit Planck niedergeschrieben und mir zur Verfügung gestellt haben. Ihre Mitteilungen sind im Texte meiner Darstellung teils wörtlich, teils inhaltlich benutzt worden.

Planck war nicht bloß ein öffentlicher Charakter. Seine Privatpersönlichkeit hatte so viel Anziehendes, daß jedem, der mit ihr in Berührung kam, eine Erinnerung fürs Leben blieb. Aber „Zeugen sterben". Von seinem persönlichen Wesen kommt nichts auf die Nachwelt, wenn nicht die, die es kennen gelernt haben, Kunde davon hinterlassen. Ich habe das besonders im zweiten Teile der Schrift versucht und konnte mich dabei außer auf eigene Erfahrung auf die wertvollsten Mitteilungen derer stützen, die ihm die Nächsten waren.

Die wichtigsten Quellen, aus denen meine Erzählung schöpfte, boten der schriftliche Nachlaß Plancks und die mündlichen Mitteilungen und die Aufzeichnungen seiner Frau. Auf ihn selbst zurückgehende Lebenserinnerungen sind nur in dem Entwurfe erhalten, den er seiner Frau gelegentlich des Vortrags, von dem S. 392 die Rede ist, diktiert hat. Er behandelt vorzugsweise die studentischen Verhältnisse Göttingens in der ersten Hälfte der vierziger Jahre und die politischen Maßregelungen, denen Planck von 1849 an ausgesetzt war. Für die Schilderung des Osnabrücker Lebens um 1850 lieferten mir die nicht in den Buchhandel gekommenen Lebenserinnerungen meines alten Freundes Johannes Rösing (1903) wertvolle Beiträge, wie ich über die gesellschaftlichen Zustände in Meppen den gütigen Mitteilungen des Herrn Wirkl. Geh. Oberregierungsrats Dr. Brandi in Berlin, die mir sein Sohn, mein Kollege Professor Brandi, vermittelte, Belehrung verdanke.

Einen besonders inhaltreichen Bestandteil des Planckschen Nachlasses bilden Briefe. Sind sie auch vorzugsweise den ersten Kapiteln der Biographie zugute gekommen, so haben einzelne Korrespondenzen sein ganzes Leben begleitet. Die Briefe beginnen mit denen des Großvaters an den Freund Spittler und seine Familie (S. 17), die von

Stuttgart zurückgeliefert und in Göttingen sorgfältig aufbewahrt sind, während die den Angehörigen wieder zugestellten Antworten Spittlers vernichtet sein sollen. Seit seiner Entfernung aus dem Vaterhause hat Planck seinen Eltern durch regelmäßige und ausführliche Briefe Nachrichten von den Vorgängen seines äußern Lebens wie von dem, was sein Inneres bewegte, gegeben. Von den Empfängern sorgfältig aufbewahrt, haben sie sich im Nachlasse fast vollständig erhalten und bieten die wichtigste Quelle für die Entwicklung Plancks bis in die Mannesjahre hinein. Wo nichts anderes bemerkt ist und briefliche Äußerungen nur mit dem Datum im Text oder in Anmerkungen angeführt sind, stammen sie aus Briefen Plancks an seine Eltern oder an seine Mutter.

Von Briefen an andere Adressaten haben nur wenige den Rückweg in Plancks Nachlaß gefunden. Ein besonders lieber Freund war ihm Konrad Schwägermann (S. 49). Durch die Güte seiner Witwe, der Frau Konsul Schwägermann, konnte ich die von Planck an ihn durch seine ganze Lebenszeit gerichteten und durch besondere Innigkeit sich auszeichnenden Briefe benutzen. Ebenso lagen mir die Berichte Plancks aus Österreich (S. 200 ff.), die er an den alten Freund sandte, mit dem er einst zugleich den politischen Kampfplatz betreten hatte (S. 93), durch das freundliche Entgegenkommen der Familie des im Jahre 1896 verstorbenen Oberverwaltungsgerichtsrats Wilh. Albrecht im Original vor.

Der Nachruf auf Bennigsen (S. 404 ff.) ist nach dem Konzept, das Planck seiner Frau diktiert hatte, wiedergegeben, für die Kenntnis der Reden Hölschers und Strohals bei Plancks Begräbnis standen mir Stenogramme, die damals auf Wunsch von Frau Planck aufgenommen worden sind, zur Verfügung.

Unter der benutzten Literatur[1]) erwähne ich mit besonderem Danke das Buch von Herm. Oncken, Rudolf von Bennigsen (2 Bde., 1910), das mich auf die beiden von Planck für den Nationalverein verfaßten Flugschriften (S. 217) aufmerksam gemacht hat.

An Archivalien konnte ich für den Eintritt Plancks in den Staatsdienst die Akten des Königlichen Staatsarchivs zu Hannover, für die

[1]) An Abkürzungen sind gebraucht: GGA. für Göttingische gelehrte Anzeigen, Gött. Nachrichten für Nachrichten von der Kgl. Gesellschaft der Wissenschaften zu Göttingen, Z. f. Niedersachsen für Zeitschrift des Histor. Vereins für Niedersachsen, Z. f. Nordd. für Zeitung für Norddeutschland (Hannover), Detmold-Stüve für den Briefwechsel zwischen Stüve und Detmold (Hannover 1903), G. Stüve für Joh. Karl Bertram Stüve nach Briefen und persönlichen Erinnerungen von Gustav Stüve, 2 Bde. (Hannover 1900).

Göttinger Verhältnisse die des Kgl. Universitätskuratoriums und der juristischen Fakultät benutzen.

Allen denen, die mich bei meiner Arbeit unterstützt haben, sage ich meinen aufrichtigen Dank. Niemand hat daran größeren Anteil als die verehrte Frau, die, wie sie ihrem Manne Zeit seines Lebens unvergleichlichen Beistand geleistet hat, auch dem Bearbeiter seiner Lebensgeschichte allezeit mit Rat und Tat behilflich gewesen ist.

Göttingen, am Silvestertage 1913.

F. Frensdorff.

Inhaltsverzeichnis.

Von den vier Bildbeilagen sind die beiden hinter S. 32 und S. 48 befindlichen, die P. mit seiner Mutter und in seiner Studentenzeit darstellen, nach Ölgemälden des Professors Karl Oesterley sen., die Frau Geh. Rat Planck besitzt, angefertigt. Das Bild vor dem Titelblatt ist einer bald nach 1890 in Berlin entstandenen Photographie, seine Unterschrift einem Briefe an die Verlagshandlung entnommen. Die dem vierten Bilde (hinter S. 416) zugrunde liegende Photographie stammt aus P.'s letztem Lebensjahrzehnt.

Erstes Buch.

Die Zeit vor Begründung des Deutschen Reichs.

Erstes Kapitel.

Herkunft.

Gottlieb Karl Georg Planck, dessen Lebensgeschichte dieses Buch erzählen soll, führte seinen Rufnamen nach seinem Großvater, der, ein Reformator der Kirchengeschichte, einer der Erneuerer der deutschen Geschichtschreibung, fast ein halbes Jahrhundert hindurch eine Zierde der Universität Göttingen war. Der Enkel war ein geborner Göttinger und starb in Göttingen, wie seine beiden Eltern aus Göttingen stammten und in Göttingen gestorben sind. Gleichwohl ist der norddeutsche Charakter der Familie Planck jung. Erst mit dem Großvater ist sie aus Schwaben in das hannoversche Land gekommen. Das wissenschaftliche Ansehen, das er mit seiner ersten größeren Arbeit errang, lenkte die Aufmerksamkeit einer umsichtigen Universitätsverwaltung auf den jungen Theologen, der, aus einer kleinen württembergischen Landstadt stammend, durch seine Leistung seinen Namen aus der Enge der Heimat in die Welt der Wissenschaft verpflanzte. Es gehört zu den Verdiensten der deutschen Universitäten um die deutsche Einheit, daß sie Männer aus allen Landschaften und Stämmen des Vaterlandes zusammenführten und zu gemeinsamem Wirken vereinigten. Darin lag ein Gewinn nicht bloß für die Wissenschaft und ihre Lehre; es diente auch dazu, die persönlichen und die provinziellen Gegensätze auszugleichen und ein Bewußtsein nationaler Zusammengehörigkeit zu wecken und zu stärken. Die Mischung und Verschmelzung, die in den Lehrkörpern vor sich ging, nicht weniger als sie sich unter den Lernenden vollzog, kam wie der deutschen Gesamtheit, so auch der Gesellschaft und dem Staats- und Kirchendienst der einzelnen Territorien zugute. In den braunschweig-lüneburgischen Fürstentümern läßt sich eine Reihe bürgerlicher Geschlechter nachweisen, die durch das Mittel der Universitäten dem Lande gewonnen sind: Werlhoff durch Helmstedt, Böhmer, Lichtenberg, Blumenbach, Meister und Planck durch Göttingen.

Kam die Mehrzahl aus Nord- und Mitteldeutschland, so brachte die Familie Planck ein ausgesprochen süddeutsches Element mit.

Gottlieb Jakob Planck stammte aus Nürtingen. Als am 3. April 1849 Friedrich Wilhelm dem Vierten ein Mitglied der Kaiserdeputation als Abgeordneter von Nürtingen vorgestellt wurde und der König sich verwundert nach der Lage des Orts erkundigte, antwortete der Gefragte — es war Gustav Rümelin —: Majestät, zwischen dem Hohenzollern und dem Hohenstaufen[1]). Der Name des Ortes war alt genug, um es mit den berühmtesten Fürstensitzen aufzunehmen; aber die Geschichte hat wenig von ihm zu berichten. Denn die curtis nomine Niuritingin sita in pago Neckergouve, im Jahre 1046 zuerst in einer Urkunde genannt[2]), war lange nicht mehr als ein Hofgut in wechselndem Besitz; dem salischen, dann dem staufischen Kaisergeschlecht gehörig, was nicht ausschloß, daß die Großen des Landes und die Kirche zu Speier gleichfalls Rechte an dem Orte gewannen, bis zuletzt die Grafen von Württemberg seine alleinigen Herren wurden. Zur Stadt herangewachsen, hat Nürtingen auch die damit verbundenen kriegerischen Schicksale zu ertragen gehabt. In der Empörung des Grafen Eberhard gegen König Rudolf von Habsburg erlebte es im September 1286 eine Belagerung, die mit der Erstürmung seines befestigten Kirchhofes und der Niederlegung seiner Mauern endete. In der landständischen Verfassung Württembergs nahm Nürtingen eine Stelle ein. Den Uracher Vertrag von 1473 wie den Münsinger von 1482, die die Konsolidation der Grafschaft herbeiführten und ihre Erhebung zum Herzogtum vorbereiteten, hat es mit sieben und acht Städten des Landes besiegelt. Aus der nachmittelalterlichen Zeit ist das Beste, was die Geschichte an der Stadt zu rühmen weiß, daß sie, frühzeitig zum Protestantismus bekehrt, gut für ihr Schulwesen sorgte und dadurch die Heimat einer ansehnlichen Zahl gelehrter, in ihren Wissenschaften namhafter Männer wurde. In den Jahren, da G. J. Planck in ihr aufwuchs, war sie eine bescheidene Landstadt von noch nicht dreitausend Einwohnern, die sich von Garten- und Weinbau und Leineweberei nährten. Er sah noch das alte Schloß, das württembergischen Herzoginnen in mehreren Jahrhunderten als Witwensitz gedient hatte, bis es bald nach 1770 abgebrochen wurde. Das ansehnlichste Gebäude in der 1750 durch einen großen Brand heimgesuchten Stadt war „der Spital“, der Sitz einer alten vermögenden

[1]) G. Rümelin, Aus der Paulskirche, hg. v. H. R. Schäfer, Stuttg. 1892 S. IX. Schmoller, ADB. 53, 604.

[2]) Urk. K. Heinrich III. v. 1046, Württemb. UB. I Nr. 227 S. 269.

Stiftung, aus der alle für Kirche und Schule erforderlichen Ausgaben bestritten wurden. Neben ihrer angesehenen lateinischen Schule begründete die Stadt 1783 nach dem Muster der Realschule, die Hecker 1747 in Berlin geschaffen hatte, eine für die Bildung derer bestimmte Anstalt, die nicht das Landexamen machen oder in einer der Schreibstuben sich für das praktische Leben vorbereiten wollten. Um ein paar Namen anzuführen, die den gelehrten Ruf Nürtingens in Plancks Tagen begründeten, sei der Stadtpfarrer Israel Gottlieb Canz genannt, der die Leibnizsche Philosophie auf die Theologie anzuwenden suchte und 1753 als Tübinger Professor starb. Sein Sohn Eberhard Christoph Canz, in Nürtingen geboren, wurde ein berühmter Rechtsgelehrter Württembergs (1720—78). Joh. Gottlieb Steeb (1742—99), ein Pfarrer, der sich als landwirtschaftlicher Schriftsteller auszeichnete und, auf die Rauhe Alb versetzt, große Verdienste um deren Kultur erwarb. An der Lateinschule wirkte der Magister Wurm, den Planck unter seinen Nürtinger Lehrern besonders hervorhebt. Dessen Sohn, gleich dem Vater ein klassisch gebildeter Präzeptor, erwarb sich durch astronomische Arbeiten einen gelehrten Namen. Der Enkel von Plancks Lehrer war Christian Friedrich Wurm (1803—59), in Blaubeuren geboren, weit über seine Heimat hinausgeführt, Publizist und Professor der Geschichte in Hamburg, und allgemeiner bekannt geworden durch seine Tätigkeit im Frankfurter Parlament, wo er einen Wahlkreis seiner alten württembergischen Heimat vertrat.

Die Plancks waren keine alteingesessenen Nürtinger. Erst mit dem Vater des Kirchenhistorikers waren sie in das Städtchen gekommen. Georg Jakob Planck, aus Laufen am Neckar gebürtig, blieb kein Fremder, sondern wurde durch seine Heirat mit Veronika Lang Schwiegersohn des Amts- und Stadtschreibers von Nürtingen und sein Amtsnachfolger. Die Stadt- und Amtsschreibereien gehörten zu den einflußreichsten und einträglichsten Stellen in Alt-Württemberg. War auch der fixe Gehalt gering, so lieferten die Gebühren reichen Ertrag, da die Geschäfte der freiwilligen Gerichtsbarkeit und das ganze Rechnungs- und Schreibereiwesen der Gemeindeverwaltung in ihrer Hand lag. Georg Jakob Planck kann als der Stammvater des Geschlechts gelten. Aus seiner Ehe gingen 16 Kinder hervor, alle in den Jahren 1751—74 geboren, 10 Söhne, 6 Töchter; nur eins der Kinder, ein Sohn, war tot geboren[1]). Die Mehrzahl von ihnen brachte es zu hohen Jahren. Da nur wenige unverheiratet blieben, so erwuchs

[1]) Mitteilung des Stadtpfarramts Nürtingen aus dem Taufbuche (23 I 1911).

aus dieser Ehe eine ausgedehnte Verwandtschaft. Dazu kam, daß die Stammutter selbst einem weitverzweigten Geschlecht, dem der Bilfinger, angehörte. Als der Hof- und Domänenrat C. F. Spittler, ein älterer Bruder des berühmten Historikers, beide wiederum Söhne einer Bilfingerin, im Jahre 1802 die „Genealogischen Nachrichten von der Bilfingerischen Familie" zusammenstellte, fanden in dem Stammbaum des durch zehn Generationen bis in das ausgehende Mittelalter zurückreichenden Geschlechts neben den übrigen verschwägerten Familien auch die Plancks einen Platz. Auch die Bilfinger standen zu Nürtingen in naher Beziehung. Wie der Vater der Veronika Lang, so hatten auch schon ihr mütterlicher Großvater und Urgroßvater im Stuhl des Stadt- und Amtsschreibers von Nürtingen gesessen, andere Bilfinger das Amt des dortigen Spitalpflegers bekleidet. Und wie der Mann der Veronika Lang, so war auch wieder einer ihrer Söhne Stadtschreiber zu Nürtingen. Zwei ihrer Töchter wurden Ehefrauen eines Bilfinger, Jul. Friedrich, der in den letzten Jahrzehnten des 18. Jahrhunderts Bürgermeister von Nürtingen und Mitglied des engern ständischen Ausschusses war.

Die Abkömmlinge des Planckschen Geschlechts blieben fast alle im Lande, und auch ihre Heiraten führten sie selten über die Grenzen Württembergs hinaus; am ehesten waren es protestantische Familien im Nachbarlande, in Weißenburg, Nördlingen, Erlangen, Nürnberg, mit denen sie sich verschwägerten. Gerade unter ihnen haben einige einen Namen in der literarischen oder politischen Welt erlangt. Georg Jakobs zweitältester Sohn, Arzt in Nürtingen, hatte eine Tochter Luise, in erster Ehe an einen jungen württembergischen Geistlichen Kraz, in zweiter an den Professor Wilhelm Pfaff in Erlangen († 1835), Astronomen und Sanskritisten, verheiratet, von dessen Hause seine Enkelin, Frau Agnes Sapper, in dem liebenswürdigen Buche, das sie ihrer Mutter, der tapfern Frau Brater, gewidmet, ein so ergötzliches Bild entworfen hat. Von Brater zu Rohmer führt nicht bloß eine geistige Linie. Eine andere Enkelin des alten Georg Jakob, Sophie, Tochter des Landgerichtsadvokaten Planck zu Weißenburg, heiratete den dortigen Pfarrer Rohmer, den Vater der beiden philosophischen Brüder, des Buchhändlers Ernst zu Nördlingen und des Assessors August, mit dem ich 1863 und 64 frohe Tage in Augsburg verleben durfte. Auch der Erlanger Professor Joseph Kopp († 1842), der gleich Pfaff mit seiner Philologie mathematische Studien verband, hatte eine Enkelin von Georg Jakob Planck zur Frau. Kurz, die Familie war so ausgebreitet, daß es wenig bürgerliche Geschlechter in Württemberg gab, zu denen nicht eine verwandtschaftliche Beziehung bestand. Der Urenkel, Gottlieb Planck, hat oft erzählt, daß sich, so oft er auf seinen Reisen, auf den Juristentagen, im Reichstage mit Württembergern zusammentraf, alsbald ein verwandtschaftlicher Zusammenhang ergeben habe.

I.

Das älteste unter den sechzehn Kindern des Stammvaters war Gottlieb Jakob Planck[1]). Er wurde 1751, den 15. November, geboren und starb 1833, den 31. August. Zwei Jahre jünger als Goethe, überlebte er ihn um ein Jahr. Sein Schul- und Bildungsgang war der übliche der württembergischen Theologen. Nach der Nürtinger Lateinschule bezog er, vierzehn Jahr alt, die niedere Klosterschule zu Blaubeuren, zwei Jahre später die höhere zu Bebenhausen. 1769 wurde er Tübinger Student und Mitglied des theologischen Stifts. Nach dessen Ordnung mußten dem Studium der Theologie zwei philosophische Jahre vorangehen. Sie schlossen mit der Promotion zum Magister, die Planck im September 1771 an der Spitze von 31 Kommilitonen absolvierte. Die erste Stelle in der theologischen Fakultät nahm zurzeit der Kanzler Jeremias Friedrich Reuß (1700—1777) ein, der, nach Bekleidung hoher Kirchenämter in Dänemark und in Schleswig-Holstein 1757 in seine schwäbische Heimat zurückgekehrt, noch in seinen letzten Lebensjahren Plancks Lehrer wurde. Unter seinem Präsidium verteidigte im August 1774 der „philosophiae magister sacrae theologiae cultor in illustri stipendio Theophilus Jacobus Planck Nürtingensis" seine Dissertation „de canone hermeneutico, quo scripturam per scripturam interpretari jubemur", die sich polemisch gegen ein Haupt der Aufklärung, den Berliner Propst Teller, und sein Wörterbuch des Neuen Testaments richtete. Nachdem er noch im selben Jahr sein Examen vor dem Konsistorium zu Stuttgart bestanden hatte, erhielt er im folgenden eine Repetentenstelle am Tübinger Stift und bekleidete sie fünf Jahre.

Für wie viele deutsche Studenten ist die Universität nicht weniger als durch die Lehrer, die sie hörten, durch die Freunde, die sie unter den Kommilitonen gewannen, einflußreich, ja für ihr Leben bestimmend geworden! Das Tübinger Stift führte die Genossen eng zusammen. Unter Plancks Freunden werden uns Georgii, Hoffmann, Abel, Geß genannt, alle nachher im politischen oder kirchlichen Leben ihrer Heimat bewährt. Der unter den Freunden, der den weithin bekanntesten Namen errang, wurde auch für die Wendung, die Plancks Leben

[1]) F. Lücke, Dr. G. J. Planck. Göttingen 1835.

nahm, von der größten Bedeutung. Ludwig Timotheus Spittler, Sohn eines Stuttgarter Geistlichen, ein Jahr jünger als Planck, war nicht auf dem Wege durch die Klosterschulen, sondern vom Gymnasium seiner Vaterstadt, das unter dem Direktor Volz stand, in das Tübinger Stift gelangt. Ein Jahr nach Planck hatte er seine Studien mit einer ebenfalls unter dem Vorsitze von Reuß verteidigten Dissertation abgeschlossen, die es mit einem anderen Aufklärer, mit Basedow, zu tun hatte und seiner Anpreisung der natürlichen Religion das historische Christentum entgegensetzte. Nach einer erfolgreichen Magisterreise, die ihm unter andern die Bekanntschaft Lessings verschafft hatte, trat auch Spittler unter die Repetenten des Tübinger Stifts. Aber schon nach Jahresfrist entführte ihn 1779 ein akademischer Ruf dieser Stellung und seinem Vaterlande. Planck kam von Tübingen nach Stuttgart, zunächst als Stadtvikar, 1781 als Professor und Prediger an der Hohen Karlsschule, die ihr Begründer 1775 von der Solitüde in die Hauptstadt verlegt hatte. Das Jahr 1781 spielt eine Rolle in der Geschichte der Anstalt. Kaiser Joseph II. erhob sie zur Universität. In demselben Jahr trat der berühmteste aller Karlsschüler mit seiner ersten dramatischen Schöpfung hervor. Auch für Plancks Leben macht das Jahr Epoche. Mit seinem Eintritt in die Schule wurde sein Name in der wissenschaftlichen Welt bekannt. Der junge Theologe hatte schon vor 1781 mancherlei geschrieben, Philosophisches, auch Poetisches. Darunter auch eine kleine Erzählung, wie ein junger Landpfarrer seine Frau von ihrer Gefühlsschwelgerei durch seine liebevolle, klar verständige Handlungsweise bekehrt. Die Form ist die von Auszügen aus einem Tagebuche, denn „wer kann so viel Geduld haben, das Logbuch eines Seefahrers von Anfang bis zu Ende zu lesen", eine Äußerung, die den Verfasser als fleißigen Leser von Reisebeschreibungen verrät. Der kleine Roman, „Tagebuch eines neuen Ehemanns" betitelt, fand Absatz, und der Verleger, Crusius in Leipzig, konnte dem Verfasser in den nächsten Jahren wiederholt Honorarsendungen zugehen lassen. Neben belletristischen und philosophischen Beschäftigungen hatten ihn aber schon längere Zeit hindurch Studien ganz anderer Art gefesselt, auf die er, da sie in den Anfangsjahren seiner literarischen Tätigkeit nicht wahrnehmbar sind, durch besondere Einflüsse der nachfolgenden Zeit geführt sein muß. Die historischen Studien standen in dem Württemberg des 18. Jahrhunderts in hoher Blüte. Der Archivar Sattler († 1785) hatte in umfassenden Werken die Landesgeschichte unter den Grafen und unter den Herzögen behandelt, und mit seiner zwanzig Jahre hindurch fortgesetzten Veröffentlichung, die in fast ebensoviel Bänden mit einem reichen Anhang originaler Urkunden erschien, die Geschichte des Landes bis 1714 geführt. Das Buch, dem Herder die Eigenschaft reichsurkundlicher Trockenheit nicht versagt haben würde, entsprach durch seine Umständlichkeit und Zuverlässigkeit dem Geschmack und dem Bedürfnis der Leser, die in den Kämpfen gegen die Fürstenwillkür, die sie ihr Jahrhundert in den verschiedensten Gestalten kennen lehrte, wissen wollten, wie sich die Rechtsstellung ihres Landes gegenüber seinen Herren Schritt vor Schritt entwickelt habe.

Der Rektor Volz in Stuttgart, der gelehrteste Historiker des Landes, hatte zwar selbst nur durch Spezialuntersuchungen und Sammlungen die Geschichte gefördert, aber seine Schüler durch beständigen Hinweis auf die Notwendigkeit des Quellenstudiums auf den rechten Weg gewiesen. Der große Publizist Johann Jakob Moser, der zwar jus jus bleiben und die Historie nur als einen Zierat, nötigenfalls als eine Erläuterung des Bestehenden gelten lassen wollte[1]), stellte in seiner eigenen Person ein Stück württembergischer Geschichte dar. Lebret, der in Venedig und in Italien die Politik der Kurie zu beobachten gelernt hatte, lenkte den Blick seiner Landsleute auf das Studium der Kirchengeschichte. Wie Volz zum Vorsteher des Herzoglichen Münzkabinetts bestellt wurde, so Lebret zum Direktor der von Herzog Karl ins Leben gerufenen Bibliothek. Er bekleidete das Kanzleramt an der Karlsschule, als Planck einer ihrer Lehrer war. Die Kämpfe der Zeit und das Beispiel ihrer Lehrer lehrten die jungen Männer, die in den sechziger und siebziger Jahren heranwuchsen, den Wert der Geschichte kennen und förderten neben der Lust und Liebe zu historischen Studien die Einsicht, daß sie ihr Ziel nicht anders als auf dem Wege mühsamen Eindringens in ihre echten Quellen erreichen konnten. Niemand hat ihn früher betreten als Spittler. „Seine Freunde sahen ihn in den Stunden der Erholung den Inhalt von Folianten exzerpieren, vor deren Anblick sie schon erschraken," schildert Planck den sechzehnjährigen Schüler[2]). Auf der Universität wandte Spittler seinen Fleiß vorzugsweise kirchenhistorischen Quellen zu. Vielleicht aus einer Art Kompromiß; denn sein Freund verrät uns, daß Spittler das Studium der Theologie weniger aus eigener Neigung als durch die Umstände genötigt ergriff. Sein Hang zum historischen Forschen fand seine Befriedigung in der historischen Theologie. In Göttingen, wohin ihn seine Magisterreise geführt hatte, hinterließ er einen so guten Eindruck, daß man,

[1]) Meine Abh.: Die ersten Jahrzehnte des staatsrechtlichen Studiums in Göttingen. Gött. 1887 S. 19.

[2]) Über Spittler als Historiker (vor Spittlers Grundriß der Geschichte der christl. Kirche, 5. Aufl., hrsg. v. Planck, Gött. 1812) S. 16.

als zwei Jahre später eine an sich unerhebliche Vakanz entstand, die Gelegenheit ergriff, um sich Spittlers als einer Kraft für die Zukunft zu versichern. Nach kurzen durch Heyne geführten Verhandlungen ging er im Juni 1779 als ordentlicher Professor der philosophischen Fakultät nach Göttingen und las neben Franz Walch, dem theologischen Ordinarius des Fachs, über Kirchengeschichte.

Aus andern Motiven, aber gewiß durch das Beispiel des Freundes bestimmt, wandte Planck seinen Blick den Quellen der Kirchengeschichte zu. Nach dem Vorgang seiner Lehrer der Bibelexegese besonders zugetan, war er doch fern davon, um der historischen Theologie willen die Theologie zurücktreten zu lassen oder gar aufzugeben. Die Kirchengeschichte betrieb er, von demselben Grundsatz wie Spittler geleitet. War es bisher üblich, die Kirchengeschichte als polemischen Stoff zu verwerten oder zum Zweck der Erbauung zu behandeln, so waren diese jungen Männer entschlossen, diese Disziplin nicht als eine theologische, sondern als eine historische mit allen Mitteln der Geschichtswissenschaft zu bearbeiten und die Ergebnisse ihrer kritischen Forschung in einer erzählenden Darstellung dem Verständnis ihrer Leser nahezubringen. Während Spittler sich die Lösung einzelner kirchenrechtlicher und kirchengeschichtlicher Fragen zur Aufgabe und das Mittelalter zum Schauplatz seiner Forschung machte, wandte sich Planck der Reformationszeit zu und setzte sich gleich ein großes Ganzes zum Ziel. 1781 erschien bei Crusius in Leipzig der erste Band der „Geschichte des protestantischen Lehrbegriffs seit den Zeiten der Reformation bis auf die formulam concordiae". Der ungenannte Verfasser wurde sofort durch eine im August erschienene Rezension der Göttingischen gelehrten Anzeigen bekannt, in der Spittler den Professor Planck an der Militärakademie zu Stuttgart als Autor in der Absicht nannte, um ihn desto mehr zur beschleunigten Herausgabe seines Werkes zu verbinden. Dem ersten die Zeit bis 1521 umfassenden Bande folgte dann auch nach zwei Jahren der zweite bis 1530 reichende[1]. Als wenige Jahre zuvor eine Liste zeitgenössischer deutscher Historiker zusammengestellt wurde, konnte keinem das Verdienst, eine gut geschriebene Geschichtsdarstellung geliefert zu haben, nachgerühmt werden[2]. Es war nicht übertrieben und nicht bloß Kameradschaft, wenn Spittler seinen Landsmann als den auszeichnete, der unter allen deutschen Historikern den wahren, allein echten Erzählerton getroffen und mit richtigem Geschmack und feiner psychologischer Kenntnis Geschichte

[1]) G. G. A. v. 6. August 1781 und v. 22. März 1784.

[2]) M. Abh.: eine Musterung deutscher Historiker aus dem J. 1776 (Gött. Nachrichten 1909 S. 351 ff.).

geschrieben habe. Nach dem Erscheinen des zweiten Bandes nannte er das Werk ein klassisch historisches und wahrte ihm dies Epitheton durch alle Auflagen seines Grundrisses der Kirchengeschichte, der selbst ein klassisches Buch ist. Die „Geschichte des protestantischen Lehrbegriffs" wurde bestimmend für das Leben ihres Verfassers. Sie bahnte ihm den Weg zum akademischen Berufe. Als Walch in Göttingen am 10. März 1784 starb, trug man Planck die Nachfolgerschaft an. Am 25. Mai steht in seinem Hauskalender vermerkt: „Heynes erster Brieff gekommen"; die förmliche Vokation folgte am 23. August nach[1]). Außer dem gebotenen Gehalte von 800 Talern hatte er Umzugsgelder im Betrage von 200 und eine Witwenpension von 150 Talern gefordert. Beides wurde gewährt, auch die Pension, sonst nicht allemal bewilligt, weil er das gleiche Benefizium in Stuttgart aufgeben mußte. Der Herzog hatte ihn schon am 12. Juni zur Annahme des Göttinger Rufes ermächtigt, aber, da die in den württembergischen Seminaren Erzogenen sich eine Stelle in Kirche oder Schule des Landes auftragen lassen mußten, „unter Erinnerung an seine Stipendiatenpflichten und mit Vorbehalt seiner Zurückberufung" [2]). Am 5. September 1784 hielt Planck seine letzte Predigt in der Kirche der Akademie. Christoph Heinrich Pfaff, der spätere Kieler Mediziner, der als Zögling der Karlsschule noch einige Jahre bei Planck gehört hatte, erinnerte sich noch langehin der vortrefflichen Abschiedsrede. Auch andere Karlsschüler, wie F. W. von Hoven, gedenken Plancks; in Schillers Jugendgeschichte ist er mir nicht begegnet [3]).

Der Mann, der, wie wir sehen, umsichtig für seine Familie sorgte, war seit 1782 mit Luise Schickardt aus einer durch die Langs mit dem Bilfingerschen Geschlecht verschwägerten Familie verheiratet, die im 16. und 17. Jahrhundert namhafte Künstler, besonders Baumeister, außer ihnen auch einen um Mathematik und Astronomie verdienten Nürtinger Diakonus und späteren Tübinger Professor († 1635) aufzuweisen hat. Am 12. Oktober 1784 trat Planck mit Frau und Kind die Reise nach Göttingen an und gelangte über Mainz, Frankfurt, Marburg, Halsdorf [4]) und Kassel am 21. Oktober in die neue Heimat. Gleich darauf begannen die Vorlesungen. Schon am 31. Oktober verzeichnet der Hauskalender 510 Gulden als Einnahme von Kollegienpränumeranten. Planck hielt zwei Vorlesungen:

---

[1]) Plancks Hauskalender von 1783—1826 in der Göttinger Bibliothek.

[2]) H. Wagner, Gesch. der Hohen Karlsschule II (1857) S. 199.

[3]) Pfaff, Lebenserinnerungen (1854) S. 23. Biographie des Dr. v. Hoven (1840) S. 40.

[4]) Nördlich von Marburg, Geburtsort von Franz Dingelstedt.

Glaubenslehre morgens um 8, Kirchengeschichte um 11 Uhr. Da Spittler im voraufgehenden Sommer die ältere Kirchengeschichte vorgetragen hatte, so fuhr Planck im Wintersemester mit dem letzten, die Zeit seit dem 11. Jahrhundert umfassenden Teil fort. Als Publikum hatte er angekündigt: Die Symbolik unserer Kirche. Plancks Kollegien verteilten sich dauernd auf Kirchengeschichte und Dogmatik. Die Kirchengeschichte zerlegte er in drei Teile, zwischen älterer und mittlerer nach den Semestern wechselnd, zu denen als Publikum die neuere Kirchengeschichte hinzutrat. Spittler hörte seitdem auf, Kirchengeschichte vorzutragen und beschränkte sich auf politische Geschichte.

In seiner Fakultät erhielt Planck die vierte Stelle. Wie bald er die erste einnahm, zeigt eine Äußerung von Georg Brandes, dem treuen Fürsorger Göttingens. Das gegen Ende der achtziger Jahre auftauchende Gerücht von einer Verlegung Helmstedts nach Wolfenbüttel bereitete ihm schwere Stunden, weil er sich gestand, seine theologische Fakultät habe außer Planck niemanden, der es mit den Helmstedtern aufnehmen könne[1]). Zur Zeit seiner Ankunft stand die Georgia Augusta in hoher Blüte und bereitete sich vor, ihr erstes Jubiläum zu feiern. Die theologische Fakultät, unter ihren Schwestern am wenigsten an dieser Blüte beteiligt, konnte, seitdem der Versuch, Herder zu gewinnen, mißlungen war, nicht zur Ruhe kommen. Die Bemühungen, die Lücken auszufüllen, blieben erfolglos oder die Berufenen gingen bald wieder fort. Benjamin Koppe, durch großes Predigertalent ausgezeichnet, vertauschte die Professur nach acht Jahren mit der Schloßpredigerstelle in Gotha. Döderlein in Jena, der den Ruf schon angenommen hatte, zog seine Zusage zurück, weil gleichzeitig der mit ihm verfeindete Orientalist Joh. Gottfried Eichhorn berufen war. Das Konsistorium und die Geheimen Räte in Hannover drangen vor allem auf Reinheit der Lehre; Brandes und Heyne begnügten sich damit nicht und verlangten von einem Professor auch Gelehrsamkeit. Man half sich eine Zeitlang mit Extraordinarien. Koppe, der Gotha nach drei Jahren wieder verlassen hatte, um Schloßprediger und Konsistorialrat in Hannover zu werden, benutzte seinen Einfluß und brachte 1790 einen Landpfarrer Schrage nach Göttingen, der es vorzog, nach zwei Jahren in seine frühere Stelle zurückzukehren. Andere Extraordinarien kamen nicht vorwärts und gingen zum Predigeramt über. So war Planck längere Zeit der einzige Mann von wissenschaftlicher Bedeutung in seiner Fakultät. Dem Unterricht der Theologen diente neben ihm der Lehrer der orientalischen Sprache

[1]) M. Aufsatz: Georg Brandes in der Ztschr. f. Niedersachsen 1911 S. 32.

und Literatur, dem man in Göttingen von Anfang an absichtlich seinen Platz in der philosophischen Fakultät angewiesen hatte. Als Ersatz für den alternden Joh. David Michaelis war seit 1788 der schon genannte Eichhorn eingetreten. Einer schwäbischen Familie, die in dem Leben Uhlands wie in dem Fr. Th. Vischers eine Rolle spielt [1]), gehörte ein junger Theologe an, der 1790 Plancks Kollege wurde. C. Fr. Stäudlin, ein Tübinger Stiftler, hatte während eines längeren Aufenthaltes in England dem Minister bei des Königs Person, v. Alvensleben, so gut gefallen, daß er in London an Stelle des im Jahre zuvor verstorbenen Peter Miller zum Professor ernannt wurde. Nachdem Ammon 1804 nach zehnjähriger Tätigkeit in Göttingen nach Erlangen zurückgekehrt war, haben die beiden Schwaben, Planck und Stäudlin, ununterstützt durch Extraordinarien, die Fakultät gebildet, bis ihnen nach Aufhebung Helmstedts 1810 Pott zugesellt wurde. Ein gelehrter Mann, ein fleißiger Schriftsteller im historischen und dogmatischen Gebiete, alternierte Stäudlin in den Vorlesungen mit Planck und predigte gelegentlich in der Universitätskirche, kam seinem Landsmann aber wenig gleich. In der Erinnerung der nachfolgenden Generation lebten naive Züge weltlicher Ungewandtheit fort, die er bei Verwaltung des Prorektorats gezeigt haben soll, während Planck ein Mann war, der die höchste Achtung in seiner Lehrtätigkeit wie in den Ämtern der akademischen Selbstverwaltung genoß. Sie brachten in der Zeit, da die Universitätskorporation noch eine ausgedehnte Gerichtsbarkeit und Polizeigewalt besaß, nicht selten unangenehme Obliegenheiten gegen die eigenen Mitglieder oder deren Angehörige. So hatte Planck 1792 als Dekan in der Gerichtsdeputation mitzuwirken, vor der der Ehescheidungsprozeß Bürgers gegen seine dritte Frau verhandelt wurde [2]). An Planck als Prorektor richtete sich das Regierungsreskript v. 26. Sept. 1800, das der Frau Caroline Schlegel geb. Michaelis und dem „durch seine sittenverderblichen Schriften berüchtigten“ Friedrich Schlegel den Aufenthalt in Göttingen verbot, während ihrem Ehemann, August Wilhelm Schlegel „gleich andern Gelehrten“ der Aufenthalt gestattet wurde [3]).

In der Universitätskorporation, mochte sie sich auch aus Lehrern zusammensetzen, die den verschiedensten Teilen Deutschlands angehörten, überwogen naturgemäß die Norddeutschen, zu denen die Hannoveraner nur ein bescheidenes Kontingent stellten. Der Reichtum an gelehrten Leuten, der das Schwaben des 18. Jahrhunderts aus-

[1]) W. Lang, Von und aus Schwaben VI (1890) S. 143.
[2]) Strodtmann, Briefe von und an Bürger IV (1874) S. 195 ff.
[3]) Caroline, hrsg. v. Erich Schmidt II (1913) S. 3.

zeichnete, erwies sich auch für Göttingen fruchtbar. Alle Fakultäten hatten daran teil, die theologische machte den Anfang: in der ersten Generation Cotta, der nach einigen Extraordinariatsjahren (1736—39) nach Tübingen zurückging; in der folgenden Generation Peter Miller aus Ulm, ein Verwandter des Hainbündlers Martin Miller oder, wie er bald hieß, des Sigwart-Miller. Diesen Vorläufern folgte seit den siebziger Jahren eine größere Zahl ihrer Landsleute. Nach der Zeit ihrer Ankunft geordnet: der Chemiker Gmelin (1778), der Historiker Spittler (1779), der Bibliothekar Reuß (1782), Planck (1784), der Jurist Hugo (1788), Stäudlin (1790), der Mediziner Osiander (1792), so daß seit Beginn der neunziger Jahre das Maß der sieben Schwaben voll war. Männer sehr verschiedenen Schlages und Wertes, aber drei Sterne der Wissenschaft unter ihnen: Spittler, Hugo und Planck, Namen, die auch unter sich zusammenhingen. Als die Erben Spittlers 1827 eine Sammlung seiner Werke zu veröffentlichen begannen, setzten sie an die Spitze die Widmung: „Den beiden engsten Freunden Spittlers Planck und Hugo." Die schwäbischen Landsleute in Göttingen hielten gut zusammen, ihre Gesellschaften hießen in der Stadt Schwabenkonvente. Einige von ihnen, wie Hugo, akklimatisierten sich vollständig; Planck soll seinen schwäbischen Dialekt nie verloren haben. Zu dem ersten Kinde, einer 1783 in Stuttgart geborenen Tochter Luise, kamen in Göttingen fünf hinzu: die Zwillinge Heinrich und Wilhelm, 1785 den 19. Juli geboren, denen 1787 noch ein Sohn und 1789 und 1795 zwei Töchter folgten. Der Zusammenhang mit der schwäbischen Heimat, wo der alte Vater noch bis 1791, die Mutter bis 1799, einige der Geschwister noch bis in ein hohes Alter hinauf lebten, wurde eifrig gepflegt. Planck hat noch oft die alte Heimat aufgesucht. Achtmal, zählte er, habe er die Reise „ins Land" gemacht, die letzte 1818. Das einzige Luftschloß, das er sich im Alter an schönen Tagen zu bauen gestattete, war eine Sommerreise nach Schwaben[1]). Die schwäbischen Angelegenheiten verfolgte er mit besonderem Interesse. Besser als die Zeitungen, die er eifrig las, unterrichteten ihn Korrespondenzen mit Jugendfreunden, wie Drück, seinem Kollegen an der Karlsschule, nach deren Aufhebung (1794) Professor am Gymnasium zu Stuttgart. Mit Spittler, der 1797 nach Württemberg zurückkehrte und Geheimer Rat wurde, blieb Planck bis zu dessen Tode (1810) in lebhaftem Briefwechsel, der sich nachher mit der Frau und mit der erst in Stuttgart geborenen Tochter Lilli fortsetzte, die den Minister v. Wächter-Spittler heiratete, einer Frau von

[1]) Lücke S. 119.

so dominierender Stellung, daß man ihren Mann den Lilli nannte[1]). Langjährige Freundschaft verband Planck mit Eberhard Friedrich Georgii, der, als Konsulent der Landstände beim Rastatter Kongreß anwesend, in einer Audienz Napoleon um Schutz für die württembergische Verfassung bat, die der Sprecher für die beste in den deutschen Fürstentümern hielt und Napoleon wegen ihrer Vertretung des tiers état guthieß. Gleichwohl waren ihre Tage gezählt. Kaum hatte Württemberg durch den Preßburger Frieden die Souveränität erlangt, so hob König Friedrich die Verfassung auf und verlangte von allen Beamten anstatt des bisherigen verfassungsmäßigen Gehorsams einen unbedingten Eid. Georgii gehörte zu den wenigen Eidesweigerern und erhielt von seinen Landsleuten, die, „obgleich fügsamer in das Gebot der Gewalt, doch das Edle in seiner Weigerung fühlten", den Namen des letzten Württembergers. Nachher in den Staatsdienst zurückgekehrt, zu den Altrechtlern gehörend, unterhielt er bis zu seinem Tode — er starb 1830 als Präsident des Obertribunals — die Verbindung mit Planck[2]). In der kurzen Ruhe von öffentlichen Geschäften bekämpfte er den „neuen Leviathan" von Friedrich Buchholz, der den Staat anstatt auf die Freiheit auf die Naturnotwendigkeit gründete und der unbeschränkten Monarchie das Wort redete, durch die anonyme Schrift: Anti-Leviathan, die Planck als Merkmal nie erlöschender innigster Hochachtung und Freundschaft gewidmet, 1807 in Göttingen im Verlage von Vandenhoeck und Ruprecht erschien. Göttingen bildete in dieser Zeit für Plancks Landsleute eine Art literarischen Mittelpunkts. Ein anderer Jugendfreund, Geß, veröffentlichte ebenda 1806 Merkwürdigkeiten aus dem Leben und den Schriften Hincmars von Rheims mit einem Vorworte von Planck, der die Arbeit angeregt hatte, um den Nutzen kirchlicher Biographien für die Aufhellung ganzer Zeiträume zu zeigen. Selbst württembergische Katholiken suchten Plancks literarische Vermittlung. Eine Schrift: Thomas Freykirch oder freimütige Untersuchungen über die Unfehlbarkeit der katholischen Kirche, von Leonh. Werkmeister, Benediktiner des Klosters Neresheim, später Hofprediger in Stuttgart und Mitglied des 1807 errichteten katholischen geistlichen Rats, gab als Verlagsort Frankfurt und Leipzig 1792 an; der wahre war Göttingen[3]).

[1]) R. v. Mohl, Lebenserinnerungen I (1902) S. 200.

[2]) Tüb. Ztschr. f. d. ges. StWiss. IV (1847) S. 223. Pahl, Denkwürdigkeiten (1840) S. 405. Nekrolog der Deutschen 1830 S. 335. Lücke S. 96, 114, 120 nennt ihn Georgi und berührt seine politische Bedeutung nicht. Zu Plancks Freunden gehörte auch ein Theologe Georgii aus Mömpelgard.

[3]) v. Schulte in ADB. 42, 12. O. Mejer, Z. Gesch. der röm.-deutschen Frage I (1871) S. 263.

Das Einleben des Schwaben in die ungewohnten norddeutschen Verhältnisse, die damals gewiß zu den süddeutschen in viel stärkerem Gegensatze standen als heutzutage, war um so rascher gelungen, als er gleich in den ersten Jahren seiner Niederlassung, durch einen Vorschuß der Regierung unterstützt, ein eigenes geräumiges Wohnhaus erwarb. Ein Fachwerkbau mit drei Etagen im westlichen Teil der Stadt, der damals mit seinen Straßen um die Bibliothek herum viele Professorenwohnungen in sich faßte, Johannisstraße Nr. 29, ist er in seinem alten Zustande, wenn auch mit modernisierter Fassade, bis heute erhalten. Planck hat das Haus bis an sein Lebensende bewohnt und darin auch, wie damals üblich, seine Vorlesungen gehalten. Bei Plancks Anhänglichkeit an die alte Heimat fällt es auf, daß er die ihm gebotene Gelegenheit zur Rückkehr nicht benutzte. Mit dem Regierungsantritt des Herzogs Friedrich Eugen (1795) schien eine neue Zeit für Württemberg anzubrechen. Der Landtag wurde nach mehr als fünfundzwanzigjähriger Pause wieder berufen, der Herzog machte Spittler zu seinem Geheimen Rate, die Landstände Georgii zu ihrem Konsulenten. Als Planck 1798 das Amt eines Vizekanzlers der Universität Tübingen angetragen wurde, lehnte er es ab. Im Jahre 1807 war es aufs neue im Werke, ihn für Württemberg zurückzugewinnen; er freute sich, daß ihm die Verlegenheit, sich entschließen zu müssen, erspart blieb [1]). Das Schicksal eines Rufes, der ihn 1810 zum Generalsuperintendenten von Schwedisch-Pommern und Prokanzler von Greifswald machen wollte, ließ sich danach voraussehen [2]). Er hatte sich in die Göttinger Verhältnisse offenbar so eingelebt, daß er sich nicht von ihnen trennen mochte. Um das richtig zu würdigen, muß man aber die politischen Zustände, die mit dem neuen Jahrhundert für das Land Hannover eingetreten waren, und ihre Rückwirkung auf die Universität in Betracht ziehen. Die Zahl der Theologen, die bei Plancks Eintritt in die Fakultät über 200 betragen hatte, sank nach 1800 auf 108 bis 96. Was Planck hielt, war neben Anhänglichkeit und Dankbarkeit unverkennbar auch ein gutes Stück Gemütsruhe. Seine Gesinnung galt mehr der Universität als der Regierung. Verhältnismäßig leicht fand er sich in den mehrmaligen Wechsel der Herrschaft, den die Jahre 1803—1807 brachten. Er stand ihm nicht bloß als Privatmann gegenüber. In den schwierigen Zeiten nach dem Beginn der Französischen Revolution bis 1815 hat er viermal das Amt des Prorektors bekleidet. Man rühmte ihm nach, daß er in aufgeregten

---

[1]) Lücke S. 94 und 96.

[2]) Zeitschr. f. histor. Theol. VI (1836) S. 313.

Zeiten Festigkeit mit Wohlwollen zu verbinden verstanden habe. Selbst der spottsüchtige Karl Heinrich (nachmalige Ritter von) Lang, wegen eines in der Neujahrsnacht 1793 auf den Herzog von Braunschweig, der sich durch sein Kriegsmanifest gegen Frankreich den Zorn der Revolutionsfreunde zugezogen hatte, ausgebrachten Pereats vor den Prorektor zitiert, erkennt an, wie ihn Planck mit einer vernünftigen und wohlwollenden Warnung entlassen habe[1]). In Plancks viertes Prorektorat, vom 1. März bis 1. September 1806, fiel die preußische Okkupation Hannovers. Noch zu Anfang April, als alle Welt sich den Kopf über die Zukunft des hannoverschen Landes zerbrach, beschrieb er dem Spittlerschen Ehepaar, wie froh und zufrieden er und seine Frau sich in ihren häuslichen und Familienverhältnissen fühlten: „heute, den 9. April, wo alle Kirschbäume in unserem Garten blühen, und die Erbsen der Frau schon einen Finger hoch stehen — und nun sagt mir eurerseits, ob sich ein vernünftiger Mensch in dieser Lage über die Ungewißheit des Preußisch- oder Nicht-preußisch-werdens sonderlich ärgern kann!" Er schrieb an dem Briefe in den folgenden Tagen noch weiter[2]) und wollte eben demonstrieren, daß und warum Preußen Hannover nicht einmal zum Schein in Besitz nehmen würde, „siehe da läßt sich Herr Geheimer Rath Gisecke durch einen Cammer-Secretär als Königlicher Commissär bey mir melden, da er den hohen Auftrag habe, die Universität in Besitz zu nehmen". Die Tatsache störte ihn nicht. „Aber, glaubt ihr, daß ich deßwegen meine Meinung aufgebe? Da irrt ihr euch wieder. Alles ist nur Schein und Spiegelfechterey, und vielleicht gar mit England und Rußland verabredet; denn dieß behaupte ich immer noch, Preußen kann nicht daran denken uns gegen den Willen von England und Rußland zu behalten. Wenn es indeßen — denn auf die Klugheit anderer Leute läßt sich freylich nicht wetten — wenn es doch daran dächte, so ist es mir fast etwas leid um den armen Preußen, der für jetzt noch honnet genug an uns gehandelt hat. Mit unserm Herrn Commissarius sind wir heute höchstfriedlich zurecht gekommen, denn es war dem guten Mann bey seinem Auftrag banger als uns. Er hat keine Huldigung und keinen Eyd, sondern nur das Versprechen, daß wir nach unserm der Hannöverischen Regierung geschwornen Diensteyd in unsern Ämtern fortwürken und die Erklärung verlangt, daß wir jetzt die Preußische Gewalt für die höchste im Land erkennen wollen. Beydes habe ich ihm im Nahmen

[1]) Memoiren I (1842) S. 247.

[2]) Brief v. 30. März 1806 mit Fortsetzungen der nächsten Tage, aus dem in G. Plancks Nachlaß befindlichen Briefen des Großvaters an Spittler.

des akademischen Corporis mit dem stärksten Vorbehalt unserer fortdauernden und unerläßlichen Pflichten gegen die Hannöverische Regierung gegeben, und er hat sich noch gar schön für die Erklärung bedankt. Auch bleibt alles im ganzen Land in seiner Stelle und in seinem Gang." Den Bericht Plancks bestätigt die von ihm namens des Senats zu den Akten gegebene Erklärung, die dem allgemeinen von der Staatsdienerschaft des Landes befolgten Verfahren entsprach[1]). Neben der Zusicherung des königlichen Schutzes wünschte man in Göttingen aber auch noch eine Bestätigung der Universitätsprivilegien. Planck erbat sie in einer Eingabe vom 11. Juni: „Es ist die Universität zu Göttingen, welche sich durch mich dem höchsten Thron Ew. Kgl. Majestät mit ebenso hoher Zuversicht als Verehrung naht. Sie hat in dieser Periode einer allgemeinen Erschütterung, in welcher so viel altes untergegangen ist, das gewisseste Zeichen ihrer Rettung und Erhaltung darin erblickt, daß die Vorsehung ihr Schicksal in die Hände Ew. K. M. gelegt hat; durch welche andere hätte sie ihr so gewiß versichert werden können? Aber welcher andern Macht hätte sie auch die Absicht, sie ihr zu sichern, mit so frohen Hoffnungen zutrauen können, als jener, die schon seit einem Jahrhundert die schützende Hauptmacht für die Fortschritte der wissenschaftlichen Cultur und Aufklärung in Europa geworden ist? Diese Hoffnungen gründen sich also auf die ursprüngliche Bestimmung, die der Preußische Thron immer als die seinige anerkannt hat. Sie werden aber durch dasjenige, was Ew. K. M. Höchstselbst schon für die Wissenschaften gethan haben, so viel mehr aufgemuntert, daß sie uns kühn genug machen, selbst in diesem Augenblick, in welchem die unmittelbarste Einwirkung auf das Schicksal von Europa und auf den großen Weltgang die höchste Aufmerksamkeit Ew. Kgl. Majestät beschäftigt, unserer Universität eine Bestätigung ihrer Privilegien und eine beruhigende Zusicherung der Fortdauer unseres bisherigen Daseins von Höchstdero Gnade unterthänigst zu erbitten[2])." Die Antwort des Königs vom 24. Juni sprach sehr verbindlich von der Bedeutung Göttingens für das Land und die gelehrte Welt überhaupt. Er habe es deshalb als eine seiner ersten Pflichten bei der Übernahme der hannöverschen Lande erkannt, für eine Anstalt zu sorgen, die von ihrer Entstehung an zur Ausbreitung wissenschaftlicher Kultur und Beförderung gründlicher und nützlicher Studien im Ein- und Auslande auf eine so ausgezeichnete

[1]) Lücke S. 102. Thimme, Die inneren Zustände des Kurfürstent. Hannover unter der franz.-westf. Herrschaft I (1893) S. 154.

[2]) Minerva, hrsg. v. Archenholz III (Juli 1806) S. 146ff.; ebenda die Antwort des Königs.

Weise gewirkt habe. Speziell wurde die abgesonderte Verwaltung der Klostergüter und die Bestimmung ihrer Einkünfte zu milden Stiftungen, worunter die Universität den ersten Platz einnehme, zugesichert. Provisorisch sollte ein Kuratorium zu Hannover eingerichtet und dem Präsidenten von Ingersleben übergeben werden. Das Rektorat der Universität zu übernehmen behielt sich der König nach beendeter Organisation der hannöverschen Lande vor. Zeigen schon diese Äußerungen, wie wenig die preußische Regierung die Okkupation als eine bloß vorübergehende Maßregel ansah, so redete die den Deputierten der Landschaften an demselben Tage erteilte Resolution von der Notwendigkeit, „die hannöverschen Lande mit meiner Monarchie, wovon sie nun einen Theil ausmachen, aufs innigste zu vereinigen". Die Einverleibung ist zu beiderseitiger Wohlfahrt und Sicherheit erforderlich; die Erfahrung hat gezeigt, daß „England Euch nicht schützen konnte und daß Ihr nur von Preußen beschützt werden könnet". Auch in Göttingen machte man sich mit dem Gedanken an das Definitivum vertraut. Ein weitgehendes Entgegenkommen bezeugt die Verlegung der akademischen Jahresfeier, die bisher am 4. Juni, dem Geburtstage König Georgs III., des Stifters der akademischen Preise, begangen war, auf den 3. August, den Geburtstag Friedrich Wilhelms von Preußen. Der Tag brachte dem zeitigen Prorektor die besondere Freude, daß seine Zwillingssöhne den Preis in der philosophischen und in der juristischen Fakultät gewannen: Heinrich, schon im Jahre zuvor mit dem theologischen Preis gekrönt, für die Frage: Worauf gründet sich die allegorische Erklärung der Heiligen Schriften bei Philo?; Wilhelm: Über den Unterschied von Civilerbfolge und bonorum possessio auch im neuern Recht[1].

Die preußische Herrschaft hatte noch kein halbes Jahr bestanden, als die kriegerischen Ereignisse des Herbstes 1806 ihr ein Ende machten. Es folgten für Göttingen die Zeiten einer erneuten, weniger schonend als in den Jahren 1803—05 verfahrenden Franzosenherrschaft, seit dem Herbst 1807 die der westfälischen Regierung. Zu der am 1. Januar 1808 dem König Jerome in Kassel geleisteten Huldigung wurde Planck mit Martens, dem verdienten Völkerrechtslehrer, den seine politische Gewandtheit, besonders auch seine Kenntnis des Französischen, wiederholt zu Missionen in der bewegten Zeit und zu einem fünf Halbjahre durchdauernden Prorektorate (vom 1. März 1803 bis 1. September 1805) befähigt hatte, namens der Universität abgeordnet[2].

[1]) G. G. A. 1806 S. 1369.

[2]) Brief Henkes (von Helmstedt) v. 31. Dezember 1807. Jahrbuch des Gesch.-Vereins f. Braunschweig IX. (1910) S. 168.

Die Neuorganisation im Königreich Westfalen ergriff auch das protestantische Kirchenwesen. Die Fürstentümer Göttingen und Grubenhagen, bisher dem Konsistorium zu Hannover unterstellt, erhielten ein eigenes Konsistorium mit dem Sitz zu Göttingen. Planck wurde zum Präsidenten, zu seinen Beisitzern der erste Pastor an der Johanniskirche Trefurt und der juristische Privatdozent Dr. Ballhorn-Rosen, nachmals Landgerichtsdirektor in Detmold, der Vater und Lehrer des jungen, frühverstorbenen Sanskritforschers, ernannt. Die nahe Residenz Kassel, der Hof, die Kreierung neuer Ämter weckte den Ehrgeiz manches Göttinger Professors. „Hugo ist im Hertzen ärgerlicher über den (neuen) Zustand, als er vielleicht sehen läßt," schreibt Planck an Spittler den 1. September 1808, „denn er kann es den Leuten nicht verzeyhen, daß sie L[eist] und M[artens] zu Staatsräthen gemacht haben, und er kann ihnen noch weniger die Furcht verzeyhen, worin er acht Tage lang war, daß sie auch Sartorius dazu machen möchten; ganz hat er jedoch die geheime Hoffnung nicht aufgegeben, daß die Reyhe auch noch an ihn kommen könnte, und deßwegen hält er noch seinen Ärger etwas zurück." Andere, wie J. G. Eichhorn, drängten sich an die Machthaber heran. Planck hielt sich zurück, nicht weil ihn deutscher Patriotismus oder, wie man damals in Hannover häufiger den Gegensatz gegen Frankreich bezeichnete, englische Gesinnung geleitet hätte. Die für unser Gefühl so verletzende politische Gleichgültigkeit, die in den Kreisen der Gebildeten, auch der höchststehenden, so vielfach in dieser Zeit der Umwälzung zutage tritt, fehlte auch in Göttingen nicht[1]. „So sehr viel Ursache haben wir nicht uns zu beschwehren" — schrieb Planck dem Freunde in demselben Briefe — „es könnte wenigstens merklich schlimmer seyn, denn unsere neue Regierung hat biß jetzt wahrhaftig des guten mehr und des bösen weniger gethan, als ich ihr zutraute, und sie würde sicherlich des ersteren noch mehr thun, wenn sie nur könnte; daß sie aber nicht kann, ist nicht ihre Schuld. Sie wird wohl gezwungen seyn, uns etwas mehr Geld abzunehmen, als wir unserer alten bezahlen mußten; doch dadurch werde ich mich nie sehr gedrückt fühlen, und wo ist dieß würklich nicht der Fall? und wie viel mehr würde es der Fall seyn, wenn wir heute unsere alte Regierung wieder bekämen? Nur das neue von einigen unserer Geschäfts-Formen macht mir zuweilen einen ärgerlichen Augenblick, allein den nächsten darauf fühle ich sogleich das kindische meines Ärgers darüber, und da ich des Jahrs kaum

[1]) M. Abh.: Das Wiedererstehen des deutschen Rechts (Zeitschr. f. Rechtsgesch. Bd. XXIX. 1908) S. 2, 9.

ein paarmahl in den Fall kommen kann, mich an diesen Formen zu reiben, so geschieht es auch nur selten, daß mich der Ärger überfällt." In einem um ein Jahr älteren Briefe hatte er die Möglichkeit erwogen, die neue Regierung werde die Universität Göttingen aufheben oder verlegen, „denn die Leute wißen gar nicht, was eine deutsche Universität ist, und wenn man ihnen auch dieß noch beybringen kann, wer wird sie dazu bringen, das Geldt dazu herzugeben? Doch dabey ist mir nur für Göttingen leyd, denn für mich selbst habe ich, dem Himmel sey Dank!, auch bey dem schlimmsten, das ich mir denken kann, noch nicht die mindeste Unruhe empfunden. In zwey oder höchstens drey Jahren hoffe ich meine Söhne an irgend einem Platz in der Welt so angebracht zu haben, daß sie mich nicht mehr brauchen. Biß dahin wird es hier sicherlich noch gehen; dann aber gehen Se. Hochwürden, sobald es ihnen hier nicht mehr behagt, zu der Porta Westphalica hinaus, setzen sich bei euch auf irgend einem Dorf an und leben dort wie ein König biß ins graue Alter hinein. Himmel, liebe Nane!" — so pflegte er Frau Christiane Spittler anzureden — „wie wir jauchzen werden, wenn ihr uns das erstemahl besucht, und wie die Bauern im Dorf auffsehen werden, wenn ich hernach doch am nächsten Sontag für ihren Pfarrer predige[1])." Bei allem persönlichen Gleichmut blickte er nicht hoffnungslos in die Zukunft. Er traute der Napoleonischen Weltherrschaft keine Dauer zu. Schon 1810 glaubte er die Katastrophe nahe. Wurde es ihm nachher zweifelhafter, wo und wie sich die Werkzeuge, sie herbeizuführen, zusammenfinden würden, so beirrte ihn das Wann nicht: „dafür lasse ich die Vorsehung sorgen und halte mich fest daran, daß sie gerade im rechten Augenblick dazwischen treten wird". Als dann im Frühjahr 1813 der Umschwung einsetzte, freute er sich, das Schauspiel noch erlebt zu haben, das er dem Volks- und Zeitgeiste nicht mehr zugetraut hatte, und begrüßte das Wiedererwachen des Geistes der Nationalität und der Religiosität[2]). Nachdem Planck noch einmal vom 1. September 1815 bis 1. März 1816 das Prorektorat verwaltet, das sich in der „wilden und lustigen Zeit" nach den Freiheitskriegen, die mancher Göttinger Student mitgemacht hatte[3]), besonders mühevoll gestaltete, ließ er sich durch die Regierung von der Verpflichtung zu einer neuen Übernahme des Amtes entbinden. Das Jahr darauf brachte die Jubelfeier der Reformation, die in Göttingen in Anwesenheit des Ministers von Arnswaldt besonders festlich begangen wurde.

[1]) Brief v. 27. September 1807; ebenso auch an Georgii, Lücke S. 97.

[2]) Lücke S. 116 ff.

[3]) Unger, Göttingen und die Georgia Augusta (1861) S. 166

Planck hielt dabei in dem neugeschaffenen großen Hörsaale der Bibliothek die akademische Rede in lateinischer Sprache über die Segnungen der Reformation.

II.

Planck nahm dank seiner Tätigkeit als Lehrer und als Schriftsteller eine der angesehensten Stellungen in Göttingen ein.

Seine Reformationsgeschichte, die seinen literarischen Namen begründet hatte, brachten die vier in den Jahren 1788—1800 veröffentlichten Bände an ihr Ziel, die Einführung der Konkordienformel, während die beiden ersten in der Stuttgarter Zeit ausgearbeiteten Teile 1791—97 eine neue Auflage erlebten. Der Verfasser bescheidet sich, wenn durch sein Werk die Wahrheit etwas gewinnen könne; mit unparteiischer Gerechtigkeit will er sein Thema behandeln und auf Polemik verzichten; denn die Geschichte erniedrigt sich, wenn sie Polemik wird und andern immer beweisen will, daß sie unrecht haben. — Das zweite Werk, daran Plancks schriftstellerischer Name haftet, ist die Geschichte der christlich-kirchlichen Gesellschaftsverfassung, 1803—09 in fünf Bänden (Hannover, Hahn) erschienen. Hatte sein erstes Buch die geschichtliche Ausbildung der protestantischen Lehre zum Gegenstand, so das zweite die Entwicklung der kirchlichen Verfassung bis zur Reformation. Von seinem dritten Bande ab ist es in der Hauptsache eine Geschichte des Papsttums, aber der Verfasser hofft die Klippe glücklich vermieden zu haben, sich in die Geschichte der Päpste zu verirren. Sein altes Streben nach unparteiischer Gerechtigkeit wird durch die Entstehungszeit gefördert, „die mehr als eine andere die Würde und die Rechte der Geschichte zu wahren fordert". Er schließt mit einem Ausblick in die Zukunft: Hat sich die Kirche als die wirksamste und kräftigste Bildungsanstalt für die Menschheit erwiesen, als eine Sicherung für Recht und Wahrheit in den Zeiten der wildesten Gewalt, so wird sie auch im 19. Jahrhundert nicht untergehen.

Neben der großen literarischen Arbeit, mit der Planck das neue Jahrhundert begann, widmete er den kirchlichen Tagesfragen eine Reihe kleiner Schriften. Die von einigen deutschen Schriftstellern geforderte Vereinigung der beiden protestantischen Kirchen verwirft er nicht, will sie aber behutsam und maßvoll behandelt sehen; den von Frankreich ausgehenden Plan einer Union von Katholiken und Protestanten lehnt er ab und mahnt zur Pflege des Gemeinsamen, der Religion[1]). Die württembergischen Verhandlungen über ein Konkordat

[1]) Trennung und Wiedervereinigung 1803; Worte des Friedens 1809.

regen ihn zu „Betrachtungen über die neuesten Veränderungen in dem Zustande der katholischen Kirche" (1808) an, die dem Standpunkt entsprachen, den die deutschen Bischöfe in der Punktation von Ems eingenommen hatten und die deutschen Regierungen bei der notwendig werdenden Neuordnung des Verhältnisses zwischen Staat und Kirche festhalten zu können meinten, während die Kurie sich längst zu andern Tendenzen bekannte. Der Eröffnung des Bundestags, die sich über den in der Bundesakte bestimmten Termin des 1. September 1815 verzögerte, sah man von allen Seiten hoffnungsvoll entgegen. Seinem Kollegen, dem Historiker Heeren, gesellte sich Planck zu und forderte in einer Schrift vom Frühjahr 1816: über die gegenwärtige Lage und Verhältnisse der protestantischen Partei neben einer genauen Regelung der Konsequenzen des Art. 16 der Bundesakte eine Erneuerung des Corpus Evangelicorum, „denn wir haben keine Kirche, sondern nur Kirchen". Die Einzelstaaten sollen das Religions- und Kirchenwesen unter den Schutz der Konstitution stellen. Von Landständen und Verfassungen erwartete das hoffnungsfreudige Geschlecht dieser Tage ein neues gesichertes Staatsleben, eine Zeit, in der Protestanten und Katholiken nicht bloß ruhig und friedlich neben-, sondern auch untereinander als reine Anhänger und Verehrer Christi lebten. Das Interesse Plancks an der Neuordnung der Verhältnisse von Staat und Kirche bewog die hannoversche Regierung, als sie mit Rom in Verhandlungen zu treten beabsichtigte, ihn zu einem Gutachten aufzufordern, das, im Oktober 1816 erstattet, nach O. Mejers Mitteilungen den Inhalt seiner Denkschrift vom Frühjahr wiederholt und neben dem Bericht des Hildesheimers Blum der Instruktion zugrunde gelegt wurde, die Rehberg für die nach Rom bestimmte Gesandtschaft entwarf. Es bedarf hier nicht des weiteren Eingehens, da die Verhandlungen über ein Konkordat bekanntlich scheiterten, und man sich mit der Zirkumskriptionsbulle Impensa Romanorum pontificum vom 26. März 1824 begnügte. Lückes Angabe, Kardinal Consalvi habe sich zur Verteidigung römischer Forderungen auf den berühmten Dottore Planck berufen, findet in den von Mejer mitgeteilten Verhandlungen keine Bestätigung[1]).

Bei aller Toleranz und Versöhnlichkeit den Katholiken gegenüber stand Planck fest zu den Errungenschaften der Reformation. Er suchte ihren Hergang und ihre Helden den Zeitgenossen in anschaulichen Darstellungen lebendig zu erhalten. Das Leben des John Knox von

[1]) O. Mejer, Zur Geschichte der römisch-deutschen Frage I 336; II 1 S. 52; II 2, S. 124ff. u. 258. Lücke S. 65.

Thomas M' Crie hatte bei seinen Landsleuten großen Beifall gefunden und war wiederholt aufgelegt. Nach der dritten Ausgabe von 1814 veranstaltete Planck eine deutsche Übersetzung, die das zweibändige Werk durch Weglassung der Urkunden, der Noten und des Literargeschichtlichen zu einem Bande zusammenzog. Das Leben Luthers von Melanchthon, durch Zimmermann in Hamburg verdeutscht, das er mit einem Vorworte versah, lehnte sich an eine von Karl von Villers 1810 veranstaltete französische Übersetzung des Originals, die die Sache der Reformation den Franzosen wenn auch nicht ehrwürdiger, doch weniger anstößig zu machen bestrebt war. Der Vorbericht und die Anmerkungen von Villers waren in die deutsche Übersetzung herübergenommen, und Planck wünschte der Schrift neben einer guten Wirkung im katholischen Deutschland auch protestantische Leser, die entgegen allen künstlichen Ansichten der neueren Zeit hier das reine Bild des Reformators unvergrößert und unverkleinert finden würden [1]). Der dritten Jubelfeier der Reformation schickte Planck eine Schrift voraus: Über den gegenwärtigen Zustand und die Bedürfnisse unserer protestantischen Kirche (Erfurt 1817). Er verkennt die mancherlei Mängel nicht, die in der Kirche hervorgetreten sind und die Feier weniger freudig machen werden. Aber er betont immer wieder, wie das Prinzip der Reformation, das Recht der eigenen Prüfung und Untersuchung in Glaubenssachen, nichtsdestoweniger festgehalten, seine Gefahren durch gründliches Studium der Religionswissenschaft bekämpft werden müssen. Die Wissenschaft allein wird nicht helfen; denn „das Hauptübel, daran wir leiden, ist, daß unsere christlich-religiöse Erkenntnis beinahe ganz unkräftig und unwirksam geworden ist". Er dringt deshalb auf eine Predigt des Evangeliums, die auf den Willen wirkt und vor allen Dingen Losreißung von dem Irdischen und Sinnlichen und Rückkehr zu Gott durch Buße und Besserung fordert. Es muß dahingestellt bleiben, wieweit diese Flugschriften über aktuelle Fragen auf ihre Zeit gewirkt haben. Ihr Stil, der Weg philosophischer Deduktion, den sie einschlagen, läßt sie nicht sonderlich geschickt für solchen Zweck erscheinen. Ihr Wert im Zusammenhang unserer Aufgabe liegt in dem Zeugnis für die Sinnes- und Geistesweise ihres Verfassers. Sie zeigen, daß er nicht bloß ein Geschichtsforscher und Geschichtsschreiber war, sondern als ein Mann von tiefer Herzensfrömmigkeit tätigen Anteil an den kirchlichen Interessen seiner Zeit nahm. Ein guter Protestant, ist er

[1]) Leben des Reformators John Knox 1817; Vorrede zu Zimmermanns Übersetzg. von Melanchthons Leben Luthers 1813.

doch ein Mann der Mäßigung, der Milde, des gläubigen Vertrauens auf die Zukunft. Er sieht den Haß schwinden, das Gute kommen; er legt den Nachdruck auf den Inhalt, den Geist; die Form dünkt ihn weniger wesentlich. Er ist ein Mann des Friedens. In der Schrift von 1816 beruft er sich selbst darauf, mehr als ein anderer der evangelischen Theologen gezeigt zu haben, „daß sein Protestantismus weitherzig genug ist, um auch gegen den Katholiken wie gegen jede von der seinigen abweichende Ansicht immer noch gerecht zu bleiben". Das Streben nach Gerechtigkeit und Wahrheit war und blieb der Zielpunkt seines Lebens.

Wie zu Eingang seiner literarischen Tätigkeit eine kleine erzählende Schrift steht (oben S. 8), so ist Planck im letzten Jahrzehnt seines Lebens noch einmal zu dieser Form zurückgekehrt. Auch hier führt ein Landpfarrer das Wort; auch hier werden uns Tagebücher vorgelegt; wollte aber die Jugendschrift eine gesellschaftliche Modetorheit geißeln, so verfolgt „Das erste Amtsjahr des Pfarrers von S." (Gött. 1823) einen ausgesprochen theologischen Zweck. Eine Pastoraltheologie in der Form einer Geschichte erzählt die Erfahrungen eines jungen Geistlichen, der, von dem Berufe eines Volkslehrers begeistert, die von allen verschmähte Pfarre in einem verlorenen Walddorfe übernimmt, um die leiblich und geistig verwahrloste Gemeinde aus ihrer Versunkenheit zu erheben. Nur schwache Anfänge gelingen ihm bis zum Schlusse des ersten Amtsjahres. Die Fortsetzung hat der Verfasser zwar handschriftlich hinterlassen, aber ihre Veröffentlichung untersagt [1]). Das Buch, durch Einflechtung theologischer und pädagogischer Erörterungen und Gespräche etwas in die Breite geraten, ist die vollständigste Illustration seines oft geäußerten Gedankens, daß kein Beruf höher stehe als der des christlichen Volkslehrers und speziell des Landpfarrers. Wenn der Stand trotzdem nicht die Achtung genießt, die er verdient, und geistig nicht die Stellung einnimmt, die von ihm gefordert werden muß, so will Plancks Schrift nach beiden Richtungen hin fördern, denn „auf den Geist unseres Volkes muß gewirkt werden, wenn ein Zustand von fester Ruhe und Ordnung, von allgemeiner und Privatzufriedenheit nach den Stürmen dieser letzten Jahre auf das neue unter uns begründet werden soll". Es war nicht bloße Theorie, wenn Planck das Leben des Landpfarrers

[1]) Die Hs., in der Gött. Bibliothek befindlich, ist so schwer leserlich, daß auch ohne das testamentarische Verbot eine Veröffentlichung unterbleiben würde. „Gebe Gott, daß ich das nächstemal mit größeren Lettern schreiben kann, denn darin sehe ich selbst das Hauptzeichen meiner Besserung." Brief vom August 1831 bei Lücke 127.

pries. Durch seinen auf einem Dorfe nahe bei Göttingen wohnhaften Schwiegersohn, den Pfarrer Kranold, war er mit dem Landleben vertraut. Er wußte keine bessere Erholung von den Mühen seines Amts, als sich nach Lenglern zurückzuziehen und in der geräumigen Pfarrwohnung Ferienwochen zu verbringen. Sein Sinn für Ökonomie und Landwirtschaft ließ ihn an den Sorgen und Freuden der wechselnden Jahreszeiten teilnehmen, und man konnte den ehrwürdigen Mann, der stets mit den Frohen fröhlich zu sein verstand, auf der Höhe des Erntewagens in den Pfarrhof miteinfahren sehen.

Die einzige außerhalb der Theologie stehende wissenschaftliche Arbeit Plancks ist ein Aufsatz „über Spittler als Historiker". Alsbald nach dem Tode Spittlers geschrieben und veröffentlicht (oben S. 9), will der Aufsatz kein Nekrolog und keine Gedenkrede sein, sondern nur eine Würdigung des Heimgegangenen vom Standpunkte der Geschichtswissenschaft. Die Freundschaft, die ihn von Jugend auf mit Spittler verband, kommt nur darin zum Ausdruck, daß er über dessen Entwicklungsgang aus nächster Nähe zu berichten weiß. In feinsinniger Darlegung zeigt er, wie Spittler zum Historiker wurde und worin das Wesen seiner Geschichtschreibung bestand. Philosophie und Geschichte hatten an seiner Bildung gleichen Anteil. Wenn Planck ihn wiederholt einen gelehrten Historiker nennt und erzählt, wie er es von früh darauf angelegt, ein solcher zu werden, so zielt er damit auf die quellenmäßige und kritische Forschung, die Spittlers Darstellung zugrunde liegt. Die Darstellung selbst weiß er aber vom Staube der Gelehrsamkeit frei zu erhalten. Durch die Philosophie geschult, versteht er aus der Fülle des Stoffes das Wissenswerte, das Belehrende und Erhebende auszulesen. In seiner Kunst der Auswahl, in „seiner reichen Kürze" liegt ein großer Teil seines Erfolgs. Sie sieht in der Geschichte eines Staats etwas mehr als die seiner Regenten und rückt Verfassung und Verwaltung in den Vordergrund. Planck spricht wiederholt von Spittlers unruhiger Lebendigkeit, seinem feurigen Geist, den die Zuhörer auch seinen Vorträgen nachrühmen. Sein warmes politisches Interesse trieb ihn nach zwanzigjähriger akademischer Tätigkeit vom Katheder in den praktischen Staatsdienst seines Heimatlandes. Der Ehrgeiz, in Affären gebraucht zu werden, hat nicht wenige Gelehrte der Zeit bewegt. Als Spittler ihm nachgab, erinnerte sich mancher seiner Leser des Ausspruchs, mit dem er die Berufung des Tübinger Professors Enzlin zum württembergischen Kanzler begleitet: „Die Versetzung vom Katheder ins Kabinett ist noch selten gelungen[1]."

[1] Geschichte Württembergs (1783) S. 209.

und fand ihn nach wenigen Jahren bestätigt, wenn auch mißliebig gewordene Minister im 19. Jahrhundert nicht mehr das Schicksal wie ihr Kollege 200 Jahre früher erfuhren. Den Politiker Spittler berührte Plancks Charakteristik nicht. Die Ergänzung verdankt unsere Literatur erst einem Aufsatze von David Friedrich Strauß, einer Zierde des Bandes, mit dem die Preußischen Jahrbücher 1857 ihre ruhmvolle Laufbahn eröffneten.

Planck war ein sehr beliebter Dozent. Hat er auch gleich Spittler, der mitunter Kirchengeschichte „für die Herren Juristen" ankündigte, der Rechtswissenschaft sich widmende Studierende, für die er einen besonderen Grundriß der Geschichte der kirchlichen Verfassung und des kanonischen Rechts drucken ließ, zu Zuhörern gehabt, so bestand doch naturgemäß sein ständiges Publikum aus Theologen. Deren Zahl, in der wirrenreichen Zeit nach 1800 bedeutend gesunken (oben S. 16), stieg mit der allgemeinen Zunahme der Frequenz nach den Freiheitskriegen wieder über 200, um sich dann in den Jahren 1825—30 über 300 bis zu 370 zu erheben. Seinen theologischen Schülern haben wir es zu danken, daß wir uns von ihrem Lehrer, seiner Persönlichkeit, seiner Vortragsweise ein deutlicheres Bild machen können. Von besonderem Interesse ist das Zeugnis eines Mannes, das die Biographen Plancks alle übersehen haben. Der Geschichtschreiber Friedrich Christoph Schlosser, der seit 1794 in Göttingen Theologie studierte, gedenkt Plancks sowohl in seiner 1826 niedergeschriebenen Selbstbiographie wie in seiner Geschichte des 18. Jahrhunderts. Schlosser ist schlecht auf Göttingen zu sprechen; der vornehme Ton, das dünkelhafte Verhalten der Lehrer stießen ihn ab. Den einzigen Lichtblick bildete für ihn die Persönlichkeit Plancks; denn er habe nicht wie die anderen Professoren einen armen jungen Menschen unbeachtet gelassen und seine Schüler nicht zu seinen Kreaturen, sondern zu Gelehrten und selbständigen Männern zu machen sich bemüht. Die Dogmatik, die er außer der Kirchengeschichte bei ihm hörte, trug er zwar ganz nach dem alten System vor, aber Schlosser rechnet ihn doch zu den einer Reform zugetanen Theologen und stellt ihn mit Griesbach, Eichhorn, Spittler zu einer Gruppe von Rationalisten zusammen, die in den Spuren Semlers durch eine kritische und philosophische Sichtung der Glaubenslehre ein Urchristentum zu ermitteln strebten[1]). Schlosser glaubte Planck noch besonderen Dank zu schulden. Die günstige Rezension seiner ersten Schrift: Abälard und Dulcin (1807) in den

[1]) Schlossers Selbstbiographie, zuerst in den „Zeitgenossen" 1826, wiederholt in G. Weber, Schlosser der Historiker (1876) S. 14 ff. Gesch. des 18. Jahrh. IV (1864) S. 169.

Göttinger gelehrten Anzeigen, deren Artikel damals nicht unterzeichnet wurden, rührte aber in Wahrheit nicht von Planck, sondern von Bouterweck her[1]). — Ein junger Theologe aus der Schweiz, Joh. Konr. Maurer, der um dieselbe Zeit in Göttingen studierte, lobte an Planck den außerordentlich methodischen, bestimmten und reichhaltigen Vortrag; namentlich auch, daß er den Weg zeige, den er gemacht hat oder den man machen kann, um zu den Resultaten zu gelangen, die er vorträgt. Man könne deshalb sehr viel von ihm lernen, nicht nur in seiner Wissenschaft, sondern auch von der Art, wie man andere Wissenschaften treiben solle[2]). Dreißig Jahre später war Ernst Henke, der nachmalige Kirchenhistoriker Marburgs, Plancks Schüler. Er studierte von Ostern 1822 ab fünf Semester in Göttingen und hörte alle Kollegia Plancks, des damals Siebzigjährigen. Man gewann, erzählt er, den alten Mann mit jeder Stunde lieber, hörte ihn mit Lächeln und Rührung zugleich und schrieb jedes Wort nach, weil man sein Bild fast noch lieber unentstellt fixieren wollte, als die Bilder der Zeiten, welche seine Erzählung vorführte. Die jubelnde Verehrung, die Planck genoß, leitete er aus seinem Bestreben her, andern in voller Selbstlosigkeit zu dienen. Dies kindliche, eitelkeitslose Suchen nach der Wahrheit, verbunden mit dem Wohlgefallen an der reichen Mannigfaltigkeit der Erscheinungen erzeugte jene Heiterkeit des Gemüts, die in seinem Leben wie in seinen Schriften zutage kam[3]). Auch die Gegner seines theologischen Standpunktes haben sich diesem Eindruck nicht entziehen können. Geistliche der orthodoxen Richtung, wie sie am Ende seines Lebens in Hannover aufkam, wissen in ihren akademischen Erinnerungen von ihren Göttinger Lehrern nicht viel zu rühmen[4]). Von den Anklagen, die sie erheben, machen sie regelmäßig eine Ausnahme zugunsten Plancks und seines Sohnes. „Der ehrwürdige Planck" kehrt fast sprichwörtlich in den Schilderungen der Zeit wieder. An dem Vater und dem Sohne loben sie die Klarheit und die Übersichtlichkeit ihrer Vorträge, ihre sorgfältige Quellenforschung;

[1]) Selbstbiogr. S. 15. G. G. A. 1807, Juli 30, S. 1201 ff. In dem Exemplar der Gött. Bibl. ist am Rande des Artikels von Heynes Hand Bout. vermerkt, ebenso in den Honorarlisten der G. G. A. (Gött. Bibl.) der Artikel Bouterweck zugeschrieben. Vielleicht liegt eine Verwechslung zugrunde: Schlossers Geschichte der bilderstürmenden Kaiser hat Planck in den G. G. A. 1812 Aug. 31 wirklich angezeigt.

[2]) J. K. Maurer (1771—1841), Erinnerungen an ihn (Schaffhausen 1843) S. 71.

[3]) Allg. Literatur-Zeitung Oktober 1837 Nr. 188 ff. (Rezension der Biographie Lückes). Ders. in Herzogs theol. Real-Enzyklop. XI[1] (1858) S. 761.

[4]) Oehme, Göttinger Erinnerungen (1873) S. 33, 66.

an ihrer Lehre nehmen sie nicht weniger Anstoß als an der ihrer rationalistischen Kollegen. Beide müssen sich von diesen durch den Ernst ihrer Lehrmethode, durch das Fernhalten aller Frivolität, die den damaligen Kathedern Göttingens nicht fremd gewesen zu sein scheint, unterschieden haben. Man warf dem Göttingen der Zeit vor, daß es auf dem Standpunkte des 18. Jahrhunderts stehen geblieben sei, ihm, wie es der junge Richard Rothe ausdrückte, ein ewiges Asyl gewährt habe und nichts Neueres und Besseres in seinen Mauern aufkommen lasse[1]). Von Planck erzählt ein Zuhörer um 1820, in seiner Dogmatik habe er zwar den Einfluß der neuern Philosophie auf sie erwähnt, aber unter ihr immer nur die Kantische verstanden, der Fichteschen und Schellingschen nie gedacht[2]). Sein theologischer Standpunkt, der an der Vernünftigkeit wie an der Göttlichkeit des Christentums festhält, der rationelle Supranaturalismus, den mit den alten Tübingern Storr und Flatt die beiden Göttinger Schwaben teilten[3]), war bei ihm so wenig exklusiv, daß seine friedliche Natur andere als gleichberechtigt neben sich gelten ließ und selbst die Hand dazu bot, nach Stäudlins Tode im Jahre 1827 den Vertreter einer neuen Richtung, Friedrich Lücke von Bonn, den man als einen modernen Mystiker bezeichnete, als Nachfolger zu berufen[4]).

Nicht weniger als seine dogmatische Stellung hat Plancks Geschichtschreibung später Angriffe erfahren. Ihre pragmatisierende Richtung galt als sein und Spittlers Merkmal. Als Ranke die Seminararbeit des jungen Historikers Otto Abel über Kaiser Heinrich VI. zu rezensieren hatte, rügte er, daß sie zu sehr den Landsmann von Spittler und Planck verrate, indem sie aus den höchst dürftigen Nachrichten zuviel durch psychologische Entwicklung zu ergründen suche[5]). Im ganzen haben aber doch Spittlers Verdienste der Opposition länger Widerstand geleistet als die des Kirchenhistorikers. Christ. Ferd. Baur, der in seiner Jugend Planck als den Führer in der Wissenschaft gefeiert hatte, mußte späterhin nicht genug harte Worte zu finden, um seinen subjektiven Pragmatismus zu verurteilen[6]).

---

[1]) Ziehen, Aus der Studienzeit (1912) S. 60.

[2]) Umbreit, Erinnerung an Freiherrn A. v. Arnswaldt (Theol. Studien u. Kritiken Jg. 1857 I) S. 401.

[3]) Henke, Neuere Kirchengeschichte III (1880) S. 60.

[4]) Ehrenfeuchter in Theol. Studien und Kritiken 1855 II S. 740. Sander bei Herzog XI[3] (1902) S. 677.

[5]) Lang, Von und aus Schwaben V (1888) S. 25.

[6]) Ep. gratulatoria (unten S. 30): tota in tui admiratione conversi mente te secuti sumus sequimurque ducem. Baur, Kirchengesch. des 19. Jahrh. (1862) S. 105.

Planck hatte sich bis in sein hohes Alter hinauf frisch und rüstig erhalten. Ein Zuhörer schildert ihn in dem letzten Jahrzehnt seines Lebens als einen hochgewachsenen Mann mit ziemlich starkem Oberkörper, der in raschen kurzen Schritten mit etwas hochaufgehobenen Füßen ging, noch an der alten Tracht festhielt, den Kniehosen, den beschnallten Schuhen, und im Winter mit einem kurzen dunkeln Mantel bekleidet war [1]). Erst seit 1829 nach einem Schlaganfalle bekam seine Gesundheit einen bedenklichen Anstoß. Er schränkte seine Vorlesungen und seinen Umgang ein und sorgte für einen Ersatz, der in dem Ostern 1831 eintretenden Kirchenhistoriker Gieseler, bisher in Bonn, gefunden wurde. Plancks Gemüt blieb bei dem Zurückweichen der körperlichen Kraft unverzagt. All die Liebe, die er im Leben gesammelt, kam noch einmal zum Ausdruck, als im Jahre 1831 sein fünfzigjähriges Professorenjubiläum gefeiert wurde. Man hatte dazu den 15. Mai, den Tag seines Diensteintritts in die Karlsschule, gewählt, der, obschon er dem Wunsche des Jubilars gemäß in aller Stille gefeiert wurde, ihm Ehrenbezeugungen von allen Seiten brachte. Die Universität stiftete ihm einen Ehrenbecher, dessen Inschrift: Theophilo Jacobo Plancio suo poculum hilaritatis senectutis antidotum propinat Georgia Augusta, dem Sinn und der Lebensauffassung entsprach, die man an dem Jubilar kannte [2]). Der König von Württemberg beglückwünschte ihn in einem Handschreiben zu der Feier eines Tages, „an dem ich mit ganz Wüttemberg so gerne einen aufrichtigen Anteil nehme". „In nova patria noster esse nunquam desiisti" schrieb ihm Chr. F. Baur als Dekan der Tübinger evangelischen Fakultät [3]). Auch Tübingens katholische Fakultät war unter den Glückwünschenden und ließ durch ihren Dekan Möhler für manches schöne, gewichtvolle Wort des Friedens danken, das er in die zerrissene Zeit hinein gesprochen, für sein Streben, auch in seinem Gegner mit Liebe das Gute und Wahre aufzusuchen [4]). Viele alte Schüler erinnerten sich des Tages; unter ihnen ein Göttinger Kind, der Sohn eines kleinen jüdischen Händlers, der, in Hamburg erzogen und ausgebildet, zum Christentum übergetreten war und zum Träger einer neuen Epoche der Kirchengeschichtschreibung werden sollte. August Neander, vordem David Mendel geheißen, widmete ihm den damals erscheinenden Teil

[1]) Oehme S. 70.

[2]) Lücke S. 124. Der Pokal, lange im Besitz von G. Planck, befindet sich jetzt in dem des Senatspräsidenten am Reichsgericht, Hugo Planck, des Seniors der Familie.

[3]) Baur, Epistola gratulatoria ad Th. J. Planck (Tüb. 1831).

[4]) Gött. gel. Anz. v. 3. September 1831 S. 1386.

seiner Kirchengeschichte als einen Ausdruck seiner unauslöschlichen herzlichen Dankbarkeit. „Wenn Sie auch mit vielem in diesem Werke nicht zufrieden sind, so werden Sie doch in dem Streben nach wohlwollender Gerechtigkeit den Schüler nicht verkennen, der von dem großen Meister selbst, dem er so vieles verdankt, zuerst gelernt hat, dem suum cuique in der Auffassung der Geschichte nachzustreben. Ihre von dem Geist der Liebe verklärte, nun durch ein halbes Jahrhundert erprobte Gerechtigkeit wird jeder Ihrer Schüler, der in ernster Gesinnung arbeitet, auf seinem Standpunkt anerkennen müssen[1]." Planck dankte in einem lateinischen Rundschreiben für alle ihm erwiesenen Ehrungen und pries es als ein Glück, daß er aus allen Bewegungen und allem Streit der Zeit, die er erlebt und mit durchgefochten hatte, einen neuen edlern Zustand der Kirche je länger je mehr habe hervorblühen sehen. Die ihm angeborene jugendliche Geneigtheit zum Hoffen, die selbst dem Greisenalter nicht weichen wolle, bringe ihn dahin, in allen Zuständen und Verhältnissen zunächst immer das Gute, was Mut und Hoffnung mache, aufzusuchen. Möge noch viel Kampf gegen die Feinde der Freiheit und des Fortschritts und gegen die Verwirrung des Politischen und Religiösen bevorstehen, er sei getrost und vertraue dem himmlischen Fürsorger, der die Weisheit und die Macht habe, auch das Verwickeltste zu entwirren und das Hemmendste zu beseitigen[2]. Sowenig ihn die Julirevolution und was sie im Gefolge hatte erfreute, die Tübinger Gratulationsadresse stellte nicht mit Unrecht den düstern Prophezeiungen Niebuhrs die freudige Zuversicht gegenüber, mit der Planck seine Lebenserfahrungen zusammenfaßte.

Wenige Monate nach dem Jubiläum, am 23. September, starb sein Sohn Heinrich, 46 Jahr alt. Seine schwächliche Konstitution und ein epileptisches Leiden führten zu diesem frühen Tode, in dem die Freunde und auch der Vater eine Erlösung von schwerem Leid erblickten, aber alle doch mit der wehmütigen Erinnerung an den edlen Geist, der mit ihm zur Ruhe eingegangen war. Der Philologe Dissen, der sich sein Grab neben dem seines Freundes wünschte, schrieb an Welcker in Bonn: „Heinrich Planck, der war sehr unglücklich, noch unglücklicher als ich; und welch ein Jüngling zu seiner Zeit, mit welchen Hoffnungen", und an Böckh: „ich gedachte der frühern Zeit, wo er soviel versprach und wir so manche heitere Stunde hatten"[3].

[1]) Kirchengeschichte Bd. II Abteilung 3 (1831).

[2]) Lücke S. 126.

[3]) Dissen, Kl. Schriften (1839) S. XXV; M. Hoffmann, Briefwechsel zw. Böckh u. Dissen (1907) S. 221.

Die goldene Hochzeit, die das Ehepaar Planck am 2. Oktober 1831 in dem geliebten Pfarrgarten zu Lenglern, von Kindern und Enkeln umgeben, feiern konnte, war der letzte Lichtblick im Leben des Patriarchen. Im Frühjahr 1833 starb wider die Abrede, daß sie ihrem Manne den Vortritt lassen solle, die Frau nach 52jähriger Ehe. Am 31. August 1833 folgte er ihr nach.

III.

Die sechs Kinder Plancks (oben S. 14) blieben alle in der neuen Heimat: die Söhne traten in den hannoverschen Staatsdienst; wie die Söhne, verheirateten sich auch die Töchter im Lande. So war die von Süddeutschland eingewanderte Familie bald in Norddeutschland heimisch und verbreitet. Inniger verwandtschaftlicher Sinn hielt sie zusammen und vererbte sich auf die nachfolgenden Generationen. Unter den fünf Kindern, die den Vater überlebten, waren zwei Söhne: Wilhelm, der Jurist, und Fritz, der sich dem Postfache widmete. Von den drei Töchtern war die an den Pastor Kranold in Lenglern verheiratete die älteste; die zweite erhielt einen Platz als Chanoinesse in dem Kloster Marienwerder bei Hannover; durch die dritte wurde eine Verbindung mit dem Wagemannschen Pastorenhause in Göttingen, einer wahren akademischen Pflanzstätte, geknüpft. Von den fünf Kindern des Generalsuperintendenten und Pfarrers an der Johanniskirche Gottfried Wagemann gelangten vier in Universitätskreise: ein Sohn wurde Professor, die drei Töchter heirateten Professoren. Die Familie Planck wurde dabei durch doppelte Verschwägerung mit der Wagemannschen verbunden: die älteste Wagemann heiratete den Professor Heinrich Planck, die jüngste Planck, Heinrike, den Professor Georg Wagemann, der jung als Lehrer der Staatswissenschaften in Lüttich 1825 starb. Von den jüngeren Töchtern Wagemanns wurde die eine die Frau des Prozessualisten Martin, der, aus Bovenden bei Göttingen stammend, ehe er 1805 nach Heidelberg ging, Professor in Göttingen war. Bei einem Besuche ihrer Schwester Martin lernte die jüngste Wagemann Dorothea den Philologen August Böckh, der damals in dem glücklich aufblühenden Heidelberg seine glänzende Wirksamkeit begann, kennen und wurde dessen Frau.

Die Deszendenz der Zwillinge erhielt den Namen Planck in der gelehrten Welt aufrecht. Aus der Ehe Heinrich Plancks mit Johanne Wagemann gingen zwei Söhne hervor, von denen der eine jung starb, als er eben seine theologischen Studien beendet hatte; der andere, Julius Wilhelm, der 1837 als Göttinger Privatdozent seine akademische Tätigkeit begonnen hatte und über Basel, Greifswald und

Kiel nach München gelangte, war der ausgezeichnete Lehrer und Schriftsteller des Prozeßrechts, dessen sich die deutsche Rechtswissenschaft bis zu seinem am 14. September 1900 erfolgten Tode zu rühmen hatte. Seine Söhne sind der Professor der Physik in Berlin, Max und der Senatspräsident am Reichsgericht Hugo Planck.

Der für unsern Zusammenhang wichtigere der Zwillinge ist Wilhelm oder, wie er sich auch schrieb, Georg Wilhelm. Als er sich im Frühjahr 1806 zu einer Reise anschickte, kündigte ihn Planck seinen Freunden in Stuttgart an: im Gegensatz zu seinem Bruder, der eine gelehrte Reise nach Norden antritt, „wird er seinen Weg nach Süden nehmen und also auch zu euch hinauskommen. Dabey wird er aber eigentlich auf das Handwerk reysen, denn der gute Dicke will durchaus nichts andres werden, und es läßt sich durchaus nichts andres aus ihm machen als ein Pandectist. Daran werden ihn auch seine zu kurzen Beine nicht hindern; deßwegen bin ich sehr wohl damit zufrieden“ [1]). Die letzte Bemerkung deutet auf die angeborne Mißbildung seiner Füße, die seinen Gang erschwerte. Von der Tätigkeit des Sohnes berichtet der Vater zugleich: „in der Zwischenzeit — während der Abwesenheit Heinrichs — läßt sich sein Bruder, mein dicker Helm, von seinen Juristen examinieren, schreibt seine Doktors-Disputation, die auch ein grund-gelehrtes Werk wird, wartet aber mit der Promotion auf die Zurückkunft seines Bruders, der auch Magister werden und deßwegen noch im August zurückkommen soll, damit die zwey Promotionen noch in das Prorectorat des Vaters hineinfallen“. Wenige Tage, nachdem er den akademischen Preis gewonnen hatte (oben S. 19), promovierte er am 16. August mit einer Dissertation de successione necessaria. Von der venia docendi, die damals durch die Promotion erlangt wurde, machte er einige Jahre Gebrauch, doch läßt das Unbestimmte und Wechselnde in seinen Ankündigungen schließen, daß seine Vorlesungen keinen erheblichen Erfolg errangen. In den Anfangssemestern erbot er sich zu einem zwölfstündigen Pandektenkolleg; nachher kehrte am häufigsten eine historisch-literarische Einleitung in die Quellen des römischen Rechts und ein Exegetikum nach Hugos Chrestomathie wieder. Vorübergehende Ankündigungen galten dem Strafrecht nach Feuerbach oder dem Untergang der deutschen Reichsverfassung und dem Rheinischen Bunde. Am dauerndsten zog ihn das neue französische Recht an. Aber gerade auf diesem Gebiete herrschte die stärkste Konkurrenz. Schon im Juni 1808 schrieb Heyne an Joh. v. Müller: über den Code fallen alle her [2]). In dem Vor-

[1]) Brief an Spittler 30. März 1806.

[2]) Wiedererstehen des deutschen Rechts S. 9.

lesungsverzeichnis der Gelehrten Anzeigen findet sich ein eigenes Rubrum: Vorlesungen über das bürgerliche Recht nach dem Napoleonischen Gesetzbuch. Vier bis fünf, ja sechs Dozenten erbieten sich dazu. Und nicht bloß das junge Volk, die Spangenberg, Oesterley, Quentin u. a., auch Männer wie Hugo, Bauer, Bergmann sind darunter. Hugo las jeden Winter über den Code, das erstemal sogar in französischer Sprache. Im Winter 1808 auf 1809 kündigte auch Planck eine Vorlesung über den Code mit Rücksicht auf K. S. Zachariaes neuerschienenes System des französischen Zivilrechts an. Ebenso auch in den folgenden Semestern, wo daneben einmal ein größeres Publikum über den eigentümlichen Charakter der Zivilgesetzgebungen der neuern Zeit in Aussicht gestellt wird. Auch seine literarischen Arbeiten schlagen den gleichen Weg ein: die beiden 1809 und 1811 erschienenen Schriften über die Lehre von der Verjährung und über den Besitz behandeln ihren Gegenstand nach französischem Recht. Inzwischen hatte der junge Dozent sich auch in der Praxis umzusehen Gelegenheit gefunden. Er war Assessor bei dem damals vielbeschäftigten Spruchkollegium der juristischen Fakultät und seit 1809 Beisitzer des Tribunals erster Instanz in Göttingen geworden. Diese Tätigkeit wurde durch eine Reise nach Paris unterbrochen, die den Zweck hatte, die französische Gesetzgebung und das Verfahren an Ort und Stelle kennen zu lernen und durch die Unterstützung, die die westfälische Regierung tüchtigen jungen Juristen zum Besuch der école de droit gewährte, ermöglicht war. Mit einem königlichen Stipendium von 3000 Franks begab sich Planck im November 1811 auf die Reise und verweilte bis in den folgenden Juni in Paris. In der fleißigen Korrespondenz, die der sorgsame Vater mit dem Sohne führte, war vorzugsweise von dessen weitern Aussichten die Rede. Staatsrat Leist, der frühere Göttinger Kollege, seit dem Tode Johannes von Müllers der Leiter des öffentlichen Unterrichts im Königreich Westfalen, glaubte dem jungen Planck nach seiner Heimkehr eine Göttinger Professur mit 1800 Franks Gehalt versprechen zu können, mußte aber zunächst den Justizminister Siméon bewegen, ihn aus dem Justizdienst zu entlassen. Das gerade gelang nicht. Erfreut darüber, daß der Sohn mit dem berühmten Juristen Daniels bekannt geworden, der 1805 von Köln nach Paris gekommen war und sich bald als einer der gründlichsten Kenner der neuen Gesetzgebung bewährte, riet der Vater Planck, sich ein empfehlendes Wort von ihm an den Minister zu verschaffen. Das hatte Erfolg, bewirkte aber, daß der Minister den jungen Planck bei der Praxis festzuhalten beschloß. Ein Brief des Vaters an den Sohn (2. April 1812) ist so bezeichnend für den Charakter des Briefschreibers und die Stimmung jener verhängnisvollen Übergangszeit, daß er hier mitgeteilt zu werden verdient.

So weit sich in dem gegenwärtigen Welt-Zustand die äußere Zukunft eines Menschen sichern läßt, so gut scheint jetzt nach dem Leistischen Plane für Deine nächste und durch die Schule, die Du in den letzten drey Jahren durchgemacht hast, auch für Deine entferntere Zukunft auf mehrere Fälle gesorgt zu seyn. Auf dieß letzte möchte ich fast mehr Wehrt setzen als auf das erste. Es scheint zwar nicht, daß jetzt vorläufig etwas dazwischen kommen dürfte, aber auf Jahre hinaus läßt sich würklich gar nicht rechnen. Was gegenwärtig im Werk ist, mag wohl noch niemand in seinem ganzen Umfang wissen, als der Urheber des Werks. Mir scheint es aber, daß sich die letzte Haupt-Krisis daraus entwicklen könte, die aus der Verwirrung der letzten 20 Jahre hervorgehen muß; deßwegen sehe ich dem Gang der Ereignisse mit gespannter, aber doch ruhiger Aufmerksamkeit zu, so gewiß es mir auch dabey ist, daß sich das Ganze nur mit einer Welt-Erschütterung endigen kann, die ungleich gewaltsamer und furchtbarer seyn wird, als alle, die wir schon erlebt haben. Für den einzelnen Menschen, der auf keinem Platz steht, wo er in den Gang der Ereignisse eingreifen kann, wird es allerdings dabey erste Pflicht, sich nur selbst die Receptivität des Gefühls für das Gute und zugleich mit der ganzen Kraft seines Geistes den Glauben zu erhalten, daß das Nicht-Gute nie auf die Dauer siegen kann. Aber dabey kann zugleich jeder in seinem Krayse das Schlechte meiden, das Beste wollen und das Gute thun, und wer nur diesem Ziel mit Treue und festem ernsten Willen nachstrebt, für den wird es gewiß möglich, auch unter der höchsten Verwirrung des äußeren Lebens seine Ruhe zu behaupten. Die Theorie unserer Lebens-Philosophie, die das Glück und die Ruhe des Menschen nur auf sein Bewußtseyn und auf die klare Ansicht seiner Beziehungen auf das unveränderliche, ewige und göttliche gründet, ist Dir gewiß nicht unbekannt, lieber Wilm! aber daß Du sie noch praktisch zu lernen nöthig hast, dies hat mir auch Dein Schrecken verrathen, womit Du jetzt noch daran zurückdenkst, daß Du nach Osterode hättest kommen können. Ein hübscher Philosoph, der noch nicht einmahl das Horazische est Ulubris nachsagen kann[1]). Da fällt mir aber so eben noch eine Probe ein, auf die ich Deine Philosophie setzen kann! — Nächstens wird ein Herr Olbers von Bremen Dich in Paris aufsuchen[2]), welchem Hugo ein kleines opusculum an Dich mitgegeben hat. Er glaubte, daß es Dich intereßiren würde, und dieß verdient dann von Deiner Seite die Artigkeit, daß Du ihm dafür danken mußt, so gewiß er auch selbst dabey intereßirt sein mag, ein opusculum biß nach Paris zu bringen. Laß also sehen, ob Deine Philosophie einen kurzen freundlichen Brief an ihn zusammenbringen kann, der allenfalls einige juristische Pariser Neuigkeiten enthalten mag.

Mochte der Ausgang auch unerwartet kommen, die Lebensphilosophie des Vaters reichte weit genug, um an der neuen Bestimmung des Sohnes die guten Seiten herauszufinden. Er erhielt im Laufe

[1]) Horat. Epist. I 11,30. Ulubrae ein Städtchen in Latium.

[2]) Der berühmte Astronom Wilh. Olbers von Bremen, der in den siebziger Jahren Medizin in Göttingen studiert hatte, zum Mitgliede des Corps législatif ernannt, auf der Reise nach Paris seinen Freund Gauß in Göttingen im Frühjahr 1812 besucht hatte. Bremische Biographie (1912) S. 370.

des Jahres 1812 eine Anstellung als Richter in dem Departement der Werra, bei dem Tribunal zu Eschwege. Die große Umwälzung, die rascher eintrat, als der Vater Planck erwartet hatte, brachte den Sohn nach Göttingen zurück und in befriedigende Verhältnisse. Er wurde 1814 Assessor, 1817 Justizrat bei der wiederhergestellten Justizkanzlei. Zu seinen Kollegen Kern und v. Pufendorf bildete sich ein nahes Freundschaftsverhältnis. Ebenso zu dem Philologen Dissen, der, aus dem Pfarrhause zu Großen-Schneen bei Göttingen stammend, gleichzeitig mit den Brüdern Planck die Privatdozentenzeit in Göttingen verlebt hatte. Im Sommer 1819 machte Planck mit Dissen eine Rheinreise, die sie zu Welcker nach Bonn führte und für Planck in Schwaben endete [1]). Lange blieb er Junggeselle. Aber im Januar 1822 klagt Dissen gegen Böckh, das Heiraten werde unter seinen Bekannten geradezu epidemisch, denn nach Planck habe sich nun auch der Justizrat Kern verlobt, und er werde bald allein in der Krone essen müssen [2]). Planck war ein Mann von 37 Jahren, als er sich mit Doris Oesterley, der Tochter eines Kaufmannes, der sich um die Mitte des 18. Jahrhunderts in Göttingen niedergelassen hatte, verheiratete. Gleich seinen Geschwistern trat Planck damit in einen ausgebreiteten Verwandtenkreis hannoverscher Familien; denn wenn die Oesterleys auch noch Neulinge im Lande waren, so gehörte doch ihre Stammmutter zu der zahlreichen Nachkommenschaft, die sich gleich der Familie Nanne zu Ratzeburg und verschiedenen Zweigen der Familie Bacmeister auf das Haus des Pfarrers Schwartzkopf zu Barterode (Kreis Uslar) zurückführte. Die Oesterleys wurden eine für Stadt und Universität Göttingen wichtige Familie. Georg Oesterley, der Schwager Plancks, eine treue Stütze seiner früh verwaisten Schwester, diente der Universität als Dozent, als Universitätsrat in ihrer Justiz und Verwaltung und literarisch durch seine Geschichte der Universität in dem Zeitraum 1820—37, eine zur Säkularfeier bestimmte Fortsetzung der Pütter-Saalfeldschen Gelehrtengeschichte. Von seiner in den verschiedensten Gebieten des Lebens bewährten Deszendenz seien nur seine beiden Söhne genannt: Ferdinand, Bürgermeister von Göttingen in den Jahren 1853—58 und Verfasser des verdienstvollen Buches: Das deutsche Notariat (1842—45), und Karl, eine Zeitlang als Professor der Kunstgeschichte in Göttingen angestellt, hauptsächlich aber als Maler, zuletzt in Hannover lebend, bekannt.

Plancks Freundeskreis an der Justizkanzlei sprengte zu Ende der zwanziger Jahre die Berufung Pufendorfs nach Celle, des Vertreters

[1]) Hoffmann, Briefwechsel zw. Böckh und Dissen S. 27, 32.

[2]) Hoffmann, a. a. O. S. 151.

der vierten Generation der Familie im Tribunal; drei Jahre später, 1832, folgte ihm Kern, und als 1833 durch den Tod von Ernst Spangenberg eine neue Vakanz entstand, traf Planck die königliche Ernennung. Sein alter Vater erlebte noch die Freude, den Sohn dies höchste Ziel des hannoverschen Juristen erreichen zu sehen. Gemäß den alten bis 1867 festgehaltenen Ordnungen war der Eintritt in das Gericht durch Skrutinium und Examen bedingt. Der Familienvater, ein Mann von 48 Jahren, begab sich zu Anfang Juni auf den Weg, machte in Hannover die vorschriftsmäßigen Besuche und meldete sich in Celle zur Entgegennahme der schriftlichen Arbeiten, die an Ort und Stelle angefertigt werden mußten. Bis zum 22. Juli hatte er die erste, bis zum 13. August die zweite abgeliefert und konnte nach Göttingen zurückkehren. In der Pause, während er hier verweilte, starb sein Vater. Nachdem er am 23. September das mündliche Examen abgelegt hatte, erhielt er am 26. sein Patent und wurde folgenden Tages in sein Amt eingeführt und beeidigt. Nach vierzehnjähriger Tätigkeit in Celle kehrte er 1847 als Direktor der Justizkanzlei oder, wie sie seit der Organisation von 1850 hieß, des Obergerichts in seine Vaterstadt zurück.

Planck genoß eines großen Ansehens bei der Regierung und in der Juristenwelt. Nicht erst seit seiner Ernennung zum Oberappellationsrat, die selbst schon Zeugnis für seinen Ruf ablegt. Als der Landtag das Prozeßrecht zu kodifizieren und zu reformieren beantragt hatte, wurde Planck von der Regierung mit der Ausarbeitung eines Entwurfs betraut. Er muß sich damit schon während der Göttinger Zeit beschäftigt haben; denn bereits 1835 erschien der „Entwurf der Prozeßordnung in bürgerlichen Rechtsstreitigkeiten für das Königreich Hannover“ als Manuskript gedruckt (Hannover, gedr. b. d. Gebrüdern Jänecke, 488 S. in 4°). Ein umfassendes Werk in sechs Teilen: Allgemeine Bestimmungen. Ordentlicher Prozeß. Besonderes Verfahren für einzelne Sachen (Arrestprozeß, Wechselprozeß u. a.). Rechtsmittel. Hülfsvollstreckung. Konkursverfahren. Der Entwurf, 2730 Paragraphen umfassend, blieb bei den Grundsätzen des gemeinen Rechts, der Schriftlichkeit, der Verhandlungsmaxime und der Nichtöffentlichkeit des Verfahrens, besserte aber mannigfach in Einzelheiten der Form wie des Inhalts. Zur Vorlage an die Stände kam es nicht, da in den nächsten Jahren andere legislatorische Sorgen näherlagen. Erst zehn Jahre später beschäftigte der Entwurf, in einer von Justizrat Bacmeister umgearbeiteten Form, den Landtag. Aber auch in der erneuten Gestalt sollte der Entwurf nicht zum geltenden Gesetz werden; denn wenn auch die verabschiedete Vorlage unterm 4. Dezember 1847 publiziert war, so wurde sie doch neun Tage, bevor sie in Kraft treten sollte, durch Gesetz vom 22. April 1848 aufgehoben, da inzwischen das Programm des Märzministeriums Öffentlichkeit und Mündlichkeit als Grundlagen des Verfahrens proklamiert hatte.

Als nach dem Verfassungsumsturz von 1837 die wahlberechtigten Korporationen Abgeordnete in die Zweite Kammer zu entsenden berufen wurden, erschien von dem Senat der Universität Göttingen bei dem Wahltermine am 18. Februar 1838 nur ein Teil der Mitglieder, während andere es vorzogen, ihre Verfassungstreue durch Fernbleiben kundzugeben. Die Anwesenden wählten Gauß und, nachdem er abgelehnt hatte, beinahe einstimmig den Oberappellationsrat Planck in Celle. Ohne daß er noch darum nachgesucht hatte, erteilte ihm die Regierung den erforderlichen Urlaub, offenbar in dem Glauben, er sei ihr Mann. Als er ihr dann aber freimütig darlegte, wie er die politische Lage beurteile und daß er als Mitglied der Ständeversammlung nur nach seiner Überzeugung handeln und stimmen werde, zog die Regierung ihre Urlaubserteilung ebenso schnell wieder zurück. In Göttingen, wo man am 28. Februar schon um seine Ablehnung wußte, bedauerte man sie um so mehr, als Hofrat Albrecht, einer der Sieben, der noch in Göttingen verweilte, Planck als einen redlichen Mann gerühmt hatte, der auch Festigkeit genug besitze, die Gültigkeit des Grundgesetzes zu behaupten[1]). Planck hat sein Verhalten bei der Regierung nicht geschadet. Er wurde 1839 zum außerordentlichen Mitgliede des Staatsrats ernannt. Bei seiner Versetzung nach Göttingen wurden ihm besondere Pensionszusicherungen für seine Frau und seinen Sohn zuteil, vermutlich zum Ersatz der günstigeren für die Angehörigen der Oberappellationsräte bestehenden Bedingungen. Gleich seinem Vorgänger Stromeyer wurde ihm das Amt eines Regierungsbevollmächtigten bei der Universität übertragen. Plancks Bedenken gab der König so weit nach, daß er, wenn sich ein erhebliches Hindernis für die Erfüllung seiner Amtspflichten ergeben oder er sich den Anforderungen des Auftrags zu genügen außerstande sehe, um Enthebung nachsuchen dürfe. Sie erfolgte am 20. Juli 1848 aus ganz andern Gründen. Der generelle Bundesbeschluß vom 2. April, der die seit 1819 erlassenen Ausnahmegesetze des Deutschen Bundes aufhob, machte auch der Überwachung der Universitäten durch Regierungsbevollmächtigte ein Ende.

[1]) Wilh. Grimm an Jakob 20. Februar 1838 (Ippel, Briefwechsel zwischen J. und W. Grimm, Dahlmann I 94).

Zweites Kapitel.

Jugendjahre.

Gottlieb Planck, das einzige Kind des Justizrats Planck, wurde am 24. Juni 1824 geboren. Die Eltern bewohnten damals den zweiten Stock in dem an der Leinebrücke gelegenen Grätzelschen Hause, einem der ansehnlichsten Häuser auch noch des heutigen Göttingens. Es führte seinen Namen nach seinem Erbauer, dem Oberkommissär Grätzel, einem um das Wiederaufleben der Göttinger Wollindustrie im 18. Jahrhundert verdienten Manne, und blieb in den Händen seiner Erben fast bis auf die Gegenwart, wo es zum Hotel National geworden ist. Am 15. August wurde Gottlieb Planck getauft; der ehrwürdige Großvater nebst dem Onkel Universitätsrat Georg Oesterley waren die Paten. Der zeitige Prorektor, der Philologe Mitscherlich, hatte zur Feier des Tages von seinem Rechte Gebrauch gemacht, eine Matrikel unentgeltlich zu erteilen, und da auch zu den schenkweise gewährten Matrikeln die gewöhnlichen Formulare benutzt wurden, gelobte der zwei Monate alte Knabe: „Carolus Georgius Theophilus Planck Goettingensis juris studiosus sancte et jurisjurandi loco“, nicht bloß die akademischen Gesetze zu beobachten, sondern auch „nationalismum omnisque generis conventicula clandestina, res ubique vetitas et explosas, aversaturum; neminem ad duellum provocaturum aut, si provocatus fuerit, non compariturum.“ An der Erziehung des Knaben nahm neben dem elterlichen das großelterliche Haus teil, namentlich durch die Tante Wagemann, die, verwittwet (oben S. 32) mit ihren Kindern nach Göttingen zurückgekehrt, im Hause ihrer Eltern wohnte und gelegentlich die Mutter vertrat. Die erste Schule, die Planck besuchte, war eine jener Pfarr- oder Kantorenschulen, wie sie, damals die Volksschulen ersetzend, bei den einzelnen Kirchen der Stadt gehalten wurden. Neben dem Kantor Diederichs war einer seiner ersten Lehrer der Vetter Wilhelm, der spätere Münchener Prozessualist, der, um sieben Jahre älter, ihn privatim in den

Anfangsgründen der fremden Sprachen unterrichtete. Gleich nach dem Tode des Großvaters siedelten die Eltern nach Celle über. Der Sohn kam auf das unter dem Direktor Ernst Kästner stehende Gymnasium und machte alle Klassen glatt durch, so daß er Ostern 1842 das Abiturientenexamen, und zwar mit Nr. 1, bestand. Ein frischer, kräftiger Junge, ging er nicht in die Schulstudien auf, sondern tummelte sich auch mit seinen Freunden und Schulkameraden in körperlichen Übungen und Spielen. Die Schüler hätten keine jungen Philologen sein müssen, wenn sie nicht den Namen Planck zum Gegenstand ihrer Unterhaltung gemacht hätten. Sie kannten aus ihrem Cäsar den Legaten Munatius Plancus, und die Verse der Horazischen Ode: ad Munatium Plancum hatten sich ihnen tief eingeprägt. Der neue Schulkamerad aus Göttingen, der den auf der Universität fortlebenden Kneipnamen Munaz erhielt, wußte aus der schwäbischen Familientradition von der am Rathause zu Basel befindlichen Statue des römischen Ahnherrn, der die colonia Augusta Kauracorum gegründet hatte, zu erzählen. Eine kritischere Betrachtung wird den Namen, der zu Ende des Mittelalters durch einen in Rom tätigen Drucker Stephan Planck von Passau vertreten ist, von einer Wohnung an den Planken einer Stadt herzuleiten geneigt sein, die zu deren Befestigung dienten und gleich den Mauern, Wällen, Pforten, Türmen, Straßen und Plätzen von den Lehrmeistern des Städtebaus her in den deutschen Sprachschatz gekommen sind [1]).

Die Jahre des Celler Aufenthalts waren für den jungen Planck eine Zeit ruhiger Entwicklung. Beide Wohnungen, die die Eltern innehatten, zuerst im Hause des Grafen Schwichelt an der Trift, nachher in der sogenannten Katerburg, dem Hause des Präsidenten v. Schlepegrell, verschafften dem Knaben durch ihre großen, schattigen Gärten in der Stadt die Vorzüge des Landlebens. War er auch das einzige Kind, so verstanden es doch die Eltern, den Nachteilen entgegenzuwirken, die aus solcher Einsamkeit entspringen können. Sie hatten immer junge Verwandte im Hause, die mit Gottlieb zusammen aufwuchsen. So Otto Nanne, Sohn des Oberamtmanns in Wustrow, der seit 1840 die Celler Schule besuchte und zu Ostern dieses Jahres zusammen mit Gottlieb nach der Vorbereitung durch Pastor Heimbürger

[1]) Über Stephan Planck F. Kapp, Gesch. des deutschen Buchhandels I (1886) S. 188. Die Schreibung des Namens mit ck hat sich erst im Laufe des 19. Jahrhunderts befestigt. Die Bilfingerschen Stammtafeln (oben S. 6) schreiben noch Plank; die Schrift G. J. Plancks von 1817 über den gegenwärtigen Zustand (oben S. 24) zeigt auf dem Titel und als Unterschrift der Vorrede noch die Form Plank.

von Konsistorialrat Schuster konfirmiert wurde. Noch vor Nanne war Auguste Bacmeister ins Plancksche Haus gekommen, eines der sieben früh verwaisten Kinder des Majors Bacmeister, in deren Aufnahme sich die Verwandten geteilt hatten. Auch sonst kam viel jugendlicher Besuch ins Haus. Der Vater hielt darauf, daß die geistige Unterhaltung nicht zu kurz kam. Abends nach dem Tee pflegte er der Gesellschaft vorzulesen, hielt aber unerbittlich auf rechtzeitigen Abschied. Unbeirrt durch die Proteste der Jugend, die noch hören wollten ob „sie sich kriegten", schloß er mit den Worten: Ende dieser Vorlesung, aber nicht dieses Buches". Unter den Schulfreunden waren die nächsten die Söhne der Hofrätin Deneke, Albert und Karl, die ihm auch im spätern Leben eng verbunden blieben. Aller Freundschaft ungeachtet, die er in Celle fand, war ihm und seinen Eltern Göttingen die rechte Heimat. Alljährlich besuchten sie die dortigen Verwandten, die ihnen einen Mietwagen nach Celle schickten. Auch sonst sorgten die Eltern dafür, durch Reisen Abwechslung in ihr und ihres Sohnes Leben zu bringen. Waren es auch meist Besuche bei Verwandten, so wurden ihm doch dadurch Land und Leute in Hannover und seiner Nachbarschaft, wie Hamburg, Mecklenburg bekannt. Bei dem Abgang von der Schule war Planck unter den sechs Primanern, die im Schulprogramm bei der öffentlichen Redeübung am 21. März 1842 um geneigtes Gehör baten. Aus seiner die beiden Gegensätze „Der Mensch des Menschen größte Plage" — „Der Mensch des Menschen größtes und süßestes Bedürfnis" behandelnden Abschiedsrede seien nur ein paar bezeichnende Sätze hervorgehoben: „ein Leben, dem eine Freundessonne leuchtet, kann nicht unglücklich genannt werden; ist ja auch unser herbes Klima nur auf ein paar vollkommene Tage beschränkt, die den Frühling rein und unverfälscht bieten, und doch bleibt er uns der hochersehnte Frühling, doch lebt er in unsern Gesängen wie ein großer uneingeschränkter Reichtum". Ein fester und tapferer Sinn spricht aus den Worten „tugendhaft kann nicht genannt werden, wer sein Leben ohne Kämpfe, ohne Reizung zum Bösen verbracht hat. Tugend ist keine Tugend mehr, wenn sie ohne Kampf ist; eine feste unerschütterliche Seelenruhe kann nur durch ein bewegtes Leben erworben werden". Die Rede endet mit dem Ausblick: „eine ruhige aber ewig feste Wärme für das Wohl der gesamten Menschheit wird trotz aller Leiden und Täuschungen den schönen Abend des Lebens verwirklichen, den der Jüngling in seinen Träumen die bewegte tatenreiche Laufbahn krönen und schließen sah". Als Planck seine Schulzeit rühmlich beendet hatte, schrieb seine Mutter in ihr Tagebuch: mehr als sein Wissen beglückt mich seine

Gewissenhaftigkeit und sein Charakter. Seine Studentenjahre bewährten das mütterliche Wort.

Daß der Sohn eines hohen hannoverschen Beamten das juristische Studium ergriff, verstand sich so gut wie von selbst. Hatte Planck auch von der Schule her eine Neigung zu den Naturwissenschaften, die ihn sein Leben hindurch nicht verließ, so siegte doch übereinstimmend mit dem väterlichen Wunsch der Entschluß Jurist zu werden. Zunächst die Universität Göttingen aufzusuchen, war nicht weniger der gewiesene Weg. Am 25. April 1842 wurde er auf Grund seiner mit ihm fast gleichalterigen Matrikel vom Prorektor Bergmann inskribiert. Die Zustände der Universität waren zur Zeit wenig erfreulich. Der Schlag von 1837 war nicht verwunden; neue Lehrer, die die Vertriebenen hätten ersetzen können, waren nicht gewonnen. Zum Teil waren sie unersetzlich. Wer hätte an die Stelle eines Jakob Grimm, eines Dahlmann treten können? Welche Verblendung gehörte dazu, ein Land, eine Universität, das sieben Männer wie diese besaß, ihrer zu berauben! Die gute Meinung, deren sich die hannoversche Regierung lange und nicht zum wenigsten eben durch ihre der Universität gewidmete Pflege erfreut hatte, war dahin. Der Besuch verringerte sich seit jenem Jahr fortwährend. Den überwiegenden Teil der Studentenschaft machten die Landeskinder aus; ihre Zahl übertraf die der Nicht-Hannoveraner um das Doppelte. In Plancks erstem Semester kamen von der Gesamtzahl 728 auf die Hannoveraner 480, auf die Nicht-Hannoveraner 248. Während seiner Studienzeit sank die Gesamtziffer noch um fast hundert. Bei der Zählung am 24. Mai 1845 — damals und noch längerhin wurden an einem bestimmten Tage des Semesters Zählungen von Haus zu Haus durch die Pedellen vorgenommen — wurden 633 als immatrikuliert ermittelt, wovon 431 Landeskinder, die übrigen 202 Ausländer waren. Den größten Anteil hatten daran in der Regel die Juristen. Ihre Zahl bewegte sich in Plancks Studienjahren zwischen 268 und 203. Am nächsten standen ihnen die Mediziner, deren Zahl rund 200 betrug und in einigen Semestern die der Juristen übertraf. Der Theologen gab es im Durchschnitt anderthalb Hundert; die Philosophen erreichten regelmäßig noch nicht die Zahl hundert.

In der juristischen Fakultät war der namhafteste Mann der Pandektist Mühlenbruch, in dessen Kolleg sich mehr als die Hälfte aller Juristen zusammenfand. Rudolf v. Bennigsen, der ein Semester später als Planck die Universität bezog, gibt die Zahl der Zuhörer im Winter 1842/43 auf 160 an. Für die Trefflichkeit dessen, was Mühlenbruchs Vorlesungen boten, haben wir das Zeugnis von Georg

Bruns, der sie sieben Jahre früher hörte. Planck, der Mühlenbruch die Einführung in die Rechtswissenschaft zu danken hat, lobte die deutlichen und geistreichen Erläuterungen des Institutionenkollegs[1]). Ein Name alten Ruhmes war Gustav Hugo. Den achtzigen nahe, las er außer dem römischen Recht Enzyklopädie, die Planck bei ihm hörte: ein Kolleg, in dem man, wie mir ein Teilnehmer, H. A. Zachariae, erzählte, de omnibus rebus et quibusdam aliis erfuhr, unter anderm auch wie man sich selbst rasieren könne. Der große Gelehrte, der so bedeutsam in die Entwicklung der deutschen Rechtswissenschaft und des Rechtsunterrichts eingegriffen hatte, war ein wunderlicher alter Herr geworden, der nur noch wenige Zuhörer, meistens Söhne von Vätern, die zu ihm Beziehung hatten, um seinen Lehrstuhl sammelte. Der kleinen Schaar — Planck hörte bei ihm mit drei oder vier andern — nahm sich Hugo mit väterlichem Wohlwollen, auch gastfreundlich, an. Die ersten beiden juristischen Lehrer Plancks starben noch in seiner Studienzeit: Mühlenbruch am 17. Juli 1843, Hugo am 15. September 1844. Die Ergänzungsbedürftigkeit der Universität, die sich nach 1837 durch neue Verluste noch gesteigert hatte, blieb auch der akademischen Jugend nicht verborgen, wenngleich Planck durch seine Verwandtschaft mehr davon erfahren mochte als andere. Die Regierung habe, schrieb er nach Hause (14. Juli 1842), um Göttingen wieder zu heben, fünf ordentliche und sieben außerordentliche Professoren ernannt, aber leider fast lauter ziemlich obskure Leute, während die Universität der Männer von Ruf bedürfe. Die seien aber nicht gerufen oder hätten abgelehnt. Das Urteil des jungen Studenten war nicht ganz unbegründet. Man hatte sich bei den Ernennungen an lauter Göttinger gehalten, Privatdozenten zu Extraordinarien, Extraordinarien zu Ordinarien gemacht. Ordinarien wurden die klassischen Philologen Schneidewin und Leutsch; der Ästhetiker Bohtz; Carl Oesterley, Plancks Vetter (oben S. 36) und Heinrich Albert Zachariae, der einen Ruf nach Jena als Professor des Strafrechts und Mitglied des Oberappellationsgerichts abgelehnt hatte. Zu Extraordinarien stiegen auf der Arabist F. Wüstenfeld, der Historiker Schaumann, der Philosoph Krische, der Orientalist Bertheau, der klassische Philologe Wieseler und der Physiker Karl Himly. Die Juristenfakultät war durch diese Ernennungen nicht verstärkt, da ihr Zachariae schon vorher angehörte. Erst die erwähnten Todesfälle, zu denen noch die des Kriminalisten Anton Bauer (1. Juni 1843) und des Prozessualisten Bergmann (28. Februar 1845) kamen, trieben die Regierung an, der Fakultät frisches Blut zuzuführen. Es gelang

[1]) Oncken, Bennigsen I 89. C. G. Bruns, kl. Schriften I (1882) S. XII.

dem Geh. Kabinettsrat Hoppenstedt, der seit 1826 im Kuratorium die Universitätsangelegenheiten leitete und alle die berühmten Namen, die Göttingen seitdem besaß, insbesondere auch die Sieben für Göttingen gewonnen hatte, von 1843 ab durch Berufungen von auswärts die juristische Fakultät wieder zu heben. Der Romanist Wilhelm Francke, der 1831 von Göttingen nach Jena gegangen war, der Prozessualist Briegleb von Erlangen, der Kieler Herrmann, der Strafrecht und Kirchenrecht vertrat, der Marburger Ludwig Duncker für deutsches Recht: sie alle haben mit Ausnahme des letzten, der nach wenig Jahren starb, Jahrzehnte lang mit großem Erfolge in Göttingen gewirkt. Nur von einigen dieser Neuberufenen hat Planck noch Nutzen ziehen können. Er war ein fleißiger Student und hatte von vornherein Freude an der Jurisprudenz. Die Institutionen, die Mühlenbruch alle Morgen um sieben Uhr las, hat er nur dreimal geschwänzt, wie er der Mutter auf ihre Nachfrage beichtete und spezifizierte. Aus seinem Jean Paul, den er auf der Universität gleich den Juristengenerationen vor ihm wie Thöl und August Reichensperger, Bruns und E. Herrmann[1]), mit Vorliebe liest, hat er sich den Vorwurf gegen die Schule gemerkt, daß sie den Kindern zwar Ideen beibringe, ohne aber deren Handhabung zu lehren. „Ihre Gedanken sollen in der Schule so unbewegt sein wie ihr Steiß", zitiert er aus der Unsichtbaren Loge. Die Universität dagegen läßt es sich angelegen sein, die Gedanken zu entfalten und zu bewegen, wie Planck schon im ersten Semester erfährt, wenn er gleich vieles erst fühlt, ohne es sich schon recht zum Bewußtsein bringen und ausdrücken zu können. In seiner speziellen Wissenschaft geht es ihm so mit dem Unterschied der zivilrechtlichen Sukzession und der Bonorum possessio. Doch das Wesen und die Basis der ganzen Jurisprudenz glaubt er klar erfaßt zu haben. Neben den juristischen Vorlesungen hörte er in seinem ersten Semester, wo alte Liebe noch nachzuwirken pflegt, theoretische und Experimentalphysik bei dem jungen Professor Himly.

Das erste Göttinger Semester mag Planck manchmal wie eine Fortsetzung des häuslichen Lebens vorgekommen sein. Er hatte sein Quartier in dem alten Planckschen Hause an der Johannisstraße, in dem die Tante Wagemann auch nach dem Tode des Großvaters wohnen geblieben war, und hauste Wand an Wand mit seinem Vetter Gustav Wagemann, dem nachmaligen Göttinger Stadtsyndikus und spätern Celler Oberappellationsrat, der, um einige Jahre älter als

[1]) M. Art. Thöl in ADB. 38, 47; Bruns I S. XI; v. Kirchenheim, E. Herrmann (1912) S. 9.

Planck, dem Fuchs die Wege und Stege des akademischen Lebens zeigen konnte. Erst sein zweites Semester brachte ihn in eine fremdartige Umgebung. Der väterliche Plan, der Sohn solle die Pandekten zuerst bei Savigny und dann nochmals bei Mühlenbruch, der für den Anfänger zu schwer schien, hören, wurde unausführbar, da Savigny zu Ende des Wintersemesters 1841/42 seine Professur niederlegte und Minister wurde. Der Gedanke, Planck das zweite Semester in Berlin studieren zu lassen, wurde darum nicht aufgegeben, nur daß an die Stelle Savignys sein Nachfolger Puchta trat. Planck blieb zwei Semester in Berlin. Im Winter 1842/43 hörte er bei Dirksen römische Rechtsgeschichte, bei Puchta Pandekten, denen im Sommer das Erbrecht nachfolgte. Das zweite Berliner Semester war im übrigen dem deutschen Rechte gewidmet: Homeyers Privatrecht nebst Lehn- und Handelsrecht und Bauernrecht, v. Lancizolles Reichs- und Rechtsgeschichte. Neben den juristischen Vorlesungen gingen philosophische her: bei dem jungen Extraordinarius K. Werder Logik und Metaphysik; bei Dr. Maercker Aristoteles Rhetorik und Platos Lehre von den Gesetzen[1]). Kolleghefte erleben mancherlei Schicksale, und so muß es dahingestellt bleiben, ob es mehr als Zufall ist, daß sich von allem, was Planck in Göttingen und Berlin nachgeschrieben, in seinem Nachlasse nur das Puchtasche Pandektenheft erhalten hat. Ob ihm die Philosophie Hegels durch die genannten Dozenten oder andere Kanäle nahe getreten ist, ist nicht zu ermitteln. Die besorgte Mutter glaubte religiöse Zweifel des Sohnes auf diese Quelle zurückführen zu müssen. Auf die Dauer haben sie bei ihm keine Stätte gefunden. An den künstlerischen Genüssen Berlins nahm er freudigen Anteil; eine Aufführung der Antigone, des Goetheschen Torquato Tasso bereiteten ihm eine Erhebung, daß sein Vater davon einen Schutz gegen alle Torheiten des Studentenlebens erhoffte. Der ausgedehnte Plancksche Familienzusammenhang wirkte auch nach Berlin hin. Planck verkehrte fleißig bei Böckh, dessen erste 1829 verstorbene Frau aus Göttingen stammte (oben S. 32), und kam in freundschaftliche Beziehungen zu den Kindern des Hauses, dem gleichalterigen Richard, dem späteren Statistiker, und Marie, die 1854 die Gattin Gneists wurde.

Im Herbst 1843 nach Göttingen zurückgekehrt, hörte Planck einen Teil der Berliner Kollegien zum zweiten Male: die römischrechtlichen bei Ribbentrop und Francke, deutsches Privatrecht bei Kraut. Neu kamen hinzu: Zivilprozeß bei Duncker, Kirchenrecht bei Kraut, Kriminal-

[1]) Abschrift von Plancks Abgangszeugnis, die ich dem Sekretariat der Universität Berlin verdanke.

recht und Staatsrecht bei Zachariae, Kriminalprozeß bei dem jungen Privatdozenten Otto Mejer. Fast jedes Semester machte er ein praktisches Kolleg mit: Zivilpraktikum, Prozeßpraktikum, Relatorium, alle drei bei dem Privatdozenten Dr. Wolff. Hannoversches Privatrecht bei Dr. Grefe, gerichtliche Medizin bei Prof. v. Siebold und Zivilbaukunst bei Dr. Focke vollendeten den normalen juristischen Kursus. In die nicht juristischen Kollegien, die Planck hörte, teilten sich Roscher und Schaumann. Roscher las außer über Nationalökonomie über Politik und europäisches Völkerrecht, Schaumann über neuere europäische Staatengeschichte. Aus dem Abgangszeugnisse mag nur das berichtet werden, daß es das Gesehen des Regierungsbevollmächtigten, des Kanzleidirektors Stromeyer, und den Vordruck zeigt: auch wird nach Vorschrift des Bundesbeschlusses vom 13. Nov. 1834 bezeugt, daß er wegen Teilnahme an unerlaubten Verbindungen hier nicht in Untersuchung gekommen ist.

Das studentische Verbindungsleben, dem ihn der Vater entronnen glaubte, erfaßte ihn nach seiner Rückkehr von Berlin. War er schon in seinem ersten Göttinger Semester geneigt gewesen, der Landsmannschaft der Hanseaten, einer sehr zahlreichen und angesehenen Verbindung, beizutreten, so war das unterblieben, weil gerade damals alle Verbindungen „abgefaßt“ wurden. Nach den akademischen Gesetzen waren Verbindungen jeder Art untersagt, farbige Abzeichen durften nicht getragen werden. Nichtsdestoweniger bestand das alles und wurde bis zu einem gewissen Grade toleriert. Nur veranstaltete die akademische Behörde zur Beruhigung ihres Gewissens alle paar Semester eine sog. Abfassung, ermittelte in einem kurzen Untersuchungsverfahren, welche Verbindungen bestanden und wer ihre Mitglieder waren, die dann nach dem Grade ihres Verschuldens mit Relegation, Unterschrift des consilium abeundi oder Karzer bestraft wurden. War die Abfassungsperiode vorüber, so taten sich die Verbindungen unbekümmert wieder auf. Da die Paukereien außerhalb der Stadt, auf der Landwehr, bei Ulrici (vor dem Gronertore) oder auf dem Rohns, immer abgefaßt wurden, war man so dreist, sie in die Stadt, auf einen Boden der Restauration am Wilhelmsplatze, dem Sitze des akademischen Gerichts in der Aula gerade gegenüber zu verlegen und entging in diesem Schlupfwinkel wirklich eine Zeitlang dem Auge des Gesetzes. Bei seiner Rückkehr von Berlin fand Planck die Hanseaten wieder aufgelebt und wurde, wenn auch nur für kurze Zeit, ihr Mitglied. Seit dem Jahre 1844 war in Göttingen eine Reformbewegung im Gange, die die Gleichstellung der Studierenden untereinander und die Besserung der akademischen Sitte durch Einschränkung des Duells erstrebte. In der Studentenschaft dominierten bis dahin die Korps und die Landsmannschaften, die sich in der Hauptsache von jenen nur durch den Ausschluß der Bestimmungsmensuren unterschieden. Hatte es also die Reformbewegung auch auf Verwirklichung demokratischer Gleichheit unter den Studenten abgesehen, so verfolgte sie doch nicht politische Ziele. Man mied deshalb auch, obschon die alte Burschenschaft in ihrem Programm neben andern Aufgaben auch diese Tendenzen hatte, deren Namen. Man nannte sich „Progreß" im Anschluß an die politischen Parteibezeichnungen, die man eine Zeitlang in Deutschland aus dem Lande des neuesten Konstitutionalismus, aus Spanien, zu entlehnen liebte. Der Progreß war gedacht als eine Gesamtorganisation der Studentenschaft, in der die Korps, Landsmannschaften oder sonstige Verbindungen, die sich ungeachtet ihrer lokalen Namen nicht auf die Angehörigen bestimmter Gegenden beschränkten, fortbestehen sollten. Planck und andere hätten den Anschluß ihrer Landsmannschaft an den Progreß gewünscht, vermochten aber nicht die erforderliche Dreiviertelmehrheit aufzubringen. So traten denn die Freunde des Progresses allein aus und bildeten eine neue Verbindung, die der Hildeso-Cellensen. Die Lösung von dem alten Verbande mußte durch eine Reihe von Duellen erkauft werden, die meistens unblutig verliefen; so auch das von Planck mit Alexander Pagenstecher von Osnabrück ausgefochtene, nach dessen Beendigung sich die Paukanten die Hand reichten. Der Progreß schloß das Duell nicht aus und verwarf nur den Duellzwang. Für die prinzipiellen Gegner des Zweikampfs sollte ein Ehrengericht bestehen, das über Beleidigungen entschied und Streitigkeiten schlichtete. Zur Besprechung allgemeiner studentischer Angelegenheiten hielt der Progreß Versammlungen, zu denen jeder Student Zutritt hatte. Planck erinnerte sich, bei diesen Gelegenheiten zuerst R. v. Bennigsen gesehen zu haben. Er fiel als der einzige Korpsstudent, der hier erschien, auf, beteiligte sich übrigens nicht anders als durch Zuhören. Auch nachdem die Blütezeit des Progresses vorbei war, zählte er noch über 120 Mitglieder, umfaßte also etwa ein Fünftel der damaligen Studentenschaft. Die Hildeso-Cellenser spielten in der Vereinigung eine hervorragende Rolle; ihre Mitglieder Hardeck und Quintus-Icilius wurden wiederholt zu deren Vorständen gewählt. Schon vor 1848, nachdem die Führer der Bewegung die Universität verlassen hatten, hatte der Progreß als solcher seinen Einfluß verloren, aber in jenem Jahre bildeten sich seit Proklamation der allgemeinen Vereinsfreiheit auf der Basis jener alten Grundsätze eine Reihe sog. Progreßverbindungen, wie die der grünen Hannoveraner, der Alamannen, der Neu-Braunschweiger und der Hercynen, die in dem akademischen Vereinswesen der nächsten Jahrzehnte durch ihren Gegensatz zu Korps und Landsmannschaften eine Rolle spielten.

Planck verdankte der Zeit, da er dem Progreß angehörte, viel geistige Anregung. Zusammengehalten durch das Bewußtsein einer Opposition, die für eine gute Sache kämpfte und eine stattliche Zahl von Anhängern aufzuweisen hatte, wurden die jungen Leute dieser Richtung durch ihren engeren Zusammenschluß auch andere als studentische Angelegenheiten zu erörtern angeregt. Die machtvollen Interessen der Zeit, die philosophischen, die religiösen, besonders aber die politischen Fragen verschafften sich Eingang. Nach Plancks Zeugnis überwogen die radikalen Ansichten, wenn sie auch nicht die alleinherrschenden waren. Eine Vereinigung solchen Umfangs bringt von selbst zahlreiche Bekanntschaften zuwege; nur wenige unter ihnen pflegen sich zu nähern und zu dauernden Freundschaften zu entwickeln. Planck ist mit einer Reihe seiner studentischen Genossen lange verbunden geblieben. Zu ihnen gehörten die schon genannten Quintus und Hardeck. Jener, Sohn des Amtmanns zu Fallingbostel, aus der Nachkommenschaft des friderizianischen Obersten Guichard, nachmals Professor der Chemie an der Technischen Hochschule zu Hannover, war schon von Celle her Plancks Schulkamerad. Friedrich Hardeck, aus Hildesheim stammend, studierte Philologie und Mathematik, machte als Student zu Besuch bei Planck in Celle eine schwere Krankheit in dessen elterlichem Hause durch und erlebte sehr wechselvolle Schicksale. Lehrer an einem Mädcheninstitut in Vevey, wo er seine Frau, eine Schweizerin, kennen lernte, kam er von da nach Rom als Erzieher in das Haus des Herzogs Sforza-Cesaridn. Hier gewann er Beziehungen zum Grafen Usedom, dem preußischen Gesandten am Vatikan, und folgte ihm auf seine verschiedenen Missionen, zuletzt nach Frankfurt an den Bundestag. F. v. Roggenbach, der ihn hier kennen lernte, zog ihn in den badischen Staatsdienst, wo er 1863 Leiter des Statistischen Bureaus und später zugleich Vortragender Rat im Staatsministerium wurde. Ein Mann von so großer Befähigung, daß er nach R. v. Mohls Zeugnis jedem Auftrage gewachsen war. Er starb 1900 an den Folgen einer Staroperation[1]). Von andern nennenswerten Persönlichkeiten des Planckschen Kreises verdienen Erwähnung der nachmalige Direktor des Osnabrückschen Realgymnasiums Otto Fischer; der Gymnasialprofessor Gustav Gerstenberg aus Hildesheim; der Theologe Dieckhoff, 1860—1894 Professor in Rostock; der Mediziner Emil Edel aus Hildesheim, der Gedichte, in denen die Jugenderinnerungen nicht fehlten,

[1]) Mohl, Lebenserinnerungen II 136, 280. Badische Biographien V 245.

wie er auch den alten Freund Munacius wiederholt besang, und in der Borriesschen Zeit „Hannoversche Staatsbriefe“ veröffentlichte[1]). Auch die Freundschaft mit dem Juristen O. E. Hartmann aus Lüneburg, von der später noch zu reden ist, schreibt sich aus dieser Zeit her. Inniger und dauernder als die Beziehung zu allen diesen war die zu Konrad Schwägermann aus Hildesheim. Nach dem Tode seines Vaters von der Theologie zu den Staatswissenschaften übergegangen, bereitete er sich zu einer politischen Laufbahn vor und wurde, um einen materiellen Rückhalt zu gewinnen, zunächst Kaufmann. Er ging für ein Hamburger Haus nach Westindien und kehrte, als er durch die Untreue eines Geschäftsmannes das erworbene Vermögen verloren hatte, dorthin zurück. Gelangte er auch wieder zu ansehnlichem Wohlstand, so war er doch inzwischen für seinen anfänglichen Plan zu alt geworden. Er lebte seitdem mit seiner Frau in Berlin, Dresden oder auf Reisen, unter allem Wechsel der Verhältnisse den Zusammenhang mit dem alten Studienfreunde und die Erinnerung an die akademische Zeit aufrecht erhaltend, mochten es auch die Ereignisse tragikomisch fügen, daß er den fünfzigjährigen Stiftungstag der Verbindung 1894 allein mit seiner Frau in Gebhards Hotel zu Göttingen feiern mußte.

Das bewegte studentische Leben, das im vorstehenden nach Plancks eigenen Mitteilungen geschildert werden konnte[2]), tat der ernsten Arbeit keinen Abbruch. Der Ruf des Göttingens der vierziger Jahre, ein Sitz des Fleißes und der Sammlung zu sein[3]), bewährte sich auch an Planck. Er lernte das römische Recht und den gemeinen Prozeß aus dem Grunde kennen, und das auf der Universität in diesen Gebieten erworbene Wissen hat ihm wie andern von Hannover ausgegangenen Juristen für das ganze Leben einen festen Halt gegeben. Auch der Segen hat seinen Studentenjahren nicht gefehlt, der dem jugendlichen Geist und Körper aus Wanderungen und Reisen erwächst. Mehr als für jeden andern sollte das Bekanntwerden mit Land und Leuten, das Umschauen in der Natur und unter den Erzeugnissen der Kunst für ihn das Ansammeln eines Schatzes für die Zukunft be-

[1]) Fumarolen und Schlacken (Hildesheim 1897) S. 11, 22. Die „Staatsbriefe“ erschienen 1861 anonym in der von Lammers in Frankfurt redigierten „Zeit“. Den Autor nannte zuerst Th. Lessing im Hannov. Courier (zu Anfang 1912); Dr. med. Edel (der Sohn) in Berlin bestätigte mir brieflich die Nachricht. In dem Staatsbrief Nr. 7 vom 12. Juni 1861 kommt eine Anspielung auf Munacius Plancus (oben S. 40) vor.

[2]) Sie sind in einem Vortrage zusammengefaßt, den er am 28. Juli 1909 in dem Mittwochsklub (unten II Kap. 6) hielt.

[3]) L. Bamberger, Erinnerungen (1899) S. 14.

deuten. In seinem ersten Semester unternahm er zu Pfingsten eine Tour nach Thüringen. Den größten Eindruck machte ihm die Wartburg, aber es fällt auf, daß seine Briefe nur der landschaftlichen Reize gedenken, von dem Historischen und dem Sagenhaften, das die Stätte umschwebt, nichts erzählen. Nach Schluß des Berliner Sommersemesters traf er mit seinen Eltern in Bernburg zusammen, wo eine Nichte seiner Mutter an einen Herrn von Sonnenberg verheiratet war, und reiste mit ihnen bis Regensburg. Dort trennte er sich von ihnen, um das Salzkammergut zu besuchen. Die Rückreise nahm er durch Württemberg, wo er die alten verwandtschaftlichen Beziehungen, die seine Eltern immer aufrecht erhalten hatten, nun auch seinerseits erneuerte. Die Vettern kamen aus dem ganzen Land zusammen und fanden ihren Gefallen an dem „veredelten Schwab".

Mit Michaelis 1845 ging Plancks siebensemestriges Studium zu Ende. In den nächsten Monaten meldete er sich zum Staatsexamen. Die Zulassung war nicht so einfach, wie zu späterer Zeit. Zunächst fanden nur zwei Termine im Jahre, ein Oster- und ein Michaelistermin, statt; außerdem bestanden hinsichtlich der Zahl wie der Qualität der Kandidaten Beschränkungen, die seit dem Regierungsantritt Ernst Augusts scharf durchgeführt wurden. Der König hatte darauf gedrungen, daß nicht mehr als zehn Kandidaten zu jedem Termin zugelassen wurden und überwachte es selbst, daß nur Adeligen und Söhnen höherer Beamten der Eintritt in den Staatsdienst gewährt wurde. Er entschied in seinem Kabinett, nachdem eine Ministerkonferenz die eingegangenen Gesuche geprüft und begutachtet hatte. Die Kontroverse, ob diese Sichtung vor oder nach angestelltem Examen vorzunehmen sei, hatte der König in ersterem Sinne entschieden. Plancks Gesuch kam bei der am 3. November 1845 gehaltenen Ministerkonferenz vor, aus der schon Oncken in der Biographie Bennigsens (I 118) einiges mitgeteilt hat. Über das Ergebnis der Vorprüfung berichtete der Minister des Innern, v. d. Wisch, drei Tage später an den König. Auf Falckes Vortrag im Kabinett bewilligte Ernst August von vierzehn Kandidaten elf die Zulassung in Gnaden. Zurückgewiesen waren der Sohn eines pensionierten Postverwalters, dessen Gesuch „des Königs Majestät als überhaupt nicht zur Berücksichtigung geeignet" erkannte; der uneheliche Sohn eines adeligen Amtmanns; und der Sohn des juristischen, seit 1805 in Göttingen habilitierten Privatdozenten Rothamel, mochte auch der Vater das Gesuch mit der kaum glaublichen Angabe unterstützt haben, daß er mehr als 200 000 Stunden juristischen Unterricht erteilt habe, was wohl auf keiner anderen Universität vorgekommen sei. Unterm 20. Januar 1846 von seiner Zulassung beschieden, hatte

Planck sich bei dem Vorsitzenden der Examinationskommission, Schatz- und Konsistorialrat Eichhorn, zu melden, um die Akten zur Ausarbeitung der Proberelation in Empfang zu nehmen. Über den Ausfall des Examens berichtet die nachfolgende Urkunde [1]).

Hannover, den 15. April 1846.

An des Königs Majestät
Allerdurchlauchtigster Großmächtigster König!
Allergnädigster Herr

Der von Eurer Königlichen Majestät zum Amtsauditoren-Examen Allergnädigst zugelaßene Candidat der Rechte Gottlieb Georg Carl Planck aus Celle hat die vorschriftsmäßig mit ihm angestellte Prüfung vorzüglich gut bestanden.

Die schriftliche Probe-Relation ist abgesehen von einigen unerheblichen Mängeln durchweg als eine vorzüglich gelungene von der Examinations-Commission bezeichnet worden und hat der Candidat darin neben sehr gründlichen Rechtskenntnißen einen scharfen, durchdringenden Verstand und nicht gewöhnlichen Scharfsinn an den Tag gelegt. Nicht minder befriedigend ist die mündliche Prüfung ausgefallen, in welcher der Candidat einiger weniger unrichtig beantworteter Fragen ungeachtet umfaßende und vorzügliche Rechtskenntniße, eine genaue Bekanntschaft mit den Rechtsquellen und ausgezeichnete natürliche Fähigkeiten bewährt und sich des für seine gesammten Leistungen ihm unbedenklich ertheilten elogii: optime vollkommen würdig gemacht hat.

Demnach erlaube ich mir den unterthänigsten Antrag:

daß Eure Königliche Majestät Allergnädigst geruhen wollen, den Rechtscandidaten Planck zum Amtsauditor zu ernennen.

In tiefster Devotion ersterbe ich

Eurer Königlichen Majestät
allerunterthänigster treu-gehorsamster und
pflichtschuldigster Diener
J. C. v. d. Wisch.

Nachdem der König quer an den Rand der ersten Seite des Berichts sein approbirt E. A. geschrieben, setzte das Kabinett den Minister des Innern von der Ernennung des Kandidaten Planck in Kenntnis. Am 4. Mai 1846 wurde er durch den Minister als Auditor bei der Amtsvogtei Ilten angestellt. Justizrat Bacmeister, zur Zeit als Referent im Justizministerium beschäftigt, berichtete Plancks Eltern von dem günstigen Ausgang des Examens, seit sieben Jahren sei kein so gutes vorgekommen. Unter den Kandidaten desselben Termins — die Prüfung wurde mit jedem einzeln vorgenommen — waren manche nachher im öffentlichen Leben Hannovers bekannt gewordene Namen, wie Ernst v. Lenthe, F. v. Rudloff; keiner wurde so berühmt wie R. v. Bennigsen. Beziehungen zwischen Planck und ihm knüpften sich in dieser Zeit noch nicht.

[1]) Akten des Kgl. Staatsarchivs zu Hannover.

Drittes Kapitel.

Hannover vor dem Jahre 1848.

I.

Das Jahr 1848 schneidet so tief in die deutsche Geschichte ein, daß es seitdem üblich geworden ist, eine vor- und nachmärzliche Zeit einander gegenüberzustellen. Das letzte Stadium in der vormärzlichen Entwicklung datiert vom Jahre 1840, der Thronbesteigung Friedrich Wilhelms IV. von Preußen. Für Hannover wird der Abschnitt eingeleitet durch die Verkündigung des Landesverfassungsgesetzes vom 6. August 1840. Die Vereinbarung mit den dermaligen Ständen, die die Bundesversammlung vertrauensvoll erwartet hatte, als sie es ablehnte, sich in den hannoverschen Verfassungsstreit einzumischen und das Recht des Bundes gegen offenbare Verletzung in Schutz zu nehmen, war gelungen. Wagte auch die erste nach der neuen Verfassung berufene Abgeordnetenkammer noch einmal auf den Rechtsboden von 1833 zurückzugelangen, so wurde durch deren zornige Auflösung und Oktroyierung einer Vorschrift, die keinen Abgeordneten ohne schriftliche Anerkennung der neuen Verfassung zum Landtage zuließ, jeder Versuch eines Widerstandes niedergeschlagen. Es wurde seitdem still im Lande. Mit der Residenzstadt kam es 1843 zum Ausgleich. Die Mitglieder des hannoverschen Magistrats, wegen Majestätsbeleidigung, die sie durch eine an die Bundesversammlung gerichtete Vorstellung begangen haben sollten, angeklagt, wurden von dem Oberappellationsgerichte nur der Beleidigung der Regierung für schuldig befunden und zu verhältnismäßig leichten Geldstrafen verurteilt. Der König begnadigte sie sämtlich und übernahm für das Haupt des Magistrats, den Stadtdirektor Rumann, der in den Ruhestand trat, die Pension auf seine Kasse. Nur der Advokat Detmold, der Verbreitung jener Magistratsvorstellung angeklagt, blieb unbegnadigt. Den dreihundert Talern Strafe, in die er verurteilt war, verdankt die deutsche Literatur die Veröffentlichung seiner ergötzlichen „Randzeichnungen“ (Braunschweig 1844), deren Honorar zur Deckung der Geldbuße verwandt wurde [1]).

Wie die Landesverfassung, so konnte nach Anfang der vierziger Jahre auch die Stellung der Dynastie als befestigt gelten. Die Regierungsfähigkeit des erblindeten Kronprinzen, der wenige Wochen vor dem Regierungsantritt seines Vaters thronmündig geworden war (27. Mai 1837), hatte die neue Verfassung den früheren Zweifeln entrückt. Denn abgesehen von dem Falle der Minderjährigkeit ließ sie eine Regentschaft nur dann eintreten, wenn der Thronfolger beim Anfall der Sukzession sich in einem geistigen Zustande befand, der ihn zur Führung der Regierung unfähig machte. Für die innern Verhältnisse reichte der Verfassungsparagraph aus. Die Zweifel, die nach außen blieben, traten bald zutage, zumal jetzt zum erstenmal, nachdem die von dem Wiener Augenarzte Friedrich Jäger im September 1840 versuchte Operation keinen Erfolg gehabt hatte, die Blindheit des Thronfolgers amtlich konstatiert wurde. Das geschah durch die unter dem Beirate von J. v. Radowitz erlassene Verordnung des Königs vom 3. Juli 1841, welche die nötigen Vorsichtsmaßregeln traf, um die Unterschrift des Kronprinzen zu verifizieren [2]). Ein Konflikt Hannovers mit Preußen, veranlaßt durch den Austritt Braunschweigs aus dem Steuerverein und seinen Anschluß an den Zollverein, führte zu Verhandlungen, bei denen die Frage nach der Regierungsfähigkeit des Kronprinzen angeregt sein muß. Abgesehen von einigen Artikeln in der Kölnischen Zeitung [3]) beweist das der Schritt Ernst Augusts, im Frühjahr 1843 durch Kabinettsrat v. Falcke ein Rechtsgutachten von dem ersten Germanisten der Zeit, K. F. Eichhorn einholen zu lassen. Er stellte die Sukzessionsfähigkeit des Kronprinzen nach Reichsrecht wie nach hannoverschem Staatsrecht fest [4]). Eine kurze wissenschaftliche Debatte der nächsten Jahre, in der ein so unglaubliches Argument nicht verschmäht wurde, die Goldene Bulle habe für das Kurhaus Hannover nicht gegolten [5]), vermochte das Resultat nicht zu erschüttern. Doch wie jetzt Preußen, so hat später Österreich nicht unterlassen, bei Gelegenheit diesen Trumpf gegen

[1]) Abgekürzt sind im folgenden zitiert: Oppermann, z. Gesch. des Kgr. Hannover I (1860), v. Hassell, Gesch. des Kgr. Hannovers I (1898) mit Hassell I, Gustav Stüve, Joh. Carl Bertram Stüve I und II (1900) mit G. Stüve.

[2]) P. Hassel, Radowitz I (1905) S. 97.

[3]) Dezember 1842, v. Hassell I 473.

[4]) J. F. v. Schulte, K. F. Eichhorn (1884) S. 252.

[5]) H. B. Oppenheim, Staatsr. Betrachtungen über Regierungsfähigkeit (Stuttg. 1844). Tabor, Ztschr. f. deutsches R. IX (1845) S. 258.

Hannover auszuspielen [1]). Für den Mangel des Augenlichts entschädigten den Prinzen glänzende Geistesgaben. Ranke, der ihm in einer Privatvorlesung neuere Geschichte vorgetragen hatte, hielt große Stücke auf ihn [2]). Als junger zwanzigjähriger Mensch hatte er „Ideen und Betrachtungen über die Eigenschaften der Musik" verfaßt, die ein rührendes Zeugnis von seiner Liebe für „diese erste und ewig schöne Sprache der Erde", zugleich auch von seiner Fähigkeit zu schlichter, sinniger Betrachtung ernster Gegenstände ablegen. Für die öffentlichen Geschäfte wurde er vorgebildet durch Teilnahme an den Sitzungen des Staatsrats, des Ministerkonseils und durch Vorträge des jüngern Freiherrn Eduard von Schele, nach dessen Hause ihn einer seiner Adjutanten täglich führte. Seine Regierungsfähigkeit auch öffentlich zu konstatieren, trug ihm sein Vater wiederholt seine Vertretung auf. So im Frühjahr 1842 während eines achtwöchentlichen Aufenthalts in Berlin, im folgenden Jahre während einer Reise nach England, die vom Ende Mai bis in den Anfang September dauerte. Beidemal war die Stellvertretung auf die obere Leitung der inneren Staatsgeschäfte beschränkt; der Kronprinz unterzeichnete „im Namen und von wegen Sr. Majestät des Königs"; am Tage der Rückkehr des Königs wurde die Stellvertretung für erledigt erklärt. Seit dem Februar 1843 war der Kronprinz mit der Prinzessin Marie von Sachsen-Altenburg verheiratet, die durch ihr liebenswürdiges Wesen rasch die Herzen des Volkes gewann. Die Geburt eines Sohnes am 21. September 1845 erregte großen Jubel am Hofe und im Lande, war doch damit der Fortdauer der Selbständigkeit eine Garantie gegeben. Der alte König stimmte gewiß von Herzen ein, als unter Führung des Pastors Bödeker eine Schar Knaben am Nachmittage unter den Fenstern des Palais erschien und: Nun danket alle Gott! sang. Die Wärme des Familienlebens, die nach Dahlmanns Wort die Erbherrschaft in den Staat einführt [3]), wurde hier um so lebhafter empfunden, als das Land nahezu achtzig Jahre der dauernden Anwesenheit seiner Landesherren entbehrt hatte. Eine Zeitlang hatte der Hof des Herzogs Adolf von Cambridge einen Ersatz gewährt. Von der Liebe, mit der man an diesem jüngsten Sohne Georgs III. hing, hatte der wehmütige Abschied gezeugt, mit dem sich Magistrat und Bürgerschaft von ihm und seiner Familie drei Tage vor dem Einzuge Ernst Augusts trennten. Die Gemahlin Ernst Augusts, Friederike, eine Frau, die nach dem Worte eines ihr so ergebenen

[1]) 1851 beim Thronwechsel. G. Stüve II 181.

[2]) Ranke S. W. 53 (1890) S. 278, 360, 625.

[3]) Rede in der Paulskirche vom 22. Januar 1849 (Kl. Schr. 1886 S. 453).

Mannes wie J. v. Radowitz durch viele Verirrungen hindurch gegangen war, war 1837 in ihre alte Heimat zurückgekehrt. Einst eine der schönsten und gefeiertsten Frauen, die mit Goethe von ihren Kinderjahren her bis in ihr Alter in Verbindung geblieben war [1]), sollte sie sich nur wenige Jahre der königlichen Würde erfreuen. Sie starb in dem Hause, in dem sie geboren war, am 29. Juni 1841.

Mit dem Tode des Kabinettsministers v. Schele (September 1844) war die verhaßteste Persönlichkeit des Verfassungskampfes vom Schauplatz verschwunden, dem Könige selbst zuletzt mehr eine Last als eine Stütze. Ein Einlenken zur Versöhnung der Gegensätze war nicht bloß gutmütigen Beobachtern wahrnehmbar. Abneigungen der Bevölkerung und des Königs begegneten sich bei den Versuchen, Hannover für den Zollverein zu gewinnen. In den Auslagen der Buchbinder sah man neben Fibeln und Gesangbüchern ein kleines Flugblatt: wir wollen ihn nicht haben, den deutschen Zollverein! Den stärksten Hebel, die Regierung beliebt zu machen, setzte die Fürsorge für die wirtschaftlichen Interessen des Landes und die Hebung der Residenz ein. Die dringlichste unter den wirtschaftlichen Fragen der Zeit war die Stellung des Landes zum Bau von Eisenbahnen. Auf diesem Gebiete haben sich die Länder wenig einander vorzuwerfen, und Regierungen und Landtage an Kurzsichtigkeit gewetteifert. Der sechste Band der Geschichte Europas von Alfred Stern (1911) bietet in seinem Eingange dafür die interessantesten Beispiele. Die Zweite hannoversche Kammer pflichtete dem jüngeren Lang bei, der so oft verhängnisvoll in die ständische Politik eingegriffen hat und in der Diät von 1835 die Anlage von Eisenbahnen für ein dem Lande verderbliches Unternehmen erklärte [2]). Das war ein Wort nach dem Herzen des damaligen Herzogs von Cumberland, der sonst selten genug mit der zweiten Kammer harmonierte. Er stimmte im englischen Oberhause, ungeachtet sein Freund, der Herzog von Buckingham, die Bill eingebracht hatte, gegen Eisenbahnen und verfügte über eine Menge von Gründen gegen sie, wie er dem Senator Karl Sieveking von Hamburg, der auf Förderung des Eisenbahnbaues hinzuwirken vor Weihnachten 1835 nach Hannover gekommen war, auseinandersetzte, z. B. sie verdürben die Pferdezucht, sie trockneten durch ihre große Geschwindigkeit die Wolle aus [3]). Nicht minder schwer wogen die politischen Gründe. Wie die

[1]) Hassel, Radowitz S. 67, 97. 1821 schreibt Ottilie v. Goethe von ihr: bei keiner Frau fand ich das Wort Zauber so angewendet wie bei ihr (Schriften der Goethe-Gesellschaft 27 [1912] S. 386).

[2]) Oppermann I 103.

[3]) G. Poel, Bilder aus vergangener Zeit II (1887) S. 151.

Tories gegen die Postreformen des Rowland Hill einwandten, sie erleichterten den Aufruhr (sedition made easy), so sah Ernst August in den Eisenbahnen eine Beförderung des Radikalismus, ein Mittel zur Demokratisierung der Gesellschaft: Ich will nicht, daß jeder Schuster und Schneider so rasch reisen kann wie ich [1]). Es dauerte keine zehn Jahre und der Bau von Eisenbahnen war unausweichlich geworden. Über ihre Anlage entschieden die territorialen Interessen jedes Landes für sich. Was dessen Handel und Finanzen zu entsprechen schien, wurde gewählt. Eine Oberaufsicht des Bundes, die das Verteidigungssystem Deutschlands ins Auge gefaßt hätte, wurde zwar angeregt, blieb aber unausgeführt [2]). Die Öffentlichkeit beschäftigte sich bloß mit der Frage, ob Staatsbahn, ob Privatbahn vorzuziehen sei. Das braunschweigische Nachbarland hatte sich dank dem Weitblick und der Initiative des Finanzdirektors v. Amsberg für den Bau auf Staatskosten entschieden und die erste derartige Bahnverbindung in Deutschland zu Ende 1838 eröffnet. Die Unentschiedenheit der hannoverschen Regierung in Verbindung mit der durch den Verfassungsumsturz wiederhergestellten Kassentrennung bewirkte es, daß der Bau der Eisenbahnen aus der Landeskasse ohne Beteiligung der königlichen Kasse bestritten und dem ständischen Einflusse, den die Politik des Königs gebrochen zu haben meinte, in der Mitverwaltung der Eisenbahnen ein neues Objekt verschafft wurde. Es war dagegen ganz im Sinne des Königs gehandelt, wenn die Mittel zum Eisenbahnbau nicht durch Ausgabe von Papiergeld oder von Aktien, sondern auf dem Wege der Anleihe aufgebracht wurden. Am 22. Oktober 1843 wurde die erste Strecke einer Eisenbahn nach Braunschweig, bis Lehrte reichend, eröffnet; am 19. Mai des nächsten Jahres, einem Sonntage, zu nicht geringer Bekümmernis eifriger Geistlicher der Residenz, folgte die der ganzen Strecke nach [3]). Die Eisenbahnen brachten das Land und namentlich die Stadt Hannover in die vorteilhafteste Verbindung. Die Finanzverhältnisse des Landes gediehen, während die der königlichen Kasse sich immer ungünstiger gestalteten, so daß der Zweifel berechtigt wurde, ob der Verfassungsbruch von 1837, der die Kassentrennung als eines seiner wichtigsten Ziele verfolgt hatte, nicht bloß ein Unrecht, sondern auch eine Unklugheit war.

[1]) R. Pauli, Gesch. Englands II (1867) S. 472. J. v. Hartmann, Lebenserinnerungen I (1882) S. 110.

[2]) Hassel, Radowitz I 424, 449.

[3]) Oppermann I 275. B. Hausmann, Erinnerungen aus dem achtzigjährigen Leben (1873) S. 192.

Der König war und blieb der wichtigste, der entscheidende Mann im Großen wie im Kleinen, im Guten wie im Bösen. Er regierte selbst, bekümmerte sich um alles, übte strenge Kontrolle und verstand es, die Hochmütigen zu demütigen [1]). Doch war er deshalb noch lange nicht ein Mann des Rechts und der Gerechtigkeit, so oft er sich auch rühmte, alles nur auf dem Wege des Rechts bewirken zu wollen und seinen Feinden, die das Gegenteil erwarteten, den Spaß verdorben zu haben. Unter nichtigen Vorwänden verhinderte er den Bürgermeister Stüve von Osnabrück, der am 29. Juni 1837 in der Zweiten Kammer die Rechtmäßigkeit seines Regierungsantritts zu bezweifeln gewagt hatte, an dem Eintritt in die Ständeversammlung. Die fast einmütige Erklärung der Stände zugunsten dieses besten Kenners aller Landesverhältnisse ließ er unbeachtet. Mit den Kammern, obschon sie von allen Elementen der alten Opposition gereinigt waren, gab es scharfe Zusammenstöße, namentlich auf dem Gebiete der Finanzen. Auch die aus den Abgeordneten der Ritterschaften bestehende Erste Kammer schloß sich davon nicht aus und wirkte dazu mit, daß die Stände auf diesem Gebiete immer größere Erfolge errangen [2]). Die Kunde von diesen Kämpfen drang nicht über die Mauern des stillen Ständehauses an der Osterstraße hinaus. Eine politische Presse gab es nicht. Die Hannoversche Zeitung, die unter Pertzens Leitung durch Aufsätze von Dahlmann, den beiden Grimm, Rehberg und Stüve für eine kurze Zeit Ansehen erworben hatte, war schon lange vor dem Weggang ihres Redakteurs nach Berlin (1842) in ihr früheres Nichts zurückgesunken. Die Zeitung hatte ein Monopol auf die Veröffentlichung der Landtagsverhandlungen, die ein vom Präsidenten der Kammer beeidigter Berichterstatter aufnahm. Die Redner wurden nicht mit Namen angeführt, sondern nach Ordnungszahlen, als ein erstes, zweites, neunzehntes Mitglied oder als Antragsteller, Referent unterschieden: ein Verfahren, das den Berichten das Leben raubt, das nun einmal den Sachen durch das persönliche Geltendmachen von Gründen und Gegengründen verliehen wird. Ein anderes offizielles Organ, die seit 1750 bestehenden von dem Intelligenz-Contor herausgegebenen Hannoverschen Anzeigen, diente nur amtlichen Bekanntmachungen oder den Inseraten von Privaten. Seine literarische Beilage, das Hannoversche Magazin, hatte vorübergehend auch wissenschaftliche oder belletristische Zwecke verfolgt, beschränkte sich nachher, seit 1830

[1]) Th. Schwedes, dargestellt nach Briefen und Aufzeichnungen von Auguste Schwedes (Wiesb. 1899) S. 188.

[2]) Roscher, Gesch. der Nationalökonomik (1874) S. 1032.

von dem Oberfinanzrat Ubbelohde redigiert, auf gemeinnützige Aufsätze mit erziehender oder belehrender Tendenz.

Die Kämpfe, welche der Verfassungsumsturz zur Folge hatte, wurden in auswärtigen Blättern ausgefochten, im Hamburgischen Correspondenten, in der Leipziger, der Augsburger Allgemeinen Zeitung, in dem in Stuttgart erscheinenden Deutschen Courier, die von Hannoveranern wie Detmold, Oppermann, Hermann Harrys, Karl Gödeke Beiträge erhielten. Die Regierung bezog ihre Lohnschriftsteller von auswärts. Einer unter ihnen, Gustav Zimmermann von Gotha, der es noch zu hohen Ehren bringen sollte, begnügte sich nach Beendigung des Verfassungskampfes dem Freiherrn von Schele einen Denkstein zu errichten und Predigten gegen den Zollverein zu halten. Zu den Bremer und Hamburger Blättern, die in Hannover gelesen wurden und Einfluß gewannen, trat in den vierziger Jahren die Kölnische und die 1842 neugegründete Weserzeitung. Eine Zeitlang versuchte die Regierung durch Zeitungsverbote das hannoversche Volk vor dem Gift der auswärtigen Presse zu bewahren. 1839 wurden der Deutsche Courier und die Bremer Zeitung, 1840 die in Hildburghausen erscheinende Dorfzeitung, die Leipziger Allgemeine Zeitung und die Blätter für literarische Unterhaltung verboten; die meisten von ihnen aber nach kurzer Zeit wieder zugelassen. Die Jahreszahlen weisen schon auf den Kampf um das Staatsgrundgesetz als Grund hin; ausdrücklich ausgesprochen ist er in dem Verbot des Gutachtens der Tübinger Juristenfakultät, das „staatsgefährliche, mit der Aufrechterhaltung der bürgerlichen Ordnung unverträgliche Grundsätze verteidigt" und auch die Bundesversammlung zu einem entsprechenden Beschlusse geführt hatte. Der König nahm davon Veranlassung, den Landeskindern den Besuch der Universität Tübingen zu untersagen[1]).

Das literarische Bedürfnis der Hannoveraner war bescheiden; es ging nicht hinaus über die Belletristik und Rezensionen, die das Theater, Konzerte und die alljährlichen Kunstausstellungen betrafen. Mit dem Jahre 1833 ins Leben gerufen, und wie damals noch jetzt am 24. Februar, dem Geburtstage des Herzogs von Cambridge, eröffnet, spielten sie seitdem eine Rolle in dem Leben der Stadt, weckten Kunstsinn und den Trieb zum Sammeln von Gemälden, wenn auch ihre ersten dilettantischen Anfänge des jungen Advokaten Detmold satirische Anleitung zur Kunstkennerschaft oder die Kunst, in drei Stunden ein Kenner zu werden (1834) herausgefordert hatten. Den schüchternen Versuch eines belletristischen Organs machte die 1831 von Georg Harrys

[1]) Verordnung v. 30. März 1839 (Hannov. Gesetzsammlung).

gegründete Posaune, ein Anekdotenblatt, das sich nur gelegentlich mit scheuen Bemerkungen über Preßfreiheit und Judenemanzipation in das Gehege der Politik wagte. 1845 machte Hermann Harrys aus der väterlichen Posaune die Hannoversche Morgenzeitung, ein dreimal wöchentlich erscheinendes Blatt mit verdienstlichen Theaterkritiken des Kontoristen Schnabel und literarhistorischen Beiträgen Gödekes[1]). Denn auch in diesem Jahrzehnt blieb die schöne Literatur, deren Kritik, Geschichte, ästhetische Betrachtung die Hauptsache. Die wenigen Poeten, die es im Lande gab, Louis v. Arensschildt, Günther Nicol, Friedrich Voigts veröffentlichten hier, was ihnen die Muse beschied. Der Politik näherte man sich so behutsam, wie es die Preßbeschränkungen zuließen, die noch über das Maß des Bundesrechts hinausgingen. Die alten Verordnungen, die den Untertan straften, der etwas außerhalb des Landes, ohne es der einheimischen Zensurbehörde vorgelegt zu haben, drucken ließ, galten fort. Stüves Schrift von 1832: über die gegenwärtige Lage des Königreichs Hannover, bei seinem alten Universitätsfreunde Friedrich Frommann in Jena verlegt, ist „gedruckt mit Kgl. Hannoverscher und Großh. Sächsischer Censur". Auch wenn den Ansprüchen der Zensur genügt war, kam noch die Polizei in Betracht. Als die Morgenzeitung vom 14. Nov. 1847 einen von einer Anzahl Notabilitäten Hannovers unterzeichneten Aufruf zugunsten des Schleswigers Wilhelm Beseler brachte, dem nach Niederlegung der Advokatur die zu seinem politischen Fortwirken nötigen Mittel verschafft werden sollten, wurde das Blatt von der Polizei beschlagnahmt. Rekurse an das Ministerium des Innern und das Kabinett blieben ohne Erfolg. Da das Blatt aber unter Beobachtung aller vorgeschriebenen Formen erschienen war und die Redaktion sofort eine Neuausgabe ohne den Aufruf veranstaltet hatte, leistete der Zensor für den aus der Beschlagnahme erwachsenen Schaden Ersatz. Es ist von Interesse, den Aufruf, der die bemerkenswertesten Liberalen der Residenzstadt gesammelt haben wird, nach seinen Unterzeichnern zu mustern. Ein königlicher Beamter ist nicht unter ihnen. An der Spitze steht der Stadtdirektor Evers, vor vier Jahren an Rumanns Stelle gewählt; die Schatzräte Lang und Merkel waren ständische Beamte. Lang hatte im November 1846 die ständische Erklärung herbeigeführt, welche der Regierung für ihre Mitwirkung zu dem den „offenen Brief" Christians VIII. beantwortenden Bundesbeschluß dankte. Im Vertrauen auf eine in den höchsten Kreisen vorhandene Sympathie für die Sache Schleswig-Holsteins

[1]) Gödeke, Grundriß III (1881) S. 622 und 1100. Gödeke, Deutschlands Dichter von 1813—1843 (1844) S. 287.

mochte man die Veröffentlichung des Aufrufs gewagt haben. Neben vier Vertretern des Advokatenstandes: Nicol, Hantelmann, Schläger, Wachsmuth, fanden sich zwei der Presse: Harrys und Honek, der die Buchstaben seines Namens Cohen umgestellt hatte; aus dem Handel- und Gewerbestand die Buchhändler Mierzinsky, Inhaber der Helwingschen Hofbuchhandlung, und Kius, seit einigen Jahren als liberaler Verleger tätig; der Maurermeister Gersting; der Bankier Adolf Meyer, der Lederhändler Schütze. Der Handel- und Gewerbestand trat, wie man sieht, gegen die übrigen Berufe zurück. In dem Verfassungskampfe hatten die Bürgerschaften, Kaufleute und Handwerker, treu zu den Führern gehalten. Der Gegensatz zwischen Recht und Unrecht lag in diesem Falle zu klar, als daß sich die gemeine Meinung durch die Sophistik des Hofes und seiner Fürsprecher hätte täuschen lassen. Als trotzdem das Unrecht siegte, wurde mancher brave Mann an aller Politik irre. „Die tüchtigsten Männer in Niedersachsen mit verschwindenden Ausnahmen wollten nach 1840 nichts von politischer Tätigkeit wissen[1].“ Nun rückten statt der politischen die wirtschaftlichen Fragen dem einzelnen auf den Leib; der Kaufmann fürchtete den Zollverein, der Handwerker die Gewerbefreiheit. Als der Abgeordnete Hannovers, Hausmann, nur privatim eine dem Zollverein günstige Meinung geäußert hatte, erhielt er ein von 68 kaufmännischen Firmen der Stadt unterschriebenes Mißtrauensvotum[2]. Eine im Ministerium des Innern ausgearbeitete und 1846 den Ständen vorgelegte Gewerbeordnung, so maßvoll ihr Verfasser, der Regierungsrat Bening, zu Werke gegangen war, wurde von Kaufleuten und Zünftlern mit größtem Widerstreben aufgenommen.

Handel und Industrie waren noch wenig entwickelt. Sucht man nach hervorragenden Vertretern, so hat man ihre Namen bald beisammen. Im Landtage war außer Hausmann von Hannover und Breusing von Osnabrück keiner von Bedeutung. Um dem zur Leipziger Wechselrechtskonferenz entsandten Schatzrat Lehzen ein kaufmännisches Mitglied beizugeben, wählte die Regierung den Bankier Hostmann von Celle, der übrigens sowenig wie die übrigen Kaufleute lange aushielt, trotzdem die Konferenz für ihre wertvolle Arbeit nicht mehr als sechs Wochen verbrauchte. Ein rühriger, vielseitig begabter Mann war der schon genannte Hausmann, Inhaber einer alten Tuchhandlung und Tressenfabrik in Hannover, mütterlicherseits aus dem Jacobischen Pfarrhause in Wollershausen (Fürstentum Grubenhagen)

[1] H. Baumgarten, Wie wir wieder ein Volk geworden sind (1870) S. 76.
[2] Hausmann, Erinnerungen S. 183.

stammend, aus dem so viele namhafte Männer und Frauen hervorgegangen sind, und schon durch seine Verwandtschaft mit den Kreisen der Kunst, der Wissenschaft und des Heeres in Zusammenhang. In den Jahren, da die Eisenbahnbauten anfingen, war man noch so wenig mit einem tüchtigen höhern Beamtenpersonal versehen, daß Hausmann zum Abschluß wichtiger Verträge verwendet wurde, Reisen nach England zum Ankauf von Schienen, Lokomotiven ausführte und, nachdem der Eisenbahnbetrieb begonnen hatte, selbst zeitweilig in die oberste Verwaltung eintrat. — Die Abhängigkeit von England, die die Anfänge des hannoverschen Eisenbahnbaues charakterisiert, löste zu einem Teile ein hannoverscher Industrieller Georg Egestorff, dessen Vater, aus einer armen Fischerfamilie hervorgegangen, in Linden vor Hannover Kohlen- und Holzwerke begründet hatte. Der Sohn verband seit 1835 damit eine Eisengießerei und Maschinenfabrik und begann 1846 den Bau von Lokomotiven. Hatte er mit zwanzig Arbeitern begonnen, so beschäftigte er dreißig Jahre später deren 2000 und hatte er mehr als 300 Lokomotiven hergestellt.

Im Gebiete des Buchhandels behaupteten die alten Göttinger Firmen Vandenhoeck und Ruprecht und die Dieterichsche Buchhandlung ihren Namen. In der Stadt Hannover bestanden die Helwingsche und die Hahnsche Buchhandlung, die durch den Verlag der Monumenta Germaniae historica, deren erster Band 1826 erschien, in der gelehrten Welt, nicht bloß Deutschlands, einen großen Ruf gewann. Die Verbindung war durch den Herausgeber der Monumente Pertz geknüpft, der, ein geborener Hannoveraner, 1826—42 Leiter der Königlichen Bibliothek war und zugleich Anteil an der Verwaltung des Archivs hatte. Die Wissenschaft erinnerte sich, was sie dem Namen Leibniz schuldete. Das äußere Andenken an den größten Bürger, dessen sich die Stadt Hannover rühmen kann, halten wach: die schlichte Steinplatte in der Neustädter Kirche mit der Inschrift ossa Leibnitii; das Denkmal mit der schönen, in Italien angefertigten Büste — „ein recht bedeutendes deutsches Gesicht mit Lebenskraft und Falte des Nachdenkens auf der Stirne[1]“ — das das 18. Jahrhundert dem „Genio Leibnitii“ auf einem von der alten Befestigung übrig gebliebenen Hügel errichtet hat; endlich das herrliche 1652 erbaute Steinhaus an der Schmiedestraße, das, von dem großen Gelehrten bis zu seinem Tode (1716) bewohnt, zugleich die Anfänge der nachherigen Königlichen Bibliothek in sich schloß. Von dem König 1844 angekauft, ist es später in das Staatseigentum übergegangen[2]).

[1]) Ranke S. W. 53, 335.

[2]) Sievert, Sammlg. topograph. Stadthannov. Nachrichten (1888) S. 57.

Mahnender als diese Denkmäler wirkte der in der Königlichen Bibliothek aufbewahrte handschriftliche Nachlaß Leibnizens. Pertz und der jüngere K. L. Grotefend hatten angefangen, einzelnes daraus zu veröffentlichen. Die Heimlichkeit, mit der man solche Schätze noch hütete, der Mangel an materiellen Mitteln und an geistigen Kräften sie zu heben, hinderten, den Publikationen eine größere Ausdehnung zu geben.

Das Schulwesen des Landes hatte unter dem Minister von Stralenheim eine Reform erfahren. 1829 war mit der Neuordnung eine Lehrerprüfung und das Maturitätsexamen eingeführt, im Jahr darauf das Oberschulkollegium geschaffen und an seine Spitze Friedrich Kohlrausch, ein geborener Hannoveraner, der zuletzt das höhere Schulwesen in der Provinz Westfalen geleitet hatte, berufen. Eine Verordnung von 1846, welche das Griechische als obligatorischen Prüfungsgegenstand aus dem Maturum der Juristen und Mediziner entfernte, wurde dadurch unschädlich, daß nur wenige Abiturienten von der Vergünstigung Gebrauch machten und die ganze Bestimmung nach kurzer Zeit wieder aufgehoben wurde. Eine erste Anerkennung der durch Jakob Grimm geweckten Studien war es, wenn eine Verordnung von 1831 alle, welche Gymnasiallehrer werden wollten, sich einer Prüfung im Altdeutschen zu unterziehen verpflichtete. Das Universitätskuratorium hätte es gern gesehen, wenn J. Grimm aus seiner Grammatik eine kleine Ausgabe zum Besten der Lehrer hergestellt hätte; und der Herzog von Cambridge, stets sein Interesse für Kunst und Wissenschaft bewährend, veranlaßte Jakob Grimm seit 1834 Vorlesungen über Geschichte der deutschen Literatur zu halten [1]. Die Gymnasien, einerlei ob königlichen oder städtischen Patronats, erfreuten sich, auch nach Einrichtung des Oberschulkollegiums, einer leidlichen Autonomie. Trotzdem die Gehalte bescheiden waren — kein Direktor bezog mehr als 1100 Taler [2]) — herrschte unter den Lehrern eine wahre Berufsfreudigkeit. Viele von ihnen waren wissenschaftlich tätig. Einige errangen einen allgemein bekannten Namen. Leunis an dem Josephinum in Hildesheim durch seine naturgeschichtlichen Lehrbücher; Bernhard Abeken in Osnabrück, der Herausgeber der Werke von Justus Möser (1842), in der Sphäre Schillers und Goethes erwachsen; H. L. Ahrens, damals Lehrer in Ilfeld, durch sein Werk über die griechischen Dialekte (1839 und 1843); vor allem Georg Friedrich Grotefend, Direktor des Lyzeums in Hannover, der Entzifferer der Keilschrift. Die Maturitätsprüfungen übten die

[1]) M. Abh.: Jakob Grimm in Göttingen (1885) S. 25, 33.

[2]) Lehzen, Hannovers Staatshaushalt II 2 (1856) S. 313.

günstige Wirkung, die Gymnasien von Schülern zu befreien, die nicht zu studieren beabsichtigten. Noch besser wurde dies Ziel erreicht und zugleich ein positiver Zweck gefördert durch die Begründung neuer Arten von Schulen. Der Hohen Schule, wie das Gymnasium der Stadt Hannover im Volksmunde hieß, amtlich Lyceum und jetzt Ratsgymnasium benannt, trat seit 1835 eine zweite städtische Schule, die Höhere Bürgerschule, an die Seite, eine Schöpfung des Stadtdirektors Rumann, für die in dem Mathematiker und Statistiker Adolf Tellkampf, einem gebornen Hannoveraner, der jung als Offizier die Befreiungskriege mitgemacht hatte, von vornherein ein trefflicher Leiter gefunden wurde. Die Schule lehrte von den alten Sprachen nur eine, die lateinische, pflegte Französisch und Englisch und die sogenannten Realien und wirkte für die Ausbreitung der Bildung unter dem Bürgerstande äußerst günstig. Sie hat sich das Lob einer musterhaft geleiteten Schule erworben [1]) und wurde von Schülern aus allen Ständen aufgesucht, auch von solchen, die später zu gelehrten Studien übergingen. Vier Jahre vor der Höhern Bürgerschule war eine Schule eröffnet, die nicht bloß für einen einzelnen Stand oder für eine einzelne Stadt bestimmt war: die Höhere Gewerbeschule oder wie sie seit 1847, als sich der revolutionäre Geruch, der dem Pariser Vorbild seit der Julirevolution anhaftete, verzogen hatte, amtlich hieß: Polytechnische Schule. Auf Anregung eines Privatvereins als eine Landesanstalt geschaffen, hatte auch sie das Glück, gleich von Beginn an einen ausgezeichneten Direktor zu gewinnen, den Wiener Karmarsch, der durch seine literarischen Leistungen, die Mechanik in ihrer Anwendung auf das Gewerbe, die Aufmerksamkeit auf sich gezogen hatte, und sich, ein Mann von 27 Jahren, vermöge seiner energischen Persönlichkeit, als der rechte Leiter der jungen Anstalt bewährte. Die Schule fand so zahlreichen Zuspruch, daß bald nach ihrer Eröffnung ein eigenes Gebäude notwendig wurde, wohl der schönste Bau des vormärzlichen Hannovers, nach den Plänen des Baumeisters Ebeling, der sich die Fassaden florentinischer Paläste zum Muster dienen ließ, errichtet. Für 200 Schüler berechnet, erwies sich das an der Georgsstraße gelegene, in dem spätern Kontinentalhotel erhaltene, Gebäude bald als unzureichend für den Besuch, der sich von Inland und Ausland einfand.

In den Schulen sammelte sich die Jugend, die Hoffnung des Landes. Sie politisierte nicht, gleichwohl ging sie nicht auf in den fleißigen Betrieb der Schulstudien. Die öffentlichen Dinge, die hanno-

---

[1]) Lehzen S. 310.

verschen wie die darüber hinausliegenden, berührten sie nicht. Ihr Geist war deutsch, war patriotisch. Er nährte sich an deutscher Geschichte und deutscher Literatur. Geschichte Hannovers wurde kaum gelehrt und noch weniger gelernt. Wer hätte sich für diese fortgesetzten Landesteilungen, Austausche, Wiederzusammenlegungen, seltsam genug die Unionsgeschichte des Landes geheißen, interessieren sollen, wer diesen immer wieder entgleitenden Faden festhalten können? Geschichte an die unmittelbare Umgebung, an die sichtbaren Zeugen der Vergangenheit anzuknüpfen, verstand die Lehrerwelt jener Tage noch nicht. Gelesen und gelehrt wurde außer der Geschichte der Griechen und Römer vorwiegend deutsche Geschichte. Von der französischen und englischen Geschichte interessierten in erster Linie die der Revolutionen; die Bücher von Mignet und Thiers und Dahlmanns „zwei Revolutionen" fanden ein dankbares Publikum. Für die deutsche Geschichte bildete das Buch von Kohlrausch die Grundlage: zuerst 1816 unmittelbar unter dem Eindruck der Freiheitskriege erschienen, erlebte es fortgesetzt neue Auflagen und wirkte durch die Wärme seiner Sprache und die Kraft seiner Darstellung wohltätig auf die heranwachsende Generation. Die patriotische Gesinnung konnte sich nicht wie in Preußen auf einen großen Staat und seine ruhmreiche Geschichte stützen, aber sie hatte mit ihm die jüngste Erinnerung, die Befreiungskriege, und die allzeit bewährte Tapferkeit des vaterländischen Heeres gemein. Man hatte das französisch-westfälische Regiment in der nächsten Nähe kennen gelernt. Der Anteil der Hannoveraner an der Niederwerfung der Fremdherrschaft erfüllte die Generation, die sie mit der Tat herbeigeführt, wie die, die sie nur aus der Erzählung kannte, mit Stolz. Kein historischer Name drang so früh an das Ohr des Knaben wie Waterloo. Das militärische Leben der Stadt Hannover konzentrierte sich um die Esplanade mit der Waterloosäule, die am 18. Juni 1832 enthüllt war. In zahlreichen Familien lebte das Andenken an Glieder, die in der englisch-deutschen Legion gefochten hatten. Ehrfurchtsvoll sah man auf die noch übrigen Kämpfer von Talavera und Garcia-Hernandez, erzählte sich von ihren Taten und von der Trinkfestigkeit, die sich die Offiziere aus der Gemeinschaft mit den Engländern bewahrt hatten. Noch gab es im Lande manchen halfpayman und bis in die vierziger Jahre hatte ein englischer Beamter als paymaster seinen Sitz in der Residenz. Den besten Schatz aus den Jahren der Freiheitskriege bewahrte die Jugend in den Liedern jener Zeit. Die Menschen von heute ahnen nicht, wieviel deutsche Gesinnung durch die Dichtungen von E. M. Arndt, Theodor Körner, Max von Schenkendorf, Uhland und Rückert verbreitet wurde, was das Werden und Wachsen der deutschen Einheit in den Gemütern ihnen zu danken hat. In den Singstunden, auf den Spaziergängen, auf den Turnfahrten erklangen sie. Auch der Humor, der dem Niedersachsen nie fehlt, war von dieser Stimmung durchzogen, und neben den ernsten Liedern ging die Mahnung her: Immer langsam voran, daß die österreichsche Landwehr nachkommen kann, und der Wechselgesang: Schlag ihn tot, Patriot!

Das Interesse für deutsche Literatur und ihre Geschichte in Hannover gefördert zu haben, darf als ein Verdienst von Karl Gödeke angesehen werden. Seine Bücher, seine Aufsätze zeugten alle von einer tiefgründigen Kenntnis des Stoffes und wußten durch ihre geschmackvolle, belebte Darstellung den Leser zu fesseln und zu selbständigen Studien anzuleiten. Von fremden Sprachen und Literaturen war besonders die englische beliebt. Englisch bildete in den Schulen einen obligatorischen Unterrichtsgegenstand. Sehr nützlich erwiesen sich die Lehrbücher Ferdinand Callins, eines vorzüglichen Lehrers an der höheren Bürgerschule zu Hannover. Meistens schon nach einem Jahr Unterricht waren die Schüler imstande, ein Shakespearsches Stück zu lesen. Es gab private Zirkel unter den Schülern, in denen man sich mit den Shakespearschen Dramen beschäftigte, wie sich einige Jahre später unter den jungen Mädchen Kränzchen bildeten, in denen englische Romane gelesen wurden. Das wirksamste Mittel, deutsche und fremde Literatur dem Volke zugänglich zu machen, war das Theater, das eine Rolle spielte wie in wenig andern Städten. Es stand im Mittelpunkt der öffentlichen Unterhaltung, war im Vormärz vielleicht das einzige gemeinsame Interesse des gebildeten Publikums. Ungleich andern deutschen Residenzen, vor allem den Nachbarstädten Braunschweig und Kassel, besaß Hannover keine fürstliche Sammlungen für Kunst und Wissenschaft. Was in Hannover vorhanden war, verdankte man privater Tätigkeit von Vereinen oder einzelnen. Nur das Theater war von alter Zeit her eine landesherrliche Veranstaltung und blieb es, nachdem der Sitz des Herrschers außerhalb Landes verlegt war. Auch schon äußerlich stellte sich dieser Zusammenhang dar, das Theater lag in einem Flügelanbau des alten Schlosses. Erst 1845 wurde ein Neubau an der Georgstraße begonnen, wohin immer mehr der Schwerpunkt der Stadt von der Leinstraße wegrückte. Aber wer die alten dunkeln Räume, die bis 1852 als Theater dienten, betrat, wurde überrascht durch einen farbenprächtigen und gestaltenreichen Vorhang, den der Hofmaler Ramberg 1789 geschaffen hatte, und erfreut durch gediegene Aufführungen jeder Art. Im Schauspiel glänzte Karl Devrient, eine kurze Zeit auch Doering; die Oper stand unter der Leitung von Heinrich Marschner, dessen Werke eine vollendete Aufführung fanden. Neben dem unentbehrlichen Mittelgut erfuhren Mozart und Beethoven, im Drama Schiller, Goethe, Lessing, Shakespeare aufmerksame Pflege. Wilhelm Tell kam vor dem Jahre 1848 nicht zur Aufführung.

Unter den bildenden Künsten erfreute sich der größten Förderung diejenige, deren Werke am meisten in die Augen fallen und den Glanz ihres Bestellers erhöhen. Zahlreiche Bauten sind unter Ernst August zustande gekommen, in der Residenz wie in der Provinz. Die hauptstädtischen sind vorzugsweise Schöpfungen von Georg Laves, der gleich dem hannoverschen Landsmann Leo von Klenze, der in München baute, aus der Kasseler Schule hervorgegangen war. Er führte den Schloßbau aus, das neue Theater, die Waterloosäule, das Mausoleum in Herrenhausen und entwarf in großen Zügen den Plan zur Erweiterung der Stadt im Norden und Nordosten, die in dem Ernst-August-Stadtteil zur Ausführung gelangte. Zeughaus und Kadettenhaus, die Regierungsgebäude nördlich vom Archiv in Hannover, das Oberappellationsgericht in Celle, das Regierungsgebäude in Lüneburg sind sonstige Zeugnisse der Baukunst dieser Zeit. Für das Mausoleum ließ Ernst August von Rauch eine Statue der Königin Friederike nach dem Muster der ihrer Schwester, der Königin Louise, in Charlottenburg errichteten herstellen. Der öffentlichen Denkmäler gab es im Lande noch wenige. Das für Justus Möser, von Drake geschaffen, das 1836 enthüllt wurde, mag das älteste sein. Das dem General Graf Karl von Alten, dem Führer der Hannoveraner bei Waterloo, errichtete, am 18. Juni 1849 enthüllt, erhielt seinen Platz vor dem Archive, während das Denkmal Leibnizens allmählich in eine ganz militärische Umgebung geraten war. Das einzige, einem Landesherrn gewidmete Standbild ist das König Wilhelms IV., von der Stadt Göttingen 1837 beim Universitätsjubiläum errichtet, ein Werk, das mehr den guten Willen der Stifterin lobt, als die Kunst des Meisters, der es erschuf. Der Name Ernst von Bandel wird an dem Hermannsdenkmal im Teutoburger Walde haften. Schon vor seiner Übersiedelung von München nach Hannover im Jahre 1838 hatte er mit der Ausführung begonnen. Nach mehr als vierzigjähriger Arbeit, bei der der Künstler sein ganzes Privatvermögen zusetzte, hat er, hoffnungslose Zeiten durchdauernd, ein Jahr vor seinem Tode das Glück gehabt, sein Werk 1875 vollendet und von einem deutschen Kaiser begrüßt zu sehen.

II.

Die Tätigkeit der Regierung und vor allem des Königs zur Hebung des materiellen und des geistigen Wohls kam in erster Linie der Residenz zu statten. Aber wie die Stadt dem Lande den Namen gegeben hatte, waren Stadt und Staat kaum zu trennen. Seitdem der König im Lande residierte, mußte die Bedeutung der Hauptstadt nur noch wachsen. Sie wird ein Mittel, die Einheit des Landes zu fördern; das ganze Land steuert bei zu ihrem Wachstum; seine Bevölkerung zieht sich nach der Hauptstadt hin; seine Steuern helfen die Kosten bestreiten, welche die zentralen Einrichtungen fordern. Daß dabei nicht immer die rechtmäßigen Grenzen beobachtet wurden, zeigt der Fall, daß zur Entschädigung der Hausbesitzer an einer die Alt- und Neustadt Hannovers verbindenden Straße, die der Erbreiterung bedurfte, die Landeskasse mit herangezogen wurde. Die bisherige Brückstraße erhielt zum Dank den Namen Ernst-August-Straße[1]). Was sie im Kleinen, bezeugte im Großen der um den Bahnhof erwachsende nach Ernst August zubenamte Stadtteil, in dem sein Denkmal 1861 aufgestellt wurde.

Die konsequente Arbeit, die der König der Hebung seines Landes widmete, seine Klugheit, seine Wachsamkeit machten ihn zu einer populären Persönlichkeit. Trotzdem er nur mit einem Auge sah, war er ein scharfer Beobachter. Schon unter seinem Bruder, dem Herzog von Cambridge, waren seine Besuche am Hofe gefürchtet, da er allerlei Schlendrian aufzudecken pflegte. Solange er gesund war, sah man ihn häufig im Publikum. In seiner Husarenuniform mit dem unendlich hohen Kragen, ging er, den Säbel aufgenommen, in der Stadt spazieren, nicht selten ganz allein, ohne Adjutant, ohne Dienerschaft. Fremde, die nach Hannover kamen, waren verwundert über die Stimmung, die sie fanden. Ein kurhessischer im Sommer 1845 zu Unterhandlungen in Eisenbahnangelegenheiten nach Hannover entsandter Beamter, der Gelegenheit hatte, in der Stadt und am Hofe zu verkehren[2]), war überrascht, nach einer so lang anhaltenden politischen Aufregung und Erbitterung gegen das Staatsoberhaupt eine vollkommene Ruhe und sogar eine große Zufriedenheit zu finden, ungeachtet die Ursache der Aufregung nicht beseitigt war. Der Kronprinz, erzählte man ihm, habe arge Prinzipien. „Den Alten wollen die Leute gern behalten; wer hätte das denken können?“ Schwedes, der den König häufiger sprach, rühmt seine Sachkenntnis, sein klares Urteil, seine trotz hohen Alters ungemeine Tätigkeit. Er machte die Geschäfte rasch ab, weil er wußte, was er wollte und sich nicht mit Kleinigkeiten aufhielt. Bei aller Pracht, die am Hofe herrschte, fand der Fremde

[1]) Sievert S. 66.
[2]) Schwedes (oben S. 57) S. 176 ff.

es nicht steif, den König liebenswürdig gegen seine Gäste, voll Verstand, aber auch voll Spott über die ganze Welt. Er teilte die Menschen in dumme Kerle und in verfluchte Kerle, worunter er die gescheiten Leute verstand. Ihm imponierte, wer sich nichts gefallen ließ und ihm mit Festigkeit entgegen trat. Sein Adjutant, Major v. Slicher, furchtlos und klug, vermochte viel über ihn[1]. Einen bestimmenden Einfluß hat er niemanden aus seiner Umgebung gestattet. Die Königin mag hier und da mildernd auf seinen zu raschen Entschlüssen geneigten Willen eingewirkt haben, er mußte aber auch ihr bestimmte Grenzen zu ziehen. Als sie sich einst für die Begnadigung eines Verurteilten verwandt hatte, äußerte er gegen seine Umgebung: eine Königin darf nicht vergebens bitten; ich habe aber dafür gesorgt, daß sie nicht wieder bittet[2]. Frau von Grote, die seit 1844 als Staatsdame am Hofe lebte, mußte für die Unterhaltung des alten Herrn sorgen, hat aber schwerlich in politischen Dingen erheblicher eingewirkt, wenn er sich ihrer auch als Briefschreiberin in auswärtigen Angelegenheiten bediente[3]. Er ließ kein Günstlingswesen aufkommen und suchte stets ein selbständiges Urteil zu gewinnen; an dem gewonnenen hielt er mit Starrheit fest. Er hat es einmal mit seiner mangelhaften Kenntnis der deutschen Sprache begründet, daß er alles genau prüfen und verstehen müsse, um seinen Namen darunter schreiben zu können.

Vorzugsweise galt seine Fürsorge solchen Zweigen des Staatslebens, die er aus eigener Berufstätigkeit kannte. Er nannte sich gern einen alten Soldaten, und im Publikum sah man ihn nie anders als in Uniform. Das hatte er von Berlin mitgebracht, in dessen militärischen Kreisen er lange Jahre gelebt hatte. Mochte ihm sonst viel Englisches anhaften, im Heerwesen war ihm Preußen das Vorbild und suchte er dessen Einrichtungen in Hannover einzubürgern. Schon 1821 wollte er seinen Bruder Georg IV. zur Abschaffung der roten von England her stammenden Uniformen der hannoverschen Armee bewegen. Was er damals und nachher nicht erreichte, setzte er nach seiner Thronbesteigung sofort ins Werk. Zum Kummer alter Soldaten wurde jetzt alles auf preußischen Fuß eingerichtet. Auf ihre Verteidigung des Hergebrachten erwiderte er: ich liebe keine Reminiszenzen[4]. Als der hochverdiente General der Artillerie Hartmann, der übrigens seine Freude an der Tatkraft des neuen Herrschers hatte, gegen die

---

[1]) Jul. Hartmann, Meine Erlebnisse zu hannoverscher Zeit (1912) S. 26.

[2]) Mitteilung des Präs. Dr. E. Meyer in Celle.

[3]) v. Malortie, Ernst August (1861) S. 135; Friedjung, Österreich von 1848—60 II 1 (1912) S. 10.

[4]) J. v. Hartmann, Lebenserinnerungen I 120.

Zurücksetzung seiner in Hannover mit besonderer Vorliebe gepflegten Waffe Vorstellungen machte, wies er ihn mit den Worten zurück: Niemand ist eigensinniger als ein Artillerist. Er konnte bis zur öffentlichen Kränkung vorgehen und meinte dann gegen Slicher: Ich mag General Hartmann ganz gern leiden; er ist ein exzellent Mann; aber er will grob Recht haben [1]) Sprach man schon in konservativen Kreisen von Preußomanie des Königs, so wußte die Opposition zu erzählen, die hannoverschen Tambours seien nach Magdeburg geschickt, um preußisch trommeln zu lernen, und die hannoverschen Querpfeifen, deren Ton dem König mißfiel, hätten gegen preußische umgetauscht werden müssen [2]). War ihm alles unter seinem Bruder Wilhelm IV. Geschaffene verhaßt, so galt das ganz besonders von der auf Andringen der Stände 1833 vorgenommenen Armeereduktion. Die damalige Organisation, ein Werk des Generals Karl Jacobi, hat aus militärischem Munde neuerdings volle Anerkennung als den Verhältnissen des Landes entsprechend gefunden [3]). Ernst August genügte sie nicht. Ihm lag namentlich eine Vermehrung der Kavallerie am Herzen. Da die Mittel, ihre Kosten zu decken, und die Stände, sie zu bewilligen, fehlten, so boten die durch die Rheingelüste der Franzosen erforderlich gewordenen Rüstungen von 1840 willkommene Gelegenheit, zunächst tatsächlich den Bestand des Heeres zu erhöhen. Als man nachträglich die Genehmigung zur Deckung des bereits Verausgabten und die Anerkennung der Kavallerieaugmentation als einer dauernden Einrichtung von den Kammern forderte, versagten beide zu letzterem ihre Zustimmung. Die Hoffnung, die Ernst August auf den Bund setzte, schlug fehl. Der preußische Militärbevollmächtigte, J. v. Radowitz, wies nach, daß der Bund von den Einzelstaaten nicht mehr als ihre pflichtmäßige Kontingentstellung zu fordern und Hannover dem auch ohne diese Vermehrung seiner Armee vollständig genügt habe [4]). Der König ließ sich dadurch nicht irre machen, behielt die Kavallerieaugmentation, wenn auch in verringertem Maße, bei und deckte die jährlich etwa 90 000 Taler betragenden Mehrkosten durch Ersparungen am ordentlichen Militäretat und Zuschüsse aus der Königlichen Generalkasse, ein Auskunftsmittel, das zu deren immer ungünstiger werdenden Zustand erheblich beitrug. Die wichtigste Einrichtung des preußischen Heerwesens, die allgemeine Wehrpflicht, auf Hannover zu übertragen,

[1]) J. Hartmann, Erlebnisse S. 26.

[2]) Hartmann, Lebenserinnerungen I 117. Konstitutionelle Jahrbücher, hrsg. von Weil 1846 III 98.

[3]) B. v. Poten in ADB. 13, 596.

[4]) Hassel, Radowitz S. 351.

kam dem König nicht in den Sinn. Die hier wie überall außerhalb Preußens zugelassene Stellvertretung verschaffte der Armee einen Stamm tüchtiger langdienender Unteroffiziere. Eine Bevorzugung des Adels fand im Heere nicht statt; auch in den höchsten Stellen traf man bürgerliche Offiziere in großer Zahl. Doch war das Bestreben Ernst Augusts unverkennbar, sie aus der Garde zu entfernen [1]). Bei aller Ehre, die man dem Militärstande erwies, blieb ihm doch eine die übrigen Stände überragende Stellung versagt. Das Witzwort: „Das Zivil hat sich überlebt" hätte in Hannover nicht erfunden werden können.

Die Regierungssorgen lasteten schwer auf dem alten Herrn, der mit 66 Jahren zur Regierung gekommen war und die öffentlichen Angelegenheiten bisher nur von dem Standpunkte des Parlamentariers, noch dazu des englischen Torys, anzusehen gewohnt war. Er mußte sich in die deutschen Verhältnisse erst einarbeiten und verwertete dabei die englischen Erfahrungen nach beiden Seiten hin, empfehlend wie verurteilend. Wer ihm die deutschen Verhältnisse unter englischer Perspektive vorzustellen verstand, kam am leichtesten zum Ziel. Wußte er sich im Staatsrat nicht anders zu helfen, so ließ er sich aus seiner Bibliothek Blackstones Commentaries upon English law holen [2]). Das Staatsgrundgesetz, fast gleichzeitig mit der Reformbill unter seinem Bruder zustande gekommen, war ihm schon um deswillen verhaßt. Wie er jene unablässig bekämpft hatte, so widersetzte er sich dem hannoverschen Verfassungsgesetze, versagte ihm in der Stille die Anerkennung, die man ihm abverlangt, und stürzte es offen um, sobald er die Macht dazu erlangt hatte. Ihn unterstützte dabei der Adel, der für ihn die Nation war. Alles andere war von Radikalismus erfüllt. I have cut the wings of this democracy, schrieb er nach England, als die ersten Schritte zur Beseitigung des Staatsgrundgesetzes geschehen waren, das ihm als ein Werk der Staatsdienerschaft und der Bürgermeister dargestellt war [3]). Aus seiner englischen Praxis hatte er ein gutes Teil politischer Erfahrung, eine starke Dosis Menschenverachtung und gewisse principles mitgebracht. Zu diesen principles gehörte vor allem der Satz, daß nur eine Aristokratie den Staat zu regieren vermöge. Nur Männer von vornehmer Geburt und vornehmer Erziehung sind dazu geeignet. Andere mögen ihnen an Wissen, an Kenntnissen weit überlegen sein, die wahre Einsicht in die Bedürf-

[1]) Stüve, Art. Hannover in Bluntschli und Brater Staatswörterb. IV (1859) S. 714, v. Hartmann I 133.

[2]) Mitteilung von L. v. Bar.

[3]) M. Aufsatz Stüve in Preuß. Jahrb. XXXI (1872) S. 595 ff.

nisse der Staaten und die Fähigkeit, sie zu leiten, wohnt nur der Aristokratie bei. So bereitwillig er die großen Talente Robert Peels anerkannte, „you will always see the jenny, the manufacturers blood will show". Der König beurteilte danach auch Peels Politik: er hat sein bestes dazu getan, die Aristokratie und die Grundbesitzer zu ruinieren[1]). In Hannover erschien ihm deshalb besonders verderblich, was sein Bruder Cambridge in der Thronrede von 1831 versprochen hatte: die öffentlichen Ämter sollten jedem dazu Befähigten zugänglich sein. Er forschte dem Urheber der Äußerung nach, und als er den Geh. Kabinettsrat Philipp Rose ermittelt, ruhte er nicht eher, als bis er ihn unschädlich gemacht hatte. Begnügte er sich vor seinem Regierungsantritt ihn zu schrauben, ihn Lord John Russell zu titulieren, so brachte er es nach 1837 dahin, daß er seinen Abschied nehmen, seinen Wohnsitz außerhalb Hannovers wählen mußte und eine Pension nur unter der Bedingung erhielt, daß er nie ohne Genehmigung des Königs in die Ständeversammlung eintrete. Irgendeine Schuld war dem Manne natürlich nicht beizumessen. Vergebens berief er sich darauf, gar nicht der leitende Minister gewesen zu sein und nur die Beschlüsse des Geheimenrats ausgeführt zu haben. Nicht einmal die ihm zugesagte Audienz, um sich zu rechtfertigen, wurde ihm gewährt[2]). Daß er einer der tüchtigsten Beamten Hannovers war, in der Bewegung des Jahres 1831 der Regierung die wichtigsten Dienste geleistet hatte, schützte ihn so wenig wie seine Genossen. Die Dahlmann, Rumann, Stüve traf der Zorn Ernst Augusts und Scheles am härtesten[3]).

Für die aristokratische Gesinnung, die den König beherrschte, fehlte es in Hannover nicht an entgegenkommendem Verständnis. „Adlig Hannoverland" hieß es in dem alten Demagogenliede. Der hannoversche Adel war aber nicht reich genug, um den Staatsdienst entbehren, und nicht intelligent genug, um ihn allein ausfüllen zu können. Eine zahlreiche bürgerliche Staatsdienerschaft hatte sich seit langer Zeit herangebildet, im 18. Jahrhundert besonders gefördert durch die Universität im eigenen Lande. Gestützt auf gute Rechtsstudien, den Interessen der allgemeinen Bildung zugänglich, wohlhabend, mäßig in ihrer Lebensführung, arbeitsam und intelligent, war sie im Staatsleben zu einem hochwichtigen Element herangewachsen. So gegensätzlich sich Adel und Beamtentum zueinander verhielten, sie konnten einander nicht entbehren. Adelige Minister, bürgerliche Räte blieb die Losung

[1]) Barrington, Lives of the Lords Strangford (1877) S. 185, 176.

[2]) M. Art. Rose in ADB. 29, 181.

[3]) G. Stüve I 281.

bis zum Jahre 1848. Der einzige bürgerliche Minister, der die adelige Kette unterbrochen hatte, der ältere Rumann, zur Übernahme des 1817 neugeschaffenen Justizministeriums berufen, verwaltete kein volles Ministerium und stand den übrigen Ministern nicht gleich[1]). Rose und Hoppenstedt, denen 1831 Ministerien angeboten waren, lehnten sie ab in der Erkenntnis, daß die Zeit für bürgerliche Minister noch nicht gekommen sei. Dem aristokratischen Regimente Ernst Augusts, der Bürgerliche, wie Roses Beispiel zeigt, kaum in hohen Ratsstellen ertrug, hätten sie doch wieder weichen müssen. War der Umsturz des Staatsgrundgesetzes, das die Staatsdiener und das Bürgertum der Zweiten Kammer dem dominierenden Adel abgerungen hatten, ein Erfolg, den Ernst August vor allem der Unterstützung des Adels zu danken hatte, so war er doch nicht gemeint, sich seiner Herrschaft zu unterwerfen. Und wenn der Adel für seine Hilfe bei Vorbereitung und Ausführung des Staatsstreichs das ihm seit 1831 entwundene Regiment wieder zu erlangen gehofft hatte, so mußte er schon in den ersten Jahren des neuen Herrschers erfahren, wie wenig er aristokratische Überhebung zu tolerieren gewillt war. Gerade solche Züge haben dem Könige die ersten Sympathien im Lande eingetragen. Bei dem persönlichen Regiment des Königs vermochten die Minister, auch wenn sie bedeutendere Charaktere gewesen wären, wenig. Schele fand keinen Nachfolger. Falcke wurde nicht statt seiner Kabinettsminister, der König war sein eigener Premierminister. Es war eine Sache der Form, daß ein Kabinett an der Spitze der Geschäfte stand: es war der König selbst, der regierte. Das regner und das gouverner lag in seiner Hand. „Bis zu den Minutissimen" erstreckte sich seine Einwirkung. Die Minister waren Nullen. Das bezeugt ein Mann, der die Dinge aus nächster Nähe sah, der als Rat im Kabinett arbeitete[2]). So ist denn auch wenig über die Tätigkeit der einzelnen Zweige der Verwaltung aus dem Jahre 1840—48 zu berichten.

Die Ablösungsgesetze von 1831 und 1833, das früheste Blatt in Stüves Ruhmeskranz, hatten die Grundlage für einen freien Bauernstand geschaffen. Das Ministerium des Innern, das für die Ausführung jener Gesetze zu sorgen hatte, stand unter der Leitung von Joh. Caspar v. d. Wisch. Von 1820—24 Oberappellationsrat, war er Landdrost in Aurich und 1831 Minister geworden und blieb es bis 1848. Es beweist für seinen Scharfblick, daß er für sein Ministerium zwei ausgezeichnete Referenten wie Lehzen und Bening gewann.

[1]) E. v. Meier, Hannov. Verfassungs- u. Verwaltungsgesch. I (1898) S. 69.
[2]) Th. Braun bei G. Stüve I 346.

Unter den Schöpfungen des Ministeriums ragt die 1842 geschaffene Landeskreditanstalt hervor, die den Bauern die Wohltaten der Ablösungsgesetze erst praktisch zugänglich machte. Die Regierung berief Bening erst zum Mitgliede, 1847 zum Haupte der Institutsdirektion. Während die Verwaltung auf Hebung der Landwirtschaft bedacht war, konnte sie die Schädigung, die ihr aus dem Jagdrecht auf fremdem Grund und Boden erwuchs, nicht fernhalten noch einschränken. An Jagd und Jagdrecht knüpfen sich Eifer und Leidenschaft, sagt ein hannoverscher Schriftsteller, der der Jagd ihre Ehre läßt; „sie stärket die Glieder und die Sinne“ [1]). Die Klagen über die Härte der Jagdgesetze, den Mangel einer Verpflichtung zum Ersatz des Wildschadens kamen nicht auf gegen die bis in die höchsten Regionen gepflegte Jagdleidenschaft. Der König war ein eifriger Jäger. Sein Biograph, der Hofmarschall v. Malortie, verzeichnet genau die Ergebnisse seiner Jagden in- und außerhalb Landes, die am stärksten in den Jahren 1839 und 40 ausfielen. Trotz seines hohen Alters und seines mangelhaften Gesichts beteiligte er sich bis 1846 an den Jagden, wenn es ihm auch passierte, einem Jagdgenossen das Auge auszuschießen, den er dann jedesmal beim Wiedersehen fragte, ob er den Täter noch immer nicht erwischt habe [2]). Gerade die Jagdzustände haben im Innern die Unzufriedenheit des Bauernstandes genährt und draußen dem hannoverschen Lande Mißachtung und Angriffe, berechtigte und unberechtigte, zugezogen. Werner von Siemens, dessen Vater eben diese Zustände aus Hannover vertrieben und zur Übersiedelung nach Ratzeburg bewogen hatten, redet in seinen Lebenserinnerungen (S. 7) von seiner Heimat als einem Jagdgrunde englischer Prinzen.

A. v. Stralenheim verwaltete zwei Ministerien, Justiz und Kultus, und übertraf seinen Kollegen v. d. Wisch noch um einige Jahre an Dauerhaftigkeit. Auch er hatte dem Oberappellationsgericht, ein Jahr als Vizepräsident, acht Jahre als Präsident, angehört, ehe er 1828 zum Minister ernannt wurde. Das Kuratorium der Universität, das mit dem Kultusministerium verbunden war, teilte er eine Zeitlang mit dem Frhrn. v. Arnswaldt, bis dieser 1838 seinen Abschied nahm. Die ausgezeichnetste Kraft seines Kultusressorts, der Geh. Kabinettsrat Hoppenstedt, war in seinem Einfluß seit 1837 gelähmt; mit dem Tode Stralenheims (1847) wurde das Kuratorium in das Kabinett gezogen, und dadurch auch formell zum Ausdruck gebracht, was Ernst August bisher schon tatsächlich geübt hatte. Gleich beim Eintritt in die

[1]) M. Art. Bening in ADB. 46, 361.

[2]) Mitteilung des Präs. Meyer in Celle.

Regierung hatte er sich mit der Universität zu befassen gehabt und sie seitdem nicht aus den Augen gelassen. Er griff in die Dauer der Prorektorate ein und verlängerte sie ihm persönlich genehmen Inhabern, wie Gieseler, der das Amt drei, Bergmann, der es dritthalb Jahre verwaltete. Bei Berufungen ließ er sorgfältige Erkundigungen über das politische Vorleben des Kandidaten einziehen. Als im Herbst 1847 Georg Waitz als Professor der Geschichte in Vorschlag kam, mußte der hannoversche Resident Hanbury in Hamburg über ihn und die Kieler Verhältnisse berichten, und erst auf seine Meldung, daß Waitz bei der bekannten Schrift der Kieler Professoren über die schleswig-holsteinische Frage auf eine gemäßigte Fassung hingewirkt habe und auch bei den späteren Auflehnungen eines Gesellschaftsvereins gegen Zensurmaßregeln einer ungeeigneten Opposition entgegengetreten sei, ließ ihm der König eine ordentliche Professur antragen[1]). Das Annahmeschreiben, worin Waitz hoffte, als ein nicht unwürdiger Nachfolger verehrter Vorgänger erfunden zu werden, wird der Geh. Kabinettsrat v. Falcke dem König kaum vorgelegt haben, denn die Erinnerung an Dahlmann, den Führer der Sieben, war ihm besonders verhaßt. Gewohnt, bei allen Menschen die niedrigsten Motive vorauszusetzen, verbreitete er in seiner Umgebung die Version, an Dahlmanns Opposition sei nur der Verlust des großen Honorars schuld, das ihm für ein Buch über das Staatsgrundgesetz in Aussicht stand[2]). Sein bekannter Ausspruch über die Feilheit der Professoren empfing eine merkwürdige Illustration durch die üblen Erfahrungen, die seine Regierung auf der Suche nach einem Ersatz der Sieben machte, wie seine angebliche Geradheit durch die Bedingung, die er für die Rückberufung einiger von ihnen 1848 stellte: „gestattet, aber nicht höhere Besoldung“[3]). Das Hämische seines Wesens, das ihm schon in England so viel Feindschaft zugezogen hatte, brach immer wieder durch. Seine Order vom 18. Februar 1846, die die Heiraten der Offiziere erschwerte, unterwarf auch bereits geschlossene Verlöbnisse denselben Bedingungen. Die Gegenvorstellungen einzelner Generale wies er damit zurück: die davon betroffenen Offiziere sollten froh sein, auf gute Manier ihrer Verpflichtungen ledig zu werden[4]).

[1]) Akten des Kgl. Univ.-Kuratoriums.
[2]) J. Grimm an Dahlmann 28. Januar 1838 (Ippel, Briefw. I 75).
[3]) M. Aufsatz im Jahrb. des Göttinger Geschichtsvereins II (1910) S. 57.
[4]) Hartmann, Lebenserinnerungen I 133.

III.

Adel und Beamtentum waren die dominierenden Stände in Hannover gewesen, bis das Königtum, durch eine kräftige, markante Persönlichkeit vertreten, durchgriff und die Zügel in die Hand nahm. Die wirtschaftlich wichtigsten Stände, Bürger und Bauern, hatten im staatlichen Leben noch wenig zu bedeuten. Das Land war ein Ackerbaustaat. Seine 700 Quadratmeilen waren dünn bevölkert; die Zählung von 1845 ergab 1 773 000 Seelen. Ein großer Teil des Bodens war unfruchtbar; der kulturfähige stand überwiegend in bäuerlichem Besitz; auf ihn fielen neun Zehntel, in den Rest teilten sich der Adel und die Landesherrschaft. In dem Bauernstande war wohl Wohlstand verbreitet, aber noch wenig Bildung, geschweige denn die Fähigkeit in politischen Dingen mitzusprechen. Das Städtewesen war schwach entwickelt. Eine einzige Stadt hatte eine 20 000 überschreitende Einwohnerzahl, die Residenz, die um 1840 28 000 Einwohner in 2600 Wohnhäusern umfaßte. Die Stadt Braunschweig, die schon im 18. Jahrhundert 30 000 Einwohner zählte, übertraf Hannover. So fiel in allen öffentlichen Dingen die Leitung den Beamten zu. Sie drängten sich nicht vor, sondern die Bürger schoben ihnen alles zu, und die Bauern überließen sich ihrer Führung. Als in den vierziger Jahren der Gustav Adolfs-Verein begründet wurde, bildete man in der Stadt Hannover seinen Vorstand aus lauter Beamten; erst 1847 entschloß man sich, auch Bürger hineinzuwählen. Selbst im Jahre 1848 besetzte die hannoversche Bürgerwehr von den Majorsstellen ihrer vier Bataillone drei mit Räten der Königlichen Domänenkammer, nur eine mit einem Kaufmann, dem Weinhändler Kraul. Auch das Hervortreten des Advokatenstandes hängt mit diesem zurückhaltenden Wesen des Bürgertums zusammen. Er bildete geradezu einen repräsentativen Stand; seine Mitglieder saßen in der Zweiten Kammer und den Kommunalverwaltungen. „Die Advokaten in der Kammer“ war hier wie anderwärts eine Bezeichnung für die politische Opposition. Bei der großen Zahl von Advokaten, die es gab und die Gesetzgebung seit Jahren zu verringern sich abmühte, barg der Stand manch mißvergnügte Elemente. Darüber darf nicht verkannt werden, wie viel tüchtige, zum Teil ausgezeichnete Persönlichkeiten aus ihm hervorgegangen sind. Es genügt an Stüve, Detmold, Th. Meyer (von Lüneburg) aus der staatsgrundgesetzlichen, an Windthorst und Leonhardt aus der nachfolgenden Zeit zu erinnern. Unter den 26 Abgeordneten, die Hannover ins Frankfurter Parlament schickte, waren sieben Advokaten.

Der zu Ende des Jahres 1841 gewählte Landtag hatte während seiner sechsjährigen Dauer in drei ordentlichen Diäten eine größere Zahl grundlegender Gesetze zustande gebracht; eine Zivilprozeßordnung, ein Polizeistrafgesetzbuch, eine Gewerbeordnung. Von den Vorlagen rührte die erste aus Plancks und Bacmeisters (oben S. 37), die beiden andern aus Benings Feder her. Das Inslebentreten der ersten hinderte das Jahr 1848, die dritte kam nur stückweise zur Geltung, das Polizeistrafgesetzbuch überdauerte das Königreich Hannover. In beiden Kammern wurde den Entwürfen eine gründliche Beratung zuteil. Die juristisch gebildeten Mitglieder, deren der Landtag eine große Zahl aufwies, ließen es bei den Debatten an sich nicht fehlen, ohne daß es ihnen gelungen wäre, die Vorlagen wesentlich zu ändern, geschweige denn zu verwerfen. Das Belehrende, das die Verhandlungen hätten gewähren können, ging für das Publikum durch den Mangel an Öffentlichkeit verloren. Niemanden hätte sie mehr genützt als der Regierung. Trotzdem waltete hier wie anderwärts auf ihrer Seite eine Scheu vor der Öffentlichkeit, während auf der populären alles auf Öffentlichkeit hindrängte. Das Streben nach Öffentlichkeit, der Kampf um dieses Gut, wie ein halbes Jahrhundert früher der um die Publizität, wird ein Zeichen der Zeit und charakteristisch für die Jahre vor der 1848er Revolution, wie einst vor der von 1789. Überall in den deutschen Staaten, auf den verschiedenen Gebieten des politischen Lebens macht es sich geltend. Der Stadtgerichtsassessor Siemens aus Hannover, Abgeordneter für Leer, beantragte in der Zweiten Kammer Öffentlichkeit der Verhandlungen in Strafprozessen; die Mitglieder der Regierung widersetzten sich nicht, wenn sie auch keine Zustimmung im Namen der Regierung erklärten. Die Frage der Öffentlichkeit wurde namentlich in den kommunalen Vertretungskörpern lebhaft erörtert. In Breslau, in Königsberg ließ man im Winter 1847 Zuhörer bei den Verhandlungen der Stadtverordneten zu. Der Großherzog von Oldenburg bewilligte Öffentlichkeit der Stadtratssitzungen. Paul Pfizer, in Stuttgart zum Stadtverordneten gewählt, sprach für die Öffentlichkeit und erwartete von ihr eine Abkehr von dem Egoismus des Spießbürgertums zu dem edeln Gemeingeist eines freien Bürgertums. Der erste leise Anfang, der in Hannover geschah, war die Veröffentlichung magerer Protokollauszüge aus den Bürgervorsteher-Verhandlungen im Hannoverschen Magazin. Der König hatte davon Einsicht genommen und bis auf weiteres die Fortsetzung gestattet. Dem einstimmigen Beschluß der bürgerlichen Kollegien Hildesheims auf Öffentlichkeit versagte er die Genehmigung.

Das Staatsgrundgesetz von 1833 hatte den Kammern das Recht beigelegt, Zuhörer zu ihren Sitzungen und Verhandlungen zuzulassen. Nur die Zweite Kammer hatte davon Gebrauch gemacht. Nach dem Verfassungsumsturz von 1837 war die alte Heimlichkeit wieder hergestellt. Der in der Zweiten Kammer im April 1846 gestellte Antrag, die Regierung um Öffentlichkeit der ständischen Verhandlungen zu bitten, war bei der Ersten auf Widerstand gestoßen, während ihn die Zweite einstimmig angenommen hatte. Nach langen mühsamen Konferenzverhandlungen war es endlich gelungen, die Erste Kammer zum Beitritt zu bewegen, so daß im Dezember des Jahres der ständische Vortrag an die Regierung erstattet werden konnte. Auch sie ließ sich Zeit. Erst am 21. April 1847 erfolgte die königliche Antwort, die nach einer ausführlichen Begründung in den unvorsichtigen Schluß auslief: „Wir haben nach reiflicher Prüfung und in gewissenhafter Erwägung der uns obliegenden landesväterlichen Pflichten unabänderlich beschlossen, eine Öffentlichkeit der Sitzungen der Kammern unserer getreuen Landstände niemals zu gestatten.“ Der König berief sich darauf, daß seine eigene Erfahrung und fortgesetzte Beobachtung ihn von der Schädlichkeit der Einrichtung überzeugt habe. Mag die Öffentlichkeit für konstitutionelle Staaten passen, Hannover ist kein konstitutioneller Staat; denn — so wird der Landtag belehrt — in jenen kommt den Ständen ein wesentlicher Anteil an der Regierung zu, in den deutschen nach dem Bundesrecht eingerichteten Staaten führt der Landesherr allein das Regiment, und haben die Stände nur bei der Ausübung bestimmter Rechte mitzuwirken. Der Art. 57 der Wiener Schlußakte, der hier ausgeschrieben ist, hat mit der Öffentlichkeit ständischer Verhandlungen so wenig zu tun, daß das Bundesgrundgesetz selbst in einem folgenden Artikel die Öffentlichkeit nicht etwa verbietet, sondern nur verlangt, daß, wo sie besteht, die Geschäftsordnungen Maßregeln gegen die Überschreitung der gesetzlichen Grenzen der freien Meinungsäußerung treffen.

Wenige Tage vor jener Antwort Ernst Augusts, am 11. April, war der Vereinigte Landtag zusammengetreten und durch eine Rede Friedrich Wilhelms IV. eröffnet worden, die auch ein Niemals aussprach. In Berlin wie in Hannover bedurfte es keines Jahres, und die Urheber kehrten ihr feierliches Wort in sein Gegenteil um.

Viertes Kapitel.

Eintritt in das öffentliche Leben.

Der Überblick über die Zustände in Staat und Stadt des vormärzlichen Hannovers reicht aus, um sich die Umgebung zu vergegenwärtigen, in die ein junger Jurist der vierziger Jahre kam, der sich den Beamtenberuf erwählt hatte. Justiz und Verwaltung des königlichen Dienstes, wie er verfassungsmäßig seit 1840 hieß, waren nicht getrennt, wenigstens nicht in der Stufe, mit der die Laufbahn des Beamten begann. Plancks erste Station war die Amtsvogtei Ilten unweit Hannovers, seit Eröffnung der Eisenbahnverbindungen nach Braunschweig und Hamburg zugleich dem Knotenpunkt Lehrte, der in einem dreiviertelstündigen Spaziergang erreichbar war, benachbart. An den beiden Gerichtstagen der Woche hatte Planck das Protokoll zu führen, außerdem täglich $1\frac{1}{2}$—2 Stunden amtliche Arbeit. Die Muße, die ihm zu eigener Beschäftigung blieb, verwandte er auf öffentliches Recht und Geschichte. Die Zeitverhältnisse mahnten kräftig genug, sich mit diesen Wissensgebieten eingehender zu beschäftigen, als es die juristische Studienzeit mit ihrer überwiegend privatrechtlichen Ausbildung gestattete. Nach anderthalb Jahren wurde Planck nach Winsen an der Luhe (nördlich von Lüneburg) versetzt, der Goethegemeinde als der Geburtsort Peter Eckermanns bekannt. Die Amtsauditorenzeit auf dem Lande, in kleinen Orten gewährte wenig Anregung. Die Bildungsmittel waren beschränkt, Zeitungen gab es höchstens im Klub, und der pflegte abends früh seine Türen zu schließen. Die Menschen, die er kennen lernte, boten wenig Interesse, wenn ihm nicht einmal ein Pastor begegnete, der gerührt dem Enkel seines alten Lehrers die Hände drückte. Das Resultat der beiden Vorbereitungsjahre war die Überzeugung, daß er weder für das Landleben noch für die Verwaltung tauge und nur im richterlichen Berufe seine rechte Stelle finden werde. Während der Tätigkeit in Winsen meldete er sich auf den Rat des Justizrats Bacmeister zur Kanzlei. Als der Geh. Kabinetsrat v. Schele dem Könige die Gesuche von vier Amtsauditoren, Planck, Deneke, v. Adelebsen und v. Lenthe um Ernennung zu Kanzleiauditoren vorlegte, fügte er dem von Planck hinzu: „nach den von den Ämtern Ilten und Winsen a/L., bei denen er successiv seit dem 14. Mai 1846 angestellt war, ihm ertheilten Zeugnissen hat er den von ihm gehegten Erwartungen in aller Maße entsprochen. Ausdauernder Fleiß, außergewöhnliche Fähigkeiten und Kenntnisse und die rühmlichste Bescheidenheit haben ihn ganz besonders empfohlen“ [1]). Das Kabinett gab nach wenig Tagen dem Ministerial-Departement der Justizsachen — die Adresse erklärt sich aus der durch Stralenheims Tod (19. Mai 1847) herbeigeführten Vakanz — Kenntnis, daß der König die vier Petenten, vorbehaltlich der von ihnen zu bestehenden Prüfung, zu Kanzleiauditoren anzustellen geruht habe, und zwar Planck und Adelebsen in Hannover, Deneke in Celle, Lenthe in Göttingen. Im Januar kam Planck zum Examen. Der schriftliche Teil bestand in einer Relation, die in der Hauptsache die Frage betraf, wer zur Einklagung eines den Armen hinterlassenen Legats berechtigt sei, eine gemeinrechtliche Kontroverse, die jetzt durch BGB. 2072 beseitigt ist. Am 28. Januar 1848 hielt er vor der Kanzlei seine anderthalbstündige Relation. Ebenso lange dauerte das mündliche Examen. Schon während dessen meldete der Justizrat v. Werlhof dem Vater das glückliche Ergebnis. Die Briefe, denen die Nachrichten über diese Jahre zu danken sind, sind von kindlicher Schlichtheit. An allen Familienereignissen nimmt der Schreiber warmen Anteil. Die Ruhe, die Gesundheit der Eltern, ihre Rückkehr nach Göttingen beschäftigen ihn vorzugsweise. Todesfälle begleitet er mit dem tröstlichen Gedanken, der sein ganzes Leben beherrscht hat: die Toten sind glücklich und wir, wenn auch augenblicklich von ihnen getrennt, bleiben in Ewigkeit mit ihnen verbunden. Von der bewegten Zeit lassen die Briefe an die Eltern nichts ahnen. Politische Äußerungen kommen nicht vor. Erst im Frühling 1848 schreibt die Mutter in ihr Tagebuch: Gottlieb ist glücklich über die freiern Regungen überall, der Vater ist sorgenvoll.

Die Zeit nach dem Kanzleiexamen benutzte Planck zum Besuch eines alten Freundes, Adolf Schönian, der mit ihm vor sechs Jahren die Celler Schule vorlassen hatte und jetzt als Arzt in Hagenburg am Steinhuder Meere lebte. Er fuhr mit ihm auf die große Landpraxis und erfreute sich an dem Manne, der sich nicht nur in seiner Wissenschaft fortbildete, sondern auch an allen allgemeinen, die Zeit bewegenden Fragen teilnahm. Am 8. Februar in sein neues Amt ein-

[1]) Schele an das Justizdepart. 22. Nov. 47, Akten des Staatsarch. Hannover.

geführt, erhielt Planck gleich einen ganzen Stoß Akten zum Referieren. Die Kanzleiauditoren hatten es insofern nicht leicht, als sie mit ihren Vorträgen erst an die Reihe kamen, wenn die Räte nichts mehr zu referieren hatten, und infolge davon oft lange Pausen zwischen Vorbereitung und Vortrag lagen. Sonst gefallen ihm die Kanzleigeschäfte sehr wohl. Die Arbeit, in ganz anderer Weise anregend als die bei den Ämtern, ist umfangreich und schwierig; und das unvorbereitete Votieren verlangt, daß man fest gesattelt sein muß. Die Arbeitslast drückt ihn nicht. Er ist von früh auf ein arbeitsamer und arbeitsfreudiger Mensch gewesen und immer geblieben. Die Gegenstände, denen die Arbeit gilt, behandelt er mit Lust und Interesse, aber sie absorbieren ihn nicht und machen ihn nicht gegen andere Interessen unempfänglich. Er gesteht seinen Eltern offenherzig: „dazu daß das Recht mein ganzes Leben und Streben ausfüllte und ich darin allein volle Befriedigung finden könnte, bin ich nicht befähigt und hoffe auch nie dahin zu kommen. Unsere Literatur, die politische wie die belletristische, die prosaische wie die poetische, bietet so tiefe und herrliche Schätze, daß mehr wie Einseitigkeit dazu gehörte, um sich davor zu verschließen und nicht lieber, soviel als möglich, Erquickung und Erhebung aus ihrem Born zu schöpfen." Schon klopft die Zeit an seine Tür. In demselben Briefe vom 11. Februar heißt es weiter: „Das Ringen nach Wahrheit und Freiheit, welches jetzt alle Völker belebt und erschüttert, läßt nicht mehr zu, daß man neutral bleibt. Jeder muß sich die Kenntnisse und die Bildung verschaffen, die ihn in den Stand setzt, mit Bewußtsein seine Partei zu ergreifen und sich nicht als blindes Werkzeug benutzen und von den Eingebungen des Augenblicks und Aufwallungen des Gefühls leiten zu lassen, sondern mit überlegter festgegründeter Überzeugung ruhig, aber mit Entschiedenheit seinen eigenen Weg zu gehen." Das sind tapfere, kluge und klare Worte aus dem Munde eines vierundzwanzigjährigen Mannes, die den Vorzug haben, nicht bloß Worte geblieben zu sein in dem Sturm, der immer näher herandrängt. Die amtliche Arbeit bleibt dieselbe. Neben den täglichen Sitzungen reichen die Morgenstunden nicht aus, das Pensum zu bewältigen. Es müssen die Abendstunden zu Hilfe genommen werden, was immer lästiger fällt; denn um 9 Uhr kommt das Extrablatt der Kölnischen Zeitung an, das auf dem Museum, in allen Konditoreien und Restaurationen laut vor einer dichtgedrängten Menschenmasse verlesen wird. „Bei Durisch — eine der besuchtesten unter den an der Leinstraße in einer Reihe mit dem königlichen Palais belegenen Konditoreien — standen die Leute bis auf die Straße, da inwendig kein Platz mehr war." Plancks Bericht in seinem ersten

Teile führt in die Stimmung und Urteilsweise ein, mit der er die Ereignisse aufnahm.

Hannover, den 8. März 1848.

Theuerste Eltern!

Verzeiht, daß ich Eure Erwartungen, daß sich unsere Briefe begegnen würden, getäuscht habe, aber die ungeheuren Ereigniße der letzten Woche hatten mich so ganz in Anspruch genommen, daß ich auch an gar nichts anders denken konnte. Das ist mal wieder eine Zeit, wo die Geschichte im Sturmschritt vorwärts eilt, wo in wenigen Tagen oder gar Stunden plötzlich erreicht wird, was seit Jahrzehnten vergebens erstrebt und gewünscht war. Oft hatte ich mir früher gewünscht, zur Zeit der ersten französischen Revolution gelebt zu haben, um selbst das großartige Schauspiel eines Volks, das zum Bewußtsein seines Rechts und seiner Freiheit erwacht, gesehen und miterlebt zu haben; und nun wiederholt sich dasselbe Bild, aber wie es scheint, schöner und reiner; ohne jene Exceße und den Terrorismus, der die frühere Revolution besudelte und um den besten Theil ihrer Früchte brachte. Die rächende Nemesis hat einmal wieder den Schuldigen, als er sich gerade am sichersten glaubte und auf der Höhe seiner Macht zu stehen schien, ereilt und zerschmettert, und sein Fall wird sicher nicht ohne die weitgreifendsten Nachwirkungen auch auf unser Vaterland bleiben. Ob die französische Republik Bestand haben wird, wird wohl von Manchem bezweifelt; ich glaube es fest, denn ich glaube an einen Fortschritt in der Geschichte und glaube, daß wenigstens für Frankreich die Zeit da ist, wo es diese im Principe und Ideale doch eigentlich allein naturgemäße Verfaßung ertragen kann. Das bedeutendste Moment bei dieser neuen Revolution ist unstreitig die Aufnahme des socialistischen Princips in das Programm der neuen Regierung, der erste praktische Versuch, jenes Problem der Aufhebung der Armuth und des Elends, von deßen Lösung die Zukunft Europas abhängt, durch die Organisation der Arbeit und des Credits wenigstens annäherungsweise zu lösen. So sicher ich überzeugt bin, daß diese ungeheure Aufgabe nicht ohne manche Fehlschritte, ohne viele Opfer und Anstrengungen erledigt werden wird, und daß noch lange Zeiten darauf hingehen können, ehe eine vollkommen befriedigende Lösung gefunden werden wird, so gewiß bin ich auf der andern Seite davon überzeugt, daß die Zeit kommen wird, wo der Wahlspruch der französischen Republik: liberté égalité fraternité eine Wahrheit ist. Für uns Deutsche, fürchte ich, liegt dieser Zeitpunkt noch weit ferner, denn wir haben noch nicht einmal die Frucht der ersten französischen Revolution, die politische Freiheit, errungen, und es ist gewiß eine eitle Hoffnung, daß es möglich sei, nun gleich Alles auf einmal zu erlangen; die Geschichte macht so große Sprünge nicht, und die einzige Grundlage, auf welcher eine sociale Reform möglich ist, ist ein in allen Beziehungen freies, in sich einiges und dadurch starkes Volk. Aber besser scheint es doch auch in Deutschland jetzt werden zu wollen, die theils freiwillig, theils gezwungen gegebenen Conceßionen in Baden, Würtenberg, Baiern, Heßen-Darmstadt, Naßau, Churhessen, die in immer weitern Kreisen um sich greifende Agitation und das allgemeine energische Verlangen nach einer Vertretung des deutschen Volks beim deutschen Bunde laßen das Beste hoffen.

Nur wir Hannoveraner scheinen einmal wieder die Demüthigung haben zu sollen, hinter allen unseren deutschen Brüdern zurückzustehen; die Petition der hiesigen Bürgervorsteher und des Magistrats sowie die Antwort des Königs darauf werdet Ihr aus der Hannoverschen Zeitung erfahren haben; obgleich die Erwartungen eben nicht hoch gespannt waren, so hatte man doch auf eine solche Antwort, und daß die Leute so wie dumme Jungen behandelt würden, nicht gerechnet, und ist man deßhalb in dem Theile der Bürger, die sich überhaupt um dergleichen kümmern, sehr erbittert, so daß ich mehrfach die Äußerung hörte, jetzt hätten sie gebeten, in wenigen Wochen würden sie fordern. Im Allgemeinen ist indeßen der Indifferentismus so groß, daß ich nicht glaube, daß an irgend einen entschiedenen Schritt zu denken ist; daß die Regierung aber von selbst nichts zugestehen wird, läßt sich aus der Vergangenheit entnehmen. Unendlich viel wird auf die Haltung der Stände ankommen, auf diesen ruht jetzt die große Verantwortlichkeit, den günstigen Zeitpunkt nicht ungenützt vorübergehen zu laßen und sich dem übrigen Deutschland anzuschließen. Woran unendlich Viele denken, aber laut bis jetzt fast Niemand auszusprechen wagt, ist das: Werden die Stände das Staatsgrundgesetz von 1833 zurückfordern? Wird dies klug, wird es bei Lebzeiten des jetzigen Königs möglich sein? Das Nächstliegende für uns wäre es gewiß, unser Recht zurückzufordern, aber ob es durchzusetzen ist?

Der erste Anfang der achtundvierziger Bewegung in der Residenzstadt war allerdings kläglich genug. Die städtischen Kollegien hatten am 6. März auf Antrag des rührigen Bürgervorstehers Peters, Inhabers eines ansehnlichen Destillationsgeschäfts, eine Petition an den König gerichtet, die in bescheidener Form sich auf die drei Wünsche beschränkte: Preßfreiheit, Vertretung des deutschen Volkes bei der Bundesversammlung und Einberufung des Landtages. Am Tage nach Einsendung der Petition beschied Ernst August eine Deputation des Magistrats und der Bürgervorsteher vor sich und begann damit, daß er sich von ihrem Führer, dem Stadtdirektor Evers, den Inhalt der Petition wiederholen ließ, was nicht ohne Schwierigkeiten vor sich gegangen sein soll. Er antwortete dann auf das einzelne, um die Bittsteller entweder ad absurdum zu führen oder ihr Gesuch als überflüssig zu bezeichnen. Die schon durch die Verfassung für die erste Hälfte des Jahres gebotene Einberufung der neugewählten Stände war bereits am Morgen vor der Audienz ausgefertigt. Erst unter dem Eindruck der fortschreitenden Bewegung im übrigen Deutschland kam unter die hannoversche Bürgerschaft mehr Leben. Der Magistrat handelte klug, wenn er, unabgeschreckt durch seinen Mißerfolg, die Leitung der Bewegung in seiner Hand behielt und einen zweiten bessern Erfolg versprechenden Anlauf unternahm. Er adoptierte die von einer Bürgerversammlung im Ballhofe am Abend des 16. März beschlossene Adresse und überreichte sie folgenden Tages, begleitet von einem großen Komitat von Bürgern, im Königlichen Palais an der Leinstraße.

Alexander von Münchhausen, bisher Kammerrat, im Dezember 1847 zum Königlichen Kabinettsrat ernannt, verhandelte im Portal mit der Deputation, da sie wegen Krankheit des Königs bei ihm nicht vorgelassen werden konnte. Um auf die einzelnen Forderungen den Bescheid des Königs einzuholen, ging Herr v. Münchhausen wiederholt ins Palais zurück, und wenn er zu lange ausblieb, ging durch die Reihen der auf der Leinstraße geordnet aufgestellten Bürger der grollende Ruf: Antwort! [1])

Es wurde viel erreicht an jenem 17. März. Nicht bloß weil fast alle Forderungen bewilligt wurden, sondern weil der König und seine Umgebung durch die Festigkeit des Auftretens, mit der sie geltend gemacht waren, Respekt bekommen hatten und sich nicht mehr in jener übermütigen Sicherheit wiegen konnten wie zehn Tage früher. Mehr noch als der Zug der Bürger vor das Schloß hatte dazu die Nachricht von dem Sturze Metternichs beigetragen; ebenso wie die Kunde von den Ereignissen in Berlin jetzt den König weiter trieb und ihn auch ungefordert Konzessionen machen ließ. Sie enthielten in wichtigen Stücken eine Rückkehr zum Staatsgrundgesetz: Wiederherstellung der Kassenvereinigung, Einführung der Ministerverantwortlichkeit und gipfelten in der Entlassung des ganzen Ministeriums. Jetzt kam alles darauf an, wer an die Stelle trat. Planck, der am 21. März seinen Eltern die Berliner und die hannoverschen Proklamationen übersandte, fügte der Nachricht, daß Landdrost von Bülow aus Stade berufen sei, gleich hinzu: er wird sich keine acht Tage halten können. Die Idee, kaum gefaßt, war auch schon wieder aufgegeben. In der Stadt zirkulierten verschiedene Ministerlisten. Die von Planck seinen Eltern mitgeteilte: Stüve, Breusing, Lehzen, Dahlmann, Bennigsen, hatte den Vorzug, drei richtige Namen zu enthalten. Er schloß seinen Brief: „Die Aufregung ist hier sehr groß; meine Überzeugung steht fest, daß sich aus allen diesen Wirren herrlich und groß ein freies und einiges Deutschland erheben wird. Verzeiht die Eile; ich kann nichts anderes denken und eile jetzt zum Bahnhofe, wo neue Nachrichten aus Berlin zu erwarten sind." Tags darauf hatte sich ein neues Ministerium zusammengefunden, über ein Programm geeinigt und dafür die Genehmigung des Königs und Beistimmung des Kronprinzen erlangt. Die Einsetzung des Märzministeriums: Graf Bennigsen, Prott, Stüve, Braun, Lehzen, v. Düring, übte eine wunderbare Wirkung auf das Land aus. Es hatte sie seinem bekanntesten Mitgliede zu danken. Der Sohn

[1]) Hausmann S. 199. Oppermann II 20. Eigene Erinnerungen. Was Graf Münster (Oncken, Bennigsen I 180)) berichtet, kann ich nur als Entstellung bezeichnen.

eines hannoverschen Richters hat mir erzählt, wie sein Vater auf die ersten Nachrichten von der Pariser Februarrevolution ausgerufen habe: nun wird Stüve Minister! Als das Kabinett Falcke zusammenbrach, zeigte der König seine Entschlossenheit und seine Fähigkeit sich in die Zeit zu schicken. Er stand nicht an, den Mann, in dem er seinen schärfsten Gegner sah und den er seit 1837 dem Landtage fern zu halten gewußt hatte, zu seinem Minister zu machen. Die durch den Grafen Bennigsen und seinen Kollegen im Schatzkollegium Lehzen zusammengestellte Ministerliste[1]) war klug komponiert und enthielt nicht nur die tüchtigsten Leute für die verschiedenen Ressorts, sondern auch solche, die dem König den Übergang zu der neuen Ordnung der Dinge erleichterten. General Prott hatte schon bisher dem Kriegsministerium vorgestanden, der Kultusminister Th. Braun als Kabinettsrat der bestehenden Regierung angehört. Dem neuen Ministerium kam zustatten, daß eine neu gewählte, aber noch nicht tätig gewordene Ständeversammlung vorhanden war. Die im letzten Dezember nach dem verfassungsmäßigen Ablauf des alten Landtags vorgenommenen Wahlen hatten sich ohne Einwirkung der Regierung vollzogen und eine Zweite Kammer zu Wege gebracht, in der unabhängige und liberale Männer überwogen. Für eine Verfassungsreform, wie sie jetzt notwendig war und von dem neuen Ministerium erstrebt wurde, war damit ein trefflicher Anknüpfungspunkt gegeben. Es wäre geradezu Verblendung gewesen ihn zu verschmähen. Der Radikalismus jener Tage, töricht genug, das zu verkennen, rief nach einer Konstituante, bestellte gewissermaßen als deren Vorstufe in Privatwahlen sog. Kondeputierte und entsandte sie nach Hannover, um die legalen Deputierten zu überwachen und gelegentlich anzuspornen. Stüve und die Zweite Kammer ließen sich durch solche Quertreibereien nicht beirren. Er arbeitete im Verein mit der Ständeversammlung, streng die Kontinuität des Rechts aufrecht erhaltend, die Verfassung von 1840, die unzweifelhaft zu anerkannter Wirksamkeit gelangt war, im Sinne der Zeiterfordernisse um und bewahrte Hannover davor, die Zahl der unfruchtbaren Experimente zu vermehren, die eine Reihe deutscher Staaten durch ihre konstituierenden Versammlungen lieferten. Die Bewegung der Kondeputierten fand ein lächerliches Ende durch eine nach Frankfurt entsandte Deputation, die die hannoversche Regierung beim Fünfziger-Ausschuß verklagen sollte. Das Gesetz vom 5. September 1848, in seiner Form einer Novelle zum Landesverfassungsgesetz von 1840 seinen prinzipiellen Standpunkt auch äußerlich bezeichnend, schloß die Verfassungsreform

[1]) G. Stüve II 2.

zweckmäßig ab und bildete den Rechtsboden für das neue konstitutionelle Staatsleben Hannovers.

Schwieriger war es, die Stellung Hannovers zu den deutschen Angelegenheiten zu ordnen. Als die erste Petition der Stadt Hannover den König bat, eine Vertretung des deutschen Volkes am Bunde durch Verhandlung mit den übrigen Regierungen herbeizuführen, erklärte er sich für zu dumm, das Petitum zu verstehen. Die schriftliche Beantwortung übersetzte das in die staatsmännische Formel, die Forderung sei mit monarchischer Regierung unvereinbar. Ernst August hatte an dem Bundestage nichts auszusetzen als seinen Mangel an Fleiß. Der tätige Mann spottete: neun Monate machen sie Ferien, und drei Monate machen sie nichts [1]). Er hatte sonst allen Grund, ihm dankbar zu sein. Sein Nichttun, seine Inkompetenzerklärung hatte dem Staatsstreich von 1837 zum Siege verholfen. Wer weiter blickte, wußte, wie sehr dies passive Verhalten das Ansehen des Bundes geschädigt hatte. „Die Stellung des Bundes zu der Hannoverschen Frage ist das letzte Glied in diesem unheilvollen System; der Schaden, den die Inkompetenzerklärung in einer solchen, den ganzen Rechtszustand Deutschlands berührenden, Sache verursacht hat, ist völlig unberechenbar", sagte die preußische Denkschrift vom 20. November 1847 [2]), die nur vergißt, daß der Bund kein selbständiges Staatswesen war, sondern mit seinem rechten Namen Preußen und Österreich hieß. Die Forderung eines deutschen Parlaments war die einzig neue unter den Märzforderungen und bezeichnete den wichtigsten Zug der ganzen Bewegung. Von Süddeutschland ausgegangen, faßte sie im Norden langsam Wurzel. Als sie unter den zwölf Forderungen der stadthannoverschen Petition vom 17. März zum zweitenmal vorgebracht wurde, wich die Regierung dilatorisch aus und verwies auf den demnächst zusammentretenden Fürstenkongreß, der sich auch mit der Reorganisation der Bundesverfassung beschäftigen solle. Das alte Heilmittel der europäischen Diplomatie, deren Großmeister soeben gestürzt war, taugte schlecht in die neue Zeit. Als die städtische Deputation vom königlichen Palais auf das Rathaus zurückgekehrt war und der Stadtdirektor die vom König bewilligten Forderungen dem Publikum aufgezählt hatte, rief eine jugendliche Stimme aus Leibeskräften immer und immer wieder: Deutsches Parlament! Bei der Jugend hatte das Wort vor allem gezündet. Planck sah in dem Verfassungsentwurf, den die siebzehn dem Bundestage beigeordneten

[1]) Duckwitz, Denkwürdigkeiten (1877) S. 108.
[2]) v. Radowitz, Deutschland und Friedrich Wilhelm IV. (1848) S. 42.

Vertrauensmänner unter Leitung Dahlmanns ausgearbeitet hatten, seinem Bundesstaate unter einem erblichen Kaiser und einem aus Staaten- und Volkshause bestehenden Reichstage, das Mittel, ohne eine gewaltsame Umwälzung Einheit und Freiheit Deutschlands zu erreichen. „Nehmen die Regierungen den Entwurf nicht an, so gehen wir einer blutigen Zeit entgegen. Das Volk wird es sich nicht gefallen lassen, daß die Regierungen an dem Entwurf mäkeln und beschneiden. Bürgerkrieg und dahinter die einige und unteilbare Republik, vielleicht Schreckensherrschaft oder Militärdespotismus werden die Folge sein. Jedenfalls erreichen wir die Einheit, vielleicht beim Sträuben der Regierungen auf Kosten der Freiheit, aber, tröstet er sich, sie wird sich wieder erheben." Als er zu Anfang Mai den hannoverschen Vertrauensmann Zachariae von Göttingen sprach, den die Regierung wegen seiner ihren Ansichten widerstreitenden Zustimmung zu dem Siebzehner-Entwurf nach Hannover berufen hatte, wurde er inne, wie wenig der König und seine Minister dem Beifall schenkten, was sich in Frankfurt vorbereitete. Während man im Volke in freudiger Erwartung der Eröffnung des Parlaments entgegensah, bewegte sich eine Rede, die Stüve am Morgen des 17. Mai in der Zweiten Kammer hielt, in düsterer Schilderung der den Verhandlungen drohenden Gefahren. Nicht unter dem Zwang der Bajonette, aber unter den Sensen der Turner sah er das Parlament beraten. Der Abend des 17. bot ein lichtes Gegenbild. Zwei Heidelberger Studenten, Träger berühmter Namen, Karl Mittermaier und Otto Welcker, hatten in den Zeitungen dazu aufgefordert, in altherkömmlicher Weise auf allen Höhen, soweit die deutsche Zunge klingt, von der Nordsee bis zum Adriatischen Meer am Vorabend der Parlamentseröffnung die Feuer lodern zu lassen. In Hannover kam es auf dem Lindener Berge zur Ausführung. Die bescheidenen Holzvorräte, die die Ankommenden zusammenbrachten, reichten nicht weit. Da ließ Georg Egestorff durch einen seiner Aufseher ausrufen, man möge sich von seinem nahen Holzhofe soviel holen, als man nur brauche. Alt und jung stürzte fort, Planck mit seinen Freunden mitten unter ihnen. An begeisterten Reden fehlte es nicht. Planck war mit Dr. Laferenz erschienen, einem Gutsbesitzer aus dem Lande Hadeln, dem letzten der noch in Hannover zurückgebliebenen Kondeputierten, der mahnte, wie das Feuer alles verzehre, so möge die Vaterlandsliebe allen Unfrieden, alles Entzweiende vernichten. Unter den Zuhörern wünschte mancher, die Kondeputierten hätten bei Anfang ihres Beginnens so gedacht.

Die Wahlen zum deutschen Parlament in Hannover waren nach Plancks Urteil gut ausgefallen: auf entschiedene, aber gemäßigte

Männer. Das Lob der Entschiedenheit würde einer der Gewählten schwerlich unterschrieben haben, hatte er doch aus seiner nächsten Umgebung das Bild des Piepmeier geschöpft, der in Anbetracht der neuesten Zeitereignisse es für zweckmäßig hält, etwas weiter links und in Anbetracht der allerneuesten etwas weiter rechts zu rücken. Berühmte Namen waren wenig unter ihnen. Hatte man auch verschiedentlich Koryphäen in erster Linie gewählt, so nahmen sie das Mandat nicht an, und es trat für sie der schwächere Ersatzmann ein, oder sie kehrten nach kurzer Zeit aus Frankfurt zurück. Dahlmann, der in Hannover, Einbeck und Celle gewählt war, nahm für einen schleswig-holsteinschen Wahlkreis an; ein zweiter der Sieben, der berühmte Germanist Albrecht, für Harburg gewählt, war bald mandatsmüde; Philipp Rose, der von Ernst August aus dem Lande Verdrängte (oben S. 71), lehnte die Wahl ab und wurde durch den Syndikus Lang von Verden ersetzt, der sich als Alterspräsident des Frankfurter Parlaments unfähig zur Leitung der Eröffnungssitzung erweisen sollte. Das Nebeneinandertagen der Nationalversammlungen in Paris und in Frankfurt erschien Planck als ein großartiges Schauspiel, entscheidend über das Schicksal der beiden Hauptnationen Europas und über dessen Zukunft für lange Zeit. Nach Begründung der provisorischen Zentralgewalt und der Erwählung des Reichsverwesers fand er den politischen Himmel aufgeklärt, und die „wahnsinnige Ministerialerklärung“, durch die Ernst August seinen Entschluß kundgeben ließ, der künftigen wie jetzt der provisorischen Zentralgewalt nur solche Rechte einzuräumen, die er mit der Selbständigkeit des Landes und der Ehre des Königs verträglich hielt, störte ihn nicht, denn er war sicher, die Regierung werde es nicht zum Äußersten kommen lassen. Übrigens fand er das unmittelbare Reichsland Hannover, mit dem der Abgeordnete Bassermann in der Parlamentsdebatte über die hannoversche Erklärung gedroht hatte, keine so üble Aussicht. Auch Ernst August hatte gedroht. Seine Absicht, bei Mißachtung der dem Einzelstaat gebührenden Rechte nach England zurückzukehren, war im Parlament eher mit Beifall als mit Bedauern aufgenommen. In Hannover dachte man anders darüber, sah in dem König „den hauptsächlichsten Haltpunkt für Ruhe und Ordnung“, wie es der alte Lang in der Parlamentsverhandlung ausdrückte, während die Frankfurter Mehrheit in Ernst August den Urheber des Staatsstreichs von 1837 und den Vertreiber der Sieben erblickte und nichts von seinem neuern Wirken wußte[1]). Der Gedanke der Rückkehr nach Kew war bei dem Könige schon im März aufgetaucht. Als

[1]) Stenograph. Ber. II 887, 881. Rümelin, aus der Paulskirche S. 36.

Dahlmann gegen Ende des Monats auf der Reise nach Berlin Hannover passierte, bat ihn Detmold, sein erstes in Berlin sein zu lassen, den König zu der dringlichen Aufforderung an Ernst August zu bewegen, auf seinem Posten zu bleiben und keinenfalls zu resignieren[1]). Dem Märzministerium war der Gedanke aus einem doppelten Grunde äußerst besorglich: aus Furcht vor dem Thronfolger und aus Furcht vor Preußen. Die absolutistischen Grundsätze des Kronprinzen, nicht nur in den vertrauten Kreisen längst bekannt, hatten sich auch in der Märzbewegung nicht verleugnet, so daß ihn sein Vater kräftig zur Rede stellen mußte. „Abflegeln" nannte das Detmold[2]). Daß die Zustimmung des Kronprinzen zu dem Reformprogramm sehr fadenscheinig war[3]), wird Graf Bennigsen seinen Kollegen nicht verhehlt haben. Unter den Stürmen, die das Staatsschiff umtobten, hätten die alten Bedenken gegen seine Regierungsfähigkeit leicht zu einer Situation führen können, die Preußen aufforderte, sich irgendwie des Nachbarlandes anzunehmen.

Der König und sein Minister Stüve waren darin einig, daß Preußen seit langem eine Besitznahme Hannovers erstrebe. Die Geschichte der Jahre 1801 und 1806 war nicht vergessen. Das Widerstreben Ernst Augusts gegen den Zollverein wurzelte weniger als in wirtschaftlichen Bedenken in politischen. Während der Anwesenheit des schon genannten kurhessischen Unterhändlers in Hannover (oben S. 67) äußerte er einmal: „Die Schwedes hat ganz richtige Ansichten in der Sache, und ich würde mich gern dem Zollverein anschließen, aber diese Verbindung ist zugleich eine politische, und davor muß ich mich hüten, denn der König Friedrich Wilhelm IV. in Berlin wird die Welt noch in Brand stecken." Das war keine isolierte Ansicht Ernst Augusts, sondern wurde von einer großen Partei in Berlin geteilt. Metternich hatte schon 1842 geäußert: ich fürchte, er ist auf dem Wege alles umzustürzen, sein Land und ganz Deutschland[4]). Das Verhalten Friedrich Wilhelms in den Märztagen hatte das Mißtrauen nur noch gesteigert. Die nächsten Besorgnisse drohten jetzt von Frankfurt. Der König, der nach dem Ministerialschreiben vom 7. Juli die Wahl des Erzherzogs Johann als ein höchst günstiges Ereignis in der gegenwärtigen verhängnisvollen Zeit begrüßt hatte, machte nach England hin seinem Herzen Luft gegen „John Lackland", der ehrgeizig genug die Aufgabe, für Deutschland zu sorgen, übernommen, aber seine

[1]) Briefwechsel zwischen Stüve und Detmold (1903) S. 23.

[2]) Das. S. 20.

[3]) v. Hassell I 548 und IIa S. 1. Vgl. oben S. 83.

[4]) Hassel, Radowitz S. 370.

Befähigung dazu durch die Wahl Leiningens zum Premierminister bekundet habe, „the greatest ass and complete cutthroat“[1]): ein Ausfall, der seinem Hasse gegen alles entsprang, was mit seiner Nichte, der Königin Viktoria, zusammenhing, die ihm die Aussicht auf den englischen Thron verdorben hatte, mochte es Koburg, Leiningen ode Stockmar heißen. Eine Proklamation aus dem Jahre 1849, unter der Ernst Augusts Name steht, rühmt seinem Hause nach, daß es stets den Bundesstaat für Deutschland erstrebt habe[2]). Wie war ein Bundesstaat denkbar ohne Unterordnung der Glieder unter eine Bundesgewalt? Jedem Schritte des Reichsministeriums nach diesem Ziel hin setzte Hannover Widerstand entgegen; allem, was von Frankfurt kam, haftete in seinen Augen der doppelte Makel des Demokratischen und des Unitarischen an. Im Volke, und gerade in den gemäßigten Kreisen, blickte man voll Hoffnung auf die Nationalversammlung und ihre Arbeit am Einigungswerk.

Wie so viele in jenem Jahre ihre Sommerreise nach Frankfurt richteten, so benutzte auch Planck die Gerichtsferien zu einer Fahrt dorthin. Er reiste im August mit zwei Freunden, dem Arzte Gustav Brandes, später Obermedizinalrat in Hannover und bekannt als Übersetzer der griechischen Anthologie und der Dichtungen Leopardis, und einem alten Schulkameraden, Friedrich Bierwirth, der ein Semester nach ihm die Celler Schule verlassen und als Sohn eines Kaufmanns mit Mühe die Zulassung zum Examen und zum Anwaltsstande erlangt hatte. Die Freunde vereinigten sich in Köln und fuhren bei herrlichem Wetter den Rhein hinauf.

Sie trafen das Parlament bei der Beratung des Teils der Grundrechte, der das Verhältnis von Staat und Kirche behandelte. Die Politik beherrschte alles, vormittags besuchten die Freunde die Paulskirche, abends die Fraktionssitzungen. Planck pflegte später noch scherzend von den Abenden in einer Weinkneipe bei Jacobi hinter der schlimmen Mauer zu erzählen, wo er Robert Blum und Uhland gesehen und der Dichter in Hemdsärmeln wenig dem idealen Bilde des Wirtes wundermild entsprochen habe, das er im Busen trug. In nähere Beziehung kam er zu den Männern des linken Zentrums, die in Westendhall ihren Sitz und Hannoveraner wie Freudentheil, Karl Nicol, Gravenhorst zu Mitgliedern hatten. Die Stimmung des Parlaments gegen Hannover hatte sich gebessert, seit der Reichsminister v. Schmerling ihm am 21. August die unumwundene Anerkennung

[1]) Strangford S. 190.

[2]) Hannov. Gesetzsammlung, Proklamation vom 25. April 1849.

der Zentralgewalt angezeigt, die Hannover durch seinen Bevollmächtigten bei der Zentralgewalt v. Bothmer, weniger im Auftrag seiner Regierung als auf den Beirat Detmolds, wie wir jetzt wissen, ausgesprochen hatte[1]).

Über dem Politiker vergaß Planck den Menschen nicht. Er benutzte die Gelegenheit des Frankfurter Aufenthalts zu einem Ausflug nach Heidelberg, Baden-Baden und ins Murgtal und nahm seinen Rückweg wieder über den Rhein. Und hier erst ging ihm die Herrlichkeit von Fluß und Land auf. Die Hinfahrt hatte ihn etwas enttäuscht; er hatte sich das Tal enger, die Berge höher gedacht. Erst jetzt gewinnt er den rechten Eindruck der Gegend, in der Wildheit und Lieblichkeit verbunden sind. Er macht Station in Bingen, Rheinstein, Niederwald, Rüdesheim und Stolzenfels, und als er in Köln seinen Vetter, den Syndikus Oesterley, trifft, kann er seiner Aufforderung umzukehren und mit ihm den Rhein bis Bingen wieder hinaufzufahren kaum widerstehen, und nur die Pflicht, zum 1. September wieder in Hannover zu sein, besiegt den Leichtsinn.

Es kamen die schweren Tage des Septembers. Planck hatte Frankfurt unter dem Eindrucke verlassen, daß sich große Umwandlungen unter den Parteien vorbereiteten. Noch schwanke die Versammlung zwischen entschiedenem Durchgreifen und vermittelnder Nachgiebigkeit. Aber am Abend vor seiner Abreise sollten 30—50 Mitglieder des rechten Zentrums eine Versammlung gehalten haben, um über ihren Austritt aus der Partei zu beraten. Die schleswig-holsteinsche Sache, sah man voraus, würde den Übergang zu einer entschiedenen Einheitspolitik einleiten. Als dann die Debatten über den Waffenstillstand von Malmö alle Welt aufregten, hatte die treue Mutter gehofft, der Sohn würde hier doch die Ansicht der Rechten teilen. „Nie habe ich entschiedener auf Seite der Linken gestanden, nie sicherer auf einen Erfolg gerechnet.“ Der Ausgang der Debatten enttäuscht ihn dann fürchterlich: „unser erstes Debüt auf der Weltbühne hat mit einem glänzenden Fiasko geendet, wir sind verhöhnt und ausgepfiffen. Das läßt sich schwer, sehr schwer wieder gut machen“. Für die Greueltaten, die am 18. September folgten, hat er nur das kühle Wort: „Die traurigen Ereignisse, wenn man sie in Zusammenhang mit Vergangenheit und Zukunft betrachtet, machen nicht den niederschlagenden und entmutigenden Eindruck.“

Bei allem Interesse für Politik versäumte Planck nicht, seinem Amte mit allem Eifer obzuliegen. Er gab seinem Vater recht, daß

[1]) Detmold-Stüve S. 87, m. Anzeige in Z. f. Niedersachsen (1904) S. 362.

man über der Teilnahme an den allgemeinen Angelegenheiten nicht den zunächst liegenden kleinern Kreis vernachlässigen dürfe. Den Familienverkehr rechnete er kaum dazu. Er mied ihn mehr als er ihn aufsuchte, zumal er die schrecklich langweiligen und schrecklich reaktionären Gespräche über Politik fürchtete. Zu Justizrat Bacmeister kam er gar nicht mehr, wenn er den Verkehr auch nicht abbrechen mochte, da er sich ihm doch in mehrfacher Beziehung verpflichtet fühlte. Um so stärker nahm ihn das Vereinsleben in Anspruch. Er war Mitglied von einem Halbdutzend Vereinen, wie Volksverein, Wehrmannsverein, Turnverein u. a. m. Auch gehörte er der Bürgerwehr an und zwar seiner Wohnung an der Prinzenstraße 2 entsprechend, der zwölften Kompagnie, deren Hauptmann der Maurermeister Gersting, ein bewährter Bürger, war. Von der Kameradschaft, die er hatte, gibt es einen guten Begriff, wenn man Männer wie den Direktor Tellkampf, die Lehrer Röbber, Dieckmann, den jüngern Grotefend und Plancks Freund, den Stadtsekretär Bauermeister unter den Obermännern der Kompagnie findet. Sie hatte Teil an dem Verdienst, die Unruhe des 29. Mai, die einzige, die die Stadt Hannover in dem bewegten Jahre erlebte, gestillt zu haben. Grund und Verlauf der Szenen dieses Tages waren geradezu beschämend. Die Gewerbeordnung (oben S. 76), deren Geltungsbeginn zum 1. Juli bevorstand, war den Handwerkern und den Krämern, die man großmütig Kaufleute zu nennen pflegt, ein Dorn im Auge. Hannover und andere Städte hatten ihren Märzforderungen auch die Zurücknahme der Gewerbeordnung eingereiht. Die Zusage des Königs, sie bei der Ständeversammlung beantragen zu wollen, würde nach Detmolds Urteil einen Loyalitätsjubel in der Residenz entzündet haben [1]. Die weitere Erwägung, die die Regierung zuzusagen sich begnügt hatte, bestand darin, daß auf Grund von Petitionen eine Reihe von Sätzen der Gewerbeordnung von der Einführung auszunehmen und zu suspendieren vereinbart wurde, unter ihnen der, welcher dem Handwerker den Handel außer mit selbstverfertigten auch mit zugekauften Waren seines Gewerbes gestattete (§ 224). Dem Angriff der Krämer auf diese bescheidene Konzession hatte die Zweite Kammer in ihrer Sitzung vom 26. Mai nachgegeben und dadurch eine Bewegung unter den Handwerkern wachgerufen, die sich in einer vor dem Schützenhause am 29. Mai gehaltenen Volksversammlung und einer an Stüve entsandten Deputation aussprach. Da er auf den Grafen Bennigsen verwies, der vielleicht in der Ersten Kammer den Beschluß der Zweiten

[1] Detmold-Stüve S. 9.

zu ändern vermöge, so war man mit Stüve von dessen Wohnung an der Georgsstraße nach dem Bennigsenschen Hause an der Burgstraße gezogen. In der anwachsenden Volksmenge kam es zu Tumult und Unruhe, so daß die Bürgerwehr durch Generalmarsch zusammenberufen werden mußte. Der Vorwurf, sich nur säumig eingefunden zu haben, traf die zwölfte Kompagnie nicht. Kommandiert die Burgstraße zu räumen, führte sie den Befehl durch ein geschicktes Vorgehen ihres Hauptmanns aus. Bei der Menschenmenge, die die Straße erfüllte, konnten die Wehrleute, nur zwei zu zwei marschierend, vorrücken, gelangten aber an ihr Ziel, das Bennigsensche Haus, und vermochten dann, nachdem sie die Breite der Straße gewonnen hatten, ohne das Bajonett zu fällen, Gewehr bei Fuß und mit dem Kolben nur gegen die Widerspenstigen vorgehend, die Menge vor sich herzutreiben und zu zerstreuen [1]). Die von den Handwerkern versuchte Demonstration blieb ohne allen Erfolg. Das Gesetz vom 15. Juni suspendierte eine Reihe von Bestimmungen der Gewerbeordnung, unter ihnen auch den angefochtenen § 224.

Seit mit dem Herbst des Jahres die Anforderungen der deutschen Verfassungsorganisation an die Einzelstaaten deutlicher hervortraten, komplizierte sich das politische Vereinswesen und nahm die Tätigkeit der Mitglieder in verstärktem Maße in Anspruch. Aus losen Volksversammlungen, die alle Mittwoch Abend im Ballhofe gehalten wurden und ihre Entstehung zwei notabeln Mitgliedern des Kaufmannstandes, Wilh. Roese und C. F. Schütze, verdankten, hatte sich in Hannover ein Volksverein entwickelt, der zeitweise tausend und mehr Mitglieder zählte. Je weiter man sich vom März entfernte, desto mehr zog sich der höhere Bürgerstand, der dort anfangs mit allen Schichten der Bevölkerung zusammengetroffen war, vor der demokratischer werdenden Strömung zurück. Der Frankfurter Septemberaufstand wirkte erschreckend. Er zeigte, von welchen Gefahren das Treiben in den demokratischen Klubs begleitet war. Es war höchste Zeit, daß die Freunde konstitutioneller Ordnung sich zusammenschlossen und es nicht den Gegnern allein überließen, von dem Versammlungs- und Vereinsrechte Gebrauch zu machen. Es war in Hannover gelungen, einen neuen befriedigenden Rechtsboden in der Verfassung vom 5. September 1848 zu gewinnen, aber sie bedurfte der Ausführung und des Ausbaues. Ein Ausschreiben Stüves vom 19. August, das mit Genugtuung darauf hinweisen konnte, daß man auf dem Wege des Gesetzes vom Alten zum

[1]) G. Stüve II 23. Plancks Bericht als Augenzeuge und Teilnehmer an dem Vorgehen der zwölften Kompagnie.

Neuen gelangt war, forderte alle Staatsdiener auf, sich ohne Rückhalt den neuen Aufgaben zu widmen [1]). Die Einberufung eines der September-Verfassung entsprechenden Landtages stand für den Winter bevor. Alles das führte dazu, daß sich im Herbst in Hannover im Anschluß an eine von Köln ausgehende Bewegung ein konstitutioneller oder, wie er sich nannte, vaterländischer Verein bildete. Er trat nicht in feindlichen Gegensatz zu dem Volksverein, von dessen Mitgliedern sich vielmehr ein beträchtlicher Teil zugleich dem neuen Verein anschloß. Gefiel sich der Volksverein in gelegentlichen Plänkeleien gegen das Ministerium, so wollte der vaterländische Verein es unterstützen. Der Hauptgegensatz lag in der sozialen Mischung. Eine große Zahl höherer Staatsdiener wurden Mitglieder des neuen Vereins und trafen hier mit den angeseheneren Mitgliedern des Kaufmanns- und des Handwerkerstandes zusammen. Hatte der Verein es auch darauf abgesehen die Stellung Stüves zu stärken, so erschien es ihm doch unmöglich seine Haltung in der deutschen Angelegenheit zu teilen. Die Anerkennung der Nationalversammlung als des höchsten gesetzlichen Organs für Deutschland stand in dem Programm des Vereins, und er machte es sich zur Aufgabe, die Beschlüsse dieses Organs zu verwirklichen und darauf hinzuwirken, daß sie mit dem Willen des Volkes übereinstimmend ausfielen. Die gleiche Grundanschauung beherrschte die vaterländischen Vereine auch anderer Städte des Landes, z. B. den von Osnabrück, in dem die getreuesten Anhänger Stüves das Wort führten. Die Publikation der deutschen Grundrechte durch das Reichsgesetz vom 21. Dezember 1848 stellte die Verheißungen der Programme auf die Probe. Als der Antrag in den vaterländischen Verein eingebracht wurde, sich an einer gemeinsamen Feier der hannoverschen Vereine zur Einführung der Grundrechte zu beteiligen, kam es zu einer Spaltung. Die Minorität, mit ihr Planck, schied aus und bildete einen „neuen vaterländischen Verein", an dessen Spitze Dr. Hoyns, bisher Vizepräsident im vaterländischen Verein, Planck, Albrecht und Bauermeister gestellt wurden. Den Rechtspraktikanten Albrecht und den Kanzleiauditor Planck sah man seit dieser Zeit immer mehr unter den jungen liberalen Führern hervortreten; Albrecht sehr redegewandt, Planck mehr zurückhaltend, da er bei aller Fertigkeit seines politischen Urteils sich im öffentlichen Auftreten noch befangen fühlte. Als er aus den Weihnachtsferien, die er bei seinen Eltern verbracht hatte, nach Hannover zurückkehrte, fand er die Stadt im Wahlgewühl, doch die Parteien nicht so organisiert wie in Göttingen. Er schildert den Eltern eine

[1]) Oppermann II 58 (Beilagen).

große Wahlversammlung vom 8. Januar, bei der 1500—2000 Personen anwesend waren und Hantelmann und Gödeke sich als Kandidaten vorstellten: Hantelmann, ein junger Anwalt, der sich seine Sporen in der Zweiten Kammer von 1848 verdient hatte, Gödeke, den er in dem Bericht an seine Eltern als den Sohn des Celler Zimmer- oder Maurermeisters und Herausgeber der Platenschen Werke einführt. Politisch hatte sich Gödeke seit dem März als Mitredakteur der Morgenzeitung und im letzten Herbst als tätigen literarischen Förderer der Richtung des vaterländischen Vereins hervorgetan. Ein Kandidat, der neben diesen viel Aussicht haben sollte, war der ehemalige Stadtdirektor Rumann, der ohne öffentlich um ein Mandat zu werben im Stillen für sich arbeiten ließ und noch immer wie in den Märztagen im Verdacht stand, nach einem Ministerposten zu streben. Er äußerte sich sehr liberal und war gleich allen Kandidaten für unbedingte Unterordnung unter Frankfurt. Das Ergebnis der Wahlen, denen Planck, der noch nicht 25 Jahre alt war, nur als Zuschauer und Zuhörer beiwohnen konnte, fiel in den Städten günstig für die Kandidaten des vaterländischen Vereins aus, in Hannover für Rumann und Gödeke. Noch immer wiegte man sich in dem Wahne, Stüve und Frankfurt zugleich dienen zu können. In dem Rücktritt Stüves sah Planck ein Unglück, aber er glaubte an die Möglichkeit des Nachgebens der Regierung. Der Verlauf der kurzen Landtagssession machte diesem Glauben ein Ende. Inzwischen eilte man in Frankfurt, die Verfassungsberatung abzuschließen. Planck wünschte von Herzen ein preußisches Erbkaisertum als den einzigen noch möglichen Weg zu einer ruhigen und friedlichen Entwicklung. Doch bestanden für ihn eine Menge Wenns. Vor allem muß der König von Preußen aufhören König von Preußen zu sein und muß Kaiser der Deutschen werden und infolge davon Preußen in seine natürlichen Bestandteile zerfallen. Aber auch dann traut er dem preußischen Kaisertum eine längere Dauer als zehn bis zwanzig Jahre nicht zu.

Am 28. März vollzog das Frankfurter Parlament die Kaiserwahl. Die Deputation, die die Botschaft nach Berlin zu überbringen hatte, kam am Abend des 31. März in Hannover an und übernachtete in British Hôtel, dem ersten Hotel der damaligen Zeit, am Neustädter Markte gelegen. Staat und Stadt beteiligten sich nicht am Empfange, nur der Chef der Bürgerwehr, Dr. med. Holscher, eine der populärsten Persönlichkeiten der Zeit, ein Mann von gewinnenden Repräsentationsgaben, begrüßte sie an der Spitze seines Korps am Bahnhofe. Die verschiedenen politischen Vereine, außer ihnen die Handwerker- und Arbeitervereine, alle ihrer Streitigkeiten und Gegensätze vergessend, huldigten in einem großen gemeinsamen Fackelzuge der Kaiserdeputation vor ihrem Absteigequartier. Das erste Hoch auf die Nationalversammlung und die Reichsverfassung brachte Albrecht aus, der, um sich auf dem weiten Markte überall hin sichtbar und verständlich zu machen, auf den Rücken seiner Freunde gestiegen war. Die Vorstände der Vereine, unter ihnen Planck, begaben sich in das Hotel, wo Gödeke für ihre Gesamtheit das Wort führte und in seiner Rede betonte, daß nur in der Unterordnung unter den Gesamtwillen der Weg zum Ziele zu finden sei. Auch unter den Toasten, die bei dem nun folgenden Symposion ausgetauscht wurden, hielt Gödeke den bezeichnendsten. Er feierte den Mann, der in jedes Hannoveraners Herzen wohne, seit er in trüber Zeit der Willkür entgegengetreten war, der die Kaiseridee aufgestellt und unter Feindschaft, Spott und Hohn aufrecht erhalten hatte. Nicht weniger charakteristisch lautete Dahlmanns Antwort: alles was erreicht ist, ist einer deutschen Tugend zu danken: der Beharrlichkeit. „Was Deutschland fordert, was Preußen gebietet, das wird der König von Preußen nicht ablehnen. Wer diese Überzeugung teilt, den bitte ich, sein Glas mit mir zu leeren[1]."

Drei Tage später war auch diese Hoffnung dahin, dies Vertrauen getäuscht. Fürst Bismarck hat Friedrich Wilhelm IV. einen Mann von nicht sehr starker Willenskraft genannt, dessen persönlicher Wille gleichwohl hinreichte, der ganzen deutschen Bewegung die Spitze abzubrechen[2]. Der Ablehnung folgte ein kurzes letztes Ringen der Volkspolitik gegen die der Höfe. Getragen durch die Frankfurter Versammlung und die Vereine der konstitutionellen und der demokratischen Partei, versuchte die Bewegung, die Reichsverfassung in ihrer unveränderten Gestalt durchzusetzen und die noch widerstrebenden Regierungen zu ihrer Anerkennung zu zwingen. Man ging dabei von verschiedenem Gesichtspunkt aus: die einen stützten sich auf die Souveränität des durch die Nationalversammlung vertretenen Volkes; die andern verlangten die Unterordnung unter Frankfurt aus dem praktischen Grunde, daß dieser Weg der einzig mögliche zu dem allgemein gewollten Ziel sei und zu einem greifbaren Ergebnis geführt habe. Planck beteiligte sich lebhaft an diesem Kampf, zu denen haltend, die ihn aus dem prinzipiellen Gesichtspunkt führten.

Einer der ersten Beschlüsse des neuen vaterländischen Vereins war eine Erklärung für die erbliche Kaiserwürde Preußens gewesen. Gegen den Entwurf des Dr. Hoyns hatte Planck einen Gegenentwurf ein-

[1]) Plancks Erzählung; Morgenzeitung vom 1. April 1849; eigene Erinnerungen.

[2]) Gedanken und Erinnerungen I 59.

gebracht, der weniger aus einer Vorliebe für Preußen als aus politischer Notwendigkeit die Verpflichtung herleitete, Preußen die Krone zu übertragen. Er bemühte sich deshalb den Schritt so zu motivieren, daß eine künftige Verbindung mit Deutsch-Österreich nicht erschwert, geschweige unmöglich gemacht würde. Hoyns, der schon im Frühjahr 1848 eine Rede im Volksverein mit den Worten geschlossen hatte: werft die Österreicher hinaus! hatte in seinen Adreßentwurf vermutlich keinerlei Kautelen, wie sie Planck befürwortete, aufgenommen. Die Mehrheit des Vereins pflichtete Planck bei. Auch die Mehrheit seiner Landsleute wollte die deutsche Einheit und hielt es deshalb für politisch unausweichlich, dem größten deutschen Staat die Führung zu übertragen. Eine Liebe für Preußen war dabei nicht im Spiel. Von den 26 hannoverschen Abgeordneten im Frankfurter Parlament hatten 19, darunter konservativ gesinnte Männer, für das erbliche Kaisertum gestimmt. Die Minorität bestand aus 5 Großdeutschen und 2 Ultramontanen. Auch die Mitglieder der beiden Kammern erklärten sich in ihrer Mehrheit, wenn auch wegen ihrer Vertagung nur auf privatem Wege, für die Verfassung von Frankfurt. Die Regierung ließ sich nicht irre machen. Sie beharrte auf dem Standpunkt, den sie von Anfang an den Frankfurter Aspirationen gegenüber eingenommen hatte. Das Gesetz verlangte Vereinbarung zwischen Fürst und Volk. Was andere Regierungen still bei sich gedacht und für gelegene Zeit geltend zu machen aufgespart hatten, dazu bekannte sich die hannoversche Regierung ehrlich und klar von vornherein. Hätten mächtigere Regierungen die gleiche Kraft gefunden, sie hätten das Parlament vor jener Überschätzung seines Selbstbewußtseins bewahren können, an der es schließlich gescheitert ist.

Die verbundenen Volksvereine hatten am 24. März eine Versammlung nach Celle ausgeschrieben, um der Ständeversammlung die Übereinstimmung des Volkes mit ihrer Haltung in der Grundrechtsfrage auszudrücken und zu dem deutschen Verfassungswerk, das sich seinem Abschlusse näherte, Stellung zu nehmen. Auch die nicht dem Verbande angehörigen freisinnigen Vereine des Landes waren eingeladen, Deputierte zu der Versammlung zu entsenden. Der neue vaterländische Verein, der darauf einging, wählte Planck zu seinem Vertreter. Er beteiligte sich auf der am 4. April begonnenen Tagung an den beiden sie beschäftigenden Fragen. In der hannoverschen Sache beantragte er durch Petition die Ständeversammlung aufzufordern, von ihrem verfassungsmäßigen Recht der Beschwerde Gebrauch zu machen. Das Gesetz vom 5. September 1848 eröffnete diesen Weg für den Fall, daß ein Minister durch eine von ihm kontrasignierte oder signierte

Verfügung eine Gesetzesverletzung begangen hatte, und sicherte der von beiden Kammern in zweimaliger Abstimmung beschlossenen Beschwerde den Erfolg zu, daß der König den Minister entlassen mußte. Eine Bestimmung von sehr fragwürdigem Werte, die Planck wiederholt in seinem politischen Leben angerufen hat. Sie hat der hannoverschen Verfassung heftige Angriffe zugezogen, ist als Gipfel demokratischer Überhebung bezeichnet worden, obschon sie aus dem Regierungsentwurf des Verfassungsgesetzes stammte und einen konstitutionellen Mann wie Lehzen zum Urheber hatte[1]). Praktisch ist sie nie geworden, hätte auch im vorliegenden Falle versagt, denn welche Ständeversammlung hätte mit Planck die von dem Minister verweigerte Anerkennung der Grundrechte als eine Gesetzesverletzung erachtet? Andere Celler Redner gaben dem Wege der ständischen Ministeranklage den Vorzug. Sie forderte aber eine absichtliche Verletzung des Verfassungsgesetzes und unterlag der Aburteilung durch das Plenum des Oberappellationsgerichts. Planck wies auf die Zweifelhaftigkeit solcher Entscheidung hin, während über Grund oder Ungrund der Beschwerde der Landtag zu befinden hatte. Die Mehrheit entschied sich für einen dem König durch eine Deputation zu überbringenden Antrag auf Entlassung des Ministeriums. Als es zur Bildung einer solchen Deputation kommen sollte, fand sich niemand zum Eintritt bereit. In der deutschen Verfassungssache wollten manche, als die Ablehnung Friedrich Wilhelms bekannt wurde, zur Tagesordnung übergehen. Planck widersetzte sich dem und trat für die Durchführung der Reichsverfassung ein, indem er in einer Adresse den König von Preußen zur Übernahme der Kaiserwürde aufzufordern vorschlug. Die Mehrheit zog es vor, die Adresse an die Preußischen Kammern zu richten.

Die Celler Versammlung und ihre Beschlüsse waren ein Schlag ins Wasser. Für Planck sollten sie ein unerfreuliches Nachspiel haben. Gleich nach seiner Rückkehr empfing ihn der Kanzleidirektor von Werlhof mit ernstem Gesichte und eröffnete ihm, er habe ihn im Auftrage des Justizministers über seine Teilnahme an jener Versammlung und überhaupt an den politischen Vereinen Hannovers zu vernehmen, zumal er in einer seiner Celler Reden die Unparteilichkeit des Oberappellationsgerichts in Zweifel gezogen haben sollte. Sein Auftreten sei seiner Stellung unangemessen, und er habe sich darüber zu verantworten. In einem folgenden Tages dem Kanzleidirektor übergebenen Promemoria resumierte Planck seine politische Tätigkeit und stellte jenen an-

[1]) Verf. v. 5. Sept. 1848 § 102⁴; Geschäftsordnung v. 1850 § 51; Stüve an Münden (1852) S. 66; G. Stüve II 4.

geblichen Vorwurf gegen das Tribunal richtig. Prinzipiell führte er dann aus, daß er nur von dem allgemeinen Rechte der freien Meinungsäußerung, dem Versammlungs- und Vereinsrechte und dem Rechte der Petition Gebrauch gemacht und dabei sich innerhalb der gesetzlichen Schranken gehalten habe. Die Staatsdiener und insbesondere die Richter seien in der Ausübung der staatsbürgerlichen Rechte nach den Gesetzen in keiner Weise behindert. Er habe nichts anderes getan als seine politische und rechtliche Überzeugung geäußert. Die gegenwärtige Lage der Dinge lege sogar eine Pflicht zum Handeln auf, denn es gelte, die Reichsverfassung, das letzte friedliche Mittel um die Einheit Deutschlands zu erreichen, zur Anerkennung und zur Durchführung zu bringen. Nach alledem könne er in seinem Verhalten nichts finden, was den Justizminister berechtige, ihn zur Verantwortung zu ziehen. Ein ausführlicher Bescheid vom 19. April stellte sich auf den Standpunkt, den auch ein in jenen Tagen erschienener Artikel der offiziellen Zeitung einnahm[1]). Die Pflicht aller Staatsdiener, sich von öffentlichen Demonstrationen gegen die Regierung fernzuhalten, treffe die Richter ganz besonders, um sie vor jedem Verdacht der Parteilichkeit zu bewahren. Planck habe nicht nur hiergegen gehandelt, sondern auch die Ehrerbietung gegen die vorgesetzte Behörde verletzt. Man wollte bei seiner Jugend und Unerfahrenheit und weil er nicht verwarnt worden sei, die ihm erteilte Erlaubnis als Kanzleiauditor zu fungieren, nicht, wie man berechtigt sei, zurücknehmen, aber ihm einen sehr ernstlichen Verweis wegen unangemessenen Verhaltens erteilen und ihn von Hannover nach Osnabrück versetzen. Gegen die Versetzung konnte sich Planck nicht wehren, gegen den Verweis behielt er sich vor, zu remonstrieren. Blieb auch seine Vorstellung erfolglos, so erklärte doch die Antwort, der Verweis sei nicht als eine Strafe wegen Gesetzwidrigkeit, sondern als eine dringende in Plancks eigenem Interesse liegende dienstliche Rüge aufzufassen. Über sein weiteres Verhalten dachte Planck sich mit seinem Vater zu beraten, insbesondere ob es nicht zweckmäßig sei, den Staatsdienst zu verlassen und Advokat zu werden: ein Gedanke, der ihn wiederholt in dem nächsten Jahrzehnt beschäftigt hat. Da er angewiesen war, sich sofort nach Osnabrück zu begeben, so blieb nur die briefliche Verhandlung mit dem elterlichen Hause übrig. „Das Unangenehmste bei der ganzen Geschichte — schrieb er am 20. April — ist nur, daß ich fürchte, Ihr macht Euch Sorgen darüber; thut das nicht! Ich habe nach meiner ehrlichen Überzeugung gehandelt und werde das auch ferner thun; ich habe auch den Muth und die

[1]) Hannov. Ztg. v. 14. April 1849 Nr. 92 über Disziplin im Richterstande.

Kraft, mich nöthigenfalls auch gegen und ohne die Regierung ehrlich durchs Leben zu schlagen, seid Ihr auch guten Muthes, macht Euch um mich keine Sorgen und denkt, daß der Satz: „Thue recht und scheue Niemand“ noch immer wahr ist. Habe ich geirrt, so habe ich wenigstens das Bewußtsein, mich nach besten Kräften bemüht zu haben, die Wahrheit zu finden, und mehr kann ja Niemand!“

In einer Sitzung des neuen vaterländischen Vereins am 27. April, in der es zu einer Verständigung mit dem alten Verein kam und beide sich zu einem „deutschen Verein“ zusammenschlossen, erinnerte Albrecht die Anwesenden, daß heute zum letzten Male ein Mitglied teilnehme, das in seiner Tätigkeit für den Verein ein Opfer politischer Maßregelung geworden sei. Der Redner verurteilte das Verfahren gegen Planck als eine Beeinträchtigung des Rechts der freien Meinungsäußerung und eine Verhinderung des Richters für das Partei zu ergreifen, was er als Recht erkenne. Er verflocht in sein Abschiedswort eine Göttinger Reminiszenz. Er kannte Planck als guten Kämpfer schon von der Universität her, wo er ihn für Gleichberechtigung und Durchführung demokratischer Prinzipien in den studentischen Verhältnissen habe kämpfen sehen. Ihm persönlich noch unbekannt, habe er ihn sich seit jener Zeit zum Vorbilde genommen. In seiner Antwort versprach Planck, er werde stets für das, was er als Recht erkannt, kämpfen; der Kampf sei leicht, weil der Sieg gewiß sei. Das Leben Plancks sollte der Maßregelungen zahlreiche und schwerere als diese erste bringen. Es war gut, daß er so hoffnungsreich dem weiteren Leben und seinen Kämpfen entgegenging.

Fünftes Kapitel.

Osnabrück.

Die Versetzung nach Osnabrück brachte Planck in ganz neue Verhältnisse. In Hannover dominierten der Hof und das Beamtentum, Osnabrück war ein bürgerliches Gemeinwesen. Dazu kam ein Gegensatz, der in der Residenz so gut wie ganz fehlte, der der Konfessionen. Die Einwohnerzahl von etwa 13 000 Seelen umfaßte neben 8600 Protestanten 4500 Katholiken. War auch die in der Bulle Impensa Romanorum Pontificum von 1824 vorgesehene Dotation des Bistums Osnabrück noch nicht ausgeführt, so gab es doch eine ansehnliche katholische Geistlichkeit in der Stadt. Ritterschaftlicher Grundbesitz war in der nächsten Nachbarschaft zahlreich vertreten; der bedeutendste in den Händen der Familien v. Schele, v. d. Bussche und v. Bar. Aber diese Elemente überragte eine Bürgerschaft, die, auf einem historischen Boden von fast republikanischer Freiheit erwachsen, sich bei Wohlstand und Selbstverwaltung erhalten hatte. Der Segen, der von einer bedeutenden Persönlichkeit innerhalb eines gefestigten Gemeinwesens ausgeht, hatte sich hier bewährt. Der von Justus Möser geübte Einfluß setzte sich fort in einer Reihe von Familien, den Stüve, Gruner, Struckmann, Abeken, die alle den von der Vaterstadt ererbten Grundzug gemeinsinnigen Wesens in den verschiedenen Stellungen, die ihnen innerhalb oder außerhalb der alten Heimat zuteil wurden, betätigten und fortpflanzten.

Der konservative Charakter der Stadt hatte seit der Bewegung des Jahres 1848 einen demokratischen Zusatz erhalten, der sich von der Vorherrschaft der in den städtischen Kollegien repräsentierten Bürgerschaft frei zu machen strebte. Auch deren enge Beziehung zu ihrem Haupte, dem Bürgermeister Stüve, der, auch, nachdem er Minister geworden war, ihr geistiger Leiter zu sein fortfuhr, hatte sich gelockert, seitdem seine Behandlung der deutschen Verfassungssache ihn von der national gesinnten Mehrheit seiner Landsleute getrennt hatte. Die städtischen Kollegien Osnabrücks hatten die Stimmung des

Landes geteilt. Der Frankfurter Abgeordnete der Stadt, Bankier Breusing, über dessen Wert kritische Naturen wie Detmold anders urteilten als der junge Bennigsen [1]), war gleich der überwiegenden Mehrheit seiner hannoverschen Parlamentskollegen für den Erbkaiser eingetreten. Es hatte allerdings wenig gefehlt, und die Stadt Justus Mösers hätte die Zahl der ultramontanen Stimmen vermehrt. Breusings Wahl war nur mit schwacher Majorität gegen den Kandidaten der Katholiken durchgesetzt. Glückte es Ludwig Windthorst damals noch nicht, den deutschen Schauplatz zu betreten, so sollte er bald auf dem hannoverschen zu um so größerer Geltung gelangen. Beziehungen zur Familie Schele bahnten ihm den Weg [2]). Advokat und Notar, vorsitzender weltlicher Rat im bischöflichem Konsistorium, wurde er auf Präsentation der osnabrückschen Ritterschaft, deren Syndikus er war, im Oktober 1848 Mitglied des Celler Oberappellationsgerichts. Wenige Wochen später trat er in die ständische Tätigkeit ein. Der heimatliche Wahlbezirk, der ihm während seines langen parlamentarischen Wirkens hannoverscher wie preußischer Zeit treu blieb, entsandte ihn in die Zweite Kammer, in der er die ministerielle Minorität verstärkte, ohne in die öffentliche Debatte, auch nicht in dem alles bewegenden Kampfe um die Grundrechte, einzugreifen. Schon der nächstfolgende Landtag ließ erkennen, wes Geistes Kind er war. In der Diskussion über die deutsche Frage rief er den Freunden der Reichsverfassung wie denen der Dreikönigsverfassung Österreich ins Gedächtnis, „ohne das wir wahrscheinlich noch eine französische Provinz wären" und schlug er die Tagesordnung vor, die über alle Gegenanträge den Sieg davon trug. Sie billigte die von der Regierung befolgte Politik und hielt als Ziel eine den wirklichen Bedürfnissen Deutschlands entsprechende Verfassung und als Weg deren Vereinbarung mit einer nach einem Vertrauen erweckenden Wahlgesetze berufenen Volksvertretung fest: Aufgaben, die baldig, baldtunlichst erfüllt werden sollten. Mit diesen alles und nichts sagenden Formeln war dem Bedürfnis derer abgeholfen, die Stüve bei seinen inneren Reformen unterstützen und sich um die große Politik möglichst wenig kümmern wollten. Windthorst wurde allmählich ihr Führer, und im Februar 1851 machten sie ihn zum Präsidenten der Kammer.

Der Übergang von Hannover nach Osnabrück war für Planck nicht bloß ein Ortswechsel. Seit dem Sommer 1849 hatte sich ein politischer Wechsel vollzogen, der ihn nahe genug betraf. Mit

[1]) Detmold-Stüve S. 8, 12, 20. Oncken, Bennigsen I 155.

[2]) v. Langwerth-Simmern, Aus meinem Leben I (1898) S. 271.

dem Untergang des Frankfurter Parlaments hatte das politische Vereinswesen, an dem er sich so lebhaft beteiligt hatte, seine Bedeutung verloren, die ihm nur durch die deutsche Frage und die Gegnerschaft gegen den Partikularismus der Regierung zuteil geworden war. Aus dem Schiffbruch aller Hoffnungen, wie ihn der Sommer 1849 sah, ging allein das Ministerium Stüve gesichert hervor. Der Bewegung für die Reichsverfassung war es mit aller Ruhe begegnet. Die Auflösung der Zweiten Kammer, der vornehmsten Trägerin des deutschen Gedankens, hatte keine Aufregung zur Folge gehabt; die durch die politischen Vereine in Szene gesetzte Demonstration vom 7. Mai nahm einen geradezu kläglichen Verlauf; die Aufforderung des Redakteurs der Zeitung für Norddeutschland, Theodor Althaus, einen Landesausschuß zur Durchführung der Reichsverfassung einzusetzen, hatte keine Wirkung als für ihn selbst: er wurde wegen Aufforderung zum Staatsverrat zu zweijährigem Staatsgefängnis verurteilt, von dem ihm die größere Hälfte nachher durch Begnadigung erlassen wurde. Um so auffallender war der Schritt der Regierung, mit Preußen und Sachsen ein Bündnis einzugehen, das dem deutschen Volke eine neue Reichsverfassung anbot, die angeblich die Mängel der Frankfurter vermied und ihre Vorzüge wahrte. Derselbe Mann, der es eben noch für das Beste erklärt hatte, sich an einer stückweisen Reform genügen zu lassen, arbeitete mit allem Eifer eine vollständige Verfassung aus, die allerdings mit allerlei Klauseln umgeben und selbst in Hauptpunkten, wie der Oberhauptsfrage, auf Schrauben gestellt war. Welche Motive auch die Regierung veranlaßten, das Dreikönigsbündnis zu schließen und wieder zu verlassen, beides wurde im hannoverschen Lande mit dem größten Gleichmut aufgenommen. In der Planckschen Korrespondenz kommt das Wort Dreikönigsverfassung gar nicht vor. Wo man sich zu ihren Gunsten aussprach, wie in der Celler von den angesehensten Männern unterschriebenen Erklärung, geschah es in dem Glauben, dem Ministerium einen Dienst zu erweisen. Als es nach wenigen Wochen andere Ziele verfolgte, regte sich keine Hand für den Berliner Vertrag. An der Gothaer Versammlung nahm zwar die Mehrzahl der erbkaiserlichen Hannoveraner teil; aber vier versagten der Erklärung vom 28. Juni, nämlich Freudentheil, Grumbrecht, v. d. Horst und Quintus-Icilius, ihre Unterschrift, und neun von den Unterzeichnern lehnten die Verpflichtung ab, das Wahlgesetz — es war das sehr unpopuläre neuaufgekommene Dreiklassenwahlsystem — zu befördern und sich an den Wahlen zu einem neuen Reichstage zu beteiligen.

Von der allgemeinen Apathie, die sich seit dem Herbst 1849 ausbreitete, war Osnabrück nicht ausgenommen. Nur in einem kleinen

Kreise fand Planck für sein politisches Interesse, das unter dem Druck der Zeit nicht erlahmt war, eine Anknüpfung. Unter den Räten der Justizkanzlei gehörte nur einer, Kettler, der liberalen Partei an. Von den jüngeren Mitgliedern waren es der Assessor Schulze und die beiden Auditoren, zu denen Planck in ein näheres Verhältnis kam. Der eine war F. v. Rudloff, der andere Rudolf v. Bennigsen, beide Genossen aus der Examenszeit. Schulze, der sich in Plancks Leben noch wiederholt als guter Freund erweisen sollte, war nach seiner Bezeichnung ein Erzreaktionär; Rudloff stand den ritterschaftlichen Kreisen und ihren Bestrebungen nahe, hielt sich deren Organ, die Niedersächsische Zeitung, und ließ seinen Hausgenossen Planck an deren, wenn nicht erfreulichen, doch lehrreichen Lektüre teilnehmen. Bennigsen und Planck waren bisher nebeneinander hergegangen, ohne miteinander bekannt geworden zu sein. Bennigsen, schon seit länger als einem Jahr in Osnabrück wohnhaft, hatte für die Stadt und ihre Bürgerschaft nichts weniger als Sympathie gewonnen und fühlte sich von ihren Parteien, den Liberalen wie den Demokraten, gleichermaßen abgestoßen. Nicht weniger als beide war ihm die herrschende Magistratspartei zuwider. Besonders verletzte ihn deren religiöse Intoleranz, obschon er selbst nicht frei davon war, wie sein Unwille über die Verheiratung von Hermann Dahlmann, dem Sohn des „protestantischen Kaisermachers", wie er ihn nennt, mit einer Katholikin zeigt [1]). Der Artikel XVI der Bundesakte hatte allerdings so wenig Eingang in die Verwaltung Osnabrücks gefunden, daß die Stadtverfassung Katholiken von der Mitgliedschaft im Magistrat ausschloß und nur einer der vier Älterleute (Stadtverordnete) nach der Observanz aus der Zahl der Katholiken gewählt wurde. Man begründete die Aufrechterhaltung der alten exklusiven Bestimmung mit der dem Magistrat obliegenden Verwaltung protestantischer Fonds.

Planck suchte Bennigsen alsbald nach seiner Übersiedelung auf, und hat später den Eindruck, den er von der neuen Bekanntschaft empfing, geschildert: „Ich wußte bereits, daß er eine freisinnige Richtung hatte, näheres darüber war mir nicht bekannt. Der Eindruck, den ich damals erhielt, war von Anfang an der einer bedeutenden Persönlichkeit. Er war vornehm im besten Sinne des Wortes, hatte etwas Reserviertes und war regelmäßig ernst. Ich habe ihn nur selten lachen hören, und wenn er es tat, war es nur ein kurz abgebrochenes ‚H'. Im Gespräch aber nahm sein Gesicht einen liebenswürdigen und freundlichen Ausdruck an, und es war ein Genuß sich mit ihm zu unter-

[1]) Oncken I 195.

halten. Seine Bildung war eine gründliche und allgemeine, sowohl auf geschichtlichem, volkswirtschaftlichem und politischem als auf literarischem Gebiet. Dabei verstand er es, seine Gedanken klar und interessant mitzuteilen, ging aber auch bereitwillig auf abweichende Anschauungen anderer ein. In allen Kreisen, in denen er bekannt wurde, machte er den Eindruck einer hervorragenden Persönlichkeit. An dem geselligen Leben in Osnabrück beteiligte er sich in derselben Art wie die andern jungen Leute. Er stand zu der Zeit auf einem entschieden liberalen und nationalen, stark demokratisch gefärbten Standpunkt. Wir haben unsere in dieser Beziehung im wesentlichen übereinstimmende Anschauungen oft und eingehend miteinander besprochen[1])." Der tägliche Verkehr, der sich zwischen Bennigsen und Planck entwickelte, führte zu einer engen Freundschaft, so wenig es auch an Verschiedenheiten zwischen ihnen fehlte. Bennigsen, wenn man auch in den höhern Kreisen um seine wenig standesgemäße Gesinnung wußte, war bisher öffentlich nicht hervorgetreten. Nicht aus Scheu; er lebte auf und in sich zurückgezogen, weil er erst sich selbst und möglichst vielseitig ausbilden wollte, ehe er eine Einwirkung auf andere versuchte. Planck ging unter die Menschen, nahm an ihrem Verkehr, ihren Vereinen und Versammlungen Teil, äußerte sich in der politischen Presse und suchte seine Ausbildung auch durch diese Mittel zu fördern. Dieser Gegensatz zog einen andern nach sich. An den Urteilen des jungen Bennigsen fällt auf, wie absprechend, wie schneidend sie über die Menschen lauten, während Planck, der ihnen persönlich und unmittelbar nahe tritt, sich zurückhält und, wenn er urteilt, maßvoll äußert. Als sich die beiden kennen lernten, fand jeder in dem andern, was ihm fehlte. Planck war der überlegene an juristischem Wissen und Können, Bennigsen der in Staatswissenschaften und Geschichte bewanderte. Schon das Parteileben hatte Planck darüber belehrt, wie notwendig Kenntnisse geschichtlicher, volkswirtschaftlicher, politischer Art für die Bedürfnisse der Zeit seien, und wie sehr sie den Demokraten fehlten, die töricht genug mit philosophischen Prinzipien auskommen zu können meinten.

Zunächst hatten diese jungen Männer dringendere Pflichten als für die Bedürfnisse der Zeit zu sorgen. Sie standen vor dem Assessorexamen und suchten sich durch Repetitorien untereinander die erforderliche Beschlagenheit und Festigkeit für den großen Entscheidungstag in Celle zu verschaffen. Wie gründlich Planck bei seiner Vorbereitung

[1]) Aus einem mir von Herrn Professor Oncken mitgeteilten Briefe Plancks an ihn v. 10 April 1907.

verfuhr, zeigt, wenn er schon in Hannover Eichhorns Deutsche Rechtsgeschichte einmal wieder durchnahm. Er konstatierte dabei, mit wieviel größerm Gewinn man Geschichte treibt in einer Zeit, in welcher selbst Geschichte im Großen gemacht wird, als in den wenigstens äußerlich ruhigen und sumpfigen vormärzlichen Jahren, die so schwer die fortschreitende Entwicklung erkennen ließen. Nachher in Osnabrück arbeitete er das ganze Rechtssystem noch einmal durch und legte dabei die neueste Auflage von Puchtas Pandekten zugrunde; er nennt sie, wenn man sich auf den Standpunkt des reinen Romanisten stellt, ein prächtiges Werk, kurz, klar, präzise und doch fast den ganzen Stoff, wenn auch oft nur durch ein Wort oder eine Andeutung in einer Note, erschöpfend. Für das Deutsche Recht studierte er außer seinen Büchern und den in den Vorlesungen gemachten Aufzeichnungen das Heft Albrechts, des einstmals Göttinger, nunmehr Leipziger Germanisten. Auf die echt göttingsche Frage der Mutter, ob er nicht ein Buch zu schreiben vorhabe, antwortete er: jedenfalls erst nach dem Examen, und auch dann werde er schwerlich ihren Wunsch erfüllen können. Den Tag über ausschließlich mit Juridicis beschäftigt, greift er erst des Abends zu seiner Erholung nach Gervinus' Shakespeare, einem Buch, das ihn lange beschäftigt hat. Er empfiehlt es seinen Eltern und erfreut sich an dem Nachweis, daß fast in allen Stücken des großen Briten die Idee des Widerspruchs zwischen Sein und Schein, innerer Wahrheit und äußerer Form, wahrem Verdienst und äußerer Ehre und Ansehen wiederkehre.

Endlich traf im Dezember die Zitation zum Examen ein. So sehr sie ihn erfreute, so schmerzlich empfand er es, von den Gebühren für Examen und Anstellung, die 60 Taler betrugen, die Hälfte im voraus bezahlen zu müssen. Seit Mitte des Monats in Celle, arbeitete er von Morgens 8 bis 3 und Abends von 6 bis 12 oder 1 Uhr. Zu Besuchen fehlte alle Zeit, und das „Wühlen“ beschränkte sich auf Bücher und staubige Akten. Er hatte drei Appellationsschriften anzufertigen, darunter eine die Frage des materiellen Rechts nach der Befugnis der Testamentsvollstrecker zum Gegenstande hatte. Am 1. Februar war er soweit, die schriftliche Relation, die so umfangreich geworden war, daß sie 500 Seiten zählte und 14 Taler Kopialien kostete, abliefern zu können. Für die mündliche Relation hatte er eine Frist von vierzehn Tagen, wurde aber auf seine Meldung beschieden, er werde wegen Geschäftsüberhäufung der Kommissionsmitglieder noch mindestens vierzehn Tage warten müssen. Erst im März kam er an die Reihe. Die Kommission, aus dem Vizepräsidenten Leist als Vorsitzenden und den Räten v. Estorff, Ludw. v. Schlepegrell,

Meder und v. Hugo bestehend, erteilte ihm das Prädikat wohl bestanden. Die fünf Ferienwochen, die er nach dem Examen im elterlichen Hause verbrachte, riefen ihm die acht Jahre zurückliegende glückliche Abiturientenzeit in die Erinnerung. Damals die Aussicht auf die Studienjahre und ihr freies ungebundenes Leben, auf ein frisches, lustiges Streben ohne Sorge und Verantwortung. Was jetzt vor ihm lag, war die selbständige, praktische Wirksamkeit mit allen Sorgen und der Verantwortung, aber — setzt er hinzu — auch all dem Genusse und der Befriedigung, welche ein tätiges Leben mit einem größern oder kleinern Wirkungskreise mit sich bringt. „Nun, der Unterschied ist zwar groß; ich gehe aber mit ebenso frischem Mute wie damals und wohl mit größerer Selbstkenntnis und klarerem Bewußtsein dessen, was ich will, in den neuen Lebenskreis, und ich denke, so wenig wie damals soll mich auch diesmal meine frohe Hoffnung auf einen guten und freudigen Fortgang täuschen" (27. April 1850).

In Osnabrück als Kanzleiassessor angestellt, wurde er am 22. April 1850 beeidigt. Bennigsens Umgang genoß er nicht länger, da dieser nach Aurich versetzt war, ganz gegen seinen auf Göttingen gerichteten Wunsch, wo er noch Vorlesungen, namentlich naturwissenschaftlichen Inhalts, zu hören gedachte. Die Jahre 1850 und 51 verliefen für Planck in ruhiger Gleichmäßigkeit und wurden nur im ersten Sommer durch eine vierwöchentliche, mit den Eltern unternommene Schweizerreise unterbrochen. Der Aufenthalt in Osnabrück gefiel ihm immer besser; das Klima und den Moorrauch lernte er vertragen; er gewann den Ort und die Menschen lieb, und an die drei hier arbeitssam und gesellig verbrachten Jahre dachte er stets mit Freuden zurück. Fleißige Wanderungen machten ihn mit Land und Leuten vertraut. Anschaulich schilderte er den Eltern, wie sich ihm bei einem Pfingstausfluge, den er mit dem Assessor v. Dassel machte, die Landschaft von der Dietrichsburg aus nahe bei Ostenwalde, dem Gute Georgs v. Vincke, dargestellt hatte. „Wir lagen mehrere Stunden oben auf der Dietrichsburg im Grase, zu unseren Füßen ein weithin gestreckter, im ersten Frühlingsgrün prangender Buchenwald, weiterhin die ganze Gegend vom Dümmersee bis zu dem Hermannsdenkmal, von Minden bis Münster und Bielefeld, nicht eine eintönige Fläche, sondern von den verschiedensten Hügelreihen durchkreuzt und durch die herrlichsten Frühlingsfarben, das saftige Grün der Felder und Wälder vermischt mit dem Gelb der Rübsaatfelder und dunkeln Tannengründen, doppelt reizend. Dabei trat namentlich auch der ganz eigentümliche Charakter der westfälischen Gegend hervor, daß man nämlich fast gar keine zusammenhängenden Dörfer sieht, sondern jeder Bauer isoliert für sich wohnt, und sein Haus nicht nur Hof und Garten, sondern alles, was ihm an Feld und Wald gehört, zusammen hat, so daß der nächste Nachbar durchschnittlich zehn Minuten entfernt wohnt. Von der Höhe eines Berges gesehen macht dadurch die Landschaft den Eindruck, als bestehe sie aus lauter Gärten, in jedem ein wohnliches Gartenhaus, und dies um so mehr, da die Häuser meist weiß angestrichen und alle Felder mit Bäumen und Gesträuchen umgeben sind. Gewiß hat diese Trennung der Wohnungen auch einen bedeutenden Einfluß auf den ganzen Charakter und die Lebensweise des hiesigen Volksstammes gehabt. Während auf der einen Seite der Bauer sich mehr fühlt, fest, selbstvertrauend und arbeitssam ist, bringt auf der andern Seite die Isolierung auch mit sich, daß alle neuen Ideen unendlich viel schwerer hier eindringen, und selbst der Schlendrian und Mißbräuche, wenn sie nur althergebracht sind, fester sitzen wie sonst irgendwo."

Nach anfänglicher Zurückhaltung beteiligte er sich lebhaft an der Geselligkeit, wenn er auch die Gartengesellschaften und die Landpartien lieber als die Stubentees besuchte. Sogar zum Theaterspielen ließ er sich herbei. In Erinnerung an eine frühere in dem Teuerungsjahr unternommene dramatische Veranstaltung und ihren reichen Ertrag plante man im Winter 1850 etwas Ähnliches zugunsten Schleswig-Holsteins. Planck, anfangs bedenklich, unter dem Ernst der Zeiten, „wo die letzten Zuckungen der Freiheit und Manneskraft in Hessen und Schleswig-Holstein zu Boden getreten werden sollen", für eine Tragödie wie die in den deutschen Herzogtümern ein Spiel mitzubetreiben, legte sich den jesuitischen Grundsatz, der die Mittel heiligt, zurecht und übernahm selbst eine Rolle in einer musikalisch-theatralischen Vorstellung, in der Herren und Damen aus den verschiedensten Kreisen, Advokaten, Kaufleute, Mitglieder der Landdrostei und Kanzlei, zusammenwirkten. Er gab in Körners Nachtwächter den lustigen Studenten Wachtel und spielte außerdem in einigen Szenen des echten Eckenstehers Nante mit. Die Vorstellung fand solchen Beifall, daß sie zwei Tage darauf wiederholt werden mußte und einen Reinertrag von 500 Talern abwarf. Johannes Rösing von Bremen, der nachmalige Präsident des Reichsinvalidenfonds, damals Schüler des Osnabrücker Ratsgymnasiums und Pensionär im Hause des Lehrers Onno Klopp, erinnerte sich bei späterem Zusammentreffen noch immer gern, wie er bei dem gemeinsamen Theaterspiel Planck kennen gelernt habe. Der gesellige Verkehr führte Planck außer mit den Kreisen seiner Kollegen auch mit denen des höheren Bürgerstandes zusammen, der unter seinen Kaufleuten und Fabrikanten eine Reihe sehr wohl situierter Familien aufzuweisen hatte. Der alte Bürgerstolz war unter ihnen noch vertreten. In eigenen Häusern wohnhaft, ließ man Quartiere leerstehen und antwortete den um eine Wohnung verlegenen Mietlustigen: „och nein, das haben wir doch noch nie getan“. Den Ruf der Unzugänglichkeit dieser Kreise für jeden Fremden — und als „Fremde“ galten nach Stüves Zeugnis in Osnabrück schon die hannoverschen Beamten[1]) — fand Planck nicht gerechtfertigt und lobte den freien und natürlichen Ton, der in den engeren Zusammenkünften der haute bourgeoisie herrsche. Der politische Gegensatz, in Osnabrück zwischen Liberalen und Demokraten sehr stark entwickelt, machte sich auch in der Gesellschaft geltend, so daß selbst unter verwandten Familien der Umgang ausgeschlossen war. Planck verkehrte mit beiden Parteien, vielleicht mit den Gegnern noch mehr als den Gesinnungsgenossen. Zu dem bedeutendsten Manne Osnabrücks, zu Stüve, der sich nach seinem Rücktritt von der Staatsleitung in seine Vaterstadt zurückbegeben und in der Kommunalverwaltung zunächst eine Stellung als Bürgervorsteher übernommen hatte, bis er mit Einführung der neuen Städteordnung zum Bürgermeister erwählt wurde, kam er so wenig als Bennigsen in Beziehung. Stüve lebte sehr still und zurückgezogen und hatte in seiner Natur Fremden, namentlich politischen Gegnern gegenüber, nichts persönlich Anziehendes. Am Gerichte gab es viel zu tun. Auf Planck wartete bei seiner Rückkehr von Celle ein Aktenstoß, halb so hoch wie er selbst. Die Schwurgerichte, die schon vor der großen Justizorganisation mit dem 1. Januar 1850 ins Leben getreten waren, erforderten viel Kraft. Um während ihrer Dauer die Geschäfte der Justizkanzlei nicht stillstehen zu lassen, erledigte der Direktor Meyer mit den beiden Assessoren, Planck und Rudloff, die Arbeiten. Wiederholt fungierte Planck als Mitglied des Schwurgerichtshofes; das erstemal im Mai 1850 nur als Ergänzungsrichter, ohne daß er zur Tätigkeit kam, das zweitemal dafür um so länger, vom 9.—25. September als mitwirkender Richter, wo es häufig Inzidentfragen zu entscheiden galt und die Fragstellung lebhafte Debatten hervorrief. Der Eindruck, den er von dem schwurgerichtlichen Verfahren empfing, war äußerst günstig, wie er auch das Gleiche von dem Publikum berichtet. Auch Stüve konstatiert den guten Erfolg[2]). Planck, der genau die Gerechtigkeit und Zweckmäßigkeit der einzelnen Vorgänge des Verfahrens beobachtete, korrespondierte mit seinem Vater über das, was ihm als mangelhaft auffiel, die zu weit gehende diskretionäre Befugnis

[1]) Detmold-Stüve S. 4.

[2]) G. Stüve II 130. Sendschreiben an Münden S. 14.

des Präsidenten und die Beschränkung der Verteidigung. Zur Tätigkeit der Gerichtsmitglieder gehörte zurzeit auch eine Begutachtung der neuen Justizorganisationsgesetze. Er widmete ihrem Studium die Osterferien 1851 und legte sein von den Ansichten des Plenums abweichendes Urteil in einem votum dissensus nieder. Neben seinen juristischen Arbeiten ließ er sich seine allgemeine Weiterbildung angelegen sein. Was Lesezirkel und Broschürenverein brachten, wurde aufmerksam geprüft, geschichtliche und politische Lektüre getreulich weiter geführt. Im Vordergrund des Interesses stand Macaulays englische Geschichte, die damals die deutschen Leser überraschte und entzückte. Daneben beschäftigten ihn Schlossers Weltgeschichte, Radowitzens neue Gespräche und Feuerbachs Wesen des Christentums. In der Lektüre von Oersteds Geist der Natur, daraus der Vater seiner Frau schon des Morgens beim Kaffee vorlas, traf er mit den Eltern zusammen. „Solch gleichzeitiger Genuß derselben geistigen Nahrung ist eins der besten Bindemittel und sichert die Fortdauer des innern Zusammenhangs, der freilich bei uns ja auch ohnedem fest genug ist."

Als die Einführung der neuen Justizorganisation in greifbarere Nähe rückte, erging an die jüngern Juristen die Anfrage, wer sich zum Eintritt in die Staatsanwaltschaft melden wolle. Planck verharrte bei dem richterlichen Berufe; er war sich klar, daß seine politische Gesinnung ihn mit den Obliegenheiten des Staatsanwalts viel eher als mit denen eines Richters in Konflikt bringen könne. Wie schon früher die Mutter, so hätte es auch der Vater nicht ungern gesehen, wenn er sich literarischen Aufgaben seines Fachs gewidmet hätte. Dem Sohne war die Tätigkeit des praktischen Juristen lieb, und soweit sie wissenschaftliche Studien erforderte, widmete er sich ihnen mit Hingebung. Er war sich aber bewußt, daß zu theoretischen Arbeiten in der reinen Jurisprudenz für jeden, der nicht auf der Stufe der gewöhnlichsten Mittelmäßigkeit stehen bleiben wollte, weitumfassende Quellenstudien gehörten, zu denen er keine Neigung verspürte. In den Fächern, mit denen er sich am liebsten beschäftigt hätte, in Staatsrecht, Geschichte, Politik, war er sich bewußt, noch lange und noch viel lernen zu müssen, ehe er daran denken konnte, andere zu belehren. Sein Vater hielt ihm das Beispiel seines Freundes Otto Hartmann vor, der eben nach Veröffentlichung einer Schrift über das römische Kontumazialverfahren im September 1851 außerordentlicher Professor in Göttingen geworden war. Das Beispiel hatte für Planck nichts Verlockendes; er und sein Freund waren zu verschiedene Naturen. Hartmanns Schrift war, wie Planck wußte, das Ergebnis eines seit zwei Jahren gefaßten und durchgeführten Entschlusses, sich aller Politik zu entschlagen. Er hatte sich im Jahre 1848 lebhaft an der politischen Bewegung in Göttingen beteiligt und vierzehn Tage in Frankfurt verweilt, um sich über die Verhandlungen der Nationalversammlung gründlich zu unterrichten. Aufrichtig den Bestrebungen des rechten Zentrums zugetan, fand er bei seiner Heimkehr die Göttinger Demokraten am Werk, den von ihm bisher mitgeleiteten Volksverein zu dem republikanisch gesinnten Frankfurter Montagskränzchen hinüberzuziehen, und machte es sich nun zur Aufgabe, durch den neu gegründeten vaterländischen und den Bürgerverein der Demokratie das Wasser abzugraben. Bei den Wahlen zur Zweiten Kammer im Januar 1849 unterlag er dem gegnerischen Führer, dem Bibliothekssekretär Dr. Ellissen. Planck meinte zwar, Hartmanns Zeit werde noch kommen; Hartmann selbst hielt die Sache der konstitutionellen Partei seit dem Ausgang des Sommers 1849, wenn nicht völlig, doch für lange Zeit verloren, und sich an dem Kampf zwischen absoluter Monarchie und Demokratie zu beteiligen, lag außerhalb seiner Neigung. Um sich vor allem, was an Politik erinnerte, zu retten, wählte er sich einen ihr völlig fern liegenden Gegenstand wissenschaftlicher Arbeit, und vertiefte sich mit aller Energie seines Wesens in dessen Erforschung und Darstellung. An sich mehr eine praktische als eine gelehrte Natur, hatte er die Ostern 1847 übernommene Stellung eines Privatdozenten sehr bald hinter der Beschäftigung beim Gericht und in der Advokatur zurücktreten lassen; als er nachher zum akademischen Beruf zurückkehrte, seinen Schwerpunkt in Vorlesungen über römische Rechtsgeschichte, Theorie des gemeinen Prozesses, besonders aber in einem Prozeßpraktikum gefunden, das vermöge seiner Gediegenheit auch neben dem von Briegleb unter großem Beifall geleiteten sehr beliebt war. Planck, zwei Jahre jünger als Hartmann, und nicht durch persönliche Rücksichten beengt, die bei jenem zum Teil mitwirkten, hatte aus den Vorgängen der Zeit andere Lehren für sich entnommen. Er fühlte sich als Demokrat und, voll Interesse an der Entwicklung der öffentlichen Geschicke, war er entfernt von aller Verzweiflung. Die Menschen dieser Zeit gefielen sich in Prophezeiungen; so verschiedenartig sie lauteten, ihr gemeinsames Los war, nicht in Erfüllung zu gehen. Planck war gewiß, daß schon das Jahr 1852 wieder gewaltige politische und soziale Erschütterungen bringen werde, ohne von ihnen Umwandlungen im Sinne seiner Partei zu erwarten. Im Gegenteil sah er eher eine Verschlimmerung herankommen. Aber das bestimmte ihn nur dazu, sich möglichst gründlich auszubilden, besonders durch geschichtliche Studien, um in dem Augenblicke, wo eine vielleicht für das ganze Leben folgenschwere Entscheidung zu treffen sein würde, vorbereitet und in sich klar und abgeschlossen zu sein. Hartmanns Verfahren war ihm begreiflich, so wenig er dessen Resignation teilte, „vielleicht daß ich, wenn das Jahr 1852 vorbei ist, zu derselben Resignation gelange". Das Jahr 1852 wurde allerdings für seinen Lebensweg bestimmend, aber in ganz anderm Sinne als er dachte.

So wenig Planck aus seiner politischen Gesinnung ein Hehl machte, so bot doch das Leben in Osnabrück keine Gelegenheit, sie zu betätigen. Ein politischer Verein existierte nicht. Aber die Gesinnungsgenossen kannten sich. Die Urteile über die Osnabrücker Demokratie lauten sehr verschieden. Von der des Jahres 1848 meinte Bennigsen, sie suche an Engherzigkeit und Rohheit ihresgleichen; von ihren Gegnern dachte er allerdings nicht viel glimpflicher. In der Bürgerschaft, die unter Stüves Einfluß stand, behandelte man sie verächtlich als Stadtdemokraten, die von den Reminiszenzen und Redensarten des Jahres 1848 lebten. Planck fand unter ihnen nicht nur geistige Anregung auch in andern als politischen Beziehungen, sondern vor allem sittlich reine und edle Charaktere, wie er sie in andern Kreisen oft gesucht und selten gefunden hatte. Jede der beiden Parteien hatte ihr Organ: die Stüvische in dem zweimal wöchentlich erscheinenden, vom Subkonrektor Tiemann redigierten Volksblatt, die demokratische in dem Tageblatt, das nominell der Bäcker Dreinhöfer, in Wahrheit der Rechtsanwalt Detering leitete. Der heutige Leser dieser Blätter wird den höheren Wert des Volksblatts nicht verkennen, zu dem Stüve, der sich vortrefflich auf den populären Ton verstand, gelegentlich Beiträge lieferte. Das Tageblatt, keck und angriffslustig, nicht ohne Humor die Opposition vertretend, ist von Planck zeitweilig mit Leitartikeln versorgt worden, und der Zeitungsjunge hat ihn oft um das Manuskript aus dem Morgenschlummer aufstören müssen; aber im ganzen legte er der Lokalpresse keinen besonderen Wert bei und überließ es den streitbaren Männern auf beiden Seiten, sich gegenseitig mit grober Münze zu bezahlen. Die bekanntesten unter den Mitgliedern der Partei waren außer den schon genannten der Lehrer am Ratsgymnasium Rosenthal, als einer der beiden Abgeordneten des Standes der Bürger- und Volksschullehrer Mitglied der Ersten Kammer, die er mitunter durch seinen Radikalismus erschreckte; Onno Klopp, Lehrer derselben Schule, der sich durch eine Ausgabe der Frankfurter Grundrechte mit allgemein faßlichen Erläuterungen und durch fleißige Mitarbeit am Tageblatt betätigte. Allgemein geachtete Persönlichkeiten wie der Medizinalrat Brück, der Justizrat Hugenberg und von der jüngeren Juristenwelt die Rechtsanwälte hielten sich zu ihnen. In der Nähe von Osnabrück hatten sie einen glänzenden Repräsentanten an dem

Eisenhüttenbesitzer Julius Meyer in Beckerode, der, mit einer Frau aus dem reichen Hause Tenge verheiratet, die Honneurs der Partei zu machen verstand. Die Mittel, durch die die Demokratie zu wirken vermöge, erblickte Planck in dem persönlichen geselligen Verkehr und der stillen Macht der Überzeugung. Das einzige, was außerdem geschah, war die Gründung einer Volksbibliothek, um auch den Armen Gelegenheit zu geben, sich geistige Bildung zu verschaffen. Diese Tendenz mußte die demokratische Partei auch dem Arbeiterbildungsverein befreunden, obschon sie sich ihm absichtlich fernhielt, um ihm nicht die Mißgunst der Behörden zuzuziehen. Als im Sommer 1851 Angriffe auf den Verein geschahen, leitete der Magistrat eine Untersuchung ein, die, obwohl resultatlos verlaufend, durch den Austritt einer großen Zahl ängstlicher Mitglieder das Weiterbestehen des Vereins gefährdete. Um das Publikum von seinen Bestrebungen zu unterrichten und neue Kräfte zu gewinnen, lud der Verein unter seinem Präsidenten Grundgrieper zu seinem Stiftungsfeste im November eine Reihe angesehener Einwohner aus den Kreisen der Advokaten, Kaufleute, Ärzte und von den Mitgliedern der Justizkanzlei den Justizrat Toel und den Assessor Planck ein. Die Eingeladenen, die übrigens auf ihre eigenen Kosten teilnahmen, kamen fast alle. Toel, durch Krankheit verhindert, blieb weg, Planck erschien. Die bei dem Essen ausgebrachten Toaste waren, wenn auch überwiegend demokratischen Inhalts, im ganzen durchaus gemäßigt; nur vereinzelt geschah eine exzentrische oder unsinnige Äußerung; „von direkten Aufforderungen zum Aufruhr, überall von Gesetzwidrigkeiten war keine Spur". Planck, der dem Verein beitrat, ging nach dem Essen weg; er hatte nicht geredet, von den Gästen überhaupt keiner, außer den beiden Landtagsmitgliedern Detering und Rosenthal. Rosenthal hatte den bremischen Pastor Dülon, der durch kirchlichen und politischen Radikalismus, seine Rednergabe und rhetorischen Schriften großes Aufsehen in Norddeutschland erregt hatte und eben damals von Mitgliedern seiner Gemeinde beim Senate wegen angeblicher Irrlehren verklagt war[1]), zum Gegenstand eines Toastes gemacht. Der Magistrat, dadurch auf das Fest aufmerksam gemacht, hatte den Redner in eine Disziplinaruntersuchung gezogen, die ihm einen ernstlichen Verweis und zeitweilige Suspension von der Erteilung des Religionsunterrichts eintrug. Die Untersuchung, in der unter vielen Zeugen auch Planck vernommen wurde, veranlaßte den Justizminister gleich nach den Weihnachtsferien den Assessor Planck durch den Kanzleidirektor über seine Beteiligung am Arbeiterbildungs-

[1]) Bremische Biogr. S. 117. v. Bippen, Gesch. der Stadt Bremen III (1904) S. 486.

verein oder sonstigen politischen Vereinen zu befragen. Er hatte keinen Grund, etwas zu verschweigen. Über vieles, wonach man fragte, wußte er keine Auskunft zu geben, da er vorher nie in dem Vereine gewesen war, und an Verhandlungen, auf die es besonders anzukommen schien und die, wenn nicht ein falscher Bericht zugrunde lag, etwas unsinniger Natur gewesen sein müssen, keinen Teil haben konnte. Die letzte ihm vorgelegte Frage war, wie er es mit seiner Stellung vereinbar finde, die Sitzungen eines derartigen Vereins zu besuchen und seine Bestrebungen gleichsam zu sanktionieren. Er beantwortete sie, wie einst in Hannover: seine Beamtenstellung fordere von ihm in seinem außerdienstlichen Verhalten, daß er nichts Rechtswidriges, nichts Unsittliches, nichts Unanständiges tue; er müsse den Beweis abwarten, irgend etwas derart getan zu haben. Darauf blieb er lange Zeit ohne Bescheid. Im Publikum verbreiteten sich die unsinnigsten Gerüchte von Absetzung u. dgl., die auch bis zu seinen Eltern drangen. Er beruhigte sie, mußte ihnen aber doch die Äußerung Bacmeisters, der nach dem Regierungsantritt König Georgs V. Minister geworden war, gegen einen gemeinsamen Verwandten, den Pfarrer Kranold, berichten: er hege auch in seiner neuen Stellung dieselbe aufrichtige Freundschaft für Planck wie bisher, er möge es ihm aber auch nicht zu schwer machen, sie aufrecht zu erhalten.

In derselben Zeit, da diese Dinge noch in der Schwebe waren, bereiteten sich Schritte vor, um Planck in das politische Leben offiziell einzuführen. Der bisherige Abgeordnete Osnabrücks zur Zweiten Kammer, Stadtrichter Westerkamp, hatte auf sein Mandat verzichtet, und da er schon selbst Ersatzmann für den Justizrat Pagenstecher war, mußte zu einer Neuwahl geschritten werden. Die demokratische Partei, rührig und tatenlustig wie sie war, fühlte sich stark genug, einen eigenen Kandidaten aufzustellen und wählte Planck dazu. Die Verfassung legte dem ein kleines Hindernis in den Weg, nicht wegen seiner Beamteneigenschaft, denn nach ihrem § 48 konnte keinem im öffentlichen Dienst Angestellten der Urlaub zur Ständeversammlung verweigert werden, wenn er für eine angemessene Versehung seines Dienstes sorgte. Das Hindernis lag vielmehr darin, daß von Wahlrecht und Wählbarkeit alle unter väterlicher Gewalt Stehende ausgeschlossen waren. Da nun im gemeinen Recht streitig war, ob die väterliche Gewalt über einen vom elterlichen Hause getrennt lebenden Sohn, der die Mittel seines Unterhalts von dem Vater fortbezog, durch sogenannte separata oeconomia erloschen sei oder nicht, hielt Planck es für das Geratenste, seinen Vater zu bitten, von der emancipatio Iustinianea Gebrauch zu machen. Der Vater ging darauf ein und erklärte zum Protokoll des Göttinger Stadtgerichts, daß er seinen Sohn aus der väterlichen Gewalt entlasse. So stand der Wählbarkeit Plancks nichts im Wege, und am 27. Januar 1852 gaben ihm von 48 Wahlmännern 35 ihre Stimme, während die übrigen sich auf den Senator C. Gosling und den Dr. Graff verteilten. Die Wahlbeteiligung war sehr stark, und die Gegner berechneten, daß nach der Zahl der bei den Urwahlen abgegebenen Stimmen ihnen hätte die Mehrheit zufallen müssen. Aber ihre Organisation war offenbar mangelhaft; die Anhänger Stüves und die ultramontanen Wähler hatten sich nicht verständigt, und so siegte die demokratische Partei zum erstenmal über die bisher herrschende Magistratspartei. Das Volksblatt fragte, ob der hoffnungsvolle Gönner des Arbeiterbildungsvereins bei seinem kurzen Aufenthalt in der Stadt wohl die für ihren Vertreter erforderlichen Kenntnisse erworben haben könne und ob ihren Handwerkern und Kaufleuten mit einem Abgeordneten gedient sei, der die äußerste Linke um eine Stimme verstärken werde [1]). Das war ein kleines Häuflein extremer Mitglieder der Zweiten Kammer, bestehend aus dem Syndikus Büeren von Emden und den Advokaten Gerding von Celle, Detering von Osnabrück und Weinhagen Hildesheimer Angedenkens. Die Sieger feierten den Abend des Wahltages durch ein Festmahl im Schützenhofe, bei dem Planck sprach. Es war zugleich sein Abschied von Osnabrück, denn an demselben Tage erhielt er ein Reskript, das zunächst nichts weiter als seine Versetzung nach Aurich enthielt. In einem nachfolgenden Schreiben drückte ihm der neue Justizminister Windthorst das äußerste Mißfallen wegen seiner Teilnahme an dem Feste des Arbeiterbildungsvereins und seines Eintritts in den Verein aus und erteilte ihm kraft seines Oberaufsichtsrechts einen ernstlichen Verweis, um so mehr, als er sich den ihm bei der Versetzung nach Osnabrück erteilten nicht habe zur Warnung dienen lassen. Als allgemeine Motivierung dienten dem Reskript die staatsgefährlichen Tendenzen der Arbeitervereine, deren Wirkung sich durch die Teilnahme von Staatsdienern unendlich verschlimmere, denn das verleite die öffentliche Meinung, derartige Vereine nicht mehr für verderblich zu halten. Planck sah in der neuen Maßregelung sein altes Urteil bestätigt, daß das Ministerium nicht die politische Tätigkeit eines Beamten an sich, als vielmehr die ihm feindliche Richtung solcher Tätigkeit verfolge. „Wäre ich Mitglied eines Vereins zur Wiederherstellung der Ritterschaften oder des sonstigen vormärzlichen Zustandes gewesen und hätte in diesem, selbst öffentlich, noch so viele

[1]) Osnabrücker Volksblatt 1852 Nr. 9.

Reden gegen die jetzige Verfassung gehalten, so würde ich sicherlich keinen Verweis, eher eine Remuneration erhalten haben. Die Geschichte der letzten Zeit zeigt dies deutlich genug. Gegen die Art und Weise, wie Lenthe und Konsorten in den landschaftlichen Versammlungen und in der Presse (und das ist doch jedenfalls ebenso schlimm, als wenn es in einem Vereine gesagt wäre) ihre Bestrebungen verfolgen und das königliche Wort auf die Verfassung dahin deuten, daß damit nicht die Haltung der bestehenden Verfassungsgesetze, sondern der dadurch aufgehobenen frühern Verfassungszustände gelobt wäre, dagegen sind unsere Bestrebungen so bescheidener und gemäßigter Art, daß sie kaum an einem Tage genannt werden können" (29. Februar 1852).

Sechstes Kapitel.

Parlamentarische Anfänge.

Die Versetzung Plancks nach Aurich war die zweite Strafversetzung. Durch eine ähnliche Veranlassung wie die erste hervorgerufen, war sie schlimmer als jene. Man weiß aus dem Leben Bennigsens, wie damals Aurich und Ostfriesland überhaupt unter den hannoverschen Beamten angesehen wurden[1]). Das hannoversche Sibirien; Aurich — schaurig — traurig lauteten die im Schwange gehenden Bezeichnungen. Am 15. Februar 1852 traf Planck in Aurich ein, das für drei Jahre sein Wohnsitz werden sollte. Die ersten vierzehn Tage verlebte er noch in Gemeinschaft mit Bennigsen, der an seine Stelle nach Osnabrück versetzt war; sie verbrachten, wie um die Zeit auszukaufen, jeden Abend bis tief in die Nacht miteinander. Die Auricher Justizkanzlei wies unter ihren Mitgliedern manchen Namen auf, der für die Geschichte des Landes oder Plancks Leben noch von Bedeutung werden sollte. An ihrer Spitze stand Stelzer, der einst gleichzeitig mit Plancks Vater die Ecole de droit in Paris besucht hatte (oben S. 34); Vizedirektor war Wiarda, ein Nachkomme des alten um die Geschichte und das Recht Ostfrieslands verdienten Geschlechts; zu den Räten gehörten Ludowieg, Grisebach und Ubbelohde, der sich 1849 in einer Schrift für die Rechtsgültigkeit der Grundrechte erklärt hatte. Unter den Assessoren waren Schulze, Plancks alter Freund von Osnabrück her, und Köhler, der spätere Landtagsabgeordnete für Göttingen, der in den letzten Jahrzehnten zu Plancks nächstem Umgang zählte. Die Auricher Juristenwelt empfing Planck sehr freundlich und beurteilte die seiner Versetzung zugrunde liegenden Umstände überwiegend in seinem Sinn. Am 16. Februar in sein Amt eingeführt, bekam er sofort viel zu tun. Nach einer Schätzung von Mitte März hatte er während dieser vier Wochen mehr zu arbeiten gehabt als in Osnabrück in einem Vierteljahre. Die Geschäfte waren derart unter die Mitglieder der Kanzlei

---

[1]) Oncken I 182.

verteilt, daß jeder als sog. Dezernent alle aus einem Amt einlaufenden Sachen, mit Ausnahme der ein förmliches Erkenntnis erfordernden Zivilsachen, zu erledigen hatte. Alle Rekurse und Beschwerden in Zivilsachen sowie alle Erkenntnisse in Kriminalsachen fielen also ohne weitere Distribution dem Dezernenten zur Last. Planck erhielt das sehr bedeutende Amt Leer zuerteilt und außerdem die Hälfte aller aus der ganzen Provinz einkommenden Polizeisachen. Dazu gesellten sich alsbald die Schwurgerichtssachen. Da die beiden Staatsanwälte verhindert waren, mußte er einspringen und in einem Falle von Erpressung mit ausgezeichnetem Betrug zweiter Klasse die Anklageschrift gegen zwei Haupturheber und zwei Gehilfen anfertigen, und zwar so rasch, daß die Sache noch in der laufenden Quartalsitzung verhandelt werden konnte. Die Akten kamen am Sonntag mit dem Verweisungsurteil von Celle zurück und bis Montag abend mußte aus dem mehr als 500 Seiten umfassenden Material die Anklageschrift gemacht werden, was ihm, da er die Akten zufällig bereits kannte, denn auch gelang. Nachdem er drei Tage als Richter im Schwurgericht gesessen und die laufenden Kanzleiarbeiten fortgesetzt hatte, mußte er Freitag und Sonnabend, von früh 9 bis abends 10 Uhr mit nur zweistündiger Mittagspause, als Staatsanwalt in jener Sache fungieren. Ein Zwischenfall machte noch ein besonderes Einschreiten des Staatsanwalts notwendig. Die gegen einen angesehenen Leerer Kaufmann verübte Erpressung, die in der Provinz großes Aufsehen erregt hatte, mußte ihrer inneren Umstände wegen in geheimer Sitzung verhandelt werden. Da sich der Zeuge trotz seines Eides zu unwahren Angaben verleiten ließ, sah sich der Staatsanwalt genötigt, auf seine Verhaftung und Einleitung einer Untersuchung wegen Meineides anzutragen. Das Gericht setzte die Entscheidung bis zum Schluß der Verhandlung aus. Ehe er eintrat, widerrief der Kaufmann seine Angaben, die er aus Scham und Furcht vor seiner Frau gemacht hatte, und gestand den Meineid. Da wegen des Widerrufs keine Zuchthausstrafe mehr verwirkt war, trug Planck darauf an, mit Unterbrechung der Hauptverhandlung ein Straferkenntnis abzugeben, wodurch der Angeklagte sofort zu einjähriger Arbeitshausstrafe verurteilt wurde. Diese rasche Justiz verfehlte nicht ihres Eindrucks auf die öffentliche Meinung und vermehrte das Vertrauen auf die neuen Gerichtseinrichtungen. Planck war von vornherein von der Falschheit des Eides überzeugt; „von dem ersten Augenblick an, wo ich ihm Vorhalte über die Unwahrheit seiner Aussagen machen ließ, konnte er seinen Blick wie gebannt nicht von mir abwenden und doch meinen Blick nicht aushalten". Die beiden Hauptangeklagten wurden verurteilt, die beiden Gehilfen, wie er es ziemlich vorhergesehen und eigentlich gewünscht hatte, freigesprochen. Als Richter hatte er in derselben Schwurgerichtsperiode einen des besten Rufes genießenden jungen Menschen, der unter Beihilfe eines Arbeiters das Dienstmädchen seines Prinzipals, weil es von ihm schwanger zu sein behauptete, in raffiniertester Weise ermordet hatte, zum Tode verurteilen müssen.

Durch angestrengte Arbeit in seine neue Tätigkeit eingeführt, fand er den Auricher Aufenthalt nicht so schlimm, wie er gemacht wurde. Zwar die Gegend war öde, und die Gesellschaft bei aller Größe kleinstädtisch; aber er schickte sich in das Unabänderliche, und bei späterm Rückblick war er Aurich sogar dankbar, weil es ihn zu eingehender Beschäftigung mit dem Preußischen Landrecht genötigt hatte.

Die Einberufung der Ständeversammlung auf den 15. Mai nötigte Planck, für seine Vertretung im Gericht zu sorgen. Wenn der Justizminister auch den von ihm vorgeschlagenen Auricher Verwaltungsbürgermeister Conring nicht genehmigte, so war er doch bereit, von sich aus einen Vertreter zu bestellen und erteilte Planck den erforderlichen Urlaub. Der Landtag, in den Planck durch eine Nachwahl eintrat, stand, am 8. November 1849 eröffnet, im Beginn seiner vierten ordentlichen Diät. Die vorangegangene dritte war eine außerordentliche gewesen, die der am 18. November 1851 eingetretene Regierungswechsel notwendig gemacht hatte. Entsprechend der Verfassung hatte der neue König, Georg V., die Stände binnen 14 Tagen nach seinem Regierungsantritt um sich versammelt. Beim Tode Ernst Augusts befand sich das Land in einem Schwebezustand. Nach Neuordnung der Landesverfassung hatte man sofort begonnen, Justiz und Verwaltung zu reorganisieren. Das Werk hatte die Kräfte zweier Ministerien und der beiden Kammern während dreier Diäten in Anspruch genommen, ohne zum Abschluß gelangt zu sein. Die wichtigsten Gesetze waren zwar zwischen Regierung und Ständen verabschiedet, aber die im November 1850 publizierten Justizgesetze und die Städteordnung entbehrten noch des Anfangstermines ihrer Geltung; für die Landgemeindeordnung und das Gesetz über die Amtsvertretungen hatten sich die Minister vergebens bemüht, die Sanktion Ernst Augusts zu erlangen. Er hatte die Gesetzentwürfe an sich genommen und hielt sie fest unter Verschluß. Nur das zur zeitgemäßen Umgestaltung der Provinziallandschaften bestimmte Gesetz hatte er am 1. August 1851 sanktioniert, aber die Publikation bis in den Anfang September verschoben. Die der Verkündigung harrenden Gesetze waren schon nicht mehr die unter Stüve ausgearbeiteten, sondern in pejus reformiert, nachdem sie zuvor außerparlamentarischen

Kommissionen zur Begutachtung vorgelegt waren, ein Vorgang, den man mit Planck ein konstitutionelles Monstrum nennen durfte (29. September 1850). Der Schwebezustand war noch dadurch verschlimmert, daß auch in den leitenden Personen ein Wechsel eingetreten war. König Georg hatte das Ministerium, das er bei seinem Regierungsantritt vorfand, gleich allen seinen Dienern geistlichen und weltlichen Standes in ihren Ämtern bestätigt, aber die Sterbehausruhe währte kaum vier Tage. Die Leiche Ernst Augusts war noch nicht der Erde übergeben, als König Georg das Ministerium entließ. Da die Minister, an ihrer Spitze der energische Alexander v. Münchhausen, die Sanktion der schwebenden Gesetze beantragt hatten, weil sie ohne solche nicht vor die Kammern treten konnten [1]), beauftragte der König seinen alten Lehrer, Freiherrn von Schele, der bisher als Hannovers Bevollmächtigter bei dem wiedererstandenen Bundestage fungiert hatte, mit der Bildung eines neuen Ministeriums. Als seine Zusammensetzung bekannt wurde, waren Namen darunter, die böse Absichten befürchten ließen [2]). Es galt das vornehmlich von dem Finanzminister v. d. Decken und dem Minister des Innern v. Borries, beide aus der bremischen Ritterschaft und Führer der Adelspartei, die den Feldzug gegen den kaum geschaffenen Rechtsboden eröffnet und die Regierung bei dem Bundestage verklagt hatte, weil das Landesverfassungsgesetz vom 5. September 1848 bundeswidrige Bestimmungen enthalte, ja selbst bundeswidrig entstanden sei. Einen Gegensatz zu ihnen erblickte die öffentliche Meinung in den beiden bürgerlichen, für Justiz und Kultus ausersehenen Ministern, dem Oberappellationsrat Windthorst und dem Oberstaatsanwalt Bacmeister. Den historischsten Namen unter den neuen Ministern trug der Präsident. Als das Publikum ihn aus den Zeitungen erfuhr, stieg die Erinnerung an 1837 auf. Freiherr von Schele war besser als der Ruf seines Namens. Die Eingeweihten wußten, daß er schon als Kabinettsrat vor 1848 gezeigt hatte, daß er etwas anders sei als der Sohn seines Vaters. Er erwies sich jetzt auch stark genug, dem Ministerium zu einer größern Einheitlichkeit zu verhelfen. Im April 1852 schieden die ritterschaftlichen Führer v. Borries und v. d. Decken aus; v. Hammerstein, einst Generalsekretär in Stüves Ministerium und Mitglied des Ministeriums Münchhausen-Lindemann, trat als Minister des Innern ein, Bacmeister vertauschte sein bisheriges Ressort mit dem der Finanzen und Oberappellationsrat v. Reiche übernahm den Kultus. Kam nun noch hinzu, daß im Mai die

[1]) Bodemeyer, Hannoversche Verfassungskämpfe (1861) S. 323.

[2]) Stüve an Münden S. 12.

Landgemeindeordnung und das Staatsdienergesetz die königliche Sanktion erhielten und für sie wie für die Städteordnung und die gesamten Justizgesetze der 1. Oktober 1852 als Einführungstermin festgesetzt wurde, erklärte bald nachher der Bundestag, anstatt seinen Interventionsversuch vom Oktober 1851 fortzusetzen, die hannoversche Angelegenheit vorläufig auf sich beruhen zu lassen, so durfte die Zeit, in der Planck seine parlamentarische Laufbahn begann, nach den trüben Wochen und Monaten, die den Thronwechsel begleiteten, als eine hoffnungsvollere gelten.

Nachdem der Generalsyndikus Dammers in der Zweiten Kammer über die Vollmacht Plancks berichtet und dabei zur Heiterkeit der Versammlung, die gewiß größtenteils zum ersten Male von einer emancipatio Justinianea hörte, der bei den Akten befindlichen Erklärung seines Vaters (oben S. 113) gedacht hatte, wurde er am 17. Mai eingeführt und beeidigt. Er nahm seinen Platz auf der Linken neben seinem Freunde Bauermeister, wohl das jüngste Mitglied der Versammlung, noch nicht 28 Jahr alt. Die Zeit der großen parlamentarischen Kämpfe war vorbei. Die Kammern, auf die Defensive angewiesen, hatten die Organisationen in Justiz und Verwaltung, an denen Junkertum und Bureaukratie immer wieder rüttelten, und die Landesverfassung, gegen die die Ritter anstürmten und den Bundestag als Sturmbock benutzten, zu verteidigen. Die deutsche Sache ließ man im Hintergrunde schlummern. Es war nicht mehr als ein Akt der Courtoisie, wenn man allemal bei Beratung des Budgetpostens: Ausgaben für die Zwecke des Deutschen Bundes an die deutsche Flotte, die Vertretung des deutschen Volkes beim Bunde und das Bundesgericht erinnerte. Der Finanzausschuß stellte Jahr für Jahr ohne viel Worte darüber zu verlieren den entsprechenden Antrag und überließ es den Rednern der Linken, untereinander darüber zu streiten, ob das ein Ceterum censeo oder eine leere Phrase sei.

Einen realern Schritt zur Verwirklichung der deutschen Einheit hatten die Kammern in den Monaten vor Plancks Eintritt getan. Der Vertrag vom 7. September 1851, der die Länder des Steuervereins Hannover und Oldenburg dem Zollverein anschloß, war die letzte Tat Ernst Augusts gewesen. „Das erste, worüber ich mich seit 1849 wieder gefreut habe,“ schrieb Planck seinen Eltern nach dem Bekanntwerden des Vertrags (14. Sept. 1851). Nicht ohne Schwierigkeit hatte das Ministerium König Georgs den ererbten Vertrag gegen eine aus allen Parteien gemischte Opposition im Januar 1852 durch die Kammern gebracht. Bedrohlicher war der Widerstand, den König Georg, von österreichscher und großdeutscher Diplomatie umworben, der Ausführung des Vertrags entgegensetzte. Obgleich schon im August 1852 überzeugt, daß er sich „gegen die Gier Preußens, Hannover früher oder später sich einzuverleiben“, nur durch die gewissenhafteste Erfüllung der Verträge schützen könne, schwankte er doch so lange, daß erst im Februar 1853 die für den Zollanschluß erforderlichen Ausführungsverordnungen erlassen werden konnten [1]).

Eine Vertagungspause des Landtags bald nach seinem Eintritt benutzte Planck zu einem Besuch seiner Eltern, bei dem die alte Frage über sein Verbleiben im Staatsdienst wieder erörtert, aber anders als vordem beantwortet sein muß. Denn nach Hannover zurückgekehrt, bekannte er, zu dem den Eltern wie ihm selbst auffallenden Resultate, vorläufig im Staatsdienste zu bleiben, gelangt zu sein. Den Ausschlag gab die Erwägung, daß er unter den bestehenden Verhältnissen als Richter mehr und besser, namentlich auch in politischer Beziehung, wirken könne denn als Advokat. Bei der fortschreitenden Reaktion liegen politische Verfolgungen oder offener Rechtsbruch im Bereiche der Möglichkeit. Da ist es von der größten Wichtigkeit, daß entschiedene und furchtlose Männer in den Gerichten sind; um so mehr als die neue Organisation und die große durch die ganz neue Besetzung in die Hand der Regierung gelegte Gewalt manche abhängige und nachgiebige Charaktere in die Gerichte bringen kann. Zudem weiß er von sich selbst, daß er, was er in politischer Beziehung genützt, zum großen Teil seiner Stellung als Richter verdankt. Gerade das richterliche Amt gewährt einen gewissen Einfluß, der die Wirksamkeit jeder politischen Tätigkeit erheblich erhöht. Solange ihn die äußeren Verhältnisse nicht zwingen, will er also aus seinem Wirkungskreise nicht ausscheiden. Wenn die Regierung ihn auch vielfach verfolgen und benachteiligen mag, so kann sie ihm doch ohne offenen Rechtsbruch nie wirklich Bedeutendes anhaben. Nur wenn sie ihn bei der bevorstehenden Organisation ganz überginge oder nur als Hilfsrichter ohne Gehalt und Votum anstellte, sehe er sich gezwungen, Advokat zu werden. Am 15. August hatte er die Nachricht in Händen, die ihn dieser Sorge überhob. Er war zum Obergerichtsassessor in Aurich mit 400 Talern Gehalt ernannt, und wenn das Verbleiben in Aurich auch gerade nicht angenehm war, so hatte er doch nichts Besseres erwartet, und eine Versetzung nach Meppen wäre noch schlimmer gewesen. Die Beförderung nötigte ihn, sich einer Neuwahl zu unterziehen, bei der eine noch größere Mehrheit der Wahlmänner für ihn stimmte als im Jahr zuvor (oben S. 114), nämlich 40 gegen 8, die auf den Justizbürgermeister a. D. Wilhelm Stüve,

[1]) v. Hassell II a S. 211, 219.

einen Vetter des Ministers, fielen. Das Volksblatt klagte über die schwache Beteiligung, denn von 1967 Wahlberechtigten waren noch nicht ganz die Hälfte, nämlich 972, erschienen, und glaubte noch besonders das Fernbleiben der Staatsdiener rügen zu müssen, während sich doch gewiß viele von ihnen durch die parlamentarische Courtoisie bestimmen ließen, eine Wahlwiederholung, wie sie die Beförderung im Staatsdienste notwendig machte, nicht zum Gegenstande erneuter Parteikämpfe zu machen.

Die Verhandlungen der vierten und fünften Diät des Landtages, an denen Planck teil hatte, galten außer dem Budget Regierungsvorlagen, die Bestandteile oder Nachzügler der Organisationsgesetze waren oder es mit der Grundfrage der Zeit, dem Verhalten gegenüber den Angriffen der Provinziallandschaften, zu tun hatten. An den Debatten über die Amtsvertretungen, die Notariatsordnung, das Mahnverfahren, über die Meldepflicht gegenüber den Kirchenbüchern beteiligte sich Planck, um juristische Fehler oder Mängel der Vorlagen zu bessern. Zum Mitgliede des Finanzausschusses und des Petitionsausschusses erwählt, wurde er vielfach zum Erstatten von Berichten herangezogen. Von allgemeinerem Interesse war der den Abgeordneten für die Stadt Hildesheim betreffende. Die Untersuchung gegen Weinhagen wegen des Hildesheimer Aufruhrs vom April 1848, der Justizkanzlei zu Hannover durch Commissorium speciale übertragen, hatte ihren Abschluß in einer Verurteilung des Angeklagten zu einem Jahr Staatsgefängnis wegen einer gegen die Bürgermeister von Hildesheim verübten Nötigung gefunden. Durch die Verbüßung der Strafe an der Ausübung seines Abgeordnetenmandats verhindert, ersuchte Weinhagen die Stände in einer Petition, die „ungesetzliche Behinderung“ seines persönlichen Erscheinens beseitigen zu helfen. Planck beantragte, da in der Verhaftung nichts Gesetzwidriges liege und nur die Gerichte, nicht die Stände kompetent seien, darüber zu erkennen, Übergang zur Tagesordnung. Auf den persönlich dabei ausgesprochenen Wunsch, die Regierung möchte von ihrem Rechte der Befristung für die Dauer der Diät Gebrauch gemacht haben, um nicht eine Korporation von der Bedeutung Hildesheims unvertreten zu lassen, entgegnete der Minister Windthorst, daß hier nicht Befristung, sondern Unterbrechung einer bereits begonnenen Strafvollstreckung vorliegen würde. Solche Vergünstigung zu gewähren, seien immer größere Schwierigkeiten gemacht worden, und hier sei kein Grund vorhanden, etwas Außerordentliches eintreten zu lassen.

Um dem Angriff der Ritterschaften auf das Verfassungsgesetz vom 5. September 1848 die Spitze abzubrechen, hatte die Regierung es für das Zweckmäßigste erachtet, aus dem Gesetze die Bestimmungen zu entfernen, welche am ehesten zum Vorwurf der Bundeswidrigkeit dienen konnten. Die Regierungsvorlage vom 14. Mai 1852, die zehn solcher Punkte zusammenstellte, unter denen der wichtigste die Komposition der Ersten Kammer betraf, wurde von den Ständen einer Kommission zur Vorberatung überwiesen. Wenn sie auch infolge einer Vertagung nicht zum Abschluß ihrer Arbeit kam, so gelangte doch der Kardinalpunkt gelegentlich der Budgetposition: Kosten der Provinziallandschaften, zur Verhandlung in der Zweiten Kammer. Stüves alter, jetzt wiederholter Rat, das Gesetz über die Reform der Provinziallandschaften wieder aufzuheben, wurde von der Linken lebhaft bekämpft. Gewiß war es ein unpopulärer Schritt, ein unter allen Faktoren vereinbartes und vom König in der Gesetzsammlung verkündetes Gesetz zurückzunehmen. Man sah darin ein Bekenntnis der Schwäche, einen Rückzug vor einem gegen das Recht des Landes manövrierenden Feinde. Taktisch war der Standpunkt Stüves gleichwohl beachtenswert. Das Gesetz hatte den ersten Anlaß zu den Beschwerden der Ritterschaften am Bunde gegeben. Entfernte man diesen Stein des Anstoßes, und zwar aus eigener Entschließung, so konnte man hoffen, die übrigen Besitztümer des Landes um so erfolgreicher zu verteidigen. Die Opposition zog dem politischen Standpunkt den juristischen vor und fragte: Ist der Bundestag kompetent, in unsere Verfassungsangelegenheit einzugreifen? Planck wollte nicht in diese Bedenken eingehen, da der Bundestag nach der Bundesakte selbst über seine Kompetenz zu entscheiden habe, sondern bezweifelte dessen rechtliche Existenz überhaupt. Die Versammlung zu Frankfurt ist nur eine Versammlung von Bevollmächtigten der Regierungen, die ihnen nicht mehr Rechte beilegen können, als sie selbst besitzen. Da nun die Machtgeber kein Recht haben, einseitig bestehende Gesetze zu suspendieren, so können es auch die Bevollmächtigten in ihrer Gesamtheit nicht haben. Nach Plancks Wunsch hätten die Stände gegen die Regierung das verfassungsmäßige Beschwerderecht (oben S. 97) gebrauchen sollen, denn auch die Nichtausführung einer gesetzlichen Vorschrift sei eine Gesetzesverletzung. Er kennt die beliebte Empfehlung, den Verhältnissen Rechnung zu tragen, das Recht nicht auf die äußerste Spitze zu treiben. Mag man sich dieser Klugheitsmaßregel auch insoweit anbequemen und von bestehenden Rechten keinen Gebrauch machen, so dürfe man doch das Unrecht nicht unterstützen. Dem Minister Windthorst waren in dieser Debatte besonders die Zweifel an der rechtlichen Existenz des Bundestags zuwider, da sie für die Interessen des Landes wie der Stände nur schädlich wirken konnten. Nachdem die Stände inmitten ihrer Arbeit am 15. Juni vertagt waren, kehrte Planck nach Aurich zurück. Die Ferienstille gewährte Muße zum Rückblick. Die bewegten Wochen in Hannover, so wenig ihrer waren, hatten ihn genugsam in das parlamentarische Leben und Treiben eingeweiht, um seinen Eltern über die Eindrücke, die er empfangen hatte, berichten zu können. Bei aller Ausführlichkeit geht er doch nicht ins Detail und enthält sich aller Erwähnung von Namen. Sein Bericht bedarf deshalb der Ergänzung aus anderen Quellen. —

Die Zweite Kammer zählte neben 38 Abgeordneten der Städte 41 der Landgemeinden. Das Wahlrecht entsprach zwar nicht dem, was man heutzutage allgemeines Wahlrecht nennt, war aber liberal genug, indem es von dem aktiven und passiven Wahlrecht nur die ausschloß, die des Wohnrechts in einer Gemeinde entbehrten, in Kost und Lohn standen und nicht zu den direkten Landessteuern beitrugen. Für die Ausübung des Wahlrechts galt überwiegend indirekter Modus; ob der Wähler mündlich oder schriftlich stimmen wollte, war ihm überlassen. Die Wahlkorporationen wählten durchgehends Abgeordnete aus ihrer Mitte. Daher befanden sich viel Kommunalbeamte, Bürgermeister oder Syndici, und ländliche Grundbesitzer in der Versammlung. Neben dem juristischen und bäuerlichen Element waren Kaufleute und Industrielle sehr spärlich vorhanden: die Zweite Kammer von 1854 zählte deren vier. Immer befanden sich unter den gewählten Abgeordneten einige Minister in oder außer Dienst. Hannover hat in der Zeit seit 1848 viel Minister verbraucht. Ihre Sachkenntnis, ihre Erfahrung ging den Kammern nicht verloren, da die Wählerschaften es sich zur Ehre anrechneten, die tüchtigsten unter ihnen mit ihren Mandaten zu betrauen, bis die unter König Georg aufkommende Regierungsweisheit es für zweckmäßig befand, diese Quelle politischer Einsicht zu verstopfen. Die Stimmen der Minister a. D. in der Kammer wogen schwer. Der bedeutendste unter ihnen, Stüve, gehörte fast unausgesetzt der Zweiten Kammer an. Nur eine kurze Zeit, im Jahre 1851 von Pfingsten bis November, hatte er sich zurückgezogen, als die Umarbeitungen, welche seine Reformgesetze durch seine Nachfolger erfuhren, zu weit den Gegnern entgegenkamen, und er durch seine Opposition die schwierige Lage seiner Freunde nicht noch mehr erschweren wollte. Nach dem Thronwechsel, wo schlimmere Gefahren drohten, war er, durch das gerade vakant gewordene Mandat Mündens berufen, wieder eingetreten. Bei allem Ansehen, das er in der Kammer genoß, beherrschte er sie doch nicht. Die Zahl seiner unbedingten Anhänger war nur klein, wenn sie auch verdiente Männer wie die Minister Lehzen, Lindemann, Th. Meyer, den Stadtrichter Francke von Harburg, den Advokaten Buddenberg aus dem Osnabrückschen, umfaßte. Unter den Beamten und Richtern gab es viel schwankende Persönlichkeiten, die sich dem jeweils herrschenden Ministerium anschlossen. Das Verhältnis der Parteien zueinander drückte sich in der Wahl des Präsidiums aus. Präsident war regelmäßig, seitdem er aufgehört hatte, Minister zu sein, wie ehe er Minister wurde, Lindemann, Oberbürgermeister von Lüneburg; Vizepräsident seit dem Winter 1849 Dr. Ellissen von Göttingen. 1854 hatte sich durch Nachwahlen nach dem Ministerwechsel vom vorhergehenden Herbst das Verhältnis zugunsten der Linken so weit verschoben, daß Ellissen zum Präsidenten, Th. Meyer von Lüneburg, Kultusminister von 1850/51, zum Vizepräsidenten gewählt wurden. Nach der Geschäftsordnung, die in Hannover ein zwischen Regierung und Ständen vereinbartes Gesetz war, hatte die Regierung aus drei von der Kammer präsentierten Mitgliedern die Präsidenten zu ernennen. Als Ellissens Wahl die Bestätigung des Königs Georg erhielt, erinnerte man sich, daß sein Vater sich bei seinem letzten Besuch Göttingens im Jahre 1851 die Anwesenheit Ellissens bei der Aufwartung der Universität verbeten hatte. Die Ungnade hatte ihren Grund in einer gelegentlichen Äußerung Ellissens in der ständischen Adreßkommission, die königliche Zivilliste sei wohl einer Verminderung fähig[1]). Die Mehrheit, die Ellissen zum Präsidium verhalf, betrug etwa 40; die Minorität blieb dahinter um 10 Stimmen zurück. Dieselbe Differenz bestand auch vorher, nur daß damals die Rechte das Plus für sich hatte. Doch waren die Parteiverhältnisse nicht so geschlossen, daß sich nicht vielfaches Schwanken ergeben hätte. Im voraus zu berechnen, wie ein Beschluß ausfallen werde, war selten mit Sicherheit möglich. Die Debatten waren demzufolge von sachlicher Bedeutung. Es wurde weniger geredet als gesprochen. Eine Tribüne gab es nicht, die Mitglieder sprachen von ihrem Platze. Die Abgeordneten der Linken, namentlich die der sog. äußersten, beteiligten sich lebhafter an der Debatte, als ihrer Zahl und ihrem Einfluß entsprach. Die ländlichen Mitglieder stimmten, aber sprachen nicht. Wenn man hörte, wie schon das Wort: Reorganisation der Provinziallandschaften der Zunge eines bäuerlichen Deputierten Schwierigkeiten bereitete, so war das leicht erklärlich. Planck fand in der Stimmung der Versammlung ein ziemlich treues Abbild der das deutsche Volk in jenen Jahren beherrschenden. „Nur einzelne sind es, welche, mit umfassenden Kenntnissen

[1]) Gödeke, Adolf Ellissen (Gött. 1872) S. 23.

ausgerüstet, das ganze Gebiet des Staatsmechanismus übersehen und auch in allen Einzelfragen eine klar bewußte Entscheidung geben. Die andern teilen sich in solche, die sich von unbestimmten, halb instinktartigen Gefühlen leiten lassen und einzelnen Persönlichkeiten, denen sie vertrauen, ziemlich unbedingt folgen; und in solche, die, von festen Prinzipien ausgehend, da, wo es nur auf diese ankommt, selbständig handeln, in den Spezialfragen aber ebenfalls sich von andern leiten lassen." „Die Wirksamkeit der Stände, wie sie jetzt sind, beschränkt sich darauf, Schädliches abzuwehren und die Regierung zu kontrollieren, daß sie mit größerer Aufmerksamkeit, als sonst geschehen würde, den Anforderungen des Rechts und des gemeinen Wohles nachkomme. Darüber hinaus können sie höchstens anregend wirken; selbst das ist bei der jetzigen Erschlaffung auf ein Minimum reduziert." „Nicht sowohl das Interesse an dem öffentlichen Leben und dessen Fortbildung hat gelitten, als die Willenskraft, das Vertrauen, irgend etwas ausrichten zu können." „Was noch übrig geblieben, beschränkt sich darauf, die erworbenen Rechte nicht aufgeben zu wollen, passiven Widerstand zu leisten. Das Streben hat nicht aufgehört, aber sich nach einer ganz andern Seite geworfen: auf die Entwicklung der kleinern Kreise, der Gemeinden, und auf die Hebung der materiellen Interessen. Das gibt den einzelnen häufig einen etwas kleinlichen, oft geradezu materiell-egoistischen Charakter." So abkühlend Erfahrungen dieses Schlages auf eine Persönlichkeit von Plancks feinem Gefühl einwirkten, so übersah er nicht, wieviel praktische Lebenskraft dabei doch vorhanden war, und daß die Zeitumstände solche Richtungen mit Notwendigkeit hervorriefen. Eine zweite Beobachtung, die er anstellte, lautete noch ungünstiger. Ein Zug, der den Deutschen immer vorgeworfen wird, fand sich weit über sein Vermuten entwickelt, bei den eigenen Freunden der Linken in der Stärke, daß sie eine enge Parteibildung ausschloß. Einzelne Persönlichkeiten wie Stüve oder die Minister sammelten ein kleines Häuflein um sich, das mit ihnen durch dick und dünn ging. Dagegen existierte eine durch gemeinschaftliche Prinzipien zusammengehaltene Partei wie in andern Ländern, wo die Glieder auch in der Ausführung ihrer Prinzipien, in der Taktik, in der Bestellung der Kommissionen, sich der Ansicht der Parteimehrheit unterordnen, fast gar nicht. „Die einen sind zu eigensinnig, andere zu eitel, noch andere zu faul, um sich überhaupt um die Ansichten Dritter zu bekümmern. Ein großer Teil endlich glaubt allein dann gewissenhaft zu handeln, wenn er auch in den kleinsten Dingen nur dem eigenen Kopfe folgt. Es steckt darin ein gutes Teil ehrenhafter Selbständigkeit, aber auch ebensoviel pedantische Kurzsichtigkeit, und nur durch lange oder sehr schmerzliche Erfahrungen werden die verschiedenen Sinne zusammengeschmolzen werden." Doch wenn er das Gefühl schweigen läßt und die Sache mit kaltem Verstande betrachtet, so finden sich der guten und lebenskräftigen Elemente so viele, daß sie sich zu ihrer Zeit, aber allerdings erst nach langer Schule, durchbeißen werden (3. August 1852).

Der Aufenthalt in Aurich bot nicht bloß Muße zu retrospektiven Betrachtungen, er lenkte auch den Blick auf die Zukunft und die neuen Ordnungen, die sie für die Tätigkeit der Richter brachte. Gewissenhaft arbeitete sich Planck zeitig in das Material ein, in die Gesetze selbst und was die ständischen Aktenstücke und Verhandlungen zu ihrer Erläuterung darboten. Andere Hilfsmittel gab es zurzeit nicht; Leonhardts Justizgesetzgebung des Königreichs Hannover war erst im Erscheinen begriffen. Am Auricher Gericht hatte man fleißig alle Reste aufgearbeitet, so daß man am 2. Oktober 1852 mit ganz reinem Tisch anfangen konnte. Die Eröffnung des Obergerichts Aurich hatte am 1. Oktober ohne viel Feierlichkeit stattgefunden. Der Landdrost, Freiherr von Marschalck, erklärte ohne alle Rede das Obergericht für installiert, beeidigte „seltsamerweise" die Mitglieder aufs neue, und der Präsident, der bisherige Direktor der Justizkanzlei, Stelzer, sprach ein paar Worte. Ein Festmahl im Wirtshause, auf Subskription veranstaltet, gab dem Tage die übliche Weihe. Es fiel auf, daß die Advokaten sich fernhielten. Denen war aber die neue Ordnung der Dinge „ein Greuel": die Öffentlichkeit und Mündlichkeit war ihnen unbequem; bei der kleinen geschlossenen Zahl hatte bisher jeder, auch der Unfähigste, sein gutes Auskommen gefunden. Einer der bisherigen hatte abgedankt, einer war neu zugezogen, so daß nur fünf Advokaten am Orte waren, eine Zahl, die kaum für die Geschäfte der Verteidigung ausreichte. Am Gericht wußte man sich besser in die neue Zeit zu schicken. Man kam allwöchentlich zu einem juristischen Verein zusammen, um sich über das neue Verfahren durch Austausch der Meinungen zu unterrichten. Planck war erstaunt, wie wenig die meisten davon wußten. Er selbst führte mit seinem Vater eine lebhafte Korrespondenz, in der sie sich gegenseitig Fragen des neuen Rechts vorlegten oder über Schwierigkeiten berichteten, zu welchen dessen Anwendung geführt hatte. Über die Last der Geschäfte war nicht zu klagen. Der Große Senat, dem Planck angehörte, kam wöchentlich mit drei, eine Zeitlang mit zwei Sitzungen aus. Zwischen den neuen Sachen kam Planck gelegentlich auch eine alte in die Hände. Wie er in Osnabrück einst in einer noch vom Reichskammergericht herrührenden Prozeßsache von 1540 zu arbeiten hatte, so jetzt in Aurich in einer auf die friderizianische Zeit zurückgehenden von 1763[1]). Aber auch in laufenden Sachen wurde wohl einmal ein Heranziehen alter Quellen notwendig und rief dem Bearbeiter die großen Wandlungen der Geschichte vor die Seele. Die Verwaltung hatte einer Gemeinde den Neubau einer Landstraße auferlegt. Begründete das auch nach dem Preußischen Landrecht keine Verpflichtung, so fragte es sich doch, ob ein Wegereglement Friedrichs des Großen noch zu Recht bestehe oder durch die französische Gesetzgebung aufgehoben sei. Das nötigte Planck, das Bulletin des lois von 1789 an durchzusehen und zu prüfen, ob Dekrete Napoleons I., von Osterode und von Moskau datiert, von einem hannoverschen Gericht im Jahre 1853 zu berücksichtigen seien (20. Oktober 1853).

Als die Gegenstände seiner juristischen Studien bezeichnet er einmal in dieser Zeit: Prozeßordnung und Preußisches Landrecht. Eine vollständige Übersicht zu gewinnen, nahm er zusammen mit Obergerichtsrat Toel und dem Anwalt Benthe ein Repetitor im Landrecht, schaffte sich Temmes Kommentar an, konnte aber der Quelle nicht mehr Geschmack abgewinnen als früher; „ich bin durch die gute Kost des gemeinen Rechts zu verwöhnt". Das entsprach ganz der althannoverschen Stimmung! Einem jungen Ostfriesen, der sein erstes Examen glänzend bestanden hatte, Laporte, nachmals Senator in Linden bei Hannover, sagte der Vorsitzende der Prüfungskommission, Leonhardt: Nach Ostfriesland lasse ich Sie nicht; Sie sollen mir nicht durch das Preußische Landrecht verdorben werden. So wenig wie das Recht sagten Planck Land und Leute in Ostfriesland zu. Aber wie er stets die gute Seite des ihm Beschiedenen herauszukehren wußte, fand er sich auch in das Leben in Aurich, machte die geselligen Vergnügungen, Tees, Bälle u. dgl. mit, wenn auch mit Maßen, und unterhielt freundschaftlichen Verkehr mit den jungen Leuten, deren sich bei dem Gericht allmählich etwa fünfzehn angesammelt hatten. Der Februar 1853 brachte ihm das Glück, ein Nationalvergnügen mitmachen zu können, das er anschaulich beschreibt: „Die halbe Stadt war in Bewegung . . . es gab Eis, der Kanal war zugefroren. Die dreijährige Entbehrung des geliebten Schlittschuhlaufens hatte alle so erpicht darauf gemacht, daß alt und jung, Männer, Frauen und Mädchen hinstürzten, um die vielleicht bald wieder vorübergehende Gelegenheit zu benutzen. Und es gab in der Tat ein eigentümliches Schauspiel: der Kanal, der bis Emden führt, ganz mit Menschen bedeckt, die kräftigen Gestalten der Männer und Frauen aller Stände (auch die meisten jungen Damen

[1]) Briefe vom 17. Juli 1850 und 17. Oktober 1852.

meiner Bekanntschaft z. B. liefen mit), welche sich so leicht und rasch, als wären sie hier in ihrem eigentlichen Elemente, bewegten, das Leben und Getriebe in den am Kanal belegenen Caféhäusern, dazu die eigentümliche Art des sog. Auffetzens, wonach einer hinter dem andern, alle sich anfassend, so in langen Reihen in gleichmäßigem Takte dahinfliegen — das alles gab ein prächtig lebensvolles Bild. Ich selbst bin nur ein paar Stunden gelaufen, da ich bei der Ungewohntheit bald müde wurde, aber bis spät an den Abend im Mondscheine hat die Lust gedauert. Auch heute waren schon Rendezvous mit Bekannten aus Emden auf halbem Wege und selbst ganz nach Emden verabredet, aber es taut schon wieder, und so wird es leider bei dem einen Male bleiben" (13. Februar 1853).

Der Ernst des Lebens stellte sich bald genug wieder ein. Die Regierung legte dem auf den 25. April 1853 einberufenen Landtage außer dem Budget einen neuen Antrag auf Änderung der Verfassung vor, der von den alten zehn Punkten sieben vorläufig zurückstellte. Planck, in den Finanzausschuß wie in den Verfassungsausschuß gewählt, arbeitete sich zunächst in die Budgetvorlage ein, was damals schwieriger war als nachher, wo das treffliche Werk Lehzens, Hannovers Staatshaushalt, das mit dem Jahr 1853 zu erscheinen anfing und Ende 1855 fertig wurde, den Abgeordneten ihre Aufgabe erleichterte. Der von beiden Kammern niedergesetzte Verfassungsausschuß empfahl mit Majorität die Annahme des Regierungsantrags. Die sieben Mitglieder der Ersten Kammer, obschon deren bisherige Zusammensetzung durch die Neuerung am stärksten bedroht war, zählten zur Mehrheit; von den sieben aus der zweiten Kammer opponierten Ellissen, Groß und Planck, während Lehzen, Windthorst, Th. Meyer und Lang I für die Annahme stimmten. Man vermißt den Namen Stüves. Er war nicht zu bewegen, Osnabrück zu verlassen und sich an den Arbeiten der Diät zu beteiligen, so sehr ihn seine Freunde herbeiwünschten. Die neue Regierungsvorlage hatte zwar im wesentlichen die Abänderungsvorschläge berücksichtigt, die sein unmittelbar nach Schluß der vorjährigen Diät erschienenes Sendschreiben an Münden gemacht hatte. Er hatte sie aber an eine Bedingung geknüpft: die Ritterschaften müssen der Regierung ein bündiges Versprechen geben, daß sie sich an diesen Konzessionen genügen lassen und keine weitern Änderungen der Verfassung begehren werden. Da eine solche Garantie nicht verlangt und nicht erlangt war, zog Stüve vor, den Verhandlungen fernzubleiben. Gegen die Vorlage zu stimmen, hinderte ihn der konstitutionelle Grundsatz: Wer opponiert, muß bereit sein, die Regierung zu übernehmen [1]).

[1]) G. Stüve II 216.

Bei der Verfassungsrevision handelte es sich um die Fortexistenz einer Schöpfung Stüves. Sie ging von dem Gedanken aus: Die alten Stände haben sich überlebt. Das Zweikammersystem, das gewahrt werden muß, verlangt eine Bildung der Ersten Kammer nach einem andern Prinzip als dem, das der Zweiten zugrunde liegt. Ist für sie das unbeschränkte Wahlrecht aus dem Volke und durch das Volk adoptiert, so muß man in der Ersten Kammer die im Leben vorhandenen sozialen Unterschiede, die Berufsstände zu repräsentieren suchen. Abgeordnete des größeren Grundbesitzes sind zu vereinigen mit denen des Handels und der Gewerbe, der Geistlichkeit, der Lehrer der höhern und der Volksschulen, des Richter- und des Advokatenstandes. Rechnete man dazu noch die wenigen Standesherren des Königreiches und vier vom König ernannte Mitglieder, so waren unter der Gesamtzahl von 68 Abgeordneten 33 den größeren Grundbesitzern zugedacht. Die Verteilung der Stimmen auf die verschiedenen Berufe beruhte auf einer feinen Abwägung der bestehenden Verhältnisse, sowenig auch der ganze Plan aus einem lang vorbereiteten System hervorgegangen war. Sein Urheber hatte ihn im Drange der Geschäfte während der Ostertage 1848 ausgearbeitet [1]). Der Plan war originell und erregte unter den radikalen Strömungen der Zeit die Aufmerksamkeit der Theorie. Mittermaier suchte sich durch seinen alten Schüler, den Abgeordneten Detmold, während des Frankfurter Parlaments die Stüveschen Vorlagen zu verschaffen [2]). Die Erfahrungen, die man mit der Ersten Kammer in den Jahren 1849 und folgenden machte, waren durchaus nicht schlecht; sie bewährte sich wiederholt als ein Temperament gegenüber dem Vorwärtsdrängen der Zweiten Kammer. Es war beliebt, sie die Bauernkammer zu nennen. Aber die Bauern dominierten nicht in ihr. Sie schwiegen und überließen das Wort den gebildeten und selbständigen Männern, den Rechtsgelehrten, den Vertretern der Geistlichkeit, der höhern Schulen, welche die neugeschaffenen Wahlverbände in die Kammer entsandt hatten. Hörte man in der Zweiten Kammer oft nur den Widerhall dessen, was in der Presse und in den Vereinen laut geworden, so ließen sich in der Ersten Kammer doch oft genug Stimmen vernehmen, die von eigenem Nachdenken zeugten und sachlich Neues und Zweckmäßiges vorbrachten. Sie war vorurteilslos genug, um, wie erwähnt, für ihre eigene Änderung einzutreten; und noch in den letzten Zeiten ihrer Existenz hat die sog. Bauernkammer der Kunst und Wissenschaft förderliche Beschlüsse gefaßt, wo die Zweite Kammer, lediglich von Rücksichten der Sparsamkeit geleitet, ihre Unterstützung versagte.

[1]) G. Stüve II 14 ff.

[2]) Detmold-Stüve S. 43.

Aber in einer wichtigen Beziehung hatte die Erste Kammer die Erwartung ihres Urhebers getäuscht. Der ritterschaftliche Grundbesitz, der bisher die Erste Kammer beherrscht hatte, war aus der neuen wie verschwunden. Die Versöhnung zwischen adeligem und bäuerlichem Grundbesitz, auf die Stüve gerechnet hatte, war so wenig erreicht, daß die 33 den größern Grundeigentümern zugewiesenen Wahlbezirke bis auf vier nur bäuerliche Abgeordnete in das Ständehaus geschickt hatten. Dadurch war allerdings ein Gegensatz zur Zweiten Kammer mit ihren 41 Abgeordneten der Landgemeinden gutenteils verwischt. Eine ruhigere Zeit und verständige Überlegung hätte die adeligen Gutsbesitzer dazu führen müssen, im Kreise ihrer Berufsgenossen wieder Einfluß und Platz neben ihnen in der Ersten Kammer zu gewinnen. Aber „der Ritter will nicht mit dem Bauer auf einer Bank sitzen". Dies Wort aus einem Flugblatt des westfälischen Volksmannes Ludwig Harkort eignete sich das Osnabrücker Volksblatt treffend an [1]). Das hannoversche Junkertum verlangte seine alte Stellung zurück, d. h. die Erste Kammer muß ausschließlich aus dem ritterschaftlichen Grundbesitz gebildet werden. Das Bundesrecht, dem die hannoversche Verfassung widerstreiten sollte, enthielt über die Zusammensetzung der Ersten Kammern der deutschen Staaten keine andere Vorschrift, als daß die Standesherren des Landes darin vertreten sein müssen. Dieser Forderung war aber in dem Verfassungsgesetz vom 5. September 1848 vollauf genügt. Um dem ritterschaftlichen Grundbesitz den Eintritt in die Erste Kammer zu sichern, schlug die Regierung vor, den Zensus für die Wahlberechtigung der größern Grundeigentümer zu erhöhen. Bisher war sie durch einen Grundsteuerbetrag von durchschnittlich 50 Talern begrenzt und hatte 4215 Wählern ein Stimmrecht gegeben. Die geplante Erhöhung, die in den verschiedenen Landesteilen verschieden angesetzt war, reduzierte die Zahl der Wähler auf 953 und hätte dem ritterschaftlichen Grundbesitz, wenn auch nicht die Alleinherrschaft, doch die entschiedene Mehrheit über den bäuerlichen verschafft.

Das Plenum der Ersten Kammer hat sich mit dem Inhalt der ihre Existenz bedrohenden Vorlage infolge der Vertagung nicht beschäftigen können. In der Verhandlung der Zweiten Kammer überwogen die taktischen Gesichtspunkte nahezu die prinzipiellen. Die Fragen: Wie wehrt man die Ritterschaften ab? wie beseitigt man das Mißtrauen in Frankfurt? beantworteten die einen: durch Nachgiebigkeit, die andern: durch Festhalten am Bestehenden. Lehzen, der namens der Mehrheit des Ausschusses referierte, erinnerte an die Analogie der Verhältnisse vor 1837. Auch damals habe man die kommende Ge-

[1]) 13. März 1852, Nr. 21.

fahr geleugnet. Durch Ableugnen der Gefahr wird sie nicht beseitigt. Zum Handeln gehört nicht bloß Mut, sondern auch Vorsicht. Mit verhältnismäßig geringen Änderungen ist eine größere Sicherheit zu erreichen. Es lag nahe, vor der abschüssigen Bahn grundsatzlosen Nachgebens zu warnen, wie Ellissen tat. Prinzipieller gingen die Minister zu Werke. Windthorst mahnte, man ist 1848 zu weit gegangen und hat ein im Leben mächtiges Element ignorieren zu dürfen geglaubt; man muß einen Schritt zurück tun. Hammerstein steigerte das zu der Forderung: In jedem deutschen Staat muß die ständische Verfassung einen ritterschaftlichen Bestandteil haben; die Provinziallandschaften bilden die Grundlage der allgemeinen Ständeversammlung und sie muß aus ihnen hervorgehen. Die Linke kehrte einen auffallenden Royalismus hervor. Es ist keine Gefahr für die Verfassung vorhanden; ihr Schutz ist das königliche Wort. Es ist zweimal gegeben — unterschied Ellissen — einmal durch die Urkunde vom 8. September 1848, worin der Kronprinz der Verfassung nach deren genauer Kenntnisnahme beitrat, das ander Mal 1851 beim Regierungsantritt. Wir wissen jetzt (oben S. 88), wie wenig jene erste Urkunde den freiwilligen Ausdruck persönlicher Überzeugung enthielt, den Ellissen in ihr fand. Ob die Redner der Linken durch ihre wiederholte Betonung des vollen Vertrauens auf das königliche Wort auf den König selbst Eindruck zu machen hofften? Tatsächlich waren sie über seine Ansichten und Neigungen nicht unterrichtet. Wenn sie geflissentlich zwischen ihm und seiner höfischen, den ritterschaftlichen Einflüssen zugänglichen, Umgebung unterschieden, so verhehlten ihnen die Minister die Erfolglosigkeit solcher Politik nicht. Erfolg für die Verfassung wie für das Fortbestehen des Ministeriums versprachen sie sich allein von dem Eingehen auf die Verfassungsvorlage. Die Debatte nahm zwei Tage in Anspruch; am 21. Juni fand die General-, am folgenden die Spezialdebatte statt. Planck sprach am ersten Tage nach Ellissen und nachdem Windthorst kurz den Standpunkt der Regierung dargelegt hatte, die mit der Vorlage stehe und falle. Nach Plancks Rede und den Äußerungen seiner Parteigenossen ergriff der Minister nochmals das Wort, um kurzweg zwei Klassen unter den Abgeordneten zu unterscheiden: die einen würdigen die gegebenen Verhältnisse, die andern verschließen die Augen vor ihnen. Jene sehen die Notwendigkeit der Regierungsvorlage ein; diese sind unverbesserlich, solange sie nicht die Erfahrung eines Bessern belehrt. Abgeordnete wie Planck stehen auf dem Boden des allgemeinen Wahlrechts, das geradezu zur Republik führen muß. Diese Regierungsweisheit, wie man sie von der Ministerbank und der amtlichen Presse seit 1849 zu hören gewohnt war, war für den nächsten Zweck, die Gegner zu gewinnen, übel angebracht. Wie wenig der Minister damit der gedankenreichen Rede Plancks gerecht wurde, wird deren unten folgender Abdruck zeigen. Der Ausgang der Debatte war unsicher. Der Abgeordnete Oppermann sagte schon am ersten Tage voraus, die Entscheidung werde durch eine sehr geringe Mehrheit erfolgen[1]. Es ist nicht ausgeschlossen, daß Plancks Rede, die eingehendste der ganzen Debatte und die einzige von großen Gedanken getragene, noch einige unsichere Stimmen der Linken zugeführt hat. Die namentliche Abstimmung ergab 42 gegen, 35 für die Annahme der Regierungsvorlage. Wir wissen aus dem Munde eines Mitgliedes der siegreichen Opposition, wie manchen unter ihr der Erfolg erschreckte. Man kam immer wieder auf die Frage zurück: Ist es nicht doch besser, der Verfassungsrevision zuzustimmen, als einem Zustande entgegenzutreiben, der die Einmischung des Bundes und die Wiederherstellung der Adelskammer bringt? Es wurde versucht, nachträglich mit den Ministern zu verhandeln, um von ihnen Garantien zu erhalten und daraufhin, bei der dritten Abstimmung das Votum der zweiten zu korrigieren[2]. Planck gehörte nicht zu denen, die Nachgiebigkeit empfahlen. Der Vorschlag kam, um Erfolg zu haben, jedenfalls zu spät. Die Stellung der Minister war zu unsicher, als daß sie Garantien von irgendwelcher Haltbarkeit hätten bieten können. Infolge der Abwesenheit des Königs in England waren sie obendrein abhängiger und durch unkontrollierbare Einflüsse von seiner Person getrennter als je. Für den Fall der Ablehnung der Regierungsvorlage mit einer weitgehenden Vollmacht des Königs versehen, lösten sie, ohne eine dritte Beratung in der Zweiten und eine Äußerung der Ersten Kammer abzuwarten, am 30. Juni die Zweite Kammer auf und vertagten die Erste.

Die Rede Plancks in der Verfassungsdebatte folgt hier, nicht nach dem Landtagsblatt, das die Reden durch die Wiedergabe in indirekter Rede verdirbt, sondern nach einem damals veranstalteten Sonderabdruck. Sie gibt ein gutes Bild von Plancks Art zu sprechen und ist sachlich wertvoll durch die Hervorhebung der allgemeinen Gesichtspunkte, durch die Rücksicht auf das Geschichtliche und die Vergleichung mit der Entwicklung in Preußen. Die Rede ersetzt zugleich den Inhalt des von ihm mit Groß und Ellissen eingereichten (oben S. 129) Votum dissensus, das spezieller gehalten ist, die Form einer Deduktion beobachtet und dem Stil nach schwerlich von Planck herrührt[3].

[1] Landtagsblatt 1853 S. 166.
[2] Oppermann II 395.
[3] Oppermann II 153 (Beilagen).

Zwei Hauptgründe sind für die Regierungsvorlage angeführt.

Der erste lautet dahin: die großen Grundbesitzer, die bis 1848 die ausschließliche Vertretung in der Ersten Kummer gehabt, seitdem aber gänzlich ausgeschlossen seien, müßten wieder ihre Stelle in derselben haben: denn in ihnen sei das wahrhaft geeignete konservative Element zur Bildung der Ersten Kammer zu finden, und wenn sie ausgeschlossen blieben, würden sie, wie dies die Erfahrung ja schon gezeigt, ihre Macht und ihren Einfluß außer und gegen die Verfassung gebrauchen. Werde die Regierungsproposition angenommen, so werde dadurch der Friede mit ihnen und eine gedeihliche Fortentwicklung angebahnt.

Man wird zuvörderst festhalten müssen, daß es sich hier nicht sowohl um die großen Grundbesitzer als um die Ritter handelt, denn die nicht ritterschaftlichen großen Grundbesitzer stehen durchaus innerhalb der Verfassung und sind mit ihr wohl zufrieden.

Aber es ist richtig, auch die Ritter für sich haben in diesem Augenblicke eine große Macht; wir haben sie gespürt an dem Bundestagsinhibitorium, wir spüren sie an der jetzigen Regierungsvorlage; und wenn es möglich wäre, diese feindliche Macht zu beseitigen, Frieden mit den Rittern zu schließen, so wäre das sicher wünschenswert.

Ist es aber möglich? möglich auf Grund der Regierungsvorlage? Ich glaube es nicht, denn die Ritter stehen auf einem Standpunkte, sie verfolgen ein Ziel, das unserem ganzen jetzigen Staatsorganismus feindlich ist.

Zur Charakteristik ihrer Bestrebungen erlaube ich mir einiges aus dem Ultimatum, welches sie bei den diesjährigen Verständigungsverhandlungen an die Regierung gestellt haben, mitzuteilen.

Als wesentliche Bedingung jeder Verständigung wird, obgleich sie im Anfange der Verhandlungen aufgegeben war, von neuem die hingestellt, daß den Ritterschaften die ausschließliche Vertretung des großen Grundbesitzes in der Ersten Kammer gegeben werde. Die Statuten der Ritterschaften sollen dann allerdings an einzelnen Punkten abgeändert werden. Das Erfordernis des Adels soll wegfallen, und rezeptionsfähig soll jeder Besitzer eines landtagsfähigen Gutes sein, der einer der anerkannten christlichen Konfessionen angehört.

Landtagsfähig sollen die Güter sein, denen der König die Landstandschaft erteilt; Bedingung dieser Erteilung ist, daß das Gut frei von Lasten ist, welche auf ein Obereigentum schließen lassen, daß es mit einem Wohnhause bebaut ist, welches wenigstens zu 1500 Tlr. versichert worden, und daß von ihm ein provinziell verschieden zu bestimmender Zensus gezahlt wird. Dieser Zensus soll noch erheblich höher sein wie der im Gesetze vom 1. August bestimmte. Für Calenberg und Hildesheim wird ein Areal von 300 Morgen besseren, oder 600 Morgen schlechteren Landes gefordert; für Lüneburg 60 Tlr. Grundsteuer für die Geest, 80 für die Marsch, für Bremen 70 und resp. 140 Tlr., für Hoya 40 und resp. 100 Tlr. Als Grund für diesen Zensus, auf den die Regierung wenigstens vollständig nicht hat eingehen wollen, wird angeführt, daß man dadurch „eine Sicherung gegen die Gefahr der völligen Unterdrückung der altritterschaftlichen Elemente durch die neuhinzutretenden, welche größtenteils dem politisch noch nicht mündigen Bauernstande angehören", suche. Die jetzigen Mitglieder der Ritterschaften behalten außerdem ad dies vitae wenigstens für die Provinziallandschaften ihre bisherigen

Rechte ohne Rücksicht auf ihren Grundbesitz. Im übrigen bleiben die ritterschaftlichen Statuten unverändert.

Man sieht, es ist bei diesen Bedingungen dafür gesorgt, daß die Ritter ihr Übergewicht behalten. Damit das aber für alle Zeiten gesichert werde, soll bei Änderungen der Verfassung und — charakteristisch genug — auch bei Bewilligung und Verteilung von Abgaben nach Kurien gestimmt werden; zu einem Landtagsbeschlusse soll dann die Einstimmigkeit aller drei Kurien erforderlich sein und in der ersten Kurie alle Ritter ein Virilstimmrecht haben.

Wohlmeinend sorgen sie auch ferner für die andern Stände und verlangen namentlich für die dritte Kurie, daß hier nur Amtsvertreter, Gemeindevorsteher und solche stimmberechtigte Gemeindeglieder wählbar sein sollen, welche einen Grundbesitz haben, auf dem wenigstens Spannwerk zu halten ist.

Ich will auf die weiteren Forderungen, so interessant sie sind und so sehr namentlich die Forderungen in betreff der ständischen Ausschüsse, der Besoldungen ihrer Beamten und der Pensionen der jetzt Angestellten, zeigen, wie besorgt die Herren auch für ihr materielles Wohl sind, nicht eingehen, da das Bisherige schon genügen wird. Nur den Schlußsatz des Ultimatums, aus dem der ganze Standpunkt der Ritter recht klar hervorgeht, will ich mir noch vorzulesen erlauben:

„Sollte dennoch diese Hoffnung nicht in Erfüllung gehen, so werden wir wenigstens darin eine Beruhigung finden, daß wir uns noch zu mehreren Konzessionen verstanden haben, als nach Lage der Sache von uns erwartet werden konnte. Minder beruhigt sind wir darüber, ob wir mit diesem unsern Nachgeben von dem altständischen Prinzip, welches als festeste Grundlage der Monarchie erscheint, nicht schon abgewichen sind. — Der Entschluß aber steht fest in uns, weder hier noch anderer Orten dem modern konstitutionellen Prinzipe irgend weiter nachzugeben. — Mag die königliche Regierung auf ihrem Standpunkte Anlaß gehabt haben, das Zustimmungsrecht der Provinziallandschaften zu jeder Änderung oder Aufhebung ihrer Verfassungen mit Stillschweigen zu übergehen; wir unsererseits halten uns im Hinblick auf die Bedeutsamkeit des hier in Frage stehenden Rechts verpflichtet, wiederholt ausdrücklich es auszusprechen, daß die Anerkennung dieses Rechts durch die Königliche Regierung nach unserer innigen Überzeugung die wesentlichste Bedingung ist, von deren Realisierung das Zustandekommen der Verständigung mit den Provinziallandschaften abhängig bleiben wird.

Endlich noch dürfte, um Mißdeutungen vorzubeugen, die ergebenste Bemerkung hier stattfinden, daß wir an keins der bisher gemachten Zugeständnisse uns gebunden erachten, sobald gegenwärtig die Verständigung nicht erzielt werden sollte."

Glaubt man wirklich, daß bei solchen Ansichten und Forderungen ein Frieden möglich ist? Glaubt man wirklich, daß die Ritter sich mit demjenigen zufrieden geben werden, was ihnen jetzt geboten wird? In der Tat, ich glaube, sie können es nicht, sie müssen nach ihrem ganzen Standpunkte das jetzt Gebotene nur als Handhabe benutzen, um darauf weiter zu bauen und ihre Forderungen durchzusetzen. Es sind ja nicht einzelne exzentrische Köpfe, die hier aufgetreten sind und die durch ein Entgegenkommen vielleicht ihren Einfluß zu verlieren fürchteten; es sind diese Forderungen Ausflüsse allgemeiner Prinzipien, die jetzt von einer kompakten Partei in ganz Deutschland wieder zur Geltung gebracht werden sollen. Es ist das jene Partei, die den Staat wieder auf das mittelalterliche sogenannte ständische Prinzip gründen will, die keine Vertretung des Volks, sondern nur die Vertretung einiger bevorrechteter Stände will, die deshalb auch kein Recht und keine Freiheit des Volks im ganzen, sondern nur Vorrechte und Freiheiten einzelner Personen oder Klassen kennt.

Zwei Richtungen, die in früheren Zeiten lange feindlich einander gegenüber gestanden, haben sich jetzt verbunden, um die neue Zeit zu bekämpfen. Es sind das die Anhänger der absoluten Monarchie und die Reste jener früher bevorrechteten Stände, in deren Händen einst die Herrschaft des Staates war. Beide haben eingesehen, daß sie einzeln den andrängenden Volkselementen gegenüber, welche ihren Anteil an der Leitung der öffentlichen Angelegenheiten begehren, nicht widerstehen können; sie hoffen gemeinschaftlich die alte Zeit und damit ihre alte Macht, ihre alten Vorrechte wieder zu gewinnen. Als Mittel wollen sie die Wiederherstellung des altständischen Prinzips und Staatsorganismus benutzen.

So widersinnig und unmöglich ein solcher Versuch ist, so unheilvoll ist er auch. Er ist widersinnig, weil die Basis jener früheren ständischen Vertretung fehlt, weil die alten abgeschlossenen Stände, welche allein Bedeutung hatten, so wenig mehr existieren wie die bewußtlose Masse, die sich alles von jenen Ständen gefallen ließ, weil die Unterschiede, die auch jetzt noch im Volke vorhanden, sich nicht in gesetzlich festzustellende, äußerlich erkennbare Klassen bringen lassen und allen Elementen, die im Leben Bedeutung haben, nur dadurch der Einfluß, der ihnen gebührt, auch in politischer Beziehung gesichert werden kann, daß man allen freie Bahn und freies Recht gibt. Dann werden sie den Einfluß, den sie im Leben haben, auch bei den Wahlen ausüben.

Aber mag die Unmöglichkeit der Herstellung des Alten auch noch so klar vorliegen, es ist das jenen verbundenen Parteien der Absolutisten und Ritter gleichgültig, sie beharren dabei, weil sie darin allein die Möglichkeit erblicken, jene goldenen Tage ihrer alten Macht und Vorrechte zurückzurufen.

Und mit dieser Partei, deren Vertreter bei uns gerade die Ritter sind, sollte ein Friede möglich sein? Nicht einmal ein Waffenstillstand, denn wenn wir auch nur teilweise auf ihre Forderungen eingehen, so stellen wir damit das Prinzip, auf dem unser ganzer Staatsorganismus beruht, in Frage. Das heißt nicht Versöhnung, das heißt Niederlage.

Ich wiederhole hier übrigens, daß ich nur von den Rittern als solchen spreche. Mit den Rittern als großen Grundbesitzern ist allerdings ein Frieden möglich. Sie werden die Bedeutung, den Einfluß, der ihnen auch in politischer Beziehung gebührt, wiedererlangen, aber erst dann, wenn sie darauf verzichten, ihn kraft eines Vorrechts auszuüben. Wenn sie gleichberechtigt mit den anderen Grundbesitzern sich auszeichnen durch Tätigkeit für das Gemeinwohl, durch politisches Streben und Intelligenz, wenn sie dann im natürlichen Laufe der Dinge durch das Vertrauen der Grundbesitzer zu deren Vertreter gewählt werden, dann nehmen sie die Stelle ein, die ihnen gebührt, die Rolle der natürlichen Führer der Grundbesitzer. Es wird diese Änderung nicht sofort eintreten, denn durch jahrelangen Mißbrauch ihrer Gewalt haben sie das Vertrauen so gründlich zerstört, daß es in einem Tage nicht wiederzugewinnen ist. Ihre lange Zeit bevorzugten Interessen müssen einige Zeit zurücktreten; so fordert es die geschichtliche Vergeltung. Aber wenn sie sich aufrichtig der Verfassung anschließen und für das allgemeine Beste tätig sind, so wird die natürliche Macht der Verhältnisse bald dahin treiben, daß sie die ihrer ganzen Stellung entsprechende Bedeutung auch in politischer Hinsicht wieder einnehmen. Dann ist die Versöhnung da, nicht eher.

Unsere jetzige Verfassung hat diesen Weg der Versöhnung angebahnt; die Ritter haben ihn bis jetzt nicht gehen wollen, und die Regierung will ihn nun ganz abschließen. Sie will an die Stelle der jetzigen ersten Kammer wieder eine Kammer von Bevorrechteten setzen.

Ich bin kein Verehrer der jetzigen Komposition der Ersten Kammer; ich halte das Prinzip, auf dem sie beruht, für nicht durchführbar und deshalb unrichtig. Die ihr zugrunde liegende Idee ist offenbar die, daß in ihr das Volk in seiner Gliederung nach den wesentlichen Berufsständen vertreten werden, daß sie ein Bild der nationalen Tätigkeit in deren Hauptzweigen geben soll. Es scheint mir diese Idee deshalb unrichtig, weil es derartig fest abgeschlossene Berufsstände, welche sich als Grundlage einer Vertretung eigneten, nicht gibt, weil sich die nationale Tätigkeit nicht so in ihre Elemente zerlegen läßt, daß man aus der Vertretung derselben wirklich ein richtiges Bild des Nationallebens gewönne, ein solches bietet aber immer nur das ganze Volk, und jeder Versuch einer Zerlegung in Stände wird einen großen Teil ausschließen.

Praktisch indessen hat sich die jetzige Erste Kammer bei weitem besser bewährt, als man hätte voraussetzen sollen; es sind in ihr so entschieden alle wichtigeren Interessen des Nationallebens vertreten, ein so großer und einflußreicher Teil des Volks nimmt an ihrer Bildung teil, daß sie in innigem Zusammenhange mit dem Volke geblieben, daß sie sich diesem nicht gegenüber gestellt, nicht den Charakter einer bevorrechteten Korporation angenommen hat, vielmehr in der Tat, wenn auch mangelhaft eine Vertretung des Volks in seinen Hauptzweigen darstellt.

Jetzt soll nun das Prinzip, was diese guten Folgen hervorgebracht, aufgegeben und eine Kammer von Privilegierten geschaffen werden. Ein kleiner Teil des Volks soll von den Übrigen getrennt, mit großen Vorrechten ausgestattet werden; durch diese Isolierung, durch die Feindschaft und den Haß, der ihn infolge derselben trifft, durch das Interesse an der Erhaltung seiner Vorrechte hofft man ihn für immer der Erhaltung des Bestehenden geneigt zu machen, und das nennt man dann das zur Bildung einer Ersten Kammer notwendige konservative Element!

Ich weiß in der Tat nicht, ob im Vergleich mit einer solchen Kammer nicht die reine Wiederherstellung der früheren den Vorzug verdient. Die hat doch wenigstens die geschichtliche Tradition für sich, für das vorgeschlagene neue Machwerk spricht aber nichts. Wo sich, wie in England, eine bevorrechtete Aristokratie seit Jahrhunderten erhalten und nicht allein durch ihren Besitz ausgezeichnet, sondern vor allem durch große Verdienste um das Vaterland mit der ganzen Geschichte des Volks verwebt und seinem Herzen nahe geblieben ist, da läßt sich vielleicht einiges gegen die Abschaffung derselben sagen, obgleich sich jedoch auch hier nicht verkennen läßt, daß das Oberhaus längst seine alte Bedeutung verloren und sich wohl nur dadurch erhalten hat, daß es klug genug gewesen, dem entschieden ausgesprochenen Willen des Volks nie dauernd zu widerstreben. Eine solche Aristokratie aber neu zu machen, wo alle Elemente dazu fehlen, das heißt doch wirklich künstliche Ruinen bauen.

Und das bloß um der eigensinnigen Theorie willen, daß zur Erhaltung des sog. monarchischen Prinzips bevorrechtete Stände notwendig seien.

Regierungsseitig wird zwar bestritten, daß es sich hier um die Gründung einer Kammer von Privilegierten handle, aber eine etwas nähere Betrachtung der vorgeschlagenen Zusammensetzung der Ersten Kammer wird zeigen, daß es in der Tat so ist.

930 von den 26500 Grundbesitzern, die ungefähr im Lande vorhanden sind, sollen den Stamm der Ersten Kammer bilden; das ist etwa ein Fünftel der bisher Berechtigten. Von diesen 930 Auserwählten, welche etwa ein Achtel der gesamten Grundsteuer zahlen, werden 35 Deputierte gewählt, auf jeden Deputierten fallen verschieden nach den Provinzen 17 bis 35 Wähler.

Die Zahl der sämtlichen zur Zweiten Kammer der allgemeinen Stände Wahlberechtigten kann man etwa zu 250000 annehmen, so daß durchschnittlich auf jeden Deputierten 3100 Wähler kommen. 17 jener neuen Ritter haben also soviel Recht und Bedeutung wie 3100 sonstige Berechtigte, einer soviel wie 182.

Dazu kommen dann die Majoratsherren, voraussichtlich 7—12, die nur sich selbst vertreten und von denen jeder also soviel politisches Gewicht hat wie 3100 andere. Trefflich paßte hierzu die von der Regierung beantragte, aber allerdings auch von der Majorität der Kommission abgelehnte Vertretung der Gewerbtreibenden. Wahlberechtigt sollten danach nur diejenigen Gewerbtreibenden sein, die wenigstens 27 Tlr. Steuer zahlen; das sind 675, während im ganzen etwa 85000 Gewerbtreibende im Lande existieren und 6370 bisher berechtigt sind; es bliebe also nur etwa ein Neuntel der bisher Berechtigten, ein Hundertzwanzigstel der überhaupt vorhandenen. Und diese auserwählten 675 sind so im Lande verteilt, daß in 58 Ämtern und 7 selbständigen Städten kein einziger, in 46 Ämtern und 10 selbständigen Städten je nur ein Berechtigter ist.

Die Vertreter der Geistlichkeit und des Richterstandes sollen beibehalten, die plebejischen Schullehrer aber müssen beseitigt werden, weil sie in einem zu innigen Zusammenhange mit dem ganzen Volksleben stehen und immer bleiben werden, als daß sie sich zu einer Vertretung in einer auf solchen konservativen Grundlagen ruhenden Ersten Kammer eigneten. Dafür tritt dann der Graf von Platen ein.

In der Tat, ich glaube, es bedarf keines weiteren Beweises, daß es sich hier nicht um eine bloße Modifikation der bisherigen Ersten Kammer handelt, daß vielmehr eine völlige Umgestaltung in Frage steht und daß an der Stelle des bisher ihr zugrunde liegenden Prinzips, wonach sie sich doch immer noch auf das Volk stützt und eine Vertretung der wesentlichen Berufsstände darstellt, einfach das Prinzip des Vorrechts gesetzt werden soll. Ist aber jedes Vorrecht mit Recht verhaßt, so ist doch am verhaßtesten das neu gemachte, weil es durch Anmaßung nach unten, durch Unterwürfigkeit nach oben erst den Preis für sich bezahlen muß. Eine auf solchen Grundlagen ruhende Kammer, welche keinen Halt in sich, keinen Halt im Volke hat, kann keinen Bestand haben; sie wird nur als Handhabe für die Ritter dienen und von diesen, welche den Vorteil der Konsequenz und Energie für sich haben, dazu benutzt werden, wozu sie gut ist, zu einer vollständigen Wiederherstellung der alten Zustände.

Ich komme zu dem zweiten Hauptgrunde, den die Verteidiger der Regierungsvorlage anführen. Sie sagen: Ja, es ist wahr, eine Verschlechterung enthält die Vorlage, aber so ganz schlimm wird sich die Sache wohl nicht machen, und wir müssen darauf eingehen, weil sonst noch viel Schlimmeres kommt. Wir in Hannover können nicht allein dem Strome der Reaktion widerstehen; wir müssen etwas aufgeben, um das übrige zu sichern, weil sonst alles zu befürchten ist.

Die so sprechen, denken, daß, wenn wir ablehnen, ein Rechtsbruch erfolgen wird. Ich meinesteils halte die Gefahr für nicht so groß, ich glaube, daß unsere Verhältnisse doch etwas anders liegen wie in den Staaten, wo ein Verfassungsbruch erfolgt ist, und man sich hier wohl zweimal besinnen würde, ehe man dazu schreitet. Aber ich muß zugeben, die Möglichkeit eines Verfassungsbruchs liegt vor, und ich glaube, wir dürfen uns vor dieser Gefahr die Augen nicht verschließen, sondern müssen sie bei unserer Entscheidung in Erwägung ziehen.

Und — es ist wahr — schwer genug fällt eine solche Möglichkeit in die Wagschale, und man mag manches Gute aufgeben, wenn man dadurch jene Gefahr abwendet, wenn man sich dadurch die Erhaltung des übrigen wirklich sichert.

Das aber gerade ist es, was ich bestreiten muß; nach meiner festen Überzeugung wird uns das Nachgeben keinen Frieden, sondern nur neue Forderungen bringen. Dieselben Umstände, welche in uns die Furcht vor einem Rechtsbruche erzeugen, sprechen mit noch viel größerer Wahrscheinlichkeit dafür, daß das Eingehen auf die Regierungsvorlage nicht der Weg zu der Sicherung unserer Verfassung, sondern zu ihrer Untergrabung ist, und daß, wenn wir diesen ersten Schritt des Nachgebens tun, so lange immer neue Forderungen an uns gestellt werden, bis wir auf demselben Punkte anlangen, wohin ein Rechtsbruch uns bringt. Dieselben Einflüsse, die im übrigen Deutschland eingewirkt haben, wirken auch bei uns; wir haben im Lande eine kompakte Partei, welche mit konsequenter Energie die Restauration des Alten erstrebt; an der höchsten Stelle, beim Bunde ist man ihr geneigt. Mit welchem Rechte können wir hoffen, daß sie sich mit dem zufriedengeben wird, was ihr jetzt geboten ist, daß sie weniger glücklich in ihren Bestrebungen sein wird wie im übrigen Deutschland? Erinnern wir uns doch, wie es in den anderen deutschen Staaten gegangen ist — und wenn wir ihre Geschichte bei der Furcht vor dem Rechtsbruche in Betracht ziehen, so müssen wir es auch hier. Wie nachgiebig revidierten die Stände in Preußen nicht die Verfassung, so daß selbst die Neue Preußische Zeitung ihnen das Zeugnis der Loyalität nicht versagen konnte! Als sie fertig zu sein und nun sich einen festen Rechtszustand gesichert zu haben glaubten, — kam die bekannte königliche Botschaft und stellte eine Reihe neuer Forderungen auf. Anfangs war man erbost, aber die Liebe zum Frieden, die Hoffnung, endlich doch eine sichere unantastbare Verfassungsgrundlage zu gewinnen, siegte wieder, und man gab in den wesentlichen Punkten nach. Der König beschwor die Verfassung. Die nachgiebigen friedliebenden Gemüter jubelten und freuten sich der Aussicht auf eine konstitutionelle Entwicklung. Und was hat all das Nachgeben dort nun wirklich geholfen? Die alten Provinzial- und Kreisstände mit ihrer veralteten Zusammensetzung und Vorrechten sind wiederhergestellt, die freie Gemeindeverfassung ist aufgehoben, die Unabhängigkeit des Richterstandes untergraben, das ganze konstitutionelle

Leben ein Schein, und ein Polizeiregiment eingeführt, wie es selbst vor 1848 unerhört war! Und jeder Tag bringt neue Forderungen und immer wieder dieselbe Drohung mit dem Rechtsbruche und dasselbe Nachgeben! So weit sind die Stände jetzt dort schon gekommen, daß sie selbst, wenn sie das Verderbliche ihres Weges einsähen, nicht mehr zurück könnten, sie haben schon zu viel verloren, um noch irgendwelche Widerstandskraft zu haben, sie haben das Vertrauen zu sich selbst, das Vertrauen im Volke verloren.|

Soll ich noch weitere Beispiele anführen? Soll ich an den schmählichen Untergang unserer deutschen Bestrebungen erinnern, an die Geschichte jenes Rechnungtragens, die sich an die Namen: Frankfurt, Gotha, Erfurt, Dresden und nun wieder Frankfurt knüpft? Ich hoffe, sie wird tief genug in jedes Herzen eingegraben sein, als daß ich sie noch weiter auszuführen brauchte!

Nur an die Geschichte unseres eigenen kleinen Landes möchte ich noch mahnen, auch sie weiß schon von den Folgen des Nachgebens zu erzählen. Weshalb gab man dem Ministerium Stüve in so manchen Punkten der Organisationsgesetze, namentlich noch im Jahre 1850, nach? Um das Ministerium nicht zu stürzen und Schlimmeres zu vermeiden. Aber das Ministerium Stüve fiel doch, und das Ministerium Münchhausen-Lindemann trat ein.

Und wieder kamen neue Forderungen, und neue Abänderungen der Organisationsgesetze wurden verlangt; und wieder gaben die Stände nach, und so kam namentlich auch jenes unselige Gesetz vom 1. August 1851, das jetzt den Vorwand zu den Verfassungsänderungen bieten muß, zustande. Und der Grund des Nachgebens war wieder die Furcht, das Ministerium zu stürzen, die Furcht vor dem, was sonst kommen werde. Aber doch wurde das Ministerium Münchhausen entlassen, und das jetzige trat ein. Und wenn wir jetzt wieder nachgeben, so wird uns übers Jahr entweder dies selbe oder ein anderes Ministerium mit neuen Forderungen kommen.

Die beiden Male dagegen, wo wir Widerstand geleistet, haben uns Segen gebracht; das eine Mal jenen Ministern Decken und Borries gegenüber, als die Stände durch entschiedenes Ablehnen der beantragten Änderungen der Organisationsgesetze ihr entschiedenes Mißtrauen aussprachen; — nach kurzer Zeit waren jene beiden Herren entlassen. Das andere Mal im vorigen Jahre, als das jetzige Ministerium zuerst seine Verfassungspropositionen vorlegte; sie kamen zwar nicht zur Beratung, aber deutlich genug war der Wille der Stände ausgesprochen, sich nicht darauf einzulassen. Und dies Jahr ist nur ein Teil jener Forderungen wieder vorgelegt und auch der modifiziert!

Ich will mich nicht der Hoffnung hingeben, daß auch diesmal ein Ablehnen der Regierungsvorlage so segensreiche Folgen haben wird, ich muß es als möglich annehmen, daß das Schlimmste eintritt. In schlimmere Lage wie durch Nachgeben kommen wir aber dadurch sicher nicht, denn die innere Notwendigkeit der Dinge gebietet es, die Erfahrung bestätigt es, daß die Forderungen nicht eher aufhören werden, bis wir au niveau mit dem übrigen Deutschland sind.

Aber man sagt: Das ist alles vielleicht möglich, aber doch nicht gewiß, und wir können's doch erst versuchen. Kommen dann wirklich im nächsten Jahre neue Forderungen, dann ist es ja noch immer Zeit, nein zu sagen. Als wenn dann nicht die beste Widerstandskraft gebrochen wäre! Das ist ja eben der Zweck der jetzigen Vorlage, eine solche Zusammensetzung der Kammern zu erlangen, daß das Ministerium auf sie rechnen kann, daß sie gefügiger sind, als man von den jetzigen erwartet. Und wenn nicht die Art der Komposition dies bewirkte, so würde sicher allein der Verlust des Vertrauens im Volke den besten Teil der Kraft rauben.

Aber, sagt man und das ist der letzte Einwand — wenn auch all die schlimmen Folgen des Nachgebens eintreten sollten, so verlieren wir doch keinenfalls mehr dadurch wie durch Ablehnen, und vielleicht retten wir noch etwas. Ja, wir verlieren dadurch nicht mehr — und gerade soviel mehr wie der Soldat, der mutlos vor dem Feinde flieht und rücklings erschlagen wird, mehr verliert wie der, welcher im mutigen Kampfe dem übermächtigen Gegner unterliegt! Doch nun; es handelt sich hier nicht um persönliche Ehre, es handelt sich um mehr, es handelt sich um das Fundamentalprinzip, auf dem unsere ganze Entwicklung beruht, es handelt sich darum, ob wir die Phase des großen weltgeschichtlichen Kampfes, die wir in unserem kleinen Kreise jetzt durchzumachen haben, würdig und in einer Art, die uns demnächst des Sieges fähig macht, bestehen. Es ist das jener Kampf, der schon seit Jahrzehnten begonnen, noch Jahrzehnte dauern wird, der Kampf um die Aufhebung aller und jeder Vorrechte und die Anerkennung und Durchführung der vollen Gleichberechtigung und Freiheit des ganzen Volks in allen Beziehungen. Glaube man doch nicht, diesen Kampf durch Konzessionen und Vergleiche zu beruhigen; er wird immer wieder von neuem entbrennen, aber er wird nicht eher enden, nicht eher wird das neue Prinzip zum Siege gelangen, ehe nicht seine Vertreter den Mut und die Kraft gewinnen, es festzuhalten, auch wenn Gefahr und Unheil droht.

Sehe man doch auf England, jenen sog. konstitutionellen Musterstaat! Nie würde die Freiheit, deren man sich jetzt dort freut, errungen sein, wenn jene Parlamente unter Karl I. und Jakob den Forderungen ihrer Feinde mutlos nachgegeben. Sie haben es auch wohl um des Landes willen versucht, aber jedesmal ist es zu ihrem Verderben gewesen; und der Sieg gehörte ihnen erst, als sie männlichen Widerstand leisteten.

Unsere Verhältnisse sind jetzt zwar andere: es handelt sich nicht um Krieg und Waffengewalt; auch der Gegenstand des Kampfes ist ein anderer, aber er ist nicht minder groß. Nur das geschichtliche Gesetz, was wir aus jenen Kämpfen entnehmen können, ist dasselbe geblieben, und es wird bleiben: das Gesetz, daß keine große Idee zum Siege gelangt, ehe nicht ihre Vertreter sich dadurch würdig bewiesen, daß sie daran festgehalten trotz drohender Gefahren und Leiden.

Die Rede wird auch auf den heutigen Leser Eindruck machen, wenn er auch nicht allen ihren Ausführungen zustimmen mag. Am wenigsten wohl der, daß die Nachgiebigkeit der preußischen Kammern im Januar 1850 nichts geholfen habe. Sie hat es doch bewirkt, daß die Verfassung vom 31. Januar 1850 zustande kam und damit das wichtigste positive Ergebnis erreicht wurde, zu dem es die deutsche Bewegung von 1848 gebracht hat. Prinz Albert, der Gemahl der Königin Viktoria, schrieb schon am 17. Juni 1850: „Die preußische Konstitution ist die einzig wirkliche Errungenschaft des Jahres 1848, und in ihr liegt der Zwang für Preußen, die Stellung in der heiligen Allianz gegen die in Deutschland zu vertauschen[1])." Die Sanktion der preußischen Verfassung war für ganz Norddeutschland ein bedeutsames Ereignis, und Ernst August wußte wohl, warum er sich bis zuletzt bemühte, seinen Neffen von der Eidesleistung zurückzuhalten[2]).

[1]) Valentin, Fürst Karl Leiningen (1910), S. 206.
[2]) Strangford S. 180.

Siebentes Kapitel.

Der Ausgang des hannoverschen Verfassungskampfes.

Der Ausgang des hannoverschen Verfassungskampfes griff tief in das Leben Plancks ein. Er wurde recht eigentlich sein Opfer. Dieser Kampf ist hier nicht darzustellen, nur an seine wichtigsten Stadien sei erinnert. Er läßt sich langsam, fast schläfrig im Jahre 1853 an, auch noch im nächstfolgenden rückt er nur langsam vorwärts, um sich dann im Jahre 1855 in heftigen Schlägen zu entladen.

Nach Auflösung der Zweiten Kammer blieb das Ministerium Schele monatelang in der Schwebe zwischen Leben und Sterben. Eins seiner Mitglieder, Bacmeister, verhandelte ohne Mitwissen seiner Kollegen über den zu verfolgenden Gang der Politik mit dem Könige und führte den preußischen Bundestagsgesandten Otto von Bismarck zu dem gleichen Zweck bei ihm ein. Die Absicht, ihm in der damaligen Krisis ein Ministerium in Hannover anzubieten, mag nicht fern gelegen haben[1]). Dem König war er willkommen als bewährter Vorkämpfer der monarchischen Autorität gegen die „Revolution", im Augenblicke vielleicht noch mehr als der Kenner der Bundespolitik. Der Minister von Schele, der sich auf seiner Urlaubsreise nach Tirol in Frankfurt aufgehalten, um die Stimmung der Bundestagsgesandten bezüglich der hannoverschen Angelegenheit zu erforschen, war bei dem Österreicher Prokesch von Osten wie dem Sachsen von Nostitz auf die Auskunft gestoßen, die Intervention des Bundes sei nicht ohne weiteres zu erwarten und eine Fortsetzung der noch nicht zu Ende geführten Verhandlung mit dem Landtage zu raten. Bismarck, auf dessen Meinung, wie man hinzufügte, am meisten ankommen werde, war zurzeit von Frankfurt abwesend[2]). Sein Rat blieb aber der hannover-

---

[1]) Bismarck, Gedanken und Erinnerungen I 88. B. irrt, wenn er Bacmeister als ausgetreten aus dem Ministerium bezeichnet.

[2]) von Hassell II a, 246.

schen Verwicklung nicht versagt. Er hatte dem König mündlich und schriftlich einen Plan entworfen, um ohne nochmalige Berufung der Stände eine Lösung der schwebenden Fragen durch den Bund zu erlangen. So eingehend und reizvoll Bismarck die Umstände seines Aufenthalts am Hofe in Hannover beschrieben hat, über die Hauptsache schweigt er, und welcher Art sein Vorschlag war, ist seither nicht bekannt geworden. Jedenfalls wurde er zunächst noch nicht befolgt. Die Krisis endete mit der Entlassung des Ministeriums Schele und der Bildung eines neuen durch von Lütcken, der schon länger hinter der Tür gestanden hatte. Er war der Schwager von Borries und den Rittern in jedem Sinne befreundet, gleichwohl konnte das Ministerium, das er bildete, nicht als ritterschaftlich gelten, und, was noch bezeichnender war, der Einsetzung des neuen Kabinetts folgte eine Einberufung des Landtages und die Anordnung von Neuwahlen. Der Sturz des Ministeriums Schele scheint zuletzt auf eine Hofintrige, die dem Einfluß Österreichs nachhalf, zurückzugehen. Bacmeister hatte zur Beibehaltung Scheles geraten[1]. Daß der König sich nicht für die Anrufung des Bundes entschied, sondern nochmals durch innere Heilmittel den Ausgleich versuchte, mag das Gutachten der Minister und besonders Scheles bewirkt haben, der ungeachtet aller persönlichen Verehrung für Bismarck bei dessen Rat ein timeo Danaos et dona ferentes nicht zu unterdrücken vermochte[2]. Wie berechtigt das war, hat Bismarck selbst nachträglich bestätigt. Schele wußte, wie Bismarck sein Preußentum auffaßte, und daß ihn, wenn er einen Rat in außerpreußischen Dingen erteilte, das Interesse Preußens leitete. Schon in den hannoverschen Krisen der letzten Jahre, wie sie teils durch die Beschwerden der Ritterschaften beim Bunde, teils durch den Zutritt Hannovers zum Zollverein hervorgerufen waren, hatte er von Frankfurt aus nach Berlin die Parole ausgegeben: die Ritterschaften d ü r f e n Preußen nicht als ihren Gegner ansehen, und andererseits: in Hannover ist immer noch ein liberales Ministerium einem österreichischen vorzuziehen[3]. Das Nachsuchen um seinen Rat kam ihm deshalb nicht ungelegen. Wenn er auch der übeln Nachrede liberaler Blätter, freiwillig der Reaktion gedient zu haben, entgegengetreten ist, eine Ausnahme gab er zu: Hannover. Hierin sah er einen Preußen geleisteten Dienst. Hannover, das seit dem Regierungswechsel immer mehr in die Gefolgschaft Österreichs geraten war[4]) und

[1]) M. Art. Bacmeister in ADB. 46, 177. Thimme, Bennigsens Reden I 177.
[2]) von Hassell S. 253.
[3]) Poschinger, Preußen im Bundestage IV 72, 47.
[4]) Poschinger IV 59.

ihr auch trotz des Anschlusses an den Zollverein treu blieb, diesem Einfluß zu entziehen, galt ihm als eine seiner wichtigsten Aufgaben. Den König Georg gewann Bismarck bei diesen Verhandlungen weder für sich noch für Preußen. In einer Aufzählung der Gegner Preußens stellt er 1861 den König Georg mit Rechberg und Beust zusammen. „Die werden uns gutwillig nicht eines Haares Breite einräumen." Gleichwohl hielt er die dem Könige erteilten Ratschläge nicht für verloren. Die Zustände, die sich in Hannover nach dem Durchbruch der Reaktion entwickelten, rühmte er Friedrich Wilhelm IV. zu dessen sittlicher Entrüstung als Erfolge für Preußen und wünschte, daß man diese Früchte zu benutzen verstände[1]).

Dem neuen Ministerium war es anzusehen, wieviel Mühe seine Bildung gekostet hatte. Es schloß drei Bürgerliche in sich: den Konsistorialrat Bergmann, einen alten Lehrer des Königs; den Geh. Kriegsrat Wedemeyer, einen streitbaren Vertreter der Regierung in vormärzlicher Zeit wie unter Stüve in dem Kampf um die Grundrechte; Busch, der nach einjähriger Tätigkeit am Oberappellationsgericht mit der neuen Organisation Präsident des Goslarer Obergerichts geworden war. Sie erhielten die Ministerien des Kultus, des Innern und der Justiz. Die auswärtigen Angelegenheiten wurden dem Geh. Legationsrat v. Lenthe, vordem am Bundestage tätig, anvertraut; das Kriegsdepartement behielt General v. Brandis. Der wichtigste Mann, neben dem alle andern nur Figuranten waren, war der Präsident und Finanzminister v. Lütcken[2]), eine Erinnerung an 1837, die sich aber ungleich dem jüngern Schele so bewährte wie ihr Ruf aus der Zeit war, in der Georg v. Schele, Lütcken und der Kammerdirektor v. Voß das Triumvirat bildeten, das das Staatsgrundgesetz zu Grabe trug. Seit 1845 Landdrost von Osnabrück, hatte er ständig mit Stüve zu tun, in dem er einen gefährlichen Demokraten sah. Das Land wußte nicht recht, was es von dem neuen Kabinett zu halten habe. „Die Komposition ist so wunderbar," meinte Planck, „daß es fast wieder wie ein Übergangsministerium aussieht, und es möglich ist, daß zurzeit die Absicht, den gesetzlichen Weg zu verlassen, noch nicht vorliegt. Bei dem bekannten gewalttätigen Charakter von Lütcken wird man indessen immer auf das Schlimmste gefaßt sein und werden wir dunkeln Zeiten entgegengehen" (20. November 1853). Eine der ersten amtlichen Handlungen Lütckens war die Rückberufung eines Mannes in den königlichen Dienst, der schon in den Kämpfen nach 1837 eine Rolle gespielt

[1]) Bismarck an den Unterstaatssekretär von Gruner, Petersburg 14. Mai 1861 (Deutsche Revue 1898 Dezember S. 266). G. Stüve II 227.

[2]) G. Stüve II 228.

hatte. Erhob er sich damals nicht über den Rang eines offiziösen Journalisten, so wurde er jetzt der eigentliche Faiseur und leistete die geistige Arbeit, die zu dem weiteren Vorgehen erforderlich war. Er verstand sich auf die Ansichten des Königs und verfügte über die Kunst, sie mit staatsrechtlichen und politischen Scheinargumenten zu umkleiden und mit der Miene der Überlegenheit vorzutragen. Hatte Freiherr von Schele die Einsicht gehabt, Gustav Zimmermann aus Hannover zu entfernen, so rief ihn Lütcken aus Kiel, wo er nach Vertreibung der deutschgesinnten Universitätslehrer von den Dänen als Etatsrat und Professor der Staatswissenschaften angestellt war, als Geheimen Regierungsrat zurück und verwandte ihn in den wichtigsten Geschäften.

Die im Januar 1854 vorgenommenen Neuwahlen brachten die Linke um etwas verstärkt in die Zweite Kammer zurück. In Osnabrück allerdings erlitt die Demokratie eine vollständige Niederlage; ihr Sieg vom Jahre 1852 war ephemer gewesen. Stüve, der seinen Eintritt in die Kammer von der Wahl in seiner Vaterstadt abhängig gemacht hatte, erhielt die Stimmen aller Wahlmänner. Planck wurde für Aurich-Esens und für die kleinen kalenbergischen Städte (Münder, Pattensen, Wunstorf) gewählt. Auch aus vier andern Wahlbezirken, aus Orten, wo er niemanden kannte, war wegen Übernahme einer Kandidatur bei ihm angefragt worden. Seine, wenn auch kurze, parlamentarische Tätigkeit, sein festes konsequentes Auftreten, namentlich auch seine Rede vom 21. Juni hatten ihn populär gemacht. Nicht bloß für ein Abgeordnetenmandat, auch für Kommunalämter, wie sie in Hildesheim, in Emden zu besetzen waren, dachte man an ihn. Er war selbst darüber verwundert, da er sich nie mit Verwaltungsangelegenheiten beschäftigt hatte, und scherzte über seinen pränumerierten Ruhm (11. Januar 1854).

Am 20. April 1854 traten die Kammern zusammen. Planck hatte für Aurich angenommen. Unter den neu eintretenden Mitgliedern waren die Rechtsanwälte Otto Lauenstein für Lüneburg, Albrecht für Emden; Gödeke kehrte nach mehrjähriger Pause, während welcher die Residenz konservativ vertreten war, als ihr Abgeordneter zurück. Der Finanzausschuß, dessen Mitglied Planck wieder wurde, schon immer die wichtigste aller Kommissionen, spielte diesmal eine um so größere Rolle, als den Kammern keine andere bedeutende Vorlage als das Budget gemacht war. Zum erstenmal in der parlamentarischen Praxis war der Finanzminister nicht Mitglied des Ausschusses, nicht weil Lütcken nicht gewählt wäre, sondern weil er die Wahl abgelehnt hatte. Es gehörte das zu seinem System der Mißachtung der Stände, zumal er in jenem Ausschusse mit der überlegenen Kapazität Stüves zusammengetroffen wäre. Die Vertretung der Regierung in dem Ausschusse führte als Kommissar Finanzdirektor Bar. Planck hatte das Referat über große Teile des Ausgabebudgets im Plenum. Die Anstellung des Oberregierungsrats Zimmermann, der mit einem Gehalt von 2000 Talern als Referent nicht bei einem, sondern bei mehreren Ministerien angesetzt war; die alte Streitfrage der Veräußerung des Kahlensandes, einer Domäne; die Notwendigkeit, die Insuffizienz des Klosterfonds nachzuweisen, bevor die Hilfe der Stände für die Aufgaben des Kultus und des Unterrichts in Anspruch zu nehmen war; ein Antrag des Ausschusses auf Reform der Strafanstalten und Revision des Strafgesetzbuches: über alle diese Materien hatte Planck längere oder kürzere Ausführungen zu geben oder die Ausschußanträge zu verteidigen. Von besonderm Interesse waren diesmal die ständig seit 1850 bei den Ausgaben für den Deutschen Bund eingebrachten Anträge (oben S. 120), die gleichfalls Plancks Referat zufielen. Solange es an einer Repräsentation des deutschen Volkes fehlte, war die Wahrnehmung der deutschen Gesamtinteressen eine Sache der Einzellandtage. Er verlangte deshalb von den Ständen Festhalten an den Ideen, die 1848 ganz Deutschland bewegten, und unter den besondern Zeitverhältnissen — man stand im Beginn des Krimkrieges — der Regierung den Wunsch auszudrücken, sie möge mit allen Mitteln zum einigen Zusammenstehen der deutschen Staaten mitwirken, um das bereits von den beiden deutschen Großmächten anerkannte Recht zu schützen. Darunter sollte nicht bloß das spezielle Recht der Türkei verstanden werden, sondern der allgemeine europäische Rechtszustand und die Wahrung der deutschen Interessen gegenüber Rußland, „denn der verderbliche Einfluß des östlichen Absolutismus darf nicht wachsen, sondern muß abgeschüttelt werden“ [1]). Stüve unterstützte die Anträge des Ausschusses und wandte sich speziell gegen die in Dresden unter Beusts Direktion gefaßten Beschlüsse der Mittelstaaten, der Bamberger, an denen auch Hannover beteiligt war. Angeblich die Einigkeit Deutschlands zu wahren bestimmt, würden sie nur zu seiner Trennung führen. Denn jetzt den Triasgedanken neben Preußen und Österreich zu verfolgen, erschien ihm um so unberechtigter, als weder die Kraft zu einem selbständigen Auftreten noch ein unmittelbares Interesse an den streitigen Fragen vorhanden war. Das Budget, besonders gründlich in dieser Diät beraten, veranlaßte die einzige Verfassungsdebatte der Tagung. Wie schon vor zwei Jahren (oben S. 123), so verband der Finanzausschuß auch jetzt wieder mit der die Provinziallandschaften

[1]) Landtagsblatt 1854 Nr. 21 vom 21. Juni.

betreffenden Budgetposition den Antrag, das Gesetz vom 1. August 1851 aufzuheben. Er rief aufs neue eine lebhafte Debatte hervor, obschon derselbe Gegenstand erst im Zusammenhang mit der geplanten Verfassungsrevision vom Jahre 1853 die Stände beschäftigt hatte. Neue Argumente ließen sich für und wider den Antrag nicht vorbringen, ob nun Planck mit Lehzen oder mit Stüve den Kampf auszufechten hatte. Die parlamentarischen Schicksale des Antrags waren allerdings verschiedenartig: ein deutliches Zeichen, daß es sich um eine Sache der Taktik, nicht um einen Gegenstand von politisch-sachlichem Interesse handelte. Der letzte Ausgang war die mit schwacher Mehrheit beschlossene Ablehnung. Die Regierung hatte sich an der Debatte nicht weiter beteiligt, als daß die Minister bei der Abstimmung für die Aufhebung des Gesetzes votierten.

Während die Sitzungsperiode, beendet durch die Vertagung vom 13. Juli 1854, äußerlich glatt und ungestört verlief, hatte die Minierarbeit in Frankfurt nicht geruht. Die Ritterschaften waren durchaus nicht gemeint, sich in ihr Nichts zurückweisen zu lassen und mit Brandkassen und Stipendienwesen vorlieb zu nehmen. Mochte das Gesetz vom 1. August 1851 weiter in der Gesetzsammlung stehen oder daraus entfernt werden, ihr Ziel war die Wiedereroberung der Ersten Kammer. Unmittelbar nach der Vertagung der Stände forderte die Bundesversammlung die Regierung zu einer Erklärung über die erneute Beschwerde der Ritterschaften auf und erhielt nun allerdings eine unerhörte Antwort. Sie enthielt ein vollständiges Sündenbekenntnis: die Ritterschaften sind in ihren Rechten durch die ganze Gesetzgebung seit 1848 verletzt, und diese Gesetzgebung ist von ihrer Entstehung an eine Rechtsverletzung, eine Verletzung des Landesrechts und des Bundesrechts. Dies offene Geständnis diente zur Begründung des Antrags: wir müssen zurück zum Landesverfassungsgesetz des Jahres 1840. Aus eigener Kraft können wir es nicht wiederherstellen, wir bedürfen dazu der Hilfe des Bundes. Bei dem Fortbestehen der Verfassung von 1848 ist Ruhe und Ordnung im Lande nicht aufrecht zu erhalten. Das ist die aller Redensarten entkleidete Wiedergabe des Inhalts einer Denkschrift, die die Regierung im November 1854 der Bundesversammlung überreichen ließ. Es ist bezeichnend für die Intelligenz, den Rechtssinn und die historische Bildung der vornehmen Herren in Frankfurt und in Hannover, wenn diese von Zimmermann verfaßte Denkschrift ihnen nicht bloß imponierte, sondern den vollen beabsichtigten Erfolg herbeiführte. Hatte der König bisher noch eine vermittelnde Stellung zwischen den Forderungen der allgemeinen Stände und denen der Provinzialstände eingenommen, so unterwarf er sich jetzt völlig dem, was die Ritter verlangten. Die Wunde, die dem Königtum geschlagen wurde, sahen Georg V. und seine Ratgeber nicht. Das Opfer war in ihren Augen bloß die Demokratie. In Wahrheit lieferte dieser Erfolg das Königtum und das Land dem Adel aus, wenn sich auch Zimmermann mit der Hoffnung schmeichelte: „Wenn wir erst mit der Demokratie fertig geworden sind, wollen wir mit den Junkern auch wohl fertig werden [1].“ Es half nichts, daß sich Lehzen und Stüve die Mühe gaben, die Sophistik der Zimmermannschen Denkschrift zu zerstören und ihrer Widerlegung bei den Bundestagsgesandten Eingang zu verschaffen. Im Gegenteil. Der Wortführer des Königs benutzte dies Auftreten zu einer erneuten Anklage, die sich gegen die Landeszustände und die Märzminister zugleich richtete. Sie haben Hannover in eine monarchische Demokratie umgewandelt, gerieren sich als ein Wohlfahrtsausschuß, der mit Hilfe der parlamentarischen und demokratischen Parteien die Tätigkeit der wirklichen Minister lahmlegt. Die Möglichkeit einer solchen Erscheinung beweist, welch heillose Zustände in Hannover herrschen und wie sehr schleunige und gründliche Abhilfe not tut [2]). Wer das las, war erstaunt über die, die solche Unwahrheit zu äußern die Stirn hatten, noch mehr über die, die sie gläubig aufnahmen. Die Märzminister waren in den Kammern, anstatt sie zu beherrschen, oft genug einer entschiedenen Opposition begegnet. Wie lange war es her, daß Ernst August das Land, das durch die Stürme des Jahres 1848 in vielfach beneideter Ruhe und Sicherheit hindurch gelangt, und die Minister, denen das zu danken war, gerühmt hatte: nirgends ständen Männer an der Spitze, „die es so redlich mit ihrem Lande und mit Deutschland meinen und die so fähig sind zu urteilen, auf welchem Wege man den gewünschten Zweck erreiche [3]). Welches Recht und welches Interesse des Landes wurde verletzt, wenn die bestunterrichteten und geschäftskundigsten Männer des Landes sich zu privaten Verständigungen von Zeit zu Zeit zusammenfanden und über dessen Lage besprachen, und welches Mittel bot der neu zu schaffende Rechtszustand Hannovers oder irgendeines andern Landes, die Wiederholung solcher Besprechungen zu verhindern? Das ruhige Verhalten des Landes nach dem Bekanntwerden dieser Anklagen erwies aufs evidentste ihre Grundlosigkeit.

---

[1]) Äußerung Zimmermanns gegen Oppermann, Oppermann II 425.

[2]) M. Aufsatz Stüve in Preuß. Jahrb. 32, 194.

[3]) Proklamation Ernst Augusts vom 25. April 1849 (Hannov. Gesetzsammlg. Nr. 14). Rede desselben an die Ostfriesen vom 20. Juni 1849, Oppermann S. 227.

Im April 1855 ergingen die Bundesbeschlüsse, die die hannoversche Regierung zum Einschreiten ermächtigten, und wurden am 16. Mai vom König publiziert. Als im Jahre vorher die Beschlüsse des Deutschen Bundes über die Presse und über das Vereinswesen in Hannover verkündigt waren, korrespondierte Planck mit seinem Vater darüber, ob sie unmittelbar geltendes Recht in Hannover begründeten oder, soweit sie nur Grundsätze und nicht zugleich anwendbare Bestimmungen enthielten, eine Mitwirkung der Stände erforderlich sei. Ähnliche Zweifel spalteten die Regierung nach Publikation der die hannoversche Verfassung verurteilenden Bundesbeschlüsse. Die Minister in ihrer Mehrheit scheuten vor der Oktroyierung zurück. Nicht der König, der sein jus eminens bereit hatte, noch Zimmermann, der über die Minister spottete, die die gebratene Taube im Munde hatten und nicht zuzubeißen wagten[1]). Vorderhand siegten die Minister. Die Stände, auf den 15. Juni einberufen, wurden durch die Vorlage einer neuen Verfassungsrevision überrascht. Die Erste Kammer sollte danach aus 26 Abgeordneten der Ritterschaften und aus 18 bäuerlichen Grundbesitzern, die ein reines Einkommen von mindestens 600 Talern hatten, gebildet werden; in der Zweiten Kammer ein erhöhter Zensus die Zahl der Wahlberechtigten einschränken; anstatt der Urversammlungen der Wähler die bestehenden Gemeindeorgane in Stadt und Land das Wahlrecht ausüben. In den Ausschuß zur Vorberatung dieser Vorlage wurden von beiden Kammern die bewährtesten Freunde der Verfassung gewählt; in der Zweiten Kammer Stüve und Lehzen, jeder mit 72, Ellissen und Planck, jeder mit 65 Stimmen; die drei übrigen Mitglieder Adickes, Bauermeister und Gerding folgten in einem größeren Abstand mit 42—39 Stimmen. Jetzt wurde wahr, was jene Anklage als eine Tatsache der Vergangenheit wahrheitswidrig ersonnen hatte. Stüve wurde der leitende Mann, die Rechte und die Linke scharten sich um ihn. Der verderbliche Demokrat, den Lütcken und Bismarck in ihm sahen, ließ es seine erste Fürsorge sein, die finanzielle Ordnung des Landes aufrecht zu erhalten. Der Ablauf der Etatsperiode stand mit dem 30. Juni vor der Tür. Da eine eingehende Durchberatung des Budgets für 1855/56 nicht mehr möglich war, setzte Stüve es im Finanzausschusse durch, der Kammer eine provisorische Verlängerung des letztjährigen Etats für die Dauer der neuen Finanzperiode vorzuschlagen. Der Ausschußantrag ging nicht ohne Schwierigkeit durch das Plenum, da Planck und andere Mitglieder der Linken, an die

[1]) von Hassell S. 304.

Verfassungsbestimmung anknüpfend, die die Regierung nach Auflösung eines Landtags die bestehenden Steuern und Abgaben noch sechs Monate weiter zu erheben ermächtigte (§ 96), eine sechsmonatliche Verlängerung für ausreichend hielten. Doch gewann Plancks Antrag von 69 nur 25 Stimmen; nach seiner Ablehnung votierte dann die ganze Kammer mit Ausnahme von 6—8 Mitgliedern für den Antrag des Finanzausschusses [1]). Im Verfassungsausschuß gelang es Stüve, dessen Mitglieder dahin zu einigen, daß man sich eines materiellen Eingehens auf die Verfassungsvorlage solange enthielt, bis die Regierung ihnen die zur Beurteilung ihres Vorgehens erforderlichen Beweisstücke vorzulegen und die als notwendig erachteten Verfassungsänderungen vollständig anzugeben bereit war. Man adoptierte demgemäß zwei von Stüve entworfene Schriftstücke, einen Vorantrag, der an das Ministerium, und eine Adresse, die an den König gerichtet werden sollte. In der Zweiten Kammer am 11. Juli von Stüve, in der Ersten von Wyneken überreicht, kamen sie sofort zur Verlesung, nicht ohne mehrfach lebhafte Bewegung hervorzurufen, wie der nüchterne Sitzungsbericht bemerkt, und die Minister mußten die schweren, wider sie erhobenen Anklagen anhören [2]). Nachdem Stüve in der Sitzung des 13. Juli eben begonnen hatte, die Anträge zu begründen, unterbrach ihn der Präsident Ellissen, dem ein als eilig bezeichnetes Regierungsschreiben eingehändigt war. Es vertagte die Kammern bis auf weiteres. Stüve war im Begriff gewesen, Mäßigung zu empfehlen und um der Eintracht willen der einen mächtigen Partei im Lande Zugeständnisse zu machen, als ihm das Wort durch das Reskript abgeschnitten wurde [3]). Die Sitzung mußte abgebrochen werden, da die Verfassung (§ 61) den Kammern untersagte, nach der Vertagung ferner versammelt zu bleiben.

Zu Ende des Monats wurde das Ministerium Lütcken entlassen. An seine Stelle trat eine Regierung, die vor nichts zurückscheute. Ihr bezeichnendes Merkmal erhielt sie durch die Rückkehr der beiden im April 1852 ausgeschiedenen Ritter von Borries und v. der Decken, die die Ressorts des Innern und der Justiz übernahmen. Zu ihnen gesellte sich ein anderer Wortführer der Ritterschaften, v. Bothmer, ein angesehener Kriminalist, zuletzt Direktor der Justizkanzlei in Celle und vorübergehend unter Schele Bundestagsgesandter, jetzt zu der Stelle des Kultusministers berufen. General v. Brandis blieb Inhaber des Kriegsministeriums. Das neue Ministerium war das erste seit 1848,

[1]) G. Stüve II 247; Planck, An meine Wähler (1855) S. 7.
[2]) G. Stüve II 248. Die Urkunden bei Oppermann II 162 (Beilagen).
[3]) Preuß. Jahrb. a. a. O. S. 206. G. Stüve II 249.

das keinen Bürgerlichen in sich schloß; dagegen hatte es zwei Grafen zu Mitgliedern: den Finanzminister v. Kielmannsegge, einst als Finanzdirektor dem Kabinett Falcke angehörig, zuletzt Bundestagsgesandter, und den Minister der auswärtigen Angelegenheiten, v. Platen, früher Gesandter in Wien, seit 1852 durch Schele nach Paris versetzt. In das neue Ministerium hatte man vorsichtig ein Element aufgenommen, das die Vorgänger beiseite gelassen oder ungenügend berücksichtigt hatten. In den beiden Grafen war der Hofadel vertreten. Schele hatte bei seinem Rücktritt die Richtigkeit des englischen Verfahrens erkannt, mit dem Ministerium auch den Hof zu wechseln. Sein Ministerium hatte sich an dem Kampf gegen den Hofadel aufgerieben. Auch Stüve sah nachträglich seinen Fehler ein, den Hof vernachlässigt zu haben [1]). Der Hof, die tägliche Umgebung des Königs, hatte sein Ohr, stand zwischen dem Fürsten und seinen amtlichen Ratgebern; kreuzte deren Vorschläge und hemmte, wenn sie genehmigt waren, deren Ausführung. Er verfügte über das Mittel der Intrige und das bequemere der Medisance. Die Mitglieder des Hofes standen in engster Verbindung mit den Provinziallandschaften, gehörten selbst zum größten Teil den Ritterschaften an. Es war ein vorübergehender Erfolg Scheles, sie aus dem Ministerium zu verdrängen; sie kamen verstärkt zurück. Fehlten dem Hofadel auch die Männer nicht, denen das Landeswohl höher stand als die königliche Gunst, so war doch der Hof stärker als sie. Als Alexander von Münchhausen im Jahre 1856 die Opposition der Zweiten Kammer, so behutsam und vorsichtig sie auch zu Werke ging, gegen das Borriessche Regiment zu führen sich unterfing, ließ der König ihm und seiner Gemahlin bedeuten, er wünsche sie nicht länger am Hofe zu sehen. Das neue Ministerium begann seine Tätigkeit mit der Auflösung der Zweiten Kammer; die Erste fiel mit dem Sturz der ganzen Verfassung vom 5. September 1848. Ihn führte die am 1. August erfolgende Oktroyierung herbei, die im wesentlichen das Landesverfassungsgesetz von 1840 wiederherstellte. War der Staatsstreich von 1837 durch das passive Verhalten des Bundestags geglückt, so gelang der von 1855 unter seiner tätigen Mitwirkung. Kein deutscher Staat hatte so viel für die Wiederherstellung des Bundestags getan als Hannover; er dankte, indem er es eine seiner ersten Handlungen sein ließ, Hannovers öffentliches Recht von Grund aus zu zerstören.

Nach der Auflösung des Landtages besprachen Versammlungen der Abgeordneten in Hannover und in Bremen, was weiter zu tun

[1]) G. Stüve II 229. Oppermann, Art. Hannover in Rotteck und Welcker, 3. Aufl. (1862) S. 24 des Sep.-Abdrucks.

sei. Man einigte sich, an den Neuwahlen teilzunehmen und dafür zu sorgen, daß eine Kammer zustande käme, die das geschehene Unrecht beim rechten Namen nannte und das Landesrecht verteidigte. Planck schied hoffnungsvoll. Auf dem Rückwege nach Aurich machte er Station in Osnabrück. „Ich habe Stüve besucht", schrieb er seinen Eltern „und eine lange Unterredung mit ihm gehabt. Er war sehr artig, aber unsere Ansichten gingen mannigfach auseinander. Er war mir zu mutlos, und obgleich er selbst den Widerstand durch einen Protest, welchen die Stadt Osnabrück gegen die Oktroyierung erlassen will, gleichsam zu eröffnen denkt, so schien er doch nur zu sehr geneigt, den Rechtsboden als nicht mehr haltbar aufzugeben [1])." Planck hatte sich eben wieder in Aurich eingerichtet, als er am 25. September die Nachricht erhielt, er sei nach Dannenberg versetzt und habe sich dort binnen 14 Tagen einzufinden. Es war die dritte Strafversetzung. Sie traf ihn als Unterzeichner der Anträge des Verfassungsausschusses. Auch die beiden andern Staatsdiener, die sie unterschrieben hatten, erfuhren das gleiche Schicksal: die Obergerichtsvizedirektoren Francke und Schmidt, beide Abgeordnete zur Ersten Kammer, wurden, jener von Stade nach Osterode, dieser von Celle nach Verden versetzt. Planck, schon lange auf derartige Maßregelungen gefaßt, nahm die Nachricht in gewohnter Ruhe auf. „Obgleich es mir unangenehm ist, gerade jetzt von Aurich fort zu müssen," heißt es in einem Briefe vom 27. September 1855, „so laß ich mir doch kein graues Haar darüber wachsen, und sowenig es ihnen gelingen wird, mich in meinen politischen Ansichten mürbe zu machen, ebensowenig werden sie meinen leichten Sinn und frohen Mut brechen."

In der kurzen Zwischenzeit, die er noch in Aurich zu wirken hatte, kam vor den Kleinen Senat des Obergerichts ein Rechtsstreit, der zu dem folgenreichen Erkenntnis vom 3. Oktober 1855 führte. Das Landesverfassungsgesetz von 1848 § 10 erkannte den Gerichten die Befugnis zu, Maßregeln von Verwaltungsbehörden, die außerhalb ihrer Zuständigkeit gehandelt hatten, auf Klage des dadurch in seinen Rechten Verletzten aufzuheben. Darauf gestützt, hatten der Gutsbesitzer Huizenga zu Middelstenborgum und Genossen das Deich- und Sielamt Weener verklagt, das durch Verfügungen von 1851 einen Schlot (Entwässerungsgraben) für einen öffentlichen Zugschlot erklärt, unter Schauung gestellt und den Klägern dessen Schlötung (Räumung und Reinigung) bei Strafe aufgegeben hatte, während diese den Schlot als seit langen Jahren in ihrem Privateigentum stehend behaupteten, dessen Schlötung von ihnen

[1]) Brief vom 5. September 1855. G. Stüve II 250.

nie gefordert sei. Das Amt entziehe ihnen durch seine Verfügung ihr mit keinerlei Dienstbarkeit belastetes Privateigentum und überschreite damit die Grenzen seiner Kompetenz. Dem Klageantrag auf Aufhebung der Verfügung setzte die Behörde die Einrede der Unzuständigkeit der Gerichte entgegen, da der § 10 des Verfassungsgesetzes durch die Königliche Verordnung vom 1. August aufgehoben sei. Die Kläger hielten die Einrede für unbegründet, da die Verordnung ungültig und eventuell auf den vorliegenden Rechtsstreit, der schon vor ihrem Erlasse begonnen habe, unanwendbar sei. In den frühern Terminen war aber nicht zur Sache verhandelt; deshalb nahm das Gericht mit dem Beklagten an, daß der Rechtsstreit erst jetzt seinen Anfang nehme und erkannte über die Einrede, die sich auf die Verordnung vom 1. August 1855 stützte. Ist sie gültig und verbindlich? Sie ändert Landesgesetze. Das ist nach der Verfassung nur im Wege des Gesetzes zulässig: der König muß die Zustimmung der Stände erwirken, und daß er sie erlangt hat, bei der Verkündigung des Gesetzes erwähnen. Die Königliche Verordnung vom 1. August publiziert einen Bundesbeschluß. Ist sie dadurch von der Beobachtung der gesetzlichen Vorschriften entbunden? Sie beruft sich auf den Verfassungsgrundsatz, wonach alle Beschlüsse der deutschen Bundesversammlung, sobald sie vom König verkündigt sind, verbindliche Kraft für das Königreich haben. Der Satz kehrt allerdings in allen Verfassungen vom Staatsgrundgesetz an bis zu dem Gesetz vom 5. September 1848 übereinstimmend wieder, aber alle schließen ihm unmittelbar die Vorschrift an, daß die Mittel zur Erfüllung der durch einen Bundesbeschluß begründeten Verbindlichkeit unter verfassungsmäßiger Mitwirkung der allgemeinen Stände, insoweit es deren bedarf, bestimmt werden. Das Erkenntnis deduziert, daß unter den Mitteln zur Durchführung nicht bloß Geldmittel zu verstehen sind. Auch wenn es zur Durchführung eines Bundesbeschlusses der Aufhebung von Landesgesetzen bedürfe, müsse die Mitwirkung der Stände eingeholt werden. In beiden Fällen könnten die Stände sich nicht der Pflicht entziehen, ihre Zustimmung zu erteilen. Solange die Regierung bloß einseitig die Änderung der Verfassung vorgenommen habe, möge sie sich auch auf einen Bundesbeschluß stützen, habe sie dem Landesrecht nicht genügt und sei das bis dahin geltende Recht ungeändert geblieben. Diese Rechtslage ändere sich auch dadurch nicht, daß die Bundesversammlung im voraus erklärt habe, der Artikel 56 der Wiener Schlußakte, welcher in anerkannter Wirksamkeit stehenden Verfassungen Schutz gegen einseitige Aufhebung zusichere, solle dem Vorgehen der Regierung nicht im Wege stehen; denn das Landesrecht werde dadurch nicht berührt, nur der Bundesversammlung gegenüber sei dadurch der hannoverschen Regierung ein Dispens erteilt. Denn das ist der Kern der ganzen Ausführung: alle deutschen Staaten sind kraft der durch den Bundesvertrag eingegangenen Verbindlichkeit verpflichtet, einen verfassungsmäßigen Beschluß der Bundesversammlung zu vollziehen; über die Frage, auf welchem Wege und in welcher Art diese Vollziehung zu bewerkstelligen sei, entscheidet das Landesrecht [1]. Die Regierung, weit entfernt, diese Ansicht zu teilen, hatte vielmehr „die Aussprüche des Deutschen Bundes" direkt in Ausführung gebracht und an der Hand des Frankfurter Ausschußberichts das Verfassungsgesetz von 1848 paragraphenweise beseitigt und die Verfassung von 1840 wiederhergestellt [2].

Das Erkenntnis vom 3. Oktober [3], gefaßt auf das Referat Plancks, dem der Vorsitzende Ludowieg beitrat, während das dritte Mitglied des Kollegiums Jesse dissentierte, machte Epoche in Plancks Leben wie in der hannoverschen Gesetzgebung. Es ist seinem Urheber ebensowenig vergessen worden, als Stüve jene Äußerung im Ständesaal, die den rechtsgültigen Regierungsantritt Ernst Augusts bezweifelte (oben S. 57). Ohne den Gebrauch vorhandener Rechtsmittel gegen das Erkenntnis abzuwarten [4], erfolgte sofort am 7. Oktober eine Königliche Verordnung, zu deren Muster ein Erlaß Ernst Augusts von 1840 benutzt war. Es hatten damals Gerichte auf die fortdauernde Gültigkeit des Staatsgrundgesetzes erkannt, trotzdem es der König schon unterm 1. November 1837 für erloschen erklärt hatte. Da den Gerichten hiesiger Lande niemals die Entscheidung darüber zugestanden habe, ob die gesetzgebende Gewalt vom Landesherrn gebührend ausgeübt worden sei, bedrohte der König jede weitere Berücksichtigung des Staatsgrundgesetzes als „Auflehnung gegen die rechtlich bestehende Landesverfassung" mit gebührender Ahndung im Justiz- oder administrativen Wege [5]. Wenige Wochen später konnte Ernst August ein Präjudiz des Oberappellationsgerichts publizieren, das dem Richter die Befugnis absprach, die verfassungsmäßige Entstehung eines Gesetzes oder einer Verordnung zu untersuchen und zu beur-

[1]) Abschrift des Erkenntnisses S. 19. Zachariae, Staats- und Bundesrecht II [3] (1867) S. 707 ff.

[2]) Kgl. Proklamation und Verordnung, beide vom 1. August 1855 (Zachariae, Verf.-Gesetze, Fortsetzung I S. 18 und 28).

[3]) Abgedruckt in Z. f. Nordd. 1855 Okt. 24 Nr. 2012.

[4]) Auf die Berufung des Amts Weener hob der Große Senat des Auricher Obergerichts durch Urteil vom 19. November 1855 das Erkenntnis erster Instanz auf.

[5]) Erlaß vom 17. Januar (nicht: August, wie Gunkel, Zweihundert Jahre Rechtsleben S. 366, angibt) 1840, Gesetzsammlg. Nr. 2.

teilen und ihn verpflichtete, sein Augenmerk lediglich darauf zu richten, ob die Gesetze erlassen und in authentischer Form promulgiert sind"[1]. Dem entsprach das im selben Sommer zum Abschluß gekommene Landesverfassungsgesetz (§ 123, 2). Da die Revision des Jahres 1848 die Bestimmung nicht wiederholt hatte, sah man die Beschränkung des richterlichen Prüfungsrechts als beseitigt an, wie denn die Verordnung König Georgs vom 7. Oktober 1855, so wörtlich sie sonst den Erlaß seines Vaters ausschreibt, weder ihn noch das Celler Präjudiz erwähnt. Das Auricher Gericht hat sich deshalb auch gar nicht bei der Frage aufgehalten, ob ihm das Prüfungsrecht zustehe, sondern es tatsächlich geübt. Es erfuhr den herben Tadel des Königs: „Wir haben mit Befremden und Mißfallen vernommen, daß eines unserer Gerichte unter gänzlicher Verkennung seiner Stellung sich die Befugnis angemaßt hat, die Verfassungsmäßigkeit unserer Königlichen Verordnung vom 1. August dieses Jahres in den Kreis der richterlichen Prüfung und Entscheidung zu ziehen." Der Erlaß schildert dann die verderblichen Folgen eines solchen Vorgehens der Gerichte, wie es alle Gewalten im Staate verwirren, den Richter über den Gesetzgeber stellen und einen anarchischen Zustand herbeirufen würde — alles mit den Worten von 1840 — und bedroht schließlich jeden Staatsdiener, der sich einer solchen „Auflehnung wider unsere königliche Prärogative" schuldig machen und es sich in seinem Amte beikommen lassen würde, einen landesherrlichen Erlaß auf seine Verfassungsmäßigkeit zu prüfen, mit der Strafe der Dienstentlassung. Die Aburteilung solcher Fälle wird einem Staatsgerichtshof überwiesen, der auf dem gleichen Wege der Oktroyierung geschaffen wird.

Derselbe gesetzgeberische Vorgang wiederholte sich, als gegen Ende des Jahres das Schwurgericht zu Aurich mehrere Osnabrücker Bauerschaftsvorsteher, die Redaktion der Ostfriesischen Zeitung und den Dr. Onno Klopp von der Anklage der Majestätsbeleidigung, die sie durch eine Adresse an den König und deren Veröffentlichung begangen haben sollten, freisprach. Sofort erschien am 22. Dezember 1855 ein sog. Gesetz, das die Preßdelikte und politischen Verbrechen den Schwurgerichtshöfen entzog. Jene wurden den allgemeinen Kompetenzbestimmungen unterworfen, diese einem besonderen Senate des Oberappellationsgerichts überwiesen, dessen Mitglieder der König auf gutachtlichen Vorschlag des Gerichtspräsidiums ernannte. Den rechtlichen Anhalt fand diese Art von Gesetzgebung in dem Notgesetzgebungsparagraphen der Verfassung (§ 122), ohne Rücksicht darauf, daß er auf ihr widerstreitende Bestimmungen unanwendbar war.

[1] Kgl. Bekanntmachung vom 3. März 1840 (Gesetzsammlg. Nr. 8).

Die nächste Folge, welche der Staatsstreich von 1855 für Planck hatte, der Abschied von Ostfriesland, wurde ihm nicht leicht. „Das Vertrauen und die Zuneigung, die mir von so vielen, nicht allein in Aurich, sondern auch im übrigen Ostfriesland entgegengetragen wurde, fesselte mich an das Land.“ Seine Wähler überreichten ihm zum Abschied einen schönen silbernen Becher mit der Inschrift: Ihrem Deputierten, dem mutigen Vorkämpfer für Freiheit und Recht G. Planck die dankbaren Wähler der Städte Aurich und Esens 1854, 1855. Er war sich bewußt, im Grunde nicht mehr getan zu haben als viele andere und keinesfalls mehr als ihm die einfache Pflicht gebot. „Aber es ist mir im Leben bisher fast immer so gegangen, daß ich allenthalben Glück gehabt, vor allem das Glück, die Zuneigung der Menschen, mit denen ich zusammengekommen, zu erwerben, und das Unglück, mich immer weit mehr gelobt zu hören, als ich es verdiene[1].“ Der Abschied von seinen ostfriesischen Wählern bedeutete für Planck zugleich das Scheiden aus der parlamentarischen Tätigkeit des Landes. Wenn ihn später auch noch Wahlen trafen, so konnte er sie nie annehmen, da ihm der durch die oktroyierte Verfassung (§ 96) wieder unbedingt geforderte Urlaub stets versagt wurde.

Eigenartiger als die Widmung der ostfriesischen Wähler war eine literarische Dedikation. Karl Gödeke schloß im Sommer 1854 ein großes literarhistorisches Sammelwerk: Deutsche Dichtung im Mittelalter ab und widmete es Planck als eine freudig in inniger Verehrung dargebrachte Gabe. Obschon er wußte, daß Planck in mehr als einem Sinne dem Mittelalter abhold sei, so hoffte er doch, daß, wenn er dem Autor zuliebe einem Abschnitt seine Aufmerksamkeit gönnte, die Hingabe nicht ganz ohne belohnenden Genuß bleiben würde. Denn nicht für die Kreise der Fachgelehrten wollte Gödeke das Buch verfaßt haben, sondern für ein Publikum von Männern wie Planck. Er schloß die Widmung, die leider in der spätern Auflage des Werkes nicht wieder abgedruckt ist, mit dem Wunsche: auch wenn wir niemals wieder im Ständesaale Nachbarn sein sollten, möge Ihnen das Buch ein Pfand treuer Anhänglichkeit auf dem Wege sein, der sich vor Ihnen zu heitern Höhen hinanzieht. Die nächste Zukunft Plancks zeigte andere Wege.

[1]) 12. Oktober 1855.

Achtes Kapitel.

Die Jahre der Verfolgung.

Die Strafversetzungen Plancks bewegten sich in absteigender Linie: von Hannover nach Osnabrück, von Osnabrück nach Aurich, von Aurich nach Dannenberg. Dannenberg war eine Stadt von etwa 1900 Einwohnern, Sitz eines der durch die Justizorganisation von 1850 geschaffenen kleinen Obergerichte, die mit einem weniger zahlreichen Richterpersonal besetzt waren. Es hatte sechs Amtsgerichte und eine Bevölkerung von 54 700 Seelen unter sich. Das Recht, einen Abgeordneten in die Zweite Kammer zu wählen, stand der Stadt nur in Gemeinschaft mit Lüchow und Hitzacker zu. Die Lage des Orts am äußersten Ostrande des Landes, abseits von der Linie Ülzen—Lüneburg, machte ihn noch kleinbürgerlicher, als Quantität und Qualität der Einwohner mit sich brachten.

In der zweiten Oktoberwoche war Planck von Aurich abgereist; am 12. des Monats in sein neues Amt eingeführt worden. Seine nächste Pflicht war, Visiten zu machen, deren der Anstand trotz oder vielleicht gerade wegen der Kleinheit des Orts nicht weniger als vierzig forderte. An der Spitze des Obergerichts stand Präsident Schmedes; unter den Räten fand er einen alten Freund an Bierwirth. Es gab wenig zu tun; mit drei, auch zwei Sitzungen in der Woche kam man aus, und schon in den ersten Monaten seines Aufenthalts erfuhr Planck von finistren in der Stadt umlaufenden Gerüchten, das Obergericht solle aufgehoben und mit Lüneburg zusammengelegt werden. Die ersten beiden Strafversetzungen Plancks waren mit seiner Teilnahme am politischen Vereinswesen motiviert worden; für die dritte war ihm kein Grund angegeben; er mußte ihn, wie gezeigt, in seinem parlamentarischen Verhalten suchen. Die landläufige Version bringt sie mit seiner richterlichen Tätigkeit in Aurich in Zusammenhang; er hatte aber das Versetzungsreskript schon acht Tage in Händen, bevor das Erkenntnis vom 3. Oktober gefällt wurde. Konnte das Gesetz, das ihm auf dem Fuße gefolgt war, auch nicht rückwirkend auf Planck angewandt werden, so standen doch der Reaktion, die sich in Hannover mit dem 1. August 1855 siegreich etabliert hatte, genug Mittel und Wege zu Gebote, um sich ihm fühlbar zu machen. Sie fand ihren entschiedensten Ausdruck in dem Minister v. Borries, der der ganzen Zeit ihre Signatur gab. Die Kraft des Staates lag für ihn in Verwaltungsmaßregeln. Aus dem Rechte machte er sich wenig; die ganze Justiz war ihm nicht mehr als Formelkram [1]). „Rasch und mit Entschiedenheit" zog er die Konsequenzen aus den königlichen Oktroyierungen und erwartete von allen Behörden und Beamten das gleiche [2]). Das starke Königtum durchzusetzen, war sein Ziel. Stellten sich ihm Hindernisse entgegen, die in dem bisherigen Recht wurzelten, so war ihm das Anzeichen genug, daß das Königtum weiterer Stärkung bedurfte und das Hindernis hinweggefegt werden mußte. In den einzuschlagenden Wegen war er nicht wählerisch. Die Osnabrücker Adreßsache (oben S. 156) riet er vor die Geschworenen zu bringen, um nach dem zu erwartenden Freispruch politische und Preßvergehen den Schwurgerichten entziehen zu können [3]). Im Januar 1849 hatte er die Zeit eine großartige Entwicklungsperiode genannt und sich zur Mitarbeit an ihren wichtigen Aufgaben den Wählern angeboten [4]). Jetzt hieß es: die Vorgänge seit 1848 hatten nur den Zweck, die Rechte der Krone zu schmälern. Sie wiederherzustellen ist die Aufgabe der Gegenwart. Es ist eine Verleumdung der Gegner, als handle es sich um eine Restauration des Alten: des Jagdrechts, der Befreiung von Staats- und Gemeindelasten, der Adelsvorrechte, der Anstellungen nach Stand und Geburt. Nur auf persönliche Tüchtigkeit und Unbescholtenheit, auf eine im Dienste und außer Dienste erprobte Treue und Ergebenheit gegen des Königs Majestät wird gesehen werden. Daß die Hälfte des Landtags aufs neue dem Adel ausgeliefert war, blieb bei diesem Beruhigungsversuche verschwiegen. In seinem Bestreben, alle und alles zu überwachen, fand der Minister eine nie versagende Stütze an der Polizei und ihrem Oberhaupte. Auch Wermuth, einst Advokat in Hameln, hatte sich den Wählern des Jahres 1848 zur Mitarbeit an dem Neubau des Staates erboten. Seine in der Kommunalverwaltung betätigte Entschiedenheit bewog den König Ernst August, ihn als Polizeiinspektor nach Hannover zu berufen, wo er vermöge seiner Klugheit und Energie bis zum General-

[1]) v. Langwerth, Aus meinem Leben (1898) I 198.

[2]) Ausschreiben des Gesamtministeriums vom 1. August 1855 (Zachariae, Verf.-Gesetze, Forts. I 19).

[3]) v. Hassell IIa, 334 und 337.

[4]) Erklärung vom Januar 1849, Oppermann II 79 (Beilagen).

polizeidirektor aufstieg [1]). Mit Borries und Graf Platen bildete er die Basis für das Regiment Georgs V. Von dem durch ihn organisierten Überwachungssystem hat man erst aus einer der Regierung so wohlwollenden Quelle wie dem Buche von Hassells zuverlässige Kunde erhalten. Vorher hatte man es nur in seinen Wirkungen verspürt, und das Leben Planck̈s hat deren genug aufzuweisen. Die gemäßigtsten Männer, wie Windthorst, wie Francke, wurden beobachtet. Bei dem Leichenbegängnis Lehzens schrieb die Polizei die Namen aller derer auf, die dem um Staat und Wissenschaft hochverdienten Manne die letzte Ehre erwiesen. Die Presse wurde unter strenge Aufsicht gestellt. Das System polizeilicher Verwarnungen, durch das Bundespreßgesetz von 1854 eingeführt, erwies sich als wirksames Einschüchterungsmittel für besorgte Zeitungsverleger, denen die gewerbliche Konzession auf administrativem Wege entzogen werden konnte. Die Zeitung für Norddeutschland, seit einiger Zeit das einzig liberale Organ der Residenz, mußte eine Novelle von Luise Mühlbach, die eine Episode aus dem Leben König Georgs IV. behandelte, aus unabweislichen Rücksichten, wie die Redaktion erklärte, abbrechen [2]). Dabei war von einer Macht der Presse in Hannover weder vor 1855 noch nachher die Rede. Man weiß aus der Selbstbiographie Spielhagens, der eine Zeitlang das Feuilleton der Zeitung für Norddeutschland redigierte, wie mühsam sie sich über Wasser erhielt [3]). In einer ständischen Verhandlung vom Sommer 1854 kam zur Sprache, daß die offizielle Zeitung, die Neue Hannoversche, 1400 Exemplare absetzte und einen Zuschuß von 4360 Talern aus Landesmitteln bedurfte, während von sachkundiger Seite die Abonnentenzahl der Zeitung für Norddeutschland auf 2800 angegeben wurde [4]).

Äußerlich herrschte nach den Gewalttaten vom August und Oktober in dem öffentlichen Leben und Treiben „völlige Gewöhnlichkeit" nach dem unnachahmlichen Ausdruck eines offiziellen Berichts [5]). Auf das Edikt vom 7. Oktober begnügte sich die Zeitung für Norddeutschland mit einer Zusammenstellung der Sätze aus Puchtas Pandekten zu antworten, die das richterliche Prüfungsrecht rechtfertigten [6]). Wozu sich mit politischen Grillen plagen in einer Zeit, da sich die Kunstgenüsse

---

[1]) v. Hassell S. 326 ff.

[2]) Nr. 1962 vom 4. September 1855.

[3]) Erinnerungen, hrsg. von Henning (1911) S. 386 ff.

[4]) Budgetberatung vom 15. Juni 1854.

[5]) v. Hassell S. 333.

[6]) Z. f. Nd. vom 16. Oktober, Nr. 2004. Puchta, Vorlesungen. Auflage 4 S. 35.

in Theater und Konzert durch die Munifizenz des Königs immer glänzender entfalteten, da die neuen finanziellen Unternehmungen, die allerorten aufschossen, Aussichten auf reichen und raschen Gelderwinn eröffneten? Nicht bloß in den Kreisen des Handels- und Gewerbestandes entwickelten sich solche Ansichten. Auch der Beamtenstand verschloß sich nicht den Verlockungen der Zeit und der Hofgunst. Das bezeugt ein Minister, der selbst nicht unberührt von dem Schwindelgeist jener Tage blieb. Das corrumpere et corrumpi wurde auch ihr Merkmal[1]).

Planck war kaum in Dannenberg heimisch geworden, als ein doppeltes Verfahren gegen ihn eingeleitet wurde. Den nächsten Anlaß bot eine kleine „An meine Wähler" betitelte Schrift. Er hatte allemal nach Abschluß einer Diät es für seine Pflicht gehalten, seinen Wählern über die Vorgänge des Landtages und seine Beteiligung daran mündlich zu berichten und sich mit ihnen über die Ergebnisse zu besprechen. Nach der letzten Vertagung zog er den Weg schriftlicher Berichterstattung vor und arbeitete während eines Ferienaufenthalts in Göttingen zu Ende Juli eine zur Verteilung unter seine Wähler bestimmte Broschüre aus. Sie wurde in Hannover bei August Grimpe gedruckt; Freund Bauermeister besorgte die Korrektur, während Planck sich mit seinen Eltern auf eine Rheinreise begab. Schon am 8. August machte Borries in einem Immediatbericht den König auf die Schrift aufmerksam, die offenbar darauf berechnet sei, die Menge zum Widerstand gegen die Maßregeln der Regierung aufzufordern und eine Sprache führe, wie sie eine kräftige Regierung von einem untergebenen Diener nicht dulden dürfe. Er beantragte deshalb die Überweisung der Schrift an den Justizminister, um zu erwägen, ob und welche Schritte gegen den Verfasser zu tun seien[2]). Plancks Schrift enthält eine Darstellung der letzten kurzen Landtagsdiät und ihrer Vorgeschichte von dem Eintritt des Ministeriums Lütcken an, denn von da datiert eine entschiedene Wendung in dem Verhalten der Regierung, ein Entgegenkommen gegen den Bundestag und die Ritterschaften und eine Mißachtung gegen das ganze ständische Wesen. Die Ausführungen, den Anträgen des Verfassungsausschusses folgend, schließen mit dem Ausblick: Was wird folgen? Kommt es zum Umsturz der Verfassung, so muß das Volk zeigen, daß es einer freien Verfassung wert ist, mutig ausharrend die harte Schule, die ihm bevorsteht, richtig benutzen und erkennen, daß Recht und Freiheit in keinem deutschen Einzelstaat aufrecht zu erhalten sind, solange das deutsche Volk nicht ebenso einig zusammensteht zur gesetzlichen Ver-

[1]) v. Hassel IIa S. 332, 352; IIb S. 48.

[2]) v. Hassell IIa S. 334.

teidigung seiner Freiheit, wie jetzt die deutschen Regierungen zu deren Unterdrückung. Die Schrift redet nicht überall die deutliche und kräftige Sprache wie in diesem Schlußworte. Die staatsrechtlichen Streitigkeiten, von denen sie zu berichten hat, ließen sich kaum anders als im Wege sorgfältiger juristischer Deduktion darstellen, aber sie hält nicht zurück mit ihrem entschiedenen Urteil über die Einmischung des Bundestages und deren Urheber. Die Staatsanwaltschaft, die von einer Aufforderung zum Widerstand nichts in der Broschüre zu entdecken vermochte, erhob Anklage wegen Amtsehrenbeleidigung der Minister. Am 8. April 1856 fand die Verhandlung vor der Strafkammer zu Aurich unter dem Vorsitz von Wiarda statt. Planck verteidigte sich selbst, Obergerichtsanwalt Albrecht von Hannover die der Beihilfe Angeklagten wie Bauermeister, den Drucker und die Verbreiter der Schrift in Aurich und Esens. Das Gericht erkannte den Anträgen des Staatsanwalts entsprechend, nur daß es das Strafmaß für Planck von drei auf zwei Monate und für die übrigen von vier auf drei Wochen Staatsgefängnis herabsetzte, und, da alle Minister außer dem Kriegsminister zur Zeit der Vollendung des Delikts nicht mehr im Amte waren, nur in Bezug auf ihn das Verbrechen als vollendet, im übrigen als versucht annahm. Planck hatte von der ersten Instanz keinen günstigeren Ausgang erwartet, da sie aus denselben Personen bestand, welche als Ratskammer die Sache vor die Strafkammer verwiesen hatten. — Um Planck nicht zu einer nochmaligen Reise von Dannenberg nach Aurich zu nötigen, wurde schon vier Tage darauf vor dem Großen Senat unter dem Vorsitz von Stelzer über die von Planck sofort eingelegte Berufung verhandelt. Im Gegensatz zur ersten Instanz forderte das Gericht für den Begriff der Amtsehrenbeleidigung, daß eine absichtliche Mißachtung des Amts selbst zum Ausdruck gebracht sei, denn die staatliche Institution habe der Gesetzgeber schützen wollen. Da die Schrift in keiner Stelle eine Mißachtung des Amts der Minister enthalte, wenn auch Angriffe auf die physischen Personen der zeitigen Minister darin erblickt werden könnten, von diesen aber nicht auf Bestrafung angetragen sei, so kam das Gericht zu einem Freispruch. Der Staatsanwalt griff das Urteil mit der Nichtigkeitsbeschwerde an, weil es eine als erwiesen angenommene Tatsache mit Unrecht für eine straflose hielt (Strafprozeßordnung 215, 8). Da aber die Nichtigkeitsbeschwerde sich nur gegen das Urteil des Großen Senats richten konnte, und in diesem, wie Planck in einem Briefe an seine Eltern (15. April) bemerkte: „überall nicht ausgesprochen worden, daß und was als erwiesen angenommen“, wurde sie seiner Voraussicht entsprechend vom Celler Kassationssenat aus einem formellen Grunde verworfen. Der Gerichtshof unterließ aber nicht, in einer gleichzeitigen Verfügung das Auricher Obergericht auf die Verabsäumung der Vorschrift in Strafprozeßordnung § 149 zu verweisen und die Erwartung einer künftigen genauen Befolgung auszusprechen.

Endete das Strafverfahren auch mit einem Freispruch für Planck, so sollte es doch für einen seiner Freunde dauernd nachteilige Folgen haben. Um sicher zu gehen, daß seine Schrift nichts Strafbares enthalte, hatte er das Manuskript dem Professor O. Hartmann in Göttingen zur Prüfung vorgelegt. Er fand außer einem nicht ganz unbedenklichen Passus, den Planck änderte, nichts Anstößiges, riet aber, da ihm Ideengang und Darstellung nicht hinlänglich durchdacht und verarbeitet erschienen, zu einer gründlichen Revision. Da Planck zu verreisen im Begriff stand und der Bericht möglichst bald unter die Wähler kommen sollte, entschloß er sich, ohne die Bedenken Hartmanns zu verkennen, zur sofortigen Übersendung des Manuskripts an Bauermeister in Hannover. Als dieser der Beihilfe angeklagt wurde, wünschte er zu seiner Exkulpierung Hartmanns Votum über die Unbedenklichkeit der Schrift, von dem er gehört hatte, heranzuziehen. Nachdem das Gericht ihn in der Voruntersuchung als Zeugen zu vernehmen abgelehnt hatte, drang Bauermeister in Planck, ein schriftliches Zeugnis seines Freundes zu erlangen. Widerstrebend gab er nach und erhielt einen an ihn gerichteten Brief, da Hartmann mit Bauermeister gar nicht bekannt war. Obschon der Brief, den Bauermeister vor Gericht verlas, sich auf eine juristische Meinungsäußerung über den strafrechtlich unbedenklichen Inhalt der Planckschen Broschüre beschränkte, wurde er für seinen Verfasser auf Jahre hinaus eine Quelle Allerhöchster Ungnade. Der Hergang ist bezeichnend für die Aufmerksamkeit, mit der die Regierung jede ihr mißfällige Äußerung beachtete und unerbittlich verfolgte. „Wie konnten Sie sich mit einem Demokraten, dessen Gesinnungsgenosse Sie nicht waren, so weit abgeben, daß Sie seine Manuskripte lasen und Gutachten darüber erteilten?“ fragte ein bekannter Göttinger Professor den Kollegen, der erwiderte: „Herr Geheimer Justizrat, würden Sie für einen Freund nicht dasselbe tun?“ So verdienstlich Hartmann für die Universität wirkte und so fern er allen politischen Demonstrationen blieb, er kam nicht über die Stellung des Extraordinarius hinaus, und als ihn 1859 ein Ruf nach Halle traf, versuchte die Regierung nicht, ihn der Landesuniversität zu erhalten. Erst drei Jahre später setzte die treue Beharrlichkeit des Kurators von Warnstedt bei dem Könige die Rückberufung Hartmanns durch [1]).

[1]) Akten des Universitätskuratoriums. Mein Art. Hartmann in ADB. 10, 698 ist nach dem Text zu berichtigen.

Neben dem Preßprozeß hatte der Bericht Plancks an seine Wähler ein Disziplinarverfahren gegen ihn zur Folge. Die Staatsanwaltschaft fand in verschiedenen Stellen der Schrift eine Verletzung der Pflichten des Verfassers gegen seine Vorgesetzten. Der Große Senat des Obergerichts zu Dannenberg führte dagegen aus, daß zur Zeit der Veröffentlichung der Schrift kein Vorgesetzter vorhanden gewesen sei, den sie habe verletzen können. Der Kriegsminister, das einzige noch im Amt befindliche Mitglied des Ministeriums Lütcken, war kein Vorgesetzter eines Richters und das Gesamtministerium weder eine juristische Person noch eine allgemein allen Staatsdienern vorgesetzte Behörde. In materieller Hinsicht kam Plancks Broschüre ihr Zusammenhang mit seiner Abgeordnetentätigkeit, ihr Zweck, seine Abstimmungen im Landtage zu rechtfertigen, zustatten. Ein Staatsdiener als Abgeordneter oder in einer aus dieser Stellung sich ergebenden Tätigkeit ist nicht mehr als andere Abgeordnete beschränkt; die Disziplin, der er außerdienstlich unterliegt, fordert von ihm in politischen Angelegenheiten weder unbedingte Unterwürfigkeit unter die Ansichten des jeweiligen Ministeriums, noch ein vollständiges Zurückhalten eigener Ansichten und Urteile. So kam das Gericht zu dem Resultat: Plancks Broschüre ist keine feindliche Demonstration, sondern nur eine dem Berichte über tatsächliche Vorgänge angeschlossene, wenngleich scharfe Kritik des Ministeriums und setzte den Beschuldigten außer Verfolgung (20. Dezember 1855). Das Celler Gericht, an das der Staatsanwalt Berufung eingelegt hatte, präzisierte die streitige Frage dahin: Hat der Berufene durch seine Schrift das gestattete Maß der kritisierenden Beurteilung in einer Weise überschritten, daß er dem Disziplinargesetz verfällt? Die Rücksicht auf die Abgeordnetenstellung des Autors verstärkte das Tribunal noch dadurch, daß er Mitglied des ständischen Verfassungsausschusses gewesen sei und, an der Rechtfertigung seines Verhaltens in der Kammer durch deren Vertagung verhindert, zur Schrift gegriffen hatte. Die Handlungsweise des Ministeriums zu beurteilen ist jedem Staatsbürger und jedem Staatsdiener unbenommen. Die fast unbegrenzte Redefreiheit wie in der Kammer genießt der Berufene außerhalb derselben nicht, und an mehreren Stellen überschreitet die Schrift das Maß einer erlaubten Kritik der vom König eingesetzten höchsten Landesbehörde, auch wenn man die besondere Stellung des Autors als Ständemitglied erwägt; aber sie reichen nicht zur Einleitung eines Disziplinarverfahrens aus. Dazu verlangt das Gesetz eine bedeutendere Verletzung der außerdienstlichen Pflichten und bei geringern Verstößen vorgängige und fruchtlos gebliebene Erinnerungen und Weisungen der Vorgesetzten, selbstverständlich in Beziehung auf gleichartige Vergehen.

Da die dem Berufenen früher erteilten Rügen andere Gegenstände betrafen, als die jetzt zur Beschuldigung erhobene Handlungsweise, so verwarf das Gericht die Berufung des Oberstaatsanwalts als unbegründet (4. Februar 1856). Den hier aufgedeckten Mangel beeilte sich das Ministerium im getreuen Anschluß an das Celler Erkenntnis zu ergänzen und ließ durch den Präsidenten Schmedes Planck eröffnen, daß er durch bestimmt zitierte Stellen seiner Schrift eine höchst unpassende und anmaßende Kritik über die von Sr. Majestät dem Könige eingesetzte höchste Landesbehörde geübt und sich dadurch eines die Würde seines Amts und seiner dienstlichen Stellung als Mitglied eines Königlichen Obergerichts widerstreitenden Verhaltens schuldig gemacht habe. Das Ministerium, dessen ernstliches Mißfallen er sich dadurch zugezogen, erwarte, er werde künftig bei Vermeidung nachdrücklichen Einschreitens derartige mit der Stellung eines königlichen Dieners durchaus unverträgliche Ungebührlichkeiten unterlassen (23. Februar 1856).

Das Strafverfahren und Disziplinarverfahren waren noch nicht zu Ende, als eine neue Untersuchung gegen Planck heranzog, auch diesmal durch eine Druckschrift hervorgerufen, nicht eine an die Wähler gerichtete Broschüre, sondern eine an das juristische Publikum sich wendende Abhandlung, an deren Ausarbeitung er sich alsbald nach der Rückkehr von seiner Sommerreise gemacht hatte. Ihr Material, die Unterlage für das zu dem Auricher Erkenntnis vom 3. Oktober führende Referat, war zu dessen eingehender Begründung benutzt in einer zu Anfang 1856 im Verlage von Heinrich Strack in Bremen erschienenen Schrift: Über die verbindliche Kraft der Verordnung vom 1. August 1855. Sie ist rein sachlich gehalten, nüchtern, eher schwer als flüssig geschrieben und enthält sich der politischen Betrachtungen. Nur mit den Mitteln der juristischen Deduktion arbeitend, will sie den Leser durch die Kraft der Überzeugung für ihre Beweisführung gewinnen. Ihren Gegenstand bildete eine unter Publizisten und Privatrechtslehrern viel und seit langer Zeit behandelte Streitfrage. Mochte das richterliche Prüfungsrecht in den letzten Jahren durch den Art. 106, 2 der preußischen Verfassung erheblich an praktischer Bedeutung eingebüßt haben, es blieb ein Thema von hohem wissenschaftlichen und auch praktischem Werte, wie das die Verhandlungen des Juristentages bezeugen, der bald nach seiner Begründung sich des Gegenstandes in lebhaften Debatten annahm. Wie Planck sich an ihnen in bevorzugter Stellung beteiligte, so hat ihn die Frage wiederholt auf den literarischen Kampfplatz gerufen.

Seine erste schriftstellerische Behandlung des Themas führte ihn vor das Forum eines Disziplinargerichts. Der Staatsanwalt klagte ihn auf Grund seiner Schrift eines pflichtwidrigen, der Würde und dem Zwecke des Richteramts widersprechenden Verhaltens an. Unterstanden Mitglieder eines Obergerichts auch sonst der Disziplin des Gerichts, dem sie angehörten, so mußte, wenn eine schwerere Strafe in Aussicht genommen war, gesetzlich ein anderes Obergericht an seine Stelle treten: für Dannenberg war das Lüneburg. In der von Lindemann präsidierten Gerichtssitzung des Großen Senats vom 28. April schlug der Staatsanwalt Kolligs einen auffallend politischen Ton an. Der Beschuldigte, eine Koryphäe der Demokratie, habe in der Absicht politisch einzuwirken, die Schrift verfaßt, die nur die Fortsetzung seines von Anfang an auf Opposition gegen die Minister, freisinnige und minder freisinnige, gerichteten Strebens sei. Die wiederholten Verweise, die ihm sein Verhalten eingetragen, und die zwiefache Untersuchung, die gegen ihn zurzeit der Herausgabe seiner Schrift schwebte, hätten ihn vorsichtig machen sollen. Den letzten Vorwurf wies Planck damit zurück, daß sein Verhalten gerade seinen guten Glauben an die Unsträflichkeit seiner Handlung beweise, wie denn auch die Untersuchung nachher mit einem Freispruch geendet habe. Der angeblichen Rückfälligkeit stand entgegen, daß er 1849 nicht disziplinarisch bestraft, sondern nur mit einer dienstlichen Rüge belegt (oben S. 98), auch 1849 und 1852 wegen seines politischen Verhaltens, also um eines ganz andern Vergehens willen als des jetzt in Rede stedenden, angeklagt worden sei[1]). Das Gericht erkannte an, daß die Schrift die Grenzen einer erlaubten und angemessenen, wissenschaftlichen Erörterung innehalte, verwarf die Rückfälligkeit, sah aber in der Abfassung der Schrift während des schwebenden Disziplinarprozesses einen Mangel an Vorsicht, in ihrer Veröffentlichung und Verbreitung, nachdem das Gesetz vom 7. Oktober Geltung erlangt hatte, einen Versuch, die Richter zur Nichtanwendung der Verordnung vom 1. August zu verleiten. Da der Verfasser sich hierdurch eines den Pflichten seines Amts nicht entsprechenden außerdienstlichen Verhaltens schuldig gemacht habe, belegte ihn das Gericht mit der Strafe eines schriftlichen Verweises, während der Staatsanwalt dreimonatliche Suspension beantragt hatte. Beide Teile legten Berufung nach Celle ein. Die Rede, mit der sich Planck am 9. Juni vor dem Kriminalkassationssenat verteidigte, folgt hier nach dem Wortlaut, wie er ihn einige Tage später aus dem Gedächtnis niedergeschrieben hat, da er anfangs die nachher aufgegebene Absicht hatte, die Aktenstücke des Prozesses zu veröffentlichen.

---

[1]) Ztg. f. Nordd. Nr. 2200 vom 1. Mai 1856.

Mein Herr Präsident, meine Herren Räte!

Ich beantrage, das Urteil des Großen Senats des Obergerichts Lüneburg aufzuheben und mich kostenlos freizusprechen.

Es fragt sich, ob ich dadurch, daß ich in der hier vorliegenden Broschüre über die verbindliche Kraft der Verordnung vom 1. August 1855 geschrieben und sie habe drucken lassen, ein dem Zwecke oder der Würde meines Amts nicht entsprechendes Verfahren beobachtet habe. Ich werde die verschiedenen Gesichtspunkte, von denen aus dies möglicherweise angenommen werden könnte, zu beleuchten suchen und dabei speziell die von der Beschuldigung, dem Erkenntnisse erster Instanz und der Kgl. Oberstaatsanwaltschaft hervorgehobenen Gründe berücksichtigen.

Die fragliche Schrift enthält eine juristische Abhandlung. Daß es an sich weder dem Zwecke noch der Würde des Richteramts widerstreitet, juristische Abhandlungen zu schreiben, wird keiner Ausführung bedürfen; es ist ja bekannt genug, wie viele Mitglieder dieses Hohen Gerichtshofes selbst sich durch derartige Abhandlungen große Verdienste erworben haben. Der Gegenstand meiner Abhandlung also müßte es sein oder die Art, wie ich ihn behandelt, oder endlich das Resultat, zu welchem ich gelange, was als pflichtwidrig betrachtet wird.

Den Gegenstand der Abhandlung bildet die Frage, welches die Voraussetzungen der verbindlichen Kraft eines Gesetzes oder einer Verordnung nach hannoverschem Rechte seien und die Anwendung des in der Untersuchung gewonnenen Resultats auf die Verordnung vom 1. August und vom 7. Oktober. Daß jene Frage für jeden Juristen, namentlich jeden Richter von großem Interesse ist, daß sie ein der Behandlung wohl würdiges Thema bildet, wird von niemand bestritten werden. Aus diesem Gegenstande an sich würde mir auch schwerlich von irgendeiner Seite ein Vorwurf gemacht sein. Derselbe wird im Grunde auch — obgleich dies nach einzelnen Andeutungen des Oberstaatsanwalts so scheinen könnte — nicht darin gefunden, daß ich die Abhandlung gerade jetzt geschrieben und deren Resultat auf die Verordnung vom 1. August und das Gesetz vom 7. Oktober angewandt — ich bin fest überzeugt, wäre ich in meiner Abhandlung zu dem entgegengesetzten Resultate gelangt, zu dem Resultate, daß jede Verordnung, sobald sie in der Gesetzsammlung stehe, verbindlich sei, und hätte dies Resultat auf die Verordnung vom 1. August und das Gesetz vom 7. Oktober angewandt, es wäre sicherlich keine Beschuldigung gegen mich erhoben. Der mir gemachte Vorwurf beruht also — da bei der streng wissenschaftlichen Haltung meiner Schrift auch in der Art der Behandlung, wie die Kgl. Oberstaatsanwaltschaft ausdrücklich anerkannt hat, eine solche nicht gefunden wird — lediglich in dem Resultate, zu welchem ich gelange; beruht darin, daß ich eine Ansicht verteidigt habe, welche in ihrer Beziehung auf das gemeine Recht seit lange von den bedeutendsten juristischen Autoritäten — ich nenne nur Puchta, Vangerow, Wächter — verteidigt ist, die aber in ihrer Anwendung auf die Verordnung vom 1. August unglücklicherweise zu dem Resultate führt, daß diese nicht verbindlich ist. Es soll also — das ist der wahre Sinn der Beschuldigung — der Würde oder dem Zwecke des Richteramts widerstreiten, öffentlich die Ansicht zu verteidigen, daß eine von der Regierung publizierte Verordnung, weil sie nicht in der vorgeschriebenen Form verkündet worden, unverbindlich sei. Die Beschuldigung nimmt dies, wie es scheint, allgemein, das Erkenntnis erster Instanz nur mit Beziehung auf das Gesetz vom 7. Oktober an. Der einzige dafür angeführte Grund besteht darin, daß der Richter dadurch den ausgesprochenen Absichten der Regierung entgegentrete und dies mindestens öffentlich nicht dürfe. Die Konsequenz dieser Ansicht führt direkt zur Verteidigung der Kabinettsjustiz; sie führt dahin, den Richter für verpflichtet zu erklären, auch dann, wenn die Regierung ihm in einem bestimmten Prozesse befiehlt, in einer bestimmten Art zu erkennen, diesem Befehle Folge zu leisten; denn täte er das nicht, so träte er ja dadurch den ausgesprochenen Absichten der Regierung und zwar, da das Gerichtsverfahren jetzt öffentlich ist, öffentlich auf das direkteste entgegen. Ich vermute, daß diese Konsequenz von keiner Seite anerkannt wird. Man wird, um ihr zu entgehen, den oben aufgestellten Satz auf das außerdienstliche Verhalten des Richters beschränken. Aber auch in dieser Beschränkung läßt er sich ebensowenig rechtfertigen und kann weder aus dem Zwecke des Amts eines Staatsdieners im allgemeinen, noch speziell aus dem Zwecke des Richteramts abgeleitet werden.

Der Zweck jedes Amts besteht zunächst darin, diejenigen Funktionen zu erfüllen, zu deren Erfüllung das Amt bestimmt ist. Dem Zwecke seines Amtes zuwider handelt also derjenige Staatsdiener, welcher irgend etwas tut, was die gute und vollständige Erfüllung jener Funktionen beeinträchtigt. Bei denjenigen Ämtern nun, welche dazu berufen sind, die Absichten und Maßregeln der Regierung auszuführen, kann es allerdings vorkommen, daß ein öffentliches Entgegentreten gegen die Verfügungen und ausgesprochenen Absichten der Regierung von seiten desjenigen, der sie auszuführen berufen ist, die Ausführung selbst erschwert oder gar unmöglich macht. Hier wird also ein derartiges Entgegentreten allerdings dem Zwecke des Amts widersprechen, folglich pflichtwidrig sein. Anders aber steht die Sache bei dem Richteramte. Der Richter ist dazu berufen, Recht zu sprechen — weiter nichts. Er soll dies tun, unbekümmert um äußere Rücksichten, auch um das, was die Regierung wünscht oder beabsichtigt; er soll in seiner ganzen dienstlichen Tätigkeit lediglich dem folgen, was er nach seiner gewissenhaften Überzeugung für recht erkannt hat. Wie ist es nun denkbar, daß er diese seine Aufgabe in irgendwelcher Art dadurch beeinträchtigt, daß er in der einen oder anderen Beziehung andere Ansichten wie die Regierung hat und diese öffentlich verteidigt? Er hat ja mit der Ausführung der Ansichten und Absichten der Regierung nichts zu tun; er soll Recht sprechen unbekümmert um sie; folglich muß es auch durchaus gleichgültig sein, ob er die Ansichten der Regierung oder die entgegengesetzten für die richtigen gehalten und öffentlich verteidigt hat. In einzelnen konkreten Fällen, die möglicherweise zu seiner richterlichen Entscheidung gelangen können, wird er sich allerdings der vorherigen Äußerung seiner Ansicht enthalten müssen, denn er setzt sich dadurch der Gefahr aus, in solchen Fällen demnächst nicht als Richter fungieren zu können. Über allgemeine Rechtsfragen sich zu äußern — und davon ist hier ja allein die Rede — kann aber nie und in keiner Art seine Aufgabe, den Zweck und die Würde seines Amts beeinträchtigen, daher auch nie pflichtwidrig sein.

Es scheint indessen nach den Äußerungen der Oberstaatsanwaltschaft, daß sich die Beschuldigung auch nicht sowohl auf die Aufgabe des Richteramts, als vielmehr auf eine angeblich allen Staatsdienern gemeinsame Aufgabe stützt, die darin bestehen soll, die Absichten und Maßregeln der Regierung nach Kräften zu unterstützen. Wäre diese Ansicht über die Aufgabe der Staatsdiener in solcher Ausdehnung richtig, dann wäre ich allerdings schuldig, dann wären aber in der Tat die Staatsdiener in der trostlosesten Lage, denn sie wären durch ihr Amt verpflichtet, mit jedem wechselnden Ministerium ihre Ansichten zu ändern oder gar gegen ihre bessere Überzeugung Maßregeln und Absichten zu fördern, die sie für verderblich oder rechtswidrig halten. Glücklicherweise ist aber jener Satz in keiner Beziehung wahr. Der Staatsdiener ist kein Diener der Regierung, sondern — wie schon das Wort sagt — ein Diener des Staats. Will man also überhaupt eine derartige allen Staatsdienern gemeinsame Aufgabe statuieren, so kann diese nur darin bestehen, daß sie nach Kräften dahin streben, das Wohlergehen und Gedeihen des **Staats** zu fördern, daß sie nichts tun, was den Staat und dessen Rechtsordnung gefährdet. Daraus folgt dann allerdings, daß sie auch gegen die Regierung diejenige Rücksicht und Achtung beobachten müssen, welche ihr als der höchsten Staatsbehörde gebührt und behuf Aufrechterhaltung des staatlichen Organismus notwendig ist. Nie aber kann daraus gefolgert werden, daß sie alle Absichten der Regierung unterstützen, daß sie auch dann, wenn diese Maßregeln ergreift, welche sie für verderblich und rechtswidrig halten, schweigen oder gar ihre rechtliche Überzeugung unterdrücken müssen. Regierung und Staat sind ja nicht identisch; das Wohl des Staats nicht identisch mit dem Wege, auf welchem ein bestimmtes Ministerium dasselbe zu erreichen strebt. Ich darf nur auf unsre eigne Geschichte in den letzten Jahren hinweisen. Fünfmal haben seit 1848 die Ministerien gewechselt, und ebenso oft haben sich die An- und Absichten der Regierung vollständig geändert. Der Staat ist aber immer derselbe geblieben; sein wahres Wohl kann auch nur eins sein. Von diesem Ministerium ist es aber auf diesem, von jenem auf einem anderen Wege zu erreichen gestrebt, und es würde doch geradezu widersinnig sein, das Bekämpfen dieses oder jenes Weges als gleichbedeutend mit einer Bekämpfung des Staats oder seines Wohls zu bezeichnen. Der Staat selbst und die Erhaltung der bestehenden Rechtsordnung erfordert aber keineswegs eine stumme Unterwürfigkeit der Staatsdiener. Ein gesundes Staatsleben erfordert im Gegenteile auch für sie die Möglichkeit der freien Meinungsäußerung, weil eben dadurch das Finden des richtigen Weges zum wahren Wohle des Staats erleichtert wird, und ich möchte glauben, daß sich aus den Pflichten des Staatsdieners gegen den Staat eher der Satz ableiten ließe, daß er, wenn die Regierung Maßregeln ergreift, welche nach seiner Überzeugung für den Staat verderblich oder gar rechtswidrig sind, dies zum Besten des Staats offen und ehrlich auszusprechen habe. Er wird dabei dann allerdings diejenigen Rücksichten, welche er der Regierung als der höchsten Landesbehörde schuldet, nicht außer Augen setzen dürfen, er wird nicht in leidenschaftlichem, anmaßendem oder unhöflichem Tone, sondern in derjenigen Art sprechen müssen, wie sie eine ernste, sich lediglich an die Sache haltende Erörterung erfordert. Ein Sprechen oder Schreiben innerhalb dieser Grenzen aber kann dem Staate und deshalb auch dem wahren und wirklichen Interesse nie schaden, sondern nur nützen. Diese sich m. E. aus dem Wesen des Staatsdieneramts ergebenden Sätze werden dann auch durch spezielle Bestimmungen unsrer Gesetze wenigstens indirekt anerkannt. Das Staatsdienergesetz zunächst enthält keine Bestimmung, in welcher auch nur angedeutet wäre, daß der Staatsdiener der Regierung nicht entgegentreten dürfe. Der § 34 desselben bestimmt vielmehr nur, daß der Staatsdiener gehörig erlassene Befehle Vorgesetzter in dienstlichen Angelegenheiten befolgen müsse. Daraus wird man vermittelst eines argumentum a contrario mit Recht schließen können, daß er in außerdienstlichen Angelegenheiten die Befehle der Vorgesetzten nicht zu befolgen, geschweige denn ihre Maßregeln und Absichten zu unterstützen braucht, daß er in diesen Beziehungen vielmehr seiner eigenen Überzeugung folgen, sie also auch offen aussprechen kann. Unsre Gesetze gestatten ferner dem Staatsdiener, Mitglied der Stände zu sein. Schwerlich dürfte wohl irgend jemand behaupten mögen, daß er auch in dieser Stellung — obgleich er ja immer Staatsdiener bleibt — die Absichten der Regierung befördern müsse und nur mit dieser stimmen dürfe; es würde ihm das schon sein Eid verbieten, der ja dahin geht, daß er nur das Wohl des ganzen Königreichs vor Augen und seine Stimme nach seiner besten Überzeugung abgeben wolle, daß ihn also, wenn die Maßregeln der Regierung mit dem Wohle des Landes nach seiner Überzeugung nicht vereinbar sind, sein Eid zwingt, der Regierung entgegenzutreten.

Ich halte es nicht für erforderlich, alle diese Gründe noch weiter auszuführen, ich halte es auch nicht für erforderlich, aus unsrer eigenen neuesten Geschichte Beispiele von Staatsdienern anzuführen, welche der Regierung auf das entschiedenste entgegengetreten sind, von Staatsdienern, die zum Teil jetzt die höchsten Staatsämter bekleiden, in betreff deren es aber niemandem eingefallen ist, sie eines pflichtwidrigen Verhaltens zu zeihen. Ich halte dies alles für nicht weiter erforderlich, da dieser Hohe Gerichtshof selbst in dem in der früher gegen mich eingeleiteten Disziplinaruntersuchung gesprochenen Erkenntnisse die von mir jetzt verteidigte Ansicht als die richtige anerkannt hat.

Es heißt darin: „In Erwägung, daß auch ganz abgesehen von der damaligen besonderen Stellung des Berufenen, die Berechtigung zur Beurteilung, Kritik (des Verfahrens der Regierung) sowohl nach dem früheren wie nach dem jetzigen Stande der Gesetzgebung des Königreichs Hannover allen Staatsbürgern und eben deshalb auch allen Staatsdienern zustand und noch zusteht; in Erwägung, daß freilich bei Ausübung dieser Berechtigung die Stellung des Staatsdieners eine wesentlich andere, enger begrenzte wie die aller anderen Staatsbürger ist, da ihre amtliche Stellung selbstredend und nach ausdrücklicher Vorschrift der Gesetze, namentlich der §§ 33 u. 55 des Staatsdienergesetzes niemals aufhört, solange sie sich im Staatsdienst befinden, und eben deshalb ausdrücklich bestimmt ist, daß sie auch durch außerdienstliches Verhalten der Würde und dem Zwecke ihres Amtes entgegenhandeln können."

Unter den engeren Grenzen, in welchen hiernach ein Staatsdiener bei Ausübung des ihm an sich zustehenden Rechts der freien Kritik eingeschlossen ist, können nach dem ganzen Zusammenhange des Urteils nur diejenigen verstanden werden, welche ich bereits angedeutet habe, die nämlich, daß der Staatsdiener in der Form der Kritik nicht die Rücksicht, welche er der Regierung als höchster Staatsbehörde schuldet, außer Augen setzen darf. Man wird diese Grenze, wie ich glaube, richtig bezeichnen, wenn man sagt: Der Staatsdiener muß bei seiner Kritik alles, was nicht zur Sache gehört, weglassen, sich nur an diese halten und nur mit den aus der Sache zu entnehmenden Gründen kämpfen. Daß meine Schrift sich innerhalb dieser Grenzen hält, wird kaum bestritten werden. Sie ist, wie die Königl. Oberstaatsanwaltschaft ausdrücklich anerkennt, in streng wissenschaftlichem Tone gehalten. Ein solcher geziemte dem Ernste des Gegenstandes; durch einen solchen kann aber auch die der Regierung schuldige Achtung nie verletzt werden. Die Schrift behandelt eine viel umstrittene Rechtsfrage und gelangt zu einem der Regierung unangenehmen, ihren Ansichten widersprechenden Resultate. Ob dies richtig, ob falsch, das ist durchaus gleichgültig. Ich habe gewissenhaft gestrebt, das Richtige zu erkennen, und eine gewissenhafte Darlegung der für eine Ansicht sprechenden Gründe kann der Erkenntnis des Rechts nur nützen, nie schaden. Die Erkenntnis des Rechts aber wieder kann dem Wohle des Staates und deshalb auch dem wahren Interesse der Regierung nie schädlich sein, zu ihr beizutragen also den Pflichten des Staatsdieners nie widersprechen.

Das scheint denn auch das Erkenntnis erster Instanz im allgemeinen anzuerkennen; es verurteilt mich aber mit Rücksicht auf das Gesetz v. 7. Oktober.

Ich muß in dieser Beziehung zunächst wiederholen, was ich in meiner Schrift ausführlich darzulegen gesucht habe, daß nämlich das Gesetz v. 7. Oktober, sofern es an die Stelle der früheren Verfassungsbestimmung, daß Gesetze und Verordnungen nur, wenn sie in der vorgeschriebenen Form verkündet worden, verbindlich seien, dem Richter das Recht und die Pflicht gibt, auch nicht gehörig publizierte Gesetze und Verordnungen seinen Entscheidungen zugrunde zu legen, daß, sage ich, das Gesetz v. 7. Oktober insoweit nicht verbindlich ist. Ich weiß, daß ich damit eine Ansicht ausspreche, die von vielen Seiten entschieden gemißbilligt wird. Ich habe nach ernster und gewissenhafter Forschung zu keiner anderen gelangen können. Die Gründe dafür sind in dem ersten Teile meiner Schrift ausführlich erörtert; wesentlich Neues wüßte ich nicht anzuführen und glaube ich mich, da ja die sämtlichen Mitglieder dieses Hohen Gerichtshofs, weil der ganze Inhalt der Schrift von der Beschuldigung getroffen wird, dieselbe lesen müssen, auf sie beziehen zu können. Ich glaube dies um so mehr, als die Frage, ob meine Ansicht richtig, für die Entscheidung dieses Prozesses im Grunde durchaus gleichgültig und die Beschuldigung, auch wenn das Gesetz v. 7. Oktober in allen Beziehungen verbindlich wäre, doch jeden Grundes ermangelt.

Ich darf hier zunächst daran erinnern, daß der Zweck meiner Schrift nicht der einer Polemik gegen das Gesetz vom 7. Oktober ist. Den Plan zu dieser Abhandlung hatte ich bereits im August vorigen Jahres in Göttingen gefaßt, dort auch schon die Vorarbeiten beendigt und die Ausführung begonnen. Andere Geschäfte hinderten mich an der sofortigen Vollendung. Dadurch, daß ich berufen wurde, als Richter über die den Gegenstand der Abhandlung bildende Frage zu entscheiden, und das desfalls gesprochene Erkenntnis von vielen Seiten auf das entschiedenste und zum Teil gehässigste angegriffen wurde, ward ich von neuem und in verstärktem Maße zur Ausführung meines Planes angeregt. Während der Ausarbeitung der Schrift erschien das Gesetz vom 7. Oktober. Um die von mir behandelte Frage zu erschöpfen, mußte ich nun untersuchen, ob durch dies Gesetz der bisherige Rechtszustand, wie ich ihn in meiner Schrift aufgefaßt und darzulegen gesucht, geändert worden, ob die von mir behandelte Frage nach diesem Gesetze anders zu beantworten sei wie vor demselben. Das habe ich in den Schlußworten getan. Ich konnte mich kurz fassen, weil die in Betracht kommenden Grundsätze in dem ersten Teile der Schrift ausführlich erörtert waren und es sich lediglich um die keine Schwierigkeit bietende Anwendung derselben handelte.

Dies vorausgeschickt, wende ich mich zu den Gründen des Erkenntnisses erster Instanz. Ihr Sinn geht im wesentlichen dahin: Das Gesetz vom 7. Oktober verbietet allen Richtern die verbindliche Kraft der von der Regierung erlassenen Gesetze und Verordnungen in amtlichen Fällen ihrer Beurteilung zu unterziehen und anzuzweifeln. Es ist deshalb für den Richter nicht allein pflichtwidrig, diesem Gesetz entgegenzuhandeln, sondern auch andere Richter zur Übertretung derselben zu veranlassen. Die hier fragliche Schrift hat aber offenbar den Zweck, auf Nichtbefolgung des Gesetzes hinzuwirken und ist deshalb pflichtwidrig. — Das Urteil erster Instanz findet also in meiner Schrift einen Versuch der Anstiftung zur Übertretung des Gesetzes vom 7. Oktober. Ich will hier nicht ausführen, daß ein solcher Versuch, juristisch genommen, undenkbar ist, weil erst die vollendete Anstiftung selbst — wenn, wie hier, das angebliche Vergehen, zu welchem angestiftet worden, nicht begangen ist — als Versuch zu strafen ist, und ein Versuch eines Versuchs nicht existiert. Ich will auch nicht weiter ausführen, daß jede analoge Anwendung, selbst jede extensive Interpretation des Gesetzes vom 7. Oktober als einer lex specialissima unzulässig ist. Ich brauche dies alles nicht auszuführen, weil, wenn wirklich meine Abhandlung, sei es aus dem Gesichtspunkte eines Versuchs zur Übertretung des Gesetzes vom 7. Oktober, sei es vermöge einer analogen Anwendung desselben unter die Strafbestimmungen dieses Gesetzes fiele, weder das Obergericht Lüneburg noch dieser Hohe Gerichtshof kompetent sein würde, sondern lediglich der durch das Gesetz vom 7. Oktober selbst eingesetzte Staatsgerichtshof.

Hier kann daher immer nur die allgemeine Frage in Betracht kommen, ob meine Abhandlung mit Rücksicht auf das Gesetz vom 7. Oktober dem Zwecke und der Würde des Richteramts entspricht. Und da hat der dem Erkenntnisse erster Instanz zugrunde gelegte Satz in thesi etwas Wahres: „Der Richter ist verbunden, die Gesetze und die Befehle der Vorgesetzten zu befolgen, er handelt also nicht allein pflichtwidrig, wenn er solche selbst übertritt, sondern auch, wenn er andere Richter zur Nichtbefolgung auffordert."

Diesen Satz gebe ich im allgemeinen vollständig zu, sofern man nur unter den Befehlen der Vorgesetzten gehörig erlassene Befehle Vorgesetzter in dienstlichen Angelegenheiten versteht, denn nur diese zu befolgen schreibt der § 34 des Staatsdienergesetzes vor, und ich habe bereits ersten darauf hingewiesen, daß der Richter nicht gehörig erlassene Befehle Vorgesetzter bei Ausübung seines Amtes nicht befolgen darf. Mit dieser Beschränkung aber gebe ich, wie gesagt, jenen Satz vollständig zu; seine Anwendung auf meine Schrift aber scheint mir jeden Grundes zu entbehren. Ich habe nicht zur Übertretung eines Gesetzes oder gehörig erlassener Befehle Vorgesetzter aufgefordert, sondern ich habe nur untersucht, ob wirklich ein verbindliches Gesetz vorliege, ob die darin enthaltenen Vorschriften der Vorgesetzten gehörig erlassen seien. Ich sage nicht einmal, der Richter müsse den Vorschriften des Gesetzes vom 7. Oktober zuwiderhandeln; sondern ich ziehe nur aus der von mir angestellten Untersuchung auch den Schluß, daß durch das Gesetz vom 7. Oktober der bisherige Rechtszustand in Beziehung auf die von mir behandelte Frage nicht geändert sei, und der Richter daher durch jenes Gesetz nicht berechtigt werde, die Verordnung vom 1. August seinen Entscheidungen zugrunde zu legen. Ich habe diesen Ausdruck absichtlich gewählt, weil ich über die weitere damals in Kreisen von Richtern häufig besprochene Frage, was denn der Richter positiv tun solle, wenn er in die Lage komme, über die verbindliche Kraft der Verordnung vom 1. August zu entscheiden, ob er sie trotz des Gesetzes vom 7. Oktober für ungültig erklären, oder ob er sich selbst ablehnen solle, oder endlich, ob ihm nichts übrig bleibe, als sein Amt niederzulegen, weil ich, sage ich, über diese Frage, als dem Gegenstande meiner Abhandlung fremd, mich nicht aussprechen wollte. Ich beschränkte mich deshalb darauf, lediglich das Fazit meiner Untersuchung dahin zu ziehen: Das Gesetz vom 7. Oktober ist, weil es nicht in der für Verfassungsänderungen vorgeschriebenen Form verkündigt worden, nicht fähig, den bisherigen Verfassungszustand zu ändern, der Richter daher nicht berechtigt, andere als die bisherigen Verfassungsbestimmungen seinen Entscheidungen zugrunde zu legen. Liegt denn darin die Aufforderung zur Übertretung eines Gesetzes? Und weiter! Weshalb ist es denn für einen Richter pflichtwidrig, zur Übertretung eines Gesetzes aufzufordern? Abgesehen von dem hier nicht in Betracht kommenden Gesichtspunkte einer Anstiftung doch nur deshalb, weil darin eine Mißachtung der Gesetze oder der Autorität der vorgesetzten Behörden ausgesprochen liegt. Ist es denn nun aber möglich, eine solche Mißachtung auch in der wissenschaftlichen Untersuchung der Frage, ob ein Gesetz wirklich Gesetz sei, ob Befehle der Vorgesetzten gehörig erlassen seien, ausgedrückt zu finden? Mit demselben Rechte könnte derjenige, welcher eine Untersuchung darüber anstellt, ob irgendeine alte Verordnung noch gelte oder durch Gewohnheitsrecht aufgehoben sei, ob diese oder jene lex des corpus juris mit rezipiert sei, und zu dem Resultate gelangt, daß die Verordnung nicht mehr gelte, die lex nicht rezipiert sei, von demjenigen, der zufällig anderer Ansicht ist, als der Mißachtung der Gesetze und deshalb der Pflichtverletzung schuldig bezeichnet werden!

Das Erkenntnis erster Instanz würde recht haben, wenn ich, ohne die verbindliche Kraft des Gesetzes vom 7. Oktober zu bestreiten, ohne meine Überzeugung von dessen Ungültigkeit wissenschaftlich zu begründen, gesagt hätte, der Richter muß trotz dieses Gesetzes die Gültigkeit der von der Regierung erlassenen Verordnungen prüfen und so handeln, als existierte jenes Gesetz nicht. Dadurch hätte ich die Mißachtung des Gesetzes, der Autorität der gesetzgebenden Gewalt an den Tag gelegt. Der Grundgedanke, auf welchem meine Schrift beruht, sagt ja aber gerade das Gegenteil. Die Grundlage, von welcher meine ganze Deduktion ausgeht, beruht darin: Der Richter darf nur nach den zu Recht bestehenden Gesetzen und, soweit diese hier in Betracht kommen, den gehörig erlassenen Befehlen Vorgesetzter urteilen; eben deshalb darf er aber auch um ungültiger Gesetze und nicht gehörig erlassener Befehle Vorgesetzter willen die noch wirklich bestehenden Gesetze nicht verletzen. Die Achtung vor dem Gesetze und die Autorität der Vorgesetzten stelle ich also gerade als Prinzip voran und untersuche nun in einem bestrittenen Falle, wo zwei widerstreitende Gesetze sich einander gegenüberstehen, welches von diesen beiden ist das gültige und den Richtern bindende? Mag man nun über das Resultat dieser Untersuchung denken wie man will, im schlimmsten Falle habe ich eine irrige Rechtsansicht verteidigt, und ich meine, es ist bislang in Hannover unerhört, daß ein Staatsdiener bloß deshalb, weil er eine irrige Rechtsansicht bona fide verteidigt und diese dem zeitigen Ministerium unangenehm war, bestraft worden wäre! Und doch liegt hierin, hierin ganz allein das Wesen der gegen mich erhobenen Beschuldigung!

Das Urteil erster Instanz hat deshalb auch sehr unrecht, wenn es annimmt, daß ich durch die bereits früher wegen meines der Regierung widerstrebenden Verhaltens erhaltenen Verweise hätte aufmerksam werden und mich von der Publikation der hier fraglichen Schrift hätte abhalten lassen müssen. Ich habe allerdings schon zweimal vor Veröffentlichung dieser Schrift Rügen vom Minister erhalten, war auch, als ich die Schrift veröffentlichte, wegen eines an meine Wähler erstatteten Berichts in Disziplinaruntersuchung und habe deswegen, nachdem ich im gerichtlichen Verfahren freigesprochen war, noch eine Rüge vom Kgl. Ministerium erhalten. Was betrafen aber diese Rügen? Die erste meine Teilnahme an einer Versammlung von Deputierten der Volksvereine im Jahre 1849 und dort von mir gestellte Anträge, die zweite meine Teilnahme an dem Stiftungsfeste des kommunistischer Tendenzen beschuldigten Arbeiterbildungsvereins in Osnabrück, die letzte die Form und den Ton der in meinem Berichte enthaltenen Kritik. Alle betrafen also lediglich die Form und Art meines politischen Auftretens. Dadurch konnte ich vielleicht darauf aufmerksam werden, daß ich mich in betreff dieser Form meines politischen Auftretens in engeren Grenzen halten müsse, als ich bisher für nötig gehalten. Daß es aber möglich wäre, in einer rein juristischen, streng wissenschaftlich gehaltenen Abhandlung etwas Strafbares zu finden, daran konnte ich in der Tat nicht denken, und ich darf hinzufügen, keiner von allen denen, mit welchen ich vor oder kurz nach der Veröffentlichung der Schrift darüber gesprochen, hat dies für möglich gehalten.

Wenn endlich — allerdings nur zwischen den Zeilen des Urteils erster Instanz — angedeutet ist, daß meine Schrift, obgleich juristischen Inhalts, doch wegen ihres Zwecks und ihrer möglichen Folgen willen, politischer Natur sei, so bedauert niemand mehr als ich, daß die Verhältnisse jetzt derartig sind, daß streng wissenschaftlich gehaltene juristische Abhandlungen für politisch gefährlich gehalten werden können. Dadurch aber, daß das Resultat einer juristischen Deduktion dieser oder jener politischen Partei unangenehm ist, kann das Wesen der Sache nicht geändert, kann eine wissenschaftliche Abhandlung juristischen Inhalts nicht zu einer politischen Parteischrift gestempelt werden. Ich habe, als ich die Schrift veröffentlicht, schon nicht mehr an den Sieg derjenigen politischen Ansicht, welche ich in der vorigen Ständeversammlung verteidigt, geglaubt, ich habe die Schrift veröffentlicht, weil ich glaubte, daß Recht doch immer Recht bleibe, möge man nun dieser oder jener politischen Partei angehören, und zur Erkenntnis des Rechts beizutragen eher für verdienstvoll als pflichtwidrig hielt.

Nur noch wenige Worte habe ich hinzuzufügen.

Ich habe bisher für mein außerdienstliches Leben mir keine bessere Richtschnur nehmen zu können geglaubt, als wenn ich auch hier nach denselben Grundsätzen handelte, welchen ich in meiner dienstlichen Tätigkeit kraft meines Diensteides folgen muß. Wie ich hier gewissenhaft das Recht zu erkennen suchen muß, das als solches Erkannte aber ohne äußere Rücksichten, ohne Furcht und Gunst, ohne Haß und Leidenschaft rein und klar aussprechen und meinen Entscheidungen zugrunde legen muß, so habe ich der Würde des von mir bekleideten Amts nicht besser entsprechen zu können geglaubt, als wenn ich auch in meinem außerdienstlichen Leben getreulich das Rechte zu erkennen gestrebt und das als solches Erkannte aber auch offen und ehrlich allenthalben ausgesprochen, wo sich die Gelegenheit dazu bot, und ich der Erkenntnis des Rechts und der Wahrheit damit dienen zu können glaubte.

Die Entscheidung, welche der Hohe Gerichtshof jetzt abzugeben hat, ist nicht allein für mich, sie ist, wie ich glaube, für den ganzen hannoverschen Richterstand von der tiefsten und folgenschwersten Bedeutung. Denn sie entscheidet darüber, ob der Richter offen seine rechtliche Überzeugung aussprechen darf, unbekümmert darum, ob sie der Regierung angenehm ist oder nicht, ob das Gebiet der Wissenschaft für ihn frei oder von der Erlaubnis des zeitigen Ministeriums abhängig, ob er zu schweigen verpflichtet, wenn seine Ansichten mißliebig werden, oder ob ihm die für die Entwicklung jeder geistigen Tätigkeit unentbehrliche Lebensluft der freien Forschung und des freien Worts unverkürzt erhalten werden soll.

Tags darauf gab das Gericht sein Urteil ab. Es unterscheidet scharf zwischen der Zeit vor und nach dem Gesetz vom 7. Oktober. Was vorher als eine streng wissenschaftliche, durch ihre Form keinerlei Anstoß gebende Abhandlung, als ein literarischer Beitrag zur Erzielung einer bestimmten Rechtsansicht zu beurteilen gewesen wäre und die Würde oder den Zweck des Richteramts nicht verletzt hätte, erscheint in einem andern Lichte seit der Geltung jenes Gesetzes. Es hat die früher etwa zweifelhafte Frage unbedingt dahin beantwortet, daß der Richter bei Anwendung von Gesetzen oder Verordnungen nur ihre authentische Publikation zu prüfen hat. Eine wissenschaftliche Erörterung des Prüfungsrechts ist durch das Gesetz vom 7. Oktober nicht verboten. Auch eine Rechtfertigung des Auricher Erkenntnisses wäre zulässig gewesen. Es ist aber nur nebenbei, das Gesetz vom 7. Oktober ausdrücklich berücksichtigt. Das läßt als Zweck der Schrift erkennen, die rechtliche Gültigkeit der Verordnung vom 1. August und die des Gesetzes vom 7. Oktober absolut zu verneinen. Dadurch „nimmt die Erörterung die Tendenz an, etwas als Pflicht des Richters darzustellen, was ein Gesetz geradezu mit Strafe bedroht". Ein öffentliches, wenn auch außerdienstliches Beginnen dieser Art ist mit Würde und Zweck des Richteramts, das vor allem zum Gehorsam gegen die Gesetze berufen ist, nicht in Einklang zu bringen. Es erschüttert das unbedingte Vertrauen sowohl der Landesregierung als der Untertanen auf rücksichtslose Anwendung der Gesetze durch den Richter. Dem Beschuldigten fällt aus allen diesen Gründen eine bedeutendere Verletzung der ihm außerdienstlich obliegenden Verpflichtungen zur Last; sein Benehmen ist um so strafbarer, als ihm wegen wenn auch nicht völlig gleicher, doch ähnlicher Verstöße in einer der bestehenden Regierung feindlichen Richtung wiederholt Verweise und Verwarnungen erteilt und ohne Erfolg geblieben sind. So kam das Gericht abweichend von der Vorinstanz dazu, auf eine der schwerern Strafen des Disziplinarweges, auf zweimonatliche Suspension von Amt und Gehalt, zu erkennen.

Das Urteil kam Planck sehr unerwartet. Die Freisprechung in dem ersten Disziplinarprozeß hatte ihn einen günstigen Ausgang auch des zweiten erwarten lassen; bildeten doch mit einer Ausnahme dieselben sieben Richter, die ihn damals freigesprochen hatten, den Senat, und handelte es sich jetzt nicht wie im Februar um eine politische Flugschrift, sondern, wie beide Instanzen anerkannten, um eine wissenschaftliche Abhandlung. „Dies Urteil", äußerte er noch in einem spätern Rückblick, „ist das einzige, worüber ich mich damals geärgert habe, indem ich nicht begreifen konnte, wie ein unabhängiges Gericht zu einem solchen Urteile kommen konnte." Noch am Abend des 10. Juni schrieb er von dem Viktoriahotel in Hannover aus, da er in Celle nicht länger bleiben mochte, darüber an seine Eltern. „Damit hat der höchste Gerichtshof ein Prinzip anerkannt, das die freie Forschung auf dem Gebiete der Wissenschaft von der Erlaubnis des zeitigen Ministerii abhängig macht." In einem eingehenden Schreiben, das er von Dannenberg aus folgen ließ, sprach er seine Besorgnis aus, wie Urteile solcher Art geeignet seien, das Vertrauen zu erschüttern, ob die Gerichte unter dem Einfluß politischer Ereignisse das Recht und den einzelnen, der nach seiner besten Überzeugung gehandelt habe, schützen würden. Die Bekannten sahen mit Verwunderung, daß Planck ungeachtet alles Unwillens unverändert ruhig und heiter blieb und zeigten ihm durch verdoppelte Freundlichkeit, was sie von dem Urteil hielten. Auch sein Vater vermochte, als er den Wortlaut des Celler Erkenntnisses kennen lernte, den logischen Zusammenhang seiner Sätze nicht zu entdecken (10. September 1856).

Während Planck von dieser Kette von Prozessen in Anspruch genommen wurde, waren die Landesangelegenheiten den abschüssigen Weg weiter gewandelt, der seit dem 1. August 1855 beschritten war. Als sich der Landtag des Jahres 1856 nicht gefügig erwies, so behutsam auch Männer wie Windthorst und A. v. Münchhausen die Opposition leiteten, wurde er aufgelöst und durch Wahlbeeinflussungen der schwersten Art eine Zweite Kammer zustande gebracht, in der die Opposition zu einer unschädlichen Minorität herabgedrückt war. Die Oktroyierungen setzten sich fort und dehnten sich auf das Gebiet der Finanzen aus. Hatten bisher die Schritte der Regierung die Wiederherstellung der durch die Revolution gekränkten Rechte bezweckt, so wurden jetzt weniger ideale Ziele, der königlichen Kasse mehr Einnahmen zu verschaffen, sie auf Kosten des Landes zu bereichern, verfolgt. So tapfer die Opposition stritt, es war vergeblich, diese Schädigung des Landes abzuwenden. Nachdem eine Königliche Verordnung vom 14. Januar 1857 alle ehemaligen Minister für urlaubsbedürftig erklärt hatte, waren die letzten Führer eines gesetzlichen Widerstandes gegen die Allmacht des Ministers v. Borries aus der Kammer verdrängt. Da trat ihm ein neuer Vorkämpfer des mißhandelten Landesrechts entgegen. Es gehört zu den Verdiensten Plancks, ihm den Weg geebnet zu haben. Da er selbst nicht kandidieren konnte, riet er den Wählern von Aurich und Esens, die ihn um Rat fragten, Rudolf von Bennigsen, zurzeit Obergerichtsassessor in Göttingen, zu ihrem Abgeordneten zu machen. Ungeachtet er eine Zeitlang in Ostfriesland als Richter gelebt hatte, war er bei seiner Zurückhaltung vom öffentlichen Leben wenig in der Bevölkerung bekannt geworden. Die Wähler verhehlten deshalb Planck die Bedenken nicht, die ihnen sein adeliger Stand einflößte. Er überzeugte sie aber von Bennigsens liberaler und nationaler Gesinnung, so daß sie ihn im Dezember 1855 zum Abgeordneten wählten[1]). Zum Eintritt in die Kammer gelangte er jedoch nicht, da ihm wenige Tage vor Eröffnung des Landtags der Urlaub versagt wurde. Das bewog ihn den Staatsdienst zu verlassen und die Bewirtschaftung des bisher von seinem Vater verwalteten Gutes Bennigsen bei Hannover zu übernehmen. Dem Gutsbesitzer von Bennigsen konnte kein Minister mehr etwas anhaben. Bei den im Januar 1857 erfolgenden Neuwahlen wurde er in Göttingen und in Dannenberg gewählt. Hatte dort der junge Rechtsanwalt Miquel, der kurz vorher zum Bürgervorsteher gewählt war, für Bennigsen gearbeitet, so wird bei der Wahl in Dannenberg Plancks Rat gewirkt haben, ein Erfolg, der dem Amtmann v. d. Decken zu Lüchow genügte, um Dannenberg das Schicksal anzudrohen, das Heinrich der Löwe der Stadt Bardowik bereitet hatte[2]). In Aurich und Esens wurde ein Oppositionsmann, von der Horst, gewählt, auch er vermutlich auf die Empfehlung von Planck. Man scheint es in manchen liberalen Kreisen Planck verdacht zu haben, daß er nicht gleich Bennigsen aus dem Staatsdienste schied und sich dem parlamentarischen Berufe widmete[3]). Er erfreute sich nicht der wirtschaftlichen Unabhängigkeit wie jener, liebte seinen richterlichen Beruf und um ihn mit dem eines Rechtsanwalts vertauschen zu können, hätte es der Zulassung durch die Regierung bedurft, die ihm schwerlich zuteil geworden wäre. Daß sie ihn auch so nicht vergaß, zeigten die nächsten Jahre vollauf.

[1]) Oncken I 274.
[2]) Oppermann S. 445.
[3]) Lammers, Preuß. Jahrb. III (1859) S. 526.

Die über Planck nach dem Celler Urteil verhängte Suspension trat nach Verfügung der Regierung mit dem 15. Juli ein und währte bis zum 12. September. Wenn er gehofft hatte, die Zeit bei den Eltern zubringen zu können, so erfuhr er die doppelte Enttäuschung, daß er urlaubsbedürftig blieb und den Urlaub nicht erhielt. Nach dem Staatsdienergesetz hatte ein Beamter Urlaub nur nötig, wenn er sich von seinem Posten entfernen oder seine Dienstführung einstellen wollte; keine der beiden Voraussetzungen schien bei einer Suspension vom Dienst zuzutreffen. Aber die Auslegung des Gesetzes lag in der Hand der Regierung, und die Handhabung des Rechts der Urlaubserteilung sollte Planck zeigen, daß er nicht in einem Rechts-, sondern einem Polizeistaat lebte. Die Erfahrung hatte er gleich, nachdem er nach Dannenberg versetzt war, gemacht. Auf sein Gesuch um Weihnachtsurlaub eröffnete ihm der Präsident im Auftrage des Justizministers, daß er Urlaub vom 23. Dezember bis zum 2. Januar zur Reise nach Göttingen erhalte; wenn er sich aber während der Zeit von Göttingen entferne oder in Göttingen oder auf der Reise dahin an politischen Verhandlungen beteilige, eine sofortige Zurücknahme des Urlaubs eintreten werde. Am 16. August des nächsten Jahres feierte der Vater sein 50jähriges Doktorjubiläum (oben S. 33). Den Wunsch des Sohnes, das Fest in Göttingen mitfeiern zu können, unterstützte der Vater durch eine besondere Eingabe an den Minister. Sie wurde sofort durch den Justizminister v. d. Decken abschlägig beschieden. „Da weder unsere früheren dienstlichen Weisungen und Warnungen noch Ihre väterliche Autorität noch seine Stellung als Diener der Regierung Ihren Sohn davon haben zurückhalten können, durch politische Parteileidenschaft auch auf seinen Urlaubsreisen zur Teilnahme an regierungsfeindlichen Umtrieben sich verleiten zu lassen, so mußten wir es für unsere ernstliche Pflicht halten, durch strenge Handhabung der dienstlichen Disziplin und namentlich durch Urlaubsverweigerung ferneren Wiederholungen eines solchen mit der richterlichen Würde ebenso unverträglichen als für die öffentliche Autorität der Regierungsorgane nachteiligen oppositionellen Treibens tunlichst vorzubeugen, zumal in der gegenwärtigen Zeit der Ständeversammlung, welche nur eine allzu günstige Gelegenheit darbietet. So sehr wir es daher auch zu beklagen haben, durch das eigene, den Pflichten eines Staatsdieners widerstreitende, Verhalten Ihres Sohnes zu einer Maßregel genötigt zu sein, welche in ihren Folgen zu unserm innigen Bedauern auch für Sie die vorausgesetzte Betrübnis über die Handlungsweise Ihres Sohnes erhöhen wird, so sehen wir uns nach den bisherigen Erfahrungen doch außerstande, von der ausgesprochenen Urlaubsverweigerung zurückzutreten" [1]). Die Feinheiten dieses Reskripts blieben den Empfängern nicht verborgen. Planck hatte in seiner Celler Rede betont, daß der Beamte nicht ein Diener der Regierung, sondern des Staates sei (oben S. 169). Er wird jetzt eines Bessern belehrt und gleich im Eingang als Diener der Regierung in Anspruch genommen. Der Vater wird mit hereingezogen, und bei ihm Betrübnis über die Handlungsweise seines Sohnes „vorausgesetzt", ebenso wie die vergebliche Anwendung der väterlichen Autorität. „Obwohl mein Vater mit meinen Ansichten in manchen Beziehungen nicht einverstanden war, so hat er mich doch niemals auch nur mit einem Worte gemahnt anders zu handeln, als meiner Überzeugung entsprach", bemerkte Planck, als er später dieser Erlebnisse gedachte. Den Urlaubsschwierigkeiten zu entgehen, hatte Planck mit seinen Eltern deren Besuch in Dannenberg ungeachtet der Unbequemlichkeiten, welche Reise und Aufenthalt herbeiführen würden, verabredet, als der Vater im Oktober plötzlich erkrankte. Der Präsident erteilte von sich aus den Urlaub und berichtete sofort an den Minister, der die Abwesenheit solange gestattete, als die Krankheit des Vaters erfordere, aber auch jetzt die alte Bedingung und Androhung nicht vergaß. Man sieht sich vergebens nach dem rechtlichen Grund dieser Behandlung um. Planck erfuhr später, daß sie in letzter Instanz auf den König selbst zurückging, der im Hinblick auf sein politisches Verhalten außerordentliche Maßregeln gegen ihn angewendet wissen wollte. Als oberster Dienstherr seiner Beamten und als Inhaber der höchsten Polizeigewalt im Staate hielt er sich für befugt, das für ganz andere Zwecke bestimmte Recht der Urlaubserteilung als politische Handhabe zu benutzen. Nicht weniger haltlos als der rechtliche Grund war der tatsächliche der über Planck verhängten Beschränkung. Worin die regierungsfeindlichen Umtriebe bestanden, die ihm schuld gegeben wurden (oben S. 178), hat er nie erfahren, noch war er sich solcher bewußt. Tatsächlich kann kaum mehr zugrunde gelegen haben, als daß er sich auf der Durchreise durch Hannover abends mit seinen Freunden im Wirtshause traf und bis spät in die Nacht hinein bei gutem Getränk zusammensaß. Selbstverständlich kam dabei das Gespräch auch auf die Politik. Das mag die Polizei belauscht und nach oben hin als gefährliches politisches Treiben denunziert haben. Planck selbst erinnerte sich nur einmal in dem Restaurant des Viktoriahotels etwas von einer Überwachung bemerkt zu haben, worauf man sofort von der Politik zu einer Besprechung der Weinaussichten des Jahres übergegangen sei. Die Durch-

[1]) Eingabe des Vaters vom 20. Juli, Bescheid des Ministers vom 22. Juli 1856.

führung des ganzen gegen Planck verfolgten Systems setzte eine polizeiliche Beobachtung jedes seiner Schritte außerhalb seines Wohnorts voraus. War sie bisher im Stillen geübt, so trat sie mit dem Jahr 1857 auch sichtbar hervor.

Im Juli kam Planck unter Beilegung eines ärztlichen Attestes um Urlaub zum Besuch von Helgoland oder eines anderen Seebades ein. Da es sich um einen Urlaub ins Ausland handelte, mußte das Gesuch an den König gehen. Planck erfuhr bald, daß er sich auf Helgoland keine Hoffnung machen dürfe. Hatte schon Ernst August eine Aversion gegen die Insel, so kam für König Georg hinzu, daß er sie als Stelldichein der politischen Flüchtlinge und Wühler verabscheute. Außerdem befolgte er als Grundsatz, daß, wenn hannoversche Angestellte ein Nordseebad gebrauchen wollten, sie ein hannoversches aufsuchen sollten. Wurde andern die Wahl gelassen, so wurde Planck vorgeschrieben, wohin er zu gehen habe. Nachdem amtlich erkundet war, ob und wo sich eine polizeiliche Überwachung herstellen ließe, wurde ihm der Urlaub nach dem einsamen Spiekeroog erteilt und auferlegt, sich auf dem direktesten Wege ohne Berührung der Residenz dahin zu begeben und seine Abreise von der Insel acht Tage vorher seinem Präsidenten anzuzeigen. Planck verweilte vom 29. Juli bis zum 26. August in Spiekeroog. Diese östlichste der sechs der hannoverschen Nordseeküste vorgelagerten Inseln war zur Zeit noch wenig besucht und bekannt. Nachdem der dortige Aufenthalt für Planck zur Notwendigkeit geworden, erwies er sich besser als erwartet war. Die Gesellschaft, die sich auf der Insel sammelte, war klein, aber gut. Überwiegend bestand sie aus höheren Beamten Hannovers und der Nachbarschaft. Den Mittelpunkt bildete das Gasthaus von Wilms, in dem Planck auch wohnte. An der Table d'hôte zählte er dreißig Gäste, ebenso viele aßen in ihren Häusern. Die Gesellschaft hielt gut zusammen. Unter der schattigen Linde vor dem Wirtshause sammelten sich morgens und abends die männlichen Badegäste. Das Leben verlief einförmig, aber nicht langweilig. Ein Aufenthalt ganz nach dem Sinne Plancks: „die Seele wird in dem Wechsel der Eindrücke des herrlichen immer jungen Meeres und eines gemütvollen ländlichen Stillebens stets von neuem gefesselt". Die Gesellschaft machte gemeinsame Bootfahrten, Ausflüge nach der Nachbarinsel Langeoog, Spaziergänge in den Dünen und am Strande. Man erging sich in ruhiger Unterhaltung, sprach von Wind und Wetter, von Ebbe und Flut, von dem Erfolg der Bäder, oder ließ sich beim Herumspazieren im Dorfe von alten Schiffskapitänen furchtbare Seeabenteuer erzählen. Planck setzte in den Pausen, die das Badeleben bot, die Lektüre, die er zu Hause gepflogen, nach Möglichkeit fort. Auch die Berichte des mit Plancks Überwachung betrauten Gendarmen, in die er in späterer Zeit einmal einen Blick tun durfte, wußten nichts weiter zu melden, als daß er die Weserzeitung, zu Zeiten auch ein Buch, gewöhnlich vor dem Gasthause im Schatten einer Linde lese. Einmal war es dem Gendarmen geglückt, in eines der Bücher zu sehen und stand auf dessen Titelblatt: „Shakespeare von G. G. Gervinus, dritter Band, pp. 1849." Von der Beobachtung jedes seiner Schritte hatte Planck anfangs keine Ahnung, wenn ihm auch bei der Hinreise auffiel, daß ein Gendarm ein eigenes Boot zum Übersetzen vom Festlande nahm. Erst die Ermahnung seiner Wirtin, nichts offen im Zimmer liegen zu lassen, da der Gendarm darin herumgeschnüffelt habe, machte ihn aufmerksam. Der Gendarm stand mit den Wirtsleuten auf gutem Fuße. Als er ihnen andeutete, was seine Aufgabe sei, sagten sie ihm, was sie unbedenklich mitteilen konnten. Ein gewissenhafter Mann, beobachtete er, was zu beobachten war, welche Tischnachbarn Planck gehabt und mit wem er Spazierfahrten gemacht hatte. Es ließ sich mit dem besten Willen nichts gefährliches berichten: die Unterhaltungen waren gewöhnlicher Art und die Lustfahrten nur zum Vergnügen unternommen. Auch die Durchmusterung der Briefadressen beim Fährmann, der abgehenden wie der einlaufenden, lieferte kein Material. Die Pakete enthielten nach der Schätzung des Gendarmen nur Lesebücher von gewöhnlichem kleinen Format. Plancks Verkehr auf der Insel waren die Obergerichtsräte Toel und Niemeyer aus Aurich, der Oberappellationsrat von Hinüber aus Celle, der Professor Zachariae aus Göttingen mit Frau und Töchtern, einige preußische Offiziere und verschiedene Damen aus streng konservativen Kreisen. Der Landgendarmerierittmeister Viktor Schaumann, der eine Zeitlang in Spiekeroog zur Kontrolle des Gendarmen verweilte, warnte verschiedene Badegäste vor dem Verkehr mit Planck, da er unter polizeilicher Aufsicht stehe und Beziehungen zu ihm ihnen schädlich werden könnten. Der Umgang mit Zachariae, der sich durch seine Schrift über die Rechtswidrigkeit der versuchten Reaktivierung des Bundestags die Ungnade des Königs zugezogen hatte, wie ihm durch die Versagung der Bestätigung seiner Wahl zum Göttinger Prorektor im Herbst 1854 besonders deutlich gemacht war, entging der Aufmerksamkeit des Gendarmen Ruhmstruck nicht. Sein Bericht war vollständig genug zu melden, daß Planck sich eines Nachmittags mit zwei noch nicht eingebundenen dünnen Büchern zu Zachariae begeben und im Kreise der Familie eine Zeitlang zugebracht habe, aber doch auch ehrlich genug hinzuzufügen, der Professor lebe ganz zurückgezogen und sei nicht viel mit Planck zusammengetroffen. Der politische Fischzug würde völlig unergiebig ausgefallen sein, wenn Planck nicht gleich am zweiten Tage nach seiner Ankunft von dem Rektor Gittermann, einem bekannten Mitgliede der demokratischen Partei, und zwei Bürgervorstehern aus Esens aufgesucht wäre. Nach der unvorgreiflichen Ansicht des Gendarmen hatten sie in ihrer längern Unterredung über politische Zwecke verhandelt. Dies bescheidene Material reichte aus, um in dem Anordner der polizeilichen Überwachung die nachträgliche Vorstellung zu erzeugen, die rötesten Demokraten Aurichs seien in Scharen nach Spiekeroog gekommen, um mit Planck zu verhandeln, bis die Ankunft des Gendarmen sie verscheucht habe und alle weitern Verhandlungen abgebrochen seien. Nur Schade daß der Gendarm gleichzeitig mit Planck auf der Insel eingetroffen war! In der Umgebung des Königs wurde der Wahn einer weit im Lande verzweigten Demokratenverschwörung genährt. Es kam immer darauf an, wer sein Ohr hatte. Unter den Badegästen in Norderney, wo König Georg im Sommer 1857 wie in andern Jahren verweilte, zog er den Staatsanwalt Schulze, der die heikle Mission der Überwachung Plancks, um sie vor ungeschicktern Händen zu bewahren, ohne Wissen seines Freundes übernommen hatte, häufiger ins Gespräch. Als er von seiner Beziehung zu Planck erfuhr, entband er ihn seines Auftrags und bewilligte auf seine Vorstellung, daß Planck den Rest seines Urlaubs bei seinen Eltern in Göttingen, allerdings unter den üblichen Einschränkungen, zubringen durfte. Die Ausführung des Königlichen Befehls trug Schulze einen Verweis des Justizministers wegen Einmischung in eine fremde Kompetenz ein. In der nächsten Zeit erfuhren Plancks Urlaubsgesuche keine Schwierigkeit: so zu Weihnachten 1857 und im nächsten Frühjahr, wo der Vater Plancks erkrankte und am 2. April starb.

Um so auffallender war die bald darauf eintretende verschärfte Überwachung. Nachdem Planck für die Gerichtsferien 1858 einen vierwöchigen Urlaub zur Ordnung seiner Familienangelegenheiten erhalten und sich nach Göttingen begeben hatte, erschien wenige Tage nach seiner Ankunft der Landgendarmerierittmeister von Holleufer bei ihm, um ihm eine Verfügung des Justizministers zu eröffnen, daß er bis zum Antritt seiner Rückreise Göttingen nicht verlassen dürfe. Die Meldung kam ihm so unglaublich vor, daß er sie für einen Scherz hielt und lächelnd fragte: Dann darf ich auch wohl nicht nach Mariaspring oder nach den Gleichen? Auf nähere Erkundigung gestattete ihm der Minister einstweilen, sich auf die Höchstdauer von zwei Stunden täglich innerhalb eines Umkreises von einer halben Stunde von der Stadt aufzuhalten. Nur sollte er allemal über Zeit, Ort und Gegend, die er wählte, den Gendarmerierittmeister zuvor benachrichtigen, eine Vorschrift, die er übrigens unbeachtet ließ. In seiner sofort an den Minister gerichteten Vorstellung fragte er, ob die neue Maßregel eine selbständige polizeiliche Konfination oder eine nachträgliche Beschränkung des ihm erteilten Urlaubs sein solle. Für keins von beiden vermöge er, der sich seit seiner Versetzung nach Dannenberg jeder öffentlichen politischen Tätigkeit enthalten habe, in seinem dienstlichen oder außerdienstlichen Verhalten einen Grund zu entdecken. Zugleich beschwerte er sich über die verletzende und kränkende Form: daß das Königliche Justizministerium seine Verfügungen einem Richter durch die Landgendarmerie eröffne, sei seines Wissens bisher unerhört. Bezüglich der Form erklärte der Minister — es war der im Juni an Deckens Stelle getretene Oberappellationsrat v. Bar — die Absicht Planck zu kränken habe fern gelegen, sachlich wurde die Maßregel als eine „nähere Handhabung" der Urlaubserteilung interpretiert. Der Urlaub ist für Göttingen und Ordnung von Familienangelegenheiten gewährt, damit auch nach Ort und Zweck beschränkt. Die Erlaubnis zum Spazierengehen innerhalb eines bestimmten Raumes ist „eine Erweiterung, welche der ursprünglich strengern Handhabung von uns gegeben wurde, und kann keinenfalls eine Beschwerde für Sie begründen, weil es in Ihrem freien Willen steht, von derselben Gebrauch zu machen oder nicht". Das kann kaum anders verstanden werden als: wenn Sie nicht spazieren gehen, sind Sie weder zeitlich noch räumlich beschränkt. Mit den Worten: „Die Gründe für die verfügte strengere Handhabung des Diensturlaubs Ihnen anzugeben, können wir uns nicht verpflichtet halten", schloß dies denkwürdige Reskript vom 31. Juli 1858. Sein Inhalt erregte das größte Aufsehen. Nicht bloß im Publikum, auch unter den Ministern. Sie besorgten nachteilige politische Wirkungen oder beklagten sich über Kompetenzverletzungen: Die Gendarmerie stand nicht unter dem Justizminister, sondern unter dem des Innern, zu dessen Ressort auch eine Maßregel der Landespolizei wie diese gehören würde. In der Zweiten Kammer hatte Bennigsen schon am 2. Februar 1858 gelegentlich die Überwachung Plancks im Seebade berührt[1]), um wieviel mehr mußte diese neue Maßregel die öffentliche Kritik herausfordern. Die auswärtige Presse, der Kladderadatsch bemächtigten sich des Stoffes, um die hannoversche Regierung lächerlich zu machen[2]). Den König be-

[1]) Oncken I 275; statt Norderney ist Spiekeroog zu lesen.

[2]) Kladderadatsch vom 12. und 19. September 1858, Nr. 42 und 43.

irrten weder die populären Angriffe noch die ministeriellen Beschwerden. Hannover ist kein konstitutioneller Staat, und die Stände haben deshalb kein Recht, sich in eine zwischen der Regierung und einem königlichen Diener schwebenden Disziplinarangelegenheit einzumischen. Ressortgrenzen gab es für ihn nicht; er erinnerte Borries einmal daran, daß er sich bei Bildung des Ministeriums vorbehalten habe, erforderlichenfalls direkte Befehle zu erteilen[1]). Die konstitutionelle Verantwortlichkeit der Minister war bei der Oktroyierung von 1855 gestrichen und durch die Bestimmung: die Minister sind allein dem Könige verantwortlich ersetzt worden. Planck hatte ganz Recht, wenn er den Staat König Georgs V. dem Wesen nach unter die Formel l'état c'est moi mit einigen Zutaten patriarchalisch-feudalistischer Art brachte und ein charakteristisches Zeichen in der Umtaufung der Staatsdiener in königliche Diener sah. Der König hielt sich zum Erzieher seines Volkes und insbesondere seiner Beamten berufen. Er maß ihnen zu, was ihm zweckmäßig schien, belohnte und bestrafte je nach ihrem Verhalten seinen Absichten gegenüber. Wie er der Göttinger Bibliothek dem Professor Zachariae die zu seinen Arbeiten erforderlichen Bundestagsprotokolle vorzuenthalten befahl[2]), so benutzte er das Recht der Urlaubserteilung einem ihm politisch mißliebigen Beamten gegenüber. Die Mission eines Erziehers erfordert die angespannteste Aufmerksamkeit auf großes und kleines. Der in Göttingen für Rechtsenzyklopädie, Staats- und Kirchenrecht seit dem Winter 1853 habilitierte Privatdozent Dr. Aegidi, den man von Hannover aus um ein Privatissimum für einen jungen Grafen sondiert hatte, war dazu bereit gewesen, falls der Jüngling zu „vaterländischen Hoffnungen berechtige.“ Der Ausdruck, der dem König bekannt wurde, machte ihn stutzig. Er ließ sich nach der Vergangenheit des Dozenten erkundigen, und da die Auskunft nicht umhin konnte, ihn als einen „Gothaer“ zu charakterisieren, befahl er dem Kuratorium, wenn die juristische Fakultät die Aegidi vorerst nur auf Zeit erteilte venia docendi unbeschränkt zu gewähren beabsichtige und um die Ermächtigung dazu nachsuche, die venia für deutsches Staatsrecht davon auszuschließen[3]).

Nach der Änderung der Verfassungsgrundlagen und der Neuordnung des Finanzkapitels war man an die Revision der inneren Gesetze, von denen nach den Worten des Königs noch viele das schlechte Gepräge der Zeit an sich trugen, gegangen. Dabei kam auch die

[1]) v. Hassell IIa S. 387.

[2]) M. Art. Zachariae in ADB. 44, 623.

[3]) Bettelheim, Biogr. Jahrb. VI. f. 1901 (Berl. 1904) S. 267. Akten der Göttinger jurist. Fakultät.

Justizorganisation von 1850 an die Reihe. Neben Verschlechterungen brachte die Revision auch Nützliches: so wenn sie die zu reichlich bemessene Zahl der Obergerichte verringerte. Von den großen Obergerichten wurde eins, Osterode, aufgehoben, eins, Nienburg, in ein kleines umgewandelt; von den kleinen Obergerichten drei, unter ihnen Dannenberg, beseitigt. Die Richter, soweit sie nicht an andere Gerichte versetzt wurden, hatten Anspruch auf Wartegeld oder bei beiderseitigem Einverständnis auf eine einmalige Abfindung durch den vierfachen Betrag des bisherigen Gehalts. Der Minister, der gern die Gelegenheit benutzt hätte, um Planck aus dem Staatsdienst zu entfernen, ließ ihm eröffnen, wenn er es vorziehe in Pension zu gehen, so werde sein desfallsiger Antrag erwartet (23. April 1859). Planck suchte statt dessen um Gewährung einer einmaligen Abfindung und Zulassung zur Advokatur nach. Beides wurde abgelehnt (25. Mai 1859), und Planck dem Königlichen Befehl entsprechend vom 16. Mai 1859 ab auf Wartegeld gesetzt. Das Wartegeld betrug gesetzmäßig zwei Drittel der Diensteinnahme; für Planck, der als Obergerichtsassessor zuletzt einen Gehalt von 800 Talern bezog, 533 1/3 Taler. In der zweiten Hälfte des Mai verließ er Dannenberg und siedelte nach Göttingen über.

Neuntes Kapitel.

Neues Leben.

Nach langen trüben Zeiten der Reaktion kam zu Ende der fünfziger Jahre neues Leben in die Nation, hervorgerufen durch zwei rasch aufeinander folgende Ereignisse, einen innern Vorgang und eine auswärtige Verwicklung. Die neue Ära bedeutete mehr als einen Regierungswechsel und wirkte deshalb weit über die preußischen Grenzen hinaus. In einem eklatanten Falle gelang es den Forderungen des Rechtsstaats sich durchzusetzen. Die Preußische Verfassung, das wichtigste positive Ergebnis der achtundvierziger Bewegung, bisher immer in ihrer Verwirklichung und so auch jetzt wieder durch eine ihr widerstrebende Hofpartei aufgehalten, bewährte ihre Kraft in einem so wichtigen Anwendungsfalle, wie es wenige geben wird. Wie hier das Recht gesiegt hatte, so forderte der neue Regent von den Ministern, mit denen er sich umgab, daß sich in allen Regierungshandlungen Wahrheit, Gesetzlichkeit und Konsequenz ausspreche. Er verhehlte seine Verurteilung einer Zeit nicht, in der gegen die Verfassung regiert und sie, was schlimmer, durch gezwungene Interpretationen verfälscht war. An Aussprüchen wie: „Die Welt muß wissen, daß Preußen überall das Recht zu schützen bereit ist" oder „Preußen muß in Deutschland moralische Erorberungen machen", richteten sich die Gemüter zu neuen Hoffnungen auf. Der Krieg des Jahres 1859, außerhalb der deutschen Grenzen und ohne Beteiligung Deutschlands sich vollziehend, rief eine Aufregung in Deutschland hervor, als handle es sich um einen innern Vorgang, und hinterließ eine tiefe Nachwirkung. Der Kampf um die Einheit Italiens weckte die Erinnerung an die vergeblichen Anstrengungen zur Erringung der deutschen Einheit; die Vorgänge, die den italienischen Krieg in den deutschen Staaten begleiteten, deckten die Schäden der militärischen und der politischen Verfassung des Bundes auf; die Einmischung Frankreichs in den Streit zwischen Österreich und Italien verschaffte seinem Oberhaupte eine vor allem seinem Nachbar bedrohliche Stärkung seiner Macht und seines Einflusses. Alle diese Momente wirkten zusammen, um eine Bewegung hervorzurufen, die das Fortleben des Gedankens der deutschen Einheit trotz aller Unterdrückung offenbarte.

Das Leben der einzelnen in Deutschland, soweit sie nicht an leitenden Stellen im Staate stehen, entwickelt sich in friedlichen Zeiten selten unter politischen Impulsen. Das Leben Plancks kann sich unter diese Ausnahmen stellen. Die bisherige Betrachtung hat gezeigt, wie stark die öffentlichen Geschicke sein Schifflein bewegten, wie eine neue Welle es eben auf den Strand geworfen hatte. Aber gerade diese Wendung führte ihn wieder politischer Tätigkeit zu.

I.

Als der Vater Plancks im Herbst 1857 um seinen Abschied einkam, nahm er in sein Gesuch den Wunsch auf, den Sohn nach Göttingen versetzt zu sehen. Bacmeister, der, nach dem Rücktritt des Ministeriums Schele im November 1853 erster Beamter in Lehe und 1857 Landdrost von Ostfriesland geworden war, riet der Familie Planck, mit der er die verwandtschaftlichen Beziehungen durch eine, wenn auch nicht lebhafte, doch gelegentliche Korrespondenz aufrecht erhielt, der Sohn möge, um dem Wunsche des Vaters höchsten Orts Eingang zu verschaffen, durch irgendeine Erklärung seinen Frieden mit der Regierung machen. „Darüber, daß ich eine solche Erklärung, wie sie Bacmeister vorschlägt, nicht wohl abgeben kann", schreibt Planck seinen Eltern, „werdet Ihr mit mir einverstanden sein; sie ist so allgemein und weitgehend, daß sie mich früher oder später unausbleiblich in die Alternative eines Wortbruchs oder eines überzeugungswidrigen Handelns setzen würde und enthält, abgesehen davon, daß sie mich von allen meinen politischen Freunden vermutlich für immer scheiden würde, wenigstens indirekt eine Verleugnung meiner Grundsätze." (1. Dezember 1857.) Entweder Bacmeister oder die Eltern hatten bei dieser Gelegenheit auf das Beispiel Lichtenbergs hingewiesen. Lichtenberg, der die Forderungen der Ritterschaften amtlich und literarisch bekämpft hatte, war beim Eintritt der Ära Borries aus seiner Stellung als Generalsekretär im Justizministerium verdrängt und auf Wartegeld gesetzt, bald nachher zum außerordentlichen, nach Niepers Versetzung nach Göttingen zum ordentlichen Vizepräsidenten des Obergerichts Hannover ernannt worden, ohne daß er übrigens, wie Planck erfuhr, eine Erklärung auch nur ähnlichen Inhalts gleich der von Bacmeister angeregten abgegeben hatte. Was während der Lebenszeit des Vaters nicht erreichbar war, verwirklichte sich nach seinem Tode. Der Sohn, in Ruhestand versetzt, lebte fast fünf Jahre in Göttingen, mit der Mutter die Wohnung im

Hause des Universitätsfechtmeisters Castropp (Weenderstr. 10) teilend. So wenig die Mutter mit den politischen Ansichten ihres Sohnes übereinstimmte, so standen beide doch in inniger Geistesgemeinschaft. Die ihm auferlegte Muße dachte Planck zur Vorbereitung auf eine staatswissenschaftliche Dozentur, zunächst aber den Sommer und Herbst zu einer größern Reise zu benutzen, bei der es auf Naturgenuß, körperliche und geistige Ausspannung nach langer Amtstätigkeit und zugleich auf Studien politischer Zustände an Ort und Stelle abgesehen war. Für einen aufmerksamen Beobachter seiner Zeit und alles dessen, was mit dem Wohl und Wehe des deutschen Volkes zusammenhing, konnte es in jenen Tagen, da mit dem Unabhängigkeitskampf Italiens die moderne Nationalitätsbewegung einsetzte, nichts so anziehendes geben, als sich gründlich über die Verhältnisse in Österreich und dem südlichen Deutschland zu unterrichten.

Zu Anfang Juni brach er auf, eben als die Kunde von der Schlacht bei Magenta (4. Juni) nach Norddeutschland drang. Von Grund im Harz, wohin er die Mutter begleitet hatte, reiste er über Hannover, Leipzig, Dresden und Prag nach Wien. Er machte einen kurzen Aufenthalt in Prag, dessen großartige Lage und historische Erinnerungen den gereiften Mann ganz anders ergriffen, als früher den Jüngling, besuchte den Professor Ludwig Lange, der vordem Dozent und Extraordinarius der klassischen Philologie in Göttingen, seit Ostern 1855 als Ordinarius in Prag lehrte, und überbrachte ihm einen Brief ihres Freundes O. Hartmann. Die gemeinsamen Beziehungen zu Göttingen führten ihn in Wien zunächst zu Adolf Wagner, damals Professor der Nationalökonomie an der neu gegründeten Handelsakademie. Außer dem Historiker Büdinger, an den er Empfehlungen von Lange in Prag mitbrachte, nennt er unter den ersten Wiener Bekanntschaften Adolf Kolatschek, der, Abgeordneter für einen mährischen Wahlkreis, der Fraktion des Donnersbergs im Frankfurter Parlament angehört hatte und mit dem Rumpfparlament nach Stuttgart gegangen war. Nach mehrjährigem Aufenthalt in Amerika 1857 infolge der Amnestie zurückgekehrt, hatte er sich in Wien niedergelassen und als Redakteur einer neuen demokratischen Monatsschrift, der in Gotha seit 1858 erscheinenden Stimmen der Zeit, auch Beziehungen mit Norddeutschland angeknüpft. Gerade im letzten Winter hatte das Blatt eine eingehende und sachkundige Darstellung der „politischen Lage in Hannover“ gebracht, deren Autorschaft Planck gewiß kein Geheimnis war. Durch Wagner und Kolatschek kam Planck in die Wiener Kreise. Was er sah und erfuhr, war wenig erfreulich: Unzufriedenheit auf allen Seiten, Unklarheit in den Plänen für die

Zukunft, Mangel an Mut und Tatkraft. So erbittert man über die Niederlagen des Heeres, so groß der Haß gegen die Franzosen war, unverkennbar erblickten doch weite Kreise in den kriegerischen Mißerfolgen ein Heilmittel der innern Zustände. Auf einem Ausfluge nach Ungarn werden die Leute erst offen und mitteilsam gegen ihn, als sie hören, daß er ein Norddeutscher sei, und haben ihrer leidenschaftlichen Abneigung gegen Österreich kein Hehl. „Nur von Österreich frei, mag uns dann selbst der Teufel holen", „lieber französisch oder russisch, nur nicht österreichisch" sind Aussprüche, die er sich notiert. Die Nachrichten über die Schlacht bei Solferino (24. Juni) wurden in Pest, trotzdem viel ungarische Regimenter in Italien standen, wie eine Freudenbotschaft aufgenommen, wenn sich auch der Jubel nicht laut äußern durfte. Und nicht bloß die Ungarn, auch die Deutschen, selbst die Slaven, Serben und Kroaten, die 1848 die Todfeinde der Ungarn waren, teilten die Abneigung gegen Österreich. In Wien fand er die Stimmung nach der neuen Niederlage sehr gedrückt. „Alles sieht ängstlich und erwartungsvoll nach Preußen. Ständen dort jetzt doch Männer an der Spitze! Der größte Teil der hiesigen Bevölkerung würde es nicht, wie man im übrigen Deutschland wohl meint, mit Unwillen, sondern mit lauter Freude begrüßen, wenn Preußen die Gelegenheit benutzte, ein einiges Deutschland, wenn auch mit Ausschluß Österreichs, herzustellen und an dessen Spitze zu treten" [1]).

Der Aufenthalt in Wien, der den Juni in Anspruch nahm, wurde durch eine achttägige Reise nach Pest und Debreczin, die er gemeinsam mit Wagner machte, unterbrochen. Nach Pest hatten sie Empfehlungen an den jungen Dr. Czermak, der hier seit einem Jahr Professor der Physiologie war, und an Dr. Rogge, Mitredakteur des Pester Lloyd, der bedeutendsten deutschen Zeitung der Stadt, und wurden durch sie mit weitern Kreisen zusammengeführt. Außer von den Merkwürdigkeiten der Stadt und den Ausflügen, die er gemacht, berichtet Planck seiner Mutter von dem berauschenden Eindruck der Zigeunermusik und dem Besuch des Theaters, wo er in einer Aufführung der Stumme von Portici Albert Niemann und Marie Seebach aus Hannover zusammenwirken sah. Nach Wien zurückgekehrt, widmet er den Bauwerken und dem Schauspiel seine Aufmerksamkeit, sieht im Burgtheater eine Aufführung der Räuber und Sheridans Lästerschule, im Karltheater Wiener Lokalpossen, und lernt außer den öffentlichen Gemäldesammlungen auch eine private der neuern Kunst

[1]) Brief an die Mutter, in Debreczin den 26. Juni begonnen, in Wien den 29. fortgesetzt.

gewidmete des Fabrikanten Arthaber, Präsidenten des österreichischen Gewerbevereins, kennen, in dessen Hause er einen Nachmittag und Abend verbringt. Die Zeitereignisse mahnen ihn aber, daß er anderes zu erkunden habe, als was den täglichen Reisenden anzieht und beschäftigt. Die Beobachtung des Volkes belehrt ihn, daß „Wien nicht mehr wie vor zehn Jahren die Stadt des lebensfrohen Genusses, der naiven Unbefangenheit, des Versunkenseins in die nächsten unmittelbaren Interessen, der Gleichgültigkeit gegen Politik und alle Fragen allgemeinerer und höherer Art ist.“ „Das ist seit 1848 nach und nach anders geworden. Man hat zu denken angefangen; jeder Handwerker studiert seine Zeitung; es wird wie in andern großen Städten über alles räsoniert und reflektiert. Aber es ist noch ein ungemütlicher Übergangszustand, das Naive ist geschwunden; ein bewußtes öffentliches Leben noch nicht an die Stelle getreten“ (8. Juli 1859). Die Ankündigung, daß die Truppentransporte in der nächsten Zeit die Tageszüge der Eisenbahnen in Beschlag nehmen werden, nötigte ihn zu früherem Aufbruch. Am 3. Juli verläßt er Wien. „So sehr mein Geist in Wien von der Politik in Anspruch genommen war, so lachte mir doch das Herz im Leibe, als ich auf der herrlichen Sömmeringbahn den steierischen Alpen näher kam, die trotzig himmelan steigenden Felsenmassen und die an den Gipfeln mit Schnee gefüllten Schluchten sah.“ Doch weiß er nicht, ob er mehr auf die wilde Schönheit der Gegend oder auf das mächtige Bauwerk achten soll, durch welches der menschliche Geist die von der Natur aufgetürmten Hindernisse überwunden hat. In Graz durchstreift er mit Professor Schellhaß, an dem er empfohlen ist, die Umgebung und wird durch ihn in die von Holtei, der leider abwesend ist, gestiftete Gesellschaft eingeführt. „Das Hauptthema des Gesprächs war natürlich Krieg und Politik, und im ganzen wurde es nach derselben Melodie wie in Wien gespielt.“ In Triest ist der Statthaltereirat Kink sein Führer, ein junger Verwaltungsbeamter, der sich durch seine historischen Arbeiten, insbesondere die Geschichte der Universität Wien einen wissenschaftlichen Namen gemacht hatte. Den Gedanken an eine Fahrt nach Pola und weiter muß er des Krieges wegen aufgeben; wäre die Nachricht vom Waffenstillstand des 8. Juli früher eingetroffen, würde er seiner Sehnsucht Venedig zu sehen nicht widerstanden haben. Von Triest wendet er sich zurück nach Laibach und zieht von da über Wurzen in die Krainer Alpen. Von seiner körperlichen Leistungsfähigkeit gibt es einen guten Begriff, wenn er nach durchfahrener Nacht in der Morgendämmerung in Wurzen ankommt und anstatt noch ein paar Stunden zu schlafen, durch die Schönheit des Morgens und der umgebenden Landschaft verlockt, sich sofort auf den Weg macht und den Vormittag sechs und den Nachmittag drei Stunden marschiert; aber durch den Wechsel der Gegenden und die Eindrücke, die er an den Weißenfelsseen und in dem Schlipatal am Fuße des Mangart empfängt, so mächtig ergriffen wird, daß er keine Spur von Müdigkeit empfindet. Er wendet sich nach Tirol, macht in Innsbruck Rast, wo er Professor Ficker kennen lernt, ohne aber mehr von ihrem Verkehr mitzuteilen, als daß er ihm einen interessantern Weg nach Meran als den gewöhnlichen verdankt. Auf seiner einsamen Fußwanderung über Gebirgsdörfer, in denen keine Zeitung gehalten wird, erfährt er nichts von den Vorgängen der großen Welt, bis er einen Bauern in Gerlos (im Zillertal) von dem Frieden von Villafranca als einer abgemachten Sache reden hört. Beschwerliche Märsche in großer Hitze bringen ihn Ende Juli nach Meran. Dort macht er Kehrt. „Die Politik ließ mir keine Ruhe, ich mußte erst mal wieder sehen, wie es in Deutschland stand.“ Am 1. August trifft er in München ein, rechtzeitig, um den für ihn wichtigsten Verhandlungen des Landtags beiwohnen zu können. Die Kunstgenüsse, die Geselligkeit, das Bier, die Umgebung locken ihn nicht. Die Dichter und Schriftsteller, an die er Empfehlungen hat, wie Geibel, Bodenstedt, Carriere sind verreist; nur Paul Heyse, der durch die Krankheit eines Kindes in Anspruch genommen ist, sieht er flüchtig. So beschränkte sich sein Verkehr auf die liberalen Landtagsmitglieder wie Marquard Barth, Völk, den Nürnberger Abgeordneten Cremer, vor allem Brater. Er lernte dessen treffliche Frau, die sich als eine schwäbische Verwandte erwies (oben S. 6), kennen und durch Brater den Professor Bluntschli. So lehrreich der Einblick war, den er in die bayerischen Verhältnisse gewann, er war wenig tröstlich. „Die in Bayern vorzugsweise hervorgetretene Begeisterung für den Krieg war in ihrem Ursprunge zum großen Teil wirklich aus deutschem Nationalgefühl entsprungen, aber Pfaffen und Aristokraten haben sie unter Benutzung des sehr starken Partikularismus, der Stammeseifersucht und der durch den preußischen Hochmut einerseits und die Schwächen der preußischen Politik andererseits genährten Antipathie gegen Preußen so zu lenken verstanden, daß die Stimmung jetzt ganz verbittert geworden und nahe daran ist, geradezu undeutsch zu werden. Die deutsche Einheit führen sie noch fleißig im Munde, aber auch nur das Geringste dafür zu tun, fällt ihnen nicht ein, und zwar lediglich deshalb nicht, weil sie einsehen, daß der für den Augenblick allein mögliche Weg durch und mit Preußen und gegen Österreich oder doch dessen Regierung geht. Sie verkennen die ungeheuren Gefahren nicht, denen Deutschland entgegengeht, wenn es ihm nicht bald gelingt, eine stärkere Zentralgewalt zu gewinnen. Unter dem von einigen geglaubten, von andern geheuchelten Vorwande, daß nur eine Einigung von ganz Deutschland mit Einschluß von Österreich erstrebenswert, diese aber bei der jetzigen Stellung von Preußen und Österreich unerreichbar sei, verschließen sie sich der in dem übrigen Deutschland erwachenden Bewegung. Hervorragende Mitglieder der Kammer schämen sich nicht zu erklären, daß ein deutsches Parlament ein schöner Traum sei, und daß höchstens ein furchtbares Nationalunglück imstande sein werde, Deutschland zu einigen. Frankreich und Rußland werden ihnen eine Dankadresse votieren und sich beeilen, das gewünschte Nationalunglück über Deutschland zu bringen." Die andersgesinnten Abgeordneten sind zu sehr in der Minorität, um mit ihren Tendenzen öffentlich und direkt hervorzutreten. In der Verteidigung ihres Antrags, die Regierung möge auf Schaffung einer starken Zentralgewalt und einer Vertretung des deutschen Volkes hinwirken, scheuen sie, um nicht einen Sturm des Unwillens hervorzurufen, geltend zu machen, daß notwendig Preußen die Leitung übernehme. Die Gegner, die geheimen Motive des Antrags witternd, lehnten ihn durch Übergang zur Tagesordnung mit 87 gegen 45 Stimmen ab. Ist die Minorität auch nicht hoffnungslos, so hält sie es gegenwärtig für das günstigste, wenn Bayern der in Nord- und Mitteldeutschland erwachten Bewegung nicht geradezu entgegentritt. Ein Anschluß ist nicht zu erwarten. Erst wenn im übrigen Deutschland die Sache der Einheit gesiegt hat, wird Bayern sich fügen. Dies Ergebnis entmutigte Planck nicht; er erwartete von der ganzen Reformbewegung zunächst nicht mehr, als eine Vorbereitung der Gemüter für eine vielleicht nahe Zeit der Gefahr.

Am Tage nach der entscheidenden Abstimmung der Zweiten Kammer, am 13. August, verließ Planck München, um seine Reise wieder aufzunehmen. Er besuchte das Berner Oberland und erhob sich wieder an der unvergleichlichen Größe und Schönheit der Alpennatur. Sie gewährte ihm nicht bloß einen vorübergehenden Genuß, er fühlte sein ganzes Innere freier, für große Ideen und Anschauungen empfänglicher und zu entsprechendem Handeln gekräftigt werden. Auf die Frage seiner Mutter, ob er nicht der Reise überdrüssig werde und sich nach häuslicher Ruhe zurücksehne, konnte er mit dem Hinweis auf den Wechsel der geistigen Eindrücke antworten, der keine Ermüdung aufkommen ließ. Mit den Menschen erging es ihm wie in München. Von den Empfehlungen an interessante Persönlichkeiten konnte er wegen der allgemeinen Reisezeit wenig Gebrauch machen. So verfehlte er in Zürich Herwegh, sah nur den Chemiker Staedler, einen frühern Göttinger, und in Chur einen alten Studienfreund Caduff. Seinen anfänglichen Plan, weiter über Genf nach Paris zu gehen änderte er, um in der zweiten Septemberwoche zwei Kongresse in Frankfurt mitmachen zu können, die Versammlung der Volkswirte und eine sich anschließende politische Tagung, die mit der in Hannover am 19. Juli zustande gekommenen nationalen Erklärung zusammenhing. Als er unterwegs von ihr erfuhr, hatte er dem Freunde Albrecht seine Zustimmung erklärt, wie er überhaupt mit der ganzen Richtung, welche die Bewegung in Norddeutschland nehme, einverstanden sei.

Die mächtige Erregung, welche der Krieg von 1859 hervorgerufen hatte, bezeugen die öffentlichen Erklärungen, welche in den verschiedenen Teilen Deutschlands vor und nach dem Frieden von Villafranka erschienen. Zwei von ihnen, die schon genannte von Hannover und die zwei Tage ältere von Eisenach, wurden besonders folgenreich. Unabhängig voneinander entstanden, durch dasselbe Bedürfnis hervorgerufen, auf das gleiche Ziel der Einigung Deutschlands gerichtet, unterschieden sie sich doch nicht unwesentlich. Die Eisenacher Unterzeichner, Thüringen und Franken angehörig, denen einige Preußen wie Schulze-Delitzsch beigetreten waren, bekannten sich zur demokratischen Partei und hielten es, um mit der Einigung im deutschen Volke anzufangen, für die erste Pflicht, den alten Parteihader zwischen Konstitutionellen und Demokraten zu begraben. An der Spitze der hannoverschen Erklärung stand R. v. Bennigsen; von den 34 Mitunterzeichnern gehörte die Mehrzahl der Zweiten Kammer, die übrigen städtischen Kollegien an, wie Römer und Götting von Hildesheim, Lauenstein von Lüneburg, Miquel, damals Bürgerworthalter d. i. Stadtverordnetenvorsteher von Göttingen, Georg Merkel, Stadtsekretär von Hannover, der später um Göttingen hochverdiente Bürgermeister. Zu ihnen gesellten sich Rechtsanwälte wie von der Horst, Weber von Stade, K. Nicol von Hannover und Schriftsteller wie Lammers, Hoyns, Oppermann. Als Demokraten konnten wohl nur einige von ihnen gelten; überwiegend waren sie Anhänger der liberal-konstitutionellen Partei; der Gegensatz war in Hannover von geringerer Bedeutung. Wichtiger war, wie die beiden Erklärungen das Verhältnis zu der bestrittensten Frage der Zeit, zu Österreich und Preußen auffaßten. Die Eisenacher spricht nicht von Österreich, weist Preußen die Initiative zu reformatorischen Einrichtungen zu und überträgt ihm einstweilen bis zur definitiven Konstituierung der deutschen Zentralregierung die militärische und diplomatische Leitung. Die hannoversche Erklärung faßt entschlossen das Definitivum ins Auge: Österreich ist außerstande, die Reform der Bundesverfassung in die Hand zu nehmen.

Seine Interessen sind keine rein deutschen, können es auch niemals werden. Die Ziele der preußischen Politik fallen mit denen Deutschlands im wesentlichen zusammen. Nur Preußen kann die Führerschaft übernehmen. — Die beiden Programme waren, ihrer Verschiedenheit ungeachtet, verwandt genug, um ein Zusammenwirken ihrer Unterzeichner nahe zu legen. Eine zweite Eisenacher Erklärung vom 14. August versuchte sich daran; die Hauptaufgabe blieb einer nach Frankfurt für den September ausgeschriebenen Versammlung vorbehalten.

Die Erinnerungen, die der Ort weckte, lenkten den Blick auf die Versammlung zurück, welche einzig unter allen dem Gedanken einer deutschen Verfassungsreform eine greifbare Gestalt gegeben hatte. Soviel die Berichte der Tageszeitungen erkennen lassen, die den Mangel veröffentlichter Protokolle ersetzen müssen, ist wenig mit den Formeln oder Ideen des Frankfurter Parlaments operiert worden. Von seinen alten Mitgliedern war eine Anzahl wie Welcker, Venedey, Riesser, die Berliner Lette und Dr. Veit, die Hannoveraner v. d. Horst und Nicol anwesend, ohne in der Debatte erheblich hervorzutreten. Die Verhandlungen, von R. v. Bennigsen geleitet, zerfielen in eine vorbereitende Abendversammlung am 16. September und eine Hauptversammlung am folgenden Tage. Planck sprach in der ersten und erwarb sich das Verdienst auf Klarheit zu dringen. Metz, Rechtsanwalt von Darmstadt, hatte im Namen süddeutscher Mitglieder eine Ansprache zu erlassen beantragt, die das deutsche Volk belehren sollte, daß es sich nicht nur um die Einheit, sondern auch um die Freiheit handele, und die politische Forderung dahin formuliert: eine neue Verfassung Deutschlands unter der Ägide Preußens, aber in der Hoffnung, daß sich auch Deutsch-Österreich anschließe. Beidem trat Planck entgegen. Der Zweck der Versammlung ist ihm die Bildung einer Nationalpartei. Was will sie und wie will sie es erreichen? Über das Ziel muß Einigkeit vorhanden sein; über die Mittel können verschiedene Meinungen herrschen. Mit den zwei Großstaaten in einer politischen Organisation ist das Ziel der deutschen Einheit unerreichbar. Also muß einer weichen. Daß das nur Österreich sein kann, haben ihm die frisch in Österreich gesammelten Erfahrungen bestätigt. Österreich befindet sich in einer Gährung. Entweder gelingt der Regierung, einen Gesamtstaat zu konstituieren, oder Österreich fällt auseinander. Im ersten Falle ist Deutsch-Österreich für Deutschland verloren; im zweiten ist das geeinigte Deutschland eher als ein lose verbundenes imstande, Deutsch-Österreich an sich zu ziehen. Deutschland ohne Rücksicht auf Österreich, mit alleiniger Rücksicht auf Preußen zu konstituieren bleibt die nächste Pflicht einer neu zu bildenden deutschen Nationalpartei. Sie hat keine andern Mittel zur Verfügung als auf die Entschließungen Preußens hinzuwirken. Die Ausführungen Plancks fanden scharfen Widerspruch. Die nord- und mitteldeutschen Programme hatten eben um deswillen keinen Anklang im Süden gefunden, weil sie auf die Ausschließung Österreichs und die preußische Hegemonie hinausliefen. Der Württemberger Hölder, der am ersten und zweiten Tage und besonders energisch sprach, wies auf die neuesten Anzeichen hin, wie wenig Preußen die ihm zugedachte Rolle zu übernehmen bereit sei, auf die Antwort des Prinzregenten an die Stettiner, man möge sich nicht durch ein Haschen nach dem Allerbesten von dem zur Zeit Erreichbaren abbringen lassen, auf seine Mahnung zur Achtung vor fremden Rechten[1]). Die Württemberger wollen sich nicht zum zweiten Male in Berlin einen Korb holen, erklärte Reyscher, der den Norddeutschen noch am weitesten entgegenkam. Die preußische Führerschaft trotz ihrer beredten Verteidigung durch den Kurhessen Adam Pfaff, der sich eine neue Heimat in Schaffhausen begründet hatte, fand eine so starke Opposition, daß die positiven Sätze des Eisenacher Programms nicht ausdrücklich in das Statut des neuen Vereins aufgenommen, sondern nur auf die Erklärungen von Eisenach und Hannover verwiesen wurde. Die von den Süddeutschen beantragte Ansprache an das deutsche Volk scheiterte an dem Widerspruch der Norddeutschen, die unumwundene Erklärung für die preußische Spitze an dem der Süddeutschen. Der alte Gegensatz zwischen Liberalen und Demokraten war zurückgetreten, der zwischen Nord und Süd nur verschleiert. Noch im Jahre 1863 erklärte Hölder: die Schwaben sind nicht für die Führung Preußens; eine kollegiale Zentralgewalt, das Direktorium, ist die einzig mögliche Form[2]). Gleichwohl war die Gründung des Nationalvereins, die in Frankfurt gelang, ein Erfolg. Er übernahm die geistige Arbeit, die Aufgaben der nationalen Bewegung im Volksbewußtsein zu pflanzen und zu befestigen. So manchem Widerstand von oben und von unten er begegnete, er gewann große Ausbreitung, zog manchen Widerstrebenden heran, und hatte neben Anhängern, die ihm nur verworren dienten, in seinen vordersten Reihen treue Arbeiter, die unerschüttert an dem Ziele fest hielten. Ihre Namen waren es, denen das Vertrauen folgte. Planck war eines der frühesten und tätigsten Mitglieder des Vereins. Es ist ein Irrtum Onckens (I 469), er habe um seiner Staatsdienerstellung willen nicht beitreten können;

[1]) v. Sybel, Begründung des Deutschen Reiches II 337.

[2]) Preuß. Jahrb. 61 (1888), S. 223.

das gedruckte Verzeichnis der Teilnehmer an der ersten Generalversammlung des Vereins (September 1860) enthält seinen, wenn auch durch einen Druckfehler (Pilank) entstellten, Namen. Nach dem Bekanntwerden seiner Frankfurter Rede wurde, wie Planck selbst erzählt, der Kronoberanwalt Martin in Celle befragt, ob nicht Klage gegen ihn erhoben werden könne. Als er das verneinte und die Möglichkeit einer Disziplinaruntersuchung zur Erwägung gab, äußerte er selbst Zweifel an ihrer Zweckmäßigkeit.

Die Unentschiedenheit der Frankfurter Versammlung in dem, worauf es ankam, ließ Planck bei einem historischen Rückblick, den Oncken I 344 mitteilt, überwiegend ungünstig über ihren Verlauf urteilen. Es ist von Wert damit zu vergleichen, wie er sich unter dem unmittelbaren Eindruck der Verhandlungen äußerte. „Mir war das interessanteste," schreibt er an seine Mutter von Paris aus den 23. September, „daß ich Gelegenheit hatte, viele zum Teil bedeutende Menschen kennen zu lernen und Verbindungen anzuknüpfen, die nicht allein für den Augenblick erfrischende und belebende Anregung gaben, sondern auch von dauerndem politischen und persönlichen Interesse für mich sein werden. Damit will ich keineswegs gesagt haben, daß die Verhandlungen selbst ohne erhebliches Interesse für mich gewesen wären. Im Gegenteil waren sie für mich, der so lange auf Reisen gewesen und während dieser Zeit den Gang der Entwicklung nur unvollkommen hatte verfolgen können, von doppelter Bedeutung, weil ich dadurch rasch und auf die bestmöglichste Weise wieder au fait gesetzt wurde. Es gilt dies namentlich von den politischen Verhandlungen, worunter ich übrigens nicht bloß die in den großen Versammlungen stattgehabten Diskussionen, sondern vor allen die privatim und in kleinern Kreisen während der ganzen fast achttägigen Dauer meines Frankfurter Aufenthalts täglich vorgekommenen Unterredungen verstehe. Es zeigte sich mir bald, daß noch nicht alles so war, wie es hätte sein sollen, noch viel Halbheit, Unentschiedenheit und gegenseitiges Mißtrauen. Aber doch fand ich, daß seit dem Frühling ein ungeheurer Schritt vorwärts getan war. Das Ziel der deutschen Einheit war wieder scharf ins Auge gefaßt, es war als Parteiprogramm hingestellt, und zwar nicht bloß in allgemeinen nebelhaften Umrissen, sondern mit klarer Angabe des Weges und der Mittel. Und auf dieser Grundlage hatten sich die bis noch vor kurzem feindlich gegenüber stehenden Parteien der Konstitutionellen (Gothaer) und Demokraten die Hand gereicht, auf dieser Grundlage war die Vereinigung des Nordens und des Südens von Deutschland wenngleich noch nicht erreicht, so doch angebahnt. Die Versammlung in Frankfurt hat auf diesem Wege, wie ich hoffe, einen guten Schritt weiter geführt; es ist ein Organ für das gemeinschaftliche Wirken geschaffen, und die angeknüpften persönlichen Bekanntschaften werden wesentlich dazu beitragen, daß die noch stattfindenden größtenteils nur auf alten Vorurteilen und Antipathien beruhenden Differenzen ausgeglichen, und Einigung zwischen Norden und Süden eine Wahrheit werde." Von persönlichen Bekanntschaften, die er gemacht, nennt er seiner Mutter Schulze-Delitzsch und Unruh, den Präsidenten der Berliner Nationalversammlung. Auch seinen alten Studienfreund Hardeck (oben S. 48) sah er bei dieser Gelegenheit wieder. Er erwähnt Hölder nicht. Die nähere Bekanntschaft scheint sich erst im nächsten Jahr geknüpft zu haben, aus dem Oncken I 465 einen Brief Hölders an Planck mitteilt, in dem schon der Dutzkomment herrscht. Bei einem Besuche Plancks in Stuttgart im August 1861 entdeckte der 73 jährige Vater Hölders dann auch die durch die Langs vermittelte Verwandtschaft und erinnerte sich seiner Nürtinger Jugendjahre, wo er, bei dem Stadtschreiber Planck auferzogen, die Aufregung und Freude miterlebt hatte, wenn der berühmte Bruder aus Göttingen zum Besuch kam (11. August 1861).

Mit Bennigsen und einigen andern Freunden machte Planck am Sonntage nach dem Schluß der Frankfurter Versammlung einen Abstecher nach Deidesheim, wohin sie der Weingutsbesitzer Buhl eingeladen hatte. „Ich habe nie so schöne Weine getrunken wie dort." Bis Montag Mittag blieben sie zusammen. Dann fuhr Planck nach Speier, besah den Dom und reiste tags darauf nach Paris. Hier verweilte er vom 20. September bis zum 25. Oktober.

Der mehr als vierwöchige Aufenthalt, während dessen er im Hotel de Bavière, Rue du conservatoire 17, bei deutschen Wirtsleuten G. A. Deininger wohnte, wurde zunächst zu fleißigen Fahrten und Wanderungen durch die Stadt benutzt. Die Baukunst und das geschichtliche Interesse leiteten ihn. Die Vorgänge der neuen französischen Geschichte, zumal die der großen Revolution waren der damaligen Generation durch die eingehenden Schilderungen der französischen und deutschen Schriftsteller geläufig. Straßen, Plätze, Schlösser sah er im historischen Lichte. Einer seiner ersten Besuche galt dem Père Lachaise, dessen Denkmale von Abälard und Heloise bis zu den Männern der Revolution ein gutes Stück französischer Geschichte, ja der Entwicklung des Menschengeschlechts überhaupt im Lapidarstil erzählen. Das Leben und Treiben der Gegenwart tritt ihm nirgends näher als auf den Boulevards. Vor Tisch wie Abends nach dem Schluß der Theater verbringt er hier, spazierensitzend und beobachtend, seine liebsten Stunden. Die stille Mitternachtsstunde, die es damals auch in den großen Städten

Deutschlands noch gab, existierte in Paris nicht. Es ist, trotzdem die Läden geschlossen sind, alles so hell, daß selbst er noch zur Genüge sehen konnte. In den Kunstsammlungen des Louvre erbaut er sich an der Venus von Milo wie an Murillos Empfängnis Mariä. Die Gemälde von Horace Vernet und andere der modernen französischen Schule scheinen ihm schon die Grenze des Möglichen und künstlerisch Schönen zu überschreiten. Sie sind ihm interessant als Illustrationen der französischen Geschichte und machen durch die scharfe markige Charakterisierung der handelnden Individuen, die Schönheit der Farben und den Ton des Ganzen einen mächtigen Eindruck. Er beobachtet, wie sie auf das Publikum wirken. In den ungeheuern Räumen zu Versailles drängen sich die Soldaten, namentlich Zuaven und betrachten mit Freude und unverhehltem Stolze die Schlachtenbilder der napoleonischen wie der neuesten Zeit, zeigen sich die hervorragenden Persönlichkeiten und gedenken ihrer eigenen Teilnahme an den dargestellten Schlachten oder der persönlichen Bekanntschaft mit diesem oder jenem der Führer. Auch im Louvre waren die den geschichtlichen Erinnerungen geweihten salles des empereurs, von dem Szepter Karls des Großen an bis zu dem grauen Rock und Hut Napoleons I. und dem Schreibtisch Louis Philippes, der noch die Spuren der Erbrechung vom 24. Februar 1848 zeigt, die von den Franzosen besuchtesten. Die innern Räume der Tuilerien, im wesentlichen von dem gleichen Charakter wie andere Schlösser mehr, fesseln durch die historischen Gedanken, die sich an jede Lokalität knüpfen. „Hierher mußte Ludwig XVI., von den Damen der Halle gezwungen, ziehen; hier brach 1792 der französische Königsthron zusammen; hier wohnte Napoleon, nach ihm die Bourbonen Ludwig XVIII. und Karl X.; 1830 und 1848 wurden die Tuilerien vom Volke erstürmt, und beidemal sank damit ein Königtum zu Grabe. Wird der Thron des Kaisers Napoleon III., der jetzt hier wohnt, ein anderes Ende haben?“

In der Mannigfaltigkeit des Pariser Lebens, so glänzend es äußerlich erscheint, bleiben seiner Beobachtung die unheimlichen Tiefen, die es umschließt, nicht verborgen. Doch macht er im ganzen die entgegengesetzte Erfahrung wie in Wien. „Längere Zeit suchte ich es mir selbst zu verhehlen, aber mit jedem Tage wurde es mir klarer, daß die tiefe innere Unzufriedenheit, der niedergehaltene Groll, den man hier bei der ganzen Art des napoleonischen Regiments zu erwarten gewohnt ist, in der Tat nicht existiert.“ Der positiv zufriedenen Anhänger des Gouvernements findet er allerdings nicht viele; aber ebensowenig solcher, die auf dessen Sturz hinarbeiten. In den intelligenten Kreisen ist die Zahl der Orleanisten groß, vielleicht überwiegend; aber sie bescheiden sich zurzeit nichts tun zu können. Ebenso haben die Republikaner, deren Zahl nicht sehr bedeutend scheint, für den Augenblick keine Armee hinter sich. „Die große Masse des Arbeiterstandes ist relativ zufrieden; sie haben Arbeit, Verdienst, Genuß; sie lieben Napoleon gerade nicht, aber jedes andere Regierungssystem noch weniger, weil keines so viel für sie getan als Napoleon.“ Die wohlhabende und reiche Bourgeoisie will Ruhe, Geld verdienen und an der Börse spielen. Dafür bietet Napoleon die beste Gewähr. „Einen erfreulichen und hoffnungsreichen Eindruck machen die Zustände tiefer betrachtet auf mich nicht. Alles arbeitet auf Gewinn und Genuß; die höhern sittlichen Momente treten mehr und mehr zurück oder erhalten sich nur in kleinen Kreisen.“ Über die Dauerhaftigkeit der Zustände wagt er kein Urteil. Nur besorgt er, daß jede das wirtschaftliche Wohlbehagen störende Krisis, da die Regierung für alles verantwortlich gemacht wird, fast mit Notwendigkeit eine politische Krisis herbeiführt, wenn nicht durch Krieg oder dergleichen eine Ableitung gewährt wird. Dafür, daß die politische Freiheit so leicht entbehrt wird, findet er zwei Erklärungsgründe. Die Gleichheit nicht bloß vor dem Gesetze, sondern selbst die soziale ist in ungleich höherm Maße als bei uns durchgedrungen; und ebenso bleibt die bürgerliche Freiheit, die Freiheit des Erwerbes, des persönlichen Tun und Lassens, sofern es nicht die Politik berührt, im wesentlichen ungestört und geht viel weiter als bei uns.

Seine Absicht, Sitzungen der Gerichtshöfe und Vorlesungen zu besuchen, konnte er nicht ausführen, da die sonstigen Anforderungen des Aufenthalts keine Zeit übrig ließen und die Ferien im Wege standen. Sie machten ihm auch die Abgabe der Empfehlungen unmöglich, die er sich verschafft hatte. Von persönlichen Begegnungen ist deshalb in den Pariser Briefen so gut wie gar nicht die Rede. Nur in der ersten Woche traf er auf der Fahrt nach Versailles mit der Familie des Kommerzienrats Gosling aus Osnabrück zusammen und verkehrte täglich mit ihnen. Planck hat nach diesem Jahr noch manche Reise gemacht, aber nie wieder von solcher Dauer. Sie waren alle und namentlich die von 1859 für sein Leben von hohem Werte. Die Fülle sinnlicher Eindrücke, die sie ihm verschafften, bewahrte er in einem treuen Gedächtnis. Einzelne der Gemälde, namentlich aus dem Luxembourg standen ihm so klar vor Augen, daß er sie, wenn er zu zeichnen verstände, in der Hauptsache aus dem Kopfe glaubte nachzeichnen zu können.

Neben der eigenen Belehrung hatte Planck die Reise von 1859 auch zu dem Zweck unternommen, um seinen Freunden eine gründliche Ansicht über die politischen Verhältnisse Österreichs und Bayerns zu verschaffen. Die anfängliche Absicht, fortlaufend Reiseberichte an die Zeitung für Norddeutschland zu senden, blieb zwar unausgeführt, aber er sammelte doch seine Beobachtungen in zwei ausführlichen an seinen Freund Albrecht in Hannover gerichteten Briefen. Der erste, am 1. Juli in Wien begonnen und in Triest am 7. beendet, fast sieben Briefbogen stark, behandelt die österreichischen Verhältnisse; der zweite, in München am 11. August geschrieben, ist halb so umfangreich wie jener und beschränkt sich auf den Landtag, sein Verhältnis zum Ministerium und zur deutschen Frage. Aus dem Inhalt dieser Briefe ist manches, was in den Reiseberichten an die Mutter wiederkehrt, schon oben vorgekommen, so daß hier nur zu berücksichtigen bleibt, was tiefer in die inneren Verhältnisse Österreichs einführt. Da er überwiegend mit Männern der Presse in Berührung kam, so beschäftigt er sich an erster Stelle mit ihr. Die Zensur war und blieb abgeschafft, aber die Presse stand in vollster Abhängigkeit von der Polizei. Sie verhindert nicht bloß, was nicht abgedruckt, sondern sendet auch ein, was abgedruckt werden soll. Sie läßt die Redakteure auf dem Polizeibureau zusammenkommen und erteilt ihnen positive und negative Vorschriften. Gerichtliches Einschreiten gegen Zeitungen ist nicht nötig; Verwarnung, Suspension, Verbot sind genügende Mittel zum Zweck. Für den schweren seit 1849 auf dem Lande lastenden Polizeidruck, der die allgemeine wohl neun Zehntel der Bevölkerung erfüllende Unzufriedenheit hervorgebracht hat, macht man im Publikum den Grafen Grünne, Generaladjutanten des Kaisers, den Minister des Innern Alex. Bach und den, der mächtiger als sie alle ist, den Polizeiminister von Kempen verantwortlich. Das herrschende System ist nicht aufgeklärter Absolutismus noch konsequenter Despotismus, sondern die Willkür, die, bald hie bald dorthin geleitet, schließlich alle verletzt. Die weit verbreitete Sucht des Räsonnierens, über die man nicht hinausgelangt, erschwert dem Beobachter ein Bild der Parteien und ihres Verhältnisses zu den großen staatlichen Aufgaben, namentlich zu der Stellung Österreichs gegenüber der deutschen Verfassungsreform zu gewinnen. Doch versucht er die Hauptrichtungen zu gruppieren und zu charakterisieren. Die Altliberalen, wie er sie nennt, wollen eine Gesamtverfassung für ganz Österreich ähnlich der oktroyierten von 1849 und auf diesem Wege eine allmähliche Verschmelzung der Nationalitäten, Beschränkung des Konkordats, Hebung der Finanzen und Reformen in der Gesetzgebung bewirken. Unbekümmert um das Verhältnis zu Deutschland, wären sie es zufrieden, wenn sich Deutschland unter der Führung Preußens selbständig konstituierte und zu dem neuen Österreich in ein Bündnis trete. Eine zweite Partei will zwar auch den Gesamtstaat aufrecht erhalten, sieht aber eine Gesamtverfassung und Vertretung als zurzeit unmöglich an, weil in ihr die nicht deutschen Elemente überwiegen würden. Ihr Ziel ist vor allem: Verbreitung deutscher Kultur; Gesamtösterreich ist dafür der providentiell bestimmte Staat. Die einzig mögliche Regierungsform ist für diesen Zweck der aufgeklärte Absolutismus; nicht einmal Landesvertretungen in den einzelnen Provinzen hält sie für zulässig. Dagegen will sie Beschränkung des Konkordats und der Polizei und Handhabung der Gesetze. Das Verhältnis zu Deutschland denkt sich diese Partei, die, übrigens nur schwach, wesentlich durch Gelehrte und Beamte vertreten ist, gleich der ersten, die unter der deutschen Bevölkerung nicht unbedeutend verbreitet ist. Eine dritte Partei, die bei weitem größte, hält die Idee eines Gesamtösterreichs für völlig unausführbar und verderblich. Sie zerfällt in verschiedenen Fraktionen. Eine wünscht die baldmöglichste Auflösung Österreichs. So vor allem die Ungarn, außer ihnen die Südslaven und der polnische Adel. Sie alle wollen selbständige Staaten bilden; was aus dem übrigen Österreich wird, ist ihnen gleichgültig. Ihnen nahe stehen die übrigen Slaven; sie wollen große provinzielle Selbständigkeit und deshalb auch keine Gesamtvertretung. Dahin gehören namentlich die Böhmen; wenn sie auch keine völlige Auflösung Österreichs wünschen, so kann doch ihr Streben leicht zu demselben Ziel führen, wie dem der ersten Fraktion. Unter der deutschen Bevölkerung gibt es eine kleine, nur in den größern Städten und in deren gebildeten Kreisen vertretene Partei, die auf eine möglichst baldige Auflösung Österreichs hofft und dann seine deutschen Teile einschließlich Böhmens und Mährens mit einem einigen unter Preußens Leitung gebildeten Deutschland verbinden will. Eine andere Fraktion der Deutschen hält eine Auflösung Österreichs für unmöglich und für verderblich, weil die slavischen Teile an Rußland fallen würden. Sie will deshalb Einheit des Heeres und der Finanzen aufrecht erhalten; keine Gesamtvertretung oder doch nur in der Form eines Ausschusses aus den Vertretungen der einzelnen Kronländer, der für einzelne Fragen zusammentritt. Die einzelnen Teile erhalten freisinnige Verfassungen und Landesvertretungen. Aus den Landesvertretungen der deutschen Provinzen Österreichs und den Ständeversammlungen der deutschen Staaten soll dann eine Vertretung am Deutschen Bunde hervorgehen und die deutsche Bundesverfassung allmählich umgebildet werden. Von den Anhängern dieser Richtung nennt Planck besonders Kolatschek. Die Einsichtsvollern dieser Fraktion verhehlen sich übrigens nicht, daß auch dieser Weg schließlich zur Auflösung Österreichs führen muß. Den Gruppen mit einigermaßen ausgesprochenen politischen Tendenzen steht die große Masse ohne positive Pläne gegenüber. Sie will Abschaffung des Konkordats, Aufhören der polizeilichen Willkür, bessere Finanzen, größere Freiheit. Entschiedenes Gewicht auf eine Verbindung mit Deutschland legt sie nicht; sie ist österreichisch, nicht deutsch, wenigstens nicht mit Bewußtsein. In den Regierungskreisen herrschen zwei Richtungen, die übereinstimmend in Österreich den unaufgeklärten Despotismus aufrecht erhalten wollen, aber darin voneinander abweichen, daß die eine, an der Bundesverfassung festhaltend, durch sie den Einfluß Österreichs auf Deutschland behaupten und ausdehnen will, die andere eine Teilung Deutschlands nach der Mainlinie vorzieht.

Dringlicher als die Frage nach der künftigen Gestalt Österreichs und seiner Stellung zu Deutschland war die augenblicklich schwebende über das Verhalten der deutschen Staaten, insbesondere Preußens zu dem gegenwärtigen Kriegsfalle. Plancks Bericht ist in den Tagen geschrieben, ehe die Entscheidung fiel, und fern den Stellen, wo sie fiel. Er hört, daß immer mehr in Österreich der Wunsch um sich greift, Deutschland möge sich nicht beteiligen. Man fürchtet von seinem Eintreten den Ausbruch eines offenen Aufstandes, besonders in Ungarn, wo die Regierung es verstanden hat, alle Parteien, alle Stände, alle Nationalitäten gegen sich aufzubringen, und die im Anfang der fünfziger Jahre nicht ungünstige Stimmung durch polizeilichen und militärischen Druck und durch Pfaffenherrschaft völlig in ihr Gegenteil zu verkehren. Die dem Berichterstatter persönlich näher liegende Betrachtung der Kriegsfrage vom deutschen Standpunkt führt ihn zu keinem tröstlichern Ergebnis: Der Krieg wäre für Deutschland ein Krieg ohne Bundesgenossen, ohne Freunde. Es würde nicht bloß Frankreich zum Gegner haben, sondern auch die Völker des Südens und des Ostens, die, von Frankreich aufgestachelt, sich zum Kampf für ihre Nationalität erheben würden. Dabei „wir selbst uneinig, gespalten, geteilten Herzens". Beteiligt sich Deutschland nicht am Kriege, so sieht er es kommen, daß Österreich rasch Frieden schließt, die Lombardei gegen Konzessionen abtritt, als da sind Verbleiben des Venetianischen bei Österreich, aber auch vielleicht gegen die Zusicherung bei einem Kampfe Napoleons gegen Preußen neutral zu bleiben und die Abreißung der Rheinprovinz zu gestatten. „Das klingt empörend, ist aber nicht so gar unwahrscheinlich." Er faßt seine Betrachtung zusammen: „Ich fürchte, wir haben viel zu lange gewartet, um siegen zu können, und viel zu lange gedroht, um unbehelligt zu bleiben."

So eingehend Plancks Beobachtungen der österreichischen Verhältnisse sind, man bedauert eins an ihnen: ihre große Sachlichkeit, ihre Zurückhaltung gegenüber allem Persönlichen. Das erschwert ihre Kontrollierbarkeit und die Vergleichung mit den Zeugnissen anderer. Man wird nicht fehl gehen, wenn man aus den sparsamen Mitteilungen, die er über seinen persönlichen Verkehr in Österreich und speziell in Wien macht, herausliest, daß er dem Kreise um Kolatschek viel von seinen Nachrichten verdankt. Man hätte gern von Planck mehr über diesen Mann gehört, der eine Zeitlang größeren Einfluß unter den Liberalen ausübte, aber nach L. Bambergers Zeugnis mit der Regierung in nahem Zusammenhange stand[1]). Planck brachte den redlichsten Willen mit, sich genau zu unterrichten. Ob Zeit und Umgebung ausgereicht haben, ein wirklich getreues Bild der verwickelten, für einen Fremden doppelt schwer zu erfassenden, österreichischen Parteiverhältnisse zu gewinnen, muß der Beurteilung österreichischer Historiker überlassen werden.

Plancks Beobachtungen über Österreich, obschon in einem Privatbriefe enthalten, gelangten in eine, wenn auch beschränkte, Öffentlichkeit. Bruchstücke daraus kamen in Zeitungen; der Zustand des in Albrechts Nachlasse befindlichen Manuskripts zeigt, daß das Ganze für einen Abdruck oder eine sonstige Vervielfältigung hergerichtet worden ist. Zunächst im Kreise der engsten Parteifreunde bekannt geworden, hat es vielleicht schon die entschiedene Fassung des Passus über Österreich in der hannoverschen Erklärung vom 19. Juli (ob. S. 193) beeinflußt. Während der Frankfurter Septemberversammlung war schon eine zum Teil sagenhafte Kunde von der Existenz eines solchen Berichts aus Plancks Feder verbreitet und trug dazu bei, die Aufmerksamkeit auf ihn zu lenken. Sein entschiedenes Auftreten in der Debatte für die preußische Hegemonie verstärkte das noch. Unter den Männern, die ihn kennen lernten, regte sich zugleich das Bedauern, daß eine frische, jugendliche Kraft wie die seine — er stand im 35. Lebensjahre — brach lag. Man beschäftigte sich mit dem Gedanken, ob er nicht für den preußischen Staatsdienst zu gewinnen sei. In einem Briefe vom 17. September, der ihm erst in Paris zu Handen kam, teilte ihm sein Vetter Wilhelm, damals Professor in Greifswald, eine Anfrage des Geheimen Rats Friedberg aus dem Preußischen Justizministerium mit, ob er nicht als Kammergerichtsrat oder Appellationsgerichtsrat in ein Obergericht einzutreten geneigt sei. Erst nach seiner Heimkehr schickte ihm Bennigsen einen Brief des Präsidenten Lette zu[2]), der ihn schon in Frankfurt in gleicher Richtung sondiert hatte und jetzt um Ein-

[1]) Erinnerungen S. 310.

[2]) Brief an Bennigsen, Berlin, den 13. Oktober 1859 in Plancks Nachlaß.

sendung eines curriculum vitae bat. Er muß von den Erwägungen im Justizministerium nichts gewußt haben, denn was er in Aussicht stellte, war bloß eine diätarische Beschäftigung bei höheren Landesbehörden oder bei dem Ministerium. Fast ein Jahr später kam im Auftrage von Max Duncker, Vortragendem Rat im Ministerium des Auswärtigen, durch die Hand Hermann Baumgartens, der eine Art Sekretariat bei Duncker bekleidete, ein Anerbieten an Planck, die Stelle eines Justitiars bei der Regierung zu Sigmaringen zu übernehmen. Das Kollegium, an dessen Spitze ein liberaler Mann, Carl Theodor Seidel, stand, wenige Jahre später als Oberbürgermeister nach Berlin berufen, setzte sich sozusagen aus ausgesuchten Männern zusammen, weil man wünschte, „auf dem preußischen Vorposten im Süden womöglich eine Musterregierung zu führen." Plancks Eintritt würde auch politische Bedeutung haben; einen Akt der Propaganda im Süden bilden, wie Baumgarten ausführt, und, da in den Hohenzollernschen Fürstentümern gemeines Recht galt, dem hannoverschen Juristen genehm sein. Der Gehalt betrug 1000 Taler, was aber in Sigmaringen soviel sei, wie 1500 in Hannover. Zur nähern Verständigung bat Duncker um eine persönliche Zusammenkunft, die sich am leichtesten bei dem Ende August 1860 in Berlin zusammentretenden Juristentage erreichen ließe[1]. Planck nahm an dieser Versammlung teil, aber zu einer Zusammenkunft mit Max Duncker ist es nicht gekommen. Ebensowenig wurde etwas aus den übrigen Anläufen und Versuchen. Weshalb nicht, ist nicht für alle Fälle sicher zu beantworten. Gegen eine Verwaltungsstelle und eine nicht feste, etatsmäßige Besoldung erklärte Planck sich unumwunden. Er fand seine Befriedigung nur in richterlicher Beschäftigung; sie entsprach seiner Neigung und seiner Begabung und gewährte ihm die Unabhängigkeit, die ihm Bedürfnis war, zugleich die Möglichkeit einer politischen Tätigkeit, wie er sie sich wünschte. Ein Verbleiben innerhalb des gemeinen Rechts machte er nicht zur Bedingung, da er sich mit dem Preußischen Landrecht theoretisch und praktisch zur Genüge bekannt gemacht hatte. Der Justizminister Simons, von dem die Justitiarstelle in Sigmaringen dependierte, war nach Baumgartens Versicherung ihm nicht entgegen. So erwünscht Planck in seiner jetzigen Lage ein festes richterliches Amt in Preußen gewesen wäre, darum zu ambieren lag ihm fern. Seiner Vorliebe für Hannover, wo er alle Verhältnisse von früh auf kannte, hatte er kein Hehl, wie auch sein Vetter Wilhelm äußerte: meiner Meinung nach liegt Deine Zukunft eigentlich in Hannover.

[1]) Brief Baumgartens vom 24. August 1860 in Plancks Nachlaß.

In seiner Erkundigung nach Plancks literarischer Tätigkeit hatte Lette bei Bennigsen angefragt: „Habe ich recht verstanden, so ist ja wohl von ihm in neuester Zeit auch eine Denkschrift über die Zustände in Österreich entworfen?“ Planck stellte in seiner von einem Lebenslauf begleiteten Antwort an Lette die Sache richtig[1]), der eine größere Wichtigkeit beigelegt war, weil der Bericht, wie er in Frankfurt durch Herrn v. Unruh erfuhr, an einen der preußischen Minister und, wie es hieß, in die Hand des Prinzregenten gelangt war.

Zu Ende Oktober 1859 traf Planck von seiner Pariser Reise wieder in Göttingen ein, freudig begrüßt von seiner Mutter und den alten Freunden. Unter den Studenten jener Zeit war die Politik ein verfehmtes Wort. Wer vom Examen reden wollte, wurde mit dem Rufe niedergedonnert: keine Politik! Wie damals alle gemeinsamen Veranstaltungen der Studentenschaft durch den Streit zwischen Korps und Verbindungen vereitelt wurden, so feierten die Parteien auch das Schillerfest jede für sich. Bei dem glänzenden Kommers der Korps im Burhenneschen Saale (Deutscher Kaiser) benutzte Theodor Mithoff, damals nach der witzigen Bezeichnung eines Kollegen in der unabhängigen Stellung eines außerordentlichen Privatdozenten, ein altes Mitglied des Korps Brunsviga, die angeregte Stimmung, um auf zwei unter den Gästen anwesende Landsleute einen Salamander vorzuschlagen, auf den Anwalt Dr. Grefe, den Verteidiger der Sieben, und auf Gottlieb Planck und erntete rauschenden Beifall.

II.

Planck wurde wieder ein fleißiger Student in den Hörsälen seiner Vaterstadt. Die Vorlesungen, die er besuchte, Nationalökonomie bei Hanssen und bei Helferich, die sich im Jahre 1860 auf dem Göttinger Katheder ablösten; Philosophie bei Lotze; Differential- und Integralrechnung bei Stern, zeigten, wie gründlich er seine Aufgabe des staatswissenschaftlichen Studiums angriff. Auch Miquel nahm an den gedachten Vorlesungen teil; ja von ihm ging die eigentliche Anregung aus, wenn sich die jüngern hannoverschen Politiker, wie Bennigsen und Planck eingehend mit Volkswirtschaft beschäftigten. Den Umgang Plancks bildeten außer Miquel Ellissen, Gödeke, der Mediziner Lohmeyer. Der Professorenwelt hielt sich dieser Kreis fern. Nur mit der jüngern akademischen Gesellschaft, die im Literarischen Museum verkehrte, kam Planck in Berührung: der Mediziner Wachsmuth, später in Dorpat; Leo Meyer, A. Ubbelohde, Prof. v. Mangoldt, Ernst Meier,

[1]) Konzept in Plancks Nachlaß.

der Theologe Herm. Schultz zählten zu ihnen. Neben den allgemeinen wissenschaftlichen Studien beschäftigten die politischen Verhältnisse Hannovers die Freunde Miquel und Planck. Auch hier ging man gründlich vor. Miquel nahm das neue hannoversche Finanzgesetz von 1857 zum Ausgangspunkt, Planck bereitete eine Untersuchung der hannoverschen Domänenverhältnisse vor. Als der Zentrumsführer Lieber mehr als ein Menschenalter später dem preußischen Finanzminister seine Wandlungsfähigkeit vom Kommunisten bis zum Agrarier vorwarf und sich auf einen von Bebel veröffentlichten Brief Miquels vom Jahre 1850 berief, in dem er eine Anknüpfung mit Marx in London versucht hatte, konnte ihm Planck bezeugen, wie weit er schon 1859 von seiner jugendlichen Schwärmerei geheilt war und sich durch wissenschaftliche Studien von der Undurchführbarkeit der Marxschen Ideen überzeugt, andererseits aber auch die ungeheure Wichtigkeit der sozialen Probleme erkannt und schon damals den agrarischen Fragen seine Aufmerksamkeit zugewandt hatte [1]). Vorträge Miquels im Göttinger landwirtschaftlichen Verein liefern den Beleg für diese Richtung seiner Forschungen, auf die den vielseitigen Mann zuerst seine lebhafte Tätigkeit als Anwalt hingeführt haben wird [2]).

Neben den volkswirtschaftlichen Studien nahm das Interesse für die moderne Rechtsreform Planck in Anspruch, zumal die hannoversche Gesetzgebung in gewissen Zweigen dieses Gebiets gerade damals Gegenstand allgemeiner Aufmerksamkeit wurde. Der Entwurf einer neuen Hypothekenordnung zählte allerdings nicht dahin. Planck, der im April 1861 in der von dem Stadtrichter Hiersemengel redigierten Preußischen, nachmals Deutschen Gerichtszeitung (Nr. 19 und 20) darüber berichtete, befürwortete trotz des bloß korrektorischen, nicht gründlich bessernden Charakters der Vorlage, deren Annahme aus einem sehr bezeichnenden Grunde: „Die Erfüllung des Wunsches nach einem deutschen Zivilgesetzbuche liegt noch in weiter Ferne. Wir glauben nicht, daß sie ohne vorherige politische Einigung erreicht wird. Aber unverkennbar treibt die Entwicklung diesem Ziele zu. Es wird, wenn uns die Zeichen der Zeit nicht trügen, noch von dieser Generation erreicht werden. Bei solcher Lage darf man es wohl als ratsam bezeichnen, daß sich die Gesetzgebung in den einzelnen Staaten auf die Verbesserung der dringendsten Übelstände beschränkt und nicht auf weit aussehende vollständige Neugestaltungen einläßt." Den Ruhm der hannoverschen

[1]) Reichstagsverhandlungen vom 12. und 13. Dezember 1899 (Europ. Geschichtskal. S. 173 ff).

[2]) Thimme, J. v. Miquels Reden I (1911) S. 7—24 und 401.

Gesetzgebung bildete die allgemeine bürgerliche Prozeßordnung vom 8. November 1850. Erst mehr als ein Jahrzehnt später fand sie weithin Beachtung. Obertribunalsrat Dr. Waldeck machte sie zum Gegenstand eines Vortrags in der Berliner juristischen Gesellschaft; und als im September 1862 eine von Bundeswegen bestellte Kommission zur Entwerfung einer Zivilprozeßordnung in Hannover ihre Beratungen begann, legte sie das hannoversche Gesetz zugrunde. Planck hatte es im Jahr zuvor durch Aufsätze in der Gerichtszeitung (1861 Nr. 43, 45, 47) erörtert und kritisiert. Seine Arbeiten bewegten sich in demselben Gedankenkreise der Rechtsreform, der die Berliner juristische Gesellschaft und die durch sie ins Leben gerufene Vereinigung deutscher Juristen, den deutschen Juristentag beschäftigte.

Die Juristen folgten dem Zuge der Zeit. Nachdem die politische Einheit an den Gegensätzen unter den deutschen Regierungen und den Spaltungen im deutschen Volke gescheitert war, empfanden die Deutschen, die wieder in die Angehörigen einiger dreißig Staaten zerfielen, das Bedürfnis sich über die Schlagbäume, die sie trennten, die Hand zu reichen, und in dem, was ihnen Gemeinsames verblieben war, gemeinsam zu wirken. Das war vor allem die Wissenschaft. Reaktion und Partikularismus vermochten nicht sie tot zu schlagen. Zu Anfang der fünfziger Jahre erhielten die gelehrten Schulen eine Karte der Ebene von Troja von Professor Forchhammer in Kiel zugesandt mit der Widmung: den Gymnasien Deutschlands, des dennoch einen. Ein Mittel zur Pflege der gemeinsamen Güter fand die Zeit in großen Wanderversammlungen. Waren die „Tage" auch nichts völlig neues, so dehnten sie sich jetzt über die verschiedensten Berufe und Interessen aus und konnten dank dem großartigen Aufschwung des Kommunikationswesens wechselnd in den verschiedensten Teilen des Vaterlandes gehalten und allgemein zugänglich gemacht werden. Die Einberufung eines deutschen Juristentages nach Berlin zu Ende August 1860 erwies sich als ein so glücklicher Gedanke, daß sich daraus eine ständige und einflußreiche Einrichtung des öffentlichen Lebens entwickelte. Planck gehörte zu den ältesten Mitgliedern und Mitarbeitern des Juristentages. Sein Ziel, die Erringung der Rechtseinheit, lag ihm um ihrer selbst wie um der politischen Einheit willen, die sie fördern half, am Herzen. Schon auf der ersten Tagung wurde einstimmig das Bedürfnis anerkannt, für die Gebiete des Zivilprozesses, des Strafrechts und des Obligationenrechts gemeinsames Recht zu schaffen. Der Zivilprozeß stand in Berlin wie im folgenden Jahre in Dresden im Vordergrund des Interesses. Planck beteiligte sich erst in Dresden an der Debatte. In der vierten für Prozeß und Gerichtsverfassung bestimmten Abteilung, in der er neben Berger von Wien zum Vorsitzenden erwählt war, spielten die hannoverschen Juristen eine hervorragende Rolle. Bei Beratung der Frage: soll der Schwerpunkt in der mündlichen Verhandlung oder in dem als Grundlage dienenden schriftlichen Vorverfahren liegen, gab Berger zuerst das Wort dem Rechtsanwalt Dr. André von Osnabrück, der den Prozeßgang an den hannoverschen Amts- und Landgerichten darstellte. Planck, der nach ihm sprach, bemühte sich, wie schon in seinen Aufsätzen und Berichten der letzten Jahre das Wesen der Mündlichkeit und deren Konsequenzen klarzulegen. Die beiden Hauptzwecke des Verfahrens: möglichste Raschheit der Verhandlungen und Richtigkeit des Urteils lassen sich nur erreichen, wenn der Richter lediglich das in der mündlichen Verhandlung Vorgebrachte, dies aber vollständig, berücksichtigt. Sobald man schriftliche Fixierung der Parteivorträge als Grundlage der richterlichen Entscheidung gelten läßt, kehrt man zum schriftlichen Verfahren zurück. Der Erfolg der hannoverschen Prozeßordnung zeigt sich in der unendlich raschern Erledigung der Prozesse, dem reinen schriftlichen Verfahren wie dem schriftlichen mit mündlicher Schlußverhandlung gegenüber. Sie verhilft dem Richter zugleich zu einer klaren und scharfen Auffassung dessen, was die Partei hat sagen wollen, und dadurch zu einem richtigen Urteil. Seinen vollen Erfolg erlangt das Verfahren nur in Verbindung mit dem Anwaltszwang. Diese Beschränkung der Verhandlungsmaxime ist durch den Zweck gerechtfertigt: die Parteien verfolgen ihre Privatrechte, aber sie müssen es in der Weise tun, wie es dem öffentlichen Interesse entspricht, in den Formen, die der Staat vorschreibt. Die mündliche Verhandlung erfordert ein einheitliches Zusammenfassen des Vorgebrachten. Da die große Mehrzahl der Parteien außerstande ist, eine Sache in ihrem Zusammenhange vorzutragen, würde der Richter genötigt sein, sie aus ihnen herauszufragen. Dann entsteht aber ein Verfahren, wie bei den hannoverschen Amtsgerichten, wo kein Anwaltszwang besteht, ein Verfahren zu Protokoll, wie es nach der alten Prozeßordnung von 1827 bestand, gegen die Absicht des neuen Rechts, das auch bei den unteren Gerichten ein rein mündliches Verfahren fordert. Auch zu den übrigen Fragen, die die Abteilung beschäftigten, äußerte sich Planck: über freie Beweiswürdigung oder Bindung des Richters an feste Beweisregeln; über die Berechtigung der Gerichte in allen Fällen über ihre Kompetenz selbst und ausschließlich zu entscheiden. Über die letztgenannte Verhandlung hatte Planck in der Plenarversammlung vom 30. August den Bericht zu erstatten. Er wandte sich gegen das Hereinziehen von Zweckmäßigkeitsrücksichten, wo nur nach Rechtsgrundsätzen zu entscheiden sei, und verwarf die besondern Kompetenzgerichtshöfe, in denen Verwaltungsbeamte einen Sitz erhalten. Am Schlusse der Tagung wurde Planck in die aus 19 Mitgliedern gebildete ständige Deputation als Vertreter Hannovers gewählt.

Für den dritten 1862 nach Wien eingeladenen Juristentag hatte Hiersemenzel einen Antrag angemeldet, der mit Plancks speziellstem Interesse zusammentraf (oben S. 165). Er war formuliert: Die Würde der Rechtspflege und die Handhabung wirklicher Gerechtigkeit ist nur da gesichert, wo der Richter auch die Frage, ob ein Gesetz verfassungsmäßig zustande gekommen, ohne Einschränkung zu prüfen hat. Die ständige Deputation hatte Ihering, zurzeit Professor in Gießen, zum Referenten bestellt; Gutachten, wie sonst üblich, waren über den Gegenstand nicht eingefordert. Ihering, der am 25. August in sehr anziehender Weise sprach, schied zweckmäßig zwischen Verordnungen und Gesetzen und behandelte nur die Frage: Was hat der Richter zu tun, wenn der Gesetzgeber im Wege der Verordnung geordnet hat, was nach der Verfassung nur im Wege des Gesetzes geordnet werden durfte? Das Resultat, die Ungültigkeit solcher Verordnungen für den Richter, war mit den Mitteln der zivilistischen Jurisprudenz gefunden. Der Redner enthielt sich prinzipiell des Argumentierens aus staatsrechtlichen Gründen; wo er in das staatsrechtliche Gebiet übergriff, blieb er von Irrtum nicht frei. So, wenn er sich die Stellung der Landtage dahin zurecht legte, sie hätten den Gesetzgeber, den Landesherrn, nur am Unrechten zu hindern, was Bluntschli veranlaßte, für ein entschieden positives Mitwirkungsrecht der Landtage bei der Gesetzgebung einzutreten. Die Debatte verlief sehr lebhaft. Es sprachen Peter Reichensperger, der Berliner Obertribunalsrat, in geistreicher, aber die Sache nicht fördernder Weise, da er die beiden von Ihering unterschiedenen Fragen wieder miteinander verband; der Vizepräsident des Celler Oberappellationsgerichts von Pape, der alles auf den Gehorsam gegen das Staatsoberhaupt verstellte, dem der Untertan und so auch der Richter folgen müsse, auch wenn es irre; Bluntschli und der Rechtsanwalt Schaffrath von Dresden, die beide für den Antrag eintraten. Planck sprach kurz, an ungünstiger Stelle, unmittelbar nach Reichensperger, mit logischen Unterscheidungen, die weniger als die von Ihering befolgten praktischen einer großen Versammlung einleuchten mußten. Iherings Dringen, nur den von ihm befürworteten Teil zu behandeln, um eine Bejahung mit großer Majorität zu erreichen, hatte Erfolg. Mit einer an Einstimmigkeit grenzenden Mehrheit wurde erklärt: Verordnungen und Erlasse des Staatsoberhaupts oder der Staatsregierung, deren Inhalt nur in der Form des Gesetzes mit Zustimmung der Stände hätte festgestellt werden können, haben für den Richter keine verbindliche Kraft. Das Prüfungsrecht gegenüber Gesetzen wurde der nächstjährigen Versammlung vorbehalten [1]).

Die Stellung der Staatsanwaltschaft, namentlich die Frage nach ihrer Rolle im Zivilprozeß, hat den Juristentag wiederholt beschäftigt. Schon für die Tagung in Dresden waren Gutachten darüber eingefordert, jetzt aufs neue für die in Wien. Der Vorsitzende Berger hielt es für zweckmäßig, die vierte Abteilung vor dem Eingehen in das einzelne durch einen allgemeinen Vortrag zu informieren und forderte Planck dazu auf, da „derselbe gewiß in seiner gewohnten Weise die Sache so tiefgreifend behandeln werde", daß alle Zuhörer danach zu entscheiden vermöchten, in welcher Reihenfolge die einzelnen den Bestand und die Kompetenz der Staatsanwaltschaft betreffenden Fragen zu erörtern seien [2]). Planck, der es nicht für seine Aufgabe hielt, ein Obergutachten über die fünf Gutachten abzugeben, berichtete über die für und wider die Hereinziehung der Staatsanwaltschaft in den Zivilprozeß vorgebrachten Gründe und beantragte zu erklären: es ist unzweckmäßig, die Staatsanwaltschaft als partie jointe, um ihr Gutachten über die verhandelte Sache und die abzugebende Entscheidung zu entwickeln, zuzulassen, oder ihr das Recht zu geben, Nichtigkeitsbeschwerde im Interesse des Gesetzes zu erheben; dagegen ist es zweckmäßig, sie als Prozeßpartei in den Fällen zuzulassen, wo es sich um eine Wahrnehmung des öffentlichen Interesses in privatrechtlichen Verhältnissen handelt. Als Hauptfall hatte er dabei ein Einschreiten gegen absolut verbotene Ehen im Sinn. Die beiden ersten Anträge wurden nach einer erschöpfenden Debatte, in der vereinzelte Fürsprecher der französisch-rechtlichen Einrichtung auftraten, von der Mehrheit angenommen; über den dritten Antrag kam keine Einigung zustande. Planck berichtete über den Ausgang der Debatte dem Plenum, dem nichts übrig blieb, als die Sache der ständigen Deputation zur weiteren Erwägung zu überweisen. Auch das nächste Jahr in Mainz brachte keine Entscheidung. Ungeachtet ein eingehendes Gutachten eines angesehenen rheinischen Juristen, des Senatspräsidenten Heimsoeth von Köln, vorlag, beschloß man nochmaligen Aufschub. Dagegen kam die Debatte über das richterliche Prüfungsrecht zum Abschluß.

Die Diskussion war sehr eingehend und reich an glänzenden Momenten. Eingeleitet durch ein Referat von Wächter, rief sie Männer

[1]) Verhandlungen des dritten Juristentages, Bd. 2 S. 10 ff., 36, 56 ff.
[2]) Das. Bd. 2, 449 ff.

wie Gneist, Berger, Jhering, Braun von Wiesbaden, Planck auf die Tribüne. Auch die Gegner der herrschenden Lehre, die das Prüfungsrecht des Richters verneinten oder beschränken wollten, kamen ausgiebig zum Wort. Auch eine dritte Meinung, die es für das Zweckmäßigste hielt, die Entscheidung nicht dem einzelnen Richter für den gegebenen Fall, sondern einem obersten unabhängigen Gerichtshofe als allgemeine Aufgabe zu überweisen, fand eine beredte Vertretung. Gneist legte ihr gegenüber Wert darauf, daß auch das Recht in der Advokatur oder im Richteramt zu üben berufene Personen an der Frage der Verfassungsmäßigkeit der Gesetze mit interessiert würden und sich amtlich darüber auszusprechen hätten. Mögen aus der ganzen Handhabung dieses Prüfungsrechts durch die Gerichte Schwierigkeiten im Staate entstehen; „diese Schwierigkeit will ich eben; es ist der Beruf des Juristenstandes diese Schwierigkeit den zeitigen Machthabern zu bereiten“. Ein besonnener Staatsmann soll dadurch vor rechtswidrigen Schritten bewahrt, und jener Charlatanerie, die man seither Staatsrettung genannt hat, auf legalem Wege durch die bestehende Gerichtsverfassung eine Grenze gezogen werden. Jhering, in Erinnerung an sein vorjähriges Auftreten mit großem Beifall empfangen, erklärte sofort, er fürchte die Zuhörer enttäuschen zu müssen; denn seine inzwischen angestellten rechtshistorischen Studien hätten ihn überzeugt, daß bei den Römern die Verkündigung eines Gesetzes durch den zuständigen Beamten jedermann verpflichtet und den Gerichten keine weitere Nachforschung über die rechtmäßige Entstehung des Gesetzes gestattet habe. Dies Muster zu befolgen, empfehle sich, um die eigentliche Aufgabe des Richters, das Erkennen über praktische Fragen, möglichst zu vereinfachen und das Eindringen in die Stadien parlamentarischer Beratungen und Vorgänge abzuschneiden. Gneist und Wächter wendeten sich gegen die von Jhering angerufene Analogie; Wächter, indem er ihre tatsächliche Richtigkeit bezweifelte, Gneist, indem er ihre Anwendbarkeit auf deutsche Verhältnisse bestritt. Die Versammlung erklärte sich für die Zuständigkeit des Richters, darüber zu befinden, ob der Inhalt eines Gesetzes dem Konsens der Volksvertretung entspreche. Seitdem die durchberatenen Gesetze zu redigieren nicht mehr der Regierung überlassen bleibt, sondern die Gesetze in fertiger Gestalt verabschiedet werden, ist diese Zuständigkeit nicht mehr von der praktischen Bedeutung, die ihr nach Wächters Zeugnis früher zukam. Daß ein verkündetes Gesetz die Zustimmung der Stände als erfolgt angibt, während sie tatsächlich nicht erfolgt ist, wird schwerlich mehr vorkommen. So bleibt nur die Möglichkeit übrig, daß der Landtag, dessen Zustimmung als erfolgt angegeben wird, nicht der bei Erlassung des

Gesetzes zustimmungsberechtigte Faktor war. Einer solchen Lage wurde die Versammlung dadurch gerecht, daß sie in den fast einstimmig angenommenen Antrag Wächters: der Richter hat ein Gesetz nur insoweit zur Anwendung zu bringen, als sein Inhalt die Zustimmung der Stände erhalten hat, mit Mehrheit das Amendement Plancks „die Zustimmung der verfassungsmäßigen Stände" aufnahm[1]). Die Verhandlungen und Beschlüsse des Wiener und des Mainzer Juristentages unterzog der Celler Kronoberanwalt Martin einer Kritik in einer besonderen Schrift: Der Umfang des landesrichterlichen Prüfungsrechts (Celle 1865), die Planck zu einer eingehenden Widerlegung veranlaßte. Alsbald nach dem Erscheinen jenes Angriffs niedergeschrieben, ist sie erst 1868 in Jherings Jahrbüchern für die Dogmatik des Privatrechts Bd. IX S. 288—380, mit einem Anhange der einschlägigen Sätze der deutschen Verfassungen ausgestattet, veröffentlicht worden.

Die Juristentage mieden grundsätzlich die Politik. Ihr Statut beschränkte ihre Kompetenz auf die Gebiete des Privatrechts, des Prozesses und des Strafrechts. Wie hätten sich aber unter Männern, von denen nicht wenige die vergebliche Arbeit von Frankfurt mitgetan hatten; wie hätten sich in den Jahren nach 1858, da der öffentliche Geist wieder erwacht war, die politischen Gedanken verbannen lassen! Die eigenste Aufgabe des Juristentages, den Forderungen der Rechtseinheit gerecht zu werden, war untrennbar mit politischen Bestrebungen verbunden. Seine Verhandlungen berührten oft genug Gegenstände, die, ohne das politische Gebiet zu betreten, kaum erörtert werden konnten. Besorgte Gemüter warnten in solchen Fällen vor Grenzüberschreitungen und verlangten Übergang zur Tagesordnung. Herzhaft entgegnete auf dem Wiener Juristentage ein Rechtsanwalt aus Ratibor, Sabarth: Nehmen Sie dem Juristentag den politischen Hauch, auf dem seine Macht beruht, so hätte es sich nicht gelohnt, von so weit hierher zu kommen[2])! Wir wollen wirken für eine Restauration des gemeinen deutschen Rechts, hatte der Präsident Wächter in seiner Wiener Eröffnungsrede gesagt. War das das Ziel, so lag die Frage nahe: Wie soll es erreicht werden, daß das errungene gemeinsame Recht auch in der Anwendung übereinstimmend bleibe? Und neben der Fürsorge für die Rechtsprechung war schon in Berlin an eine gemeinsame Einrichtung für die Gesetzgebung, wenn auch nur ad hoc, erinnert worden. Vorsichtig hatte man Einrichtung gesagt, um das gefährlich klingende Wort Organ zu vermeiden. Man ging jeder politischen Frage auf hundert Meilen weit vom Leibe, wie sich ein Redner in Wien aus-

[1]) Verhandlungen des vierten Juristentages Bd. 2 S. 31, 44, 49ff.

[2]) Bd. 2 S. 48ff.

drückte. Ort und Zeit führten tiefer in die Politik hinein. Gerade in dem Wien des Jahres 1862 mußten politische Antriebe sich regen. Die Idee des Juristentages hatte von Anfang unter den Juristen Österreichs großen Anklang gefunden. Schon 1860 in Berlin zeigte die Liste einige vierzig Österreicher. Galt es für sie doch an der Gemeinsamkeit des deutschen Rechts und dem Zusammenhang mit der deutschen Rechtswissenschaft festzuhalten. Durch das Handelsrecht und Wechselrecht waren neue gemeinsame Besitztümer der Rechtsprechung wie der Wissenschaft gewonnen. Die seit 1859 wieder aufgenommenen Pläne einer politischen Organisation Deutschlands unter Ausschluß Österreichs forderten die Deutsch-Österreicher dazu heraus, mit der Tat die Zugehörigkeit ihres Landes zu Deutschland zu beweisen. Als in Dresden die vierte Abteilung ihre Sitzungen schloß, brachte der Obertribunalsrat Waldeck ein Hoch auf den Vorsitzenden aus. In seinem Dank nahm Berger das nicht für sich, sondern für Österreich in Anspruch. „Deutsch-Österreich darf kein Schleswig-Holstein werden." Die Versammlung in Wien wies eine Frequenz von noch nicht erreichter Höhe auf. In den Plenarversammlungen waren 1600 Teilnehmer anwesend. Im Hinblick auf die Tagung in Wien war die Mitgliederzahl um mehr als 1000 gewachsen, darunter fast 700 Österreicher, während vorher die Anzahl der Österreicher etwa 60 gegen 550 Preußen betrug. Mit dem Ministerium Schmerling und dem Verfassungspatente vom 26. Februar 1861 war ein Einlenken in parlamentarische Formen und freiheitlichere Bahnen erfolgt, das besonders dem deutschen Element des Kaiserstaates zugute zu kommen versprach. Als Bluntschli gegen Jhering das positive Mitwirkungsrecht der deutschen Landtage geltend machte, freute er sich, dem modernen Staatsrecht gerade hier Ausdruck geben zu können, „nachdem dieser mächtige Staat in die Bahn des konstitutionellen Lebens eingetreten ist". Auf den Festen, die der Juristentag hervorrief, kam immer wieder die deutsche Gesinnung der Österreicher zum Durchbruch. Vom Kaiser angefangen, hielt jeder es für seine Pflicht, sein Deutschtum zu betonen. „Ich bin zwar vor allem österreichisch, dabei aber auch entschieden deutsch und wünsche den innigsten Anschluß an Deutschland," sagte Franz Joseph, als er am 1. September die Präsidenten des Juristentages, Wächter, Bluntschli, Schwarze und Berger, in Privataudienz empfing. Der Minister Schmerling feierte den Juristentag, der nicht bloß für seine eigentliche Aufgabe, sondern auch für Deutschland in politischer Beziehung gewirkt habe. „In dem Rechte liegt die Macht; wenn Sie deutsches Recht geschaffen haben, werden Sie deutsche Macht geschaffen haben. Wenn an den Gestaden des Adriatischen Meeres und in den Dünen nach denselben Gesetzen entschieden wird, werden Sie das deutsche Bewußtsein in allen Teilen Deutschlands erst recht emporblühen machen." Das deutsche Vaterlandslied ist selten so oft wie in diesen Tagen gefordert und gesungen worden. In dem Überschwang der Begeisterung, die einen Redner — Hye v. Glunek — geradezu die Gefühlspolitik empfehlen ließ, war die Erinnerung Bluntschlis am Platze, daß sich in der rechten Politik Kopf und Herz zusammenfinden müssen. So sehr man sich des patriotischen Zuges in allen den Vereinen und Tagen der Zeit erfreuen möge, so dürfe der Ernst der Lage nicht vergessen werden: „Die Institutionen sind weit zurückgeblieben hinter den Anforderungen der Nation. Das Bundesrecht bedarf einer gründlichen, tiefeinschneidenden Reform; wir bedürfen der Organe des gemeinsamen Willens und des gemeinsamen Rechtsbewußtseins und der gemeinsamen Interessen. Wir bedürfen einer energischen Konzentration in der politischen Macht." Solche Mahnungen waren um so berechtigter, als einer der österreichischen Redner das Rezept der Zukunft fertig in der Tasche hatte: er datierte das Unglück Deutschlands vom 6. August 1806, dem Tage, an dem Franz II. die Kaiserkrone niedergelegt hatte. Freiherr v. Seckendorff, Obertribunalsrat von Berlin, entgegnete: Die Niederlegung der Krone war eine Pflicht, da Franz II. sich außerstande sah, die deutsche Kaiserwürde zu wahren. Ihre Erneuerung wird ein Lohn sein für neue Pflichterfüllung gegen die deutsche Nation. Ob Österreich, ob Preußen oder wer sonst dazu berufen wird, das werden erst große Ereignisse und Verdienste, wahrscheinlich der Sieg in der Schlacht, zeigen.

In die politische Stimmung des Wiener Juristentages paßte es, wenn sich ihm unmittelbar ein Meinungsaustausch einer Anzahl seiner Mitglieder über die deutsch-österreichische Frage anschloß. Die Versammlung war nicht improvisiert, sondern von langer Hand vorbereitet. Schon im Mai des Jahres hatte ein kleiner Kreis süddeutscher Politiker im Hause von Franz Peter Buhl zu Deidesheim periodische Zusammenkünfte deutscher Parlamentarier, die die Einigung Deutschlands und seine freiheitliche Entwicklung anstrebten, ins Auge gefaßt und zu einer vorbereitenden Besprechung in Frankfurt auf Pfingsten (8. Juni) eingeladen. Sie trat unter Bluntschlis Vorsitz zusammen und berief einen Abgeordnetentag nach Weimar auf Ende September ein. Bluntschli erhielt zugleich den Auftrag, sich mit den Deutsch-Österreichern in Verbindung zu setzen und ihre Teilnahme herbeizuführen. Da die Korrespondenz mit Rechbauer in Wien und mit Brinz, Professor in Prag, nicht zu dem gewünschten Ziel führte, so verabredete man, den Wiener Juristentag zu näherer Verständigung zu benutzen. An der Konferenz am 27. August nahmen etwa 20 Mitglieder teil, außer den Österreichern Berger, Rechbauer, Kuranda, Schuselka, Unger, Mühlfeld u. a. Bluntschli, Fries von Weimar, Pfeiffer von Bremen, Probst von Stuttgart, Völk von Augsburg und Planck. Bluntschli, der in seinen Denkwürdigkeiten (III 48) einen kurzen Bericht hinterlassen hat [1]), präsidierte der Versammlung und präzisierte die Fragen, auf die es ankam. Wie der Wiener Juristentag viel deutsche Sympathieen in der Bevölkerung zutage gebracht hatte, so auch diese Versammlung. Die deutsche Einheit wollten alle; für ein deutsches Parlament waren alle. Aber Planck traf einen entscheidenden Gesichtspunkt, wenn er die Notwendigkeit einer starken Zentralgewalt betonte und die Österreicher fragte, ob sie sich eine Organisation der Zentralgewalt im Sinne der Reichsverfassung von 1849 gefallen lassen würden? Sie konnten mit der Gegenfrage antworten, ob eine Zentralgewalt wie die gewollte nicht auch, abgesehen von Österreich, zurzeit in Deutschland selbst auf große Hindernisse stoßen würde. Die Äußerung: „wir machen nicht den Anspruch, Deutschland zu leiten; wir würden willig einer deutschen Leitung folgen, nur nicht einer spezifisch preußischen", drückt wohl am treffendsten die Ansicht der österreichischen Mitglieder aus, wenn sie auch die Mehrzahl der übrigen wenig befriedigt haben wird. Auf dem Abgeordnetentage in Weimar, der vom 28.—30. September stattfand, erschienen die Österreicher nicht. Dagegen waren einzelne von ihnen, wie Brinz, Sommaruga, bei der vier Wochen später in Frankfurt abgehaltenen großdeutschen Versammlung anwesend. Planck nahm an dem Abgeordnetentage in Weimar wie an der Generalversammlung des Nationalvereins teil, die am 6. Oktober in Koburg folgte. Er trat in keinem der beiden Kongresse weiter hervor, als daß er in Koburg die Verhandlung über die Wehrfrage, die infolge radikaler Anträge verfänglich zu werden drohte, durch einen Vertagungsantrag in ein weniger stürmisches Fahrwasser leitete und Miquel dadurch Gelegenheit gab, eine vermittelnde Erklärung zu begründen und durchzusetzen. Eine andere Resolution der Koburger Tagung sollte ihm mehr zu tun geben. Es war die Erklärung zugunsten der Reichsverfassung vom 28. März 1849. Schon zwei Jahre zuvor war innerhalb der Partei der Gedanke, sie zu proklamieren, aufgetaucht. Die Gründe, die dagegen sprachen, hat niemand so vollständig und so wuchtig geltend gemacht, als Bennigsen in einem Briefe an Rochau vom 12. Juni 1860 (Oncken I 417).

[1]) Vgl. auch Augsb. Allg. Zeitung vom 5. September Nr. 248 nach der Wiener Presse.

Es hatte sich seitdem nichts ereignet, was „die trüben Erinnerungen, die gefährlichen Bedenken“ besiegt hätte. Es konnten also nur taktische Rücksichten sein, auf die Reichsverfassung zurückzukommen und sie zum Panier des Nationalvereins zu machen. Planck übernahm die schwierige Aufgabe, den Schritt in einer besondern Flugschrift zu begründen und näher zu beleuchten.

Seine Arbeit, als Nr. 7 der Flugblätter des Deutschen Nationalvereins unter dem Titel: Für die Reichsverfassung vom 28. März 1849, Koburg 1862 erschienen, verfolgt ihr Ziel rein sachlich. Sie hält sich nicht bei einer politischen Motivierung des jetzt von der Partei getanen Schrittes auf, berührt nur kurz die Entstehung und die Frage nach der rechtlichen Geltung der Reichsverfassung, ihr ist die Hauptsache, deren sachlichen Wert zu erweisen. Sie legt deshalb kurz und bündig den Inhalt dar, so daß auf zehn Oktavseiten alles Wesentliche daraus dem Leser vorgeführt ist. Ihre Brauchbarkeit zeigt sie auf an ihrem Gegensatz, der bestehenden Bundesverfassung, und der Tätigkeit ihres Organs. Wir kennen schon an Plancks politischem Auftreten den Zug, vor allem Gewicht auf die Begründung einer starken Zentralgewalt zu legen. Darin, daß die Reichsverfassung diese Forderung erfüllt, liegt ihre Bedeutung. Sie überweist der Reichsgewalt alles, was für die Nation gemeinsames Interesse hat, alle für ihren Bereich notwendigen Machtmittel, so daß sie, unabhängig von dem guten Willen der Glieder, denen die Selbständigkeit und freie Bewegung gewahrt ist, eine wahre Staatsgewalt, keine bloße Schattengewalt besitzt. Wie sie geschaffen ist, das Interesse des Ganzen wahrzunehmen, so wird sie sich auch bewähren, ganz im Gegensatz zum Bundestage. Sein Tun und Lassen ist die notwendige Folge seiner Organisation. Eine Versammlung von Regierungsbevollmächtigten kann keine einheitliche äußere Politik führen, am wenigsten, wenn zwei Großstaaten, von denen jeder seine eigene Politik verfolgt, Mitglieder sind; dagegen ist sie vortrefflich geeignet, das allen Dynastien gemeinsame Interesse, die Erhaltung ihrer Macht, zu vertreten. Das Stück innerer Einheit, das außerhalb des Bundes besteht, der Zollverein, ist durch häufig wiederkehrende Krisen, durch Versuche, ihn zu sprengen bedroht, solange er nicht wie in der Reichsverfassung zu einem Bestandteil der Reichsorganisation gemacht ist. Das Verhältnis zu Österreich wird nur kurz gestreift. Deutsch-Österreich ist rechtlich Teil des Reichs und der Reichsgewalt unterworfen. Aber die Reichsverfassung ist keine theoretische Abhandlung; als eine praktische Verfassung erkennt sie die faktische Möglichkeit an, daß die österreichischen Länder zeitweise nicht teilnehmen und trifft die erforderlichen Übergangsbestimmungen. Die erbliche Reichsoberhauptwürde ist um ihrer inneren Notwendigkeit willen Preußen zugedacht. Preußen kann und wird sich keiner andern Zentralgewalt unterwerfen als der von ihm selbst geführten. Es hat nur die Alternative, unterzugehen oder an die Spitze Deutschlands zu treten und in Deutschland aufzugehen. Daß in noch stärkerem Maße Deutschland Preußens bedarf als Preußen Deutschlands, hebt die Schrift nicht hervor. An den Mängeln der Reichsverfassung wie dem suspensiven Veto des Kaisers geht sie, die das Detail vermeidet, vorüber.

Die Proklamation der Reichsverfassung war gewiß auch nicht einmal taktisch eine berechtigte Ergänzung des alten Programms. Das sachlich Wertvolle aus der 1849er Verfassung hatte sich der Verein bei seiner Gründung angeeignet. Die erzieherische Aufgabe, die er sich gesetzt, war doch gerade die, in dem Volke die Einsicht in die geschichtliche Notwendigkeit der Führung Preußens zu verbreiten. Die diesem Gedanken Widerstrebenden wurden durch Proklamation der Reichsverfassung nicht gewonnen. Weder die süddeutschen Demokraten noch die Anhänger Österreichs gelang es, ihrem Standpunkt abwendig zu machen und der Fahne des Nationalvereins zuzuführen. Andrerseits war der revolutionäre Hauch, der die Reichsverfassung umwehte, seit man ihre angeblichen Verteidiger in der Pfalz und in Baden kennen gelernt hatte, geeignet, alle die stutzig oder feindselig zu machen, die den Nationalverein geduldet oder geradezu protegiert hatten. Was an 1848 erinnerte, war in den maßgebenden Kreisen, mit denen man Fühlung zu haben meinte, deren Sympathie man zu erwerben wünschte, verdächtig. Als Heinrich von Arnim 1860 die unschuldige Idee eines Abgeordnetentages anregte, witterte der Prinzregent dahinter schon Gelüste nach dem Vorparlament, denen rechtzeitig entgegengetreten werden müsse[1]).

Planck hat noch in einer zweiten, um ein Jahr älteren Schrift den Zwecken des Nationalvereins seine Feder gewidmet. Seine Arbeit: Der Nationalverein, seine Entstehung und bisherige Wirksamkeit (Koburg 1861), gibt eine Geschichte des Vereins in seinen Anfängen, begleitet von den Urkunden und Erklärungen der Jahre 1859 und 1860[2]). Einer tiefgründigen Natur wie Planck ist eine geschichtliche Erscheinung erst dann richtig gewürdigt, wenn sie in den Zusammenhang der ganzen Entwicklung gestellt ist, der sie angehört. Die dieser Aufgabe

[1]) Briefwechsel zw. K. Johann v. Sachsen u. Wilhelm I. v. Preußen (1911) S. 407.

[2]) Plancks Autorschaft dieser wie der vorher besprochenen Schrift bezeugt Oncken, Bennigsen I 440, 455 und 587 aus den Papieren des Nationalvereins.

gewidmete Einleitung ist das Interessanteste der ganzen Schrift, zumal sie auch über Plancks persönliche Stellung zu den politischen Strömungen der Zeit unterrichtet. Ausgehend von dem Gegensatz der liberalen und der nationalen Bewegung in Westeuropa, findet er in Deutschland bis zum Jahre 1848 nur die erste Tendenz tätig, weil sie positive Ziele verfolgt, die zweite unentwickelt, unklar. Deshalb ist die erste im Jahre 1848 sofort siegreich; die zweite schafft nur das deutsche Parlament, auch dieses mehr als eine liberale Forderung denn als eine nationale: die Volksvertretung, bisher nur für die einzelnen Teile bestehend, soll nun auch für das Ganze eingerichtet werden. Von dem, was die erste Forderung der nationalen Richtung hätte sein müssen, keine Spur: über die ausführende Zentralgewalt herrscht die größte Unklarheit. In deutsch-gründlicher Weise geht man zu Werke, schafft erst den Unterbau der Volksrechte, geht dann zu der inneren Verfassung über und denkt endlich an die Herstellung der Spitze. „Zu spät sah man ein, daß diese angebliche Frage der Spitze eigentlich die Frage der Grundlage sei, weil in ihr die Frage der Macht eingeschlossen war.“ Bei der Arbeit des Aufbaues trat der Gegensatz zwischen Konstitutionellen und Demokraten scharf zutage. Manche halten den Gegensatz für unwesentlich und glauben ihn ignorieren zu können. Planck, der darin eine bedeutungsvolle Differenz erblickt, bemüht sich energisch um ihre richtige Erkenntnis. Sie fällt nicht mit Monarchie und Republik zusammen. In jener gibt es Demokraten, in dieser Aristokraten. Planck scheidet vielmehr so: der Aristokrat vertritt die Herrschaft der einzelnen, der Konstitutionelle die der vielen, der Demokrat die aller. Oder konkreter: der Konstitutionelle nimmt die Interessen des höheren Bürgerstandes wahr, der Demokrat die des Kleinbürgertums und der Arbeiter. Der Gegensatz kommt nicht bloß im Wahlrecht zum Ausdruck. „Die Polizei- und Steuergesetze, die agrarische, gewerbliche und industrielle Gesetzgebung sind für den aristokratischen, liberal-konstitutionellen oder demokratischen Charakter einer Regierung häufig entscheidender als das Wahlgesetz.“ Unter dem Kampf der Gegensätze in Frankfurt, aus dem die mehr oder weniger demokratische Gestalt der Reichsverfassung hervorging, lag verdeckt der Kampf um revolutionäre oder preußische Zentralgewalt, als solcher mit Bewußtsein freilich wohl nur von dem kleineren Teile geführt. Auch das Verhältnis zu Österreich wurde von den beiden Parteien in gleichem Sinne behandelt. Die demokratische wollte die Revolution wieder in Fluß bringen und dadurch die Auflösung Österreichs in seine Teile herbeiführen; die liberale, weil sie kein Mittel hatte, den österreichischen Staat zu zerstören, ihn lieber ganz außerhalb des Spieles lassen. Der endliche Ausgang des ganzen Verfassungskampfes war der allgemeine Schiffbruch. Die Demokraten hatten sich in der revolutionären Kraft des Volkes, die Konstitutionellen in dem guten Willen Preußens verrechnet. Während die freiheitliche Bewegung den Erfolg aufzuweisen hatte, daß in den einzelnen deutschen Staaten liberale Einrichtungen ungeachtet aller Reaktion bestehen blieben, lief die nationale Bewegung in ein vollständiges Fiasko aus: der für tot erklärte Bundestag erhob sich wieder und bezeugte sein Wiedererstehen durch neue Taten. Sein altes Unvermögen offenbarte das Jahr 1859. Das Schwanken im deutschen Volke, die Gegensätze zwischen Nord und Süd, zwischen Demokraten und Konstitutionellen, Partikularisten und Nationalgesinnten bewies aber auch, wieweit die Nation noch von einer einheitlichen Erkenntnis des Notwendigen entfernt war. Die Schrift legt in ihrem Hauptteil dar, wie der Nationalverein entstand, wie er sich bis zum Abschluß der Abhandlung — März 1861 — entwickelte und welche Aussichten er für die Zukunft habe.

III.

Der Aufschwung des öffentlichen Geistes in Preußen richtete auch in Hannover die Gemüter auf. Das Regiment blieb davon noch mehrere Jahre unberührt, wenn auch in seinem Wesen und Bestande manche Änderung vor sich ging. Schon zu Anfang des Jahres 1858 lockerte sich die Verbindung der beiden Parteien, der aristokratisch-ritterschaftlichen und der bureaukratisch-polizeilichen, die den Verfassungsumsturz bewirkt und seine Durchführung gesichert hatten. Borries und v. d. Decken, die Vorkämpfer der Ritterschaften, gerieten, seit sie in der Regierung zusammenzuwirken hatten, in Gegensatz zueinander. Borries entwickelte sich immer mehr als Haupt der Bureaukratie, und im Februar mußte Decken weichen. Sein Ministerium wurde interimistisch vom Kultusminister v. Bothmer mitverwaltet, bis sich im Juni in dem Oberappellationsrat v. Bar ein neuer Justizchef fand, der nach Bothmers Tode (Dezember 1861) wiederum dessen Ministerium eine Zeitlang mitverwaltete. Als der junge Langwerth v. Simmern Ostern 1858 nach Hannover kam, fand er die ihm zugänglichen Kreise der Aristokratie gegen Borries gestimmt[1]). Auch in der Ersten Kammer regten sich Anfänge eines Widerstandes. Borries kümmerte das wenig, hatte er doch einen festen Halt an der Bureaukratie, die er mit großer Energie leitete, und an der Gunst des Königs, der in ihm den Retter der Gesellschaft sah. Sie stieg nur noch durch den unermüdlichen täg-

[1]) Aus meinem Leben I 185.

lichen Kampf, den er mit der Opposition in der Zweiten Kammer führte. Mochte sie auch eine geschlossene ministerielle Mehrheit sich gegenüber haben, sie wußte durch ihre Führung dem Minister und seinen Leuten das Leben redlich sauer zu machen. Neben Bennigsen kämpfte an ihrer Spitze Barckhausen, Oberbürgermeister von Lüneburg, der anfangs eine mittlere Stellung einzunehmen versucht, sie aber trotz alles Umschmeichelns durch die Hofpartei aufgegeben hatte, als die Finanzvorlagen zeigten, was die Regierung in ihrem Innersten bewegte. Nach dem frühen Tode Barckhausens (Oktober 1859) wurde Bennigsen der alleinige Führer. Jeder parlamentarische Kampf spitzte sich zu einem Duell zwischen Borries und Bennigsen zu. An Bennigsens Namen knüpfte sich das Wiedererstehen des Liberalismus in Hannover. Er hatte früher liberale Aufgaben zu lösen als nationale. Aber von vornherein ging er in den Kampf für das Recht und die Interessen Hannovers mit dem Hinblick auf Deutschland. Planck hat uns oft von einer Zusammenkunft mit Bennigsen erzählt, an der neben ihm noch Miquel und Albrecht teilnahmen. Sie muß etwa im Sommer 1856 in Göttingen stattgefunden haben. Um mit Plancks eigenen Worten zu berichten: „Bennigsen hat damals entschieden betont, daß er nicht bloß um Hannovers, sondern um Deutschlands willen, und um für dieses die nationale Einheit zu erringen in den Kampf trete und stellte an uns deshalb die Frage, ob auch wir bereit seien den Kampf in diesem Sinne aufzunehmen und zu führen. Erst als er sich hierüber vergewissert hatte, tat er den entscheidenden Schritt und verließ den Staatsdienst." Die Verbindung der liberalen Bestrebungen mit dem nationalen Programm war ganz nach dem Herzen eines großen Teils des hannoverschen Volkes, wie sein Verhalten zu Stüve im Jahre 1849 gezeigt hatte. Eben das was Bennigsen von Stüve schied, verschaffte seinem Auftreten im Jahre 1859 die große Nachfolge. Stüve selbst sah ihren Grund nur in der Unzufriedenheit mit den innern Zuständen[1]). Freiherr v. Lerchenfeld in der bayrischen Abgeordnetenkammer kam der Wahrheit näher, wenn er in der Debatte vom 12. August 1859 (ob. S. 192) von deutschen Staaten sprach, in denen die reaktionäre Überstürzung so groß sei, daß es patriotischer Wunsch wird, einem großen Staat sich anschließen zu können, um nur einmal in feste gesicherte Verhältnisse zu kommen. Natürlich folgte der selbstbewußte Nachsatz: Bei uns ist das gottlob! nicht der Fall, wir haben einen festen Rechtsboden, und deshalb finden die Annexationsbestrebungen in Bayern so wenig Anklang. Die würden zur Zeit auch in Hannover

[1]) G. Stüve II 299.

wenig Anklang gefunden haben, weder bei den Führern noch bei der Bevölkerung. Aber die stark verbreitete Abneigung gegen Preußen kam in Abnahme, und man darf dem Ausspruch der Berliner Nationalzeitung Recht geben: einen größeren Agitator für Preußen als Herrn von Borries gibt es im ganzen Königreich nicht (26. Juli 1859). Ebenso wie Bennigsen arbeitete Planck für die hannoverschen und deutschen Angelegenheiten zugleich; nur daß ihm ein praktisch-politisches Wirken bloß in beschränktem Maße möglich war; er ergänzte es durch schriftstellerische Tätigkeit. In einem Aufsatze der Wochenschrift des Nationalvereins (Nr. 6 vom 8. Juni 1860): Hannover und der Nationalverein[1]) gab er, veranlaßt durch den Kammerbeschluß, der die Bestrebungen des Vereins für dem Vaterlande verderblich erklärt hatte, eine Charakteristik des patriarchalisch-polizeilichen Regiments, das sich im Lande ausgebreitet, sich über das Recht hinwegsetzte und den staatlichen Verband in einen persönlichen Verband des Fürsten mit den Untertanen auflöste. Das Interesse der Dynastie und die Erhaltung der ungeschmälerten königlichen Machtvollkommenheit gehen unbedingt allem andern vor. Deshalb auch die schroffe Gegnerschaft gegen alle Bestrebungen zum Besten der einheitlichen Organisation des gemeinsamen Vaterlandes. Das von der Vorsehung dem Fürsten anvertraute Pfand duldet keine Einschränkung; dem bisher gleichberechtigten Bundesgenossen sich unterordnen, würde nicht nur prinzipwidrig sein, sondern auch die persönliche Ehre verletzen. Hatte Planck hier in tief einschneidenden Zügen den Widerstand geschildert, der sich der nationalen Einigung entgegenstellte, so bot sich ihm bald Gelegenheit zu begründen, weshalb die öffentlichen Verhältnisse die baldige Schaffung einer den Einzelstaaten und ihren Häuptern übergeordneten Zentralgewalt gebieterisch forderten. Als am 8. April 1861 eine aus allen Teilen Hannovers beschickte öffentliche Versammlung zur Beleuchtung der Lage des Landes in Hannover unter Bennigsens Leitung gehalten wurde, fiel Planck die Aufgabe zu, die Resolution über die deutsche Frage zu motivieren. Wir gehen einer Weltkrisis entgegen, führte er aus. Napoleon verfolgt ohne Hast, aber nachhaltig seine Eroberungspläne, und Rußland unterstützt ihn. Die ganze europäische Welt ist in ihren Tiefen aufgeregt. Wir sind zerrissen, ohne einheitliche Leitung. Wenn wir fortfahren, im Stumpfsinn zuzuschauen, werden wir die sichere Beute der miteinander streitenden Mächte. Auch die konservative Partei verkennt die Gefahren nicht, glaubt aber sie durch Zusammenhalten und Einigkeit unter den deutschen

[1]) Über Plancks Autorschaft Oncken I 416.

Regierungen überwinden zu können. Die Hoffnung auf Freiwilligkeit und selbstverleugnende Unterordnung ist eitel. Es ist leichter durch eine einzige große Entschließung eine Zentralgewalt zu schaffen als täglich wiederholt die freiwillige Unterordnung der Fürsten zu erreichen. Zur Erreichung des Ziels gibt es nur einen Weg: die Übertragung der Zentralgewalt an Preußen. Die Lage Österreichs erleichtert die Neugestaltung Deutschlands. Geht Österreich aus seiner Krisis gerettet hervor, so müssen sich Deutschland und Österreich fest aneinander schließen. Ein namhafter Teil der Liberalen Österreichs verfolgt dieses Ziel. Auch die österreichische Regierung, gedrängt durch die Not, wird dies Auskunftmittel billigen. Fällt Österreich auseinander, so ist das eigene innere Zusammenschließen Deutschlands um so nötiger. Die Einigung Deutschlands unter Preußen verlangt von den Einzelstaaten nicht das Aufgeben von wirklichen Interessen, sondern von Liebhabereien, zu denen man die Vorliebe für Kriegshoheit und Diplomatie rechnen darf. Was die Bürger in den Einzelstaaten von dem Anschluß an das nationale Programm zurückhält, ist nicht Treue oder Loyaliät, sondern die feige Furcht vor Mißliebigkeit und Maßregeleien. Er beantragte danach zu erklären: eine befriedigende und rasche Lösung der deutschen Schwierigkeiten ist nur zu hoffen, wenn die Zentralgewalt durch übereinstimmenden Entschluß der Regierungen und des Volkes an Preußen übertragen wird, und dieses mit Unterordnung der spezifisch preußischen Interessen unter die deutschen und rücksichtslos die Leitung der deutschen Politik übernimmt. Dies offen auszusprechen und dafür auf gesetzlichem Wege nach Kräften zu wirken, hält die Versammlung für Pflicht jedes deutschen Mannes. Miquel, der Planck als Redner folgte, wandte sich nach dessen verstandesmäßiger Begründung noch an das Gefühl und die Empfindungen der Versammlung: Resolutionen sind in Deutschland zur Genüge beschlossen, aber getan ist nichts. Die gesetzlichen Mittel sind noch lange nicht erschöpft. Die Engländer können uns lehren, wie wir sie mit nachhaltiger Kraft benutzen. — Die innern Zustände Hannovers bildeten den Gegenstand der von Bennigsen entworfenen Adresse, die in die Schlußbitte an den König auslief, das jetzige Verwaltungssystem zu beseitigen und das alte verfassungsmäßige Landesrecht wiederherzustellen. Bennigsen hatte sie so maßvoll und loyal in seiner Rede begründet, daß ein Teilnehmer der Versammlung, der nicht der nationalliberalen Partei angehörte, der Stadtsekretär Stüve von Osnabrück, der Neffe des Ministers, die Annahme der Adresse durch Akklamation vorschlug[1]).

[1]) Oncken I 497. G. Stüve II 299.

Der König lehnte es ab, die zur Überreichung der Adresse bestimmte Deputation zu empfangen. Ihres Eindrucks im Lande verfehlte sie nicht. An ihren Kern: „Die gesetzlich vereinbarte Verfassung ist durch einen unberechtigten Eingriff des Bundestags beseitigt, und an die Stelle des Verfassungsrechts ist eine Verordnung getreten", knüpfte eine neue Schrift Plancks an: die Rechtswidrigkeit des in Hannover bestehenden Verfassungszustandes, die ohne seinen Namen bei Otto Wigand im Sommer 1861 erschien. Sie ist nicht bloß umfänglicher als die beiden frühern, der hannoverschen Verfassungsangelegenheit gewidmeten, auch inhaltreicher. Über den Verordnungsweg, den man zur Umgestaltung der Verfassung eingeschlagen, konnte sie freilich nichts Neues bringen; dagegen befaßt sie sich eingehend mit der Grundfrage des Verfassungsstreits, dem Verhältnis zwischen allgemeiner Ständeversammlung und den Provinziallandschaften, beleuchtet die Vorgänge von 1814 und 1819, um die Behauptung zu widerlegen, daß eine Umgestaltung der Ersten Kammer nicht ohne Zustimmung der Provinzialstände, ja nicht ohne Zustimmung jedes einzelnen zur Standschaft bisher Berechtigten hätte geschehen dürfen. In dem übrigen Teil der Schrift untersucht der Verfasser die Zuständigkeit des Bundes, die hannoversche Verfassung nach ihrem Inhalt und nach ihrer Entstehung vor sein Forum zu ziehen und zeigt, selbst wenn die Kompetenz begründet wäre, wie wenig materiell die Verfassung vom 5. September 1848 die Verurteilung verdiente, die ihr widerfahren war. Der nahe liegenden Frage, wie es mit der eigenen rechtlichen Existenz des 1851 wiederhergestellten Bundestags beschaffen sei, weicht er nicht aus und beantwortet sie, ohne in das Gebiet der Politik überzugreifen, nach den Grundsätzen des Staatsrechts. Er benutzt dabei die kurz zuvor erschienene Arbeit Aegidis über die Wiener Schlußakte und schließt sich in der Beurteilung der Reaktivierung des Bundestags der meisterhaften Abhandlung Zachariaes (oben S. 181) an.

Schon zur Zeit der hannoverschen Landesversammlung wollte man von einer Erschütterung der Stellung des Grafen Borries wissen. Der König ließ sich nicht so leicht von dem Manne abwendig machen, der ihm so große Dienste erwiesen hatte. Erst als eine religiöse Bewegung die hannoversche Bevölkerung aus ihrem Gleichmute aufrüttelte und Graf Borries sich weigerte in einer Schwierigkeit, die andere herbeigeführt hatten, Hilfe zu leisten, entließ ihn der König in ungnädiger Form, wenn auch unter Anerkennung seiner frühern Verdienste. Damit war das Eis der Reaktion in Hannover gebrochen, wenn es auch von dem Tage der Entlassung (20. August 1862) noch bis in den Dezember währte, daß dem Haupte des Ministeriums seine Kollegen folgten, und ein neues fertiges Kabinett an die Stelle trat. Am 10. Dezember 1862 schrieb K. Georg an seinen Schwager, den Großherzog von Oldenburg, er habe tags zuvor seine neuen Minister beeidigt, und es sei ihm gelungen, sehr bedeutende Kapazitäten zu gewinnen, von denen er für Thron und Land eine glückliche Zukunft erhoffe [1]). Die Bezeichnung verdienten Windthorst, der wiederum zum Justizminister berufen war, und die für Kultus und Finanzen bestimmten Lichtenberg und Erxleben, beide aus der Schule des Märzministeriums hervorgegangen. Erxleben gehörte dem seit dem Anschluß an den Zollverein gebildeten Oberzollkollegium an, das Hannover und Oldenburg besetzten, und galt als hervorragender Kenner der Finanzen. Zur Übernahme des Innern fand sich nach einigen Bedenken Herr v. Hammerstein bereit, zuletzt Mitglied des Kabinetts Schele (oben S. 119). Aus dem alten Ministerium gingen in das neue der Kriegsminister v. Brandis und Graf Platen über. Die öffentliche Meinung kam der neuen Regierung vertrauensvoll entgegen und glaubte auch hier an den Beginn einer neuen Ära. Tiefer blickende Beobachter erkannten den Grundschaden in der mangelnden Harmonie der Minister untereinander und der Minister mit dem König. Graf Platen, Zimmermann und Wermuth, die Säulen des alten Regiments, verblieben in ihren einflußreichen Ämtern und genossen das Vertrauen des Königs nach wie vor [2]).

Daß die neuen Minister mit gutem Mut an ihre Arbeit gingen und die Schäden einer bösen Zeit zu heilen als ihre nächste Aufgabe ansahen, sollte gerade Planck erfahren. Unter den neuen Ratgebern des Königs war derjenige, der in der Zukunft den bekanntesten Namen errang, auch die politisch bedeutendste Kapazität. Wenn man in Windthorst oft den Mann der Intrigue gesehen hat, so zeugt sein Verhalten gegen Planck von seinem Mut und seiner Energie. Gleich nachdem er Minister geworden, schlug er dem König die Wiederanstellung Plancks vor. Dabei war die Schuld Plancks in den Augen des Königs nur noch gewachsen. Er war nicht bloß, wie im Jahre 1855, „der Auflehnung gegen unsere Prärogative" schuldig; seit 1859 hatte er sich offen und unverzagt jenem Verein beigesellt, von dem man am Hofe nur mit Abscheu sprach. Neben dem Drachen, der Schlange und andern der Zoologie entlehnten Bezeichnungen war in seinen Kreisen und unter Leuten, die sich ein höfisches Air gaben, Schluckerverein ein beliebter Name, teils um seine Zusammensetzung aus armen Schluckern, teils um seine Tendenz des Überschluckens, des Annektierens zu treffen.

---

[1]) v. Hassell IIb S. 42.

[2]) G. Stüve II 312.

Windthorst in seiner Klugheit hatte eine gewissermaßen neutrale Verwendung für Planck im Sinn: er beantragte ihn als hannoversches Mitglied in die von Bundes wegen bestellte Kommission zu entsenden, die zur Beratung eines gemeinsamen Obligationenrechts am 2. Januar 1863 in Dresden zusammentreten sollte. Vom König zur Verhandlung ermächtigt, beschied er Planck telegraphisch nach Hannover und hatte am Abend des 29. Dezember im Hotel, da er noch keine Privatwohnung bezogen hatte, die erste Unterredung mit ihm, die sich am folgenden Tage unter der Teilnahme des Ministers Hammerstein fortsetzte. Windthorst, durch ein Schreiben des Geh. Kabinettsrats Lex von nachträglichen Bedenken des Königs unterrichtet, die ihm einen wenn auch kurzen Aufschub der Verabredungen wünschenswert machten, begann sofort mit dem dem Könige anstößigen Punkte, ohne übrigens des Königs zu erwähnen. Er fragte Planck, ob er zum Austritt aus dem Nationalverein bereit sein und auf seine bestimmte Verneinung weiter, ob er während seines Kommissoriums sich der Teilnahme an den Verhandlungen und jeder aktiven Tätigkeit für den Verein enthalten würde. Planck erwiderte: wenn er das Kommissorium erhalte, werde er seine ganze Kraft anwenden dessen Anforderungen zu erfüllen; eine Verpflichtung, jede Tätigkeit für den Verein zu unterlassen, auch wenn er nicht durch die Kommissionsarbeiten in Anspruch genommen würde, könne und wolle er nicht eingehen. Gegen die Ansicht des Ministers, die Mitgliedschaft im Nationalverein sei mit den Pflichten eines königlichen Dieners unvereinbar, führte Planck aus, die Bestrebungen des Vereins seien durch kein Gesetz verboten, ebensowenig wende er andere als gesetzliche Mittel an; sobald er zu andern Mitteln griffe, was übrigens keineswegs zu erwarten sei, würde er ihn sicherlich verlassen. Windthorst berichtete dem Könige über seine Unterredung. Planck, der den Mangel an praktischer Beschäftigung tief empfinde, würde die in Aussicht gestellte Aufgabe gern übernehmen, wenn er auch seine Zweifel, ob er ihren Schwierigkeiten gewachsen sei, nicht verhehlt habe. Könne ihm die ihm liebgewordene Tätigkeit eines Richters nicht wieder zuteil werden, so bäte er um Pensionierung und Zulassung zur Advokatur und Anwaltschaft in Göttingen, wo er die Stütze seiner alten 75jährigen Mutter sein könne. Windthorsts Bericht, von dem Planck in späterer Zeit Kenntnis zu erhalten Gelegenheit hatte, lief in den Antrag aus, die königliche Intention im Gesamtministerium zu erörtern oder ihm und dem bei der Sache interessierten Minister der auswärtigen Angelegenheiten eine Spezialaudienz zu gewähren. Sein Urteil über Plancks Verhalten bei der Verhandlung drückten die Worte aus: alle seine Erklärungen habe Planck mit seltener Offenheit und gewinnender Bescheidenheit gegeben: Worte, die den nicht weniger ehrten, der sie schrieb, als den, dem sie galten. Der König lehnte beide Vorschläge des Ministers als überflüssig ab und entschied in der Sache selbst. Da die Mitgliedschaft im Nationalverein mit der Stellung eines königlichen Dieners wie mit der eines königlichen Kommissars unverträglich sei, sehe er von der Mission Plancks nach Dresden ab und entscheide sich für den vom Minister eventuell vorgeschlagenen Obergerichtsdirektor Lüder in Verden. Der Befehl, Planck den Titel eines Obergerichtsrats zu erteilen, wurde zurückgenommen. Die Zulassung zur Advokatur verweigerte der König noch aus einem besondern Grunde. Windthorst hatte erwähnt, Planck arbeite zurzeit an einer Schrift über die rechtliche Natur der Domänen. Da der König aus Plancks ganzer Richtung folgerte, es könne das nur eine Oppositionsschrift werden, so versagte er ihm die Advokatenstellung, die ihn noch um vieles selbständiger machen würde. Die Untersuchung der Domänenverhältnisse, die Planck eine Zeitlang beschäftigt hatte (oben S. 206), war schon im Sommer 1862, wenn auch nicht aufgegeben, so doch zurückgeschoben, seit er von Reyschers Absicht erfuhr, den Gegenstand allgemeiner und mit besonderer Rücksicht auf den in Sachsen-Meiningen schwebenden Streit zu behandeln [1]).

Eins der ersten Anzeichen des neuen Kurses war es, wenn das Ministerium einer Anzahl liberaler Männer, die, in die städtischen Verwaltungen erwählt, vordem die königliche Bestätigung nicht erhalten hatten, jetzt bei Neuwahlen diese erwirkte. Das machte den städtischen Kollegien Osnabrücks den Mut, nach dem Tode ihres langjährigen Syndikus Albrecht Pagenstecher (19. Juni 1863) durch einstimmigen Beschluß Planck zu seinem Nachfolger zu erwählen. In der Zwischenzeit, während man auf die Bestätigung wartete, richtete der Bürgermeister Stüve an Planck den folgenden Brief.

Osnabrück, den 26. Juli 1863.

Hochgeehrtester Herr Obergerichtsassessor!

Aus Ihren freundlichen Zeilen vom 24. sehe ich mit Freude, daß Sie entschlossen sind, die Wahl der Stadt Osnabrück anzunehmen und wünsche herzlich, daß dieser Entschluß Ihnen zu dauernder Befriedigung und der Stadt zum Besten gereichen möge. Ich halte die Stellung einer städtischen Obrigkeit in unsrer Zeit für eine ebenso bedeutende als schwierige; die Städte müssen sich, wenn sie nicht versinken wollen, die besten Kräfte sichern, und [durch] diese finden sie einen Stützpunkt, von welchem aus auf das größere

---

[1]) Bennigsen an Reyscher, 15. Mai 1862, Oncken I 565.

Ganze eine nachhaltige Wirkung geübt werden kann. Mögen Sie daran Freude finden.

Was die Frage angeht, welche Sie an mich richten, so bin ich der Ansicht, daß Sie Ihr Verhältniß zur Regierung erst dann ordnen können, wenn diese Ihre Wahl bestätigt hat. Ein jeder frühere Schritt würde der Grundlage entbehren; und eher dürfte auch die auf den § 66 der Städteordnung bezügliche Verhandlung mit Erfolg nicht vorzunehmen seyn. Ich glaube kaum, daß man Ihnen diese Conceßion versagen kann. Die Bestimmung des des § 66 der StO. ist nach meiner Ansicht eine durchaus unzweckmäßige, wie sich einmal die Verhältnisse des Landes gestaltet haben, und könnte auf die Dauer nur die Gewinnung der geeigneten Personen für den städtischen Dienst erschweren. Man wird hier von beiden Seiten entgegen kommen müßen; ich kann aber, was Ihre Wünsche in Bezug auf die von der Stadt zu übernehmende Verpflichtungen angeht, natürlich dem Entschluße der städtischen Collegien nicht vorgreifen. Laßen Sie uns erst den Beschluß der Regierung abwarten.

Was die Geschäfte Ihres künftigen Amts angeht, so will ich nicht bestreiten, daß der Übergang Ihnen einige Schwierigkeiten bereiten kann. Die Localverwaltung verlangt an und für sich gar keine besondere Wißenschaft; sie ist vielmehr die Vereinigung und in mancher Beziehung die Abstraction der ganzen Lebensthätigkeit des Kreises selbst; und das Nothwendigste ist Kenntniß der Personen und der Gegenstände, mit denen man es zu thun hat. Wer diese in ihren verschiedenen Verhältnissen und Beziehungen am klarsten vor sich hat; wer die Menschen, ihre Eigenschaften, ihre Neigungen und selbst ihre Schwächen am genauesten kennt und am passendsten zu behandeln weiß, ohne dabei das Intereße des Ganzen aus dem Auge zu verlieren, der wird am besten die Localverwaltung führen, und daher ist es nicht leicht, sich in einen Kreis einzuarbeiten, in welchem man nicht längere Zeit gelebt hat. Eben das ist der Grund, weshalb ich einestheils für unerläßlich gehalten habe, Ihnen einen Mann zur Seite zu stellen, der nun seit länger als 12 Jahren mit diesen Zuständen vertraut ist und manche Verbindungen hat, welche ihm die Einsicht in die Zustände erleichtern und deßen Fähigkeit und Zuverläßigkeit durchaus vertraut werden muß, wenn auch eine gewiße Weichheit der Gemüthsart ihm nicht abzusprechen ist, die ich lieber nicht sähe; anderntheils habe ich mich aus eben diesem Grunde entschloßen noch selbst einige Zeit im Collegio zu bleiben, um das, was ich mir an solcher Kenntniß habe erwerben können, nutzbar zu machen; ich selbst muß aber bekennen, daß ich keineswegs recht für diesen Geschäftskreis tauge. Man muß mit den Menschen leben und verhandeln können, muß Lust daran haben; denn die ganze Thätigkeit der Verwaltung besteht ja in einer beständigen Vermittlung zwischen den streitigen Intereßen und Rücksichten. Dazu bin ich wenig gemacht, und um so weniger je älter ich werde. Gerade in dieser Hinsicht ist mir mein College und Freund Pagenstecher noch im Geschäftsleben unersetzlich. Auf der andern Seite mochte meine größere Neigung feste Grundsätze aufrecht zu halten auch für ihn ein Bedürfniß seyn; wenigstens legte er darauf ein großes Gewicht, und so haben wir uns lange, schwere Jahre hindurch ergänzt, wenn wir auch in manchen bedeutenden Puncten sehr abweichende Ansichten hegten.

Ich wünsche gegenwärtig nichts so sehr als daß die Collegien wieder vollständig besetzt seyn mögen. Es wird dann unsre erste Sorge seyn müssen eine Geschäftseintheilung zu machen, welche es den Neueintretenden erleichtert sich zu orientiren. Freilich ist unser ganzes Wesen da bunt genug. Ihnen als Syndicus wird da (?) besonders auch unser Antheil am Kirchenregimente zufallen, solange uns dieser noch verbleibt. Ihr Vorgänger hat sich diesem mit vorzüglicher Liebe gewidmet und mancherlei geordnet, wenn er auch den tiefen Schaden, der im Mißverhältniß der Prediger und der Gemeinden zu einander und gegen einander liegt, nicht heben konnte. Es mag gut seyn, daß uns davon manches entzogen wird; ein sehr wesentlicher Theil des geistigen Lebens wird durch unser Verhältniß zur Schule doch immer bleiben und die unglückliche Erschwerung aller Zustände durch das Verhältniß der Confessionen zu einander ebenfalls. Das liegt einmal so tief in allen Zuständen begründet, daß man die Verhältniße der Stadt nie völlig verstehen kann, ohne sich mit diesem Gesichtspuncte bekannt zu machen. Es ist ein Hauptgrund, der dem Osnabrücker die fremden Regierungen verleidet.

Doch entschuldigen Sie, daß ich mich durch den Gegenstand habe verführen laßen, auf Erörterungen einzugehen, die in einem Briefe kaum angedeutet werden können. Ich hoffe bald Gelegenheit zu haben, mündlich mich mit Ihnen über diese Dinge zu besprechen. Bis dahin empfehle ich mich Ihrer freundlichen Gesinnung.

Hochachtungsvoll und

ergebenst

C. B. Stüve, Dr.

Der § 66 der Städteordnung, von dem der Brief redet, regelt die Pensionsverhältnisse der Magistratsmitglieder; er bemißt die Höhe des Ruhegehalts nach der Dauer der Dienstzeit, welche in Ermangelung anderer Vereinbarung nur nach der im Dienste der Stadt verbrachten Zeit berechnet wird. Die Persönlichkeit, die Planck an die Seite treten soll (S. 227), ist der Rechtsanwalt Dr. André, der 1859, vergebens zum Senator von Hannover erwählt, jetzt die Bestätigung seiner Wahl in den Osnabrücker Magistrat erhalten hatte[1]). Die Erwartung der Stadt Osnabrück, auch die Bestätigung Plancks zum Syndikus zu erlangen, wurde getäuscht. Der Minister setzte den Magistrat von der Versagung ohne Angabe von Gründen in Kenntnis. Weitere Bemühungen der städtischen Kollegien, die Bestätigung zu erlangen, blieben erfolglos. Das Verhalten Stüves in der Wahlangelegenheit war um so anerkennenswerter, als er seinen Gegensatz zur Partei des Nationalvereins nicht verhehlte und ihm in einem Briefe an Bennigsen gelegentlich der Versammlung vom 8. April 1861 entschiedenen Ausdruck gegeben hatte[2]). Bei der Wahl Plancks in den Osnabrücker

[1]) G. Stüve II 314.

[2]) G. Stüve II 297; danach Oncken I 492. Oben S. 221.

Magistrat war beabsichtigt, ihn noch durch Stüve, der seines Alters wegen zu resignieren wünschte, in die Geschäfte einführen zu lassen und nach dessen Rücktritt zu seinem Nachfolger zu erwählen. Diese Aussicht hatte Planck vermocht, nach reiflicher Erwägung seine Bedenken gegen die Übernahme einer Verwaltungstätigkeit zu überwinden. Die Versagung der Bestätigung hatte den Erfolg, daß Detering zum Syndikus und zum Nachfolger Stüves, der Ende 1864 zurücktrat, Miquel gewählt wurde. Die Bestätigung Miquels, der im Nationalverein nicht weniger stark als Planck hervorgetreten war und die Domanialausscheidung, eine dem Könige besonders wertvolle Sache, scharf angegriffen hatte, wurde nicht versagt.

In denselben Wochen, da die Osnabrücker Angelegenheit spielte, vollzogen sich die Neuwahlen, die der Ablauf der Legislaturperiode des Landtags notwendig machte. Sie gingen unbeeinflußt durch die Regierung vor sich und ergaben eine Zweite Kammer ganz andern Schlages als ihre Vorgängerin, die gehorsame Dienerin des Grafen Borries. Sie kamen nicht bloß den Liberalen zugute, sondern schufen eine Versammlung unabhängiger, intelligenter Männer. In dem am 18. Februar 1864 eröffneten Landtage wurde Graf Bennigsen, der Deputierte der Residenz, Präsident der Zweiten Kammer, Generalsyndikus neben Rudolf v. Bennigsen der Oberappellationsrat Eduard Meyer, einer der Abgeordneten der evangelischen Geistlichkeit. Außer ihm gehörten noch zwei andere Mitglieder des höchsten Gerichts der Kammer an: Wilh. Theodor Roscher, Deputierter für Einbeck, und Behncke, einst Mitglied des Frankfurter Parlaments, für Nienburg. Die Universität hatte den Minister Lichtenberg gewählt. Ein Neuling in der Zweiten Kammer, wenn auch nicht im öffentlichen Leben, war der Abgeordnete für die kleinen göttingschen Städte (Moringen, Uslar, Dransfeld, Hardegsen), der Rechtsanwalt Dr. Miquel. Den pensionierten Ministern, den Staats- und Kommunalbeamten war der Urlaub diesmal nicht versagt und dem Rechtsanwalt v. d. Horst die Mitgliedschaftsfähigkeit vom Könige restituiert. Mehrere Wahlkorporationen hatten sich Plancks erinnert: in Osnabrück, in Hameln, im folgenden Jahr in Münden hatte man ihn gewählt. Er konnte keines dieser Mandate ausüben, da ihm der Urlaub versagt wurde.

Inzwischen war es der Beharrlichkeit Windthorsts gelungen, eine Kraft wie die Plancks für den Staatsdienst zurückzugewinnen. Er erreichte es, daß der König am 20. September 1863 in Walsrode das Dekret unterzeichnete, das Planck zum Obergerichtsrat in Meppen ernannte. Die Wiederaufnahme in den Staatsdienst beseitigte die Beschränkungen nicht, denen Planck bisher unterworfen war. Der König wies vielmehr zugleich den Justizminister zur Erteilung der besondern Instruktion an, daß Planck ohne ausdrückliche Genehmigung des Königs während der Zeit der ordentlichen Gerichtssitzungen den Gerichtsbezirk Meppen nicht verlassen und während der Gerichtsferien keinen Urlaub über die hannoversche Landesgrenze erhalten dürfe.

Das Obergericht zu Meppen, offiziell bezeichnet als Königlich-Hannoversches und Herzoglich-Arembergsches Gesamt-Obergericht, wurde gemäß der Verordnung vom 8. August 1852 von der Hannoverschen Regierung und dem Herzog von Aremberg, einem der drei Standesherren des Königreichs, in der Weise gemeinschaftlich besetzt, daß der König den Präsidenten, der Herzog den Vizepräsidenten, von den zehn Richtern der König die eine Hälfte, der Herzog die andere ernannte, die standesherrlich ernannten Mitglieder der Bestätigung durch den König bedurften, die nur aus triftigen dem Herzog mitzuteilenden Gründen versagt werden durfte. Planck, zum königlichen Obergerichtsrat mit 1000 Talern Gehalt ernannt, wurde am 5. Oktober 1863 in sein neues Amt eingeführt. Meppen war eine Stadt von 2000 Einwohnern, unter denen sich viel Beamte fanden. An der Spitze des Obergerichts stand Heinrich August Vezin, aus einer bekannten katholischen Familie Osnabrücks, einst in Celle Kollege von Plancks Vater. Es bildeten sich bald freundliche Beziehungen zwischen dem neuen Mitgliede und dem Kronanwalt Philipp Fischer, den Obergerichtsräten Bergmann, dem Sohn des frühern hannoverschen Ministers, und Henschen. Unter den Lehrern des Gymnasiums traf er einen alten Göttinger Verbindungsbruder B. Völker, später Schulrat in Danzig, und wurde er bekannt mit dem Mathematiker Brandi, nachmals vortragendem Rat im preußischen Kultusministerium. Ein Kränzchen, zu dem einige Juristen, Lehrer und der Amtsphysikus sich vereinigten, ersetzte durch Vorträge, was das Städtchen an wissenschaftlichen Hilfsmitteln und geistiger Anregung vermissen ließ. Planck erinnerte sich mit besonderer Freude eines Vortrags von Brandi über Spektralanalyse, der ihn wie alles Naturwissenschaftliche mächtig anzog. Seine Wanderlust gewann der Gegend, dem verrufenen Mufrika, Reize ab, und wie ihn die Rückkehr zu seinem Berufe erfreute, fand er auch an dem Orte, den man gewiß nicht zu seinem Wohlgefallen ausgesucht hatte, eine immer wachsende Befriedigung, um so mehr als sich an ihn die Begründung seines Hausstandes knüpfen sollte.

So freudig man im Lande die Wiederanstellung Plancks begrüßt hatte, so unverständlich blieb es, daß ihm und unter allen Beamten ihm allein der Urlaub zum Eintritt in den Landtag versagt wurde. Die Zweite Kammer machte auf Grund einer von Bürgervorstehern und Wahlmännern Hamelns eingereichten Petition die Sache zum Gegenstand einer eingehenden Verhandlung am 12. Mai 1864. Die Regierung, durch Windthorst und Lichtenberg vertreten, hatte einen schweren Stand; denn wenn auch das wiederhergestellte Landesverfassungsgesetz von 1840 bestimmte: jeder königliche Diener bedarf zur Teilnahme an der allgemeinen Ständeversammlung der Erlaubnis der vorgesetzten Oberbehörde, so war doch seiner Zeit in dem ständischen Begleitschreiben die Erwartung ausgesprochen, der Urlaub werde nur aus dienstlichen Rücksichten versagt werden. Das Obergericht Meppen hatte zurzeit einen Assessor, der Plancks Stelle während seiner ständischen Tätigkeit wahrnehmen konnte. Die Debatte, durch eine große Rede Bennigsens eingeleitet, die die Schwäche des Ministeriums an seiner Nachgiebigkeit in dieser Sache aufwies, trieb seine Mitglieder so in die Enge, daß sie bald zu den bedenklichsten Interpretationen, bald zu weit entgegenkommenden Äußerungen, die doch den letzten Grund nicht verraten konnten, ihre Zuflucht nahmen. Man deutelte zunächst an dem Worte: dienstliche Rücksichten herum, die, wie Miquel zeigte, doch nicht anders als von einer gehörigen Dienstbesorgung verstanden werden konnten. Windthorst bezog sie auf dienstliche Rücksichten im weitern Sinne, auf persönliche Verhältnisse, auf Umstände, die er hier nicht aufdecken könne. Planck habe durch seinen Wiedereintritt in den Staatsdienst gewisse Pflichten als Staatsdiener übernommen, in ihnen möge man den Grund der Versagung suchen. Das führte ihn weiter zu dem unüberlegten Satze: der Staatsdiener muß im öffentlichen Leben auf seine dienstliche Stellung Rücksicht nehmen; findet er, daß seine Überzeugungen ihm nicht gestatten, diese Rücksichten in der Ständeversammlung walten zu lassen, so muß er draußen bleiben. Es sei intolerabel und führe zur Auflösung des Staats, wenn sich die Glieder prinzipiell gegen das Haupt richteten. Die Äußerung, daß ein Beamter, der nicht mit der Regierung gehen könne, die Kammer meiden müsse, mahnte Miquel an die schlimmsten Zeiten der Reaktion und veranlaßte Bennigsen zu dem Hinweis auf die Unentbehrlichkeit der Beamten in den deutschen Volksvertretungen. „Soweit sind unsere Bürger und Bauern noch nicht, um die Kammern allein füllen zu können." Bedarf man aber der Beamten in den Landtagen, so muß man ihnen Spielraum gewähren; sonst werden zwar talentvolle, aber nur schweigsame und abhängige Charaktere sich dem öffentlichen Leben widmen. Das Mittel der Urlaubserteilung zu gebrauchen, um einen Oppositionsmann fernzuhalten, verurteilte Windthorst als das Zeichen einer schwachen Regierung; den Zutritt eines talentvollen Mannes zu einer Versammlung, die deren so viele zähle, habe die Regierung nicht hindern wollen; nichts sei erfreulicher, als mit talentvollen Leuten zu debattieren. In der Anerkennung Plancks wetteiferten die Redner. Miquel: es handelt sich um einen Mann ohne gleichen an Tugend und Tüchtigkeit; Albrecht: Planck pflegt rücksichtslos für das einzutreten, was er nach unbefangener, man könne sagen, richterlicher Erwägung für recht erkannt hat; Bennigsen: die Beamtenmajorität der vorigen Kammer hat das Ansehen der Staatsdiener im Lande tief geschädigt; es würde im höchsten Interesse des Dienstes gelegen haben, endlich in der Kammer einen Richter zu sehen, der alles vergesse, nur nicht sein Recht und seine Pflicht als Ständemitglied. Nicht bloß die Gesinnungsgenossen Plancks äußerten sich so. Der Oberappellationsrat Meyer von Celle bezeugte seine Freude über Rehabilitierung eines Mannes von so großer Tüchtigkeit und Charakterfestigkeit, und der Minister Lichtenberg billigte in aller Maße, was über seine sittliche Integrität und hohe Intelligenz geäußert war; nur war ihm zweifelhaft, ob Planck in allen Fällen seine Pflicht als königlicher Diener und die als Ständemitglied zu vereinigen gewußt habe. Verwundert fragte Miquel, ob ein Staatsdiener andere Rücksichten in seiner ständischen Tätigkeit zu nehmen habe als jedes andere Ständemitglied und der von allen geleistete gleiche ständische Eid verlange. Aus seiner langjährigen Bekanntschaft bezeugte er, daß Planck stets nur der gewissenhaften Überzeugung gefolgt sei. Die Kammer bestand fast zu einem Dritteil aus königlichen Dienern. Keinem war der Urlaub versagt, auch denen nicht, die, wie Lichtenberg hervorhob, voraussichtlich die Reihen der Gegner verstärken würden. Warum um dieses einen willen den Frieden stören, Prinzipien reiten und die Stellung der Minister gefährden? Wenn die jetzigen abgehen, ist auf eine liberale Handhabung der Gesetze nicht mehr zu rechnen. Solch politischen Erwägungen stellte sich immer wieder die Frage nach dem Recht gegenüber, einen Mann auszuschließen, der nach aller Überzeugung einer der tüchtigsten im Lande war. Daß nicht sein Anteil an dem Auricher Erkenntnis von 1855 die Ursache war, hob Windthorst ausdrücklich hervor; wenn dieser Umstand fortwirkte, würde Planck nicht in den aktiven Staatsdienst zurückgerufen sein. So blieb als entscheidender Grund nichts übrig, als das sic volo, sic jubeo des Königs. Er wird Plancks Wiederanstellung Windthorst nur unter dieser Bedingung oder auch die Urlaubsbewilligungen und Bestätigungen in allen andern Fällen unter Vorbehalt dieser Ausnahme gewährt haben. Den Schluß, daß nicht das Recht, sondern nur die Politik, und zwar die persönliche des Königs bei der Behandlung Plancks entschied, bestätigte die Handhabung des Urlaubs, auch wo es sich um eine Privatbetätigung handelte. Auch hier hatte Windthorst einen, wenngleich vorübergehenden, Erfolg erreicht. Auf seine Fürsprache hatte der König Planck im Sommer 1864 den Urlaub erteilt, um zu Pfingsten der Sitzung der ständigen Deputation in Mainz und im August dem Juristentage in Braunschweig beiwohnen zu können. An den Arbeiten dieser Tagung war Planck wieder in hervorragender Weise beteiligt. In der vierten Abteilung, die er als Mitglied der ständigen Deputation eröffnete, nahm sein Referat den größten Teil der ersten dreistündigen Sitzung am 26. August ein. Es gelang ihm, aus dem umfangreichen, noch durch ein Gutachten des badischen Ministerialrats v. Freydorf erweiterten, Stoffe eine Anzahl scharf formulierter Sätze herauszuziehen, in denen die prinzipiellen an das Institut zu stellenden Forderungen geltend gemacht wurden: die Staatsanwaltschaft ist als eine ständige Institution einzurichten; um ihr Amt als öffentliche Anklagebehörde durchzuführen, muß die gerichtliche Polizei zu ihrer unmittelbaren Verfügung stehen. Der frühere Rechtszustand, der die Sammlung des Untersuchungsmaterials mit der des Verteidigungsmaterials und die Rechtsprechung in einer Hand, der des Richters, vereinigte, hat seit dem Übergang zum Anklageprozeß zwar die Änderung erfahren, daß die Sammlung des Untersuchungsmaterials einem besondern öffentlichen Organ übertragen ist. Aber die Staatsanwaltschaft ist und bleibt demungeachtet eine Rechtseinrichtung. Ihr gebührt Selbständigkeit in ihren Funktionen wie in der Stellung ihrer Beamten. Nicht auf Anweisung des Justizministers hat sie Anklage zu erheben, sondern nach ihrer eigenen freien Entschließung, und den Mitgliedern der Staatsanwaltschaft ist dieselbe unabhängige Rechtsstellung zu gewähren wie den Richtern. Es gehört nicht zum Amt der Staatsanwaltschaft die Oberaufsicht über die Gerichte zu führen; diese ist vielmehr den Gerichtspräsidenten oder dem obersten Gerichtshof zu überweisen. Auf die früher in Wien erörterte Stellung der Staatsanwaltschaft im Zivilprozeß kam Planck in seinem Referat nur soweit zurück, als er deren Eintritt als Prinzipalpartei in gewissen Fällen, wo es sich um Wahrnehmung eines öffentlichen Interesses handelt, befürwortete. Seine Anträge schlossen sich den im Gutachten des Präsidenten Heimsoeth (oben S. 210) auf Grund des französischen Rechts vorgeschlagenen Formulierungen an. Eine eingehende Debatte erfuhr von diesen Sätzen nur der die Oberaufsicht der Staatsanwaltschaften über die Gerichte betreffende. Zwei rheinbayrische Juristen lobten sie als eine in ihrer Heimat wohlbewährte und von Richtern wie von Anwälten geschätzte Einrichtung. Dagegen bedauerte der Obergerichtsassessor Struckmann von Celle, der spätere Präsident des Kölner Oberlandesgerichts, die

Übertragung auf Hannover, wo die Aufsicht übrigens nur über die Einzelrichter, nicht über die Kollegialgerichte geübt werde. Ein Versuch des Oberstaatsanwalts Groß aus Eisenach, den Gegenstand drei Tage später im Plenum aufs neue zu verhandeln, wurde auf Plancks Vorschlag abgelehnt, da Plenarbeschlüsse nur da von Wert seien, wo einer communis opinio ein feierlicher Ausdruck gegeben werden solle. Davon sei man hier noch weit entfernt und müsse sich begnügen, in der Abteilung einen vorläufigen Abschluß erzielt zu haben. [1]). Plancks Auseinandersetzungen waren durchaus sachlich gehalten und enthielten sich alles politischen Beiwerks, so daß die Neue Hannoversche Zeitung, das offizielle Blatt, unter den hervorragendsten Rednern des Juristentages, deren Vorträge mit wissenschaftlicher Gründlichkeit Verständlichkeit, Klarheit und fließende Diktion vereinigt hätten, neben Gneist und John Planck nannte. Um so mehr mußte es ihn befremden, als er nachmals von dem Vorwurf König Georgs gegen den Justizminister erfuhr, er habe sich auf dem Juristentage der Voraussage des Ministers ganz entgegengesetzt verhalten: ein Beispiel, das aufs neue erweist, wie wenig der König ein selbständiges wissenschaftliches Verfahren zu würdigen vermochte. Er knüpfte an den Vorgang den Befehl, Planck in Zukunft jeden Urlaub zum Besuch von Juristentagen zu verweigern.

Einige Jahre vor seiner Übersiedelung nach Meppen hatte Planck ein junges Mädchen kennen gelernt, das bei einer verwandten Göttinger Familie, der des Postsekretärs Bacmeister, zu Besuch war. Sie stammte aus Norden in Ostfriesland, wo ihr Vater, Dr. Steinbömer, als ein vielbeschäftigter Arzt lebte. Die Familie Steinbömer war selbst keine ostfriesische, sondern erst um die Mitte des 18. Jahrhunderts aus Westfalen eingewandert. Damals hatte ein Steinbömer, Justus Friedrich, eine Tabackfabrik unter der Firma Steinbömer und Lubinus in Norden begründet, die es in der kaufmännischen Welt zu hohem und langwährendem Ansehen brachte. Ein Glied der Familie studierte nach Absolvierung des Osnabrücker Gymnasiums in den dreißiger Jahren in Göttingen und Berlin Medizin und ließ sich dann als praktischer Arzt in seiner Vaterstadt nieder. Er verheiratete sich mit einer Tochter aus der Nordener Familie Biel, in der neben dem Kaufmannsstande auch die Pastoren vertreten waren. Von den 14 Kindern, die aus der Ehe hervorgingen, starben sechs in frühem Alter. Unter den überlebenden war die älteste Johanne Steinbömer. Da der Vater, der neben seiner Praxis in der Stadt das Amt eines Landphysikus zu versehen hatte, durch seinen Beruf so sehr in Anspruch genommen war,

[1]) Verhandlungen des fünften Juristentages Bd. 2 S. 70 ff., 210 ff.

daß er trotz seiner vielseitigen Interessen seine Mußestunden auf die Lektüre der medizinischen Journale und der Weserzeitung beschränken mußte, fiel die Erziehung der Kinder der Mutter anheim. Die älteste Tochter hatte mit mehreren Geschwistern einen schweren Typhus unter der treuen Pflege der unermüdlichen Mutter durchgemacht, ehe sie im Sommer 1860 nach Göttingen kam, wo sie, eben konfirmiert, zu ihrer Fortbildung an Unterrichtsstunden des Schwertfegerschen Instituts, einer in den Kreisen der Professoren und Beamten beliebten, die fehlende höhere Töchterschule ersetzenden, Lehranstalt teilnahm. Eine nähere Beziehung Plancks knüpfte sich erst einige Jahre später, so daß er im Sommer 1863 den Weg von Göttingen zum Mainzer Juristentage über Norderney wählen durfte, wo Johanne Steinbömer mit einer Schwester im Anschluß an die Bacmeistersche Familie zur Kur verweilte. Auf der Rückreise lernte er die Eltern Steinbömer in Norden kennen, und im folgenden Sommer bei einer erneuten Anwesenheit Johannes in Göttingen verlobte er sich mit ihr. Nachdem Planck im August den volkswirtschaftlichen Kongreß in Hannover und den Juristentag in Braunschweig mitgemacht hatte, reiste das Brautpaar Ende September nach Norden, um den elterlichen Segen zu empfangen.

Nach dem Staatsdienergesetz konnte die Regierung die Verheiratung ihrer Beamten von ihrer Erlaubnis abhängig machen, nur sollte sie nicht versagt werden außer aus Rücksichten auf die Würde des königlichen Dienstes oder auf die standesmäßige Subsistenz des Beamten. Auf Windthorsts Anzeige von Plancks Verlobung erteilte der König seine Erlaubnis zur Eheschließung. In die von dem Minister geäußerte Hoffnung, die Heirat werde günstig auf Plancks politische Ansichten einwirken, stimmte der König nicht ein, war vielmehr der Meinung, einen politischen Schwärmer wie ihn könne nur die Erfahrung heilen; erst wenn sie ihm gezeigt, zu welchem Unheil seine korrupten Doktrinen führten, könne er vielleicht noch brauchbar werden.

Plancks Hochzeit fand am 23. April 1865 in Norden statt. Die Trauung vollzog auf Wunsch der Braut ein Oheim, Pastor Hoppe aus Dornum, der noch als Zuhörer zu den Füßen von Gottlieb Jakob Planck in Göttingen gesessen hatte. Während der Urlaub zu Reisen im Familieninteresse, auch der zu einer Schweizerreise im Herbst des Jahres erteilt wurde, schlug der König den zur Sitzung der ständigen Deputation in Braunschweig erbetenen ungeachtet der Befürwortung durch den Obergerichtspräsidenten und den Minister noch in letzter Stunde, am ersten Pfingsttage, ab, offenbar in Konsequenz seiner Verurteilung der Juristentage. Es ließ sich danach keine andere Antwort auf das Gesuch, an dem Abgeordnetentag in Frankfurt zu Pfingsten 1866 teilnehmen zu dürfen, erwarten. Wie er später erfuhr, fand sich in seiner Personalakte der Königliche Bescheid vom Mai 1866: „Strenger Grundsatz bei mir, Planck den Urlaub stets abzuschlagen." Das „stets" erinnert an das „niemals" seines Vaters von 1847 (oben S. 77). Während der Diktaturperiode wies auf Verlangen des Zivilkommissars v. Hardenberg der Vertreter des provisorisch beibehaltenen Justizministeriums, Dr. Francke, am 19. September 1866 den Präsidenten in Meppen an, die bisherigen Beschränkungen nicht weiter anzuwenden und Planck in Hinsicht des Urlaubs nach den für alle Richter geltenden Normen zu behandeln.

Zehntes Kapitel.

Die Jahre 1866—1870.

I.

Die Auflösung des hannoverschen Staats, die das Jahr 1866 brachte, erlebte Planck in dem stillen Städtchen Meppen. Von dem Kriegsgetümmel erfuhr es nicht mehr, als daß Hauptmann v. Düring mit einem kleinen Detachement des 7. Infanterieregiments am 17. Juni morgens von Emden ankam, um den vergeblichen Versuch zu machen, sich zur Armee, die sich um Göttingen sammelte, durchzuschlagen [1]). Nur Zeitungen und die nicht allzu häufigen Briefe der hannoverschen Freunde unterrichteten Planck von den aufregenden Vorgängen, die dem alten Staatswesen ein Ende machten, dem er als Beamter angehörte, als Abgeordneter gedient hatte, mit dem er gleich seiner Familie, mochte sie auch erst vor zwei Menschenaltern eingewandert sein, eng verwachsen war. Seine nächste Sorge während der entscheidenden Junitage wurde durch den eigenen, jung gegründeten Hausstand in Anspruch genommen. Am 29. Juni wurde ihm sein erstes und einziges Kind, ein Sohn, geboren. Ein Freund, der ihm in den letzten Jahren immer näher getreten war, Senator Pfeiffer in Bremen, beglückwünschte ihn: „Der junge Weltbürger scheint sich einen guten Zeitpunkt zum Eintritt in die Welt gewählt zu haben; ich denke, sein Lebensanfang bezeichnet den Beginn einer neuen Periode deutscher Geschichte, die wir, die national Gesinnten, freudig begrüßen dürfen“ (15. Juli 1866). Der Bürger der freien Hansestadt, „deren Senat nach schweren Kämpfen schon vor den ersten Erfolgen der preußischen Waffen eine feste Stellung im unumwundenen Anschluß an das preußische Bündnis genommen hatte“, konnte freiern Herzens die großen Zeitereignisse in sich aufnehmen, als der Hannoveraner, der mit der Schlacht von Langensalza die unglückliche, wenngleich ehrenvolle Katastrophe seines Staates erlebte. Forscht man nach ihren Ursachen, so haben nahe und ferne,

---

[1]) von Hassell IIb S. 343.

sachliche und persönliche, von langer Hand sich vorbereitende und plötzlich auftretende Umstände zusammengewirkt, um sie herbeizuführen.

Unter allen deutschen Mittelstaaten war keiner von so prekärer Existenz wie Hannover. Solange seine Verbindung mit England währte, mochte darin ein gewisser Schutz liegen. Aber er wurde unendlich überwogen durch die Gefahr, die daraus erwuchs. Bei jeder europäischen Verwicklung diente Hannover den Feinden Englands als bequemer Angriffspunkt anstatt des unangreifbaren Inselstaats. Seitdem die Personalunion mit England erloschen war, lebte es von der Eifersucht zwischen Preußen und Österreich, und mancher hannoversche Staatsmann mag mit der Inbrunst des Römers die Fortdauer dieser Rivalität erfleht haben. Seine geographische Lage verwies das Land in die Machtsphäre Preußens. Je weiter Preußen in seiner militärischen und wirtschaftlichen Organisation fortschritt, desto mehr erschien ihm Hannover, dessen Gebiet sich wie ein Keil zwischen seine östlichen und westlichen Provinzen einschob, als ein Hemmnis seiner Entwicklung, zumal Preußen dadurch zugleich der Zugang zur Nordsee versperrt wurde, den es schon einmal besessen hatte. Diese Hindernisse zu überwinden, mußte Preußens Bestreben sein. Der Wege zu diesem Ziele gab es mehrere. Welcher einzuschlagen sei, darüber war man sich in Preußen nicht klar, wie auch jene Tendenz wenigen in Preußen und in Deutschland zum Bewußtsein gekommen sein mochte. Unbekannt war sie nicht, wenn sie auch weitern Kreisen erst durch die Veröffentlichung der von einem preußischen Beamten am Bundestage, dem Legationsrat Küpfer, 1822 verfaßten Denkschrift, die Welckers „Wichtige Urkunden" aus Klübers Papieren (1845) gebracht hatten, zugänglich wurde.

Preußens steigernder Einfluß auf die deutsche Entwicklung schreibt sich von seinem Vordringen nach dem Westen, von seiner Gewinnung der Rheinprovinz her. Während Preußen in Deutschland hineinwuchs, wuchs Österreich aus Deutschland heraus.[1]. Es hatte seinen Besitz im südwestlichen Deutschland fallen lassen und ihm die Verstärkung seines Gebiets in Italien vorgezogen. Was es lokal verloren, suchte es geistig wiederzugewinnen. Der Bundestag, und was es seine Präsidialgewalt nannte, bildeten das Mittel. Ihm halfen die österreichischen Gesandtschaften an den deutschen Höfen nach. Das wichtigste Objekt in der Einflußsphäre, die sich Österreich zu sichern suchte, war Hannover. Man war in Wien voll Aufmerksamkeit gegen seine Herrscher. Die österreichischen Gesandten spielten politisch und gesellschaftlich keine ge-

[1]) Emil Frensdorff, Joseph von Radowitz (1850) S. 58.

ringe Rolle an ihrem Hofe. Keiner der Ministerwechsel nach 1848 vollzog sich, bei dem nicht der österreichische Gesandte die Hand im Spiele hatte oder gehabt haben sollte. Auf dem letzten Zuge aus seinem Lande begleitete den König der österreichische Gesandte, Graf Ingelheim. Je mehr Ernst August seinem Neffen mißtraute (oben S. 88), desto mehr fühlte er sich zu Österreich hingezogen. Gleichwohl hatte zweimal in seiner Regierung die reale Betrachtung der Dinge die persönlichen Sympathien besiegt und einen Anschluß an Preußen herbeigeführt. Der Bundesstaat, wie ihn das Maibündnis von 1849 und vor ihm die Reichsverfassung erstrebte, wäre recht eigentlich die Form für die Wahrung der preußischen und der hannoverschen Interessen, das ehrliche Zusammengehen mit Preußen die kräftigste Sicherung für den hannoverschen Staat gewesen. Statt dessen galt der engere Bundesstaat als ein speziell zum Verderben Hannovers ersonnenes Gebilde. Der König und seine Minister erblickten darin die verschleierte Mediatisierung Hannovers und machten sich möglichst schnell von der Dreikönigsverfassung wieder los. Die Furcht vor dem Genossen wurde abgelöst von der Furcht vor einer Verständigung der beiden Rivalen. Aus den Konflikten seit 1849 sah man in Hannover die Teilung Deutschlands nach der Mainlinie aufsteigen und kannte keinen weisern Rat als schleunige Rückkehr zum alten Bundestage. Stüve durfte sich mit Recht das traurige Verdienst zuschreiben, am stärksten zu seiner Wiederherstellung beigetragen zu haben (ob. S. 152). Dem Leiter der österreichischen Politik, dem Fürsten Schwarzenberg, war damit gar nicht ohne weiteres gedient; er hatte mehr für seinen Staat herauszuschlagen gehofft, als die bloße Rückkehr zum Alten. Stüve betrieb die Reaktivierung des Bundestags nicht bloß als einen Schutz gegen die preußische Union, sondern auch gegen den österreichischen Plan des Siebzigmillionenreichs. Schwarzenberg ist deshalb sehr schlecht auf den hannoverschen Minister zu sprechen; er nennt ihn einen unverbesserlichen Doktrinär vom härtesten Pappendeckel [1]), und einen Plan zu besserer Organisation der deutschen Staaten, den ihm Stüve 1849 übersandte, hat er vornehm beiseite geschoben [2]).

Einem andern hannoverschen Staatsmann, A. v. Münchhausen, mit dem er bei den Dresdener Konferenzen zusammentraf, ist er nicht freundlicher begegnet. Er mochte merken, daß ihm wie andern seiner Landsleute Österreich nicht um seiner selbst willen lieb war, sondern nur weil sie einen Schutz gegen Preußens „Absichten auf Erlangung

[1]) 8. März 1850. Friedjung, Österreich II 1 (1912) S. 515.

[2]) G. Stüve II 303.

eines unberechtigten und vorzugsweise für Hannover unerwünschten Übergewichts in Deutschland" [1]) von ihm erhofften. Die Zusammenkunft in Dresden wurde die Geburtsstätte für einen zweiten, dauerhafteren Anschluß Hannovers an Preußen. Ernst August, der so lange dem Zollverein widerstrebt hatte (oben S. 88), gab seine Einwilligung zu Unterhandlungen, die zu dem Vertrage vom 7. September 1851 führten (oben S. 120). Sein Ausspruch gegenüber dem Major v. Manteuffel: Mein Herz liebt Preußen nicht, mein Verstand zwingt mich es zu lieben; ich werde deshalb niemals dumm genug sein, mich mit deinem Könige zu zanken [2]), erklärt seine kluge Benutzung der damals sich darbietenden günstigen Situation.

Ernst August überlebte den Abschluß des Septembervertrags nur um wenige Wochen. An seinen Tod knüpfte Österreich neue Hoffnungen und machte sie sofort geltend durch das Hindrängen auf einen Ministerwechsel in seinem Sinne und seine Drohung, widrigenfalls die Regierungsfähigkeit des neuen Königs in Frage zu stellen (oben S. 54 und 144). Die Erbschaft des Septembervertrages antreten zu müssen, war König Georg besonders widerwärtig, und er hätte gern die von der Darmstädter Koalition betriebene Verhandlung über einen Österreich einschließenden Zollverein benutzt, um von dem „schmählichen" Vertrage befreit zu werden. Daß die Konsultierung Bismarcks, der bereit war zu zeigen, daß er sich auf reaktionäre Politik so gut verstehe wie die Österreicher, keine Annäherung an Preußen in sich schloß, ist schon oben S. 145 gezeigt. Wenn sich unter dem Hofadel seit den letzten Jahren Neigungen für Preußen bemerklicher machten, so hatte das nur die Bedeutung, daß für die beginnende Rückwärtsbewegung das preußische Vorbild eine brauchbarere Stütze bot. Das ganze reaktionäre System war näher über Berlin zu beziehen als über Wien; konservative Prinzipien in staatlichen und kirchlichen Angelegenheiten lieferten die Kreuzzeitung und ihre Filialen in einem mehr den heimischen Anschauungen verwandten Geiste als die österreichischen Politiker. Der Abschluß der Militärkonvention zwischen Preußen und Braunschweig hatte schon unter Ernst August das Blut erregt; jetzt kam noch der Vertrag Preußens mit Oldenburg über die Erwerbung des Jahdebusens, mit Braunschweig über die Eisenbahn Buke-Kreiensen hinzu, die die hannoversche Südbahn überschritt. Alles das schienen Ausführungen des einst von Küpfer gezeichneten Plans der Umzingelung Hannovers. Um so mehr versteifte man sich in seiner Opposition. Das Zündnadel-

[1]) Depesche vom 11. Juni 1849 an den Geschäftsträger in Wien, den Grafen Platen.

[2]) v. d. Wengen, Geschichte der Kriegsereignisse (1886) S. 48.

gewehr verwarf König Georg als eine kriegsunbrauchbare Waffe, weil es von Preußen kam[1]); der preußische Helm der Infanterie, die Pickelhaube, wie man gewöhnlich sagte, wurde wieder abgeschafft und durch das österreichische Käppi ersetzt. Als nun gar die nationalen Tendenzen seit 1859 auftauchten und gerade in Hannover lebhafte Befürwortung fanden, war alles Preußische verfemt, um so mehr, als auch der preußischen Regierung Bestrebungen nicht fremd waren, die an der unantastbaren Bundesakte von 1815 und der sakrosankten Souveränität der deutschen Fürsten rüttelten. Der Prinzregent hatte in der Thronrede am 12. Januar 1860 Preußen als den „natürlichen Vertreter des Strebens" nach einer Reform der deutschen Bundesverfassung bezeichnet, und die Bernstorffsche Depesche vom 20. Dezember des folgenden Jahres gezeigt, daß der alte Plan eines engeren Bundesstaates fortlebte. Mochte der Prinzregent sich auch gegen alle ehrgeizige Bestrebungen und gegen alle Übergriffe in die Rechte seiner Mitfürsten verwahren (oben S. 195), er verhehlte ihnen nicht, wie sehr die Bundeskriegsverfassung der Verbesserung bedürfe und in einer Beschränkung der einzelstaatlichen Kriegshoheit das Hauptmittel der Reform liege[2]). Damit war aber die fürstliche Souveränität an ihrer empfindlichsten Stelle getroffen. Planck hatte in seiner Rede am 8. April 1861 gemeint, die Militärhoheit in den Händen der Mittelstaaten zu den fürstlichen „Liebhabereien" rechnen zu dürfen (oben S. 222); die Denkschrift des Königs Georg, im Sommer 1860 bei der Fürstenzusammenkunft in Baden-Baden verfaßt, hätte ihn belehren können, daß die Kriegshoheit der Kern der Souveränität, ihr Verlust der Anfang des Endes sei[3]), oder wie er es im Mai 1866 drastischer ausdrückte: „Wer mir den Befehl über meine Truppen nimmt, der nimmt mir meine Souveränität[4])." Kann in Wahrheit souverän nur der heißen, der sich selbst zu schützen vermag[5]), so gerierte sich König Georg allerdings so, daß Bismarck schon 1854 von ihm schrieb: Er sprach zu mir über Souveränität und Recht, seine Stimme abzugeben und gehört zu werden, als stünde er an der Spitze von 200000 Mann[6]).

Seitdem Bismarck an die Spitze des preußischen Ministeriums getreten war, wußte man in Hannover nicht recht, ob man der Sym-

---

[1]) Thimme in Z. f. N.-Sachsen 1901 S. 423.

[2]) Ranke S. W. 53 S. 584. Karolyi an Rechberg 1860, Deutsche Revue 1913 S. 167 ff.

[3]) v. Sybel II 363.

[4]) v. Hassell S. 320.

[5]) G. Stüve II 302.

[6]) 5. März 1854, Briefwechsel mit L. v. Gerlach (1893) S. 143.

pathie für den Vorkämpfer des starken Königtums oder der Antipathie gegen den stolzen Preußen nachgeben sollte. Er verbarg die Ziele seiner deutschen Politik nicht und hatte den Herren am hannoverschen Hofe deutlich genug gesagt, was sie von ihm zu erwarten hatten [1]. Da ihnen aber seine antidemokratische Natur die sympathischere war, so hielten sie sich an diese und das übrige für nicht ernsthaft zu nehmende Zukunftsmusik. Die Gefahren, welche die Jahre seit 1859 für die deutschen Staaten in sich bargen, mußten für Hannover durch die Persönlichkeit seines Regenten nur noch wachsen. So glänzende Eigenschaften König Georg besaß, es fehlte ihm, was für einen Herrscher in solch komplizierter Zeit als das notwendigste, und haftete ihm an, was als das gefährlichste gelten darf. Es fehlte ihm der Sinn für die realen Verhältnisse, der Überblick über die sich kreuzenden Anforderungen an die staatliche Leitung. Es haftete ihm eine gewisse Großmannssucht an, er glaubte andere zu übersehen und zu durchschauen, und vermied die gefährlichste Klippe alles menschlichen Tuns nicht, die Überhebung. Er ist nicht der allein schuldige Teil. Man braucht nicht weit in die Geschichte seines Hauses zurückzugehen. Die Verbindung mit England hatte neben anderen Nachteilen auch den, die Leiter der politischen Geschicke Hannovers an der richtigen Selbsterkenntnis zu hindern, sie über die Mittel und Kräfte ihres Landes zu täuschen. Sie verkannten die Notwendigkeit, zu der das Land durch seine Lage verpflichtet war, die Notwendigkeit des ehrlichen Zusammengehens mit dem Nachbarstaate [2]. Es hätte nahegelegen, sich gerade um diesen Staat zu kümmern, seine Verhältnisse zu studieren und zu würdigen. Statt dessen herrschte im hannoverschen Lande ein geflissentliches Ignorieren der preußischen Zustände und Einrichtungen und damit zugleich eine Überschätzung der eigenen und des sie durchdringenden Geistes. Man konnte von ganz verständigen Leuten, wenn man auf etwas im Nachbarlande als Muster hinwies, die Antwort erhalten: Was geht das uns an? als ob eine chinesische Mauer zwischen Duderstadt und Heiligenstadt bestände. Gewiß war vieles gut im Lande und wurde, was noch wichtiger war, in einem wohlwollenden Geiste gehandhabt, aber darum brauchte man nicht blind zu sein gegen die großartige staatliche Entwicklung, die von Preußen ausging, und zu verkennen, daß man doch nur ein kleines Stück von einem großen Ganzen war. König Georg blieb in dieser Eigenschaft nicht hinter seinen Landsleuten zurück und gab ihr noch eine persönliche Note. Wer

[1] v. Hassell IIa S. 453.

[2] M. Abh.: G. A. v. Münchhausens Berichte über seine Mission nach Berlin vom Juni 1740 (Abhandl. der K. Ges. der Wiss. 1904) S. 86.

seiner politischen Ansicht entgegenstand, war ein Schwärmer oder ein Träumer. Wir hörten, in welche Rubrik er Planck brachte (oben S. 235). Als er 1861 den Professor Zachariae wieder zu Gnaden annahm, befahl er, dem Reskript die Stelle aus einer Schrift desselben von 1859 einzufügen, daß die Realisierung eines Bundesstaats mit Preußen an der Spitze nur von einem politischen Träumer noch für möglich gehalten werden könne [1]). Es zeugte aber nicht von politischer Wachsamkeit des Königs, wenn er die nationalen, seine Zeit bewegenden Ideen vollständig verkannte, wenn er in einer Rede, die er Ostern 1865 bei der Einweihung des Göttinger Auditorienhauses hielt, den göttlichen Lenker unserer Geschicke pries, weil er in seiner Weisheit die Landeshoheit zur vollständigen Souveränität und den Reichsverband zum Staatenbund selbständiger Fürsten entfaltet habe. In derselben Rede rühmte er die juristische Fakultät, weil sie die Rechte der einzelnen Landesfürsten gegenüber dem Cäsarismus so erfolgreich vertreten habe, vergaß aber, daß der Ruhm und die Anziehungskraft Göttingens in diesem Gebiete vorzugsweise darauf beruht hatte, daß hier alles auf das Reich Bezügliche, sein Recht, seine Geschichte gründlicher und ausgiebiger gelehrt wurde als sonst irgendwo. Er sprach von seinem Erbkönigreich, das in seinen uralten Stammlanden wieder seinen Sitz aufgeschlagen habe [2]); betonte immer wieder seine Souveränität, die nicht um ein Tüttelchen geschmälert werden dürfe. Wie jung und wie klein war das alles gegen das Reich, und wie viel berechtigter und mächtiger dessen Anforderungen als die eines mittelstaatlichen Fürsten! Der Größenwahn, den er in sich ausgebildet hatte, fand in seiner Umgebung noch Förderung. Man gab protestantischen Geistlichen daran schuld. Wirksamere Unterstützung kam von einem Vertreter der Geschichte. Der Osnabrücker Gymnasiallehrer O. Klopp, ein eifriger Demokrat nicht bloß von 1848, der auch nach dem August 1855 noch der Regierung gegenüberstand (S. 111 und 156), war durch seine historischen Studien über Tilly, über Friedrichs des Großen Regierung in Ostfriesland in das österreichisch-klerikale Lager getrieben worden. Windthorst und Graf Ingelheim hatten ihm den Weg zum Könige gebahnt, der ihm eine Stelle am Archive gab. Er bestärkte den König in seiner Ansicht, „daß sowohl der Anfang zu Österreich als zu Preußen auf Unrecht an seinen Vorfahren beruhe“ [3]). Im Gegensatz zu einem Ahnherrn, der wohl einmal bedauert hatte, daß Heinrich der Löwe

[1]) ADB. 44, 625.

[2]) Rede vom 22. September 1859 bei der Grundsteinlegung der Christuskirche in Hannover.

[3]) Wiard Klopp, Onno Klopp (1907) S. 63.

seligen Angedenkens nicht Heinrich das Schaf gewesen war [1]), sah er in dem Löwen das erhabene Vorbild. O. Klopp suchte eifrig in den Archiven nach der kaiserlichen Urkunde, welche die Reichsadmiralschaft auf die Cirksenas, als deren rechten Erben sich König Georg ansah, übertragen haben sollte. Klopp wußte neben der Errichtung einer Kriegsflotte unter Hannovers Oberbefehl noch ein zweites Mittel zur Stärkung seiner politischen Stellung und trug seine Weisheit den österreichischen Staatsmännern, zu denen er Zutritt erlangt hatte, vor. Hannover mußte Holstein erhalten; dann bildete es eine wahrhaft starke Stütze für Österreich in Norddeutschland: Ideen, die er sicherlich auch dem König Georg nicht vorenthalten hat [2]). Graf Borries war ein nüchterner Mann; solch hochfliegende Pläne lagen ihm fern. Ihm war es schon zuwider, als die großdeutsche Bewegung in Hannover Anhang fand und vom Hofe protegiert wurde. „Ich habe mit Beifall des Allergnädigsten jederzeit Zentralgewalt und Volksvertretung bekämpft [3]).“ Wenn König Georg 1862 mit der Würzburger Koalition für den österreichischen Reformantrag am Bunde eintrat, so bekannte sein Minister Graf Platen, daß er nur durch die Depesche Bernstorffs (oben S. 241) zu den Gegnern Preußens hinübergedrängt sei [4]). Im Grunde jeder Änderung der Bundesverfassung abgeneigt, war er froh, daß der Antrag bei der Abstimmung am 22. Januar 1863 fiel, wie ihn die Ergebnislosigkeit des Fürstentages nicht schmerzte, auf dem er bei aller guten Laune, die ihn hier wie bei andern ernsten Gelegenheiten nicht verließ, voll Sorge vor Österreich war, dessen Denkschrift ihm die Frage abgepreßt hatte: Will uns denn Österreich kaput machen [5])?

Der Ausgang des Frankfurter Fürstentages hatte gezeigt, wo der politische Schwerpunkt Deutschlands lag. Seine Lehre wurde nicht benutzt, als die schleswig-holsteinsche Verwicklung eine der schwierigsten Aufgaben für die Politik der Großen wie der Kleinen brachte. Von den verschiedenen Wegen des Rechts oder der Politik, die zur Lösung des Knotens vorgeschlagen wurden, eignete sich Hannover keinen an, ohne nun aber seinerseits einen neuen vorzuschlagen. Am entschiedensten widerstrebte ihm die augustenburgsche Kandidatur, so lebhaft sie Juristen und Historiker in Göttingen und in Hannover verfochten. Ja ihr unermüdlicher Vorkämpfer, A. von Warnstedt, der um Göttingen hoch-

[1]) Spittler, Gesch. des Fürstentums Hannover (1786) II 297.

[2]) Klopp S. 64, 66 ff.

[3]) ADB. 47, 127.

[4]) Sybel II 403.

[5]) Graf Beust, Aus dreiviertel Jahrhunderten I 329. v. Langwerth I 259. Duckwitz, Denkwürdigkeiten (1877) S. 163.

verdiente Referent im Universitätskuratorium, zog sich dadurch nur die Allerhöchste Ungnade zu; denn die Verstärkung des preußischen Einflusses, noch dazu in der Person eines Fürsten, der den modernen bundesstaatlichen und den konstitutionellen Tendenzen nachzugeben bereit war, mußte dem König Georg in tiefster Seele verhaßt sein. Eher hätte er sich mit der Kandidatur des Großherzogs von Oldenburg befreundet, der keine Beschränkungen seiner Souveränität auf sich genommen, noch die schleswig-holsteinsche Verfassung von 1848 anzuerkennen versprochen hatte, zumal vielleicht ein Gewinn für Hannover bei dem Handel abfiel[1]). Ließ sich auch der Traum, Holstein zu erwerben (oben S. 244), nicht verwirklichen, so doch vielleicht das alte angestammte Lauenburg. Gegenüber den deutschen Großmächten, die bald vereint, bald gegeneinander operierten, und beide den Bund mißachteten, verhielt sich Hannover vollends schwankend, bald Österreich, bald Preußen je nach dem Einzelfall zutretend. Man meinte eine Politik der freien Hand treiben zu können, wie sie wohl einem Großstaat erlaubt ist, nicht aber einem kleinen, in der gefährdetsten Lage befindlichen, der sich gleichwohl für groß genug hielt, zwischen den streitenden Teilen vermitteln zu können[2]). Das Schwanken setzte sich bis in die letzten Wochen der Existenz des hannoverschen Staates fort. Heute schrieb Meding einen Leitartikel für die offizielle Zeitung im preußischen, morgen O. Klopp für die offiziöse, die Nordseezeitung, im österreichischen Sinne, beide im Auftrage des Grafen Platen, der das Preßbureau unter sich hatte[3]). In den drei Wochen vor Pfingsten änderte sich dreimal die politische Windrichtung. Bei dem ersten Besuch des österreichischen Generals, Prinz Karl zu Solms-Braunfels, des Stiefbruders des Königs, am 1. Mai war man bereit, sich mit Österreich zu verbinden; am 13. Mai in dem großen Konseil, den der König mit Generälen und Ministern abhielt, beschloß man einen Neutralitätsvertrag mit Preußen einzugehen; als Prinz Solms am 20. Mai zum zweitenmal eintraf, kehrte man wieder zu Österreich zurück und nannte das Bundestreue. Daß der österreichische Abgesandte nicht mit leeren Händen kam, ist nicht mehr zu bestreiten[4]). Nachdem durch die Gasteiner Konvention über Lauenburg verfügt war, wurde eine Kompensation durch einen militärischen Oberbefehl über die norddeutschen Fürstentümer in Aussicht gestellt[5]). Das war die alte öster-

[1]) v. Hassell IIb S. 178 und 277.
[2]) Das. S. 260, 276 und 308.
[3]) Klopp S. 75.
[4]) v. Hassell S. 340.
[5]) Friedjung, Kampf um die Vorherrschaft I (1900) S. 288.

reichische Idee der „Kreise“, die schon Fürst Schwarzenberg im Auge gehabt und die hannoversche Denkschrift vom 1. Juni 1849 sehr treffend bekämpft hatte[1]). Eine Art Rechtfertigung seines politischen Verhaltens fand Hannover in seiner Erfahrung. So überzeugt man seit langer Zeit von den Absichten Preußens auf Hannover war, man traute ihm die Kraft nicht zu, seinen Gelüsten die Tat folgen zu lassen. Der Glaube an diese Unfähigkeit zum Handeln war durch die Persönlichkeit Friedrich Wilhelms IV. und besonders die Vorgänge von 1849 und 1850 genährt. Preußens passives Verhalten beim Rücktritt Hannovers und Sachsens vom Dreikönigsbündnis, sein Zurückweichen Österreich gegenüber durch die Olmützer Punktation, so willkommen Hannover beides war, zeugten genugsam von dem Wollen und Nichtkönnen. Als die preußische Presse im Frühjahr 1866 von der Bändigung des Welfenrosses zu reden anfing, wies man im hannoverschen Publikum lachend auf den Schimmel von Bronzell hin. Auch Bismarck gab zu: „Friedrich Wilhelm IV. lud immer sein Gewehr, feuerte es aber niemals ab,“ machte aber den hannoverschen Gesandten v. Stockhausen, gegen den er das im Juni 1865 äußerte, darauf aufmerksam, daß König Wilhelm ganz anders denke[2]).

Kam es zum Ernst, so entschied König Georg anders als sein Vater in dem Kampf zwischen Kopf und Herz (oben S. 240). In der Wiener Staatskanzlei hatte man nicht ohne Absicht O. Klopp im September 1865 die Parole mitgegeben: Die deutschen Staaten haben zu wählen zwischen Österreich und Preußen; der Anschluß an Österreich bedeutet ihre Erhaltung, der an Preußen ihren Untergang[3]). Zu den Illusionen, in denen man in Hannover lebte, gehörte die Unterschätzung des Nahen und die Überschätzung des Fernen. Was man an der preußischen Regierung schätzte, war ihr Kampf gegen die parlamentarische Opposition, gegen die antimonarchischen Elemente. An die Kraft der nationalen Idee glaubte man nicht und hielt es nicht für Ernst, daß Preußen sich zu deren Träger machen könne. König Georg war konsequent genug, den schwarz-rot-goldenen Geist auch in der Not nicht anzurufen. Steckte jetzt Preußen in Wahrheit die deutsche Einheit als Ziel auf und beantragte die Einberufung eines Parlaments nach dem Frankfurter Wahlgesetz von 1849, so war das ausreichender Grund, um vollends von Preußen abzurücken[4]). Man

[1]) Ständische Aktenstücke von 1849, Anl. XVI zum Schreiben vom 10. Dezember d. J.

[2]) v. Hassell S. 252.

[3]) Klopp S. 74.

[4]) v. Hassell S. 301 ff. Sybel IV 325.

flüchtete sich hinter das Bundesrecht. Die Juristen in seiner Umgebung, der Justizminister Leonhardt in Hannover, der Staatsrat Zachariae während der Junitage in Göttingen, demonstrierten dem Könige, daß er dem Bundesrecht gemäß handele und in dem Bunde seinen Schutz finden würde. Schade nur, daß die letzten zwei Jahre die völlige Ohnmacht des Bundes dargetan hatten! Kraft hatte allein Preußen gezeigt. Die Bismarcksche Politik war von Erfolg zu Erfolg geschritten, hatte Österreich zum gemeinsamen Waffengang gegen die Dänen bewogen, den Wiener Frieden und zuletzt noch den Gasteiner Vertrag errungen. Gegen diese überlegene Klugheit arbeitete man vergebens mit kleinlichen Mitteln, rief die Artikel des Bundesrechts an, die Österreich, wie einst im Reich, benutzte, soweit sie ihm dienlich, mißachtete, soweit sie ihm hinderlich waren. So kam es zur Entscheidung. Ernst August hatte einmal im Jahre 1848 gesagt: „Was, die Deutschen glauben, sie können die Einheit machen auf dem Papier; wenn sie wollen haben die Einheit, dann müssen sie gehen durch Blut bis an die Brust[1])." Als diese Worte sich erfüllten und sein Sohn der deutschen Einheit in den Weg trat, fiel er ihr zum Opfer.

Daß eine neue Zeit begonnen hatte und gebieterisch ihre Anforderungen an die deutschen Fürsten stellte, dafür blieb man in den Kreisen des Königs ohne Verständnis. Noch dessen von O. Klopp verfaßtes Schreiben an den König Wilhelm, wie das des Grafen Platen an Bismarck lassen wenig von dem Ernst der Lage erkennen, obschon beide vom 27. Juli, dem Tage nach der Unterzeichnung der Nikolsburger Friedenspräliminarien, datiert sind[2]). Neben der Erlangung ehrenvoller, den König und sein Land nicht niederdrückender Friedensbedingungen hält Graf Platen es für angebracht, an den gemeinsamen Feind, die antimonarchischen Elemente, zu erinnern; offenbar in der Meinung, der Kampf gegen sie könne nicht bald genug wieder aufgenommen werden. Platens Einsicht in die politischen Verhältnisse der Zeit erhält allerdings eine bedenkliche Beleuchtung, wenn er den Grafen Bennigsen für völlig politisch abhängig von seinem Vetter Rudolf v. Bennigsen erklärt[3]), während doch der politische Konnex zwischen beiden nicht weniger entfernt war als ihre Verwandtschaft. Zu einiger Entschuldigung mag es dem Minister gereichen, daß um jene Zeit die Konservativen Preußens eine Deputation nach Prag gesandt hatten, um eine reaktionäre Revision der preußischen Verfassung

[1]) Duckwitz S. 108.
[2]) v. Hassell, Beilagen V und VI.
[3]) Das. S. 607.

zu empfehlen [1]). Gewiß eine günstige Benutzung des Augenblicks, wo Preußen sich anschickte, eine neue Verfassung für Deutschland zu schaffen und ein auf das allgemeine Wahlrecht gegründetes Parlament einzuberufen!

Die große Revolution, die sich in den Sommermonaten des Jahres 1866 vollzog, traf die Hannoveraner am nächsten. Wochenlang lastete auf dem Lande seit dem Beginn der Okkupation am 17. Juni bange Erwartung. Die verschiedensten Gerüchte über die Zukunft des Staats schwirrten hin und her. So tiefe Sorge die einen bewegte, so erfüllte die Hoffnung auf eine neue und glücklichere Zeit die andern. Es war wie auf der Bidassoabrücke:

Wo der eine Schatten siehet,
sieht der andere goldnes Licht.

Am gedrücktesten war die Stimmung in der Residenz. Man wußte in dem Provisorium nichts mit sich anzufangen. Beamte, Offiziere in Zivil, Hofschauspieler, alle deren Zukunft ungewiß war, begegneten sich auf der Promenade des Georgenwalls oder am Denkmal Ernst Augusts, und den Hoffnungsblick, den der eine auf die stolze Reiterfigur warf, erwiderte der andere mit der Frage: Glauben Sie, daß der es anders gemacht hätte? Allabendlich spielte das Orchester im Odeon das Lied vom treuen Hofer, und das auf und ab wandelnde Publikum wiederholte sich den Refrain: mit ihm das Land Tirol! Als sich die Annexion als das wahrscheinliche Los des Landes deutlicher herausstellte, nahmen die Demonstrationen eine greifbarere Gestalt an. Es wurde ein Lied verbreitet mit dem Refrain: wir wollen keine Preußen sein, wir wollen Deutsche bleiben. Adressen gegen die Annexion kamen in Umlauf und fanden ungeachtet der strengen polizeilichen Maßregeln des Zivilkommissärs zahlreiche Unterschriften.

Die Männer, die bisher an der Spitze der nationalen Partei gestanden hatten, hielten sich zurück. Bei ihren Gegnern half ihnen das wenig. Mochten sie Bismarck ihre Mitwirkung bei der Okkupation versagt haben, ihr Verrat war ältern Datums. Die ganze Tätigkeit des Nationalvereins war des gleichen Schlages und hatte dem Feinde den Weg in das Land gebahnt. Am giftigsten gestalteten sich diese Schmähungen in dem Munde derer, die mit ihnen jahrelang derselben politischen Richtung gehuldigt hatten und nun vor allem durch ihren Preußenhaß beherrscht wurden. Sie nannten das allerdings Anhänglichkeit an das Recht. R. v. Bennigsen und seine Freunde ließen sich durch Angriffe dieser Art nicht beirren und erwarben sich

[1]) Bismarck, Gedanken und Erinnerungen II 61, 69. Oncken II 114.

durch ihr Verhalten in dieser kritischen Zeit einen neuen Anspruch auf die Dankbarkeit des Landes. Anstatt sich in fruchtlosen Demonstrationen zu ergehen, sorgten sie dafür, daß die großen Erfolge, die die Bismarcksche Politik errungen hatte, der Reform der deutschen Verfassung zugute kamen, und das hannoversche Land, dessen Schicksal ein anderes wurde, als sie erstrebt hatten, eine möglichst vorteilhafte Stellung erhielt. In dem einen wie dem andern Gebiete sicherten sie dem Lande und seinen Söhnen die Mitwirkung. In zwei Versammlungen, am 12. Juli und am 1. Oktober, brachten die Mitglieder der liberalen Partei ihre Gesinnungen zum Ausdruck. Die erste, noch vor den Nikolsburger Friedenspräliminarien abgehalten, neben den Mitgliedern der aufgelösten Zweiten Kammer unter der Führung Bennigsens, Miquels, Albrechts, auch Männer aus Hamburg, Cassel, Bremen, Oldenburg, Braunschweig umfassend, wendete sich besonders gegen die vom Ausland drohende Einmischung in die deutschen Verhältnisse. Preußen hat sich den Anspruch auf die militärische Leitung Deutschlands erobert; Österreich durch die Abtretung Venetiens an Napoleon die Intervention Frankreichs provoziert. Nur eine Gesamtverfassung Deutschlands ohne Österreich unter der Führung Preußens kann Deutschland schützen. Der Norden steht zu Preußen. Ihr Süddeutsche könnt nicht zu Habsburg stehen, das den Erbfeind deutscher Nation zu seiner Rettung herbeiholt. Die Erklärung und Ansprache vom 12. Juli fand in Norddeutschland durchgehends Beifall; in Kiel protestierte man gegen sie, noch stärker war die Opposition in Württemberg, dagegen kam Zustimmung aus Südbayern. Die zweite Versammlung, speziell der Lage Hannovers gewidmet, vereinigte 37 ehemalige Abgeordnete und 70 Mitglieder städtischer Kollegien zu einer an das preußische Staatsministerium gerichteten Adresse, die sich nicht nur auf den Boden der Tatsachen stellte, sondern offen aussprach: „Wir Hannoveraner wollen mit Zuversicht eintreten in das große Leben eines Staats, an dem die Zukunft Deutschlands hängt, und in männlicher Kraft und Energie an den großen Aufgaben mitarbeiten, welche die Geschichte Deutschlands ihm gestellt hat.“ Das war ein mutiges Wort und machte der Versammlung Ehre, um so mehr, als sie sich keinen Illusionen über die Stimmung des Landes hingab. Sie war nichts weniger als einheitlich. Ein Teil sah in der Vereinigung mit Preußen ein für Deutschland und Hannover gleich glückliches Ereignis; ein anderer nahm sie als eine unabänderliche Tatsache hin, mit der man sich, so gut es ging, abfinden mußte; ein dritter stellte sich ihr feindselig gegenüber und bekämpfte sie nach Kräften. Die Erklärung vom 1. Oktober, obschon sie nicht verkannte, daß der größere Teil der Bevölkerung der dritten

Partei angehören möge, mahnte von jedem Unternehmen zur Wiederherstellung der frühern Zustände ab, die nur mit Hilfe des Auslandes und auf Kosten und zum Ruin Deutschlands erreichbar wäre, und erinnerte alle politisch denkenden Männer an die patriotische Pflicht, tätig an der Wiederherstellung geordneter und definitiver Zustände mitzuwirken.

Auch wenn sich Planck nicht der Erklärung vom 12. Juli angeschlossen hätte, man konnte nicht zweifelhaft sein, auf welcher Seite er in dem Widerstreit der Meinungen unter seinen Landsleuten zu suchen war. Anstatt sich an den Versammlungen der Zeit zu beteiligen, zog er es vor, sich gleich andern, die nicht der letzten Ständeversammlung angehört hatten, literarisch auszusprechen. Drei ehemalige Minister und ein Generalsekretär ergriffen damals das Wort: Stüve und Erxleben, die sich besonders mit der finanziellen Seite der Annexion beschäftigten, Leonhardt, der die hannoversche Justizverwaltung mit Rücksicht auf die Vereinigung Hannovers mit der preußischen Monarchie prüfte, Bening, der die allgemeinste Vergleichung der hannoverschen Staats- und Rechtszustände im Zeitpunkt des Übergangs anstellte und zu dem frischen Entschluß kam: Jetzt, da die Vereinigung mit Preußen feststeht, gilt es zu wahren, was gewahrt zu werden verdient. Planck äußerte sich in einem durch mehrere Nummern der Zeitung für Norddeutschland gehenden Aufsatze vom 7., 8. und 13. August über „Die Aufgabe der nationalen Partei". Er hält als Ziel die Einheit Deutschlands fest, wie sie das Gagernsche Programm, die deutsche Reichsverfassung gewollt hatten, und untersucht vor allem das Verhältnis zu den Staaten jenseit des Mains. Der Norden kann den Süden nicht entbehren, so wenig als der Süden den Norden. Politische, wirtschaftliche, geistige Bedürfnisse sprechen gegen die Teilung nach der Mainlinie. Der Süden, sich selbst überlassen, muß nach einer Anlehnung suchen. Seine neun Millionen, selbst wenn sie von ihrem Recht, unter sich einen Bund zu bilden, Gebrauch machen, können nicht allein stehen. Die Gefahr eines neuen Rheinbundes zieht herauf. Die nationale Partei muß deshalb nach wie vor Vereinigung des ganzen außerösterreichischen Deutschland in einem Bundesstaate fordern. Es erschwert die Erfüllung dieser Forderung, wenn Preußen in Norddeutschland umfassende Annexionen vornimmt. Als der Verfasser seinen Artikel schrieb, wußte er über das Schicksal Norddeutschlands noch nicht mehr als der Nikolsburger Vertrag besagte: Österreich erkennt die von Preußen in Norddeutschland herzustellenden neuen Einrichtungen einschließlich der Territorialveränderungen an. Auch die eben bekannt werdende Thronrede vom 5. August sprach nur die Erwartung aus, daß die politische Lage des Vaterlandes eine Erweiterung der Grenzen des Staates gestatten werde. Alles Ankündigungen, die sehr verschiedener Ausführung fähig waren. Geschieht sie im Sinne der Annexion, so gefährdet sie den Bundesstaat. Der die Zentralgewalt führende Staat darf nicht von so überlegener Macht sein, daß ihm nur Staaten, gering an Zahl und unbedeutend an Macht, gegenüberstehen. Die Annexionen sind durch das deutsche und das preußische Interesse nicht geboten. Davon macht der Verfasser dann die Nutzanwendung auf Hannover. Seit 50 Jahren ist es ein selbständiger Staat. Ein großer Teil seines Gebiets steht in vielhundertjähriger Verbindung mit der Dynastie, der jetzt die Entsetzung droht. Es hat sich daraus eine Gemeinsamkeit der Interessen und Anschauungen, ein so tief wurzelndes Band entwickelt, daß es auch durch eine zeitweise mangelhafte Regierung nicht gelockert werden konnte. „An dem eigentümlich individuellen Leben, welches ein solcher Staat führt, nehmen alle Glieder mehr oder weniger teil; unter dem Aufhören desselben würden alle mehr oder weniger leiden.“ Die Annexion ist verschiedener Ausführung fähig: entweder durch einfache Einverleibung in den preußischen Staat oder unter Belassung Hannovers in einer gewissen Selbständigkeit, etwa in der Form einer Personalunion. Beides ist nachteilig, das zweite womöglich noch mehr als das erste. In beiden Fällen würde zu der durch die Nachteile und durch die unvermeidliche Beeinträchtigung vieler persönlichen Interessen erzeugten Mißstimmung eine tiefe Verletzung des Gefühls treten, das in der Anhänglichkeit an die alte Dynastie und liebgewordene Verhältnisse fest begründet ist. Bedenken dieser Art pflegt man mit dem historischen Hinweis auf die Kursachsen zu widerlegen, die binnen 50 Jahren die besten Preußen geworden sind. Sind die Leiden von 50 Jahren — fragt Planck dagegen — für nichts zu rechnen? Und besteht nicht ein wichtiger Unterschied zwischen der Zeit von 1866 und der von 1815? Jetzt ist ein Neubau Deutschlands beabsichtigt, der die freudige Mitwirkung aller Teile fordert. Ist sie auch von Hannover zu erwarten? Planck ist ein viel zu guter Deutscher, als daß er die Rücksichten auf Hannover nicht hintansetzte, wenn sie durch ein preußisches oder ein allgemein deutsches Interesse überwogen würden. Die Verhältnisse, wie sie vor dem Kriege lagen, die Trennung des preußischen Staatsgebiets durch Hannover, die Absperrung Preußens von der Nordsee, hätten eine Annexion rechtfertigen können. In einem Bundesstaat, wie er jetzt geschaffen werden soll, der die militärischen und verkehrspolitischen Hoheitsrechte in die Hand der Zentralgewalt legt, bedarf es dessen nicht. So spricht das Interesse des künftigen Bundesstaats wie Preußens gegen die Annexionen. Dazu kommt die Rücksicht auf den Süden. Ein unförmlicher Bundesstaat mit dem übermächtigen Preußen als Zentralgewalt, mit dem Nebeneinander eines norddeutschen Parlaments und eines preußischen Abgeordnetenhauses, hat keine Aussicht auf Bestand, wird in sich zerfallen oder dem Einheitsstaat Platz machen und keine Anziehungskraft auf die süddeutschen Staaten ausüben. So kommt Planck zu dem Schluß, die nationale Partei, deren oberstes Ziel die Einheit Deutschlands bildet, muß, soviel in ihren Kräften steht, gegen die Annexionen und für die Wiedereinsetzung der vertriebenen Fürsten wirken, selbstverständlich unter der Bedingung, daß sie sich unbedingt der bundesstaatlichen Verfassung unterwerfen. Nach wenig Tagen waren die Ratschläge Plancks überholt. Am 17. August erklärte die Königliche Botschaft an den preußischen Landtag es durch die politische Notwendigkeit geboten, den Regierungen die Gewalt, deren sie durch das siegreiche Vordringen der preußischen Heere entkleidet waren, nicht wieder zu übertragen, sondern ihre Staaten für immer mit der preußischen Monarchie zu vereinigen.

Um die Zukunft Hannovers mit den Anforderungen des neu zu begründenden Bundesstaats in Einklang zu bringen, war der Gedanke aufgetaucht, die Abdankung König Georgs zugunsten seines Sohnes herbeizuführen. Die städtischen Kollegien Hannovers richteten am 2. August eine Adresse dieses Inhalts an König Georg; A. v. Münchhausen, als Führer einer Deputation getreuer Hannoveraner, erwähnte in seiner Rede vor König Wilhelm am 17. August der in Berlin bereits bekannten Bereitwilligkeit seines Herrn der Krone zu entsagen. Auch Planck hätte es gern gesehen, wenn die Versammlung vom 12. Juli anstatt ihrer Erklärung oder neben ihr in einer Petition die Abdikation des Königs erbeten hätte [1]). Eine Zeitlang hat man auch am preußischen Hofe diesem Gedanken Raum gegeben, solange man nämlich nur eine territoriale Verkleinerung Hannovers im Sinne hatte, ihm etwa bloß Ostfriesland abzunehmen oder es auf die Fürstentümer Kalenberg und Lüneburg und die Erbfolge in Braunschweig zu beschränken gedachte [2]). Bismarck gibt selbst zu, wir hätten die Annexionen für Preußen entbehren und Ersatz in der Bundesverfassung suchen können, schreibt aber dem Könige das Verlangen nach einer territorialen Vergrößerung Preußens zu und nimmt es für sich selbst als staatsmännisches Verdienst in Anspruch, den glücklichen Augenblick benutzt und

[1]) Brief an R. v. Bennigsen vom 20. Juli, Oncken I 740; ein anderer Teil des Briefes das. S. 754.

[2]) Bismarck, Gedanken und Erinnerungen II 38, 72. Ranke S. W. 53, 625.

der gefährlichen von Hannover drohenden Situation für immer ein Ende gemacht zu haben.

Als das Schicksal Hannovers unzweifelhaft feststand, griff Planck aufs neue zur Feder. In der Zeitung für Norddeutschland vom 30. Oktober führte ein Artikel „Unsere Aufgabe" aus, was, nachdem Annexionen und Mainlinie zu Tatsachen geworden waren, zu tun sei. Eine neue Epoche hat begonnen; eine neue große Aufgabe ist der preußischen Regierung und den Bewohnern der annektierten Länder gestellt; und beide müssen zusammenwirken. Die passive Rolle, die die Hannoveraner während der letzten Monate gespielt, muß einer aktiven Teilnahme Platz machen. Die Erklärung vom 1. Oktober hat die beiden Aufgaben, die jetzt zu verfolgen sind, richtig formuliert: die annektierten Länder müssen so rasch als möglich zu lebendigen Gliedern des preußischen Staats gemacht werden und sich gleichzeitig die Stellung verschaffen, die sie zu einer befriedigenden Fortentwicklung ihres individuellen Lebens befähigen, soweit solches unbeschadet der Teilnahme an dem Leben des preußischen Staats möglich ist. Wer dazu rät, sich völlig passiv zu verhalten, versündigt sich an Hannover wie an Deutschland; wer die Ereignisse rückgängig machen zu können glaubt, begeht Verrat am Vaterlande. Welchen Weg man auch früher für besser gehalten haben mag, jetzt ist der Weg, der mit den Einverleibungen betreten ist, der beste, denn er ist der allein mögliche. Die Ziele der nationalen Partei bleiben die alten: die Einheit Deutschlands und die Sicherung der Freiheit. Die Bestrebungen für die Freiheit haben in der nächsten Zeit weniger günstige Aussichten, um so günstiger sind die der Einheit. Preußen muß klar und entschieden die deutsche Einheit wollen und in der Lage sein, alle Kräfte, nicht bloß die militärischen und finanziellen, auch die moralischen und geistigen, auf dies Ziel zu richten. Um das zu können, muß es auch gerade auf die annektierten Länder rechnen können. Gelingt es ihm, hier die Einheit des Ganzen und das individuelle Leben der Teile miteinander zu verbinden, löst es in dieser Weise das Problem der deutschen Geschichte, so hat es sich den Weg gebahnt, die Einheit Deutschlands zu begründen.

Die nächste Aufgabe: wie ist die Verwaltung der neuen Provinz zu ordnen? beschäftigte neben der Regierung die Politiker des Landes. Sie ist das Thema eines Aufsatzes, den Planck in der Zeitung für Norddeutschland vom 15. bis 20. November unter der Überschrift: Zur künftigen Provinzialverfassung Hannovers veröffentlichte und durch Artikel vom 23. Januar und 14. Februar 1867, in denen die Oberbehörden und die untern Behörden behandelt waren, ergänzte. Eine einfache Übertragung der altpreußischen Organisation war von vornherein ausgeschlossen; sie war in Preußen selbst antiquiert: ihr ständischer Unterbau stand in Widerspruch mit dem repräsentativen Charakter, den die Verfassung vom 31. Januar 1850 dem Oberbau gegeben hatte. Wird für Hannover eine dem Geist der preußischen Verfassung entsprechende Provinzialverfassung gefunden, so wird damit dem ganzen Staate ein Dienst erwiesen. In Hannover sind provinzielle Besonderheiten vorhanden und werden noch lange Zeit von Bedeutung bleiben; ihre Pflege ist eine würdige Aufgabe der Provinzialvertretung, deren Wirkungskreis und Zusammensetzung in freisinniger und den Bedürfnissen der Gegenwart entsprechender Weise geordnet werden muß. Plancks Forderung: sie muß das ganze frühere Königreich umfassen, enthält einen stillschweigenden Protest gegen Trennungstendenzen, wie sie im Jahre 1866 auftauchten: in Ostfriesland, wo eine ziemlich verbreitete Stimmung, in Osnabrück, wo die vereinzelte Stimme eines angesehenen Mannes, des Senators Dr. André, eine Vereinigung mit der Provinz Westfalen anstrebten. Um eine Einrichtung zu gewinnen, die dem Interesse der Provinz dient und keinen Antagonismus zwischen Provinz und Staat aufkommen läßt, will Planck die Provinzialstände zusammensetzen aus den hannoverschen Mitgliedern des Abgeordneten- und des Herrenhauses und gewählten Abgeordneten der Gemeinden in Stadt und Land und, wenn es nicht zu umgehen ist, obschon er es nicht für wünschenswert hält, der Ritterschaften. Den Wirkungskreis der provinziellen Vertretung wünscht er im Interesse der Dezentralisation erweitert zu sehen. Ihr ein unbedingtes Zustimmungsrecht zum Erlaß aller die Provinz allein betreffenden Gesetze beizulegen, hält er für bedenklich, dagegen die Verpflichtung der Regierung sie ihr zur Beratung vorzulegen für geboten. Der Anteil der Provinzialvertretung an der Verwaltung muß zum mindesten der der bisherigen allgemeinen Ständeversammlung sein und sich namentlich durch die zu erwartende Dotation der Provinz bestimmen; denn er geht von der Voraussetzung aus und begründet ihre Billigkeit, daß ein Teil des bisherigen Vermögens oder der bisherigen Einnahmen des Königreichs Hannover der Provinz Hannover für provinzielle Zwecke belassen werde. — Eine besondere Schwierigkeit machte die Organisierung der Mittelbehörden. Die Stellung der preußischen Regierungen und der hannoverschen Landdrosteien war sehr verschieden. Abgesehen davon, daß diese viel kleinern Umfangs als jene, lag in Hannover der Schwerpunkt der Verwaltung in den Ämtern, in Preußen in den Regierungen, deren Kompetenz viel weiter ging als die der Landdrosteien. Die Stimmen, die in Hannover laut geworden, wünschten

Aufrechterhaltung der Ämterverfassung und der Landdrosteien und Einsetzung einer Provinzialregierung als Zwischeninstanz zwischen Ministerium und Landdrosteien. Planck zeigt, daß ein Verlangen, wie das letztere, keine Aussicht auf Erfüllung hat. Wenn auch die Einrichtungen der ältern Provinzen nicht ohne weiteres auf Hannover übertragbar sind, so bedürfen doch ihre Prinzipien der Berücksichtigung. Zu ihnen gehört, daß keine eigentlichen Provinzialregierungen existieren; der Oberpräsident nicht diese Stellung einnimmt, sondern die Regierungen direkt unter dem Ministerium stehen. Der Wunsch, die ganze Zivilverwaltung in einer Hand konzentriert zu sehen, wird sich nur verwirklichen lassen, wenn die ganze Provinz Hannover einen Regierungsbezirk bildet. Dem steht ihr allzu großer Umfang entgegen und der Nachteil, daß die genaue Kenntnis der lokalen Verhältnisse, die bei den Landdrosteien möglich bleibt, verloren geht. Aber in dem Dilemma, ob die Landdrosteien als Regierungen aufrechtzuerhalten, oder alle zu einem Regierungsbezirk zu vereinigen seien, entscheidet sich Planck doch für das letztere, wie das auch von der nationalliberalen Partei im Landtage vertreten wurde. — Die Organisation der Ämter will er aufrecht erhalten. Ihre Vergrößerung zu Kreisen bringt die Gefahr mit sich, daß die Wichtigkeit der Amtsunterbedienten wächst, die in hannoverscher Zeit vor der Organisation von 1852 oft beklagte Vogtswirtschaft aufs neue droht. Aber er erkennt die Notwendigkeit an, für bestimmte Zwecke die Kräfte der Ämter zusammenzufassen und sie einem Kreisvorstand zu unterstellen, eine Einrichtung, wie sie nachher in den Kreisen und Kreishauptmännern zur Ausführung gekommen ist. Diese Auseinandersetzungen sind zwar von dem Wunsche diktiert, möglichst viel von dem in Hannover Bestehenden zu erhalten; aber Planck vergißt nicht über dem Wohl des Teils das Interesse des Ganzen. Die provinziellen Einrichtungen dürfen nicht zu einer Waffe des Partikularismus werden; dagegen sollen sie die längst gestellte Forderung der Dezentralisation und der Selbstverwaltung verwirklichen helfen. Dieser Grundgedanke wurde nicht bloß von der nationalliberalen Partei verfolgt; auch die Regierung war ihm günstig, mußte aber infolge des Widerstandes, den sie im Landtage fand, die allgemeine Ankündigung, die Provinzen „zur Beförderung der Selbstverwaltung" zu dotieren, im Eingang des Gesetzes fallen lassen und sich zunächst auf die Dotation der Provinz Hannover beschränken (7. März 1868). Aber Bismarck begrüßte es doch mit Freuden, daß hier zuerst eine Bresche in das System der Zentralisation gemacht war, und die Rede, mit der der König den Landtag am 29. Februar 1868 schloß, sah mit Genugtuung, daß „mit der Bewilligung des Provinzialfonds für Hannover tatsächlich der Boden betreten war, auf dem nach Absicht der Regierung auch für alle andern Provinzen eine erfolgreiche Selbstverwaltung erwachsen soll [1])." Der Ausführung, welche die Regierung ihrem Versprechen in der den hannoverschen Provinzialständen gemachten Vorlage über die Organisation der provinzialständischen Verwaltung gab, zollte ein neuer Aufsatz Plancks in der Zeitung vom 20. Oktober 1868 die vollste Anerkennung, weil hier mit der Selbstverwaltung ernst gemacht sei, mochten auch einzelne Änderungen wünschenswert bleiben.

Auch diese Untersuchungen Plancks, wie Hannovers Verwaltung unter preußischer Regierung am zweckmäßigsten einzurichten sei, gingen von dem Gedanken aus, wie das Schicksal seiner engern Heimat ein ganz anderes geworden sei, als er und seine Freunde erstrebt hatten. Den Altpreußen, wie Unruh[2]), die mit ihnen bisher zusammen gestanden und gekämpft hatten, war das schon nicht mehr verständlich. Sie meinten einen Rest von Partikularismus in den Männern zu entdecken, die es nicht geradezu als eine Erfüllung ihrer Ideale aufnahmen, wenn ihre Heimat eine Provinz der preußischen Monarchie wurde. Die hannoverschen Mitglieder des Nationalvereins waren eben durchgehends ehrliche Anhänger des Bundesstaats, während die preußischen mehr oder weniger den Einheitsstaat zum Ziel nahmen. Der Einheitsstaat hatte in den letzten Jahren immer mehr an Anhängern gewonnen. Miquel hatte schon, als er zu Anfang der 60er Jahre von einer Reise zurückkehrte, die Welt stark Treitschkisch gefunden. Auch in den hannoverschen Landesteilen, die erst seit Anfang des Jahrhunderts Bestandteile des Königreichs geworden waren, wurden zahlreiche Stimmen laut, die die Vereinigung mit Preußen mit lebhafter Freude begrüßten. Das sollte sich auch in der Zeit der Wahlen zeigen, die für den Reichstag des Norddeutschen Bundes vorzunehmen waren. Die Vorbereitungen begannen mit dem Ende des Jahres 1866.

Da Planck zuletzt Abgeordneter zur hannoverschen Zweiten Kammer für einen ostfriesischen Wahlbezirk gewesen war, so hätte es nahe gelegen, ihn jetzt auch hier als Kandidaten für den Reichstag aufzustellen. Die Ostfriesen dachten anders. Sie waren mit dem Bekenntnis Plancks, wie wenig ihm die Annexion eine Sache herzlicher Freude sei, unzufrieden und richteten ihr Augenmerk auf Landsleute, die sich schlechthin für Preußen aussprachen. Planck selbst riet deshalb von seiner Kandidatur in Ostfriesland ab, so wenig auch die Freunde in Hannover,

[1]) Europ. Geschichtskal. 1868 S. 43 und 55.

[2]) Oncken I 746.

Bennigsen und Albrecht, damit einverstanden waren, seine dortigen Chancen ohne weiteres aufzugeben. Doch die ostfriesischen Wahlen machten dem in Hannover bestellten nationalliberalen Zentralwahlkomitee, das vor allem das Welfentum als Feind zu bekämpfen hatte, die wenigsten Sorgen. Man war es deshalb zufrieden, daß Planck auf die Befürwortung Oppermanns hin im siebenten Wahlkreis (Nienburg, Walsrode, Neustadt a. R., Wunstorf) aufgestellt wurde. Oppermann, ein in der Gegend sehr geschätzter Anwalt, nahm sich der Aufgabe in dem von ihm redigierten und geschriebenen Nienburger Wochenblatt kräftigst an. In Form eines Briefes vom 31. Januar 1867 an den Herausgeber erließ Planck sein Wahlprogramm. Oppermann gab eine eingehende Lebensgeschichte des Kandidaten und griff den welfischen Gegner, den auf Landesbergen in dem Wahlkreise angesessenen Schatzrat von Bothmer, wirksam an. In seinem Organ, wie in der Zeitung für Norddeutschland (4. Februar) machte er Gebrauch von seiner eminenten Kenntnis der ständischen Geschichte der letzten Jahrzehnte und wußte genug Züge von Bothmers politischem Schwanken vorzuführen. Die Wähler ließen sich nicht beirren. Das Volk hegte den Glauben, die Wahl bedeute: Wollt ihr Hannoveraner bleiben oder Preußen werden? und als man ihm klar machte, daß nur durch Krieg zu dem ihm erwünschten Ziele zu gelangen sei, verstand es die Wahl als eine Abstimmung über Krieg oder Frieden. Ein Lohndiener, der mir in jenen Tagen irgendeine Liste vorzulegen hatte, meinte nebenbei ganz treuherzig: Herr Professor, Sie sind doch auch für den Krieg? und ein schlichtes Mädchen aus dem Volke hörte ich unwillig fragen: Werden denn diese Preußen nicht bald hier herausgeschlagen?

Bei der Wahl am 12. Februar errang der welfische Kandidat 8031 Stimmen, während für Planck nur 5393 abgegeben wurden. Erst durch eine Nachwahl infolge eines Kompromisses unter den Parteien kam er in den Reichstag. Im 14. Wahlkreis war der Minister Erxleben gegen Miquel gewählt worden; in den vier Städten Celle, Peine, Gifhorn, Burgdorf hatte Miquel zwar die Mehrheit, aber die Ämter gaben für den Gegner den Ausschlag, so daß er mit 8958 gegen 7771 Stimmen siegte. Da Erxleben aber auch in Lüneburg gewählt war, so nahm er hier an. Für die notwendig werdende Neuwahl einigten sich die Wahlkomitees für Erxleben und Miquel zu gemeinsamem Vorgehen. Der zuerst in Vorschlag gebrachte Kandidat, Kronanwalt Albrecht, fand keinen Anklang; erst als die Führer der Celler Liberalen, der Kaufmann G. L. Meyer und der Rechtsanwalt Meyersburg, Planck nannten, gelang die Einigung leicht. Zwanzig Personen aus beiden Lagern erließen einen Aufruf, in dem er als bewährter Kämpfer für Recht und Freiheit den Wählern empfohlen, seine Stellung zur deutschen Frage nicht berührt war. Ein Gegenkandidat von welfischer Seite sollte nicht aufgestellt werden. Dagegen versprachen die Celler Nationalliberalen dafür zu sorgen, daß ihre Partei im 15. Wahlkreis (Ülzen), wo für A. v. Münchhausen eine Ersatzwahl notwendig war, dem von ihm empfohlenen Ehrenreich Eichholz, der nach langjähriger Redaktion der liberalen Zeitung für Norddeutschland Redakteur des Organs der welfischen Partei, der deutschen Volkszeitung, geworden war, keinen Kandidaten entgegenstellen werde. Anfangs besorgt, Planck in dem Ülzener Wahlkreis zum Gegenkandidaten zu erhalten, glaubte Eichholz zwischen ihm und seinen Parteigenossen, da er an ihren Versammlungen nicht teilgenommen und die Augustartikel in der Zeitung für Norddeutschland veröffentlicht hatte, unterscheiden zu dürfen und legte ihm zwei Fragen über seine politische Haltung vor. Planck antwortete in der Zeitung für Norddeutschland vom 4. März: Seit die Einverleibung Hannovers eine vollendete und seines Erachtens unabänderliche Tatsache geworden, sei er sich keines wesentlichen Unterschieds zwischen seinen und seiner Parteigenossen Ansichten in bezug auf die Konsequenzen dieser Tatsache bewußt. Für die Verwaltung wünschte er tunlichste Dezentralisation und größtmögliche Teilnahme des Volkes; für die deutsche Verfassung blieb sein Ziel der Bundesstaat; aber auch für ihn forderte er eine kräftige Zentralgewalt mit weitbestimmter Kompetenz, um alle wirklich gemeinschaftlichen nationalen Aufgaben erfüllen zu können. Der von den verbündeten Regierungen vorgelegte Verfassungsentwurf überschreite in dieser Beziehung das richtige Maß keineswegs, wenn er ihn auch in anderer für verbesserungsbedürftig halte. Die zweite Frage, seine Stellung zu den berechtigten Eigentümlichkeiten Hannovers betreffend, eine Formel, die die Königliche Botschaft vom 17. August in den politischen Sprachgebrauch eingeführt hatte, beantwortet Planck mit der rückhaltlosen Anerkennung Hannovers als eines Teils des preußischen Staates. Die Wiederherstellung der für einen selbständigen Staat berechneten hannoverschen Verfassung ist unmöglich; andererseits die Einrichtung einer Provinzialverfassung und Vertretung unerläßlich. Das Detail seiner Ausführung deckt sich mit dem, was er zuvor in besondern Zeitungsartikeln dargelegt hatte (oben S. 253). Dies Programm war offen und ehrlich und enthielt zugleich die Grundlinien für die weiter von ihm selbst, wie von seiner Partei verfolgten Politik; wenn es auch dem Gegner, der auf eine Spaltung unter den Nationalliberalen spekuliert haben mochte, wenig gefallen haben wird. Das Ergebnis des Wahlkampfes am 12. März war, daß Planck mit 6035 gegen 406, Eichholz mit 10847 gegen 3095 Stimmen für den Oberappellationsrat Roscher aus der Wahlurne hervorging. Die Welfen des Celler Bezirks hatten sich offenbar der Stimmabgabe enthalten; die gegnerischen Stimmen setzten sich aus kleinen bedeutungslosen Gruppen zusammen. Wie wenig ein Kampf beabsichtigt wurde, zeigte sich darin, daß der nationalliberalen Stimmen, die am 12. Februar für Miquel abgegeben waren, um 1700 mehr waren, als die jetzt für Planck im ganzen aufgebrachten.

Der Wahlkampf in Ostfriesland, so frühzeitig auch Planck auf eine Kandidatur verzichtet hatte, hat an seine Zeit mehr Ansprüche gestellt als die eigene Wahl. Eine populäre Persönlichkeit, unfern der Grenze des Landes wohnhaft, wurde er um seinen Rat schon bei Aufstellung der Kandidatenliste angegangen. Sie stieß auf große Schwierigkeiten. Zunächst räumte zögernd ein Ort dem andern den Vortritt ein; jeder wollte für sich den Deputierten stellen, und doch waren nur zwei Sitze zu vergeben. Aber darin waren alle einig: nur ein freier Friese, kein Auswärtiger, vor allem kein Hannoveraner. Von dieser Abneigung waren auch die Häupter der liberalen Partei, für die man sonst in den Städten wie auf dem Lande gestimmt hatte, nicht ausgenommen. Ihnen hatte man es verdacht, daß in allen ihren Erklärungen, und jetzt auch wieder in dem Wahlaufruf des Zentralkomitees gesagt war, der Weg zur deutschen Einheit, den die Ereignisse des Jahres 1866 eingeschlagen hatten, sei nicht der erwünschte gewesen, aber nun der einzig mögliche geworden. Man vermißte eine Anerkennung des Großen, was Bismarck geleistet hatte und was ihm gelungen war, und war entschlossen, nur einen Ostfriesen, der die auswärtige und die deutsche Politik Bismarcks zu der seinigen machte, keinen, der dessen Pläne durch Strubens rechtliche Bedenken kreuzte, zu wählen. Im ersten Wahlkreis (Aurich) einigte man sich auf den Amtmann Schepeler, der sich nicht nur bedingungslos für die preußische Regierung aussprach, sondern auch für sich anführte, daß er mit Bismarck auf der Universität bekannt gewesen sei. Schwerer war die Einigung im zweiten Wahlkreis (Emden, Leer). Die welfische Gegnerschaft, mit der sonst überall im Lande zu ringen war, galt als so ungefährlich, daß man sich ihr gegenüber den Luxus mehrerer Kandidaten einer politischen Richtung gestatten zu dürfen glaubte. Die Emdener Wahl gewann ein weit über Ostfriesland hinausreichendes Interesse durch das Auftreten eines Bewerbers, der sich einen leuchtenden Namen in der Wissenschaft erworben, aber dem Gebiete der aktiven Politik bisher ferngestanden, so lebhaft auch sein patriotischer Sinn die Entwicklung der öffentlichen Angelegenheiten von jeher begleitet hatte.

Rudolf Ihering, seit 1852 Professor in Gießen, hatte sich durch Wort und Schrift als ein glänzender Vertreter des römischen Rechts erwiesen, zugleich aber als ein Mann des modernen Lebens, der mittels des römischen Rechts über das römische Recht hinaus zu gelangen und den Bedürfnissen der Gegenwart gerecht zu werden strebte. Von den Juristentagen her kannte man ihn als vortrefflichen Redner und Mann der Rechtsreform. Er hatte sich als Anhänger der nationalen Partei in Süddeutschland bewährt, gehörte zu den Patronen der von Lammers redigierten „Zeit", die von Frankfurt aus im Sinne der erbkaiserlichen Partei zu wirken gegründet war (oben S. 49 A. 1), und unterstützte sie auch mit seiner beredten Feder. Die Aufforderung sich um einen Sitz in der hessischen Kammer zu bemühen, hatte er scherzhaft mit der Wendung abgelehnt, er warte auf das deutsche Parlament. Was ihn lockte, sich jetzt auf den politischen Schauplatz hinauszuwagen, war der mit 1866 eingetretene Umschwung, vor allem die kraftvolle Persönlichkeit Bismarcks, die mit einem mächtigen Ruck den verfahrenen Karren Deutschland in eine neue, zukunftvolle Bahn gebracht hatte. Ein geborner Ostfriese, aus einer Familie, die in einer Reihe von Generationen dem Lande hervorragende Dienste in ständischen Stellungen geleistet hatte, konnte er darauf rechnen, mochte er auch nur wenigen, die ihn zur Bewerbung aufforderten, persönlich bekannt sein, sein Name werde in der alten Heimat seinen guten Klang bewahrt haben und ihm zur Unterstützung gereichen. Dem politischen Leben Hannovers fremd, war er frei von dem Bedauern über den Untergang seiner Selbständigkeit. Wenn er später in Göttingen Klagen darüber vernahm, wehrte er sie mit dem Worte ab: wo Holz gehackt wird, da fliegen Spähne. Sein Mitbewerber war ein angesehener Kaufmann, dessen Familie nicht weniger eng mit Ostfriesland verwachsen war. Es kam ihm zugute, daß er in Emden lebte und um dessen Handel und Schiffahrt große Verdienste erworben hatte. Sein Reichtum, sein großes Geschäft verschafften ihm einen ausgebreiteten Einfluß in Stadt und Land. Isaak Brons hatte Emden im Frankfurter Parlament und in der hannoverschen Abgeordnetenkammer vertreten, bis die unter König Georg restaurierte Verfassung, die nur Glieder einer der im Königreiche anerkannten christlichen Kirchen als Abgeordnete zuließ, dem Mennoniten den Zutritt sperrte. Als Mitglied des Nationalvereins unter König Georg V. den üblichen Vexationen ausgesetzt, hatte er, zum Senator seiner Vaterstadt gewählt, nicht die königliche Bestätigung erlangen können.

Planck war mit dem um sechs Jahre älteren Ihering auf seinem Lebenswege nicht früher zusammengetroffen als auf den Juristentagen. Aber hier hatte dieselbe rechtliche Frage sie auch sachlich zusammengebracht. Das richterliche Prüfungsrecht gegenüber landesherrlichen Erlassen war von Ihering, wie früher erzählt, in Wien 1862 und im folgenden Jahre in Mainz behandelt worden. Die Einschränkung, die er seinem Wiener Votum in Mainz aus offen dargelegten sachlichen Gründen gegeben hatte (oben S. 211), konnte Laien gegenüber leicht dazu mißbraucht werden, dem Redner Mangel an Festigkeit und Charakter vorzuwerfen. Die Gegner im Emdener Wahlkampfe verfehlten nicht, von diesem Mittel Gebrauch zu machen. Das allgemeine und gleiche Wahlrecht brachte zum erstenmal die direkte Stimmabgabe. Die ostfriesischen Bauern wählten keinen, den sie nicht persönlich kannten. Und so mußte sich Ihering bequemen, im Januar von Gießen nach Ostfriesland zu reisen. Am 26. sprach er in Leer, brillant und überzeugend, wie Groß an Planck berichtete, folgenden Tags vor einer großen aus dem ganzen Lande beschickten Versammlung in Emden. Auch hier war der Eindruck günstig, und Groß bat Planck, um den Erfolg auszubeuten, um Mitteilungen über Ihering in kurzen kräftigen Zügen. Planck hatte inzwischen Gelegenheit, Ihering selbst zu sprechen. Auf seine Einladung, den Rückweg über Meppen zu nehmen und bei ihm zu übernachten, hatte er am 26. geantwortet: „Morgen nachmittag reise ich aus Emden, nachdem ich meine oratio pro petitione consulatus gehalten habe und treffe abends bei Ihnen ein, um mich in Gesellschaft von Ihnen und Ihrer Frau von den Strapatzen meines politischen Tironentums zu erholen." Nach Gießen mit einem tüchtigen Katarrh zurückgekehrt, meinte er, die Pandektenvorlesung am Dienstag Morgen hätte seinen Kräften einen ärgern Stoß versetzt als die Reden in Ostfriesland. Er habe die Pandekten nie so verwünscht als in den letzten Wochen, und von der deutschen Einheit erhoffe er besonders, die Pandekten los zu werden. Auf seine Winterfahrt zurückblickend, sah er in Meppen ihren Glanzpunkt. „Ich kann Dir nicht sagen" — der Aufenthalt in Plancks Hause hatte den Dutzkomment zwischen ihnen eingeführt — „welch wohltuenden Eindruck mir Deine Häuslichkeit gemacht hat, und wie sehr ich mich freue, daß eine vortreffliche Landsmännin von mir die schöne Aufgabe hat, Dir mit zarter Hand ein Glück zu flechten, in das die plumpen Welfenhände seiner Zeit so unsanft eingegriffen haben. Hättet Ihr das richtige Alter dazu, so würde ich Euch Philemon und Baucis nennen; nun was noch nicht ist, kann noch werden."

Inzwischen tobte der Wahlkampf weiter, und als er sich anschickte, die Vorgänge des Mainzer Juristentags besonders gehässig auszubeuten, sah Ihering sich genötigt, Plancks Hilfe anzurufen. „Während ich glaube, einen Beweis von rücksichtsloser Überzeugungstreue gegeben zu haben, indem ich mich in Mainz der Strömung entgegenwarf, die mir bis dahin das Schwimmen so leicht gemacht hatte, wird es mir jetzt als Zeichen der Feigheit und Ängstlichkeit ausgelegt." „Ich habe gesprochen, ohne weder nach links noch rechts Rücksicht zu nehmen, und ich habe eher zu viel als zu wenig Überzeugungstreue entwickelt" (7. Februar). Durch eine in verschiedenen ostfriesischen Blättern veröffentlichte „Rechtfertigung für Professor Ihering" machte Planck den Lesern klar, daß es sich in Wien und in Mainz um zwei verschiedene Fragen gehandelt habe, und nannte es eine unbegreifliche Verkennung, wenn man deren verschiedene Beantwortung Ihering als politische Charakterlosigkeit auslege. „Meines Erachtens ist es vielmehr eines ehrenhaften Mannes allein würdig, daß ihm die Wahrheit höher steht als alles andere, und daß er deshalb, wenn er sich nach gewissenhafter Forschung davon überzeugt, daß eine früher von ihm geäußerte Ansicht unrichtig sei, vor der schweren Selbstüberwindung nicht zurückscheut, dies offen zu bekennen. Ich wenigstens, und ich glaube alle, die Ihering auf dem Mainzer Juristentag gehört, haben von seinem damaligen Verhalten nur den Eindruck gehabt, daß es das eines mutigen und charaktervollen Ehrenmannes sei. Ich hoffe durch diese Darstellung des Sachverhalts genügend die gegen Ihering versuchten Verdächtigungen zurückgewiesen zu haben." Auch Gneist sah in jener Meinungsänderung einen Ausdruck der Aufrichtigkeit, die Ihering nicht zum Vorwurf gereiche. „Der gute norddeutsche Verstand und der gute Humor Ihres berühmten Landsmanns," schrieb er dem Wahlkomitee, „ist mit einem so warmen Herzen für die Rechtseinheit des deutschen Vaterlandes vereinigt, daß ich glaube, Sie können dies Vertrauensmandat ohne Bedenken erteilen und werden mit Ihrem Abgeordneten Ehre einlegen [1])."

Während der Ablauf des allgemeinen Wahltages im größten Teile des norddeutschen Bundesgebiets eine Beruhigung herbeiführte, wurde er für den ersten ostfriesischen Wahlkreis Anfang neuer Erregung, denn keiner der Kandidaten hatte die absolute Mehrheit erreicht: für Brons waren 5664, für Ihering 4962, für den Leerer Pastor van Buiren 2043 und für den Landdrosten Nieper, den welfischen Kandidaten, 1130 Stimmen abgegeben. Am 26. Februar hatten die Wähler zwischen Brons und Ihering zu entscheiden. Das Interesse an dem Wahlausgang erstreckte sich bis auf die Schulkinder. Auf wen stimmt Papa, auf Brons oder auf Ihering, fragten die jungen

[1]) Erklärungen vom 7. Februar im Extrablatt z. Nordener Stadtblatt v. 11. d. Mts.

Geschwister der Frau Planck im Steinbömerschen Hause, und als die Nachricht sich verbreitete, durch die bekannt werdenden Stimmen der Insel Juist erlange Jhering die Mehrheit, fragte eines der Kinder treuherzig: wird Jhering nun König? Das letzte Ergebnis war: 7675 Stimmen für Brons, 7667 für Jhering. Der treue Groß sah in dem Resultat den Sieg des Stock-Emdenertums und des blöden Provinzialismus über den berühmten Landsmann. Eine Protesterhebung hatte zwar der Abteilung hinreichenden Anlaß geboten, die Beanstandung der Bronsschen Wahl zu beantragen, das Plenum des Reichstags jedoch, obschon Wächter für den Antrag eintrat, auf Vinckes Betreiben die Wahl für gültig erklärt.

Der Ausgang der Reichstagswahlen in der Provinz Hannover hatte der nationalen Partei mehrere empfindliche Niederlagen bereitet. In der Residenz waren für Minister v. Münchhausen doppelt so viel Stimmen abgegeben, als für das Haupt der nationalliberalen Partei: 11526 gegen 5331; die Arbeiter hatten trotz des warmen Aufrufs von G. Egestorff gegen Bennigsen gestimmt, während sie in Osnabrück den Sieg Miquels herbeiführen halfen. Eine Anzahl nationaler Kandidaten, die durch ihr Wirken in der Zweiten Kammer einen Namen erworben hatten, wie Albrecht, Lauenstein, Roscher, Redeker, waren unterlegen. Nur die Welfen hatten Doppelwahlen zu verzeichnen: die Minister v. Münchhausen und Erxleben. Durch Nach- und Stichwahlen gewannen sie zwei Abgeordnete, den Regierungsassessor von Hammerstein und den Redakteur Eichholz. Aber das Endergebnis erwogen, hatte doch die preußenfreundliche Partei zehn, die welfische neun Kandidaten durchgebracht. Unter ihnen vier ehemalige hannoversche Minister, außer den bereits genannten: v. Hammerstein und Windthorst. Windthorst war in dem Wahlkreis, in dem Planck wohnte, mit über 14000 Stimmen gewählt, gegen den ein liberal-protestantisches Wahlkomitee, an dessen Spitze Planck stand, den Oberappellationsrat L. Meyer aufgestellt hatte, für den aber nur etwas über 6000 Stimmen gewonnen werden konnten. Eine noch stärkere Wahlbeteiligung als hier wurde in Osnabrück erreicht, wo 93 % der Berechtigten abstimmten und dem Bürgermeister Miquel mit 11339 Stimmen über den Gutsbesitzer von Korff mit 10465 zum Siege verhalfen. Von 23504 Berechtigten hatten sich 21817 an der Wahl beteiligt. Hier wie anderswo hatte sich der konfessionelle Gegensatz eingemischt, so fern er auch dem Gewählten lag. „Ich will nicht Katholiken, auch nicht Protestanten, sondern ich will deutsche Männer vertreten“, hatte er in einer Arbeiterversammlung am 9. Februar erklärt. Andere alte Politiker im Lande sahen dem Kampf kühl bis an Herz hinan zu. Karl Gödeke, der von Planck wegen einer zum Geschenk an seine Frau brauchbaren deutschen Literaturgeschichte konsultiert war und Gervinus als die stoffhaltigste und von großen Gesichtspunkten aus geschriebene empfahl, fügte seiner Antwort eine politische Bemerkung bei. Er kümmere sich um den Göttinger Wahlkampf zwischen Zachariae und Miquel nicht; er würde sich freuen, wenn Bennigsen und Planck gewählt würden, „obgleich auch Ihr nichts ändern werdet; alle übrigen Kandidaten beider Parteien sind mir gleichgültig". Am unangenehmsten war ihm, daß Ellissen sich in die Wahlkämpfe eingelassen, statt die drei Bände fertig zu machen, die er für Gödekes große Schillerausgabe übernommen hatte (10. Februar 1867). Das hannoversche Land konnte stolz darauf sein, daß seine Wahlen dem Reichstage drei Mitglieder wie Bennigsen, Miquel und Planck zuführten. „Auf solchen Männern beruht bei dem großartigen Umschwung die Hoffnung des deutschen Volkes, möchte sie in Erfüllung gehen!" So lautete der Wunsch eines alten Achtundvierzigers, der in Frankfurt mitgetagt hatte, des Amtsassessors Groß von Leer, der tapfer für die Wahl von Ihering gearbeitet hatte.

Als Planck am 20. März in den vier Wochen zuvor eröffneten Reichstag eintrat, war die Generaldebatte über den Verfassungsentwurf beendet und die Spezialdebatte bis zu Art. 4 gefördert, der die Kompetenzgrenze zwischen dem Bund und den Einzelstaaten zog. Planck ergriff in der Session zweimal das Wort. Einmal ganz kurz am 28. März, um sich gegen das von den Bundesstaatlich-Konstitutionellen befürwortete Oberhaus zu erklären, das in eine Verfassung wie die vorgelegte nicht passe und materiell durch die Existenz des Bundesrats ersetzt werde. Ausführlicher hatte er zwei Tage früher über Ministerverantwortlichkeit gesprochen und sein erstes Auftreten zu der prinzipiellen Erklärung benutzt: „Ich stehe ganz und gar auf dem Boden der gegebenen Tatsachen, wünsche dringend, daß die Verfassung so rasch als möglich zustande kommt, obschon ich sehr wohl weiß, daß die liberale Partei auf viele ihrer Wünsche verzichten muß. Die Verfassung trägt den Stempel der Ereignisse, aus denen sie hervorgegangen ist; nicht aus einer Bewegung des Volkes, sondern aus einem siegreichen Kriege, in dem die Macht der preußischen Krone der entscheidende Faktor war." Deshalb ist er ein Gegner von Anträgen, die die Befugnisse des Präsidiums zu ändern oder den Bundesrat zu beseitigen sich zum Zweck setzen. Er wünscht aber dringend der Verfassung dauerhafte Grundlagen, die den Stürmen und Gefahren von außen her gewachsen sind und eine friedliche und gesunde Entwicklung ermöglichen. Dazu ist erforderlich, daß Grundsätze über die Verantwortlichkeit der Organe der Exekutive aufgenommen werden. Planck erklärte sich für den Antrag Ausfeld, der im Art. 11 aussprechen wollte: das Bundespräsidium übt die vollziehende Gewalt durch verantwortliche Minister aus. Die Angriffe auf die Ministerverantwortlichkeit, die aus der Besorgnis vor sog. parlamentarischer Regierung entsprangen, wehrte er damit ab, daß parlamentarische Regierung überhaupt keine Verfassungsfrage, sondern eine Machtfrage sei, und der Zweck der Ministerverantwortlichkeit darin bestehe, die Krone aus dem Kampf der Parteien fernzuhalten. Das Argument, die Ministerverantwortlichkeit tauge für einen konstitutionellen Einheitsstaat, nicht für einen Bundesstaat, widerlegte er mit dem Hinweis auf die Stellung eines konstitutionellen Oberhaupts, die der König von Preußen in der Verfassung einnehme. Der Antrag fiel in namentlicher Abstimmung mit 177 gegen 86 Stimmen. Er hatte die Bundesstaatlich-Konstitutionellen und nur einen kleinen Teil der Nationalliberalen, wie Planck, Lasker, Ellissen für sich, während Bennigsen, Miquel, Gneist u. a. dagegen stimmten. Planck beteiligte sich dann an den Schritten seiner Freunde, die Ministerverantwortlichkeit an anderen Stellen der Verfassung durchzusetzen, zuletzt auch an dem einzig erfolgreichen, der die Verantwortlichkeit wenigstens des Bundeskanzlers im Art. 17 sanktionierte.

Planck hatte in Hannover für einen guten Redner gegolten, obschon ihm, wie er selbst noch lange hin empfand, eine gewisse Schüchternheit im Auftreten anhaftete. Ein Berichterstatter konnte ihn deshalb für einen parlamentarischen Neuling halten [1]). Er beschreibt ihn als von frischer kräftiger Statur, von vollem kastanienbraunen Haar auf dem großen und breiten Schädel, in das sich die ersten Anfänge einer Glatze einschleichen. Es gehört zu den Gewohnheiten dieses Referenten, in seinen Schilderungen der Reichstagsabgeordneten ihre Haarverhältnisse, die er von seinem Platze aus vielleicht am ehesten betrachten konnte, voranzustellen und außerdem ihre Beziehung oder Nichtbeziehung zu einem Manuskript zu beobachten. Auch bei Planck will er ein solches Liebäugeln bemerkt haben, was schon nach dessen geschwächtem Sehvermögen ausgeschlossen war. Planck sprach gleich den andern Hannoveranern und Hessen, wie sie es von ihrer Heimat her gewohnt waren, vom Platze, was ihnen die Kritik Vinckes, der sich gern als parlamentarischer Zuchtmeister aufspielte, und die Bemerkung des Präsidenten Simson eintrug, er könne die Redner nicht zwingen, wenn sie es vorzögen, unverständlich zu bleiben.

Der Reichstag schloß mit der Annahme der Bundesverfassung

[1]) Weserzeitung über die Sitzung vom 28. März 1867.

durch 230 Stimmen gegen eine Minorität von 53, in der sich Partikularisten, Klerikale und Demokraten zusammenfanden. Von den 19 hannoverschen Abgeordneten hatten 12 für die Verfassung gestimmt; außer den 10 von der preußenfreundlichen Partei gewählten auch zwei ihrer Gegner, und zwar so hervorragende Persönlichkeiten wie der Professor Zachariae von Göttingen und der Staatsminister a. D. Freiherr v. Hammerstein. Auch ein drittes Mitglied der Bundesstaatlich-Konstitutionellen, der Geh. Regierungsrat v. Warnstedt in Hannover, für einen schleswig-holsteinschen Wahlkreis (Itzehoe) von der Augustenburgschen Partei gewählt, votierte für die Bundesverfassung. Das patriotische Verhalten der Hannoveraner rief die gleiche Abstimmung von Frankfurt in die Erinnerung (oben S. 96). Drei alte Frankfurter: Zachariae, Brons und Grumbrecht waren unter den Berliner Votanten vom 16. April 1867. Nach Schluß des Reichstages vereinigten sich die hannoverschen Reichstagsabgeordneten zu einer Erklärung, in der sie der Regierung den dringenden Wunsch aussprachen, vor der Vornahme umfassender Änderungen in der Gesetzgebung oder Verwaltung der Provinz eine größere Anzahl von hannoverschen Vertrauensmännern zu hören. Darin erblickten die Unterzeichneten zugleich das wirksamste Mittel, um den von ihnen tief beklagten irrigen Auffassungen und Agitationen zu begegnen, welche nur den Frieden des Landes zu stören und die zweckmäßige Überleitung in den preußischen Staatsverband zu erschweren geeignet seien.

Nach Meppen heimgekehrt, ließ es Planck seine erste Sorge sein, über sein Wirken in Berlin an seine Wähler zu berichten. Sein von Ende April datiertes, an den Obergerichtsanwalt Meyersburg in Celle, den Vorsitzenden seines Wahlkomitees, gerichtetes Schreiben wurde in einer Wählerversammlung vom 6. Mai mitgeteilt und dann durch den Druck zur allseitigen Kenntnis gebracht. Planck legt kurz den Standpunkt dar, den er bei den Verhandlungen eingenommen und verweilt ausführlich bei deren Ergebnis, sein Urteil über das Erreichte begründend. Die nationalliberale Partei ist nicht mit einem bestimmt formulierten Programm in die Beratung eingetreten, war aber einig in dem Bestreben, eine Verfassung zustande zu bringen und zwar so rasch als möglich. Mit den wesentlichen Grundlagen der von den verbündeten Regierungen vorgelegten Verfassung war sie einverstanden, hielt sie aber für ergänzungsbedürftig. Unter den wesentlichen Verbesserungen der Vorlage mißt Planck die größte Bedeutung der Anerkennung des jährlichen Budgetrechts des Reichstags, wenn es gleich bezüglich der Militärausgaben erheblich beschränkt ist, und dem Schlußartikel bei, der für den Eintritt der süddeutschen Staaten den Weg der Gesetzgebung eröffnet und ihn durch Formen möglichst wenig erschwert. Die Mängel, die ungeachtet aller Anstrengung der Versammlung bestehen blieben, verkennt der Bericht nicht; er findet sie in der Unklarheit der Organisation des Bundespräsidiums und seines Verhältnisses zum Bundesrat, in der unvollkommenen Ministerverantwortlichkeit, dem Fehlen eines Bundesgerichts; in der Diätenlosigkeit der Reichstagsmitglieder, wodurch die dem Mittelstande, in welchem hauptsächlich die politische Kraft unseres Volkes beruht, gebührende Vertretung gefährdet wird; in den Bestimmungen über die Stärke des Heeres und die Bestreitung seines Unterhalts. Da die Regierungen alle diese Vorschriften für unabänderlich erklärten, so waren die Abgeordneten nicht vor die Alternative gestellt: wollt ihr diese Verfassung oder eine andere, sondern: wollt ihr diese oder gar keine? Die Antwort konnte nicht zweifelhaft sein. Trotz ihrer Mängel mußte die Verfassung angenommen werden. Ihre Annahme ist ein unberechenbarer Gewinn, nicht bloß für die norddeutschen Staaten. Sie schafft aus ihnen einen wirklichen Staat, gibt ihm eine Organisation, die ihn befähigt, die wesentlichen politischen Aufgaben zu erfüllen: die feste Form einer staatlichen Einigung und eine gemeinsame deutsche Volksvertretung. Durch seine bloße Existenz wird er stärker auf die Heranziehung Süddeutschlands wirken, als durch andere Mittel geschehen könnte. Durch die gemeinschaftliche Arbeit seiner eigenen Organe kann er die Mängel seiner Verfassung verbessern; denn Verfassungsänderungen, für die die Vorlage der Regierungen gar keine Norm enthielt, werden nach dem Schlußartikel durch Zweidrittelmehrheit des Bundesrats und einfache Mehrheit des Reichstags rechtsgültig bewirkt. Planck schildert die Gefahren, wenn keine Einigung zwischen Regierung und Reichstag erreicht wäre. Der Behauptung der Gegner, für die Freiheit und die Rechte des Volkes sei es besser gewesen, wenn gar keine Verfassung zustande gekommen wäre als diese, stellt er den Satz entgegen: das Scheitern des Verfassungswerkes würde noch mehr gefährdet haben als die Volksrechte. Preußen, zur äußersten Konzentration seiner militärischen Kräfte genötigt, hätte einen neuen Budgetkonflikt und eine Gefährdung seiner ganzen Verfassung erlebt. „Man kann vielleicht, wenn man die Sache sehr schwarz ansieht und einen sehr starken Ausdruck wählt, sagen, die Verfassung des Norddeutschen Bundes begründe, wenigstens für die nächsten Jahre, eine Art vor Militärdiktatur“. Eine ergebnislose Verfassungsberatung hätte nicht bloß eine Militärdiktatur noch ganz anderer Art herbeigeführt, sondern einen der rechtlichen Grundlage entbehrenden Zustand, ohne staatliches Band, ohne Volksvertretung. Planck zieht einen lehrreichen Vergleich mit 1849. Damals verunglückte die vom Volke dargebotene Reichsverfassung durch den Widerstand der Regierungen. Um einzelner allzu demokratischer Bestimmungen willen wurde sie abgelehnt. Er sieht darin nach wie vor ein großes Unglück und einen schweren politischen Fehler. Die Reichsverfassung hätte trotz ihrer Mängel eine feste Grundlage abgegeben und war verbesserungsfähig. Die Folge ihrer Ablehnung waren mehr als 15 Jahre der Zerrissenheit, der Ohnmacht, der Unfreiheit. Jetzt stellt die Geschichte dieselbe Frage an die deutsche Volksvertretung wie damals an die Regierungen. Auch jetzt leidet die angebotene Verfassung an erheblichen Mängeln, aber ihre Vorzüge sind größer als damals. Sie gewährt, was uns vor allem nottut, die feste Form der staatlichen Einigung Deutschlands. Der Reichstag, der diese Verfassung trotz ihrer Mängel annahm, zeigte, daß er aus der Geschichte gelernt hat.

Der Bericht ist zu einem praktischen Zweck abgefaßt; es ist ihm nicht um historische oder staatsrechtliche Belehrung zu tun. Er geht deshalb nicht auf die Verhandlungen ein, die im Reichstage vor Fertigstellung der Verfassung gepflogen wurden, erwähnt nichts von den Verdiensten der Parteien, auch nicht der eigenen, so sehr sie an der Verbesserung der Vorlage beteiligt war; er begnügt sich, ihre Vorzüge gegenüber dem Entwurf aufzuzählen. Was gelungen ist, ist mit den vereinten Kräften des Reichstags und der Regierungen geschaffen und das zurzeit Erreichbare. Sein Wert, seine praktische Bedeutung legt den Wählern die Verpflichtung auf, das Errungene nicht preiszugeben um trügerischer Hoffnungen willen, nicht zu gefährden durch unselige Agitationen. Das Schreiben, unter dem Eindruck der aus der luxemburgischen Frage entstandenen Verwicklung verfaßt, gedenkt der äußern Deutschland bedrohenden Gefahren und schließt mit der Aufforderung, einig zusammenzustehen in dem festen Entschlusse, das Recht und die Ehre des Vaterlandes um jeden Preis zu verteidigen.

II.

Plancks parlamentarische Tätigkeit in Hannover hatte nach zweijähriger Dauer durch einen Machtspruch der Regierung ein Ende gefunden. Elf Jahre hatte sie ihn der Volksvertretung ferngehalten. Mit der Neuordnung der Dinge war er Mitglied des konstituierenden Reichstags geworden und hatte die Verfassung des Norddeutschen Bundes mitschaffen helfen. Auf dem neugewonnenen Rechtsboden hat er dann jahrelang fast ununterbrochen einem mühevollen parlamentarischen Beruf obgelegen.

An die Beendigung der Session des konstituierenden Reichstags reihte sich im Sommer 1867 die Vorbereitung der Wahlen für den ersten legislativen. In Göttingen, wo Planck sich zum Besuch seiner Mutter aufhielt, glaubten die Nationalliberalen ihren Kandidaten, den Professor der Mineralogie Sartorius von Waltershausen, einen warmherzigen patriotischen Mann, durchzubringen, weil auf der Gegenpartei keinerlei Tätigkeit sichtbar wurde, und Mitglieder, die im Frühjahr die Agitation geleitet hatten, sich ihr jetzt fern hielten. Das galt besonders von Plancks altem Freunde Hartmann, den er als Welfenführer wiederfand, nachdem er ihn lange als liberalen Mann gekannt hatte. Eine gründliche Aussprache überzeugte sie von der Unverträglichkeit ihrer Ansichten; sie mieden seitdem politische Gespräche; im übrigen bestand ihre Freundschaft fort bis zu dem frühen, durch eine tückische Krankheit herbeigeführten, Tode Hartmanns. Plancks Voraussicht bestätigte sich: das zum Göttinger Wahlkreise gehörige Eichsfeld, durch die katholische Geistlichkeit gut diszipliniert, folgte der von der welfischen Leitung erst kurz vor dem Wahltermin und ohne viel Geräusch ausgegebenen Parole, und ihr Kandidat, Amtmann Jordan von Reinhausen, schlug den Gegner mit 2007 gegen 1676 Stimmen. Das Wahlergebnis in Göttingen stach ab gegen das Gesamtresultat in der Provinz Hannover, das überraschend günstig für die preußenfreundliche Partei ausfiel. Von 19 Mandaten erlangte sie 14, darunter die Nationalliberalen 13, die Freikonservativen in der Person des Grafen Münster eins. Die Sieger hatten Doppelwahlen zu verzeichnen: für Miquel und für Planck. Planck, im 2. Wahlkreis (Aurich-Esens-Papenburg) mit 2063 Stimmen gegen den Amtsrichter Röben mit 93, im 14. (Celle-Peine) mit 2801 gegen den Grafen Bennigsen mit 819 Stimmen gewählt, nahm für den 14. an. In Ostfriesland trat an seine Stelle nach einer Stichwahl mit dem Bürgermeister Russell von Papenburg der Amtsrichter Röben, ein altes Mitglied der erbkaiserlichen Partei von Frankfurt. Die angeführten Ziffern zeigen, wie viel schwächer die Teilnahme an den Wahlen war als im Februar. Nur in Osnabrück war auch jetzt wieder die Beteiligung stark: Miquel siegte mit 9469 über seinen Gegner von Korff mit 6248 Stimmen. Auch in andern Kreisen, die den Nationalliberalen zufielen, war ihr Stimmenverhältnis gegenüber den Welfen bedeutend günstiger als im Frühjahr. Wahlmüdigkeit und die für die Landleute unbequeme Lage des Wahltermins, der 31. August, trafen zusammen; ein merklicher Rückgang des Welfentums folgte nicht daraus und war jedenfalls nicht von Dauer.

Der Reichstag, am 10. September eröffnet, begann seine Verhandlungen unter günstigen Auspizien. Die Bundesverfassung war in den Einzelstaaten ungehindert angenommen, und zu den Schutz- und Trutzbündnissen, die durch die Luxemburger Verwicklung kund geworden waren, hatte der Vertrag vom 8. Juli 1867, der den Zollverein reformierte, ein neues Band zwischen dem Norden und Süden Deutschlands gefügt. Besorgnisse, welche der Besuch des französischen Kaiserpaars in Salzburg hervorrief, hatte eine Zirkulardepesche Bismarcks vom 7. September beseitigt und allen Einmischungsgelüsten fremder Staaten gegenüber das Selbstbestimmungsrecht der deutschen Nation kraftvoll gewahrt. Die Regierung des Norddeutschen Bundes enthalte sich jedes moralischen Druckes auf die Entschließungen der süddeutschen Staaten, werde jedem Bedürfnis derselben nach Erweiterung und Befestigung der nationalen Beziehungen entgegengekommen, überlasse es ihnen aber über das Maß der weitern Annäherung frei zu bestimmen. Die Thronrede des Königs Wilhelm berührte die auswärtigen Verhältnisse nicht und gedachte der Beziehung zum Süden nur insoweit, als der Vertrag vom 8. Juli erforderte, der vom Bundesrat bereits genehmigt, dem Reichstage zugehen würde. Unter diesen Umständen hielt es die nationalliberale Partei für geboten, eine öffentliche Besprechung der allgemeinen Lage herbeizuführen und beantragte durch Miquel und 56 Genossen, die Thronrede durch eine Adresse zu erwidern, für die der Antragsteller einen Entwurf vorlegte. Für die Schlußberatung im Plenum, die der Präsident Simson dem Hause vorschlug, ernannte er Planck zum Referenten, den Grafen Eberhard von Stolberg-Wernigerode zum Korreferenten. Dem kurzgefaßten, in scharfen, schlagenden Wendungen sich bewegenden Entwurf Miquels setzten die Konservativen einen umständlichen, paraphrasierenden entgegen, der formell korrekter war, da er sich nicht bloß an Seine Majestät wendete, sondern die hohen verbündeten Regierungen neben dem König nicht vergaß. Da eine Einigung zwischen den beiden Referenten nicht gelang, so stellten nach mühsamen Vorbesprechungen und Vermittlungen, denen sich die Abgeordneten Professor Aegidi und Graf Bethusy-Huc unterzogen, die drei Parteien der Konservativen, Freikonservativen und Nationalliberalen, vertreten durch die Abgeordneten von Blanckenburg, Aegidi und Braun-Wiesbaden, einen Entwurf zusammen, der in der Sitzung vom 24. September eingebracht wurde. Braun zog im Namen Miquels, der durch Teilnahme am hannoverschen Provinziallandtage verhindert war, dessen Entwurf zugunsten des neu vereinbarten zurück, während er seinen Antrag auf Erlassung einer Adresse aufrecht hielt. Planck ging in seinem Referat davon aus, der deutsche Reichstag werde im Gegensatz zu der in England und Frankreich herrschenden Übung nur dann eine Adresse auf die Thronrede zu beschließen zweckmäßig finden, wenn ein besonderer Anlaß dazu vorliege, sich über allgemeine Fragen der politischen Lage auszusprechen. Daß der jetzt beginnende Reichstag der erste ordentliche sei und sich als Vertreter der Nation zu bewähren habe, reiche allein nicht aus, wohl aber eine Frage von so entscheidender Bedeutung wie das Verhältnis zu Süddeutschland. Von ihrer richtigen und raschen Lösung hänge unsere ganze innere und äußere Entwicklung ab. Die hohe Stufe geistiger Entwicklung im Gebiete der Kunst und Wissenschaft — führte der Redner aus — ist nur durch die gemeinschaftliche Arbeit der Nord- und Süddeutschen errungen. Die Harmonie aller materiellen und geistigen Interessen und das Nationalbewußtsein drängen mit Notwendigkeit dahin, auch auf dem staatlichen Gebiete eine Vereinigung zu schaffen. Erst durch sie wird ein befriedigender Zustand erlangt, der dem Reichtum und der Tiefe des deutschen Geistes entspricht. Rechtliche Hindernisse stehen der Erreichung dieses Zieles nicht entgegen. Die Behauptung, der Prager Friede verbiete den Eintritt der süddeutschen Staaten in den Norddeutschen Bund, entbehrt alles Grundes. Österreich hat im Friedensvertrage seine Zustimmung zu einer neuen Gestaltung Deutschlands, nicht bloß Norddeutschlands, und ebenso zu der Bildung eines Bundes der Süddeutschen erklärt. Ob sie ihn bilden wollen, ist ihnen überlassen; wenn sie ihn bilden, ist es der nähern Verständigung zwischen Süd und Nord anheimgestellt, wie sie ihre Verbindung gestalten wollen. Es ist also alles in den freien Willen der süddeutschen Staaten gestellt, und wenn sie von ihrem Recht des Eintritts in den Norddeutschen Bund Gebrauch machen, hat Österreich kein Widerspruchsrecht. Das bestätigt auch der Schlußsatz der norddeutschen Bundesverfassung, der gar nicht hätte aufgenommen werden können, wenn nicht den süddeutschen Staaten, einzeln und insgesamt, die Freiheit des Eintritts zugestanden hätte. Wir sind vorwärts gekommen seit dem Prager Frieden, in wirtschaftlicher Beziehung durch den Vertrag vom 8. Juli 1867, in militärischer durch die Schutz- und Trutzbündnisse, aber wir müssen weiter! Der Übergangszustand, in dem wir uns befinden, ist unerträglich; die Sorge, daß er nur auf dem Wege des Krieges beendet werden könne, lastet auf allem. Die Adresse ist geeignet, zur Lösung der Schwierigkeiten mitzuwirken. Wir müssen erklären, daß wir nicht ruhen werden, bis das Ziel erreicht ist, und daß wir fest entschlossen sind, jede Einmischung von außen abzuweisen. Wenn wir so handeln, erfüllen wir nur eine Pflicht. Vor allem eine Pflicht gegen das von uns vertretene Volk, dessen nationale Idee wir durch solch offene Erklärung stärken. Ebenso auch eine Pflicht gegen die Regierung. Das Übergehen der auswärtigen Verhältnisse in der Thronrede nennt der Adreßentwurf der Konservativen ein beredtes Schweigen. Es zeige, daß die verbündeten Regierungen, ihres Weges und Zieles unbeirrt gewiß, nicht befürchteten, daß andere Nationen uns das Recht auf nationale Existenz mit Erfolg streitig machen könnten. Planck legt das Schweigen der Thronrede dahin aus: wir wollen nicht provozieren, werden aber zu handeln wissen, wenn es Zeit ist, und findet eine evidente Bestätigung in dem Rundschreiben Bismarcks vom 7. September, dessen bezeichnendsten Passus er anführt. Hinter solcher Sprache darf der Reichstag nicht zurückbleiben, sondern sich einverstanden und bereit erklären, diese Politik zu unterstützen. Weiter erfüllt der Reichstag eine Pflicht auch gegen Süddeutschland. Er darf nicht schweigen auf das offene männliche Wort, das aus dem Süden erschollen ist. Wenn die kombinierte Adresse den Passus des Miquelschen Entwurfes, der darauf Bezug nahm, nicht wiederholte, so erwarb sich Planck das Verdienst, der patriotischen Zustimmung der badischen Kammern zu der Thronrede des Großherzogs vom 5. September zu gedenken, der sich offen dazu bekannt hatte, der nationalen Einigung durch Eintritt in den Bund der norddeutschen Staaten unausgesetzt nachzustreben. Er verschweigt aber nicht, daß in den übrigen süddeutschen Staaten nicht die gleiche Stimmung herrscht, sondern der Wahn verbreitet wird, der Norddeutsche Bund oder Preußen wolle den Eintritt der Süddeutschen gar nicht. Hier muß der Reichstag durch sein Auftreten die nationale Partei stärken und die feindlichen Elemente schwächen. Endlich erfüllt der Reichstag auch eine Pflicht gegen das Ausland. Eine so ungeheure Veränderung in der Machtstellung durch einen einzigen kurzen Krieg ruft wie natürlich auch in den Nachbarländern eine tiefe Bewegung hervor, namentlich in Frankreich, das sich durch die Neugestaltung Deutschlands in seiner dominierenden Stellung gefährdet sieht. Zwischen den hadernden Parteien steht die Regierung, die alles tun will, um einen kriegerischen Zusammenstoß zu vermeiden. Wir wissen nicht, wohin sich die Wage neigt. Unser nationales Interesse und unsere nationale Ehre fordern, daß wir uns rückhaltlos zu unserm Ziele bekennen, und daß wir jede Einmischung von außen, sollte es auch einen Krieg auf Leben und Tod kosten, zurückweisen werden.

Diese Rede, mit lebhaftem Beifall aufgenommen, leitete eine Debatte ein, in der, wenn sich auch nahezu alle Parteien beteiligten, doch mehr als die Freunde die Gegner einer Adresse zum Worte kamen. Sie wollten überhaupt keine Adresse oder zur Zeit nicht oder wenigstens keine des vorgelegten Inhalts. Die Argumente, welche Demokraten,

Klerikale, Partikularisten oder, wie sie sich vom konstituierenden Reichstag her zu nennen fortfuhren, Bundesstaatlich-Konstitutionelle, vorbrachten, waren sehr verschiedenen Kalibers. Eine Adresse ist nur am Platze in einem konstitutionellen Staate mit Ministerverantwortlichkeit. Ein Dank für die Errungenschaften der bisherigen Bundespolitik, für eine Verfassung ohne Volksfreiheiten, ohne Grundrechte, oder gar für den Weg, auf dem man dahin gelangt, ist übel angebracht. Namentlich die Sachsen bemängelten, was und wie es erreicht war. Süddeutschland gewinnt man nicht durch Gaben wie die norddeutsche Bundesverfassung, und eine Adresse ist kein Mittel, um dem Lande, dem Handel und Wandel wieder die erwünschte Ruhe zu verschaffen. Angriffe wie diese wies der Abgeordnete Braun in kurzen witzigen Wendungen zurück. Der konservative Mitantragsteller v. Blanckenburg verzichtete aufs Wort. Der freikonservative Vertreter war der einzige, der tiefer auf die Sache einging und sich auch speziell mit Plancks Rede beschäftigte. Aegidi, damals Professor am akademischen Gymnasium in Hamburg, hielt bei dieser Gelegenheit seine parlamentarische Jungfernrede. Er begann mit einem Kompliment gegen die nationalliberale Partei, die sich im konstituierenden Reichstage ein unbestreitbares Verdienst um das Zustandekommen der Verfassung erworben habe. Der von ihr ausgehende Gedanke, eine Adresse zu erlassen, sei gerechtfertigt, wenn alle die Regierung in ihrer nationalen Politik unterstützenden Parteien in dem Wortlaut einen Ausdruck ihrer Gesinnung fänden. Der zuerst eingebrachte Entwurf genüge dem nicht; denn er trage der föderalen Natur des Norddeutschen Bundes nicht Rechnung. Der Reichstag hat jedes verfassungsmäßige Recht zu wahren. Wir haben in dem neuen Bundesstaate eine Monarchie mit föderalen Institutionen umgeben. Je kräftiger die Monarchie durch die Verfassung entwickelt ist, desto mehr müssen die föderalen Formen und Institutionen wert gehalten werden. Auch andern Parteien, zumal der des Redners, ist das Verhältnis zu Süddeutschland überaus wichtig. Aber er will mehr als die Nationalliberalen Wert auf die Verträge legen. Als Lerner und Lehrer des Staatsrechts, wie er sich bescheiden vorstellt, hatte er beabsichtigt, über den Prager Frieden sein Gutachten vorzutragen [1]), zumal die Zeitungen die irrigsten Gedanken darüber enthalten. Der Referent hat ihm aber dies Thema vorweg genommen. Er kann ihm nur beitreten, findet den Punkt jedoch nicht scharf genug betont, daß der Prager Friede den süddeutschen Staaten überläßt,

[1]) Vgl. dessen Aufsatz in seiner Zeitschrift f. deutsches Staatsrecht 1867 S. 522 ff.

wenn sie einen Bund unter sich gründer, diesen in eine nationale Verbindung mit dem norddeutschen zu bringen, und Österreichs Zustimmung zu dieser Bildung im voraus verspricht. Da die Schaffung eines Südbundes bisher nicht versucht war, noch in Aussicht stand, hatte Planck keinen Anlaß, diesen Punkt in seinem Referate zu berühren. Die Hauptsache für beide Redner war, daß kein rechtliches Hindernis dem Eintritt der süddeutschen Staaten entgegenstand. Gegenüber dem Glauben, man wolle die Süddeutschen gar nicht im Bunde haben, mißt Aegidi dem Zustandekommen einer Adresse besondern Wert bei, weil sie die Teilnahme auch solcher Parteien zeigt, denen man im Süden ein sich genügendes Preußentum zuschreibt. Dieser Gedanke gibt dem Redner zu einem historisch-politischen Exkurs Anlaß, der im Stillen eine Polemik gegen Plancks Äußerung enthält, der jetzige auf den Norden sich beschränkende Zustand sei unerträglich. Aegidi will diesen Zustand nicht tragisch nehmen. Wir können warten, wir sind uns selbst genug. „Nur der Feste, der da steht und sagt: hier stehe ich, erscheint als Helfer für den Schwachen, nicht der, der dem andern nachläuft, sondern der im Besitz aller Kräfte und Fähigkeiten willig dem Bruder die Hand bietet und sagt: willst du kommen, so bist du willkommen!" Diese moralische Unterscheidung dient, um eine schneidende Wendung zwischen der nationalen Politik vor und nach 1866 zu begründen, etwa des Inhalts: wir suchen Deutschland nicht erst, wir sind Deutschland. Preußen ist seit den Zeiten des Großen Kurfürsten der Anfang des neuen Deutschland, ein Kern, an den sich die übrigen deutschen Staaten anschließen müssen. Man hat nach einer kaiserlichen Gewalt gesucht, der sich alles unterordnen müsse und verkannt, daß sie längst da war. Es war ein ehrwürdiger Irrtum, der mit dem deutschen Idealismus zusammenhing und mit dem Jahr 1866 besiegt ist. Die konservativen Kreise, in denen sich der altliberale Redner bewegte, wollte er, wie es scheint, von ihrer historischen Mission überzeugen. Wie wenig sie selbst von ihr erfüllt waren, beweist die Äußerung eines ihrer Führer gegen Planck in der Zeit der Adreßdebatte, die er drei Jahre später in einer vor seinen Celler Wählern gehaltenen Rede mitteilte. „Aus denselben Gründen, aus welchen wir 1849 dagegen waren, daß der König die ihm von der Nationalversammlung angebotene Kaiserkrone annehme, aus denselben Gründen sind wir jetzt gegen den Eintritt Süddeutschlands in den Norddeutschen Bund. Wir fürchteten damals, daß durch die Reichsverfassung, auf Grund deren die Kaiserkrone angeboten wurde, der Einfluß nicht nur der Konservativen, sondern überhaupt der spezifisch-preußischen Elemente, auf denen nach unserer Auffassung die Kraft und Größe Preußens wesentlich beruht, gefährdet werde, dieselbe Gefahr fürchten wir, wenn jetzt schon Süddeutschland einträte. Erst dann, wenn Norddeutschland von dem preußischen Sauerteige genügend durchsäuert und wieder ein Überschuß dieses Sauerteigs gewonnen ist, der für Süddeutschland hinreicht, erst dann können wir den Eintritt desselben in den Norddeutschen Bund wünschen." Eine Auffassung wie diese mag auch das Verhalten der konservativen Partei in der Adreßdebatte erklären. Das beredte Schweigen, so oft in dieser Verhandlung zitiert, galt auch von ihr; sie begnügte sich, für die Adresse, die mit einer Mehrheit von 157 gegen 58 angenommen wurde, zu stimmen. Graf Stolbergs Korreferat gab der Genugtuung Ausdruck, daß sich eine große Mehrheit in dem Entschlusse zusammengefunden habe, der Bundesregierung in ihrem schweren Amt fest und kräftig zur Seite zu stehen, und hoffte ein Zusammenwirken der Parteien, die sich heute die Hand gereicht, auch für die Zukunft.

Präsident Simson überreichte die Adresse dem Könige auf der wiederhergestellten Burg Hohenzollern am Tage ihrer Einweihung, am 3. Oktober. Der König hatte von der Einladung einer Deputation des Reichstags abgesehen, um nicht dessen Arbeiten zu stören. Sie waren zahlreich und dringlich genug. Handelte es sich doch um alle die Vorlagen, die die Thronrede als einen ersten, aber entscheidenden Schritt zum Ausbau der Verfassung angekündigt hatte. Den Mittelpunkt der Beratungen bildete das Budget. Zur Vorbereitung hatte die nationalliberale Partei für ihre Fraktionssitzungen Referenten für die einzelnen Teile bestellt und Planck nebst dem Abgeordneten Forkel von Koburg mit dem Bericht über die Bundesorgane betraut. Dementsprechend nahm Planck auch im Plenum bei den hierher gehörigen Positionen des Etats das Wort, regelmäßig nur zu kurzen Bemerkungen, so wenn er die Bildung einer besondern Bundeskasse anstatt der bisherigen Vereinigung mit der preußischen Staatskasse empfahl, oder wenn er für die Bewilligung der Kosten des Bundeskanzleramts, in dem ein ganzes Ministerium konzentriert war, eintrat. Zu einer ausführlichern Darlegung nötigten die Matrikularbeiträge. Preußen hatte mit einer Anzahl der kleinen Staaten, um ihnen den Übergang in die neuen Verhältnisse zu erleichtern, Konventionen abgeschlossen, wodurch ihnen für die nächste Zeit ein Nachlaß an den Matrikularbeiträgen gewährt wurde, der sich allmählich verringerte, bis sie nach einigen Jahren die volle Höhe von 225 Talern für den Mann zu entrichten hatten. Planck machte darauf aufmerksam, daß diese Verträge dem Reichstage bloß zur Kenntnisnahme mitgeteilt seien, während sie seiner Zustimmung bedürften, wie sie auch dem Bundesrate zu solchem Zweck vorgelegt waren. Es war eine Frage des formellen Rechts, da gegen den Inhalt der Verträge nichts zu erinnern war. Aber es war ihm überall darum zu tun, mit der verfassungsmäßigen Begründung des neuen Bundesstaats Ernst zu machen und dem Reichstag die ihm gebührenden Rechte zu wahren. Plancks Antrag fand nicht die Mehrheit. Sie stimmte vielmehr Waldeck zu, der, ohne auf die Verträge Bezug zu nehmen, den Nachlaß an den Matrikularbeiträgen bloß in der Form einer Etatsposition für das nächste Jahr zu genehmigen vorschlug. Der Antrag wurde mit 113 gegen 110 Stimmen angenommen. Planck stimmte dafür, während Bennigsen, Braun, Oetker dagegen votierten. Wie wohlbegründet Plancks Antrag war, erkannte die Bundesregierung dadurch an, daß die Militärkonventionen am 12. Oktober dem Reichstag zur verfassungsmäßigen Genehmigung vorgelegt wurden, die sie dann mit großer Mehrheit, allerdings unter Widerspruch der demokratischen Partei, erhielten.

Außer bei dieser Debatte von prinzipieller Bedeutung griff Planck wirksam in eine Wahlprüfung ein. Die Wahl des Grafen Schulenburg (Filehne) in einem Wahlkreise des Regierungsbezirks Bromberg hatte Bedenken erregt, weil der Landrat v. Young offenbar eine amtliche Beeinflussung ausgeübt hatte. Die Redner der Rechten bemühten sich, die Wahl zu retten, weil bei geheimer Stimmabgabe niemals mit Sicherheit behauptet werden könne, der Versuch einer Beeinflussung habe auch Erfolg gehabt. Planck stellte demgegenüber den Satz auf: Wenn mit großer Wahrscheinlichkeit anzunehmen ist, daß das Resultat nur die Folge gesetzwidriger Einwirkung auf die Freiheit der Wahl gewesen ist, muß die Wahl für ungültig erklärt werden. Sein Antrag, die Wahl zu beanstanden, bis die in dem Protest behaupteten Tatsachen durch gerichtliche Untersuchung aufgeklärt seien, wurde angenommen (7. Oktober 1867), und als im folgenden Frühjahr der Abgeordnete Aßmann über deren Ergebnis berichtete, war der Erfolg der, daß die Wahl mit sehr großer Mehrheit für ungültig erklärt wurde.

Unter den Abstimmungen, an denen Planck teilnahm, sind hervorhebenswert, daß er gegen den Antrag Hoverbeck, der in dem Gesetz über die Verpflichtung zum Kriegsdienst (9. November 1867) die Bestimmung, welche eine Einberufung der Reservisten auch zum Zweck der „notwendigen Verstärkung" des Heeres zuließ, gestrichen wissen wollte, und für die Aufnahme der das Briefgeheimnis sichernden Bestimmung in das Postgesetz votierte. Befand er sich beide Male in der Majorität, so unterlag er mit dem größten Teil seiner Parteigenossen bei dem Antrage, die die Verfassung Mecklenburgs betreffenden

Petitionen dem Bundeskanzler mit der Aufforderung zu überweisen, die geeigneten Schritte zu einer Reform jener Verfassung baldmöglichst eintreten zu lassen. In den beiden ersten Fällen betrug die Mehrheit 165 gegen 81 und 135 gegen 94; im letzten standen den 102 bejahenden 106 verneinende Stimmen gegenüber.

Hatte sich Planck im konstituierenden Reichstage wenig auszeichnen können, so bot der erste ordentliche Reichstag in der Adreßdebatte und in der über die Matrikularbeiträge ihm Gelegenheit, sich als hervorragenden Parlamentarier zu bewähren. Er trug den Ruhm davon, zu den klarsten, ruhigsten und überzeugendsten Rednern des Hauses zu gehören. Schon fing man an, von der Trias der Hannoveraner: Bennigsen, Miquel und Planck, zu reden, die frisches Blut in die liberale preußische Partei gebracht hätten [1]). Sybel, der damals selbst dem Reichstage und wohl auch der nationalliberalen Fraktion angehörte, widmet in seinem Geschichtswerke Planck bei seinem ersten Auftreten im Reichstage eine kurze sehr anerkennende Charakteristik, so wenig ihm auch seine Verteidigung der Ministerverantwortlichkeit gefällt. Er nennt ihn einen der scharfsinnigsten Juristen der Zeit, höchst geachtet als politischer Charakter, dabei geistreich und anziehend im persönlichen Verkehr, mithin einflußreich, wo er erschien [2]).

Drei Wochen nach dem Schlusse des Reichstags begann die Session des preußischen Landtags, der zum erstenmal die Abgeordneten der neuen Provinzen umfaßte. Noch bevor das Diktaturjahr zu Ende ging und Hannover unter die preußische Verfassung trat, war die Zivilverwaltung, bisher mit der Militärgewalt in der Hand des Generalgouverneurs v. Voigts-Rhetz verbunden, getrennt und dem Grafen Otto v. Stolberg-Wernigerode als Oberpräsidenten übertragen worden; für die Überleitung der Provinz in normale Verhältnisse die geeignete Persönlichkeit. Seine hohe soziale Stellung gab ihm die nötige Selbständigkeit nach oben, seine Bekanntschaft mit den hannoverschen Verhältnissen schützte ihn vor Mißgriffen, wie sie den Altpreußen zahlreich schuld gegeben wurden. Was man in Hannover an ihm auszusetzen hatte, war seine Jugend; er war 1837 geboren. Er hatte aber gute Beamte an seiner Seite. Otto das Kind, gestützt auf Heinrich den Starken, scherzten die Hannoveraner, auf den Oberpräsidialrat Starke anspielend. Acht Tage nach seiner Ernennung eröffnete der neue Oberpräsident den Provinziallandtag, der entsprechend den Vorschlägen der Vertrauensmänner aus den Abgeordneten der Ritterschaften, der Städte

[1]) Grenzboten 1867, 4. Quartal S. 162.

[2]) Begründung des Deutschen Reichs VI (1894) S. 87.

und der Landgemeinden bestand und Männer wie Graf Borries und Miquel nebeneinander wirken sah. Ein Zeichen der Zeit für Hannover wie für Preußen war es, daß der Justizminister Graf Lippe seine Entlassung und Leonhardt, den letzten Justizminister des Königs Georg, zum Nachfolger erhielt. Da sich an den Wahlen zum Abgeordnetenhause die welfische Partei nur vereinzelt beteiligt hatte, waren von den 36 Mandaten, die auf die Provinz Hannover fielen, alle bis auf vier, unter denen Windthorst war, der nationalliberalen Partei zuteil geworden. Planck, im 21. Wahlkreis (Einbeck) und im 23. (Gifhorn) gewählt, nahm für Gifhorn an, wo er mit 131 gegen 35 Stimmen über den Grafen Mandelsloh gesiegt hatte. Ein norddeutscher Parlamentarier, der es mit seinen Mandaten ernst nahm, führte ein politisch interessantes, aber ein sorgen- und arbeitsreiches Leben. Planck gesteht, sich wie ein Schulknabe zu freuen, wenn es einmal einen sitzungsfreien Tag gibt. Neben den Plenarverhandlungen gehen die der Abteilung und der Fraktion her. In seiner Abteilung, der vierten unter dem Vorsitz G. von Vinckes, hat er eine so große Zahl von Wahlakten geprüft und darüber im Landtage referiert, daß, während alle andern Abteilungen noch mit ihren Arbeiten im Rückstande waren, Vincke erklären konnte, seine Abteilung habe ihre Aufgabe erledigt. Es hatte allerdings keine weitern Anstände gegeben, als daß einige Wahlmännerwahlen wegen falscher Drittelung kassiert werden mußten, und daß die alsbald bejahte Frage aufgetaucht war, ob ein Gewählter seine Annahmeerklärung auch in der Form des Telegramms abgeben könne. Die Fraktionssitzungen besuchte Planck regelmäßig, nicht bloß nach der ihm eigenen Gewissenhaftigkeit, sondern weil er sie oft lehr- und inhaltreicher fand als die Plenarversammlungen. Sie gaben ein lebhafteres Bild der Gegensätze und der Kräfte, die auch unter den Parteigenossen miteinander rangen. Im ganzen fühlte sich Planck im Landtage weniger behaglich als im Reichstage. Er sah sich von viel neuen Menschen umgeben und gewöhnte sich bei seinem mangelhaften Sehvermögen schwer an die neuen Räumlichkeiten. Die Hauptsache war, er vermißte den Schwung der nationalen Idee, der den Reichstag beherrschte. Das Zollparlament versetzte ihn in die Mitte der Interessenkämpfe. Mühsam arbeitete er sich in die ihm fern liegenden wirtschaftlichen Materien ein und fand bald, daß die am besten zur Auskunft über die tatsächlichen Verhältnisse Befähigten meist zugleich persönlich interessiert waren, deshalb die Sachlage befangen oder absichtlich falsch darstellten. Die Tariffragen riefen eine Agitation und Aufregung hervor, größer als sie seit dem konstituierenden Reichstage bei irgendeinem Thema vorgekommen war. So ruhig Planck selbst die Sache ansah, so fühlte er sich doch verpflichtet, um eine Vermittlung üben zu können, sich an den Arbeiten inner- und außerhalb der Fraktionen, die den ganzen Tag fortgingen, zu beteiligen. Nur während der namentlichen Abstimmungen findet er Zeit, an seine Frau zu schreiben und ihr die Situation zu schildern. „Roheisen, Reis, Kaffee, Baumwolle, Lumpen, das sind die Dinge, die seit acht Tagen den fast ausschließlichen Gegenstand der Gespräche und des Denkens bilden und selbst nachts und im Traume einem keine Ruhe lassen." Das Resultat der Debatte stellte schließlich keine Partei zufrieden, und bei der entscheidenden Abstimmung am 4. Mai 1870 wurde der Kaffeezoll mit dreiviertel Mehrheit verworfen. Zwei Tage später brachte ein Kompromiß der konservativen und nationalliberalen Partei eine Erhöhung des Kaffeezolles mit 183 gegen 94 Stimmen und eine Annahme des ganzen Patowschen Vermittlungsantrages mit 186 gegen 84 Stimmen zustande. So siegte der politische Geist und die nationale Idee schließlich doch über die materiellen Interessen und die, die nach dem Ausdrucke Völks das Zollparlament zu einem Zeugnis „gesetzgeberischer Impotenz" zu machen vorhatten.

Von den die Parlamente beschäftigenden Angelegenheiten mußten Planck in erster Linie die juristischen interessieren. Im Abgeordnetenhause brachte er bei Beratung des Justizetats am 8. Januar 1868 Mängel des Justizwesens zur Sprache und regte durch Vergleichung mit den Einrichtungen in den neuen Provinzen, namentlich in Hannover, zu ihrer Abstellung an. Es handelte sich einmal um die hohen Kosten der Justizverwaltung, wie sie das Schreibwerk im Gegensatz zu dem konsequent durchgeführten System der Öffentlichkeit und Mündlichkeit herbeiführte, und zweitens um die Gehalte der richterlichen Beamten, die nicht bloß weit hinter denen in Hannover zurückblieben, sondern auch gegenüber den Anforderungen der Lebenshaltung völlig unzureichend waren. Ein altpreußischer Kreisrichter bezog einen durchschnittlichen Jahresgehalt von 850, ein hannoverscher Amtsrichter von 1220 Talern. „Ein Ausländer wird kaum glauben, daß sich bei solcher Behandlung dieser Beamten die preußische Rechtspflege auf derjenigen Höhe erhalten und diejenige Integrität bewahrt hat, wie dies glücklicherweise der Fall ist." Wurde auch der Antrag auf Erhöhung der Richtergehalte in den alten Provinzen für den zur Beratung stehenden Etat abgelehnt, so erkannte doch der Justizminister die Unhaltbarkeit des jetzigen Zustandes an und stellte eine Neuregelung für 1870 in Aussicht. Graf Bethusy-Huc warnte in diesen Debatten die Hannoveraner einmal davor, die Zustände ihrer Heimat nicht immer für die bestmöglichsten aller möglichen Welten zu halten. Wie wenig Planck diesen Vorwurf verdiente, bewies er bei verschiedenen Gelegenheiten, zunächst jetzt, wenn er beim Justizetat die Gerichtsbarkeit der Konsistorien, die die Ehe- und Verlöbnissachen nach einem aus gemeinrechtlichen Prozeßnormen und Konsistorialpraxis gemischten, höchst wunderlichen geheimen und schriftlichen Verfahren aburteilten, als eine nicht zu den schonenswerten Eigentümlichkeiten Hannovers gehörige Einrichtung angriff. Anläufe zur Reform, in hannoverscher Zeit wie in der der Diktatur unternommen, waren nicht ans Ziel gelangt. Auch hier erkannte der Justizminister das Bedürfnis an, wollte aber zunächst mit dem Provinziallandtage verhandeln. Erst die Verwaltungsorganisation von 1884 nahm den Konsistorien die gerichtliche Zuständigkeit ab.

Neben den Ausstellungen im einzelnen verlor Planck das Ganze nicht aus dem Auge. Kein Freund bureaukratischer Nivellierungssucht, wies er doch in lebhafter Rede auf die Notwendigkeit einer Justizorganisation und eines Prozeßverfahrens für den ganzen Staat hin. Diese Forderung entspringt aus dem Wesen der Staatseinheit. Da er immer auf den deutschen Staat hinarbeitet, so geht sein Blick hinaus über die Grenzen der preußischen Monarchie. Sein Ziel ist die deutsche Rechtseinheit. Sie war es schon, als der Partikularismus noch in Blüte stand, und noch in seiner Generation hoffte er sie verwirklicht zu sehen (oben S. 206). Nachdem die politische Einigung erreicht war, galt ihm die Erringung der Rechtseinheit als eine ihrer vordersten Aufgaben. Zu diesem Satz kehrt er immer wieder zurück. Seine Reden über juristische Einzelfragen münden ständig in den Ausdruck dieser Überzeugung. Er ist der Prophet der deutschen Rechtseinheit. Seine Hoffnung erhielt neue Nahrung durch den Entschluß des Norddeutschen Bundes, eine Zivilprozeßordnung ausarbeiten zu lassen. Er sieht es als eine Konsequenz an, daß sich eine allgemeine Strafprozeßordnung anschließt und in Verbindung mit der Zivilprozeßordnung die Grundlagen der Gerichtsverfassung festgestellt, vielleicht ein höchster Gerichtshof für den ganzen Bund geschaffen wird (Abgeordnetenhaus, 8. Januar 1868).

Ehe einer dieser Zukunftspläne greifbare Gestalt gewann, sollte ein anderes Rechtsgebiet in Angriff genommen und einheitlich gestaltet werden. Das war das Strafrecht. Auch hier war dem Namen Plancks eine Rolle zugedacht. Das Gebiet des Strafrechts bedurfte vor allem der einheitlichen Ordnung. Schon der erste Juristentag hatte die Notwendigkeit ausgesprochen. Die dem konstituierenden Reichstage gemachte Verfassungsvorlage hatte die gesetzgeberische Kompetenz des Bundes auf dem Rechtsgebiete kärglich bemessen. Das Gefühl der Enttäuschung, wie es Gerber äußerte, teilten nicht bloß zahlreiche Juristen, wenn sie die Zuständigkeit des neuen Bundesstaats auf Zivilprozeß, Konkursverfahren, Handels- und Wechselrecht beschränkt sahen. Danach wäre nicht mehr erreicht, als was gemeinsame Gesetzgebung schon geschaffen, und noch nicht einmal erreicht, was größere Gruppen von Einzelstaaten bereits in Angriff genommen hatten. Die Kritik vermißte namentlich das Strafrecht, obschon auf keinem Gebiete des Rechts die Einigung so leicht und unbedenklich war. Dies Urteil seines Landsmanns Gerber billigte ein anderer Sachse, ein berühmter Kriminalist aber noch größerer Partikularist, der Generalstaatsanwalt Schwarze, so wenig, daß er es gegenwärtig und noch auf lange hinaus für eine Unmöglichkeit erklärte, ein Strafgesetzbuch zu erlassen; so verschieden seien die unter dem Einfluß religiöser und politischer Motive stehenden Rechtsanschauungen im Volke. Die nationalliberale Partei erwarb sich das Verdienst, daß die definitive Verfassung die Kompetenz des Bundes außer auf Handels- und Wechselrecht auf Obligationenrecht, Strafrecht und gerichtliches Verfahren erstreckte. Dieser Verbesserungsantrag Laskers fand allgemeine Billigung; der weitergehende Vorschlag Miquels, das ganze Zivilrecht dem Bunde zu überweisen, obwohl von Juristen wie Wächter und Gerber unterstützt, wurde abgelehnt, aber der Proponent, der das Ziel möglichst hoch und möglichst weit zu stellen riet, prophezeite richtig, daß die Gegner in nicht gar langer Zeit auf dem Wege der Verfassungsänderung auf seinen Antrag zurückkommen würden.

Zur Ausführung der Verfassungsbestimmung beantragten am 30. März 1868 Planck und der Abgeordnete für Sachsen-Altenburg, Wagner, Vizepräsident des dortigen Appellationsgerichts, unterstützt von ihren Parteigenossen, an ihrer Spitze den Grafen v. Schwerin-Putzar, den Bundeskanzler aufzufordern, Entwürfe eines gemeinsamen Strafrechts und einer gemeinsamen Strafprozeßordnung sowie der dadurch bedingten Vorschriften der Gerichtsorganisation baldtunlichst vorbereiten und dem Reichstage vorlegen zu lassen. Die Verhandlung am 18. April endete mit der Annahme des Antrags durch große Mehrheit und der zustimmenden Erklärung des Präsidenten des Bundeskanzleramts, R. Delbrück. Von den beiden Antragstellern hatte nur Wagner das Wort ergriffen; Planck war zurzeit durch Krankheit behindert.

Das Jahr 1868 war bestimmt, in sein schon durch die Tätigkeit in den beiden Parlamenten reichlich bewegtes Leben mehrfachen Wechsel zu bringen. Schon im Juli 1866 hatte der bremische Freund in seinem Glückwunsch (oben S. 237) die Erwartung ausgesprochen, daß Hannover nicht annektiert, wohl aber die Auswüchse des Welfentums, soweit es zum Heile Deutschlands und Hannovers nötig sei, beschnitten würden. „Zu diesen Auswüchsen rechne ich neben vielem andern auch die Verbannung eines gewissen Obergerichtsrats auf den verlorenen Posten in Meppen, die nun wohl bald ihr Ende erreichen wird." Auch andere hatten so gedacht. Von Celler Freunden waren schon im Herbst 1866 die Chancen erwogen, die ihn in das Oberappellationsgericht zu bringen vermöchten. Auch die Möglichkeit, ihm durch Präsentation einer der Landschaften eine Stelle im Tribunal zu verschaffen, war erörtert. Aber erst zu Anfang des Jahres 1867 entstand eine Vakanz. Ernst v. Lenthe, erst im Mai zuvor auf Präsentation der Kalenberg-Grubenhagenschen Landschaft nach mancherlei Schwierigkeiten in das Oberappellationsgericht gelangt, wurde, da er sich durch einen Zeitungsartikel der Treuverletzung gegen den König schuldig gemacht haben sollte, auf Grund der Königlichen Verordnung vom 24. Januar 1867 durch einen vom König bestätigten Beschluß des Staatsministeriums aus seinem Amte entfernt. Für die Wiederbesetzung der Stelle zu präsentieren, war nach der Geschäftsordnung die dritte Kurie der Landschaft, die der bäuerlichen Grundbesitzer, an der Reihe. Ihr Vorsitzender, ein rühriges Mitglied der Zweiten Kammer, der Hofbesitzer Redeker in Groß-Berkel bei Hameln, hatte sich in einer Vorbesprechung vergewissert, daß der von ihm vorgeschlagene Planck mit 19 gegen 2 Stimmen gewählt werden würde und daraufhin sich schriftlich bei ihm nach seiner Geneigtheit zur Übernahme erkundigt. Kaum hatte er den Brief abgesandt, als er während einer Reise erfuhr, daß die Präsentationsrechte der Landschaften durch die Königliche Verordnung vom 8. Februar 1867, betreffend die Anstellung der Justizbeamten in den neuerworbenen Landesteilen, aufgehoben seien. Rasch entschlossen kehrte er nach Hannover zurück und ließ sich bei dem Zivilkommissar melden. Trotzdem daß Sonntag war und große Fahnenweihe abgehalten wurde, fand er Zutritt und trug vor, wie außerordentlich unangenehm es seiner Kurie sei, die sich geeinigt, einen Mann vorzuschlagen, mit dem sie große Ehre einzulegen gedachte, einen Mann — welcher Planck heißt, unterbrach ihn Herr v. Hardenberg — und bat, die Regierung möge tun, was der Kurie zu tun nun nicht mehr möglich sei. Herr v. Hardenberg versprach, noch am selben Tage an den Justizminister zu schreiben, erwähnte aber zugleich seine Bedenken, ob Planck durch sein Augenleiden nicht behindert sein würde, die angestrengte Arbeit einer Ratsstelle im Oberappellationsgericht zu übernehmen. Mit dem Briefe vom 24. Februar, in welchem Redeker über diesen Vorgang an Planck berichtete, endete diese Aussicht. Die Regierung berief in die erledigte Stelle einen altpreußischen Juristen, Botho v. Salpius, bisher Kreisgerichtsrat in Stralsund, der sich durch ein 1864 erschienenes Buch: Novation und Delegation nach römischem Recht, einen angesehenen Namen in der Wissenschaft des gemeinen Rechts erworben hatte. Statt nach Celle kam Planck zunächst nach Göttingen. Ein Reskript vom 24. Dezember 1867 — wohl eine der ersten Amtshandlungen des neuen Justizministers — versetzte ihn an das dortige Obergericht. Bevor er das Amt antreten konnte, verschlimmerte sich sein Augenleiden derart, daß er sich von Albrecht v. Gräfe untersuchen lassen mußte, der eine längere Beobachtung und Kur unter seiner Aufsicht anordnete. Da Frau Planck zur Pflege ihres Mannes auf mehrere Wochen nach Berlin kam, so wurde der Umzug nach Göttingen bis zum April verschoben. Als er eben bewirkt war, mußte Planck nach Berlin zum Zollparlament zurück, das am 27. April eröffnet war. Er war so weit wiederhergestellt, daß er nicht nur die Sitzungen regelmäßig besuchen, sondern auch an den Festen teilnehmen konnte, die zu Ehren der Parlamentsmitglieder nach Abschluß ihrer Arbeit in Kiel und in Hamburg veranstaltet wurden. Eine Molkenkur, die er auf Gräfes Anordnung im Juni in Bad Kreuth durchmachte, hatte unter schlechtem Wetter zu leiden, aber doch wenigstens den Erfolg, daß die starken Kongestionen aufhörten. Ein vierzehntägiger Aufenthalt, den er nachher mit seiner Familie und seiner Mutter in Friedrichroda nahm, verlief günstiger und brachte Erholung. Erst Mitte Juli kam er nach Göttingen und bezog eine Wohnung in der Jüdenstraße Nr. 12, in dem Hause, das der Geograph Karl Ritter, der als Begleiter Bethmann-Hollwegs nach Göttingen gekommen war, in den Jahren 1813—1819 bewohnt hatte. Planck hatte seine Berufstätigkeit kaum begonnen, als er zum Appellationsgerichtsrat in Celle ernannt wurde. Am 17. November in sein neues Amt eingeführt, mußte er zunächst als Strohwitwer in Celle wohnen. Erst zum Ostertermin des nächsten Jahres hatte sich eine Familienwohnung gefunden und konnten Frau und Kind zu ihm übersiedeln.

Die Vorgänge von 1866 hatten in die sozialen Verhältnisse vielleicht keiner Stadt des Landes so störend eingegriffen wie in Celle. Celle war die einzige Stadt, in der es zu Tumult und Unruhe gekommen war. Die Gesellschaft war in die Parteien der Welfen und der Preußen zerrissen. Den Oberappellationsrat Salpius ließ der Klub der ersten Gesellschaft bei der Meldung zur Aufnahme durchfallen, was das Ausscheiden eines großen Teils der Kollegen zur Folge hatte. Planck fand eine freundliche Aufnahme bei alten und neuen Cellensern. Zu Salpius, der ihm im Jahr zuvor vorgezogen war und jetzt mit ihm in einem Senate saß, knüpften sich freundschaftliche Beziehungen. Zu den neuen Cellensern gehörte auch Graf Borries. Er kam mit Planck in das beste Einvernehmen; und die Bürger zeigten sich unter den Morgenspaziergängern der Trift, der vom Bahnhof in die Stadt führenden Gartenstraße, die politischen Antipoden, den treuen Anhänger des Nationalvereins und dessen unermüdlichen Verfolger, als ein friedliches Paar nebeneinander wandeln. So wenig Graf Borries die Annexion guthieß, so fern hielt er sich der Opposition seiner Standesgenossen, der aktiven wie der passiven, und wirkte im Sommer 1867 als einer der Vertrauensmänner, als Mitglied des Herrenhauses wie des hannoverschen Provinziallandtages für die Interessen des Landes. Als er 1883 starb, wurde er unter der Teilnahme der preußischen Offiziere und Beamten beerdigt, während die welfische Partei sich demonstrativ fernhielt.

Plancks Leben in Celle verlief ruhig. Er hatte in seinem Amte genug zu tun, und die richterliche Tätigkeit gewährte ihm Freude und Befriedigung. Seine Augen zwangen ihn, gesellschaftlich still zu leben, alle heißen Lokale zu meiden. Die Ruhe in Celle wurde bald wieder durch die parlamentarischen Anforderungen unterbrochen. Sein Eintritt in ein höheres Amt hatte ihn zudem genötigt, sich einer Neuwahl zu unterziehen; da er aber auf die Weiterführung des Landtagsmandats verzichtete, so kam die gesetzliche Bestimmung nur für den Reichstag zur Anwendung. Zum erstenmal hatte er außer mit den Welfen mit einem Kandidaten der Arbeiterpartei um das Mandat zu ringen. Dem Tischlergesellen Theodor York von Harburg, der bisher nur Wahlniederlagen erlebt hatte, gelang es am 15. Februar 1869 in Celle, mit Planck in die Stichwahl zu kommen. Von 8264 Wählern hatten für Planck 3607, für York 2536, für Minister Erxleben 2053 gestimmt. Die Beteiligung der Arbeiter war so stark, daß in der Stadt Celle York die Mehrheit errang, 812 Stimmen, gegen 722 für Planck und 295 für Erxleben. Bei der Stichwahl am 5. März hatten sich auch die andern Parteien mehr angestrengt. Fast zwei Drittel der Wahlberechtigten erschienen an der Wahlurne. Die Zahl der Stimmenden betrug 12 079, 39 Wahlzettel waren ungültig, 6881 lauteten auf Planck, 5159 auf York.

Die Reichstagsverhandlungen, am 4. März 1869 eröffnet, galten vorzugsweise der Gewerbeordnung und der Bewilligung neuer Steuern, brachten aber auch erhebliche Fortschritte auf dem Gebiete der Rechtseinheit. Was die Zeit am besten charakterisiert, war, daß von der sächsischen Regierung, deren Freunde sich als die schärfsten Partikularisten des Reichstags bewährt hatten, der Antrag auf Begründung einer neuen Bundesinstitution ausging. Mochte der Gedanke an ein Bundesoberhandelsgericht mit dem Sitze zu Leipzig aus dem vorjährigen unter Zustimmung des Bundesrats gefaßten Reichstagsbeschlusse entsprungen sein, das bereits in den deutschen Einzelstaaten geltende Handelsgesetzbuch nebst der Wechselordnung und ihren Novellen zu Bundesgesetzen zu erheben, so bedeutete es doch einen mächtigen Fortschritt, eine Rechtsmaterie, die man zunächst nur der einseitigen Abänderungsfreiheit entzogen hatte, nunmehr zum Gegenstand der Rechtsprechung eines Bundesgerichts zu machen und die Jurisdiktion der einzelstaatlichen Gerichtshöfe um eben dies Maß von Zuständigkeit zu schmälern. Die echten und rechten Vorfechter des Partikularismus ließen sich denn auch nicht irre machen und bekämpften wie den Antrag Sachsens so auch die Kompetenz des Reichstags, darüber zu beschließen. Windthorst verlangte nicht mehr und nicht weniger als eine neue Vereinbarung der Regierungen und Zustimmung sämtlicher Landtage. Er und die übrigen Gegner schwelgten förmlich in den juristisch-technischen Bedenken, die sich der Einrichtung entgegenstellten. Die Sache ist ein Unding; jeder Jurist gesteht das unter vier Augen zu; Unsinn mache ich aus nationalen Rücksichten nicht mit. Wir fangen die Organisation der Gerichte beim Kopfe an und zerschneiden ihn. Derartigen Äußerungen Windthorsts trat Miquel, der kein Freund der Separatgerichte über einzelne Sachen war, mit der kühlen Bemerkung gegenüber: Der neue Gerichtshof ist, von juristischer Seite betrachtet, ein Provisorium, von nationaler ein Definitivum; der deutsche Gerichtshof wird nicht wieder verschwinden. Ist der Anfang in der rechten Richtung gemacht, so wird er seine Konsequenzen schon nach sich ziehen. In der Spezialdebatte über den Gesetzentwurf bemühten sich Planck und Bähr, der sich prinzipiell gegen einen besondern Handelsgerichtshof, der mit zwanzig Prozeßordnungen zu amtieren haben würde, ausgesprochen hatte, durch Amendements die Mängel der Vorlage zu heilen und sie mit dem bestehenden Recht in Einklang zu bringen, ohne aber mit ihnen durchzudringen. Auch außerhalb des Reichstags fehlte es nicht an juristischen Ausstellungen. Und doch bewährte sich Miquels Zuversicht. Trotz aller Schwierigkeiten hat gerade dieser Gerichtshof vortrefflich fungiert und eine geradezu musterhafte Rechtsprechung entwickelt.

Schon die nächsten Reichstagsverhandlungen machten die Prophezeiung Miquels vom Frühjahr 1867 (oben S. 281) wahr. Überall war die unvollständige Rechtskompetenz des Bundes im Wege. Im April 1869 beantragten deshalb Miquel, Lasker und Genossen, die gemeinsame Gesetzgebung über das gesamte bürgerliche Recht dem Bunde zu überweisen. In der ersten Beratung sprachen Miquel und Lasker, in der zweiten am 28. April Bähr und Planck, nicht ohne daß ein Unterschied zwischen ihnen hervorgetreten wäre. Bähr wollte nicht geniert sein und, wo ein einheitliches Bedürfnis im Privatrecht entsteht, an Kompetenzzweifel und Kompetenzgrenzen anstoßen; aber nur einzelne Materien sollen neu geordnet werden, die Schaffung ganzer Gesetzbücher hat stets etwas Bedenkliches. Planck sprach offen die Sehnsucht nach der Rechtseinheit aus: wir müssen dahin streben, und die Bundesregierung muß dazu helfen, daß wir wieder ein gemeinsames, ein gemeines Recht in Deutschland bekommen. Nächst der Sprache ist das Recht die wichtigste Äußerung der Nationalität. Wo die Verhältnisse in einem Volke so verschieden geworden sind, daß sie ein gemeinsames Recht nicht mehr ertragen können, da ist die Nation ihrem Verfall oder Zerfall nahe. Glücklicherweise ist das in Deutschland noch nicht der Fall. Den besten Beweis liefert die Existenz einer deutschen Rechtswissenschaft. Gerade in den letzten Jahrzehnten hat sie sich bemüht, den nationalen Charakter des Rechts wieder zur Geltung zu bringen, die verschiedenen Elemente, aus denen unser Recht erwachsen ist, zu einem Ganzen zu verschmelzen. Auch im Bewußtsein des Volkes hat sich das Bedürfnis nach einem gemeinsamen Recht lebendig erhalten, im öffentlichen Recht und in noch höherm Grade im Privatrecht. Gleich Bähr will er durch den Antrag zunächst nur ermöglichen, durch allmähliche und stetige Reform dem Ziele näher zu kommen und die zu gesetzlicher Regelung reif gewordenen Gegenstände ihr zu unterwerfen. Der Antrag, mit großer Mehrheit vom Reichstage angenommen, fand die Zustimmung des Bundesrats noch nicht, bildete aber von nun ab das Programm der der Fortentwicklung des deutschen Bundesstaats günstigen Parteien.

Zunächst waren die Tage noch wenig erfreulich. Im Reichstage wie im Zollparlament fehlte die Einigkeit unter den Parteien wie die Fühlung der Parteien mit der Regierung. So war man froh, daß die Pfingstferien eine Unterbrechung bewirkten. Planck verlebte sie in Hamburg, wo die ständige Deputation des Deutschen Juristentages, in die er September 1867 erwählt war, ihre Sitzung hielt. Nachher verbrachte er noch schöne Tage mit seiner Familie und seiner Mutter auf dem Gute des Vetters O. Nanne in Großenborstel bei Hamburg. Die Sitzung der ständigen Deputation hatte der Vorbereitung des Juristentages gegolten, der im August 1869 in Heidelberg abgehalten wurde. Planck nahm daran teil, ohne übrigens in die Debatten einzugreifen, und erfreute sich des Wiedersehens viel alter Freunde, wie Jhering und Gneist, der Landsleute Francke, Droop und Struckmann, der Räte Drechsler und Zimmermann vom Lübecker Oberappellationsgericht.

Die erste gesetzgeberische Schöpfung, die auf dem Gebiet der Rechtseinheit gelang, war das Strafgesetzbuch. Dem am 14. Februar 1870 eröffneten Reichstage konnte gleich bei seinem Beginn der von einer durch den Bundesrat niedergesetzten Kommission ausgearbeitete Entwurf eines Strafgesetzbuches vorgelegt werden. Der Reichstag beschloß, den allgemeinen Teil und die sozusagen politischen Delikte im Plenum zu verhandeln, das übrige einer Kommission zur Vorberatung zu überweisen. Die Absicht, Planck in die Kommission zu wählen, ließ sich nicht verwirklichen, da er, durch Krankheit ans Bett gefesselt, erst einige Wochen nach der Eröffnung erscheinen konnte. Das Auskunftsmittel, ihn einstweilen durch einen Ersatzmann vertreten zu lassen, verbot sich, weil er auch nach seinem Eintritt in das Haus noch der Schonung bedurfte. Er war auch so tätig genug, und gerade für die Zwecke der Strafgesetzreform. Der von der nationalliberalen Partei für sich bestellten Kommission zur Vorprüfung des Entwurfs gehörte er an. Um die Arbeit zu fördern, hielt sie täglich morgens von 9 Uhr an Sitzung. Dann kamen Plenar- oder Fraktionssitzungen, so daß die Tage bis zum Abend ausgefüllt waren. In die Plenarberatung des Gesetzes griff Planck verschiedentlich ein. In der Diskussion über die den Widerstand gegen die Staatsgewalt behandelnden Paragraphen machte sein Antrag die Strafbarkeit davon abhängig, daß der Beamte innerhalb seiner Zuständigkeit oder, wie in der zweiten Lesung aus redaktionellen Gründen geändert wurde, in der rechtmäßigen Ausübung seines Amts gehandelt habe. Der Antrag wurde nach gründlicher Motivierung Plancks mit 110 gegen 86 Stimmen angenommen, entgegen sowohl einem weitergehenden Antrag von Fries als dem Standpunkt der Konservativen, die mit der Vorlage den Beamten in jeder seiner Handlungen, einerlei, ob berechtigt oder unberechtigt, gegen Widerstand schützen wollten.

Den Schwerpunkt der die ganze Session durchziehenden Debatte bildete die Frage, ob die Todesstrafe beizubehalten oder zu beseitigen sei. Die deutschen Grundrechte (§ 9) hatten sie zugleich mit den Strafen des Prangers, der Brandmarkung und der körperlichen Züchtigung abgeschafft, außer für das Gebiet des Kriegsrechts und für die Meuterei zur See. In einer großen Anzahl deutscher Staaten war sie mit Einführung der Grundrechte beseitigt, nach deren Aufhebung wiederhergestellt worden. In Oldenburg, Anhalt und Bremen war es bei der Abschaffung der Todesstrafe geblieben; neu hatte sie das Königreich Sachsen gelegentlich der Revision seines Strafgesetzbuches im Jahre 1868 aufgehoben. Die öffentliche Meinung, die wissenschaftliche Literatur der Juristen wie der Philosophen hatte nicht aufgehört, die Frage zu erörtern. Der Juristentag hatte sich bei seiner Tagung in Mainz 1863 für die Aufhebung ausgesprochen. Doch gab es immer auch unter den liberalen Schriftstellern gewichtige Namen, die zugunsten der Strafe als eines dem Staate unentbehrlichen Mittels plädierten, wie z. B. David Strauß [1]). Die Regierungsvorlage hatte von den vierzehn Anwendungsfällen des preußischen Strafgesetzbuches zehn aufrecht erhalten. In der zweiten Lesung beschloß der Reichstag die Abschaffung mit 118 gegen 81 Stimmen. Mit den die Mehrheit bildenden liberalen Parteien stimmten auch einzelne Freikonservative, wie Graf Bethusy-Huc, von den Konservativen Prinz Handjery, außerdem die Sachsen. Miquel war der einzige mit der Minorität stimmende Nationalliberale; das Wort nahm er erst in der dritten Lesung. Bismarck bekämpfte die Verwerfung der Todesstrafe als aus kränklicher Sentimentalität der Zeit und der modernen Scheu vor Verantwortlichkeit hervorgegangen und erklärte, der für oratorische Eindrücke nicht empfängliche Bundesrat werde schwerlich, Preußen jedenfalls nicht der Reichstagsmehrheit beitreten. Zwischen der zweiten und dritten Lesung wurde von verschiedenen Seiten zu vermitteln versucht. Für den Vorschlag, die Todesstrafe auf den Fall des Mordes zu beschränken, war die Mehrheit der nationalliberalen Partei bereit einzutreten; angeblich war auch die Mehrheit des preußischen Staatsministeriums dafür. Der Ausweg fand Widerstand beim Könige. Er bestand auf dem Festhalten am Entwurf, der die Strafe außer beim Morde auch bei den drei Fällen des Mordversuchs: gegen das Bundesoberhaupt, gegen den Landesherrn des Täters und gegen den Landesherrn des Aufenthaltsstaats androhte. Beim Beginn der dritten Lesung am 21. Mai, einem Sonnabend, gab Leonhardt im Namen des Bundesrats bekannt, die Aufnahme der Todesstrafe in dem Rahmen der Vorlage sei eine Notwendigkeit, an ihrer Ablehnung würde das ganze Gesetz scheitern. Um eine Mehrheit des Reichstags für das Zustandekommen zu gewinnen wurde jetzt auf Anregung des Abgeordneten Stephani von Leipzig [2]) der Vermittlungsvorschlag unter der nationalliberalen Partei verbreitet den Bundesratsantrag anzunehmen, aber mit einer clausula salvatoria zugunsten der Staaten, in denen die Todesstrafe abgeschafft war und jetzt durch lebenslängliches Zuchthaus ersetzt werden sollte. Dem bezüglichen von Planck eingebrachten Antrag versprach Leonhardt die ernste Erwägung des Bundesrats, dessen Erklärung aber nicht vor dem nächsten Montag Morgen erfolgen könne. Was war in solcher

---

[1]) Ges. Schriften I 284 (vom Jahre 1865).

[2]) Fr. Boettcher, Eduard Stephani (1887) S. 100.

Lage natürlicher als in einen Aufschub zu willigen? Die Heißsporne der radikalen Partei, besorgt durch solche Verzögerung könne ihnen der Erfolg der zweiten Lesung, „der uns in den Augen der Welt so hoch erhoben hat," wieder entwunden werden, mischten sofort in die formelle Frage der Vertagung den materiellen Gegensatz, so daß Planck erst ermahnen mußte, eine Sache der Geschäftsordnung auch geschäftsordnungsmäßig zu behandeln. Die Opposition Hoverbecks und seiner Freunde gegen jedes Kompromiß hatte er nicht anders erwartet; aber der Versuch es zustande zu bringen darf nicht durch Abschneiden jedes Aufschubs vereitelt werden. Mit großer Mehrheit wurde die Beratung ausgesetzt. Als sie am Montag wieder aufgenommen wurde, kam mit dem konservativen Antrage von v. Luck auf eine der Regierungsvorlage entsprechende Wiederherstellung der Todesstrafe, auch der Antrag Planck zur Debatte. Er würde voraussichtlich die Mehrheit seiner Partei und auch die des Reichstages gewonnen haben, wurde aber nach einer fulminanten Rede Bismarcks, die die Notwendigkeit der Rechtseinheit in einem so wichtigen Punkte betonte, vom Antragsteller zurückgezogen, da der Versuch, eine Einigung auf dieser Grundlage zustande zu bringen, nach dieser Erklärung gescheitert sei. In der dritten Lesung war sonst nur das Votum Miquels von Interesse. Seine zehnjährige Anwaltspraxis hatte ihn zum Verteidiger der Todesstrafe gemacht; seine Empfindung war immer: es ist ein Schweres, was geschieht, aber es ist gerecht. Die Strafe ist aber nur gegenüber dem Morde gerecht. Ihre Aufrechterhaltung bei Delikten, die bloßer Versuch geblieben sind, würde eine schwere Schädigung des Rechtsgefühls im Volke hervorrufen. Neben der Einheit der Gesetzgebung, die Bismarck so nachdrücklich gefordert hat, steht die Vielheit der Handhabung. Die Einheit der Gesetzgebung allein tut es nicht; die Einheit der Handhabung ist fast noch wichtiger. Wer nicht bewirken kann, daß das Begnadigungsrecht in eine Hand gelegt wird, darf sich auch nicht unbedingt an der Verschiedenheit der Gesetzgebung über die Todesstrafe stoßen. Solange von 22 Stellen Begnadigungsrechte geübt werden, ist die Todesstrafe auf die Dauer unhaltbar. Miquel bedauert deshalb die Zurückweisung des Amendements Planck, wünscht aber jedenfalls ein Zustandekommen des Gesetzes ohne Aufschub. Den Opportunisten, die warten zu können erklären, ruft er zu: der Norddeutsche Bund darf nicht stille stehen, er muß jedes Jahr ein großes neues Feld erobern. Die Debatte schloß mit der Wiederaufnahme der Todesstrafe in den Grenzen des Antrages v. Luck. In der Abstimmung, die mit 127 gegen 119 erfolgte, waren die Nationalliberalen im Gegensatz zur zweiten Lesung geteilt. Für die Todesstrafe stimmten: Bähr,

Planck, Miquel, Oetker, Römer, Rochau, Sybel, Wagner-Altenburg, Graf Schwerin, Wehrenpfennig. Dagegen: Albrecht, Becker-Oldenburg, Bennigsen, Braun-Wiesbaden, Forckenbeck, Lasker, Simson, Stephani, Fries. Die Sachsen waren auch jetzt unter den Gegnern. In der Fraktionsberatung, in der etwa zwei Drittel der Nationalliberalen für den Beschluß der zweiten Lesung, ein Drittel für den des Bundesrats gestimmt hatten, war von vornherein ausgemacht, die Frage nicht als Parteifrage zu behandeln.

Was erreicht war, beruhte auf einem Kompromiß. Es war aber anders zustande gekommen, als man gedacht hatte; und das Verhalten zweier Persönlichkeiten hat den Ausschlag gegeben. Die Todesstrafe beizubehalten, war im Prinzip durchgesetzt. Aber — so verlangten die einen: sie wird bloß dem Morde angedroht. Es hieß, die Mehrzahl der preußischen Minister und auch Bismarck seien damit zufrieden. Hier trat König Wilhelm entgegen und verlangte die Todesstrafe auch für den versuchten Fürstenmord. Andere stellten als Bedingung ihrer Zustimmung: wo die Todesstrafe abgeschafft ist, bleibt sie abgeschafft. Damit sollten preußische Minister und auch der König selbst einverstanden sein. Hier trat Graf Bismarck entgegen und verlangte Einheit des Strafgesetzes.

Planck hat die Gründe für seine Abstimmung und seine Stellung zum Streit über die Todesstrafe in einem öffentlichen Vortrage vor seinen Wählern dargelegt: „Ich bin nicht der Ansicht, daß der Staat überhaupt nicht das Recht habe, die Todesstrafe anzudrohen und zu vollziehen; ich glaube vielmehr, daß er dazu berechtigt und verpflichtet ist, wenn und so weit dies zur Erhaltung der Rechtsordnung notwendig ist. Für die Abschaffung der Todesstrafe bin ich nur deshalb, weil sie nach dem gegenwärtigen Stande unserer Kultur zur Erhaltung der Rechtsordnung nicht mehr erforderlich ist. Die Frage ist also für mich keine reine Prinzipien-, keine Gewissensfrage; sie ist eine Frage der Zeit und hängt von der richtigen Beurteilung der gegebenen Kulturverhältnisse ab. Ich halte die Frage ferner nicht für eine dringende und brennende in dem Sinne, daß die Mehrheit des Volkes unbedingt die Abschaffung der Todesstrafe verlangte, daß das Rechtsbewußtsein der Nation durch deren Beibehaltung verletzt werde. Die Mehrzahl der Gebildeten wird für die Abschaffung sein, und diese müssen in solchen Fragen vorangehen; die Masse des Volkes wird aber, wie ich glaube, durch die ganze Frage wenig berührt, und wenn man abstimmen lassen wollte, so würde sich die Mehrheit eher für Beibehaltung als für Abschaffung der Todesstrafe aussprechen. Bei dieser meiner Auffassung der Frage konnte ich sie nicht als eine solche betrachten, die man lediglich vom prinzipiellen Standpunkte aus, ohne

Rücksicht darauf, welche praktischen Folgen daraus hervorgingen, entscheiden müsse, vielmehr mußte ich die Vorteile und Nachteile, die sich bei der einen oder andern Entscheidung ergaben, gegeneinander abwägen. Nun stand die Frage ja nicht, wie von einzelnen Seiten darzustellen versucht ist, so, daß wir darüber zu entscheiden gehabt hätten, ob die Todesstrafe abgeschafft oder beibehalten werden solle. Das würde nur der Fall gewesen sein, wenn der Reichstag allein die Gesetze zu machen hätte. Da aber zu jedem Gesetze die Übereinstimmung des Reichstags und des Bundesrats notwendig ist, und der Bundesrat bereits offiziell erklärt hatte, daß er dem Strafgesetzbuch ohne die Todesstrafe seine Zustimmung nicht erteilen werde, so stand die Frage in Wirklichkeit so: „Wollen wir das Strafgesetzbuch mit den vom Bundesrat bezeichneten Fällen der Todesstrafe oder wollen wir den bisherigen Zustand bestehen lassen?“ Der Redner beantwortete diese Frage, indem er seinen Zuhörern zeigt, wie sehr sich das neue Strafgesetzbuch zu seinem Vorteil von seinen Vorgängern unterscheide. War das schon an der Vorlage gegenüber dem preußischen Strafgesetzbuch zu rühmen, um wieviel mehr an ihrer Gestalt nach der Durchberatung mit dem Reichstage, in der sie eine Reihe von Verbesserungen erfahren hat, die der Bundesrat zum Teil ungern, aber im Interesse des Zustandekommens akzeptiert hat. Das neue Gesetzbuch ist nicht frei von Mängeln, aber eins der besten, die existieren. Auch in bezug auf die Todesstrafe weist es für den größten Teil Deutschlands einen erheblichen Fortschritt auf. „Sollten wir also ein Gesetz, das für den größten Teil von Deutschland einen sehr großen juristischen Fortschritt bringt, daran scheitern lassen, daß es für einen kleinen Teil in betreff einer einzelnen Frage einen Rückschritt enthält?“ Er hebt dann zwei allgemeine Gesichtspunkte zur Beurteilung des Erreichten hervor. Das Zustandekommen des Gesetzbuches ist ein außerordentlich großer politischer und nationaler Fortschritt für die ganze Nation, ein wichtiger Schritt zur Wiedergewinnung der Rechtseinheit. Es ist nicht falscher Idealismus, wenn er hierauf immer wieder Gewicht legt. „Die Gemeinsamkeit des Rechts, wie sie eine der edelsten Blüten des nationalen Lebens ist, ist zugleich eins der stärksten Bande, eine Nation zusammenzuhalten, eins der wirksamsten Mittel, das nationale Bewußtsein zu stärken und das nationale Leben zu fördern.“ Wäre dieser erste Schritt zum Ziele mißglückt, alle weiteren Arbeiten im Gebiete der Rechtsorganisation wären ins Stocken geraten. Der zweite allgemeine Gesichtspunkt ist der, und er bildete für Planck den Kern der ganzen Streitfrage: Ein neues Votum gegen die Todesstrafe wäre unstreitig ein Akt von moralischer Bedeutung gewesen. Es fragt sich aber, ob er nicht bloß vorübergehend Eindruck auf das Gefühl gemacht, sondern dauernd einen praktischen Erfolg erzielt hätte. Wäre dadurch die definitive Beseitigung der Todesstrafe erreicht oder beschleunigt worden? Es ist eine Frage der politischen Kombination, die sich nicht im voraus mit mathematischer Sicherheit beantworten läßt. Auf eine Nachgiebigkeit im Bundesrate, auf das Eingreifen einer mächtigen liberalen Strömung ist nicht zu rechnen. Eher darauf, daß Neuwahlen die konservative Partei im Reichstag stärken und den Bundesrat hindern, die Konzessionen, die er jetzt zu machen bereit ist, zu gewähren. Das Verhalten, wie er es jetzt, wenn auch nur mit einem Teil seiner Partei, beobachtet hat, entspricht dem allgemeinen Grundsatz, den die Nationalliberalen in der Politik befolgt haben. Es ist richtiger, die politischen Prinzipien, die sie leiten, wenn auch nur allmählich und stückweise, ins Leben einzuführen, als sie in ihrem ganzen Umfange und mit voller Schärfe auszusprechen und vielleicht dadurch nichts zu erreichen.

Planck durfte mit seinen Freunden in die Genugtuung einstimmen, die der König — das Bundesoberhaupt nach dem Ausdruck des neuen Strafgesetzbuches, den einige partikularistische Sachsen gern durch den Inhaber der Bundespräsidialgewalt ersetzt hätten — in seiner Thronrede am 26. Mai 1870 zum Schluß der ersten Legislaturperiode aussprach. Die erste Stelle unter den zustande gebrachten legislatorischen Schöpfungen wies er dem Strafgesetzbuch an und dankte dem Reichstage für die Bereitwilligkeit, mit der er den Regierungen entgegengekommen war. Planck fand die beste Anerkennung für die Richtigkeit seines Handelns in dieser wichtigen und schwierigen Sache darin, daß ein großer Teil seiner Parteigenossen, die gegen den Bundesratsantrag gestimmt, ja selbst einzelne Mitglieder der weiter nach links gehenden Parteien, schließlich ihre Freude darüber aussprachen, daß das Gesetzbuch zustande gekommen war.

Nach Beendigung von Zollparlament und Reichstag nach Celle zurückgekehrt, berichtete Planck am 17. Juni in der liberalen Vereinigung über die letzte Reichstagssession. So befriedigt er sich über deren gesetzgeberischen Ertrag aussprach, und er ging hierbei außer auf das Strafgesetzbuch näher auf das Gesetz über den Unterstützungswohnsitz und das neugeschaffene Bundesamt für das Heimatwesen ein, so verhehlte er nicht, daß von den beiden großen politischen, dem Norddeutschen Bunde gestellten Aufgaben keine gelöst war. Er dachte dabei an den Ausbau der Bundesverfassung durch Organisation der obersten Verwaltung und an den Eintritt Süddeutschlands. Mit der Verfassung, so mangelhaft sie theoretisch sein mochte, ließ sich sehr wohl marschieren. Das Einkammersystem und die Institution des Bundesrats hatten sich bewährt. Das Ungenügende lag in der Bundesexekutive. In dem

Bundeskanzler konzentrierte sich ein ganzes Ministerium. Alle Zweige der immer mehr anwachsenden Verwaltung selbst zu leiten, war eine Unmöglichkeit. So fehlte eine feste Ordnung der Verwaltung und dem Reichstag gegenüber ein verantwortlicher Träger. Eine Abhilfe konnte nur ein verantwortliches Bundesministerium bringen. Planck denkt es sich von besonderer Beschaffenheit. Der Bundeskanzler muß nicht nur den entscheidenden Einfluß auf seine Bildung, sondern auch ausschließlich die Leitung der Geschäfte haben, so daß die einzelnen Bundesminister nur für die in ihr Ressort fallenden Angelegenheiten verantwortlich sind. Die Schwierigkeit, die in der bisherigen Einrichtung der Bundesverwaltung liegt, wird vermehrt durch das Nebeneinander von Preußischer und Bundesregierung, von Preußischem Landtag, Zollparlament und Reichstag. Die Maschine arbeitet trotz ihrer Kompliziertheit befriedigend, solange die Faktoren einträchtig wirken. Der Eintracht droht Gefahr vom Partikularismus, nicht zum wenigsten auch von dem preußischen. Ihr zu begegnen muß der Schwerpunkt mehr in die Bundesgewalt verlegt werden: Ein Ziel, in dem der Bundeskanzler und die nationalliberale Partei einig sind. Die Mittel, um dahin zu gelangen, liegen in der Dezentralisation des Preußischen Staats und in dem Eintritt Süddeutschlands in den Norddeutschen Bund. Die Zollvereinsregierung muß sich zur Bundesregierung, das Zollparlament zum Deutschen Reichstag ausbilden. Planck erwog zum Schluß seiner Rede die Stellung der Persönlichkeiten zu diesen Aufgaben. Von der altkonservativen Partei nahm er die Fortdauer jener Abneigung gegen den Eintritt Süddeutschlands aus den Gründen an, die ihm selbst ein Mitglied einige Jahre früher entwickelt hatte (oben S. 274). Über die Stellung Bismarcks zur Sache urteilte man verschieden. Die einen hielten sich an seine Äußerung in der Debatte über die Aufnahme Badens: Er will den Eintritt von Baden allein nicht. Andere gingen weiter: Auch der Eintritt von ganz Süddeutschland widerstrebe ihm zur Zeit, weil er den festen Gang der Bundesregierung und die stetige Entwicklung der Bundesinstitutionen stören würde. Eine Verbindung süddeutscher Ultramontanen mit der radikalen Linken sei vorauszusehen, die die Bildung einer festen nationalen Mehrheit hindern würde. Die darin liegende Gefahr sei nicht zu fürchten, wenn die große Mehrheit des Südens den Eintritt in den Norddeutschen Bund wolle oder ein großer siegreicher Krieg sie herbeiführe. Das eine sei zur Zeit nicht vorhanden und das andere kann man nicht leichtsinnig provozieren. Für die nationalliberale Partei erwächst daraus die Aufgabe, den Grafen Bismarck in seiner Politik des Abwartens zu unterstützen, aber ihren Standpunkt bei jeder Gelegenheit klar auszusprechen, daß sie den Eintritt des Südens so bald als möglich wünscht. Aus diesem Gesichtspunkt ist es zu erklären, daß sie in der Debatte des 24. Februar den Antrag auf Aufnahme Badens stellte und nach dem Widerspruch des Bundeskanzlers zurückzog. Das gibt ihm Gelegenheit, mit einem Worte auf die ganze Stellung der nationalliberalen Partei seit dem Jahre 1866 einzugehen, zurück- und vorwärts zu blicken. Ihr Ziel war und bleibt: Die Gründung des deutschen Staats, des freien deutschen Rechtsstaats. Die durch die Ereignisse des Jahres 1866 geschaffene Grundlage war geeignet, um von ihr aus weiter zu bauen und jenes Ziel zu erreichen. Die Partei stand einer konservativen Regierung gegenüber, die, um einen dauernden Gewinn für Preußen und Deutschland aus jenen Ereignissen hervorgehen zu lassen, alle national gesinnten Elemente des Volkes zusammenfassen mußte. Die Haltung der nationalliberalen Partei konnte keine andere sein, als die Politik der Bundesregierung, soweit sie von nationalem Geiste getragen war, zu unterstützen und zugleich ihre Stellung dazu zu benutzen, um soviel Konzessionen im liberalen Sinne zu erreichen, als möglich war. Die Partei hat diese Aufgabe mit Glück und Geschick gelöst. Sie ist dem Schicksal aller Mittelparteien nicht entgangen, ist von rechts und links angefeindet und verketzert; sie wird auch dem Schicksal aller Mittelparteien nicht entgehen, unterzugehen und sich in ihre Bestandteile aufzulösen. Solange aber die Voraussetzungen fortdauern, die ihre Entstehung bedingt haben, solange die nationale Aufgabe nicht gelöst ist, solange eine konservative Regierung in Preußen und im Bunde an der Spitze steht, die zu verdrängen die liberale Partei nicht die Macht hat, solange wird die nationalliberale Partei zum Heile Deutschlands bestehen bleiben und ihre bisherige Haltung im wesentlichen fortsetzen müssen.

Die nach so viel angestrengter Arbeit redlich verdienten Ferien gedachte Planck mit seiner Familie zu Lauterberg im Harz zu verbringen. Schon am 15. Juli, als man dahin von Celle aufbrach, traf man den Bahnhof in Hannover in großer Aufregung. Die Generalität war in Gala versammelt, um nach Kreiensen abzufahren, wo der von Ems heimkehrende König begrüßt werden sollte. Als Planck gleich nach der Ankunft in Lauterberg die Einberufung des Reichstags auf den 19. Juli erfuhr, machte er sich auf den Weg und langte mit einigen Hindernissen wohlbehalten in Berlin an. Da sein Koffer nicht mitgekommen war, lieh er sich von Freund Böckh einen Frack zu der feierlichen Eröffnung des Reichstags am 19. Die drei Tage, die die außerordentliche Session dauerte, verliefen unter erhebenden Eindrücken. Die Adresse auf die Thronrede, der von der

Regierung geforderte Kriegskredit wurden einstimmig angenommen. Für die Rückreise erhielten die Abgeordneten Fahrkarten zu allen Zügen, auch den Militärzügen. Als Planck zunächst nach Celle zurückkehrte, empfing ihn die angenehme Nachricht, daß der Präsident von Düring von sich aus für ihn und den Celler Obergerichtsrat Deneke, in Anbetracht ihrer Erholungsbedürftigkeit Urlaub beim Justizminister erwirkt hatte. Um wieder nach Lauterberg zu seiner Familie zurückzugelangen, fuhr er im Einspänner nach Hannover und von da mit einem Militärzuge in den Harz. In Lauterberg war es sehr einsam geworden. Der Freund Deneke, sein Bruder, Rat im Justizministerium, und einige pensionierte höhere Offiziere bildeten den kleinen Bekanntenkreis, den die ganze Kurzeit hindurch die Kriegsereignisse in Bewegung erhielten. Während der Reichstagssitzung im November durchlebte Planck die schwülen Wochen, in denen die Nachrichten über die Verhandlungen mit den süddeutschen Staaten auf und nieder schwankten. Fehlte es auch in seiner Partei nicht an hitzigen Gemütern, die, empört über die Forderungen Bayerns und Württembergs, alles zu verwerfen geneigt waren, so gehörte er zu den Ruhigen und Gemäßigten, die, anfangs eine kleine Zahl, allmählich doch immer mehr Anhänger gewannen, so daß die Partei sich mit dem begnügte, was der Politik des Bundeskanzlers zu erringen möglich gewesen war. Die Kaiserdeputation, die von Simson geführt, am 19. Dezember dem Könige die Adresse des Reichstags in Versailles überreichte, rief ihm jenen historischen Tag des Jahres 1849 ins Gedächtnis, den er einst als junger Mann mit seinen Wünschen und Hoffnungen begleitet hatte. Er hatte immer die Ablehnung für einen politischen Fehler gehalten (oben S. 268). Mit Genugtuung stellt Heinrich Abeken von Versailles aus 1849 und 1870 einander gegenüber und rechtfertigt das Verhalten Friedrich Wilhelms IV. „Ohne jene Ablehnung wäre es nicht geschehen, daß jetzt Fürsten und Nation die Kaiserkrone einmütig dem Bruder des edeln Fürsten, der sie ausschlug, darboten[1]." Mit größerm Rechte darf man sagen: Ohne das Anerbieten von 1849 wäre es schwerlich zu dem von 1870 gekommen. Treffend erfaßt Ranke den Zusammenhang: Bei Erhebung König Wilhelms zum Kaisertum war kein populäres Parlament wirksam, wie das, dessen Anerbietungen Friedrich Wilhelm IV. ablehnte; es ward von den Fürsten und freien Städten dargeboten. Aber die Ideen jenes Parlaments beherrschten dennoch die Geister[2].

[1]) H. Abeken, Ein schlichtes Leben (1898) S. 463.
[2]) S. W. 53, 620.

Zweites Buch.

Die Jahre 1871—1910.

Erstes Kapitel.

Parlamentarische Ausgänge.

1871—1873.

Am 3. März 1871 fanden die Wahlen zum Reichstage, dem ersten des Deutschen Reiches, statt. Planck, wie schon zweimal zuvor, Kandidat der nationalliberalen Partei für den Wahlkreis Celle, siegte nach einem nicht leichten Kampfe. Der welfische Gegner, Dr. Schnell in Hannover, errang in der Stadt Celle 863, Planck 697 Stimmen; man gab den Kleinbürgern in den Vorstädten die Schuld, von denen die Blumhäger 247 Stimmen für Schnell und nur 28 für Planck abgegeben hatten. Das Gesamtergebnis von 6059 Stimmen für Planck gegen 4404 für Schnell war aber doch immer günstig genug. Die Wahlen in der Provinz Hannover, obschon unter dem frischen Eindruck des Sieges über Frankreich, des Zutritts der süddeutschen Staaten, der Kaiserproklamation von Versailles vollzogen, fielen nachteilig für die nationale Sache aus. Die nationalliberale Partei verlor vier Wahlkreise an die Gegner, unter ihnen Osnabrück, wo Miquel gegen Erxleben unterlag. Eins der Häupter der nationalen Partei, obschon für ihn mehr als 9000 Stimmen abgegeben waren, mußte er sich ein Mandat auswärts suchen und trat als Abgeordneter für Waldeck in den Reichstag. Man legte sich auf der liberalen Seite den unerwarteten Ausgang damit zurecht, daß die welfische Partei, dem Norddeutschen Bund gegenüber gleichgültig, das Reich ernsthafter nehme und sich deshalb stärker an den Wahlen beteiligt habe, und schöpfte daraus die Hoffnung, die Partei werde nunmehr aus der bloßen Negative heraustreten und an den positiven Aufgaben des Reiches mitarbeiten. Diese schwachen Trostgründe, die zudem die nächste Zukunft widerlegte, konnten nicht über die Tatsache hinweghelfen, daß sich die Partei ungeachtet aller Fortschritte, die die nationale Idee gemacht hatte und noch täglich machte, kräftig fortlebte, so sicher man auch ihren baldigen Untergang prophezeite. Auch Miquel, dem seine Osnabrücker Wähler in einer Adresse ihre Anhänglichkeit trotz des Mißerfolges versichert hatten, bezeichnete in seiner Antwort die Gegner als eine Partei ohne große Aufgaben, ohne positiven Inhalt, die von selbst zerbröckeln und sich allmählich auflösen werde. In den Reichstag traten für Hannover neben neun Nationalliberalen und zwei Nationalkonservativen, Graf Otto Stolberg und Graf Münster, acht welfische Parteigänger. Das zu einer Zeit, da die nationalliberale Partei hoch in Blüte stand, 119 Wahlen zu ihren Gunsten zu verzeichnen hatte, denen 33 Mitglieder der liberalen Reichspartei aus Süddeutschland zur Seite traten.

Der Reichstag, am 21. März 1871 eröffnet, war der letzte, an dem Planck teilnahm. In der ersten und zweiten Session der Legislaturperiode hat er nicht gesprochen. Erst in der dritten, bei Beratung des Reichsbeamtengesetzes, griff er in die Debatte ein. Entsprechend dem in das Strafgesetzbuch aufgenommenen Grundsatze über Widerstand gegen Beamte (oben S. 287) trat er hier dafür ein, daß ein Beamter den Anordnungen der vorgesetzten Behörde nur dann Gehorsam schulde, wenn sie innerhalb ihrer Zuständigkeit gehandelt habe. Der Antrag, von der Mehrheit des Reichstags angenommen, wurde vom Bundesrate abgelehnt. Erst in der dritten Beratung gelang eine Einigung auf Grund eines Amendements Zedlitz, das jeden Beamten verpflichtete, das ihm übertragene Amt der Verfassung und den Gesetzen entsprechend gewissenhaft wahrzunehmen. Auch Planck befürwortete diese Lösung der Schwierigkeit, zumal damit aus dem Regierungsentwurf, der die Beamten nicht bloß zum Gehorsam gegen Verfassung und Gesetze, sondern auch zur Befolgung der „sonstigen Anordnungen der Vorgesetzten" verpflichten wollte, diese verfänglichen, vieldeutigen Worte gestrichen wurden. § 13, der jeden Reichsbeamten für die Gesetzmäßigkeit seiner amtlichen Handlungen verantwortlich machte, hatte in der zweiten Lesung den Zusatz erhalten, daß ein Beamter, der Anordnungen seiner Vorgesetzten pflichtmäßig befolgt habe, nicht verantwortlich gemacht werden könne; Planck erklärte sich für die beantragte Streichung des selbstverständlichen Satzes, sprach aber zugleich den Wunsch nach baldmöglichster Vorlage eines Reichsgesetzes aus, das die Verbindlichkeit zum Ersatz des Schadens regelte, den ein Beamter in Ausübung seiner Amtspflichten angerichtet hatte. Der Wunsch ist erst mit dem BGB. § 839 und in weiterer Durchführung mit dem preußischen Gesetz vom 1. August 1909 und dem die Reichsbeamten betreffenden Gesetz vom 22. Mai 1910 in Erfüllung gegangen. — Der im Frühjahr 1873 beratene Gesetzentwurf, die Rechtsverhältnisse der zum Dienst einer Reichsbehörde bestimmten Gegenstände betreffend, gab durch die Frage, von wann ab das Eigentum an den Liegenschaften auf das Reich übergehe, zu einem kurzen juristischen Geplänkel zwischen dem Generalstaatsanwalt Schwarze und Planck Anlaß. Während jener die Eintragung in das Grundbuch als entscheidenden Zeitpunkt ansah, verfocht Planck mit Recht die Ansicht, daß wie bei andern kraft Gesetzes eintretenden Eigentumsveränderungen die tatsächliche Inbesitznahme den Ausschlag gebe. — Im Frühjahr 1873 wurde Planck noch einmal in eine parlamentarische Kommission berufen. Sie beriet den Völk-Hinschiusschen Antrag auf Einführung der Zivilehe in sechzehn Sitzungen unter dem Präsidium des Stadtrats Techow und nahm den von den Antragstellern vorgelegten Gesetzentwurf gegen vier Stimmen an. Der von Dr. Hoffmann, Hofgerichtsadvokat zu Darmstadt, erstattete, von Planck mitunterzeichnete Bericht wurde zwar dem Reichstage am 30. Mai überreicht, gelangte aber im Plenum nicht mehr zur Verhandlung.

Eine besondere Genugtuung in seiner parlamentarischen Tätigkeit wird Planck der 2. April 1873 gewährt haben. Der auf Miquel zurückgehende Antrag, das gesamte bürgerliche Recht der Kompetenz des Reichs zu überweisen, wiederholt vom Reichstage seit dem Frühjahre 1869 (oben S. 285) angenommen, im Preußischen Landtage und dem anderer Einzelstaaten befürwortet, war bisher noch immer an dem Widerstande, den er im Bundesrate fand, gescheitert. Jetzt stellte der Präsident des Reichskanzleramts in sichere Aussicht, er werde einstimmig oder mit der verfassungsmäßig erforderlichen Mehrheit gebilligt werden. Er fügte hinzu, die verbündeten Regierungen beabsichtigten zugleich mit Publikation der Verfassungsänderung eine Kommission zur Ausarbeitung eines bürgerlichen Gesetzbuches zu berufen. Auf den Dank Laskers für die endliche Erreichung des langerstrebten Ziels antwortete der Hohn Windthorsts, der die deutschen Fürsten den größten Schmuck ihrer Krone, die Justizhoheit, zu den Füßen Laskers niederlegen sah. „Vom 2. April 1873 ab sind die jetzt anscheinend souveränen Monarchen in der Lage der Standesherren," rief er und prophezeite dem Hause Wittelsbach in zwanzig Jahren die Stellung des Hauses Hohenlohe. Der Bundesrat, so wenig als oratorischen Einflüssen Weissagungen zugänglich, schuf durch seine Zustimmung das Reichsgesetz vom 20. Dezember 1873, das die gemeinsame Gesetzgebung über das gesamte bürgerliche Recht der Kompetenz des Reichs unterstellte.

In die Zeit der parlamentarischen Ausgänge Plancks fällt eine Tätigkeit, die als ein Vorspiel zu dem gelten darf, was als das Werk seines Lebens zu bezeichnen ist. Die Vereinheitlichung des Zivilprozesses war schon 1861 im Schoße der Bundesversammlung als das dringendste Bedürfnis der deutschen Rechtsreform bezeichnet worden. Legte man auch gleich im Jahr darauf die Hand ans Werk, so hat es doch vierzehn Jahre bis zu seiner Vollendung gedauert. Kommissionen von Sachverständigen, Parlamente, Ministerien haben daran gearbeitet. Dem hannoverschen 1866 fertig gestellten Entwurf folgte der des Norddeutschen Bundes von 1870, diesem der von dem preußischen Justizministerium ausgearbeitete von 1871; der Zutritt der süddeutschen Staaten machte die Bildung einer Kommission nötig, die eine Zivilprozeßordnung für das Deutsche Reich zu entwerfen den Auftrag erhielt. Sie bestand aus zehn Mitgliedern; der Vorsitz war dem Minister Leonhardt, die Stelle des Generalreferenten dem Geh. Oberjustizrat Falck zugedacht. Falck wurde dieser Tätigkeit aber bald nach ihrem Beginn durch seine Ernennung zum preußischen Kultusminister entzogen und Leonhardt durch Dienstgeschäfte oder Krankheit häufig an der Wahrnehmung seines Präsidiums behindert. Ihn vertrat der bayerische Appellationsgerichtsrat und Referent im Justizministerium, Dr. Schmitt. Ein besonders wertvolles Mitglied war der Mecklenburger, Ministerialrat v. Amsberg, der nachher die ausführliche Begründung des veröffentlichten Entwurfs redigierte. Für Baden nahm der junge Ministerialrat Dr. Gebhard teil, der sich hier seine Sporen verdiente und für spätere legislatorische Tätigkeit empfahl. Das kehrte bei Planck wieder, der den nichtlandrechtlichen Teil des Preußischen Staats, das Gebiet der hannoverschen Prozeßordnung von 1850 vertrat, die in der Geschichte der deutschen Prozeßreform eine so große Rolle spielt und ihn als Schriftsteller wie als Referenten des Juristentages wiederholt beschäftigt hatte (oben S. 207 ff.). Wie sein Vater vierzig Jahre früher die Aufgabe einer partikularen Neubearbeitung des Prozesses auszuführen hatte (oben S. 37), so war der Sohn jetzt berufen, an einer Neuordnung desselben Rechtsteils für das Reich mitzuarbeiten. Neben Planck saßen für Preußen in der Kommission der Obertribunalsrat v. Diepenbroick-Grütter und zwei Rechtsanwälte, die Justizräte Dorn, ein scharfsinniger Jurist, als Verteidiger im Prozeß Waldeck (Ende 1849) weithin bekannt geworden, und Gustav v. Wilmowski, der sich neben seiner praktischen Tätigkeit in Posen und nachher in Berlin als Teilnehmer des Juristentages und Schriftsteller im Gebiete des Zivilprozesses einen Namen erworben hatte. Sachsen war durch den Geh. Justizrat Abeken und nach dessen Ernennung zum Justizminister durch den Appellationsgerichtspräsidenten Klemm, Württemberg durch den Obertribunalsrat Kohlhaas vertreten. Die Kommission tagte vom 7. September 1871 bis Anfang März 1872.

Im Glauben an ein baldiges Zustandekommen des entsprechenden Reichsgesetzes unterschrieben die Mitglieder bei dem Abschiedsmahle ein lustiges, von dem Schriftführer der Kommission, Franz Hagens, Stadt- und Kreisgerichtsrat in Danzig, verfaßtes Protokoll, in dem sie sich ein Wiedersehen in Heidelberg versprachen. Die ernsten Schwierigkeiten, die sich dem Abschluß der Justizgesetze entgegenstellten und ihn bis zu Ende des Jahres 1876 verzögerten, ließen, was in fröhlicher Stunde erdacht war, nicht zur Ausführung gelangen. Planck hatte sich alsbald nach Beendigung der Kommissionsarbeit daran gemacht, einen ausführlichen Bericht über ihr Resultat zu erstatten, der, Ende September 1872 geschrieben, in den Preußischen Jahrbüchern vom Februar und März 1873 erschien. Die Abhandlung ist nicht eine bloße Verteidigung des Entwurfs, sondern rückt ihn in einen größern Zusammenhang, setzt seine Prinzipien auseinander und die Konsequenzen, die daraus gezogen sind; sie vergleicht ihn mit dem Entwurfe des preußischen Justizministeriums und begründet die Abweichungen, die in der Behandlung des Beweisbeschlusses, der Eventualmaxime und des Systems der Rechtsmittel gemacht sind. Damit orientiert er zugleich über die Kritik, welche in der Presse oder auf dem Juristen- und dem Anwaltstage an dem Entwurfe der Reichskommission geübt war. Plancks Bericht läßt erkennen, daß bei aller Übereinstimmung der Mitglieder in den Grundprinzipien, der konsequenten Durchführung der Mündlichkeit, der freien Beweiswürdigung und dem Festhalten an der Verhandlungsmaxime, es im Schoß der Kommission nicht an Kämpfen gefehlt hat, und wichtige Beschlüsse nur durch Majoritätsentscheidung zustande gekommen sind. So ist die beschränkte Berufung, die nachher sog. Revision, die nur wegen Verletzung einer Rechtsnorm, nicht wegen des Beweises, den Rechtsstreit in eine höhere Instanz zu bringen gestattet, nur mit geringer Mehrheit durchgedrungen. Das Lehrreiche des Aufsatzes, der doch auch an die nichtjuristischen Leser der Preußischen Jahrbücher denken mußte, liegt in der Erörterung allgemeiner Fragen, z. B. über die Notwendigkeit einer Rechtsmittelinstanz überhaupt, über die Einheitlichkeit der Rechtsprechung, die Scheidung von Tat- und Rechtsfrage, die Errichtung eines Reichsgerichts, die nicht bloß nach ihrer juristischen Zweckmäßigkeit, sondern auch nach politischen und staatsrechtlichen Gesichtspunkten erwogen wird. Manche der spätern Sorgen, die das Gericht hervorrief, sind hier schon vorgeahnt, und bei den Mitteln der Abhilfe, die der Verfasser vorschlägt, muß er sich oft für das kleinere Übel entscheiden. Der Kommission ist das Lob zuteil geworden, daß sie an den Prinzipien des Justizministerialentwurfs festgehalten, ihn aber mit großer Sorgfalt formell und sachlich durchgearbeitet hat. Welchen Anteil Planck an diesem Erfolge gehabt hat, läßt sich nicht sagen, sein eigener Bericht verrät darüber nichts; man weiß nur, daß er seine Freude über das gute Zusammenwirken in der Kommission und das rasche Fortschreiten ihrer Arbeiten geäußert hat. Seine Tätigkeit in der Kommission war jedenfalls von der Art, daß der Minister Leonhardt, der ein strenger Beurteiler war, ihn für weitere legislatorische Arbeit im Auge behielt. Nach dem Schluß der Zivilprozeßordnung lud der Reichskanzler die Mitglieder der Kommission zu sich ein und sprach die Hoffnung auf ein Wiedersehen bei einer andern Gelegenheit aus, ein Wort, das man sich schon damals als günstige Vorbedeutung für die Erweiterung der Reichskompetenz und den Plan eines Zivilgesetzbuches zurecht legte.

Es war in Plancks Leben bisher immer aufwärts gegangen. Aus den Tribulationen der Jahre vor 1866 war er in eine gesicherte, angesehene, seinen Gaben und seinen Wünschen entsprechende amtliche Stellung gelangt. Was manchem eine Last, die er in täglicher Frohn erledigt, war ihm ein Beruf, dem er mit Lust und Liebe diente. Er hatte das Größte erlebt, was einem Mann zuteil werden kann, der sein Privatwohl nicht von dem öffentlichen Wohl zu scheiden vermag. Sein Vaterland hatte sich aus seiner Zerrissenheit und Ohnmacht zu einem mächtigen einheitlichen Staatswesen erhoben. Die Kaiserkrone leuchtete ob dem Haupte des ehrwürdigsten deutschen Fürsten, des Königs Wilhelm von Preußen. Deutschland hatte wieder ein Oberhaupt; und das Reich war an der Arbeit, auf allen Gebieten des öffentlichen Lebens zu wirken und zu schaffen. Er durfte sich das Zeugnis geben, redlich nach dem Maß seiner Kräfte und den Bedingungen seiner Lage mitgearbeitet zu haben, um dies hohe Ziel zu erreichen. In diese Jahre des Aufschwungs fiel für Planck ein bitteres Leid. Die Schwäche seiner Augen, die sich schon aus seiner Jugendzeit herschrieb, war immer bedenklicher geworden. Als sich in der Studentenzeit die ersten Spuren zeigten, erkannte man es nicht als Krankheit, und wenn er etwas auf seinem Schreibtisch nicht finden konnte, schalt man ihn wegen seiner Zerstreutheit. In seinen Anfängen trat das Leiden als sog. Nachtblindheit auf. Er konnte in der Dämmerung nicht sehen, sah nur gerade aus, wie durch einen Tubus. Er griff nach den Gegenständen, die vor ihm auf dem Tische standen, und griff fehl. In einem Saale, wo neben der Ausgangstür ein Spiegel war, ging er auf den Spiegel zu. Daneben war die zentrale Sehkraft gut. Er las bis zum Jahre 1867 auch feine Schrift ohne Mühe und hat die ersten Jahre nach der Verheiratung seiner Frau immer noch vorgelesen. Die erste merkliche Verschlimmerung führte eine Brunnenkur herbei. Kissinger Brunnen, den er auf Anraten des Meppener Arztes aus allgemeinen Gründen trank, brachte ihm starke Kongestionen nach dem Kopfe und den Augen und griff schon die Sehkraft an. Ängstlich geworden, ging er zu einem als tüchtigen Augenarzt geltenden Mediziner in Aschendorf (nördlich von Meppen), da einen ferner wohnenden Arzt aufzusuchen wegen des nötigen Urlaubs große Schwierigkeiten gemacht hätte. Schröpfköpfe und Blutegel, die der Arzt verordnete, brachten keine Besserung. Das Leiden machte nur stetig Fortschritte; stand es anscheinend still, so kamen bald wieder fast sprunghafte Wendungen zum Schlimmen. Gräfe, den er während seines Aufenthalts in Berlin konsultiert hatte, verschwieg ihm nicht, daß an ein Besserwerden nicht zu denken sei und nur versucht werden könne, das durch den Kissinger Brunnen aufgerührte Leiden zum Stillstande zu bringen. Auch sei die örtliche Blutentziehung direkt schädlich gewesen, denn bekanntlich schieße das Blut nach solchen Stellen, denen es künstlich entzogen sei, mit verdoppelter Heftigkeit hin. Nun wurden nur trockne Schröpfköpfe angewendet, der Patient mußte danach 24 Stunden vollständig im Dunkeln, dann 12 Stunden in Halbdunkel sitzen, eine Vorsichtsmaßregel, die früher vollständig versäumt war. Vor allem verlangte der Arzt ein regelmäßiges stilles Leben; die parlamentarische Tätigkeit mit ihren Aufregungen und Unregelmäßigkeiten erklärte er geradezu für Gift. Mochte auch die Kur in Kreuth (oben S. 283) die Kongestionen lindern, die Sehkraft nahm unaufhaltsam, wenn auch periodenweise, ab, bis er im Herbst 1869 an seine Frau schrieb, er habe ihren Brief nicht mehr lesen können. Er gewöhnte sich nun daran, sich vorlesen zu lassen und zu diktieren, was ihm anfangs vielfach Blutandrang zum Kopf verursachte. Diese Jahre, solange er die Hoffnung nicht aufgeben mochte, noch einen Rest von Sehkraft zu retten, waren die schwersten. Die Krankheit war nach Gräfes Feststellung Retinitis pigmentosa auf kongestiver Basis, deren Wesen erst seit Entdeckung des Augenspiegels erkannt war.

So lange Planck in Celle war, ging er auf dem ungefährlichen Wege von seiner Wohnung zum Gerichte allein. In Berlin mußte er immer geführt werden. Längere Zeit blieb auf dem linken Auge noch etwas Licht, so daß er im Walde manchmal noch den Sonnenstrahl, der durch die Zweige blitzte, sehen konnte, ebenso den Mond oder auch einen an dem Baume angebrachten Wegweiser. Nach und nach aber verlor sich auch dieses wenige. Die Ablagerung von Pigment auf der Netzhaut wurde stärker und engte das Gebiet des deutlichen, des zentralen Sehens immer mehr ein. Nach dem Tode Gräfes

(1870) behandelten ihn Professor Schweigger und später Professor Leber. Die ärztliche Kunst war außerstande, dem Leiden Einhalt zu gebieten. Was andere mutlos gemacht hätte, vermochte über diesen Mann nichts. Er verzweifelte nicht und war Gott dankbar, daß er in diesem anscheinend hilflosen Zustand geistig tätig bleiben konnte wie zuvor. Als ihn der Minister Leonhardt 1871 in die Prozeßkommission zu berufen vorhatte, äußerte er seine Bedenken. Der Minister redete sie ihm aus, und die Tat rechtfertigte den mutigen Entschluß. In der Folgezeit verschlimmerte sich der Zustand. Das Jahr 1873 entschied. Es bildete für ihn einen Abschluß. Das Licht erlosch. Wie ein Zeichen des Abschlusses war es für ihn auch, daß in diesem Jahre seine Mutter starb. Sie war 86 Jahr alt geworden und hatte langehin ihre Rüstigkeit bewahrt. Eine fleißige Briefschreiberin, hatte sie den Zusammenhang unter der ausgebreiteten Verwandtschaft, auch nach Württemberg hin, aufrecht erhalten. In den schwülen Junitagen 1866, als die hannoversche Armee unter ihren Fenstern vorbei in den Krieg zog, schrieb sie an die alte Tante Payer in Nürtingen und erzählte ihr Familiennachrichten, wie sie solche von dorther empfing. Neben der Mitteilung von dem alten Gretle, wo zwanzig Jahr bei der lieben Tante war, spielen die Zeitereignisse eine Rolle. Der arme Welfenkönig dauert die Briefschreiberin, wenn er nur nachgegeben hätte vor dem Krieg. „Ihr werdet froh sein, daß Ihr nun preußisch seid; da kann Gottlieb noch hoch steigen.“ Ob die Empfängerin des Briefes diese Stimmung teilte? Ihr Interesse an den politischen Dingen richtete sich nach dem Urteil erst ihres Mannes, dann ihres Sohnes. Das Menschliche lag ihr näher als die Politik. Ihre Herzensgüte wandte sie den Armen, den Kindern zu. Sie verpflegte die hannoversche Einquartierung und die preußische gleich gut, und beide schieden von ihr mit dem Gruße: Na, adieu, Mutter! Als sie ihre Kinder in Meppen besuchte, war es ihr zu still; sie verlangte nach Menschen und war bis in ihr hohes Alter reiselustig. Wenn es nach ihr gegangen wäre, sie hätte ihren Sohn in Berlin aufgesucht. Zuletzt lebten ihre Gedanken nur noch in der Vergangenheit: bei ihrem seit fast 30 Jahren verstorbenen Bruder Georg Oesterley, der einst die früh verwaiste unter seinen Schutz genommen hatte (oben S. 36). Sie erkannte niemanden mehr; nur ihren Sohn, den kannte sie immer. Am 1. Mai 1873 starb sie. Zu Pfingsten weilte Planck in Göttingen, um den mütterlichen Haushalt aufzulösen.

Zweites Kapitel.

Die erste Kommission.

1874—1888.

Das Streben nach der Rechtseinheit war in Deutschland ein Stück des Strebens nach der politischen Einheit. Das hatte Thibaut erkannt, als er 1814 seine Stimme für Herstellung eines deutschen Gesetzbuches erhob. Savigny, der sich rasch in den Preußischen Staat eingelebt hatte, war nicht von der politischen Tendenz erfüllt, die die vaterländisch gesinnten Männer der deutschen Klein- und Mittelstaaten beherrschte. Eben der Gefahr des Rheinbundes entronnen, mußten sie auf nichts so sehr bedacht sein als das Deutschtum zu sichern und zu stärken. Patriotische Bedürfnisse dieser Art waren Savigny, wenn auch nicht fremd, doch nicht so dringlich, wie sie dem Süddeutschen erscheinen mußten. Die Gründe praktischer und vor allem wissenschaftlicher Art, die sich dem Plane der Abfassung eines einheitlichen Gesetzbuches entgegenstellen ließen, lagen ihm näher und wurden von ihm so gründlich und glänzend entwickelt, daß der von Heidelberg erhobene Ruf wirkungslos verhallte, zumal die bald einbrechende Reaktion alles, was nach Stärkung der Nationalität strebte, zu begraben für gut befand. Die Generation, die nach der der Freiheitskriege aufwuchs, soviel sie auch aus Savignys Lehre über das Wesen und die Entstehung des Rechts lernte, erkannte immer mehr, daß die tiefere Erfassung der Probleme des Rechts nicht ausreichte, um der Gegenwart den Beruf zur Gesetzgebung abzusprechen, wenn man ihn nicht allen Zeiten absprechen wollte. Die modernen Staaten, groß wie klein, konnten der reformatorischen Gesetzgebung nicht entbehren, und wollte man nicht das eintreten lassen, was Savigny selbst als das schlimmste Ergebnis bezeichnet hatte, und was in der Tat zum großen Teil schon eingetreten war, die völlige Partikularisierung des Rechts, so mußte man den alten Ruf erneuern und auf Mittel und Wege bedacht sein, um die deutsche Gesetzgebung zu vereinheitlichen. Die Bewegung des Jahres 1848 hat unter den Märzforderungen der Rechtseinheit selten besonders gedacht. Mit dem Übergang vom Staatenbund zum Bundesstaat, wie Friedrich Wilhelm IV. die oberste aller Forderungen formuliert hatte, erschien sie wie von selbst gegeben. So wird es erklärlich, daß sich die Frankfurter Reichsverfassung begnügte, in einem programmartigen Artikel (64) der Reichsgewalt die Herstellung einheitlicher Gesetzbücher für die verschiedenen Teile des Rechts zur Pflicht zu machen, und das Parlament diesem Artikel ohne alle Diskussion zustimmte. An demselben Tage, dem 24. November, tat es selbst den ersten Schritt zur Ausführung durch En-bloc-Annahme der von der Leipziger Konferenz im Herbst 1847 ausgearbeiteten Wechselordnung. Auf dem verwandten Gebiete des Handelsrechts geschah in Frankfurt wenigstens der erste Spatenstich, wenn auch die Arbeit der vom Reichsjustizministerium berufenen Kommission bei der baldigen Auflösung der Reichsorganisation nicht über den Anfang hinaus gedieh. Wie hier das verkehrsrechtliche Gebiet die ersten Ansätze zur Rechtseinheit brachte, so sollte es auch in der weitern Entwicklung die Führung übernehmen.

Je näher sich die deutschen Staaten durch die wirtschaftliche Entwicklung des 19. Jahrhunderts rückten, desto mehr wurde die Rechtseinheit auch ein praktisches Bedürfnis. Die wirtschaftliche Einheit bahnte der politischen den Weg. Die Ausdehnung des Zollvereins war mit der Ausbreitung der modernen Kommunikationsmittel eine Notwendigkeit geworden. Ohne die Eisenbahnen hätten wir die deutsche Einheit nicht erreicht. Plancks ideale Natur wollte es allerdings nicht Wort haben, wenn man ihm gegenüber diese materielle Begründung vertrat. Während man in den höfischen Kreisen noch über den Nationalverein und seine armen Schlucker spottete, war Graf Borries klug genug, in den materiellen Interessen, von deren Vertretern jener Verein eine große Zahl zu Anhängern hatte, die gefährlichste Förderung der deutschen Einheit zu wittern [1]. Anknüpfend an die Frankfurter Vorgänge wurden Wechselrecht und Handelsrecht die ersten einheitlichen Schöpfungen der Rechtsreform. Es folgten Strafrecht und Prozeß. Die Krönung sollte das Bürgerliche Gesetzbuch bringen.

Nachdem durch das Reichsgesetz vom 20. Dezember 1873 die staatsrechtliche Grundlage für das Werk geschaffen war, ging der Bundesrat energisch daran, die Herstellung in die Wege zu leiten. Eine Vorkommission, die er aus fünf hohen richterlichen Beamten bildete, beriet über die Aufgabe und den Arbeitsplan der zu bildenden Gesetzbuchkommission. Die Vorschläge ihres Berichts eignete sich der Bundesrat fast vollständig an, nur daß er sie im Interesse der Sache

[1]) ADB. 47, 123.

noch an einigen Punkten vervollständigte. So, wenn er, um einer größeren Zahl von Einzelstaaten eine Vertretung zu ermöglichen, statt neun elf Milglieder in die Gesetzbuchkommission berief, und, wenn er auch die Unterscheidung von redigierenden und kontrollierenden Mitgliedern adoptierte, doch die erstern ihren Aufenthalt während der Zeit ihrer Arbeit in Berlin zu nehmen verpflichtete. Dadurch erübrigte sich der Antrag, in Berlin ein ständiges Sekretariat zu errichten. Die fünf Redaktoren der Teile, in welche man den Arbeitsstoff zerlegte, bildeten den dauernden Kern der Kommission. Die Wahl der Kommission durch den Bundesrat, von der das große Publikum, durch die aufregenden Vorgänge des Kulturkampfes beschäftigt, wenig Notiz nahm, vollzog sich mit großer Sorgfalt. Auf die Länder gesehen, so waren Preußen, Bayern, Sachsen, Württemberg, Baden und das Reichsland vertreten, Preußen durch vier, Bayern und Sachsen durch je zwei, die andern durch je ein Mitglied. Neben sechs Richtern aus den höchsten Gerichtshöfen, je einem Rat aus den Justizministerien Preußens, Bayerns und Badens wies die Liste zwei Rechtslehrer, einen Germanisten und einen Romanisten, Roth aus München und Windscheid aus Leipzig, auf. Jedes der großen Rechtsgebiete, in die Deutschland zerfiel, war repräsentiert: das gemeine Recht durch die beiden Professoren und drei Praktiker aus Bayern, Württemberg und Hannover, das Preußische Landrecht durch Pape, Kurlbaum und Johow, das französische Recht durch den Appellationsgerichtsrat Derscheid von Kolmar und den Badenser Gebhard und das Recht des Sächsischen Gesetzbuchs durch den Appellationsgerichtspräsidenten Weber von Dresden. Die Kritik vermißte einen Rechtsanwalt; auch fiel ihr auf, daß von den Mitgliedern der Vorkommission Goldschmidt, Rat am Reichsoberhandelsgericht, übergangen war, der in ihrer Tagung die bedeutendste Rolle gespielt und den entscheidenden Bericht verfaßt hatte[1]). Die Auswahl der Professoren wurde bemängelt: Man fragte, weshalb Männer wie Georg Beseler, Bruns, Ihering nicht berufen seien, und erzählte, der Minister Leonhardt, der bei der Auswahl sicherlich den stärksten Einfluß übte, habe auf solchen Vorhalt mit der Gegenfrage geantwortet: Wollen Sie lauter Professoren[2])? Die Übergehung eines wissenschaftlich und praktisch so ausgezeichneten Juristen wie Otto Bähr als eines Gegners der Kodifikation (oben S. 286) erklärte sich leichter. Man hätte ihn, wäre nicht der Weg einer Kommission eingeschlagen, sonst wohl für befähigt gehalten, als ein einzelner die Entwerfung des Gesetz-

[1]) Pappenheim, Zeitschrift für Handelsrecht 47 (1897) S. 34.
[2]) H. Dernburg, Bürgerliches Recht I (1902) S. 6.

buches zu übernehmen. Mit Beifall begrüßte man im Gebiete des gemeinen Rechts Planck unter seinen Vertretern. Zum Präsidenten ernannte der Reichskanzler Heinr. Eduard Pape, der seit Schaffung des Bundesoberhandelsgerichts an dessen Spitze stand, seit langem erprobt in legislatorischen Arbeiten. Er hatte an den Beratungen des Handelsgesetzbuches in Nürnberg und Hamburg, als vortragender Rat im preußischen Justizministerium an den Arbeiten der sechziger Jahre zur Reform des Zivilprozesses teilgenommen. Seine amtliche Stellung hielt ihn allerdings die ersten Jahre in Leipzig fest; erst als 1879 das Reichsoberhandelsgericht dem Reichsgerichte Platz machte und Simson an dessen Spitze berufen wurde, verlegte Pape seinen Wohnsitz nach Berlin.

Minister Leonhardt hatte Planck seine Absicht mitgeteilt, ihn zum Mitgliede der Gesetzgebungskommission vorzuschlagen und, als er seine gegen früher noch gesteigerten Bedenken äußerte, ihn auf die gute Erfahrung in der Prozeßkommission verwiesen. Von seiner Celler Richterstelle beurlaubt, nahm Planck an den Verhandlungen in ihrer ganzen Dauer teil. Die Kommission wurde am 17. September 1874 ohne alle Feierlichkeit eröffnet, nicht, wie erwartet wurde, durch den Präsidenten des Reichskanzleramts, sondern durch den Vorsitzenden Pape, der würdig und schön sprach. Die Tagung währte nur bis zum 29. September. Man beschränkte sich darauf, die Geschäftsordnung festzustellen und die Arbeit im Anschluß an die von der Vorkommission gemachten und vom Bundesrat als Anhaltspunkte empfohlenen Vorschläge zu organisieren. Bei der Abgrenzung der Gebiete, in die der Stoff zerlegt war, hielt man sich nicht ganz an den Bericht der Vorkommission. Man gab die Scheidung innerhalb des Sachenrechts auf und ebenso die innerhalb des Familienrechts, wonach das eheliche Güterrecht abgetrennt und dem Erbrecht überwiesen werden sollte. Bei der Verteilung der Arbeit unter die fünf Redaktoren erhielt Planck das Familienrecht. Leonhardt hätte seine Bestellung zum Redaktor des Sachenrechts vorgezogen, in der Kommission hielt man es für geratener, diesen Teil einem Altpreußen anzuvertrauen. Die Teilredaktoren mit ihren Hilfsarbeitern traten alle Woche einmal unter dem Vorsitz von Johow, der als Vertreter des Präsidenten Pape fungierte, zu Gesamtkonferenzen zusammen, die neben dem allgemeinen Zweck, die Fühlung unter den Kommissionsmitgliedern zu erhalten, den besondern verfolgten, sich über Grenzfragen zwischen mehreren Arbeitsgebieten zu verständigen. Nach dem Zeugnis eines Beteiligten kam bei diesen Besprechungen nicht viel heraus, da bindende Beschlüsse nicht gefaßt und allgemeine Prinzipien für ein spezielles Thema nicht aufgestellt werden konnten, solange der einzelne Redaktor das ganze ihm zugewiesene Gebiet noch nicht durchgearbeitet hatte. Prinzipielle Fragen, die nicht dem Ermessen des einzelnen überlassen bleiben konnten, sondern wegen ihres Zusammenhangs mit dem Ganzen einer allgemeinen Beantwortung bedurften, zu erörtern und zu entscheiden, war Sitzungen vorbehalten, zu denen alljährlich die Gesamtkommission einberufen werden sollte.

Der Beruf der Kommission war ein einheitliches, für die bürgerlichen Verhältnisse aller Teile des Deutschen Reichs und seiner Bewohner gleichmäßig geltendes Recht herzustellen. Diese Aufgabe hatte sie vollständig und unmittelbar zu erfüllen. Durch die erste Forderung war ausgeschlossen, sich auf die Schaffung einzelner Privatrechtsgesetze, wie sie das jeweilige Bedürfnis erforderte, zu beschränken. Gerade die bisherige Methode der Reichsgesetzgebung, der regellose Erlaß von Spezialgesetzen, durch ein augenblickliches Bedürfnis, ein wirkliches oder angebliches, hervorgerufen, hatte in den Einzelstaaten, wie die Klagen des sächsischen und des bayerischen Justizministers bezeugen, wegen ihres störenden Eingreifens in den organischen Zusammenhang der Landesrechte, zu Beschwerden Anlaß gegeben [1]. Die zweite Forderung, die der Unmittelbarkeit, trat dem von P. Roth gemachten Vorschlage entgegen, der Kodifikation eine Unifikation, eine erst innerhalb der Territorien vorzunehmende Ausgleichung der partikulären Verschiedenheiten, vorangehen zu lassen. Goldschmidts Bericht in der Vorkommission hatte Roth von der Unzweckmäßigkeit seines Vorschlags überzeugt; auf ein einzelnes Rechtsgebiet beschränkt, wird er uns später wieder begegnen.

Das in das neue Gesetzbuch aufzunehmende Recht sollte nicht von der Kommission neu geschaffen werden. Sie hatte sich vielmehr an den Gesamtbestand der innerhalb des Deutschen Reichs geltenden Privatrechtsnormen zu halten und ihn auf seine Zweckmäßigkeit, seine innere Wahrheit und folgerichtige Durchführung zu untersuchen. Ihr Material bestand demnach aus dem gemeinen Recht, den neuern großen Zivilgesetzgebungen, den Landesgesetzen und den Reichsgesetzen privatrechtlichen Inhalts; und ihre Aufgabe war es, aus diesen Quellen in verständiger Auswahl und Verbindung ein Gesetzbuch selbständig zu gestalten. Damit war die Anlehnung an eine der in Geltung stehenden Kodifikationen ausgeschlossen. Ein hervorragender Schriftsteller hat

[1] v. Fäustles Rede vom 8. Nov. 1873 in der bayer. Abgeordnetenkammer (Hirth, Annalen 1874 S. 335 ff.). Über den sächs. Justizminister Abeken Goldschmidts Vortrag vom 11. März 1872 (Neues Reich 1872 I S. 473 ff.).

es der Kommission und mehr noch der Vorkommission zum Vorwurf gemacht, daß sie nicht das Preußische Landrecht zur Grundlage gewählt habe. Obschon seinem Ausgangspunkte nach gemeinrechtlicher Jurist, hatte sich Heinr. Dernburg durch seinen Lehrauftrag in Halle und durch seine in den Jahren 1870—1879 ausgeführte Bearbeitung des Preußischen Privatrechts nicht nur von der Vortrefflichkeit dieses Gesetzbuches überzeugt, sondern auch die Ansicht gewonnen, daß es die Grundlage für das neue deutsche bürgerliche Recht abzugeben fähig sei. Der Bericht der Vorkommission hatte eine solche Anlehnung weit von sich gewiesen und es für keiner Ausführung bedürftig erklärt, daß „der Codex Maximilianeus bavaricus civilis und das Preußische Allgemeine Landrecht" für diesen Zweck ungeeignet seien. Diese Äußerung hat Dernburg dem Verfasser des Berichts gewaltig übel genommen. In der Tat ist die Zusammenstellung dieser obschon kaum fünfzig Jahre auseinander liegenden, doch total verschiedenen Gesetzgebungen ein arger Mißgriff. Dernburg beschuldigt die historische Schule, das Preußische Landrecht immer geringschätzig behandelt zu haben. Das galt nicht bloß für die Juristen der historischen Schule, sondern für die des gemeinen Rechts überhaupt. Leonhardt und Planck selbst sind dafür ein deutliches Beispiel (oben S. 128). Erst in den letzten Jahrzehnten des vorigen Jahrhunderts kam man in den gemeinrechtlichen Kreisen dazu, dem Landrecht größere Achtung und Aufmerksamkeit zu schenken [1]), ein Wandel, zu dem die Bearbeitungen des Preußischen Rechts durch Fr. Förster und Dernburg das meiste beigetragen haben. Aber von da war noch ein weiter Schritt bis zu dem Standpunkt, in dem Landrechte den wünschenswerten Anknüpfungspunkt für ein deutsches Zivilgesetzbuch zu erblicken, wie denn auch Dernburg mit seiner Befürwortung isoliert geblieben ist.

Im Herbst 1874 siedelte Planck mit seiner Familie von Celle nach Berlin über. Er fand eine Wohnung, die er für die ganze Dauer der ersten Kommission beibehielt, in der Lützowstraße 46. Seinen acht Jahre alten Sohn, der bisher die Schule in Celle besucht hatte, übergab er dem Kaiser-Wilhelms-Gymnasium. Die Familie gewöhnte sich gleich ihrem Haupte bald in Berlin ein. Nach dem Aufhören der parlamentarischen Tätigkeit konnten Plancks Beziehungen zu den alten Freunden nicht so lebhaft bleiben wie zuvor; aber sein menschliches wie sein politisches Interesse erhielt den Zusammenhang aufrecht. An den Fraktionsessen der Partei nahm er, regelmäßig als Gast Bennigsens, teil. Gern hätte er durch den nationalliberalen Verein in Berlin einen

[1]) P. Roth, System des deutschen Privatrechts I (1880) S. VII.

nähern Verkehr hergestellt; er besuchte die Versammlungen auch, soviel er konnte, aber der Verein vermochte es nicht zu rechtem Leben zu bringen. An den geistigen Genüssen, die Berlin bot, nahm man bescheiden teil. Das Theater wurde selten besucht, am ehesten noch, um durch Lustspiele den von der Arbeit angestrengten Geist zu erfrischen. Planck trat in die Gesellschaft für Erdkunde und war ein regelmäßiger Teilnehmer ihrer Sitzungen; sein Verwandter Richard Böckh gewann ihn für den Deutschen Schulverein, dessen Verhandlungen ihn lebhaft interessierten. Seine Frau wurde Mitglied der Singakademie, und Planck besuchte fleißig deren Konzerte. Das Bewußtsein, in der geräuschvollen großen Stadt aus allen Teilen des Reichs zusammengeführt zu sein, um in arbeitsamer Stille ein nationales Werk von eminenter Wichtigkeit zu schaffen, brachte alle Beteiligten, die Mitglieder der Kommission wie die Hilfsarbeiter, in enge, freundschaftliche Beziehung. Das Gefühl der Zusammengehörigkeit übertrug sich auch auf die Familien. Der anfangs kleine Kreis wuchs, seitdem mit dem Jahre 1881 dauernde Plenarsitzungen an die Stelle der bloß einmal jährlich gehaltenen traten, und alle Mitglieder der Kommission ihren Wohnsitz in Berlin nahmen und ihre Familien mitbrachten.

Jedem der Redaktoren war ein Hilfsarbeiter beigegeben. Planck hatte besonderes Glück mit seinen Mitarbeitern. Von den tüchtigen jungen Juristen Hannovers hat er zwei der vorzüglichsten nacheinander an seiner Seite gehabt. Theodor Braun, Sohn des Kultusministers im Märzministerium, war während seiner Studienzeit in Göttingen mit dem Hause des Professors Emil Herrmann, nachmaligen Präsidenten des Evangelischen Oberkirchenrats, nahe befreundet geworden, aber auch mit der jüngern Dozentenschaft in Berührung gekommen, so daß er sich Aegidis mit den Worten erinnerte: Der hat mich zum Preußen gemacht. Während er, ein Mann von einigen dreißig Jahren, Obergerichtsrat in Celle war, lernte Planck ihn kennen und wünschte ihn sich zum Hilfsarbeiter. Nach Einigung der zuständigen Stellen übernahm Braun auf das Ersuchen des Reichskanzlers das Amt und wurde aus dem preußischen Justizdienst an das Reich beurlaubt. Er zog mit seiner Familie nach Berlin und fand eine Wohnung nicht weit von Planck in der Kurfürstenstraße, was den Verkehr wesentlich erleichterte. Leider währte das amtliche Verhältnis nicht ganz drei Jahre, da Braun auf den Antrag Herrmanns in den Evangelischen Oberkirchenrat eintrat und dessen weltlicher Vizepräsident wurde. So unlieb Planck der Verlust war, so verdachte er es einem jüngern Manne nicht, sich nach einer definitiven Stellung umzusehen und ein so angesehenes und seinem Interesse für kirchenrechtliche und kirchenpolitische Fragen entsprechendes Amt anzunehmen. Zu seinem Nachfolger schlug Braun den Obergerichtsassessor Struckmann in Göttingen vor und meint in seiner Bescheidenheit, damit Planck den besten Dienst erwiesen zu haben, den er ihm überhaupt geleistet. Am 1. April 1877 trat Hermann Struckmann an seine Stelle. Auch er gehörte einer angesehenen Familie Hannovers an, war der jüngste Sohn des 1840 verstorbenen Justizrats Gustav Struckmann in Osnabrück, um dessen frühen Tod Stüve in seinen Schriften trauert. Seine drei Brüder haben sich alle im öffentlichen Leben oder in der Wissenschaft ausgezeichnet. Wie sich der älteste, der 1899 als Präsident des Oberlandesgerichts Köln starb, um die Zivilprozeßordnung Verdienste erwarb, so der jüngste um das Bürgerliche Gesetzbuch. 1872 als etatsmäßiger Obergerichtsassessor in Göttingen angestellt, kam er mit dem großen Gesetzgebungswerk zuerst durch die Vorkommission in Berührung. Zu deren Protokollführer berufen, wurde er durch plötzliche Trauerfälle in seiner Familie, als er eben in Berlin angekommen war, das Amt aufzugeben genötigt. Die ihm drei Jahre später angebotene Hilfsarbeiterschaft bei Planck nahm er dankbar an; sie brachte ihn in eine nahezu zwanzigjährige Verbindung mit dem Bürgerlichen Gesetzbuche.

Der Rechtsteil, dessen Bearbeitung Planck oblag, war von besonderer Beschaffenheit. Das römische Recht hatte ihn weniger als alle andern Gebiete des Privatrechts beeinflußt; dagegen hatte das deutsche Recht in einem besonders wichtigen Teile des Familienrechts seinen Trieb zu individueller Bildung und partikularer Mannigfaltigkeit in üppigster Blüte entfaltet. Das erschwerte die Ausführung der Instruktion, sich an das bestehende Recht zu halten, in höchstem Maße. Das alte vom Sachsenspiegel für ein anderes vielgestaltiges Recht gebrauchte Wort: „it is so manichvalt, dat is nieman to ende komen kan“ (III 42, 2) findet hier volle Anwendung. Daß alle diese territorialen und lokalen Formen des ehelichen Güterrechts, die bis zu hundert anstiegen, berechtigte Eigentümlichkeiten darstellten, die Schonung verdienten, konnte niemand behaupten und hat niemand behauptet. Es war geschichtlich erwiesen, wie oft Willkür und Zufall bei diesen kaum übersehbaren Bildungen gewaltet hatte. Wie der Bearbeiter eines kodifizierenden Gesetzbuches ihrer Herr werden sollte, war die wichtigste Vorfrage. Die schwierige Aufgabe zu vereinfachen, war die Idee der Unifikation aufgetaucht und, wenn auch sonst abgelehnt, hier von manchem festgehalten und zu dem Vorschlag formuliert, die vorhandenen ehelichen Güterrechte zu Hauptsystemen gesetzgeberisch zusammenzufassen und sie den einzelnen Teilen des Reichs je nach ihrem historischen Zusammenhang mit den einzelnen Güterständen zuzuweisen.

Die Vorfrage nach der prinzipiellen Behandlung des ehelichen Güterrechts gehörte zu denen, die der Beantwortung durch die Gesamtkommission bedurften, und Plancks Antrag sorgte dafür, daß sie bei deren erster Tagung, wie noch zu zeigen ist, erfolgte.

Eben um seiner Schwierigkeit willen nahmen Planck und sein Mitarbeiter das eheliche Güterrecht zuerst in Angriff. Als Unterlage war eine Übersicht über die in Deutschland geltenden Güterrechte unentbehrlich. Auf Ersuchen des Reichskanzlers gaben die Regierungen Nachricht über die in ihren Territorien vorhandenen Statuten, aus der der Schriftführer der Gesamtkommission, W. Neubauer, Kreisgerichtsrat in Berlin, eine 1876 publizierte Übersicht zusammenstellte. Bis dahin mußte sich Planck an die statistischen Angaben halten, die Richard Schröder in seinen Arbeiten über das eheliche Güterrecht, nachher auch Paul Roth erst in seinem bayrischen Privatrecht, dann in seinem deutschen Privatrecht geliefert hatten. Auch sonst fehlte es zu Anfang an ausreichenden Hilfsmitteln, so namentlich an Büchern der partikularrechtlichen Literatur. Die Benutzung der Königlichen Bibliothek erschwerte deren umständlicher Formalismus. Der Bibliothek des Reichskanzleramts mangelte die privatrechtliche Literatur und dem Bibliothekar die nötige Kenntnis, so daß er das Verlangen nach dem österreichischen Bürgerlichen Gesetzbuch unwirsch mit der Bemerkung abwies, österreichische Bücher gäbe es hier nicht. Für preußisches Recht bot die Bibliothek des Justizministeriums eine sichere und bereitwilligst gewährte Hilfe; sie machte die Materialien der preußischen Gesetzesrevision zugänglich, die sog. Pensa, die zwar gedruckt, aber nicht dem Buchhandel übergeben waren. Die anfänglichen Schwierigkeiten der Bücherbeschaffung hörten auf, als jeder der Kommissare von Reichs wegen aufgefordert wurde, ein Verzeichnis dessen, was er an Literatur bedurfte, zusammenzustellen und dessen Erwerb dann unverzüglich erfolgte.

Planck verteilte die Arbeit am ehelichen Güterrecht in der Weise, daß er selbst die Verwaltungsgemeinschaft auf sich nahm, Braun die allgemeine Gütergemeinschaft übertrug und den Professor Richard Schröder in Würzburg, den besten Kenner der Systeme des ehelichen Güterrechts, um ein von einem Gesetzentwurf begleitetes Gutachten über die partikuläre Gütergemeinschaft zu bitten vorschlug. Der Vorsitzende der Kommission eignete sich diesen Antrag an das Reichskanzleramt an, auf dessen Aufforderung Schröder im Lauf des Jahres 1875 sein Gutachten erstattete. Planck und Braun arbeiteten jeder für sich an dem übernommenen Pensum und tauschten nur gelegentlich in Gesprächen ihre Ansichten aus. Erst wenn ein größeres Stück ihrer Aufgabe vollständig bewältigt war, kam es zu einem wirklichen Zusammenarbeiten. Gleich im ersten Jahr nahmen sie die Gelegenheit wahr, über Grundfragen ihres Themas die Ansichten eines großen Kreises deutscher Juristen zu hören. Sie besuchten im August 1875 den Juristentag in Nürnberg, der auf seine Tagesordnung die Frage gesetzt hatte: Ist es wünschenswert und ausführbar, das eheliche Güterrecht für ganz Deutschland durch ein einheitliches Gesetz zu kodifizieren und auf welcher Grundlage? Es war die erste Versammlung nach dem Zusammentritt der Gesetzbuchkommission. Der bayrische Justizminister v. Fäustle, auf Gneists Vorschlag zum Ehrenpräsidenten erwählt, forderte in seinem Dank den Juristentag auf, jetzt, wo die deutsche Nation vor einem Riesenwerke stehe, die Organe, in deren Hände die Erwerbung dieses kostbarsten und idealsten Gutes der deutschen Einigung gelegt sei, mit seinem bewährten Rate zu unterstützen. Die Verhandlungen entsprachen dieser Mahnung. Über die bezeichnete Frage der Tagesordnung waren Gutachten außer von den Akademikern Schröder und Roth von zwei Praktikern, die sich zugleich als Schriftsteller in dem Gebiete bewährt hatten, Justizrat Euler von Frankfurt und Appellationsgerichtsrat Agricola von Eisenach, eingegangen. Braun, gleichfalls zu einem Gutachten aufgefordert, hatte im Einverständnis mit Planck die Übernahme als mit seiner amtlichen Aufgabe unvereinbar abgelehnt. Die beiden für Privatrecht und für Handelsrecht bestimmten Abteilungen unter dem Vorsitz Drechslers, Vizepräsidenten des Reichsoberhandelsgerichts, begannen ihre Verhandlungen mit einem Vortrage Schröders, dem als Korreferent der Präses Albrecht vom Hamburger Handelsgericht antwortete. In der lebhaften Debatte, die sich entspann, nahmen Juristen aus den verschiedensten Teilen Deutschlands das Wort. Doch ging ein einheitlicher Zug durch das Ganze. Die Idee von Paul Roth, der auch Schröder in seinem Gutachten Ausdruck gegeben hatte, das Gesetzbuch müsse sich damit begnügen, drei oder vier Güterstände nebeneinander zu kodifizieren und die Wahl unter ihnen der Landesgesetzgebung überlassen, fand so wenig Anklang, daß Schröder in seinem mündlichen Referat davon zurücktrat und sich für die Aufstellung eines gesetzlichen Systems aussprach, neben dem die übrigen Gütersysteme zur Erleichterung für die sie wählenden Ehegatten kodifiziert werden sollten. Besonders wirkungsvoll sprach der Hamburger Albrecht. Sein Antrag ging zunächst formell auf einheitliche Gestaltung des ehelichen Güterrechts. In seiner materiellen Kritik der einzelnen Güterstände billigte er keinen unbedingt, gab aber doch der Verwaltungsgemeinschaft den Vorzug und empfahl, sie der Kodifikation zugrunde zu legen, mit der Modifikation einer beschränkten Haftung der Frau für die Schulden des Mannes. Es waren genug praktische

Kenner auch der übrigen Güterstände anwesend. Ein Mitglied des Kölner Appellhofes trat für das Recht des Code, die Errungenschaftsgemeinschaft, ein; ein Redner aus Mittelfranken konstatierte eine Hinneigung seiner Heimat zur Gütergemeinschaft. Aber Euler von Frankfurt, der vierzig Jahre lang unter der Errungenschaftsgemeinschaft gearbeitet hatte, erklärte es für ein Glück, wenn die Verwaltungsgemeinschaft zum gesetzlichen Gütersystem gemacht würde; und Justizrat v. Wilmowski von Berlin, auf seine Erfahrung in Posen gestützt, meinte, zahlreiche Ehen würden froh sein, von der Gütergemeinschaft loszukommen. Das Ergebnis der Verhandlung war, daß der formelle Teil des Albrechtschen Antrags die Zustimmung aller, der materielle die der Mehrheit fand[1]). Den besten Ertrag, den Planck und sein Begleiter mit heimnahmen, verdankten sie der Unterhaltung mit Schröder über die Fragen ihres Themas. — Wie Planck immer seine Erholung von anstrengender Geistesarbeit in Reisen mit tapfern Fußtouren fand, so machte er jetzt auch auf der Rückreise von Nürnberg mit Braun und dem Freunde Roscher von Celle einen Abstecher nach der Feste Koburg, an den sich von einer Station der Werrabahn ein Marsch durch den Thüringer Wald über Wilhelmsthal nach Eisenach anschloß.

Auf die Nürnberger Tagung folgte vom 4.—28. Oktober die erste Plenarsitzung der Kommission, bei der Planck eine von Braun herrührende Denkschrift über die allgemeine Gütergemeinschaft und mehrere eigene seinen Teilentwurf betreffende Vorlagen einreichte. Die wichtigste unter ihnen brachte die prinzipielle Vorfrage (oben S. 315) zur Entscheidung durch die Kommission. Ihr Beschluß vom 20. Oktober 1875 enthält eine Absage an das Regionalsystem, macht die Verwaltungsgemeinschaft zum gesetzlichen System und erklärt sich für Kodifikation der übrigen Hauptsysteme zum dispositiven Gebrauch der Ehegatten in den Eheverträgen. Es entspricht das dem Ergebnis, zu dem der Nürnberger Juristentag wenige Wochen zuvor (oben S. 316) und der Salzburger im Jahr darauf abgehaltene nach schwerem Kampfe gelangte[2]). Die Verhandlung in der Plenarversammlung war durch eine tief ins einzelne gehende Darstellung des geltenden ehelichen Güterrechts eingeleitet, in der Planck zugleich die Gesichtspunkte entwickelte, die für die gesetzgeberische Behandlung der Materie ins Auge zu fassen waren. Der glänzende, in fließender Rede gehaltene stundenlange Vor-

[1]) Verhandlungen des zwölften Deutschen Juristentages Bd. III (1875) S. 32—81, 302 ff.

[2]) Verhandlungen des dreizehnten Deutschen Juristentages, II (1876) S. 65 bis 137, 407 ff.

trag, von der juristischen Meisterschaft des Redners wie von seiner kolossalen Beherrschung des Stoffes zeugend, führte die Zuhörer durch eins der schwierigsten und verworrensten Rechtsgebiete und setzte sie in eine Stimmung, deren einer der Teilnehmer noch heute mit den homerischen Worten gedenkt: „Alle verstummten umher und schwiegen, horchend noch mit Entzückung im schattigen Saal des Palastes.“ Die Rede verschaffte Planck seine große Stellung in der Kommission. Unter ihren Mitgliedern rechtfertigte der Germanist Roth die Erwartungen nicht, die man auf den kenntnisreichen und scharfsinnigen Schriftsteller gesetzt hatte. Die Krankheit, die ihn in seinen letzten Lebensjahren befiel, mag ihm schon damals hinderlich gewesen sein. Erschien er auch auf den Plenarversammlungen, so beteiligte er sich an den Debatten so gut wie gar nicht. Um so bedeutender war die Stellung des andern akademischen Mitgliedes der Kommission. Windscheid stand damals auf der Höhe seines Ruhmes. Sein Lehrbuch der Pandekten beherrschte die Universitäten und die Gerichtshöfe. Die Opposition, die sich von Jhering und Kohler gegen ihn erhob, schlummerte noch; beide standen wie untereinander auch mit ihm persönlich und wissenschaftlich im besten Vernehmen. Jhering hatte Windscheids Berufung in die Kommission freudig begrüßt; er kannte unter den Romanisten keinen, da Wächter zu alt war, der das römische Recht bei dieser Gelegenheit zu vertreten gleich ihm geeignet war, „keinen der die Summe dessen, was die Literatur über dasselbe zutage gefördert hat, so vollständig und sicher der Kommission zu Gebote stellen“ konnte, wie Windscheid [1]). Sein Einfluß auf die Arbeit der Kommission ist unverkennbar, obschon er ihr nur bis 1883 angehörte. Er schied aus, weil er die Mitgliedschaft nicht länger mit seinem Lehramt in Leipzig vereinigen konnte. Mochte der Professor anfangs den Appellationsgerichtsrat etwas von oben angesehen haben, nachdem er von ihm in einem juristischen Turnier einmal gründlich aus dem Sattel gehoben war, nannte er ihn „meinen Lehrer Planck“. Die Beziehungen zwischen beiden wurden so eng, daß sie sich duzten; und als Windscheid am 22. Dezember 1888 sein fünfzigjähriges Doktorjubiläum feierte, wußte die Kommission keine geeignetere Deputation an ihn zu senden, als Planck und Mandry.

Bis zum Herbst 1876 wurde das Familienrecht der Hauptsache nach fertig. Nur einzelne Abschnitte, wie die Rechtsverhältnisse unehelicher Kinder, Vormundschaft über Volljährige, Adoption und Ein-

[1]) Helene Ehrenberg, R. v. Jhering in Briefen an seine Freunde (1913) S. 298.

kindschaft, blieben vorläufig zurückgestellt. Der im September 1876 wieder zusammentretenden Plenarversammlung konnten eine Reihe von Vorlagen aus dem Familienrecht unterbreitet werden: über die Schuldenhaftung der Ehefrau, über deren Geschäftsfähigkeit, über die elterliche Gewalt, über die Wirkungen der Volljährigkeit und Heirat. Die ersten drei hatte Braun ausgearbeitet, die letzte der Redaktor des allgemeinen Teils, Gebhard, nach Verständigung mit Planck. Ein ähnliches Zusammenarbeiten wiederholte sich nochmals beim Erbrecht des überlebenden Ehegatten, das Planck gemeinsam mit Schmitt, dem Redaktor des Erbrechts, regelte. Die Plenarversammlungen, in denen die Kommissionsmitglieder neben ihren eigenen Vorlagen auch die ihrer Hilfsarbeiter zu vertreten hatten, arbeiteten mit großem Fleiß. Die des Jahres 1876 hat in der Zeit vom 18. September bis zum 25. Oktober nicht weniger als 23 Sitzungen gehalten. Das Jahr 1877 wurde vornehmlich durch Arbeiten zum Rechte der Vormundschaft ausgefüllt. Es waren die letzten Stücke des Entwurfs, an denen Braun beteiligt war. Dazu stellte er noch vor seinem Ausscheiden die Motive zum Vormundschaftsrechte fertig. Er nahm den besten Eindruck von diesen Jahren seiner Tätigkeit mit. „Es war eine Lust, mit Planck zu arbeiten," äußert er. „Mit erstaunlicher Schnelligkeit wußte er sich in die schwierigsten Fragen hineinzufinden, jeden guten Gedanken, den man ihm brachte, sofort zu erfassen und produktiv zu verwerten, nicht minder aber bei zweifelhaften Punkten mit durchdringender überlegener Kritik einzusetzen." Ein Beispiel der Sorgfalt, mit der er seine Aufgabe erfaßte, war es, wenn er bei der Bearbeitung der allgemeinen Gütergemeinschaft Braun drei Entwürfe nebeneinander aufzustellen beauftragte, jeden auf eine andere juristische Konstruktion basiert: das in der Ehe vereinte Vermögen aufgefaßt als ein Zweckvermögen oder als im Miteigentum der beiden Ehegatten oder als im Alleineigentum des Ehemannes stehend. An dem Nebeneinander wollte er prüfen, mit welcher Konstruktion sich die sachlichen an das vereinte Vermögen zu stellenden Forderungen am natürlichsten verbinden ließen. Der Erfolg sprach überwiegend für die dritte Form, der nach Plancks Ansicht überhaupt der Vorzug gebührte, wenn er auch durch andere Rücksichten bestimmt für die definitive Gestalt im Gesetzbuche die gesamte Hand wählte. Es kam der Verständigung Plancks mit seinem Hilfsarbeiter zustatten, daß beide nicht nur aus dem gemeinen Rechte stammten, sondern auch, in der Praxis des hannoverschen Landes aufgewachsen, „juristisch dieselbe Sprache redeten". Man glaube nicht, der Mangel des Augenlichts habe Planck zum bereitwilligen Jasagen gebracht; er prüfte alles auf das genaueste und wurde in seiner Kritik durch seine kolossale Gedächtniskraft unterstützt. Sein Wissen war ihm immer präsent, und wenn es eines Nachforschens in seiner Bibliothek bedurfte, „wußte er, wo jedes seiner Bücher stand, und konnte beinah die Seiten eines Buches oder Aktenstückes bezeichnen, wo sich über eine gerade erörterte Frage etwas finden mußte". Braun bekennt, nur in einem Punkte mit Planck nicht immer einer Meinung gewesen zu sein, und er ist für die Art, wie der erste Entwurf zustande kam, nicht unerheblich. „Planck beschränkte sich nicht darauf, die logischen Folgen eines gesetzlich aufzustellenden Grundsatzes mit größter Schärfe bis ins einzelne durchzudenken, sondern hielt es auch für nötig, solche Folgen bis zu einem gewissen Grade in dem Gesetze selbst festzulegen, während ich es für unbedenklich hielt, die Folgerungen aus einem klar gedachten und deutlich ausgesprochenen Prinzip des Gesetzgebers im weitesten Umfange der Wissenschaft und der Praxis zu überlassen, schon deshalb, weil ich in möglichster Knappheit und Kürze nicht nur einen ästhetischen Vorzug, sondern auch eine Gewähr monumentaler Dauer des Gesetzbuchs erblickte."

Eine ebenso unerwartete wie erfreuliche Anerkennung brachte Planck die Feier des vierhundertjährigen Jubiläums der Universität Tübingen im August 1877. Das Diplom der juristischen Fakultät, das die schönen Namen des Rektors Karl Weizsäcker, des Kanzlers Gustav Rümelin und des Dekans Hugo Meyer vereint, begründet die Verleihung der Doktorwürde mit den Worten: „qui juris quaestiones perito et certo judicio tractavit, difficillimo tempore judicis libertatem probavit, nunc in praeparandum juris civilis germanici codicem eximiam atque singularem operam confert".

Das Jahr 1880 sollte den Endtermin bilden, bis zu dem die Redaktoren ihre Teilentwürfe vorzulegen hatten. Planck und der Redaktor des Sachenrechts, Johow, konnten ihn innehalten; der des Erbrechts war schon im Jahre vorher fertig geworden. Rückständig war noch der allgemeine Teil und das Obligationenrecht. Als das letztere auch bis zu der Nachfrist des 1. Oktober 1881 infolge der Erkrankung seines Bearbeiters, Kübel, nicht vollständig vorgelegt werden konnte, half man sich damit, daß man den Entwurf, den die Bundeskommission in Dresden unter Anteilnahme Kübels als württembergischen Delegierten während der Jahre 1863—66 ausgearbeitet hatte, für die nicht vollendeten Teile als Ergänzung heranzog.

Am 4. Oktober 1881 begannen die dauernden Beratungen der Gesamtkommission, die anfangs im Reichsamt des Innern (Wilhelmstraße 74), später im Reichsjustizamt (Voßstraße), abgehalten wurden. Jede Woche fanden drei Sitzungen, von 10 bis 4 Uhr während, statt;

daneben alle Sonnabend eine sog. Protokollsitzung, in der die von den Hilfsarbeitern über die Verhandlungen der Woche hergestellten Protokolle durch einen besondern Ausschuß, der aus dem Präsidenten, dem Redaktor des Teilentwurfs und einem gewählten Mitgliede der Kommission, dem Präsidenten v. Weber, bestand, geprüft wurden. Die Arbeitstätigkeit der Mitglieder beschränkte sich nicht auf die Sitzungen. Auch außerhalb derselben wurden Anträge gestellt, die den Mitgliedern zur Kenntnisnahme in ihre Wohnungen gebracht wurden. Planck konnte nicht anders als mit Beihilfe arbeiten; sein Schreiber, den er von Celle mitgebracht hatte, wohnte mit ihm im Hause. Benachteiligte ihn das seinen Kollegen gegenüber, so hatte er einen Vorteil durch seine unvergleichliche Frau. Sie hatte sich so in seine Arbeit eingelebt, daß sie nicht bloß nach seinem Diktat schrieb, sondern auch die fachwissenschaftlichen Literaturerscheinungen und alles, was schriftlich zur Kenntnis der Kommissionsmitglieder amtlich gebracht wurde, vorlas. Sie wurde mit der Zeit völlig vertraut und heimisch in der Geistesarbeit ihres Mannes.

Der von Planck vorgelegte Entwurf des Familienrechts war eine sehr gründliche Arbeit. Sie umfaßte zwei stattliche Bände in Klein-Folio (Berlin 1880). Der Text des Entwurfs zählte 575 Paragraphen, die sich in die drei Abschnitte: Die Ehe (1—271); Recht der Abkömmlinge (272—474); Das Vormundschaftsrecht (475—575) zerlegten. Ihm folgte eine „Begründung" 2260 Seiten stark, von denen mehr als die Hälfte (1192 S.) auf den ersten Abschnitt kommt. Der Entwurf fand innerhalb der Kommission und bei den wenigen außerhalb derselben, die ihn nach dem streng gewahrten Ausschluß der Öffentlichkeit kennen lernten, wie R. Schröder und O. Stobbe, eine günstige Aufnahme. Die Beratung begann nach der Osterpause des Jahres 1885 und setzte sich bis in den April 1886 fort. Ein Jahr anstrengendster Arbeit, die sich oft durch Schlaflosigkeit rächte, lag hinter ihm. Im Wachen wie im Traume verfolgten ihn die Gedanken seiner Aufgabe. Erst die Ferien mit ihren Reisen und Fußtouren machte seinen Geist frei. Es dauerte eine Weile, bis ihn die Arbeitssorgen losließen. Als auf der Fahrt nach dem Süden alles im Coupé des überfüllten Nachtzuges eingeschlafen war und der Wagen auf einmal hielt, fragte eine Stimme: Wo sind wir? Auf die Antwort: Fulda, hörte man die Worte: Hier gilt allgemeine Gütergemeinschaft nach der Verordnung von 1719.

Unter den Mitgliedern der Kommission hatte sich in den Jahren mancherlei Änderung vollzogen. An Windscheids Stelle war kein Ersatz berufen worden. Für den 1884 verstorbenen Kübel, dem sein

Hilfsarbeiter, Geh. Justizrat Vogel, schon vorausgegangen war, trat Professor Mandry von Tübingen. Noch nicht dreißig Jahr alt, war Mandry aus der heimischen Praxis in eine zivilistische Professur der Universität Tübingen berufen worden und hatte sich um die neuere Rechtsentwicklung durch seine Schrift: Über den zivilrechtlichen Inhalt der Reichsgesetze (1878) verdient gemacht. Seine Kenntnis des Familienrechts machte ihn für Planck zu einer willkommenen Ergänzung. Von der Stellung des Präsidenten Pape in der Kommission kann man nicht groß genug denken. Er war nicht bloß ihr Vorsitzender, er war auch nach dem Ausdruck eines der Mitglieder „der führende Mann in der Kommission, ein scharfsinniger Jurist von großer praktischer Erfahrung und einer staunenswerten Fülle gesetzgeberischer Gesichtspunkte". Die Arbeit am Gesetzbuche zog sich lange hin. Hatte man in der Vorkommission auf eine Dauer von etwa fünf, höchstens sechs Jahren gerechnet, so hatte man jetzt schon die doppelte Zeit des Höchstmaßes überschritten. Darunter litt niemand mehr als der Vorsitzende der Kommission. Er wandte seine ganze Energie an, die Arbeit zu fördern und zu Ende zu bringen, ohne darüber die gewissenhafte Prüfung, die sich bis auf die präziseste Exaktheit im Ausdruck erstreckte, zu versäumen. Noch vor dem Schluß des Jahres 1887 gelang es, das Ziel zu erreichen. Mit einem Bericht vom 27. Dezember überreichte der Präsident dem Reichskanzler den Entwurf. Auf die gleichzeitig dem Kronprinzen in San Remo eingesandte Abschrift des Berichts nebst einer Übersicht über das Ergebnis der Kommissionsarbeiten erhielt er folgende bisher, wie es scheint, nicht bekanntgewordene Antwort [1]).

San Remo, 8. Februar 1888.

Ich danke Ihnen bestens für die Übersendung des Ergebnisses der ersten Lesung der zur Ausarbeitung des Bürgerlichen Gesetzbuches für das Deutsche Reich berufenen Kommission, sowie für die Abschrift Ihres an den Reichskanzler erstatteten Einsendungsberichts.

Sie können sich denken, daß ich mit großer Befriedigung diesen wichtigen Abschnitt auf dem Wege gedachter höchst bedeutungsvoller Gesetzgebung, der ich meine ganze Teilnahme schenke, begrüße. Deshalb kann ich nicht unterlassen, Ihnen die größte Anerkennung für Ihre Hingebung und Ausdauer bei dieser dreizehn Jahre währenden Arbeit auszusprechen — der Leistungen der einzelnen Mitglieder nicht zu vergessen. Möge die Zeit nicht fern sein, wo, nachdem das meines Erachtens sehr mit Recht hervorzurufende öffentliche Urtheil vernommen sein wird, wir verkündigen hören, daß das einigendste

[1]) Im Planckschen Nachlasse vorhandene Kopie nach einer persönlichen Abschrift des Geh. Oberjustizrats Johow.

friedlich erworbene Band die Glieder des Reiches umfaßt, indem Deutschland zum ersten Male die einheitliche Kodifikation seines bürgerlichen Rechtes erhalten hat.

Ihr wohlgeneigter
Friedrich Wilhelm Kronprinz.

An den Wirklichen Geheimen Rat Dr. Pape pp.
Berlin.

Nach dem Tode Kaiser Wilhelms soll, wie im Kreise der Kommissionsmitglieder in glaubwürdiger Weise mitgeteilt wurde, bei dem Präsidenten Pape vertraulich angefragt sein, ob sich die Arbeiten nicht so beschleunigen ließen, daß das Gesetzbuch unter der neuen Regierung ins Leben treten könne.

Nach Fertigstellung des Entwurfs hatte die Kommission, die im Januar 1888 ihr Mitglied, den Präsidenten v. Weber, verloren hatte, noch das schwierige Einführungsgesetz abzufassen; außerdem entsprechend dem Auftrag des Bundesrats eine Grundbuchordnung, ein Gesetz über die Zwangsvollstreckung in das unbewegliche Vermögen und, soweit es sich bis zu dem auf den 1. April 1889 festgesetzten Schluß ermöglichen ließ, ein Gesetz über die nichtstreitige Gerichtsbarkeit zu entwerfen. Die Beratung des Einführungsgesetzes, zu dem die Redaktoren aller Teile für die sie betreffenden Partien die Vorlage zu machen hatten, nahm die erste Hälfte des Jahres 1888 in Anspruch, im Juli begann die der Grundbuchordnung, die durch den Eintritt der sechswöchigen Sommerferien unterbrochen wurde. Es war ein geradezu tragisches Geschick, daß der Präsident Pape kurz nach dem Abschluß des großen Werkes, aber bevor die Arbeiten der Kommission ihr Ende erreicht hatten, aus dem Leben abgerufen wurde. Er hatte in gewohnter Kraft und Rüstigkeit zu Ende August die Sitzungen der Kommission wieder eröffnet und in einer Rede eine Übersicht über die bisherige Tätigkeit gegeben. Kurz darauf raffte ihn eine plötzlich auftretende Krankheit am 12. September, einen Tag vor Vollendung des 72. Lebensjahres, hinweg. Der am 11. September in Stettin zusammentretende Juristentag hatte ihm noch durch seinen Präsidenten Drechsler herzliche Wünsche für seine baldige Genesung übersandt.

Im Laufe des Jahres 1888 erfolgte die amtliche Veröffentlichung des Entwurfs. Pape hatte noch die ersten Kritiken zu Gesicht bekommen und gewünscht, ihre Verfasser möchten ihrer Opposition durch direkt formulierte Besserungsvorschläge Ausdruck gegeben haben; auch vergäßen sie, daß es sich nicht um die Arbeit eines einzelnen handle, sondern einer elfgliedrigen Kommission, innerhalb deren vermittelt werden mußte, um Mehrheitsbeschlüsse zustande zu bringen. Es gehörte zu den Verdiensten Plancks um die Kommission, daß er es verstand, widerstreitende Meinungen miteinander auszugleichen und eine Einigung herbeizuführen. „Gingen die Wogen des Meinungsstreits einmal hoch," erzählt ein Kommissionsmitglied, „so brauchte Planck nur das Wort zu ergreifen, um sie zu glätten." Seine letzte Arbeit für die Kommission, der von ihm und Schmitt hergestellte Entwurf eines Gesetzes über Angelegenheiten der nichtstreitigen Gerichtsbarkeit, kam nicht mehr zur Beratung in der Kommission.

Drittes Kapitel.

Die Aufnahme des ersten Entwurfs.

I.

Die amtliche Ausgabe des „Entwurfs eines Bürgerlichen Gesetzbuches für das Deutsche Reich" war durch ein kurzes Vorwort eingeleitet, das die äußern Daten der Entstehungsgeschichte des Gesetzbuches gab und zu dessen allseitiger Prüfung aufforderte. Es richtete sich nicht nur an die Vertreter der Rechtswissenschaft und die zur Rechtspflege Berufenen, sondern hieß es willkommen, wenn auch die Vertreter wirtschaftlicher Interessen von dem Entwurfe Kenntnis nehmen würden. Wie der Titel der Publikation sie als Resultat der ersten Lesung bezeichnete, so forderte auch das Vorwort zu Urteilen und Vorschlägen auf, um sie für die weitere Beschlußfassung über den Entwurf zu verwerten, und erklärte das Reichsjustizamt zur Annahme solcher Kundgebungen bereit. Neben dem Texte erschien eine amtliche Ausgabe der Motive in fünf starken Bänden, der stärkste unter ihnen, der vierte, das Familienrecht enthaltend, mit 1274 Seiten.

Die Aufforderung des Vorworts hatte einen großen Erfolg, wenn auch nicht gerade den erwünschten. An dem deutschen Volke zwar, auch an seinen Politikern, ging die Erscheinung ohne Eindruck zu machen vorüber. Sie pflegten und pflegen sich nicht über Gesetze juristischen Inhalts aufzuregen; es fehlt ihnen dafür das Verständnis und das Interesse; wie auch in den Parlamenten Vorlagen juristischen Inhalts in der Regel nur bei den Juristen Teilnahme finden[1]). Zudem war die Zeit, da das Gesetzbuch hervortrat, durch die tiefgreifendsten politischen Ereignisse bewegt: alle jene Vorgänge, welche dem Tode Kaiser Wilhelms I. folgten, die kurze Regierung seines Sohnes, die Thronbesteigung Kaiser Wilhelms II., die Anfänge seiner Herrschaft und die Gestaltung seines Verhältnisses zum Fürsten Bismarck, die im Frühjahr 1890 zu dessen Entlassung führte. Der Erfolg des neuen

[1]) W. Kulemann, Politische Erinnerungen (1911) S. 42.

Gesetzbuches beschränkte sich auf die Juristenwelt. Die juristischen Zeitschriften brachten Abhandlungen; vereinzelt äußerten sich Juristen in politischen Zeitschriften. Selbständige Schriften bemächtigten sich des Stoffes. Eine Sammlung von Beiträgen zur Erläuterung und Beurteilung des Entwurfs eines Bürgerlichen Gesetzbuches, von den Professoren Bekker in Heidelberg und O. Fischer in Greifswald (nachher in Breslau) unternommen, kündigte sich an und trat schon im Jahre 1888 mit zwei Heften hervor, in denen Bierhaus die Entstehungsgeschichte des Entwurfs, Bekker dessen System und Sprache behandelten. Ein neues Archiv für bürgerliches Recht mit Einschluß des Handelsrechts, hsg. v. Kohler und Ring, begann im November 1888 zu erscheinen, mit der besonderen Aufgabe dem neuen Zivilrecht zu dienen.

Wenige Monate nach dem Bekanntwerden des Entwurfs trat der Juristentag in Stettin zusammen und beschäftigte sich überwiegend mit dem neuen Gesetzbuche. Die legislatorischen Arbeiten in Deutschland waren, wie Gneist bei Eröffnung des Juristentages 1889 in Straßburg ausführte, stufenweise schwieriger geworden; aufsteigend vom Handelsrecht zum Strafrecht, vom Strafrecht zum Zivil- und Strafprozeß. Die schwierigste Stufe war jetzt erstiegen. Politische Rücksichten, wie sie bei den meisten der früheren Aufgaben zu nehmen waren, kamen bei dieser kaum in Betracht. Hier waren es allein die innern in der Sache selbst gelegenen Verhältnisse, die die Lösung erschwerten. Nun schienen sie überwunden. Aber von einer Genugtuung, geschweige denn einem Jubel über das Erreichte war auf dem Stettiner Juristentage nichts wahrzunehmen. Der Präsident Drechsler und der Generalberichterstatter v. Wilmowski berührten zwar in ihren einleitenden Reden den Entwurf, sahen in ihm einen sorgfältig und mühsam errichteten Bau, noch nicht eine Erreichung des lang erstrebten Ziels, sondern eine taugliche Grundlage, die der Ergänzung und Besserung bedürftig, aber auch fähig sei. Wünschte der Generalreferent ihn mit liebevoller und schonender Scheu behandelt zu sehen, so ließen sich in den Verhandlungen kräftigere Töne hören.

Das große Publikum hatte aus dem Entwurf einen einzelnen Punkt herausgegriffen, weil er sich in eine kurze Formel fassen ließ und in seiner praktischen Bedeutung dem Laien unmittelbar verständlich war. Seit Wochen hallte es in den Zeitungen und Gesprächen wie Schlachtrufe wider: Kauf bricht Miete, Kauf bricht nicht Miete. Für viele, auch hochstehende, Persönlichkeiten beschränkte sich noch lange hin ihre Kenntnis vom Bürgerlichen Gesetzbuch auf diesen Satz. Der Juristentag stellte ihn an die Spitze seiner Verhandlungen. Der ersten Abteilung, der Landgerichtspräsident Becker von Oldenburg präsidierte, lagen drei Gutachten vor, von dem Reichsgerichtsrat a. D. v. Meibom und den Professoren Eck von Berlin und O. Fischer von Greifswald. Dem Entwurfe, der „Kauf bricht Miete" adoptiert hatte, stimmte Meibom mit einer gewissen Modifikation zu, die beiden andern traten ihm entgegen. In der Verhandlung vereinigten sich Referent und Korreferent, Professor Heinr. Brunner von Berlin und der Reichsgerichtsrat Petersen zu dem Antrage, „Kauf bricht nicht Miete" zur Aufnahme in das Gesetzbuch zu empfehlen. Auch die Redner in der sich anknüpfenden Debatte erklärten sich bis auf einen für den Antrag, der dann im Plenum, wo ihn wiederum Brunner vertrat, fast einstimmig angenommen wurde. Auch die andern zur Debatte stehenden Fragen wie: Soll dem Vermächtnisnehmer das Eigentum an dem Legate oder nur eine Forderung gegen den Erben zustehen? Welche Erfordernisse sollen an die Bildung von Korporationen gestellt werden? Sollen Servituten an Grundstücken nur durch Eintragung in das Grundbuch erworben werden können? wurden im Gegensatz zum Entwurf mit größerer oder geringerer Mehrheit, meistens nach lebhaften und eingehenden Debatten, beantwortet. Nur der Ersatz der väterlichen durch die elterliche Gewalt, eine Neuerung des Entwurfs, fand allgemeinen Beifall. Ein Gegensatz zwischen dem sehr zahlreich von Richtern und Anwälten besuchten Juristentage und der Kommission war unverkennbar. Bestand sie auch überwiegend aus Praktikern, so machten ihr die Redner des Juristentags offen oder indirekt den Vorwurf, nicht sowohl die Lebensbedürfnisse, als vielmehr die Doktrin und ihre Konsequenz berücksichtigt zu haben. Das Recht muß dem Leben dienen, und nicht das Leben dem Recht geopfert werden: lautete ein Ausspruch H. Dernburgs. Die Lebensbedürfnisse können nur die der Gegenwart sein. Die Grundsätze des römischen Rechts, die dem Mieter und dem Pächter bloß ein obligatorisches Recht gegen den Vermieter und Verpächter zugestehen, hatten soziale Voraussetzungen, die bei uns nicht zutreffen. Das heutige Recht fordert deshalb eine andere Behandlung der Miet- und Pachtverhältnisse, wie denn deutsche Partikularrechte, insbesondere das Preußische Landrecht darin vorangegangen sind, ihnen dingliche Wirkung beigelegt haben und Mieter und Pächter gegen die Dispositionen des Vermieters und des Verpächters schützen. Man darf dies als deutsches Recht dem römischen gegenüberstellen. Die Äußerung Brunners, der Grundsatz: Kauf bricht nicht Miete hat bei der Kommission schon um dieser seiner Herkunft willen keinen Eingang gefunden, zeigt, welche Erbitterung der Entwurf in germanistischen Kreisen erregt hatte. Eher wird man andere seiner Sätze unterschreiben mögen: mit den Bausteinen bloß des römischen Rechts und etwaigem naturrechtlichen Mörtel läßt sich heuzutage kein großes Gesetzgebungswerk mehr herstellen, und das bürgerliche Gesetzbuch ist von vornherein eine Totgeburt, wenn sein Gesetzgeber nicht mit einem Tropfen sozialpolitischen Öles gesalbt war. Der Satz schlug mehr durch, als der Hinweis auf die nationale Herkunft. Wir verlangen ein Recht, das unsern Bedürfnissen entspricht; ist es zugleich nationalen Ursprungs, um so besser: das war der Kern der Zustimmung, die Brunners Referat im Plenum fand. Der Mahnung eines Redners, der Gesetzgeber solle das Recht nicht machen, sondern das vorgefundene Recht zum Gesetz erheben, stand allerdings die Tatsache gegenüber, daß in einem Drittel Deutschlands Kauf bricht Miete geltendes Recht war. Aber der statistische Nachweis, daß außer dem übrigen Deutschland die großen Nachbarstaaten dem entgegengesetzten Grundsatz folgten, machte Eindruck auf die Versammlung; zumal er zugleich dem Zuge der Zeit entsprach, den wirtschaftlich Schwachen gerecht zu werden, dem Nomadentum in den großen Städten abzuhelfen und die Seßhaftigkeit zu fördern. Der Stettiner Juristentag[1]) war die Ouvertüre, die alle Motive der nachfolgenden Handlung andeutete.

Man war begierig zu hören, welche Aufnahme der Entwurf bei den Landesregierungen und der des Reichs gefunden habe und welche Wege zu seiner weitern Behandlung eingeschlagen werden sollten. Auf die Erkundigungen zweier Abgeordneten, eines konservativen und eines nationalliberalen, im Reichstage (30. November 1888) antwortete der Staatssekretär des Reichsjustizamts, Schelling, in einer Rede, die vor allem Papes gedachte, mit dessen Tod eine wesentliche Kraft verloren sei, auf die für das Zustandekommen des Gesetzbuches gerechnet werden mußte. Gleichwohl werde das Werk nicht in Stillstand geraten, und der Redner bezog sich dabei auf eine von Allerhöchster Stelle bei feierlicher Gelegenheit gegebene Erklärung. Gemeint war die Kaiserliche Urkunde, die, bei der Grundsteinlegung des Reichsgerichtsgebäudes am 31. Oktober 1888 verlesen, die Erwartung auf das Zustandekommen des Gesetzbuches in naher Zukunft ausgesprochen hatte[2]). Den Entwurf selbst hatte der Minister als eine geeignete Grundlage bezeichnet, um darauf weiter zu bauen. Über das Wie bestand offenbar weder ein Einverständnis unter den Landesregierungen noch eine Klarheit in der Reichsregierung. Denn während der Minister die

[1]) Verhandlungen des 19. Juristentages (1888) S. 35—74, 301 ff. insbesondere S. 308; 38, 302, 304.

[2]) Deutscher Reichsanzeiger vom 2. November 1888.

Einsetzung einer neuen Kommission weit von sich wies, sprach er von einem Beirat, den sich die Regierungen in dem Kreise von Männern, die das Werk in seiner jetzigen Gestalt fertig gestellt hätten, etwa unter Zuziehung noch anderer Kreise der Nation suchen würden. Zunächst hatte die Reichsregierung vor, den Regierungen eine größere Anzahl wichtiger, zur Beurteilung des Entwurfs dienlicher, Punkte vorzulegen, um ihre Äußerungen darüber zu hören und beantragte zur Deckung der Kosten, die die Sichtung und Verwertung der eingehenden Gutachten erfordern würde, die Summe von 120 000 Mark in den Etat aufzunehmen. In der kurzen Debatte, die sich anschloß, rühmte der sächsische Konservative Dr. Hartmann den Entwurf als ein Werk deutschen Fleißes und deutscher Wissenschaftlichkeit, dessen Wert es nicht schmälere, wenn man auch noch eine Zeitlang auf seine Einführung warten müsse. Der liberale Abgeordnete für Halle, Alexander Meyer, erblickte in dem Entwurfe eine gute Grundlage, beklagte, daß es 14 Jahre gedauert, bis man etwas über seinen Inhalt erfahren, und erwähnte die Vorwürfe der konservativen Presse, der Entwurf enthalte undeutsches und manchesterliches Recht, was den Sprecher der Konservativen zu einer Verwahrung seiner Partei, eine Feindin des Entwurfs zu sein, veranlaßte.

Die literarische Bewegung, welche nach diesen Vorspielen einsetzte, hatte es nicht, wie die parlamentarische Debatte, mit dem Gegensatz der politischen Parteien zu tun, sondern hielt sich rein sachlich an den Entwurf, seine Form und seinen Inhalt. Die Stimmen ließen sich nicht einfach nach der Parole: Annehmen oder Ablehnen scheiden; denn auch die Verteidiger des Entwurfs hatten reichlich an ihm auszusetzen, und unter dessen Gegnern fehlte es nicht an Stimmen, die sich für eine Annahme erklärten, um eine einheitliche Grundlage für die erforderlichen Verbesserungen zu haben. Aus dem Chor der Gegner ragen zwei hervor, die, unter sich verschieden, von zwei verschiedenen Seiten her gleichzeitig den Angriff unternahmen. Otto Bährs Abneigung gegen Gesetzbücher wurde verstärkt durch die neue Probe, die der Entwurf darbot[1]). Er verkannte seine guten Seiten nicht: die große Sorgfalt der Arbeit, den mäßigen Umfang, der mit seinen 2164 Paragraphen nicht nur die Mitte hielt zwischen der Breite des Preußischen Landrechts und der Kargheit des Österreichischen bürgerlichen Gesetzbuches, sondern auch noch hinter dem französischen Code um hundert und hinter dem Sächsischen bürgerlichen Gesetzbuch um fast fünfhundert Paragraphen zurückblieb. Er hat das Verdienst, Veraltetes hinweg-

[1]) Grenzboten 1888 III 391 ff., 450 ff. (Münchener) krit. Vierteljahrsschr. XXX (1888) 321 ff., 481 ff., XXXI (1889) 352 ff.

zufegen, Kontroversen des bisherigen Rechts abzuschneiden, anstatt deren allerdings bald neue aus dem Gesetzbuche selbst entspringen werden. Bähr lobt auch die Kürze und Bestimmtheit der Sprache; leichtflüssig ist sie allerdings nicht, und ein volkstümliches Gesetzbuch haben wir nicht erreicht; das moderne Recht ist aber viel zu kompliziert, viel zu fein verzweigt, als daß es in einer jedermann verständlichen Sprache vorgetragen werden könnte. Nicht bloß dem Laien, auch dem Juristen wird es Schwierigkeiten bieten. Um der Kasuistik zu entgehen, stellt es viel theoretisch klingende Sätze auf. Es enthält Wertvolles, wo es sich um Rechtsvorschriften positiver Natur handelt; den Widerspruch fordern die Sätze heraus, welche durch die innere Notwendigkeit bestimmt sind. Ein modernes Gesetzbuch, mag es auch in der Form nicht volkstümlich sein können, muß dem im Volke lebenden Rechtsbewußtsein entsprechen, darf ihm wenigstens nicht widersprechen. Der Entwurf ist ein doktrinäres Werk, steht unter der Herrschaft eines Lehrbuches, ist ein kleiner Windscheid. Was nicht im Windscheid steht, fehlt auch im Gesetzbuch. So die Lehre von den Vereinen, das ganze bäuerliche Recht mit seinem das Lebenselement der Erbfolge bildenden Gutsabtretungs- oder Gutsansatzvertrage, wie ihn der alte kurhessische Jurist nennt; das Recht der Versicherung, des Verlages, der Rechnungsablage. Den Vorwurf, der Entwurf sei zu romanistisch, läßt Bähr nicht gelten. An seinen Fehlern ist das römische Recht ziemlich unschuldig. „Ich kann kein Gewicht darauf legen, ob ein Rechtssatz deutschen oder römischen Ursprungs ist; für mich ist nur entscheidend, ob er gerecht und praktisch zuträglich ist" (Gegenentwurf S. V). Dem populären Kampfgeschrei: Kauf bricht nicht Miete, steht er skeptisch gegenüber. Der große Teil von Deutschland, der bisher das entgegengesetzte Prinzip befolgte, hat sich dabei ganz wohl befunden, wie auch der Präsident Drechsler aus seiner Heimat auf dem Stettiner Juristentage bezeugte; und wenn das Gesetzbuch keinen schlimmern Fehler hätte als diesen, so hätte man keinen Grund, sich zu beklagen. Aber das Gesamturteil, zu dem Bähr gelangt, ist herbe genug: Der Entwurf steht nicht auf der Höhe, die die deutsche Rechtswissenschaft erstiegen hat; er bleibt zurück hinter dem, was zu erreichen möglich gewesen wäre. Da eine Umkehr zu dem von ihm bevorzugten Wege der Einzelgesetzgebung nicht zu erwarten war, suchte Bähr das Gegebene zu bessern, legte selbst Hand ans Werk und stellte dem Entwurf der Kommission einen „Gegenentwurf", zuerst in fünf einzelnen Heften, dann 1892 zu einem Buche unter diesem Titel vereinigt, gegenüber. Das Buch begleitet seinen Text mit kurzen rechtfertigenden Bemerkungen, fügt einige Exkurse bei und vervollständigt den amtlichen Entwurf durch Aufnahme eines eingehenden Vereinsrechts, des Verlagsvertrags, der Rechnungsablage u. a. m. Gestützt auf das gemeine Recht, nicht das der Lehrbücher, sondern das der bessern Praxis, steckte Bähr sich das Ziel, das steife Juristendeutsch durch eine menschlich-natürliche Sprache, den allzu idealen Dogmatismus durch ein Stück Realjurisprudenz zu ersetzen und den dem Leben abgewandten Geist des Entwurfs auszutreiben.

Hatte Bähr als ein Mann des scharfen, klaren Verstandes den Entwurf bekämpft, so sprach aus Otto Gierkes Gegnerschaft neben dem Verstande das Herz. „Mit schwerem Herzen, aber von meinem Gewissen gedrängt," wie er auf dem Juristentage bekannte, hatte er seinen scharfen Angriff unternommen [1]). Seit Jahren ein begeisterter und begeisternder Lehrer des Rechts, der Nachfolger seines Lehrers Georg Beseler auf dem Lehrstuhl der Berliner Universität, „des Erforschers und Wiedererweckers deutscher Rechtsgedanken", der in seiner Rektoratsrede vom 3. August 1880 ein ideales Programm der deutschen Kodifikation entworfen hatte, beherrschte er das deutsche Recht, wie wenige neben ihm. Geschichtlich und dogmatisch war es ihm vertraut; kein Teil ihm fremd oder entlegen. Aber im Mittelpunkt seines Interesses stand das Privatrecht, die Mutter aller Jurisprudenz. Bei aller Verehrung der Geschichte blieb ihm zuletzt doch das Recht seiner Zeit die Heimat, von der er auszog, in die er immer wieder heimkehrte. In seiner enormen Arbeitskraft beantwortete er das Erscheinen des Entwurfs sofort mit einer Schrift, die ihm schon in ihrem Titel „das deutsche Recht" entgegensetzt. Sie enthält in der Tat ein germanistisches Glaubensbekenntnis. Der ganze Reichtum germanistischer Rechtswissenschaft, wie ihn die Arbeit eines halben Jahrhunderts gezeitigt hatte, tritt, wenn auch nur in polemischer Form, zutage. Die außerhalb dieser Wissenschaft stehenden Juristen hatten wenig Kenntnis von ihr; ihre Quellen waren ihnen so gut wie verschlossen; ihre Ergebnisse hatten sie im besten Falle für eine Bereicherung der historischen Rechtserkenntnis gehalten, ihnen aber nicht zugetraut, einen Anspruch auf Geltung im Leben zu erheben. Den Abstand zwischen dem deutschen Privatrecht der Lehrbücher und dem von der Wissenschaft Erreichten konnte Gierke in seiner Schrift nur andeuten; heute vermag ihn zu ermessen, wer etwa Gerbers Buch mit den bis jetzt vorhandenen zwei Bänden von Gierkes Privatrecht (1895, 1905) vergleicht. Gierke war nicht bloß ein Freund der Kodifikation, sondern

[1]) Schmollers Jahrbücher für Gesetzgebung usw. XII, 3 und 4 (Juli 1888) und XIII, 1 und 2 (Januar und Mai 1889). Verändert und vermehrt in dem Buche: Der Entwurf eines Bürgerlichen Gesetzbuches und das deutsche Recht (1889).

hatte sich von dem neuen Gesetzbuche ein ideales Bild entworfen. Den größten künstlerischen Leistungen sollte es sich ebenbürtig an die Seite stellen; zugleich eine nationale Mission erfüllen. Nicht bloß ein neues Band der Einheit um die Nation schlingen, sondern auch den Schaden ausgleichen, den das deutsche Volk durch die Rezeption des römischen Rechts erlitten hatte, die Versöhnung zwischen Volksrecht und Juristenrecht, zwischen Germanisten und Romanisten herbeiführen. Bähr stand auf dem Boden des gemeinen, d. h. überwiegend des römischen Rechts, das die deutsche Rechtswissenschaft den neuzeitlichen Lebensverhältnissen entsprechend zu modifizieren verstanden hat. Gierke steht auf dem Boden des deutschen Rechts. Von ihm aus will er das Recht neu gestalten. Das deutsche Recht verstand er dabei in ganz anderem Sinne als die überwiegende Mehrzahl der praktischen und theoretischen Juristen. Ihnen war das deutsche Recht eine Sammlung interessanter Einzelheiten, die man auf ihre praktische Brauchbarkeit prüfen mag. Die Gedanken des deutschen Rechts, vergessen oder in partikulärer Verkümmerung existierend, lebten in Gierke als ein großes organisches Ganzes, abstrahiert aus der Fülle deutschrechtlicher Quellen, die er für sein Werk über das deutsche Genossenschaftsrecht durchgearbeitet hatte. Seine rechtshistorischen, zu einem praktischen Zweck unternommenen, Studien hatten ihm als den Grundgedanken des deutschen Rechts die Gemeinschaft enthüllt, wo das römische Recht das Individuum, den einzelnen und sein Interesse den Ausschlag geben läßt. Der Entwurf huldigt dem Individualismus, und tritt in einer Zeit hervor, die immer mehr die Notwendigkeit erkennt, die soziale Seite des Lebens zu betonen: das Individuum und sein Interesse den Anforderungen der Gemeinschaft anzupassen und unterzuordnen. Eine Erneuerung des Privatrechts, wie sie das Bürgerliche Gesetzbuch vorhatte, durfte an diesen Bestrebungen nicht teilnahmlos vorübergehen und mußte neben dem gewordenen auch das werdende, nach Leben ringende Recht zum Ausdruck bringen. Statt dieses Idealbildes, das er sich gemacht, fand Gierke in der Arbeit, wie sie jetzt die Kommission dem deutschen Volke vorlegte, ein zwar in deutscher Sprache geschriebenes, aber römisch gedachtes Gesetzbuch. So verschieden seine Opposition von der Bährs war, er stimmte mit ihm darin überein: Das deutsche Volk erwartet von seiner Einheit nicht bloß einheitliche, sondern auch gute Einrichtungen, nur daß er hinzusetzen würde: von nationalem Geiste erfüllte Einrichtungen. Er hatte das Werden und Wachsen des neuen nationalen Staats mit Begeisterung begleitet. Ein alter Burschenschafter, hatte er an den Kämpfen von 1866 und 1870 teil genommen und sich das Eiserne Kreuz verdient. Das gesetzgeberische Ergebnis, zu dem die Kommission gelangt war, empfand er wie eine nationale Niederlage.

Die beiden großen Gegner des Entwurfs unterschieden sich nicht bloß durch den Boden, von dem aus sie ihren Angriff unternahmen. Auch wer weniger kühl als Bähr der Aufgabe gegenüberstand, sah sich vergebens nach einem Gesetzbuche um, das den Werken der Dichtung oder der Kunst, die Gierke zitierte, gleichgestellt zu werden verdient hätte. Bähr, der wenig von dem ganzen Unternehmen erwartet hatte, überraschte die Enttäuschung derer nicht, die zuviel erwartet hatten. Eine Kodifikation kann ihrer Natur nach keine Früchte, wie die erhofften, bringen. Er bleibt bei seiner alten Gegnerschaft, die von einem Fluche der Kodifikation redete. Die jüngsten Erfahrungen haben ihn nicht eines Bessern belehrt. Der neue Zivilprozeß, dessen Gelingen als ein günstiges Prognostikon für das Bürgerliche Gesetzbuch betrachtet wurde und dessen Inhalt als eine Musterleistung galt, hatte sich nach seinem Urteil in den Jahren seiner Geltung schlecht bewährt. Von dem Vorwurf nicht sozial zu sein, spricht Bähr den Entwurf frei. Die der Gesetzbuchkommission gestellte Aufgabe, ein einheitliches Privatrecht zu schaffen, war schwer genug; man durfte sie nicht noch durch eine neue belasten und eine soziale Reform von ihr verlangen, deren Forderungen noch ganz unabgeschlossen waren. Dagegen mißbilligte er es, wenn der Entwurf eine „manchesterliche" Richtung einschlug, dem einzelnen zu viel und dem Staat zu wenig gab, den Schutz, den der Staat „den Schwächen des Lebens" bisher gewährt, aus dem Rechte gestrichen hatte.

Planck war nach seiner Erfahrung in der Kommission darauf gefaßt, daß es dem Entwurf nicht an zahlreichen Angriffen fehlen werde. Viel hundert Anträge waren bei der Beratung gestellt und abgelehnt worden. Daß die Vertreter der unterlegenen Ansichten auch außerhalb der Kommission sich nach dem Erscheinen des Entwurfs zum Wort melden würden, war erklärlich genug; ebenso daß ihnen andere entgegentraten, um angefochtene Bestimmungen des Entwurfs zu verteidigen. Durch seine Stellung in der Kommission, zumal gerade sein Anteil, das Familienrecht, Gegenstand der schwersten Angriffe geworden war, hielt sich Planck für verpflichtet, für den Entwurf als Ganzes in die Schranken zu treten. Er arbeitete im Sommer 1889 eine Abhandlung aus: Zur Kritik des Entwurfs eines Bürgerlichen Gesetzbuches, die zu Ende des Jahres im Archiv für die zivilistische Praxis, dessen Mitredakteur Mandry war, erschien[1]). Das Bessere darf nicht der

[1]) Bd. 75 S. 327—429.

Feind des Guten sein: Dies Wort ist oft in jenen Tagen gepredigt worden. Zahlreiche Stimmen würden eingewendet haben, der Entwurf ist nichts Gutes. Planck will nicht für seine Güte plädieren, nur für seine Brauchbarkeit bei der Weiterarbeit; denn das Werk ist ihm nichts weniger als vollendet. Ein auch nur alle hervorragenden Juristen einigendes Gesetzbuch zu erreichen, ist unmöglich. Wer diese Forderung stellt, verzichtet auf das Gesetzbuch. Einen Teil der Angriffe hält Planck für unbegründet, einen andern für zweifelhaft, aber einen dritten für berechtigt. Vielseitige, gründliche Polemik kann dem Werke nur nützen. Seine Abhandlung hat es überwiegend mit Gierkes Angriff zu tun. Einen Anti-Gierke nannte sie ein Freund. Das ist sie nicht bloß dem Inhalte nach. Angriff und Verteidigung stachen seltsam voneinander ab. So temperamentvoll Gierke die Sache anfaßte, so leidenschaftslos antwortete Planck. „Den volltönenden, schwungvollen Philippiken" setzte er eine ruhige Erörterung entgegen, die hauptsächlich die Einwendungen gegen den Inhalt, zum Schluß auch den gegen die Sprache und Fassung des Entwurfs behandelt. Auf Bährs Schriften, die jeden einzelnen Satz auf seine Brauchbarkeit prüften, ist nicht weiter als in einer allerdings bezeichnenden Anmerkung (S. 365) eingegangen; sie hätten sich nur durch eine detaillierte Gegenschrift beantworten lassen. Gierkes Gegnerschaft ist prinzipiell. Er wirft dem Entwurf neben seiner Unvollständigkeit vor, weder deutsch, noch sozial, noch volkstümlich zu sein. Unvollständig ist besonders der Abschnitt von den juristischen Personen, der anstatt selbst Erwerb und Verlust der juristischen Persönlichkeit zu regeln, die Bestimmung darüber auf die Landesgesetze abwälzt. Auch der Stettiner Juristentag hatte diesen Mangel gerügt und von dem Gesetzbuch gefordert, allgemeine Bestimmungen über Erwerb und Verlust der Körperschaftsrechte zu treffen und dabei von dem Prinzip der freien Körperschaftsbildung auszugehen. Planck erkennt die Lückenhaftigkeit dieser Partie an und bedauert sie. Aber die Scheu von Reichs wegen in dies Gebiet einzugreifen, hing mit politischen Rücksichten zusammen, die bei Abfassung des Gesetzbuches nur vereinzelt in Betracht kamen, hier mit dem Umstande, daß zurzeit das öffentlich-rechtliche Vereinswesen noch nicht reichsgesetzlich geordnet war. Planck geht die übrigen Vorwürfe Gierkes der Reihe nach durch und untersucht sie eingehend. Undeutsch soll der Entwurf sein. Richtiger wäre: nicht germanistisch oder genauer: nicht germanistisch in Gierkes Weise: Sie will das deutsche Recht des Mittelalters fortsetzen, das neue Recht da anknüpfen, wo das alte, durch die Rezeption unterbrochen, aufgehört hat. Die Aufgabe einer modernen Kodifikation kann aber nicht sein, das Geschehene ungeschehen zu machen; sie kann nicht anders als den durch die Rezeption geschaffenen Rechtszustand anerkennen und fortsetzen. Die Rezeption, und was aus ihr hervorgegangen, ist auch ein Stück Geschichte, das respektiert werden muß, das neben manchem Nachteil, den es über unser Recht gebracht hat, ihm doch auch förderlich geworden ist. Planck weist das eingehend an der juristischen Technik nach. Er stellt seine Auffassung von der Aufgabe einer Kodifikation bestimmt der von Gierke postulierten entgegen. Sie soll kein neues Recht machen, sondern das im Volksbewußtsein lebende Recht erkennen und in Rechtssätze fassen. Gegenüber der Zersplitterung des bestehenden Rechts galt es auszuwählen, zu erwägen, welche Rechtssätze und Rechtseinrichtungen sich dazu eigneten, zu allgemein gültigen erhoben zu werden. Das aus der Verschmelzung des römischen mit dem deutschen Recht hervorgegangene jetzige Recht will der Entwurf geben; das durch die Rezeption verdrängte deutsche Recht soweit, als es sich in den Partikularrechten als lebenskräftig erwiesen und sein Inhalt dem modernen Bedürfnis entspricht. Neben dem bestehenden Recht ist das werdende zu berücksichtigen, der Gang der Rechtsentwicklung zu beachten und das ihm Entsprechende als Vorschrift aufzunehmen. Wieweit hierbei die modernen sozialen Bestrebungen Anspruch auf Anerkennung im Gesetzbuche haben, bedarf der vorsichtigsten Erwägung. Nach diesen allgemeinen Betrachtungen wendet sich Plancks Aufsatz zu Gierkes Einzelangriffen, vorzugsweise zu den auf das Familienrecht bezüglichen. Die spezielle Besprechung des Planckschen Anteils wird Gelegenheit geben, darauf einzugehen.

II.

In der Polemik, die gegen den Entwurf erwachte, ist selten die Schwere der Aufgabe gewürdigt und das hohe Verdienst, das sich die Kommission durch deren Bewältigung erwarb, anerkannt worden. Eine rühmliche Ausnahme bildet Mitteis, der den Entwurf eine geistige Leistung von ganz hervorragender Bedeutung nennt. „Die unermeßliche Menge des verarbeiteten Materials, die außerordentliche Beherrschung der verschiedenartigsten juristischen und sozialen Verhältnisse, die gewissenhafte Berücksichtigung der zurzeit bestehenden Reichs-, Landes- und Ortsrechte, sowie der Rechtsprechung und die zarte Schonung der Rechtskontinuität, die kühle und nüchterne Erwägung, die jedes Für und Wider erfährt, und vor allem die Art und Weise, wie jeder Gedanke zu Ende gedacht ist und der Gesetzgeber seine eigene Arbeit nicht vergessen hat, das sind Dinge, welche der deutschen Rechtswissenschaft stets zur höchsten Ehre gereichen werden.“ Dies

„stete Streben alles zu berücksichtigen und alles zu sagen" hat dann allerdings auch den Nachteil herbeigeführt, daß die Gründlichkeit auf Kosten der Faßlichkeit siegte. Denn darin stimmt Mitteis mit allen Beurteilern zusammen, daß Form und Sprache des Entwurfs verfehlt sind [1]).

An dem Maßstabe dieser neuen gesetzgeberischen Leistung gemessen, stiegen die bisherigen Kodifikationen im literarischen Ansehen. An dem Österreichischen bürgerlichen Gesetzbuch rühmte man die naive Sinnlichkeit, mit der es zum Volke spreche; an dem Preußischen Landrecht die einfache und klare Fassung, die Reinheit seiner noch heute nicht veralteten Sprache [2]). Man fragte, wo ist die Kraft und Kunst geblieben, die die deutsche Wechselordnung, das allgemeine deutsche Handelsgesetzbuch schuf? Die Kritik richtete gegen das Buch IV ihre schärfsten Pfeile. Dieser dem Interesse und dem Verständnis des Volkes am nächsten liegende Teil galt als der wenigst gelungene. Bähr fand die überhaupt tadelnswerte Form des Entwurfs trete hier am abschreckendsten hervor, und Gierke (S. 393) erkennt dem Familienrecht den Lorbeer juristischen Scharfsinns und kunstvoller Technik zu, zugleich aber auch daß es der wirklichen Aufgabe eines deutschen Gesetzbuches am wenigsten gerecht geworden sei.

Plancks erster Mitarbeiter hat schon hervorgehoben (oben S. 320), wie sehr die große Gewissenhaftigkeit und Sorgfalt des Redaktors darauf einwirkte, daß die Fassung des Entwurfs des monumentalen Ausdrucks entbehrte. Sein Streben, keine Lücken zu lassen, den Zweifel auszuschließen, möglichst erschöpfend die Folgerungen zu ziehen, bestimmen ihn zu seiner Ausführlichkeit und Umständlichkeit. Ganz charakteristisch erkennt er dem Bährschen Gegenentwurf die größere Glätte und Leichtigkeit der Sprache zu, möchte aber um dieser Vorzüge willen nicht die größere Genauigkeit und Vollständigkeit aufgeben (ob. S. 334). Ist demnach auch Mangel an Volkstümlichkeit dem Familienrechte mit Grund vorgeworfen, so zeigt doch Plancks Arbeit in ihrer originalen Fassung an manchen Stellen eine ansprechendere Gestalt, als ihr nachher die Kommissionsverhandlungen gegeben haben. Die Arbeit des einzelnen liefert ein freieres Ergebnis und findet eine einfachere Form, als wenn Aufstellung und Widerspruch miteinander ausgeglichen und eine Entscheidung durch Mehrheitsbeschlüsse herbeigeführt werden muß. Was man heute großzügig nennt und schmerz-

[1]) Bemerkungen z. ehelichen Güterrecht (Ztschr. f. d. Privat- u. öffentl. Recht der Gegenwart XVI 3 [1889] S. 545 ff.).

[2]) Mitteis S. 549. Hinschius, Berliner Rektoratsrede vom 15. Oktober 1889 (Preuß. Jahrb. 65 S. 289 ff.).

lich an dem Entwurf vermißte, geht eher aus der Initiative eines einzelnen als aus dem Schoße einer Kommission hervor. So fehlten die prinzipiellen von Gierke vermißten Sätze, die sich dem Gedächtnis des Volkes einprägen, in Plancks Entwurf nicht ganz. § 67 hieß es: der Ehemann ist das Haupt der Ehe. Die Kommission strich den Satz und ließ nur die Wirkung, das Entscheidungsrecht des Mannes in den das gemeinschaftliche Leben betreffenden Angelegenheiten, stehen (1273, BGB. 1354). Die Wendung: eine Ehe kann nur schließen, wer ehemündig ist (4), ist volkstümlicher als: zur Eheschließung ist Ehemündigkeit der Eheschließenden erforderlich (1233), ein Satz, den das Bürgerliche Gesetzbuch ganz tilgte und damit den guten reichsgesetzlichen Ausdruck Ehemündigkeit beseitigte. Kraft der Zusammenfassung zeigt der den Abschnitt „elterliche Gewalt" eröffnende Paragraph: eheliche minderjährige Kinder stehen unter elterlicher Gewalt; die elterliche Gewalt steht dem Vater, nach dessen Tode der Mutter zu (317). An diese kurze Norm, die gleich den hervorstechendsten Punkt des neuen Instituts zur Geltung brachte, schloß sich sofort eine andere an, die dessen Inhalt ebenso bündig bezeichnete (318). Diese natürliche Anordnung ging auch in E. I 1501 und 1502 über. Im Bürgerlichen Gesetzbuche sind die Bestimmungen auseinander gerissen; man findet sie wieder in 1626 und 1684, in 1627 und 1649.

Wichtiger für die Kenntnis von Plancks Individualität ist es einige Grundzüge zu verfolgen, in denen sich seine sachliche Behandlung des Familienrechts bewährt. Seine Mitarbeiter sind einig darin, daß in ihm der rechte Bearbeiter dieses Rechtsteils gefunden war. Die Verbindung eines tiefen religiös-sittlichen Sinnes mit einem klaren scharfen Verstande war die beste Ausrüstung für die Aufgabe, das Sittengesetz und das Recht in das richtige Verhältnis zueinander zu bringen. Er ließ sich auch nicht bloß von dem Herkömmlichen leiten, sondern hielt sich für berechtigt, wo es die sittliche Freiheit gebot, über das bestehende Recht hinauszugehen und Neuerungen vorzuschlagen. Der ganze Abschnitt über die Ehe ist von der hohen Auffassung beherrscht, die er von diesem innigsten menschlichen Verhältnis hegt. Die Freiheit der Ehegatten durch Eheverträge ihre Verhältnisse untereinander zu regeln, hat ihre Grenze an dem „Wesen der Ehe" (133). Beide Gatten soll eine Gesinnung beseelen, die dem wahren Zweck ihrer Verbindung entspricht. Die rechte eheliche Gesinnung ist der Maßstab, an dem Rechte und Pflichten beider Gatten gemessen werden. Was ihm widerspricht, ist Mißbrauch. Einer Entscheidung des Mannes, die nicht aus rechter ehelicher Gesinnung hervorgeht, ist die Frau nicht zu folgen verpflichtet (67). Dernburg hat mit Recht hervorgehoben, daß von diesem Standpunkt aus das ganze Familienrecht Plancks beurteilt und gehandhabt werden muß. Er nennt ihn die Leuchte des ganzen Eherechts [1]). Ein Verhältnis, das zwei Menschen zu innigster Gemeinschaft verbinden soll, darf nur mit vollster Freiheit eingegangen werden. Das leitet ihn bei der Ordnung des Verlöbnisrechts. „Durch das Verlöbnis wird eine Verbindlichkeit der Verlobten zur Schließung der Ehe nicht begründet“, sagt § 1227 des ersten Entwurfs. Ein Mitglied der bayrischen Abgeordnetenkammer hat darin einen geradezu unmoralischen Ausspruch gefunden [2]), und auch Gierke (S. 43) meint, er klinge wie eine Aufforderung zu Entlobungen. Planck hatte eine noch radikalere Fassung vorgeschlagen. „Der auf die künftige Abschließung einer Ehe gerichtete Vertrag (Verlöbnis) begründet weder einen Anspruch auf Vollziehung der Ehe noch auf Entschädigung wegen Nichterfüllung oder einseitigen Rücktritts vom Verlöbnisse“ (1). Das Verlöbnis ist also ein Vertrag, aber ohne alle sonstigen Wirkungen der Verträge. Man kann nicht auf seine Erfüllung klagen noch von dem die Erfüllung Weigernden oder vom Vertrage Zurücktretenden irgendwelchen Schadenersatz fordern. Man kann auch nicht auf dem Wege der Konventionalstrafe eine Sicherung der Verlöbnisse herbeiführen; denn solche Verabredungen werden im Gesetz für nichtig erklärt (1,2). Die einzige dem Verlöbnis beigelegte Wirkung bestand in dem, noch dazu rein prozessualisch ausgedrückten, Satze, daß Brautgeschenke, wenn eine Eheschließung nicht nachfolgte, binnen Jahresfrist nach Auflösung des Verlöbnisses zurückgefordert werden konnten (23). Der Redaktor war sich voll bewußt, über das in Deutschland geltende Recht hinauszugehen. Aber seine hohe Auffassung von der Ehe bestimmt ihn alle Einwirkungen rechtlicher Natur, die die Freiheit der Eheschließung beeinträchtigen könnten, fernzuhalten. Wer von einem Verlöbnis zurücktritt, mag unmoralisch handeln, eine Rechtspflicht verletzt er nicht. Der Verfasser hat es sich nicht leicht gemacht, ein solches Ergebnis in seinen Entwurf aufzunehmen. Er stellt aufs sorgfältigste die entgegenstehenden Meinungen zusammen; er weiß, daß in Deutschland eine moralische Auffassung das Verlöbnis als bindend ansieht, daß die Rechte der verschiedenen Territorien eine Entschädigungspflicht statuieren. Schroff romanistisch hat Dernburg Plancks Ansicht vom Verlöbnis genannt [3]). Matrimonia debent esse libera, was ein niederdeutsches Statut des 16. Jahrhunderts einmal wiedergibt [4]): dat frient

[1]) Bürgerl. Recht IV (1903) S. 10.

[2]) Jacubezky, Bemerkungen zu dem Entwurfe (1892) S. 296.

[3]) Bürgerl. Recht IV 21.

[4]) 1562 Greifswalder Zunftordnung. (Hansische Geschichtsblätter, Jg. 1907 S. 30).

schal frig sin. Aber nicht dem römischen Recht zuliebe hat Planck seinen Satz aufgestellt, sondern weil er eine Rechtsentwicklung konstatieren zu können meinte, die die rechtliche Pflicht den Verlöbnisvertrag zu erfüllen, immer mehr abschwächt, ihm eine Stütze nach der andern entzieht und den freien Willen der Nupturienten nicht durch Rücksicht auf etwaige Vermögensnachteile beeinflußt wissen will. Diesem Entwicklungsgang schließt sich Plancks Entwurf an. Weil aber die allgemeine Meinung, wie er weiß, noch nicht auf seiner Seite war, fügte er seinem prinzipalen Entwurfe einen eventuellen bei, der das Verlöbnisrecht ausführlich in zehn Paragraphen behandelt und einen beschränkten Entschädigungsanspruch zuläßt (Begründung des Entwurfs S. 42). Die Kommission folgte Plancks prinzipaler Auffassung nicht und erkannte einen Entschädigungsanspruch an, der im Laufe der Redaktionen erweitert wurde. Der formell anstößige Eingangssatz (oben S. 338) wurde durch die prozessualische Wendung ersetzt: aus einem Verlöbnis kann nicht auf Eingehung der Ehe geklagt werden (BGB. 1297,1).

Planck versucht noch an einer zweiten Stelle das neu zu gründende Familienrecht von einer Satzung des gemeinen Rechts und der Partikularrechte freizumachen. Neben der Legitimierung eines unehelich Gebornen durch die nachfolgende Ehe seiner Erzeuger kennen sie alle die Ehelichkeitserklärung durch einen Akt der Staatsgewalt, die sog. legitimatio per rescriptum principis. Danach ist die Staatsgewalt beim Vorhandensein bestimmter gesetzlicher Voraussetzungen ein uneheliches Kind für ehelich zu erklären berechtigt, nicht verpflichtet. Unter den gesetzlichen Voraussetzungen ist die wichtigste der Antrag des Vaters, in dem er das Kind als das seinige anerkennt. Daran knüpft Plancks Reformvorschlag. Die legitimierende Kraft wird der Willenserklärung des Vaters beigelegt; aber sie bedarf der Bestätigung durch den Richter, der zu prüfen hat, ob die gesetzlichen Voraussetzungen gewahrt sind und kein Verdacht gegen die innere Wahrheit der väterlichen Erklärung vorliegt. Ergibt die Prüfung kein Hindernis, so muß der Richter bestätigen (§ 453 ff.). Planck will eine Forderung des Rechtsstaats verwirklichen, indem er den Verwaltungsakt durch eine Handlung des Richters ersetzt, die Gnadensache zu einer Rechtssache macht. Sein Antrag drang bei der Kommission nicht durch, die es wie bisher auch beim Vorhandensein der gesetzlichen Voraussetzungen dem freien Ermessen der Staatsgewalt überließ, ob sie legitimieren wollte (1592, BGB. 1734).

Glücklicher als mit diesen beiden Vorschlägen, die übrigens im französischen Recht ihr Vorbild haben, war Planck mit einem dritten. Für den von der Vormundschaft handelnden Abschnitt hatte der

Redaktor eine sehr brauchbare Vorarbeit an der preußischen Vormundschaftsordnung vom 5. Juli 1875. Allgemein als ein gut gearbeitetes Gesetz anerkannt, hatte sie sich in der Praxis bewährt und, soweit sich Mängel oder Lücken gezeigt, konnte der neue Gesetzgeber die gemachten Erfahrungen benutzen. In einem wichtigen Punkte verließ er die Vorlage, ja stellte er eine Einrichtung wieder her, die sie eben abgeschafft hatte. Die väterliche Gewalt durch eine elterliche Gewalt zu ersetzen, war eine kühne Neuerung, und Planck vergewisserte sich deshalb der vorgängigen Zustimmung der Kommission, die durch einen Plenarbeschluß vom 4. Oktober 1876 erfolgte. Die wichtigste in die Vormundschaft eingreifende Wirkung lag darin, daß nach dem Tode des Vaters für die Kinder kein Vormund bestellt wird, sondern die Mutter die elterliche Gewalt, an der sie bisher neben dem Manne Anteil hatte, allein erhält und ebenso ausübt, wie sie der Mann ausgeübt hatte. Nur eine kleine Anzahl älterer Statuten kannte bisher eine mütterliche Gewalt. Sie galt im Gebiet des französischen Rechts, und einige Statuten, wie Sachsen-Weimar und Hamburg, hatten sie neu eingeführt, während die preußische Vormundschaftsordnung, die sie in der Rheinprovinz vorfand, sie beseitigt hatte. Trotz dieses raschen Wechsels fand die Neuerung auch in Preußen Beifall. Sie kam dem allgemeinen Streben der Zeit, die rechtliche Stellung der Frauen zu verbessern, entgegen und verwendete ihre Tätigkeit im Gebiete der vormundschaftlichen Geschäfte, für die sie besonders geeignet waren. Den Fortschritt des Bürgerlichen Gesetzbuches, die Vormundschaftsunfähigkeit der Frauen zu beseitigen, hatten weder Planck noch der erste Entwurf getan; beide waren gleich der preußischen Vormundschaftsordnung dabei stehen geblieben, Frauen mit Ausnahme der Mutter und der Großmutter für unfähig und die Fähigen für ablehnungsberechtigt zu erklären. Die elterliche Gewalt, wie sie der erste Entwurf aus Plancks Vorlage aufgenommen hatte, fand allgemeine Zustimmung; den ersten Ausdruck gab ihr, wie schon erwähnt, der Stettiner Juristentag (oben S. 327). Das Aufhören der elterlichen Gewalt mit der Volljährigkeit des Kindes, wie Planck vorschlug, entsprach der modernen Auffassung der persönlichen Gewaltverhältnisse, dem seit Beginn des Jahrhunderts im Gebiete des französischen und des österreichischen Rechts geltenden Grundsatze, dessen Ausdehnung der deutsche Juristentag, zuletzt der Nürnberger von 1875, befürwortet hatte, und diente der Sicherheit des Verkehrs, für den die schwankende Grenze der separata oeconomia, wie Plancks eigene Lebensgeschichte zeigt (oben S. 113), schwer erkennbar war. Ein Ausfluß der elterlichen Gewalt ist, daß sie ihrem Inhaber die Nutznießung an einem etwaigen Vermögen des Kindes verschafft. Ist die elterliche Gewalt im Gegensatz der römischen patria potestas eine Einrichtung, die nicht sowohl dem Interesse des Gewalthabers als dem des Gewaltunterworfenen dienen soll, so hielt es Planck für genügend, ihr bloß eine obligatorische Wirkung beizulegen, begegnete aber einem entschiedenen Widerstande in der Kommission, namentlich bei dem Präsidenten Pape, wie denn in allen Stadien des Entwurfs hier und bei der Nutznießung des Ehemannes der dingliche Charakter des Rechts festgehalten wurde[1]). Der der elterlichen Gewalt zugrunde liegende moderne Gedanke kehrt wieder bei der eheherrlichen Gewalt. Gierke möchte ihr soviel als möglich von dem alten Mundium wahren. Als Ausnahmen läßt er gelten: die Schlüsselgewalt der Frau, ihre Befugnis, den verhinderten Mann zu vertreten, den selbständigen Betrieb eines Erwerbsgeschäfts. Im übrigen soll die Vormundschaft des Mannes über die Frau fortdauern. Planck knüpft an die Entwicklung, die durch das Handelsgesetzbuch angebahnt, sich in Gewerbeordnung und Zivilprozeßordnung fortgesetzt und die Schranken des Mundiums überwunden hat. Ihr war nachzugehen, und ihr letztes Ergebnis ist die Stellung, die der Entwurf der Frau anweist. Nicht eine undeutsche, individualistische Tendenz beherrscht ihn; er will nur nicht alte, für moderne Zustände unbrauchbar gewordene, Formen neu beleben, sondern sie durch solche ersetzen, die der im Leben herrschenden Auffassung entsprechen. Er ist nicht unbelehrbar und nimmt von den Vorschlägen der Gegner auf, was als Verbesserung erscheint. So die Anerkennung einer wechselseitigen Vertretungsbefugnis zwischen Mann und Frau (S. 350), wie denn sein Entwurf den von der Kommission gestrichenen Satz enthielt: wenn einer der Gatten durch Abwesenheit oder Krankheit behindert ist, seine Angelegenheiten selbst wahrzunehmen, so ist der andere Gatte, soweit erforderlich, ihn zu vertreten berechtigt und verpflichtet (72, 1).

Wenn der Entwurf nach Gierkes Urteil die Frau in ihrer Geschäftsfähigkeit zu wenig beschränkt, so machten ihm zahlreiche Stimmen in der Öffentlichkeit den entgegengesetzten Vorwurf. Die Frauenbewegung tadelte die Wahl, welche er unter den verschiedenen Gütersystemen getroffen hatte, während Planck die sog. Verwaltungsgemeinschaft oder, wie er sie korrekt nennt: eheliche Nutznießung und Verwaltung gerade aus Gründen der abwägenden Gerechtigkeit bevorzugt hatte. Nach seiner persönlichen Auffassung erschien ihm wie Gierke die allgemeine Gütergemeinschaft als die dem Wesen der Ehe am

[1]) Plancks Entwurf S. 332. Mitteilung des Herrn G. R. Braun.

meisten entsprechende Form. Aber das wirtschaftliche Bedürfnis fordert die Konzentrierung der Verwaltung in einer Hand und die Sicherheit der Frau einen Schutz gegen die große Gefahr, die sie dadurch läuft, daß ihr ganzes Vermögen in das Samtgut fällt. Gerade das Bestreben, die Frau und ihr Vermögen zu sichern, durchzieht Plancks ganzen Entwurf und hat ihn den Güterstand als gesetzlichen zu wählen bestimmt, der der Frau die Substanz ihres Vermögens wahrt und dem Mann nur über dessen Nutzungen zu verfügen gestattet. Das Regionalsystem, dem Gierke den Vorzug gegeben hätte, weist Planck zurück, erleichert aber das Abgehen vom gesetzlichen Güterstand dadurch, daß er, einer von R. Schröder auf dem Nürnberger Juristentag gegebenen Anregung folgend, die Eheverträge, die lediglich einen der im Gesetzbuch kodifizierten Güterstände adoptieren, durch Erklärung der Eheleute vor dem Standesbeamten unmittelbar nach der Eheschließung zu errichten gestattet (§ 135, 2 und 3). Ein einheitliches eheliches Güterrecht aufzustellen war geboten. Die Wahl war nicht nach der subjektiven Ansicht der Verfasser des Gesetzbuches, welcher unter den historisch überlieferten Güterständen der theoretisch beste sei, zu treffen, sondern im Anschluß an die Tatsache, daß die sog. Verwaltungsgemeinschaft bereits ein weites Geltungsgebiet besaß. Die Rechtsstellung der Frau wird auch verbessert durch die Ausdehnung, die der Entwurf bestehenden Instituten gibt, so wenn er die Schüsselgewalt der Frau in einem bisher unbekannten Umfange anerkennt (73, E. I 1278, BGB. 1357), unter das Vorbehaltsgut das aufnimmt, was sie durch ihre Arbeit oder den selbständigen Betrieb eines Erwerbsgeschäfts erwirbt (82, E. I 1289, BGB. 1367). Von besonderer Wichtigkeit ist die Einführung eines dem überlebenden Ehegatten zustehenden festen Erbrechts an dem Nachlaß des vorverstorbenen, eine wohltätige Neuerung für einen großen Teil des deutschen Rechtsgebiets, die nach den tatsächlichen Verhältnissen überwiegend den Frauen zugute kommt. Es war Plancks besonderes Interesse, den Frauen eine ihren natürlichen Anlagen und Fähigkeiten entsprechende würdige Rechtsstellung zu verschaffen. Einer völligen Gleichstellung von Mann und Frau, wie sie moderne Stimmführer und Stimmführerinnen fordern, versagte er sich; sie widersprach der Natur und der Entwicklung des Rechts in Deutschland. Mit der Aufnahme des Satzes: der Ehemann ist das Haupt der Ehe stellte sich Plancks Entwurf auf den Standpunkt der christlichen und deutschen Auffassung der Ehe.

III.

Wie verschieden die Urteile über den Entwurf auch im einzelnen lauten mochten, seine Ablehnung im ganzen stand bei den Regierungen wie im juristischen Publikum bald fest. Man suchte sich über die Ursachen dieses Mißerfolgs klar zu werden. Der Weg der kommissarischen Beratung, der sich bei Wechselrecht und Handelsrecht bewährt hatte und sich bei dem unvergleichlich schwierigern Stoffe des bürgerlichen Rechts wie von selbst empfahl, konnte die Schuld nicht tragen. Um so mehr bezweifelte man, ob die Zusammensetzung der Kommission das rechte Mittel zum Zweck gewesen sei. Abgesehen von der Untätigkeit des Germanisten rächte es sich, daß die Mitglieder einander berufsmäßig zu ähnlich waren. Alle hatten im wesentlichen den gleichen Bildungsgang durchgemacht, waren Beamte, hohe Beamte, der Fühlung mit dem Volke, dem Publikum entrückt. Es fehlten die Rechtsanwälte, die Laien. Die Mitglieder waren durch ihre regelmäßige Tätigkeit an begriffsmäßige Abstraktionen, an doktrinäre Aufstellungen und das Ziehen von Konsequenzen aus ihnen gewöhnt. Die letzte große privatrechtliche Kodifikation, einflußreichen Mitgliedern in der Kommission besonders geläufig, hatte an ihrer Kasuistik ein abschreckendes Beispiel geliefert. Dieser Klippe zu entgehen, hatte man nach Kürze, Gedrungenheit und theoretischer Allgemeinheit gestrebt. — Die Geheimhaltung des Entwurfs vor Vollendung des ganzen war von Anfang an geboten, um vorschnelle Beurteilungen zu vermeiden. Die Mitglieder haben an dieser Verpflichtung durchaus festgehalten. Das Publikum erfuhr nichts von dem Inhalt, kaum etwas von dem Fortgang der Arbeit und sah dem Ergebnis mit um so größerer Erwartung entgegen. Ohne Kenntnis, ohne Fühlung mit der Juristenwelt schritt die Arbeit langsam vor. Der Umfang der Aufgabe, ihre Schwierigkeit, ihre lange Dauer rückte die Mitglieder der Kommission zu enger Gemeinschaft zusammen. Die Verbindung der Teile untereinander nötigte die Mitarbeiter auf die Zustimmung ihrer Genossen bedacht zu sein und nur auf sie. Diese Flucht vor der Öffentlichkeit wirkte um so nachteiliger, als sich eben in den Jahren, während die Kommission sich in der Stille ihrer Aufgabe widmete, ein doppelter Wandel vollzog, der auf den Erfolg ihrer Arbeit einwirken mußte.

Die eine Änderung betraf die juristische Methode, von der sich die Kommission leiten ließ, während juristische Theorie und Praxis begonnen hatte, andere Wege einzuschlagen. Ein Romanist — Dernburg auf dem Stettiner Juristentage — warf dem Entwurf vor, seine Verfasser befolgten das römische Recht nicht nur, sie übertrieben es noch. Wo das römische Recht neben seinem eigenen Prinzip grundsätzlich Ausnahmen zulasse und dadurch wohlbegründete Interessen zu schützen bestrebt sei, befolge der Entwurf allein das starre Prinzip. Konstruktive Erwägungen seien für seine Sätze maßgebend, mochten auch die Lebensverhältnisse eine andere Regelung fordern. Der Rechtsformalismus, von dem die neuern Rechtslehrer wie Jhering, Dernburg, Kohler, Regelsberger, die Praktiker mit O. Bähr an der Spitze die Doktrin und die Rechtsprechung freizumachen suchten, führte sein Leben fort im Schoße der fern der Öffentlichkeit arbeitenden Kommission.

Die zweite Änderung war politischer Art. Die wirtschaftlichen Gegensätze zwischen Kapital und Arbeit hatten zu immer schärfer werdenden Sonderungen im Leben, in den Verhältnissen der Stände zueinander geführt, alte Gemeinschaftsverhältnisse zwischen Arbeitgebern und Arbeitnehmern hatten sich gelöst und waren zu Gegnerschaften geworden, die miteinander auszugleichen nicht der Entwicklung überlassen werden konnte. Der Staat und seine Gesetzgebung mußte eingreifen. Eine Neuordnung des Privatrechts durfte an dem Gegensatz des Lebens, der Lage der arbeitenden Klassen und ihrem Verhältnis zu den ihnen wirtschaftlich Überlegenen, nicht teilnahmlos vorübergehen. Anfangs wenig beachtet oder in ihrer Bedeutung verkannt, hatten sich Zustände dieser Art immer mehr in den Vordergrund gedrängt und gebieterisch Abhilfe erheischt. Die Reichsgesetzgebung hatte Hand angelegt und in verschiedenen Formen ihnen Rücksicht und Unterstützung gewährt. „Die sozialpolitischen Bestrebungen", drückte es ein Mitglied der ersten Kommission aus, „hatten erst während der Beratung und zunächst nur schüchtern und tastend eingesetzt und sich erst dann zu greifbaren Ergebnissen verdichtet, als der Entwurf in den Teilen, auf die es dabei namentlich ankam, fertig war." (Börner).

In der reichen Literatur, die der Entwurf hervorrief, war Gierkes Buch wissenschaftlich die wertvollste Erscheinung. Wirkungsvoller war die mit dem Entwurf auf gleichem Boden stehende Arbeit Bährs. Um ihr gleichzukommen, hätte einer der Germanisten den Rat Bährs befolgen und ganze Abschnitte des Entwurfs von Gierkes Grundlagen aus umarbeiten und der Kritik unterbreiten müssen. So mußte sich die germanistische Opposition den Vorwurf gefallen lassen, sie wisse nur zu tadeln, nicht aber besser zu machen, anzugeben, wie es nicht sein dürfe, aber nicht wie es sein solle. Die Literatur beschäftigte sich nicht bloß mit der Kritik des bisher Geleisteten; sie fragte auch nach der Zukunft. Der Mißerfolg entmutigte nicht. Das gänzliche Aufgeben des Planes oder auch nur die Rückkehr zu Bährs Vorschlag der Einzelgesetzgebung befürwortete niemand. Auch Gierkes Buch hatte ein Schlußkapitel: Die Zukunft des Entwurfs. Der erste Anlauf zum Ziel ist mißlungen; das Ziel darf darum nicht aufgegeben werden. Wie erreichen wir, daß ein zweiter Anlauf besser gelingt? Der alten Kommission eine neue Bearbeitung zu übertragen, verbot sich aus den schon erörterten Gründen. Die schwierigere Frage war, wie soll man sich zu dem Resultat ihrer Arbeit verhalten, soll man sie beiseite legen oder sie zur Grundlage einer verbesserten Vorlage nehmen? Es überwog die Ansicht: Der erste Entwurf ist nicht geeignet, Gesetz zu werden; aber er ist fähig, die Grundlage für die erneute Arbeit zu bilden.

Viertes Kapitel.

Die zweite Kommission.

Als sich nach Auflösung der Gesetzbuchkommission die Mitglieder trennten, herrschte unter ihnen nicht die Stimmung, die die Beendigung einer langen und schweren Arbeit zu begleiten pflegt. Es lastete auf allen die ungünstige Aufnahme, die der Entwurf gefunden hatte, und die Ungewißheit, was aus ihm werden würde. Er war nicht überall so harten Urteilen begegnet, wie in Berlin, wo die akademischen Kreise den Ton angaben. In Leipzig z. B. war die Stimmung günstiger. Die zu Windscheids Jubiläum entsandte Deputation der Kommission (ob. S. 318) vernahm viel wohlwollende Stimmen, und während die Opposition Windscheid, und noch mehr als seine Person sein Lehrbuch, für den Mißerfolg des Entwurfs verantwortlich machte, rühmte die Leipziger Fakultät ihm nach, den großen Teil der Quadern zum Unterbau des neuen Rechts geliefert zu haben. So wenig die Kommissionsmitglieder gegen eine sachliche Kritik einzuwenden haben konnten, so verletzte sie doch die Ungerechtigkeit und die Übertreibung, die sich einmischte, und wenn auch die einzelnen verschont blieben, die Wucht, mit der die Kommission als Ganzes angegriffen wurde. Die unerfreuliche Stimmung, die das hervorrief, wurde verstärkt durch das Schweigen der Regierung über die Schicksale des eingereichten Entwurfs. Was Fürst Bismarck urteilte, blieb unbekannt. Um so mehr wurden einzelne Äußerungen, die umliefen, aufgebauscht und verbreitet. Er sollte Kauf bricht Miete für Unsinn, den § 180 für eine Pandorabüchse künftiger Streitigkeiten erklärt[1]), sich unwillig über die lange Dauer der Beratungen ausgesprochen haben. In den ersten Jahren ihrer Tätigkeit hatten die Mitglieder der Kommission Einladungen zu den parlamentarischen Abenden des Reichskanzlers erhalten; man bemerkte, daß sie nachher nicht mehr ergingen. Aber in dem ganzen

[1]) Kuhlenbeck, von d. Pandekten zum BGB. (1898) S. 505. Dernburg, Bürg. R. I 8 Anm.

Jahr nach Auflösung der Kommission bewegten den Reichskanzler schwerere und dringlichere Sorgen als das Schicksal des Bürgerlichen Gesetzbuches. Das Zivilrecht bildete wohl überhaupt nicht einen Gegenstand seines Interesses, noch weniger eine langatmige Arbeit, wie sie seine Kodifikation erforderte. Der Tod des Präsidenten Pape hatte zudem dem Entwurf einen kraftvollen Vertreter entzogen, der seine Sache in dem Interregnum nach dem Aufhören der Kommission hätte führen können.

Planck, der als Celler Appellationsgerichtsrat seit dem 1. Oktober 1879 zur Disposition gestellt und seit dem 1. Oktober 1892 in den Ruhestand versetzt war, siedelte nach Beendigung der Kommissionsarbeiten am 1. April 1889 von Berlin in seine Vaterstadt über. Er fand eine Wohnung am Schildweg 19 bei dem Gerichtssekretär Krische; war sie auch beschränkt, so lag sie doch außerhalb des die alte Stadt einschnürenden Walles, in der Albanivorstadt. Auf Antrag der juristischen Fakultät kam er alsbald in eine amtliche Beziehung zur Universität. Durch Erlaß vom 29. Juli setzte ihn der Minister v. Goßler in Kenntnis von seiner auf Grund allerhöchster Ermächtigung vom 9. Juli erfolgten Ernennung zum ordentlichen Honorarprofessor in der juristischen Fakultät. Nach den Ferien wurde er in dieser Eigenschaft beeidigt (17. Oktober 1889). Da die Fakultät zu Ende des Sommersemesters durch den Tod von Richard John (7. August) den einen ihrer Prozessualisten verloren hatte, war im Ministerium daran gedacht worden, Planck einen Lehrauftrag für Zivilprozeß zu erteilen. Nachdem aber die Fakultät einen Nachfolger Johns in der Person des Landrichters Georg Detmold gefunden hatte, wurde davon abgesehen, und Planck wandte seine akademische Tätigkeit der Einführung in das neue Gesetzbuch zu. Im Winter 1889 auf 90 las er ein einstündiges Publikum über die Grundzüge des Entwurfs. Der Privatdozent Ludwig Goldschmidt, der ein gleiches Kolleg schon vorher angekündigt hatte, trat davor zurück und beschränkte sich auf ein Konversatorium über den Gegenstand. Im Sommer 1890 las Planck Freitags von 5—6 Uhr über Familien- und Erbrecht des Entwurfs. Auch die schriftstellerische Arbeit, die Planck sofort nach der Einrichtung in Göttingen begann, galt zunächst dem Entwurf. Er verteidigte ihn in dem bereits besprochenen Aufsatze (oben S. 333) und in einigen Artikeln der Berliner Nationalzeitung. Zu den privatrechtlichen Materien, die nicht in das Bürgerliche Gesetzbuch aufgenommen waren, aber von der Reichsgesetzgebung unverzüglich in Angriff genommen werden sollten, gehörten das Urheber- und das Verlagsrecht; genügte für jenes eine Revision der bereits geltenden Reichsgesetze von 1870 und 1876, so war für dieses ein Neubau notwendig. Für beides beauftragte das Reichsjustizamt Planck im Mai 1889 mit der Ausarbeitung von Entwürfen. Im November konnte er eine Denkschrift, die Revision der Gesetze über den Urheberschutz betreffend, und im folgenden März den Entwurf eines Gesetzes über den Verlagsvertrag mit Begründung überreichen: Arbeiten, die bei der Vorbereitung der beiden Reichsgesetze vom 19. Juni 1901 eingehend geprüft und benutzt worden sind.

Der Eintritt in die gegen früher vielfach veränderten Zustände Göttingens überzeugten Planck bald von der Notwendigkeit, sich nach einer Wohnung umzusehen, die besser den gesteigerten Bedürfnissen der Neuzeit, wie man sie in Berlin kennen gelernt hatte, entsprach. Da die Göttinger Mietwohnungen viel zu wünschen übrig ließen und sich keine Gelegenheit zum Ankauf eines Hauses darbot, so beschloß Planck, sich in dem aufblühenden Stadtteil, der zwischen der Albanikirche und dem Fuße des Hainberges heranwuchs, ein eigenes Haus zu bauen. Der Architekt Rott, von dem er ein am Ostende des Hainholzweges gelegenes Grundstück erwarb, begann sofort mit dem Bau, so daß das Haus im Herbst 1890 gerichtet werden konnte und Ostern 1891 bewohnbar wurde. Anstatt der Eltern, die eine neue Berufung nach Berlin entführt hatte, bezogen das Haus zunächst Plancks Sohn und die unverheiratete Schwester der Frau Planck, die seit dem Tode ihrer Mutter den Wohnsitz der Planckschen Familie teilte. Als sich nach Jahresfrist die längere Dauer der Arbeit am Gesetzbuch herausstellte, wurde der ganze Haushalt wieder nach Berlin verlegt und das Göttinger Haus an den jungen Professor der Theologie Johannes Weiß vermietet, der sich nicht lange vorher mit der einzigen Tochter Albrecht Ritschls verheiratet hatte.

Die Ungewißheit über das Schicksal des Entwurfs, die über ein Jahr gedauert hatte, begann zu weichen, als der Staatssekretär des Reichsjustizamts, v. Oehlschläger, Planck im Juni 1890 zu Besprechungen über den Gegenstand nach Berlin einlud. Mehr aber als von ihm, der schon seit dem Februar 1889 sein Amt bekleidete, ging der Anstoß zur Wiederaufnahme der legislatorischen Arbeit von einem Manne aus, der vorläufig noch außerhalb der leitenden Staatsstellen stand. An den beiden Konferenzen, die noch im selben Monat stattfanden, nahmen neben Oehlschläger und Planck der Direktor im Reichsjustizamt Hanauer, Miquel, z. Z. Oberbürgermeister von Frankfurt, und der im Reichsjustizamt mit der Sichtung der Kritiken des Entwurfs beschäftigte Oberlandesgerichtsrat Herm. Struckmann teil. Die Verhandlungen betrafen Miquels Vorschlag, eine neue, nach andern Grundsätzen gebildete, Gesetzbuchkommission einzuberufen, deren Vorsitz er selbst zu übernehmen bereit war. Nach den Verdiensten, die er sich durch die Leitung der Reichsjustizkommission um die Prozeßgesetzgebung in den Jahren 1874—76 erworben hatte, erschien sein Anerbieten für das Zustandekommen des Bürgerlichen Gesetzbuches als ein günstiges Prognostikon. Sein Programm, von allen Beteiligten willkommen geheißen, erlitt jedoch vor Beginn der Ausführung eine wesentliche Modifikation dadurch, daß seine Berufung zum preußischen Finanzminister, die noch in dem Monat jener Konferenzen erfolgte, seine Leitung der neu zu bildenden Kommission unmöglich machte. Im übrigen hielt man an seinen Vorschlägen fest, nachdem sie eine unter Vorsitz des Reichskanzlers v. Caprivi und Teilnahme Oehlschlägers, Miquels und des preußischen Justizministers im Juli gehaltene Konferenz adoptiert hatte. Um eine zweite Lesung des Entwurfs möglichst bald ins Werk zu setzen, wurde Planck aufgefordert, im Herbst nach Berlin überzusiedeln und bei den Vorarbeiten behilflich zu sein.

Es erhob ihn, daß die Wiederaufnahme der legislatorischen Arbeit auf Grundlage des ersten Entwurfs und ihm eine ehrenvolle Stellung dabei gesichert war. Schon während der Sommerferien erfuhr er von seiner Bestellung zum Generalreferenten. Einen ersten Abschluß erreichte das Vorbereitungsstadium nicht früher als zu Ende des Jahres, da der Zusammentritt des Bundesrats abgewartet werden mußte. Hatte er in seinem Beschlusse vom 31. Januar 1888 (oben S. 325) die Bestimmung über eine zweite Lesung des Entwurfs vorbehalten[1]), so wurde er nunmehr dahin einig (4. Dezember 1890) eine zweite Lesung vornehmen zu lassen, eine neue Kommission für diese Aufgabe zu bilden und ihre Mitglieder auf den 15. d. Mts. einzuberufen.

In den letzten Jahren ist durch den Lebensabriß, den Friedrich Dernburg dem Buche seines Bruders, dem sechsten Bande des Bürgerlichen Rechts (1910), beigegeben hat, und durch einen von Professor Kohler verfaßten Artikel des Berliner Tageblatts vom 22. Oktober 1910 eine Version in die Öffentlichkeit gelangt, nach der in der Zwischenzeit zwischen den beiden Kommissionen ein ganz anderer Weg zur Weiterführung des Gesetzgebungswerkes eingeschlagen werden sollte. Schon bei dem Auseinandergehen der ersten Kommission waren unter ihren Mitgliedern Gerüchte verbreitet, daß ihnen die weitere Behandlung des Entwurfs aus der Hand genommen und andern übergeben werden sollte. Die Angaben der jüngsten Zeit nennen den Geheimrat Fr. Althoff als Vermittler der neuen Kombination. Er soll den Gedanken angeregt und verfolgt haben, einem einzelnen Redaktor, dem Professor

[1]) Denkschrift zum Entwurf eines BGB. (1896) S. X.

H. Dernburg, oder einem kleinen Kollegium, aus Gierke, Kohler und Dernburg bestehend, die Revision des Entwurfs erster Lesung zu übergeben. Ein Mann wie Althoff, dessen reger Geist sich gern in Plänen, auch außerhalb seines Ressorts, erging, und Schwierigkeiten, die sich einem vaterländischen Werke entgegenstellten, praktisch beizukommen suchte, mag solchem Auswege nicht fremd gewesen sein und gehofft haben, dadurch früher und besser zum Ziele zu gelangen. Schwerlich ist aber seine auftraglose Geschäftsführung über die Grenze privater Verhandlung mit einzelnen hinausgegangen, und sein Vorhaben je soweit gediehen, daß es, wie hinzugefügt wird, zur Kunde des Fürsten Bismarck kam, an dessen Widerstand es infolge „hannoverscher Einflüsse" oder, wie Kohler wissen will, der Opposition Nieberdings gescheitert sei. Nieberding ist erst nach seiner Ernennung zum Staatssekretär des Reichsjustizamts im Jahre 1893 mit den Vorarbeiten für das Bürgerliche Gesetzbuch in Berührung gekommen und hat nach dem Erscheinen des Zeitungsartikels erklärt, von der ganzen Sache nichts zu wissen. Die hannoverschen Einflüsse, die Althoffs Plan gekreuzt haben sollen, sind kaum anders als auf Miquel zu beziehen, und die Verhandlungen Althoffs demnach in die Monate nach Auflösung der Kommission zu verlegen; da er, nachdem sich Miquel im Jahre 1890 mit der Sache zu befassen angefangen hatte und seine eigene Kraft für sie einzusetzen bereit war, sicherlich nicht so unpolitisch verfahren sein wird, ihm entgegen zu arbeiten. Eine Teilnahme des Reichskanzlers an dieser Angelegenheit, sei es aktiv oder passiv, ist überhaupt nach der ganzen Zeit- und Geschäftslage wenig wahrscheinlich. In die Akten des Reichsjustizamts ist von Verhandlungen dieser Art nichts gelangt.

Die Polemik gegen den Entwurf erwies sich als fruchtbar schon in der Zusammensetzung, die der Bundesrat der zweiten Kommission gab. Vorschläge, die Gierke, Hölder u. a. in ihren Kritiken gemacht hatten [1]), waren befolgt. Die Kommission, zahlreicher als die erste, neben ständigen auch nichtständige Mitglieder umfassend, die zur Teilnahme an allen Sitzungen berechtigt, zum Erscheinen verpflichtet nur auf Aufforderung des Präsidenten waren, schloß neben Juristen aller Gattungen, Theoretikern und Praktikern, Richtern, Verwaltungsbeamten und Rechtsanwälten, Nichtjuristen der verschiedenen Berufsarten, „Sachverständige aus dem Volke" in sich, deren Zuziehung Georg Beseler in einer von Gierke mitgeteilten Notiz seines Nachlasses als unerläßlich bezeichnet hatte [2]). Außer Vertretern der Landwirtschaft, des

[1]) Hölder, Archiv f. zivilistische Praxis, Bd. 73 (1888) S. 2 ff.
[2]) Zeitschr. der Savigny-Stftg. germ. Abtlg. X (1889) S. 22.

Handels, der Gewerbe, der Theorie der Volkswirtschaft, waren Repräsentanten der großen politischen Parteien des Reichstags berufen, um so eine Verbindung mit der künftigen parlamentarischen Behandlung der Vorlage zu gewinnen, eine Vorsichtsmaßregel, hinter der man die Hand des Politikers Miquel vermuten möchte, wenn nicht schon Gierke denselben Vorschlag gemacht hätte (590). Die Mitarbeit des germanistischen Elements nahm jetzt Professor Sohm von Leipzig auf sich, ein glänzender Vertreter deutschrechtlicher Ideen, als Redner wie als Schriftsteller gleich ausgezeichnet, dabei von solcher Vielseitigkeit, daß er neben dem deutschen Recht zugleich Kirchenrecht und Kirchengeschichte beherrschte und Verfasser des beliebtesten und geistvollsten Lehrbuchs der Institutionen war. Die Kontinuität mit der ersten Kommission erhielten die fünf Mitglieder Planck, Mandry, Gebhard, Rüger, an dessen Stelle später Börner trat, und Struckmann aufrecht. Der früher schmerzlich vermißte Zusammenhang mit der Reichsregierung war dadurch hergestellt, daß der Staatssekretär des Reichsjustizamts mit dem Vorsitze in der Kommission betraut war, eine Verbindung, die, wie sich später herausstellte, auch schwere Nachteile im Gefolge hatte, und daß Reichskommissare, vom Bundesrat entsandt, den Sitzungen beiwohnten. Auch war durch geregelte Mitteilung der Sitzungsprotokolle an die Landesregierungen für deren rechtzeitige Information gesorgt.

Bei ihrem ersten Zusammentreten am 15. Dezember 1890 bestand die Kommission aus neun ständigen und zwölf nichtständigen Mitgliedern, dazu als Kommissare des Bundesrats Struckmann, Börner, Achilles, von denen die beiden ersten nachher zu ständigen Mitgliedern ernannt wurden. Die Verhandlung beschränkte sich darauf, die Geschäftsordnung für die Kommission festzustellen und die nächste Versammlung auf den 1. April 1891 anzuberaumen, um den Referenten, die der Präsident für die einzelnen Teile bestellte, Zeit zu lassen, sich in ihre Aufgaben einzuarbeiten. Das Spezialreferat über den allgemeinen Teil erhielt auch jetzt wieder Gebhard; Mandry übernahm das Familienrecht; Rüger, und nach dessen Ausscheiden infolge seiner Ernennung zum sächsischen Generalstaatsanwalt, sein Landsmann Börner das Erbrecht; der preußische Geh. Oberjustizrat Küntzel das Sachenrecht, der bayrische Ministerialrat Jacubezky das Recht der Schuldverhältnisse. Durch die neu geschaffene Stellung eines Generalreferenten, die Planck übertragen war, sollte der vielgliederigen Kommission ein Moment der Einheit verschafft, eine Garantie für den Ausgleich der verschiedenen Meinungen und für die sachliche Übereinstimmung zwischen den Teilen im ganzen und im einzelnen hergestellt werden. Schon während der Beratungen der ersten Kommission war an das Fehlen einer solchen vermittelnden Einrichtung und an das Beispiel von Suarez erinnert, der bei Herstellung des Preußischen Landrechts eine Funktion der Art versehen hatte [1]). In der ersten Kommission war neben dem Präsidenten Pape kein Raum für eine solche Einrichtung. Er gab selbst in jeder Frage ein Resümé und vereinigte in seiner Person den Präsidenten und den Generalreferenten. War es Pape vergönnt gewesen, während der ganzen Dauer der ersten Lesung das Präsidium zu führen, so gehörte es zu dem Mißgeschick, das auch der zweiten Kommission nicht erspart blieb, daß eine dauernde Besetzung der Präsidentenstelle erst spät gelang. Der vom Reichskanzler zum Vorsitzenden ernannte Staatssekretär v. Oehlschläger, als Simsons Nachfolger an die Spitze des Reichsgerichts berufen, schied schon im Februar 1891 aus der Kommission. Sein Nachfolger, der Staatssekretär des Reichsjustizamts Bosse, wurde ihr nach Jahresfrist durch seine Ernennung zum preußischen Kultusminister entzogen; seinen Nachfolger Hanauer verlor sie im April 1893 durch einen frühen Tod, die Folge eines Absturzes im Gebirge. Als Nieberding, bisher Direktor im Reichsamt des Innern, im Juli 1893 an die Spitze des Reichsjustizamts gestellt wurde, machte ihm der Reichskanzler, Graf v. Caprivi, die Beschleunigung des Gesetzgebungswerkes zur Pflicht und trennte die Führung des Vorsitzes in der Kommission von dem Amte des Staatssekretärs [2]). Küntzel, Unterstaatssekretär im preußischen Justizministerium, der bisher schon regelmäßig als Vizepräsident der Kommission fungiert hatte, wurde zu ihrem Präsidenten bestellt; und wenn Nieberding auch die allgemeine Leitung der Arbeiten und der Vorsitz in der Kommission mit vollem Stimmrecht gewahrt wurde, so machte er doch von seinem Rechte, mit Ausnahme einer festlichen Veranlassung, keinen Gebrauch.

Die Sitzungen, im Reichsjustizamt abzuhalten, fanden wöchentlich dreimal, in der Regel Montag, Dienstag und Mittwoch, von 11 bis 4 Uhr statt. Die Debatten waren sehr lebhaft. Nach Beendigung der Reden und Gegenreden faßte der Generalreferent alles, was vorgebracht war, in seinem Bericht zusammen, worauf dann zur Abstimmung geschritten wurde. Es war wunderbar, wie Planck, der aller Anhaltspunkte für das Gedächtnis entbehren mußte, in seinem Geiste alles, was in der Debatte vorgekommen war, aufbewahrte und logisch zu gruppieren verstand. Dauerte eine Sitzung wohl einmal zu lange, so bat er den Präsidenten, man möge doch auf sein Gehirn Rücksicht

[1]) Rassow in Beitr. z. Erläuterung des deutschen R. XXI (1877) S. 230.
[2]) Sohm in der Deutschen Juristen-Zeitung 1900 S. 7.

nehmen. Wie er schon bei den Vorarbeiten des Reichsjustizamts im Herbst 1890 tätig gewesen war, so wurde er auch nachher vor dem Wiederzusammentritt der Kommission zu solchen herangezogen. Zu den Obliegenheiten des Generalreferenten gehörte es, jede Woche die von der Kommission gefaßten Beschlüsse zusammenzustellen; da er außerdem noch gebornes Mitglied der Redaktionskommission war und wiederholt in Subkommissionen deputiert wurde, die zur Vorberatung einzelner Materien gebildet wurden, so ermißt man leicht, welch gesteigerte Anforderungen die Mitgliedschaft in der zweiten Kommission an Planck stellte.

So wenig wie Oehlschläger in der konstituierenden Sitzung, hielt Bosse im April 1891 beim Beginn der Arbeit eine Eröffnungsrede, aus der man Plan und Ziel des Bundesrats hätte entnehmen können. Die Kommission hatte keine andere Weisung vor sich, als eine zweite Lesung des ersten Entwurfs vorzunehmen. Weshalb und in welchem Umfange sie zu veranstalten sei, hatte der Bundesrat nicht gesagt. Auch die Kommission vermied die Erörterung dieser prinzipiellen Frage, indem sie, ohne sich in eine Generaldiskussion über den Entwurf einzulassen, sofort an die Beratung der beiden ersten Paragraphen ging. Planck hätte eine materienweise Behandlung vorgezogen, die Kommission entschied sich für eine Durchberatung nach der Paragraphenfolge. Der Eingang des Entwurfs gehörte zu den von der Kritik bestrittensten. Der erste Satz verwies beim Versagen des Gesetzbuches auf die Analogie und eventuell auf den Geist der Rechtsordnung; der zweite sprach dem Gewohnheitsrecht für den Bereich des Bürgerlichen Gesetzbuchs die Geltung ab. War der erste Satz zum Teil selbstverständlich, zum andern vieldeutig, so enthielt der zweite ein unausführbares Verbot. Um dieses einen Paragraphen willen muß der ganze Entwurf fallen, hatte Gierke erklärt (130). Nach kurzer Debatte beschloß man, beide Sätze zu streichen, und der Vorbehalt, im Einführungsgesetz auf das Gewohnheitsrecht zurückzukommen, blieb unausgeführt. Die Ausstellungen, die der Entwurf erfahren hatte, waren zwar amtlich gesammelt und geordnet, bildeten aber eine für sich stehende Masse, die nicht mit dem Entwurfe zu einer geänderten oder erweiterten Vorlage zusammengearbeitet war. Es blieb vielmehr den einzelnen Mitgliedern überlassen, war Sache der Referenten, aus diesem Vorrat neue Anträge zu formulieren und zur Diskussion zu bringen. Um den Mitgliedern Zeit zu lassen, sich mit ihnen bekannt zu machen, hatte die Geschäftsordnung bestimmt, daß über Anträge, die nicht spätestens am Tage vor der Sitzung den Mitgliedern zugegangen seien, erst in der nächstfolgenden verhandelt oder endgültig abgestimmt werden könne.

Der Fortgang der Verhandlungen ließ sich bei den ersten Abschnitten des allgemeinen Teils ziemlich glatt an. Man kam rasch vorwärts, und die Mitglieder, selbst die unterrichtetsten, rechneten auf eine Erledigung der Aufgabe in verhältnismäßig kurzer Zeit. Erst allmählich stellte sich die Notwendigkeit einer durchgreifenden Umarbeitung, einer Umschmelzung, wie man gern sagte, die unfehlbar mehrere Jahre in Anspruch nehmen würde, heraus. Im Publikum fehlte es nicht an Unzufriedenheit und Ungeduld. Graf Kanitz brachte im Reichstage bei der Etatberatung zu Anfang 1893 die Kosten, welche die Kommission verursachte, zur Sprache; ein juristischer Praktiker klagte in der Nationalzeitung (8. März 1893) über die deutsche Gründlichkeit, an der das Werk zugrunde gehe. Trat Planck auch solcher Übertreibung entgegen[1]), so mußte er doch zugeben, daß zuviel Anträge gestellt würden und nur durch Selbstbeschränkung der Mitglieder die Arbeit gefördert werden könne. Die Verbindung des Präsidiums mit einem stark beschäftigten Reichsamte, die in dem Zeitungsartikel als hindernd gerügt war, verteidigte Planck als prinzipiell vorteilhaft und rühmte den derzeitigen Vorsitzenden Hanauer wegen seiner unvergleichlichen Arbeitskraft und eisernen Ausdauer. Wenig Wochen später war die Kommission aufs neue ihres Leiters beraubt, und entschloß man sich, die Verbindung des Präsidiums mit dem des Reichsjustizamts zwar nicht zu lösen, doch zu lockern (oben S. 352).

Über die inneren Vorgänge der Kommissionsarbeit läßt sich wenig berichten. Die Protokolle, deren unpersönliche Fassung absichtlich gewählt ist, um die Personen der Redner völlig hinter die Sachen zurücktreten und nur die Kraft der Gründe wirken zu lassen, mögen für ihren nächsten Zweck die erwarteten Dienste geleistet haben. Als historische Dokumente werden sie durch diese Form um einen großen Teil ihres Eindrucks gebracht (vgl. ob. S. 57). Ein künftiger Geschichtschreiber des Bürgerlichen Gesetzbuches wird erst etwa aus Briefen, Tagebüchern oder anderen gleichzeitigen Aufzeichnungen von Teilnehmern die starre Masse der Protokolle zu beleben, das Werden des Gesetzbuches und den Einfluß, den die einzelnen Mitglieder auf seine Gestaltung ausübten, zu verfolgen imstande sein. Irrig ist es, wenn Planck als Schöpfer des Bürgerlichen Gesetzbuches bald gerühmt, bald zur Verantwortung gezogen wird. Er hat bei jeder Gelegenheit solche Bezeichnung zurückgewiesen und betont, daß es das Werk einer Kommission, aus der gemeinsamen Arbeit selbständiger Männer hervorgegangen sei. Fast jedes der Mitglieder der beiden Kommissionen

[1]) Nationalzeitung 1893 Nr. 169.

hat ein wesentliches Stück zum Gelingen des Werkes beigetragen, und in beiden haben bedeutende Männer gesessen. Die zweite Kommission konnte bei ihrer Arbeit außerdem noch die Kritik der ganzen Juristenwelt benutzen, die sich mit dem ersten Entwurf beschäftigt hatte, und hat sie gewissenhaft und unbefangen benutzt[1]). Die ständigen Mitglieder waren, von Krankheitsfällen abgesehen, stets anwesend. Die Teilnahme der nichtständigen wechselte; nach den Protokollen fehlten durchschnittlich 4—5, bei Kauf bricht Miete niemand (5. u. 6. April 1892). Da alle Mitglieder gleiches Stimmrecht hatten und absolute Mehrheit der Anwesenden entschied, war die Möglichkeit von Zufallsmajoritäten nicht ausgeschlossen, doch scheinen keine Klagen darüber vorgekommen zu sein. Bei Stimmengleichheit, wie sie bei wichtigen Fragen nicht selten war[2]), entschied die Stimme des Vorsitzenden. Von den nichtständigen Mitgliedern machten die in Berlin wohnhaften, wie natürlich, häufiger von ihrem Rechte Gebrauch. Aber auch unter den auswärtigen gab es fleißige Besucher, wie Sohm, der sich durch Verlegung seiner Vorlesungen in die zweite Hälfte der Woche so eingerichtet hatte, daß er sein Amt in Leipzig neben seiner Stelle in der Kommission versehen konnte; da er schlecht hörte, hatte er den Platz zwischen dem Vorsitzenden und dem Generalreferenten in Beschlag genommen. Von den nichtständigen Mitgliedern beschränkten sich manche, wenn sie erschienen, auf passive Assistenz, auf Anschluß an eines der ständigen Mitglieder. Andere entwickelten eine lebhafte Teilnahme. Dem Generalkonsul Russell, dem Nachfolger Miquels in der Leitung der Berliner Diskontogesellschaft, wird nachgerühmt, daß er beim Pfandrecht, Hypothekenwesen und dem Kapitel der Inhaberpapiere wertvolle Hilfe geleistet habe. Sonst werden als fleißige Teilnehmer genannt der Forstmeister Danckelmann, der Gutsbesitzer v. Helldorff, der Rechtsanwalt Wilke von Berlin — der zweite Rechtsanwalt der Kommission, Dr. Wolffson von Hamburg, war ständiges Mitglied — der Brauereidirektor Goldschmidt, die Kammergerichtsräte Spahn und Hoffmann, der Professor der Nationalökonomie Conrad von Halle, der Kenner des französischen Rechts Cuny, Honorarprofessor in Berlin.

Unter den ständigen Mitgliedern fiel eine bedeutende Rolle dem bayrischen Ministerialrat Jacubezky zu. Der Aufforderung des Reichskanzlers zur Begutachtung des ersten Entwurfs war man in München dadurch nachgekommen, daß der Justizminister die Berichterstattung

[1]) Strohal im Vorwort zu Plancks Kommentar IV. Aufl. (1913) S. 6 und in der Rede bei Plancks Begräbnis.

[2]) Spahn, Stenograph. Berichte des Reichstags 1896 S. 771.

dem seiner Räte übertrug, der sich schon vorher gründlich mit dem Entwurf beschäftigt hatte. Jacubezkys „Bemerkungen zu dem Entwurfe", in den Jahren 1888—1890 niedergeschrieben, erschienen im Sommer 1892 im Buchhandel. Seine Ansichten wichen vielfach vom ersten Entwurf ab, er suchte manchem neuen Gedanken Eingang zu verschaffen. Infolge davon stellte er nach seinem Eintritt in die Kommission eine große Zahl von Anträgen, die man anfangs unwillig als eine Verzögerung der Arbeit empfand. Da er mit wenigen seiner Anträge Erfolg hatte, war er verstimmt und geneigt wieder fortzugehen. Allmählich erkannte man aber, welch gründliche Kenntnis und welcher Scharfsinn das neue Mitglied auszeichneten, wie berechtigt sein Dringen auf durchgreifende Revision und sein Bestreben, den Bedürfnissen des praktischen Lebens entgegenzukommen war. Da er es zugleich verstand, seine Anträge der juristischen Technik des ersten Entwurfs anzupassen, so wurde er bald eines der angesehensten und einflußreichsten Mitglieder der Kommission [1]). Mit Planck kam Jacubezky in einen geradezu freundschaftlichen Verkehr, der sich auch nach Beendigung der gemeinsamen Tätigkeit fortsetzte.

Darf Planck auch nicht als Schöpfer des Gesetzbuches angesehen werden, so hatte er doch unleugbar großen Einfluß auf das, was zustande kam. Er war der wichtigste Mitarbeiter, und es kann nicht auffallen, daß gewisse Grundzüge seines wissenschaftlichen Charakters in dem Werke wiederzuerkennen sind. Von den Eigenschaften des hannoverschen Juristenstandes, seinen Licht- und Schattenseiten, von der Rechtsprechung, wie sie das Celler Tribunal übte und die neuere juristische Literatur, insbesondere O. Bähr bekämpfte, weist der erste Entwurf die Spuren auf [2]). Die bedeutende Stellung, die Planck in der ersten Kommission eingenommen hatte, setzte sich in der zweiten fort. Er beherrschte den ganzen Stoff und wahrte den Zusammenhang mit der ersten Lesung. Ein Zeuge, der ihn in beiden Kommissionen zu beobachten Gelegenheit hatte, schildert ihn mit den Worten: „Er erwies sich auf allen Gebieten zu Hause. Bewandert nicht bloß im gemeinen Rechte, sondern auch in den Partikularrechten mit größerm Geltungsgebiete, insbesondere im Preußischen Landrechte, war ihm jede Kirchturmsjurisprudenz fremd. Dabei war er ein Meister der Dogmatik. Windscheid erkannte dies unumwunden an und ordnete nicht selten seine Ansicht derjenigen Plancks unter. Rasche Auffassung, ungewöhnlicher Scharfblick, sicheres Urteil befähigten Planck, in der Diskussion die schwierigsten Fragen, auch die unvermutet auftauchenden, zu klären.

[1]) Planck in der Münchener Allgemeinen Ztg. 1910, Nr. 2, S. 27.

[2]) Biermann, Bürgerl. Recht I (1908) S. 67.

Seine Ansicht vertrat er, die Gründe für und wider gewissenhaft erwägend, ruhig, sachlich, nie verletzend, in formvollendeter, durch ein sympathisches Organ unterstützter Rede" (Börner). „Es war immer", ergänzt Sohm, „ein Genuß ihm zuzuhören, auch wenn man in der Sache etwa anderer Ansicht war. Er war ein Künstler in der Behandlung juristischer Gegenstände, dem wenige es gleichtun könnten. Mit der Klarheit seiner theoretischen Grundbegriffe verband er einen lebendigen praktischen Sinn, der seinen Ausführungen doppelte überzeugende Kraft gab. Es lag ihm völlig fern, bloß aus der Doktrin heraus zu folgern [1])." In seinem Nekrolog auf Mandry bezeichnet Planck als Erfordernisse für eine gesetzgeberische Tätigkeit: neben gründlichen Kenntnissen und scharfem Verstand einen klaren Blick für die Bedürfnisse des praktischen Lebens [2]). Dieselbe Forderung hatte die deutsche Jurisprudenz, wie sie sich seit den siebziger Jahren entwickelt und in der Kritik des ersten Entwurfs betätigt hatte, auf ihre Fahne geschrieben. Wie Planck den Änderungen der wirtschaftlichen und politischen Strömung, die sich seit den Beratungen der ersten Kommission vollzogen hatten, in denen der zweiten volle Berücksichtigung zuteil werden ließ [3]), so erkannte er auch die Berechtigung der modernen Jurisprudenz an, auf gründliche Umgestaltung des ersten Entwurfs nach Form und Inhalt zu dringen. Seine objektive Denkweise schützte ihn vor einem rechthaberischen Beharren bei dem zuerst Erreichten. Er hatte die Kritiken des ersten Entwurfs sorgfältig geprüft und bot bereitwillig die Hand zu dem für notwendig erachteten Umschmelzungsprozeß, wenn er auch für den ersten Entwurf den Vorzug größerer juristischer Genauigkeit in Anspruch nahm (Börner).

Über die umarbeitende Tätigkeit der Kommission, die Fortschritte, die sie machte, wurde das Publikum auf dem Laufenden erhalten. Der Reichsanzeiger brachte aus Struckmanns Feder Berichte über die Verhandlungen in der Kommission unmittelbar nach den Sitzungen. Erfolgte auch keine amtliche Publikation der gefaßten Beschlüsse, so war doch den Mitgliedern kein Schweigen bis zur Vollendung des Ganzen auferlegt. Mandry teilte deshalb im Archiv für zivilistische Praxis, Conrad in seinen Jahrbüchern für Nationalökonomie von Zeit zu Zeit die Abschnitte des Gesetzbuches mit, die inzwischen fertig gestellt waren. Auch politische Zeitungen brachten Berichte über die fortschreitende Tätigkeit der Kommission. Planck schrieb solche auf Wunsch des Redakteurs Köbner, den er von Hannover und der Redaktion der

[1]) Sohm in der Deutschen Jur.-Ztg. 1910 S. 612.
[2]) Deutsche Jur.-Ztg. 1902 S. 287.
[3]) Nationalzeitung 1893 Nr. 169.

Zeitung für Norddeutschland her kannte, für die Berliner Nationalzeitung. Es sind das teils Übersichten über ganze Teile oder Abschnitte des Entwurfs, oft als Leitartikel gedruckt, teils kurze fortlaufende Berichte über den Gang der Verhandlungen in der Kommission, meistens mit dem Eingang: wie uns berichtet wird. Nur die Referate der ersten Art begleiten die Arbeit der Kommission während ihres ganzen Verlaufs; die der zweiten Art wurden nach Abschluß der beiden ersten Bücher in der Nationalzeitung durch Abdruck der Mitteilungen des Reichsanzeigers ersetzt. Plancks Berichte halten sich streng an die Sache, bezwecken nicht etwa das Publikum im Anschluß an die gesetzgeberische Aufgabe über die einzelnen Materien juristisch zu belehren, sondern wollen es nur in beständiger Kenntnis von dem Fortschreiten der legislatorischen Arbeit erhalten. Gerade die kurzen Berichte, die den Verhandlungen auf dem Fuße nachfolgen, sind von Interesse. Sie unterrichten über die Stimmung in der Kommission, stellen die Hauptverschiedenheiten der in ihr vertretenen Ansichten klar einander gegenüber und lassen die Kämpfe erkennen, die hier durchzufechten waren, ehe ein Beschluß die Mehrheit erreichte. Um ein Beispiel anzuführen, sei auf die Verhandlung über die juristischen Personen hingewiesen, die man bei Beratung des allgemeinen Teils ausgesetzt hatte und erst am Ende des Jahres 1891 in den Sitzungen vom 30. November bis zum folgenden 18. Januar vornahm. Hier waren nicht nur innere Schwierigkeiten zu überwinden, sondern auch den Regierungen gegenüber, die am liebsten an dem ersten Entwurf und seiner Ablehnung, den Erwerb der juristischen Persönlichkeit reichsrechtlich zu ordnen, so stark er auch angefochten war (oben S. 334), festgehalten hätten und diesen Standpunkt durch Kommissare der preußischen Regierung und aus dem Reichsamt des Innern in den Sitzungen vertreten ließen. Dem Familienrecht, dessen Beratung mit dem 30. Mai 1894 beendet war, hat Planck drei große Artikel in der Zeitung gewidmet, vom 23., 25. und 29. November. Bemerkenswert ist daraus, wie er sich mit der Neugestaltung dieses Buches einverstanden erklärt. Das allgemeine Bestreben der zweiten Lesung, das Gesetz durchsichtiger und gemeinverständlich zu machen, ist diesem Teil besonders zugute gekommen. Muß das Gesetzbuch auch nach wie vor dem Verständnis nicht bloß der Laien Schwierigkeiten bieten, so sind doch Form und Fassung wesentlich verbessert. Den Inhalt kennzeichnet es, wenn Formvorschriften ihrer Härte entkleidet, neben der starren Regel Ausnahmen zugelassen sind und das gesetzliche System des ehelichen Güterrechts, die Verwaltungsgemeinschaft, erhebliche Umarbeitungen erfahren hat. Die Eheleute sind als eine Gemeinschaft anerkannt, innerhalb deren die Tätigkeit des Prozeßrichters so gut wie ausgeschlossen ist. Die Rechte des Mannes am Frauenvermögen sind verstärkt und einheitlich aus seiner familienrechtlichen Stellung abgeleitet, so namentlich die Nutznießung des Mannes an dem Frauengut. Die Frau ist gegen den Mißbrauch der Rechte des Mannes gesichert und der deutschrechtlichen Opposition in diesem Gebiete weit entgegengekommen. Der ganze Abschnitt war durch eine Subkommission von sieben Mitgliedern vorberaten, deren Beschlüsse den Beifall der Hauptkommission fanden und Bestandteile des zweiten Entwurfs geworden sind.

Die Kritik der Juristen folgte aufmerksam den Veröffentlichungen der Kommissionsbeschlüsse, und Abhandlungen von Strohal, Bekker, Hölder u. a. prüften sie eingehend. Auch jetzt wieder zog der Juristentag das werdende Gesetzbuch vor sein Forum: die Juristentage, 1891 in Köln, 1893 in Augsburg, 1895 in Bremen gehalten, behandelten in Gutachten und Debatten Materien aus den verschiedenen Teilen des Gesetzbuches in einem Tone, der doch wesentlich verschieden war von dem früheren. Die Stimmführer unter den alten Gegnern hatte man allerdings nicht entwaffnet. Als Gierke zu Weihnachten 1894 die Vorrede zu dem ersten Bande seines deutschen Privatrechts unterschrieb, tröstete er sich für das vielleicht Unzeitgemäße seines Unternehmens damit, daß wie das Corpus juris das deutsche Recht nicht zu ertöten vermocht habe, auch ein Bürgerliches Gesetzbuch es nicht tödlich verwunden könne (S. VI). Und wo er im Text die Entwicklungsgeschichte des deutschen Privatrechts darzustellen hat (S. 60), nennt er nicht bloß den ersten Entwurf des Bürgerlichen Gesetzbuches verfehlt, sondern glaubt auch, bei dem engen Anschluß der zweiten Lesung an jenen, daß wenig Aussicht auf ein der Nation würdiges und der Aufgabe des Zeitalters gewachsenes Gesetzbuch vorhanden sei. Nicht ohne Zusammenhang mit diesen Äußerungen standen Vorgänge, die sich in der letzten Märzwoche 1895 im Preußischen Herrenhause abspielten. Zweimal sprach Professor Dernburg, Vertreter der Universität Berlin, über das Bürgerliche Gesetzbuch. Das erstemal gelegentlich einer Petition, die um Schutz für die Forderungen der Bauhandwerker bat und den Berichterstatter veranlaßte, die Bittsteller auf das zu erwartende Gesetzbuch zu vertrösten. Das benutzte Dernburg, um über dieses abstrakten, unpraktischen und zum Teil verdrehten Rechts rätselhafte Paragraphen loszuziehen, deren jeder hunderte und tausende von Prozessen hervorrufen würde; und das in einer wirtschaftlichen Depression, die kaum die dringlichsten Aufgaben der nationalen Politik zu befriedigen gestatte. Speziell griff er das Familienrecht an, das den Konkubinat prämiiere, die deutsche Ehe in eine Ehe zur Probe umwandle und für die Verhältnisse zwischen Eltern und Kindern nordamerikanische Zustände herbeiführe. Mit dem Gegenstand der Tagesordnung hatten diese Ausfälle wenig zu tun, zeigten aber, wovon das Herz des Redners voll war. Der Abgeordnete von Manteuffel, eins der nichtständigen Mitglieder der Gesetzbuchkommission, nannte das ein Vorpostengefecht, bei dem übrigens auch schon Artillerie aufgefahren sei, und behielt sich vor, die Arbeiten für das Bürgerliche Gesetzbuch bei der Debatte über den Justizetat in Schutz zu nehmen. Als sie zwei Tage später, am 29. März, folgte, begann Dernburg mit Klagen über die Weitläufigkeit und Kostspieligkeit der Prozesse, die nie größer gewesen sei als seit dem 1. Oktober 1879, um rasch auf den Entwurf des Bürgerlichen Gesetzbuchs überzugehen, das kostspieligste Schriftwerk, das je in der Welt gefertigt sei und mindestens schon eine Million Mark gekostet habe. Bei aller Achtung vor dem Fleiß und der Hingebung der Kommissionsmitglieder sei doch das Ergebnis ihrer Arbeit verfehlt. Die Schuld des Mißerfolgs liege an dem Plan, nach dem die ganze Sache behandelt sei. Statt sich an eine bestehende Legislation anzulehnen, hat man ein neues Gesetzbuch ausgeklügelt. Sein Hintergrund sind Windscheid und eine Art gesunder Vernunft. So tüchtige praktische Juristen die Redaktoren großenteils sind, sie haben die Tragweite ihrer Bestimmungen zum Teil selbst nicht erkannt. Zugrunde lag Dernburgs alte Klage über die Verkennung des Preußischen Landrechts (oben S. 312). Dies hätte man einfach revidieren und zum Gesetzbuch für Deutschland machen sollen. Bisher hatte man Scheu getragen, es auch nur zum Gesetzbuch für ganz Preußen zu erheben, nun sollte es gar geeignet sein, sich den Westen und Süden Deutschlands zu unterwerfen! Neben dem Unheil, das dem Familienleben aus dem Gesetzbuch drohte, prophezeite er als seinen Erfolg Verteuerung und Verlangsamung der Prozesse. Wenn er an die künftige Rolle des preußischen Richters denkt, wird ihm „ganz blümerant vor den Augen." Die ganze Situation würde ihm verzweifelt erscheinen, wenn ihm nicht die Worte Gierkes über die Unverwüstlichkeit des deutschen Rechts Mut gemacht hätten. Nicht das Ziel darf aufgegeben werden, nur die scheinbare Lösung ist zu verwerfen. Die Rede lief in den Wunsch aus nach Vorbereitungen zu einem wirklich deutschen, den deutschen realen Verhältnissen entsprechenden Rechte, nur dürften sie nicht eine neue Million Mark kosten. Der Minister Schönstedt, seit dem November 1894 an die Spitze der preußischen Justiz an Schellings Stelle berufen, rügte es, den preußischen Justizetat zu einem Ausfall auf das große Unternehmen des Reiches zu benutzen, und das neue Gesetzbuch eben in der Zeit, wo es seinem Abschlusse nahe stand, zu diskreditieren. Und was war das Ziel dieses Angriffs? Soll etwa eine dritte Kommission einberufen werden? Der Minister nannte es vielleicht bedauerlich, daß der Entwurf ohne Mitwirkung Dernburgs zustande gebracht sei, hoffte aber zuversichtlich, daß das Gesetzbuch zur Ehre des Deutschen Reiches auch gegen seinen Willen fertig gestellt werde. Die Replik Dernburgs, er würde unter keinen Umständen dem Rufe in die Kommission gefolgt sein, wovon ja früher die Rede gewesen, da er sich keine Begabung für Arbeiten in einer Kommission zutraue, ist nach den neuerlichen Veröffentlichungen (oben S. 349) verständlicher als damals. Die Angriffe Dernburgs waren um so unangebrachter, als sie vor Zuhörern geschahen, die zur Beurteilung der beweislosen Vorwürfe und herausgegriffenen Beispiele wenig geeignet und zu deren Würdigung in der knapp bemessenen Etatdiskussion des Herrenhauses noch weniger geneigt waren. Ihre Aufnahme war bezeichnend. Die Rede erinnerte den Grafen v. d. Schulenburg-Beetzendorf, der gleichfalls das Preußische Landrecht nach geringen Umarbeitungen ein deutsches Gesetzbuch zu werden für fähig hielt, an Stahl, den Fraktionsführer für diejenigen im Lande, denen eigentlich das Land gehöre, und der sie über das ungeschriebene deutsche Recht, in dem sie lebten, belehrt habe. Das Wertvolle der ganzen Debatte liegt in der Erwiderung, die Dernburgs Rede durch einen der konservativen Wortführer erfuhr. Statt des Landesdirektors von Manteuffel ergriff der Gutsbesitzer v. Helldorf-Bedra aus der Provinz Sachsen das Wort und erteilte der Kommission, die er, ein nichtständiges Mitglied, durch fleißigen Besuch ihrer Sitzungen zu beobachten Gelegenheit hatte, das günstigste Zeugnis. Die neue Fassung, führte er aus, ist gegen den ersten Entwurf unermeßlich verbessert; wenn auch das unerreichbare Ziel ein für jedermann verständliches Gesetzbuch zu schaffen, nicht erreicht ist. Mit peinlicher Sorgfalt hat man den Inhalt geprüft; jede Kritik, die gegen den ersten Entwurf erhoben, gewürdigt. Dem Formalismus bestehender Gesetzbücher ist entgegengetreten, der Billigkeit Raum gegeben, den Schwächern ausgiebiger Schutz gewährt. Der Entwurf, wie er jetzt vorliegt, hält die richtige Mitte: er trägt der notwendigen Freiheit der Entwicklung Rechnung und schont und würdigt das Bestehende. Mögen in gewissem Sinne politische Anschauungen mitgewirkt haben, die Verhandlungen haben dem Redner doch den Eindruck hinterlassen, daß bei deren außerordentlicher Gründlichkeit und Sachlichkeit, der Einrichtung der Redaktionskommission und überall sonst das sachliche Element und das gemeinsame Wirken zur Geltung gekommen ist, im wohltuenden Gegensatz gegen die jammervollen Zustände in den zeitigen Parlamenten. Statt der befürchteten Ehelockerung ist in den Verhandlungen eine hohe sittliche Auffassung der Ehe zutage getreten; man braucht bloß das Ehescheidungsrecht mit dem des bisherigen Rechts zu vergleichen. Den wirklichen Geist des deutschen Rechts giebt der Entwurf genügend wieder. Die Mitwirkung von Laien hat sich als sehr ersprießlich erwiesen. Eine Vergleichung mit dem Zustandekommen des Code in so viel kürzerer Zeit und mit so glänzendem Erfolge, wie sie Dernburg dem jetzigen Unternehmen gegenübergestellt, widerlegt Helldorff glücklich mit dem Hinweis auf die total verschiedenen Verhältnisse der Zeit und des Landes und erblickt in dem neuen Entwurf ein Denkmal deutschen Fleißes und deutscher Gründlichkeit.

In die Zeit, da die Beratung des Familienrechts in zweiter Lesung zu Ende gebracht und für Planck ein besonders wichtiger Abschnitt des Werkes erreicht war, fiel sein siebzigster Geburtstag. Den Roten Adlerorden 2. Klasse mit Eichenlaub, den der Kaiser ihm verlieh, hatte der Minister v. Schelling ihm schon acht Tage vorher in seine Privatwohnung überbracht. Die Gesetzbuchkommission feierte den 24. Juni 1894 durch ein am Vorabend veranstaltetes Festmahl im Reichshof. Außer ihren Mitgliedern erschienen die Minister Miquel, Bosse, Schelling, der Staatssekretär Nieberding, Mitglieder des Bundesrats und des Reichsjustizamts, alte Freunde wie der Rechtsanwalt Makower und der Arzt Plancks Dr. Vollborth. Planck saß zwischen Schelling und Miquel, ihm gegenüber Küntzel. Miquel, der die Festrede hielt, schilderte ihn als Menschen, als Juristen und als Politiker und gedachte der persönlichen Beziehungen, die sie von Jugend auf miteinander verbunden hatten. Der Dank des Gefeierten, der in ein dem Bürgerlichen Gesetzbuche ausgebrachtes Hoch mündete, rief den Vorsitzenden der Kommission auf den Plan, um die Gefühle ihrer Mitglieder, die Dankbarkeit und Verehrung, die sie ihrem Generalreferenten schuldeten, auszusprechen. Der Minister Bosse feierte in schwungvollen Versen die Frau und die Familie Plancks, und der Oberforstmeister Danckelmann, eins der nichtständigen Kommissionsmitglieder, überreichte mit einem Kranze die Grüße des deutschen Waldes dem Mann, der die 70 Jahre, das Alter der Waldesschönheit und Stärke, erreicht und sich die Freude an der Natur bewahrt habe.

Vier Wochen nach Planck, am 10. Juli, wurde R. v. Bennigsen 70 Jahre alt. In einer Reihe von Ovationen drückte die Provinz Hannover und die nationalliberale Partei ihrem Führer den Dank für sein langjähriges politisches Wirken aus. Planck feierte in der Rede, die er bei dem Festmahle hielt, zugleich den Staatsmann und den Freund. An dem Staatsmann rühmte er die Gabe, jede Frage gleichsam in ihrem weltgeschichtlichen Zusammenhang zu erfassen und damit die klare Erkenntnis des Erreichbaren zu verbinden. Weil seine Reden die hohen Ziele hervorheben, wirken sie in der trüben Schwüle der Reichstagsverhandlungen wie ein erquickender Lufthauch, wie heller Sonnenschein. Was man aber auch an Bennigsen rühmen mag, seine umfassenden Kenntnisse, den eisernen Fleiß, die vollkommenste Uneigennützigkeit, die unerschütterliche Festigkeit seines Charakters, über alles stellte Planck sein treues, warmes, großmütiges Herz. Darum hängen auch alle an ihm nicht nur mit Verehrung und Bewunderung, sondern auch mit Liebe.

Im Jahr 1893 trug man sich in Berlin noch mit dem Schreckgespenst einer unabsehbar langen Dauer der Arbeit am Bürgerlichen Gesetzbuch. Planck konnte den Schwarzseher, der den Beginn der Gesetzeskraft in das Jahr 1925 verlegen zu dürfen glaubte, trösten, man werde in den drei Jahren fertig sein (ob. S. 354). Es gelang im Laufe des Jahres 1895 zum Abschluß zu kommen. Am 15. Juni hielt Sohm einen Vortrag in der Berliner Juristischen Gesellschaft, in dem er das der Hauptsache nach fertige Werk glänzend verteidigte[1]). Eben in jenen Tagen kam man mit der am 6. Mai begonnenen Schlußrevision zu Ende, der dann noch eine genaue Durchsicht des Ganzen durch die Redaktionskommission folgte. Nachdem sie endgültig die Fassung festgestellt hatte, wurde der Entwurf zweiter Lesung durch die Kommission am 21. Oktober 1895 genehmigt und tags darauf durch den Präsidenten dem Reichskanzler zur weiteren Behandlung durch die gesetzgebenden Faktoren des Reichs übersandt. Die letzten Monate des Jahres bis hinein in den Anfang des neuen galten der Beratung des Einführungsgesetzes. Der Wunsch des Kaisers, einer Sitzung der Kommission beizuwohnen, kam am 13. November zur Ausführung. Man verhandelte über das der Landesgesetzgebung zu überlassende Anerbenrecht und hatte den Gegenstand dem hohen Herrn durch einen einleitenden Vortrag von Sohm interessant gemacht. Die Sitzung verlief im übrigen wie alle anderen, nur daß der Staatssekretär Nieberding präsidierte, und das Protokoll nicht wie sonst von einem Hilfsarbeiter, sondern von Struckmann geführt wurde. Zur Feier des Tages veranstaltete Nieberding ein Diner, an dem der Kaiser und die Mitglieder der Kommission teilnahmen.

Die Anerkennung, die sich die Arbeiten der zweiten Kommission, wie ob. S. 359 gezeigt, errangen, breitete sich weiter aus und befestigte sich in Theorie und Praxis. Über die Besserung in der Form herrschte

[1]) Beiträge zur Erläuterung des deutschen Rechts XXXIX (Berlin 1895).

allgemeines Einverständnis. Nach Sohms Bericht wird sie besonders Börner verdankt, der außerdem durch zahlreiche Einzelheiten reformierend einwirkte[1]). Als am 25. Januar 1896 R. Schröder von Heidelberg der Berliner Juristischen Gesellschaft einen Vortrag über das eheliche Güterrecht des Entwurfs gehalten hatte, griff Gierke das Ergebnis des Redners lebhaft an, verteidigte das Regionalsystem, ev. die Wahl eines der gütergemeinschaftlichen Systeme zum gesetzlichen Güterstand, und forderte die gründliche Umgestaltung jedenfalls dieses Teils der Vorlage. Planck antwortete ihm ausführlich und errang den Beifall der Versammlung[2]). Daß Gierke aber die Fortschritte, die der Entwurf in zweiter Lesung gemacht hatte, nicht verkannte, zeigt der im Mai 1905 veröffentlichte zweite Band seines deutschen Privatrechts. Er gesteht, daß das Bürgerliche Gesetzbuch, wenn es auch die Hoffnungen auf ein volkstümliches Recht nicht erfüllt habe, doch zu seinem eigenen Aufbau in sehr viel reicherem Maße, als nach dem ersten Entwurf zu erwarten stand, deutschrechtliche Bausteine verwandt habe. Das hebt auch Sohm hervor und rechnet es besonders Struckmann als Verdienst an, deutsche Rechtsgedanken in das Gesetzbuch eingeführt zu haben. — Dernburg ist aus einem Gegner des Entwurfs, wenn auch nicht gerade dessen Freund, doch ein billiger Beurteiler geworden. Er nahm seinen Widerspruch gegen den Entwurf in der Schrift: Persönliche Rechtsstellung nach dem Bürgerlichen Gesetzbuch (Berlin 1896) zurück und wenn er auch seine Fehler nicht verkannte[3]), so ist doch die Behandlung, die er ihm in seinem Bürg. Recht zuteil werden läßt, ganz andern Schlages als die in seinen parlamentarischen Reden. Seine Antithese, daß der erste Entwurf nicht so schlecht, wie man ihn gemacht habe, und der zweite nicht so gut, wie man ihn nun mache (S. 9), berührt sich in gewissem Sinne mit dem Urteil Plancks (ob. S. 357).

Auch die soziale Reform ist in der zweiten Lesung zu stärkerer Geltung gekommen. Bei der Beratung des Dienstvertrags wurde eingehend über das Verhältnis des Gesetzbuches zur Sozialpolitik verhandelt und die Vorlage erheblich verbessert, namentlich durch die Aufnahme der aus der Gewerbeordnung (§ 107) stammenden Pflicht, für die Sicherung des Arbeiters bei Ausführung seiner Dienste zu sorgen (E. II 558, BGB. 618), eine Richtung, die dann durch den Reichstag noch weiter verfolgt ist[4]). Daß die Sozialdemokratie dadurch zufrieden-

[1]) Deutsche Jur.-Ztg. vom 1. Januar 1900.

[2]) Nationalzeitung 1896, Nr. 65, erstes Beiblatt.

[3]) Gierke in der Deutschen Jur.-Ztg. 1907, S. 1340.

[4]) Dernburg, Bürg. R. II 2 S. 387 ff. Planck, Deutsche Jur.-Ztg. 1909, S. 23.

gestellt werde, erwartete Planck nicht. Denn was sie zerstören will, befestigt das Gesetzbuch. Die Grundlagen der jetzigen Gesellschaftsordnung, Eigentum, Familie, Erbrecht, werden in einer den sozialen Bedürfnissen entsprechenden Form auf den festen und breiten Boden eines allgemeinen deutschen Rechts gestellt und gewinnen dadurch an Sicherheit und Widerstandskraft gegen die Angriffe der Sozialdemokratie. Der Entwurf befriedigt nicht nur das tiefe nationale Bedürfnis nach einem einheitlichen Rechte, sondern zugleich das nicht minder dringende Bedürfnis einer Befestigung der jetzigen Gesellschaftsordnung [1]).

Das Gesetzbuch, wie es definitiv zustande gekommen ist, ist wesentlich das Werk der zweiten Kommission, mögen auch durch die Reichsorgane noch einzelne Modifikationen hinzugekommen sein. Ihre Mitglieder verband das Bestreben, auf der Grundlage des ersten Entwurfs, dessen Wert nicht verkannt wurde, eine neue Vorlage, die den berechtigten Forderungen der Kritik entsprach, herzustellen. Dazu gehörte vor allen Dingen die Mängel der formalen Jurisprudenz zu überwinden und den Bedürfnissen des praktischen Lebens die ihnen gebührende Rücksicht zu schenken. Mit großer Sorgfalt hat die zweite Kommission für dies Ziel gearbeitet und sich nicht zu hastigem Abschluß drängen lassen, mochte auch das Publikum, vor dem in voller Öffentlichkeit verhandelt wurde, gespannt auf das Ergebnis warten.

Da sich die Arbeiten der Kommission, wie das Plancksche Tagebuch im Oktober 1895 vermerkt, mit Riesenschritten ihrem Ende nahten, und das Göttinger Haus durch die Berufung von Professor Weiß nach Marburg mietfrei geworden war, verlegten Plancks ihren Haushalt wieder nach Göttingen und vertauschten für die übrige Zeit ihres Berliner Aufenthalts die Wohnung, die sie während der Dauer der zweiten Kommission in der Genthinerstraße 32 inne gehabt, mit einer Pension Wille, Lützowstraße 74, in der sie ungewöhnlich gut untergebracht waren. Nachdem sie die Weihnachtsferien in ihrem eigenen Heim in Göttingen verlebt hatten, kehrten sie nach Berlin zurück, da noch der Rest der Kommissionsarbeit zu erledigen war und die parlamentarische Behandlung des Entwurfs beginnen sollte. Am 1. Februar fand die letzte Sitzung der Redaktionskommission, am 8. die feierliche Schließung der Hauptkommission statt. Der Staatssekretär sprach im Namen des Reichskanzlers den Dank der verbündeten Regierungen aus und warf einen Rückblick auf die Arbeiten der Kommission, wobei er besonders der Verdienste Plancks gedachte, wie die Mitglieder nachher der Frau Planck berichteten. Ihm antworteten der Präsident und der

[1]) Planck in der Nat.-Ztg. 1895 Nr. 371.

Generalreferent. Die zweite Kommission war im ganzen fünf Jahre an der Arbeit gewesen und hatte neben dem Entwurf zweiter Lesung eine Anzahl Änderungen an den Reichsjustizgesetzen, dem Gerichtsverfassungsgesetz, dem Zivilprozeß und der Konkursordnung, beraten, die durch die Einführung des Bürgerlichen Gesetzbuches notwendig wurden. Während man noch mit dem Abschluß dieser Vorlagen beschäftigt war, nahmen die Verhandlungen des Reichstags über das Bürgerliche Gesetzbuch ihren Anfang.

Fünftes Kapitel.

Das Bürgerliche Gesetzbuch im Reichstag.

Mit dem Jahre 1896 trat die Arbeit am Bürgerlichen Gesetzbuch in ihr letztes, das parlamentarische Stadium. Als der Reichskanzler, Fürst Hohenlohe, im Namen des Kaisers die Vorlage, wie sie im Bundesrat festgestellt war, an den Reichstag brachte, erinnerte er an die Bedeutung des Tages. Es war der Vorabend der Gedenkfeier des 18. Januar 1871. Planck, zu der kleinen Zahl derer gehörig, die vor 25 Jahren Mitglieder des Reichstags gewesen waren, nahm an den beiden Festlichkeiten teil, die der Kaiser zu Ehren des Tages veranstaltete. Bei der Feier im Weißen Saale am Vormittage machten die Worte, die der Kaiser der verlesenen Thronrede, die Hand an die Fahne des ersten Garderegiments gelegt, hinzugefügt hatte, großen Eindruck. „Angesichts dieses ehrwürdigen Feldzeichens, welches eine fast zweihundertjährige ruhmbedeckte Geschichte bezeugt, erneuere ich hier das Gelübde: Für des deutschen Volkes und Landes Wohlfahrt und Ehre alle Zeit einzustehen, sowohl nach innen wie noch außen. Ein Reich, ein Volk, ein Gott!" Abends bei dem Bankett fand jeder Gast unter seinem Kuvert ein Faksimile des Telegramms, das König Wilhelm, nachdem ihm Napoleon III. seinen Degen überreicht, an die Königin gerichtet hatte. Der Kaiser sprach ergreifend und schloß mit dem Goethewort: Was du ererbt von deinen Vätern hast, erwirb es um es zu besitzen. Bei dem Cercle nach Tisch hatte der Kaiser auch Planck angesprochen und ihm freundliche Worte über seine Tätigkeit in der Gesetzbuchkommission gesagt.

Bei der Feier, welche die nationalliberale Fraktion des Reichstags und des Landtags im Verein mit den alten Kollegen aus dem Jahre 1871 am 19. Januar im großen Saale des Kaiserhofes hielt, lenkte sich der Blick der Redner von den erhebenden Erinnerungen unwillkürlich zu den Aufgaben der umwölkten Gegenwart. Die Situation läßt sich nicht treffender schildern, als Planck schon im Sommer vorher nach Abschluß der zweiten Lesung des Gesetzbuches getan hatte: „Der Zeitpunkt, in welchem das große Werk an die gesetzgebenden Körperschaften des Reichs gelangt, ist kein günstiger. Der nationale Aufschwung der siebziger Jahre ist dahin. Die wirtschaftlichen Interessen sind in den Vordergrund getreten, und fast jeder Stand vertritt einseitig sein Sonderinteresse. In dem Reichstage besteht keine feste Majorität, und das allgemeine Wohl tritt hinter den Parteibestrebungen zurück. Trotzdem dürfen wir die Hoffnung nicht aufgeben, daß die Bedeutung, welche das Zustandekommen des Bürgerlichen Gesetzbuches für die gesamte nationale Entwicklung haben würde, ungeachtet der Ungunst der Zeiten den Ausschlag zugunsten des Entwurfs geben wird. Er ist auch in der Gestalt, die er bei der zweiten Lesung erhalten hat, gewiß nicht frei von Mängeln. Es wird nur wenige Juristen in Deutschland geben, die nicht an dem einen oder andern Punkte etwas auszusetzen hätten. Aber im großen und ganzen entspricht er im vollsten Maße den Bedürfnissen des deutschen Volkes, und er ist in seiner technischen Durcharbeitung wohl unzweifelhaft das beste Gesetzbuch der neueren Zeit"[1]). Das dem Entwurf gestellte Prognostikon lautete immerhin bedrohlich genug. Nach zwei Seiten hin gestalteten sich die Aussichten alsbald günstig. Die öffentliche Meinung der Juristen sprach sich immer befriedigter von den Ergebnissen der zweiten Kommission aus. Die gründliche Umarbeitung war ihr gelungen und rascher, als man erwartet hatte[2]). Der Bundesrat hatte die Vorlage der Kommission einer sorgfältigen Durchsicht unterzogen, manche kleine Verbesserung vorgenommen, prinzipielle Änderungen nur an zwei Punkten getroffen. Er hatte die Zufügung eines sechsten Buches, in welchem die Anwendung ausländischer Gesetze geregelt war, die mühevolle Arbeit des Redaktors Gebhard, aus politischen Gründen gestrichen und nur einen Teil seiner Bestimmungen in das Einführungsgesetz verwiesen, und die Ordnung des Vereinsrechts, wie sie der zweite Entwurf vorschlug, modifiziert. Größere Schwierigkeiten drohten von der Seite des Reichstags, formelle und materielle. Die Session des am 3. Dezember 1895 eröffneten Reichstags hatte wiederholt mit Beschlußunfähigkeit zu kämpfen gehabt, und die Parteiverhältnisse machten es zweifelhaft, ob die große durch die Thronrede angekündigte Aufgabe auch ein großes aufnahmefähiges Geschlecht finden würde. Die sachlichen Schwierigkeiten lagen in den beiden Materien der juristischen Personen und des persönlichen Eherechts. Dort bestand eine Differenz zwischen den Regierungen und den liberalen Parteien, hier, über Eheschließung und Ehescheidung, ein Gegensatz zwischen dem Zentrum und den übrigen Parteien des Reichstags.

[1]) Nationalzeitung vom 14. Juni 1895, Nr. 371.

[2]) Kohler, Enzyklopädie I (1904) S. 565.

Auf die Rede des Reichskanzlers am 17. Januar hatte der Präsident des Reichstags, Freiherr v. Buol, in aller Kürze geantwortet. Er nannte die Vorlage die nach Umfang und Inhalt größte Aufgabe, die dem Reichstage seit seinem Bestehen gestellt sei, und versprach, er werde sie, Übereilung wie Verzögerung vermeidend, tunlichst bald zu lösen bemüht sein. Die erste Februarwoche wurde für die erste Lesung angesetzt. Als Kommissare entsandte der Bundesrat: Struckmann, Planck, Jacubezky, Sohm, Börner, Mandry und Gebhard. Die fünf größten Staaten des Reiches, alle Rechtsgebiete, Theorie und Praxis waren in ihnen vertreten. Die Beratung, Montag den 3. Februar begonnen, nahm die vier Tage bis zum Donnerstage ein. Die leeren Bänke, die das Haus zeigte, so wenig sie zu der Wichtigkeit der Vorlage stimmten, entsprachen dem parlamentarischen Herkommen, juristische Gegenstände zu behandeln. Die Verhandlung wurde durch einen ausführlichen Vortrag Nieberdings eingeleitet. Ihm folgten die Vertreter der großen politischen Parteien: voran Rintelen für das Zentrum, v. Cuny für die Nationalliberalen, v. Buchka für die Konservativen, Schröder für die freisinnige Vereinigung (Rickert), zuletzt Leuschner, Geh. Bergrat in Eisleben, nichtständiges Mitglied der Kommission, für die Reichspartei. Am zweiten Tage, an dem vorzugsweise Rechtsanwälte das Wort ergriffen, sprach nach Kauffmann, Mitglied der freisinnigen Volkspartei, und vor dem Sozialdemokraten Stadthagen Planck. Am dritten Tage, den ein „Laie“, Freiherr von Hodenberg, ein welfischer Abgeordneter, Sohn des letzten hannoverschen Kultusministers, eröffnete, redeten Sohm, Freiherr v. Stumm-Hallberg, Dr. Förster von den Antisemiten, und der Kammergerichtsrat Spahn, zweiter Vizepräsident des Reichstags; am vierten, Professor Enneccerus von Marburg, Freiherr v. Manteuffel, der Sozialdemokrat Frohme von Hamburg und zum zweiten Male Stadthagen, um sich für die scharfen Sarkasmen der Rede Sohms zu rächen. Planck und Sohm waren die einzigen der Kommissare, und Nieberding das einzige Mitglied des Bundesrats, die sich an der Debatte beteiligten.

Die sachlich bedeutendsten Reden waren die von Nieberding und von Planck, denn sie richteten sich auf das Ganze: Nieberding gab einen historischen Rückblick und eine allgemein orientierende Übersicht, Planck verteidigte die Vorlage gegen die Angriffe der Presse und noch mehr gegen die des ersten Redners aus dem Hause, des Abgeordneten Rintelen. Nieberding, der in seiner Rede den Gegensatz zwischen dem ersten und dem zweiten Entwurf hatte berühren müssen, drückte sich vorsichtig, aber doch bezeichnend aus: Der der ersten Kommission vom Bundesrat erteilte Auftrag war nicht im Sinne der öffentlichen

Meinung und auch nicht zur vollen Befriedigung der verbündeten Regierungen ausgefallen. Während die übrigen Redner den Gegensatz meistens nur berührten, wenn sie auf die Form und die Sprache des Entwurfs zu reden kamen, faßte Nieberding scharf den Unterschied zwischen der Verhandlungsweise der beiden Kommissionen ins Auge: Die erste arbeitete in der Stille der Studierstube, unter dem Geheimnis des amtlichen Bureaus, fern vom Pulsschlag des Lebens; die zweite auf dem Markt des öffentlichen Lebens, in Fühlung mit den Parteien des Reichstags, in Beziehung zu den großen Interessengruppen, die das wirtschaftliche Leben beherrschen. Dem entspricht das Ergebnis: der neue Entwurf gibt nicht wie der erste die Meinungen einer auf eine kleine Mitgliederzahl beschränkten Kommission wieder, sondern die Auffassung der weit überwiegenden Kreise des deutschen Volkes. Neben der Gegenwart hat auch die Vergangenheit, die geistige Kraft der Nation seit den Freiheitskriegen an diesem Entwurfe mitgewirkt. Das Verlangen nach Rechtseinheit, das seitdem erwacht ist, findet seine Erklärung an dem großen Trümmerfelde deutscher Rechtseinrichtungen, das der Redner in einer Übersicht über die deutschen Rechtsgebiete schildert. Ein einheitliches geschlossenes Gebiet bildet allein das des französischen Rechts, das nach der inneren Kraft gemessen die Oberhand im Deutschen Reiche hat. Der Rückblick bahnt ihm den Weg, die Aufgabe der Kommission zu bestimmen: ein Recht aufzubauen nach Gründen der Zweckmäßigkeit im Anschluß an die im deutschen Volke walterden Traditionen, ohne Bruch mit der Vergangenheit, aber auch ohne Liebhaberei für abgestorbene Dinge. Sich gegen das überspannte nationale Gefühl wendend, das ein deutsches Recht nur aus deutschen Quellen schöpfen wollte, gedenkt der Redner des römischen Rechts, das, seit der Rezeption gemodelt und teilweise deutsch geworden, nicht zu übergehen war. Germanistische Liebhabereien hat die Kommission nicht treiben dürfen; dafür standen die praktischen Interessen der Nation zu hoch. Um den Blick des Reichstages auf das Ganze hin- und von kleinen Bedenken abzulenken, wies er zuletzt auf die analoge Erscheinung beim Abschluß des deutschen Handelsgesetzbuches hin, wie nach mühseliger zweimaliger Lesung hundert gelehrte Erinnerungen geltend gemacht und eine nochmalige Revision gefordert wurde. Nachher war man den Regierungen dankbar, daß sie sich nicht auf die Ausstellungen eingelassen und das Gesetzbuch ohne weiteres angenommen hatten. Auch jetzt haben die verbündeten Regierungen ungeachtet mancher Bedenken in der Erkenntnis des gewaltigen nationalen und politischen Fortschritts, der in dem Entwurfe liegt, ihm ihre Zustimmung erteilt.

Wenn auch die übrigen Redner des Hauses sich vorwiegend dem zweiten Entwurf zuwandten, so lag es für Planck nahe, den Standpunkt darzulegen, von dem die Bearbeitung überhaupt ausgegangen war. Die Absicht war nicht, neues Recht von oben herab zu machen, sondern das im Volk gewachsene Recht zu finden und in feste Form zu bringen. Aus dieser Masse, die zum Teil gemeinsames, zum andern Teil verschiedenes Recht war, galt es auszuwählen, was dem Gesamtbewußtsein des deutschen Volkes am meisten entsprach. Man konnte nicht bei dem vorhandenen Recht stehen bleiben; es war darin manches veraltet, dem Leben abgestorben, neues hatte sich entwickelt, ohne schon zur allgemeinen Anerkennung gekommen zu sein. Auch das werdende Recht verlangte Beachtung. Endlich hatten sich im Leben praktische Bedürfnisse gezeigt, ohne daß schon eine neue Rechtsentwicklung eingesetzt hatte. Das bestehende Recht, soweit es lebenskräftig, zu kodifizieren blieb die Hauptaufgabe. Ist sie erfüllt, so hat der Entwurf seinen Zweck erreicht. Das bestreiten die Gegner mit allgemeinen und mit speziellen Einwänden. Von jenen widerlegt Planck besonders den, daß die Vorlage dem richterlichen Ermessen zu viel Spielraum gewähre; während man dem ersten Entwurf das gerade Gegenteil vorgeworfen hatte. Er sieht darin keinen Mangel, sondern einen Vorzug des Gesetzbuches, unentbehrlich namentlich für das Obligationenrecht, das durchzogen ist von dem Grundsatze, daß Treu und Glauben und die Verkehrssitte zu beobachten sind; unentbehrlich aber auch in der Materie vom Schadensersatze. Unter den Einzeleinwänden berücksichtigt er in erster Linie, was gegen die Gestaltung des Vereinsrechts vorgebracht ist. Er entwickelt die Notwendigkeit für den Staat dafür zu sorgen, daß nicht durch den außerordentlichen Machtzuwachs, den die Einzelpersonen durch Zusammenschließen zu einer juristischen Person erfahren, dritte oder das öffentliche Wohl geschädigt oder gefährdet werde. Manche Bestimmungen des Entwurfs wären entbehrlich gewesen, wenn ein Reichsgesetz über das Vereinswesen existiert hätte. Da es fehlte, mußte die bürgerliche Rechtsordnung, wollte man nicht der partikularen Polizeiwillkür den Eingang verstatten, die Garantien normieren, die gegen die Gefährdung des öffentlichen Wohls durch Vereine notwendig sind. Aus dem Gebiet der Schuldverhältnisse hebt er die Rechtssätze hervor, welche den Vorwurf des Kapitalismus zu entkräften, den Schutz, den das Gesetzbuch dem wirtschaftlich Schwachen gewährt, zu beweisen geeignet sind. Das Sachenrecht gibt ihm Gelegenheit, den Angriff Rintelens zu widerlegen, daß der Entwurf den römischen Eigentumsbegriff dem deutschen vorgezogen habe, daß er durch die Aufnahme der Grundschuld zur Mobilisierung des Grundeigentums beitrage, daß er durch die verschiedenen nebeneinander gestellten Formen der Hypotheken die Kreditfähigkeit verwirre und vermindere. Auf dem Felde seiner eigensten Arbeit charakterisiert er als die Aufgabe des Eherechts die rechtliche Seite der Ehe zu regeln. Seine Bestimmungen dürfen nie deren sittliches Wesen gefährden. „Sollte eine Bestimmung im Entwurf nachgewiesen werden, die diese Forderung verletzt, dem Gewissen zu nahe tritt, ich würde der erste sein, der mit der Änderung einverstanden wäre.“ Das Ehescheidungsrecht des Entwurfs entspricht dem praktischen Bedürfnis ebenso wie den prinzipiell-sittlichen Forderungen, hält die richtige Mitte zwischen zu großer Erleichterung und zu großer Erschwerung der Scheidung. Planck persönlich hätte gleich dem Redner der Konservativen den ersten Entwurf vorgezogen, der keine Scheidung wegen unheilbarer Geisteskrankheit zulassen wollte, muß aber doch praktische Gründe anerkennen, die für die Aufnahme sprechen. Der Abgeordnete Rintelen hatte die Abschaffung der ehrwürdigen patria potestas beklagt. Planck zeigt, wie viel besser die Vorlage die elterliche Gewalt und die Vormundschaft ordnet. Der Entwurf ist nicht frei von Mängeln, kein Mitglied der Kommission hat nicht an diesem oder jenem Paragraphen etwas auszusetzen. Nur durch Resignation auf Einwendungen, die nicht von entscheidender Bedeutung sind, konnte der Entwurf zustande kommen. Er bildet nicht nur die Grundlage für jede weitere Rechtsreform, er begründet nicht nur eine neue Epoche der Rechtswissenschaft, sondern er ist schon in seinem jetzigen Bestande ein ungeheurer Fortschritt. Er gibt dem deutschen Volke wirklich ein gutes, ein deutsches und im besten Sinne auch ein soziales Recht. Ein deutsches Recht insofern, als es alle noch lebendigen deutschen Rechtsgedanken aufgenommen und zu festen Rechtssätzen verkörpert hat. Ein soziales Recht, freilich nicht sozialdemokratisches Recht, das die Grundlagen unserer Gesellschaftsordnung festhaltend, den sozialen Bedürfnissen der Gegenwart entspricht. Endlich ein nationales Recht. Der nationale Sinn in Deutschland ist noch nie stark genug gewesen, ein gemeinsames bürgerliches Recht herzustellen. Als zu Ende des Mittelalters, das erst nur Stammesrechte und nachher nur Territorialrechte gekannt hatte, das Bedürfnis nach einem einheitlichen und den geänderten wirtschaftlichen Bedürfnissen entsprechenden Rechte erwachte, da rezipierte man ein fremdes Recht. Deutschland hat unter dieser Rezeption schwer gelitten, aber auch gewonnen. Die deutsche Rechtswissenschaft wurde von dem Geiste der römischen Juristen durchdrungen. In dem Streit zwischen Thibaut und Savigny hatte Savigny recht. Deutschland war noch nicht reif für ein einheitliches

Recht. Es fehlten zwei Faktoren: die Ausbildung der Rechtswissenschaft, die Aussöhnung zwischen der germanistischen und der romanistischen Richtung auf der einen Seite, die politische Einheit auf der andern Seite. „Diese beiden Faktoren sind jetzt erreicht. Jetzt ist es Zeit, das Verlangen, das gute Recht des deutschen Volkes zu befriedigen. Nächst der gemeinsamen Sprache ist nach meiner Meinung das gemeinsame Recht die edelste und köstlichste Frucht des nationalen Geistes, zugleich aber auch das stärkste und festeste Band der nationalen Einheit. Jetzt ist die Zeit gekommen, jetzt ist die kostbare Frucht reif. An Ihnen ist es jetzt, sie zu pflücken, an Ihnen ist es jetzt, das eherne Band der deutschen Einheit zu schmieden. Geben Sie dem deutschen Volke in dem Bürgerlichen Gesetzbuch, ohne die Einzelheiten zu bemäkeln, sein gutes, sein deutsches, sein einheitliches Recht, und das deutsche Volk wird Ihnen diese Tat danken in allen Zeiten."

Plancks Rede in ihrer Schlichtheit und Gründlichkeit, ihrer klaren Anordnung und logischen Geschlossenheit, ihrer vollen Sachlichkeit war der Glanzpunkt der Verhandlung. Planck sprach eine Stunde lang, und die Abgeordneten standen dicht gedrängt um ihn. „Es sind nicht allzuviel Reden im Reichstag gehalten worden, bei denen eine solche Stille wie damals herrschte" (Börner). Das patriotische Schlußwort löste lebhaften Beifall aus, und die Zuhörer von damals sprechen noch heute von dem tiefen Eindruck, den die Rede hinterließ. „Einen geeignetern Interpreten für Geist und Bedeutung des Entwurfs hätten die Regierungen schwerlich zu finden vermocht"[1]). Alle nachfolgenden Redner bezogen sich auf diesen Vortrag, und wenn sie auch gegen den Entwurf polemisierten, zum Teil scharf polemisierten, so senkten sie doch ihren Degen vor seinem Vertreter. Freiherr von Stumm, der den Entwurf in einem zentralen, von Planck lebhaft verteidigten Punkte, mit großer Entschiedenheit angriff, sprach doch von Plancks meisterhafter Rede. Selbst die sozialdemokratischen Sprecher, denen das Gesetzbuch eine Kodifikation des Unrechts und ein Klassengesetz war, nannten Plancks Ausführungen von tiefer Sachlichkeit und tiefgründender Gesinnung getragen und wünschten für die Prüfung des Gesetzbuches Männer, die seinem Vertreter an scharfem Sinn und Taktgefühl geistig verwandt seien. Die Anerkennung Stadthagens bezweckte allerdings, Planck seinem Kollegen kontrastierend gegenüber zu stellen, zum Dank dafür, daß Sohm den gewiß sehr komisch wirkenden Einfall gehabt, den sozialdemokratischen Redner, der sich als Vertreter der überwiegenden Masse des deutschen Volkes geriert, mit Planck zu ver-

[1]) Oertmann im Archiv f. bürgerl. Recht XI (1896) S. 6ff.

gleichen und zu fragen: Wer von den beiden ist der wahre Vertreter und Förderer des deutschen Volkes? Andersartig war die Huldigung des welfischen Redners. Er kam auf die hohe Achtung zu sprechen, die der Richterstand in Hannover im Vergleich mit Altpreußen genoß. „Eine glänzende Probe dessen, was der alte hannoversche Richterstand vermag, war die Rede des Geheimrat Planck.“ Wer einmal den Zauber einer Rede von Sohm erfahren hat, wird ihn auch beim Nachlesen seiner Worte in den stenographischen Berichten empfinden. Reich an Gedanken, wohl überlegt, aber auch voll glänzender Improvisationen, begeisternd, aber, wenn darauf berechnet, einen Gegner zu gewinnen, schwerlich von Erfolg. Sohm sah den Hauptgegner in der Sozialdemokratie und um ihr das Recht der Vertretung des Arbeiters zu entziehen, stellte er den schillernden Satz auf: Wir sind alle Arbeiter. Von seinem Standpunkte hatte der Genosse Recht, der meinte: Zehn gute Reden für den Entwurf nützten ihm nicht soviel, als diese eine ihm geschadet habe. Plancks Rede war unter allen die versöhnlichste, die ausgleichendste; sie enthielt sich der persönlichen Angriffe und war frei von aller Parteipolitik. Seine eigene Persönlichkeit, wie sie sich in den Kommissionsarbeiten bewährt hatte und jetzt in den Verhandlungen des Reichstags bewährte, hat günstiger gewirkt für das, worauf es ankam, als alles Reden. Sein Auftreten im Reichstage trug ihm Briefe und Glückwünsche von allen Seiten ein und belebte die Hoffnung auf das Gelingen des großen Werkes, mit dem man ihn zu identifizieren anfing. Ein Württemberger wandte sich in einer Reihe anonymer und undatierter Briefe an ihn, um ihm Bedenken und Bemerkungen zu seiner Rede und denen seiner Kollegen vorzutragen, die ihm die Kredit- und Grundbesitzverhältnisse seiner Heimat nahe legten.

Die parlamentarische Behandlung des Bürgerlichen Gesetzbuches ging unter einer eigentümlichen politischen Konstellation vor sich. Wie der erste Redner ein Zentrumsmann war, so gehörten auch der erste Präsident des Reichstages und sein zweiter Vizepräsident dem Zentrum an. Die Partei zählte zurzeit 100 Mitglieder, während die nächst größten Parteien, die Konservativen 58, die Nationalliberalen 50, die Sozialdemokraten 48 Mitglieder aufzuweisen hatten. Nach den Wahlen vom 15. Juni 1893, auf die dies Parteiergebnis im ganzen zurückging, hatten sich ein Konservativer v. Levetzow, ein Mitglied des Zentrums von Buol und ein Nationalliberaler Bürklin in das Präsidium geteilt. Die Weigerung der Reichstagsmehrheit, dem Vorschlage des Präsidenten entsprechend, dem Fürsten Bismarck zu seinem 80. Geburtstage zu gratulieren, veranlaßte den Präsidenten und den zweiten Vizepräsidenten im März 1895 ihre Ämter niederzulegen. In ihre Stellen brachte dann das Zentrum, das bei jener Weigerung vorangegangen war und die Partei Eugen Richters, die Sozialdemokraten nebst Welfen und Polen zu Genossen hatte, Mitglieder aus seiner Mitte, während das Amt des ersten Vizepräsidenten dem zur freisinnigen Volkspartei gehörigen Abgeordneten Schmidt, Fabrikbesitzer in Eberfeld, übertragen wurde.

Das deutsche Privatrecht, das im Bürgerlichen Gesetzbuch kodifiziert werden sollte, schien ein Rechtsstoff, der jenseit des Gegensatzes der Konfessionen lag. Die erste Rede aus dem Hause erschütterte diesen Glauben. Rintelen hatte zwar der Kommission seinen wärmsten Dank ausgesprochen, aber doch dem Präsidenten ein reiches Verzeichnis abänderungsbedürftiger Paragraphen übergeben und zum Schluß im Namen seiner Partei erklärt: „Der Entwurf enthält Bestimmungen, die mit den Glaubenssätzen der katholischen Kirche im Widerspruch stehen. Gelingt es nicht, sie aus dem Entwurf zu entfernen oder so umzugestalten, daß die Gewissensbedenken der Katholiken beseitigt werden, so sind wir genötigt, nicht nur gegen diese Vorschriften, sondern gegen den Entwurf im ganzen zu stimmen." Diese Erklärung, im Namen der größten Partei des Reichstags und mit drakonischer Strenge, wie es ein Redner bezeichnete, vorgebracht, erregte allgemeines Erstaunen und konnte den Zweifel wecken, ob das Schiff nicht noch im Hafen scheitern werde. Man tröstete sich mit dem trivialen Spruche, daß die Suppe nicht so heiß, wie sie gekocht, gegessen werde, zumal der zweite Redner aus dem Zentrum Spahn sich weniger schroff geäußert und die nationale Bedeutung des Gesetzgebungswerks in den Vordergrund gerückt hatte. Lieber wäre es ihm allerdings gewesen, wenn das persönliche Eherecht dem Bürgerlichen Gesetzbuch fern geblieben, und ein von ihm und Enneccerus darauf gerichteter Antrag nicht vom Bundesrat zurückgewiesen wäre. Plancks Rede hatte sich mit der Bemerkung begnügt, daß der Entwurf kein neues Recht geschaffen, sondern nur kodifiziert habe, was im ganzen Deutschen Reich seit dem 1. Januar 1876 in Geltung stand. Der erste Redner der Konservativen, v. Buchka, bekannte aufrichtig, daß sich die obligatorische Zivilehe trotz aller ursprünglichen Bedenken bewährt habe, und man nicht denke, daran zu rütteln. Der Abgeordnete v. Manteuffel ließ die Gelegenheit nicht vorübergehen, ohne seinem und seiner Freunde Widerwillen gegen die Zivilehe Ausdruck zu geben, erklärte aber, wenn er gleich andern Nichtkatholiken in der zweiten Kommission gegen sie gestimmt habe, seine Partei um deswillen den Entwurf nicht ablehnen würde.

Planck war mit dem Ergebnis der Verhandlungen nur mäßig zufrieden; besonders mißfiel ihm die Haltung des Zentrums. Er hatte gute Beziehungen zum Abgeordneten Spahn; und nach den vertraulichen Mitteilungen aus Zentrumskreisen hatte er eine freundlichere Aufnahme des Entwurfs und eine klarere Stellung der Partei erwartet. Aber offenbar war man im Zentrum selbst nicht einig. Zwei Strömungen rangen miteinander, eine dem Gesetzbuch günstige, national gesinnte, die gern anführte, daß zuerst ein katholischer Rheinländer, Görres, den Ruf nach einem Reich und einem Recht erhoben habe, und eine andere, bei der das kirchliche Interesse überwog und die es ruhig hinnahm, wenn das Gesetzbuch nicht zustande kam. Als Führer der ersten Richtung sah man Lieber und Spahn an, als den der zweiten Gröber, einen württembergischen Juristen, der sich seit einiger Zeit zu größerer Bedeutung emporgearbeitet hatte. Bei dieser Unsicherheit, ob auf die Unterstützung des Zentrums zu zählen sei, fing man schon an in den nationalen Kreisen die Stimmenzahl zu berechnen und meinte, das Gesetzbuch werde zur Not auch gegen das Zentrum durchzubringen sein. Doch versicherte Spahn den Staatssekretär wie seine Kollegen aus der Kommission immer wieder, die Aussichten seien günstig.

Die viertägige Debatte schloß mit der Überweisung der Vorlage an eine Kommission von 21 Mitgliedern. Sie wurde ermächtigt, einzelne Abschnitte der Vorlage, ohne in eine Beratung einzutreten, durch Mehrheitsbeschlüsse unverändert anzunehmen. Vor dem Beginn der Verhandlung hatten manche Abgeordnete an die Möglichkeit einer En-bloc-Annahme gedacht. Rintelen nannte ein solches Ansinnen ungeheuerlich. Cuny hätte gegen ein solches Verfahren nichts einzuwenden gehabt; und Buchka erinnerte daran, daß man mit dem deutschen Handelsgesetzbuche in den preußischen Kammern, mit dem Gesetzbuch für das Königreich Sachsen in dem sächsischen Landtage, er hätte hinzufügen können, mit der deutschen Wechselordnung im Frankfurter Parlament ebenso (ob. S. 308) verfahren sei. Die Kommission, durch die Abteilungen gewählt, bestand aus Mitgliedern wie Spahn, Lieber, Bachem, Gröber vom Zentrum, Bennigsen, Cuny, Enneccerus von den Nationalliberalen, Stumm und Pauli von der Reichspartei, Munckel, Schröder, Kauffmann von dem Freisinn beider Linien, Buchka und Graf Roon von den Konservativen, Frohme und Stadthagen von den Sozialdemokraten.

Der Zusammenhang innerhalb der liberalen Partei, namentlich ihre Fühlung mit der eigenen Presse muß zur Zeit nicht sonderlich rege gewesen sein, denn Blätter wie die Nationalzeitung und der

Hannoversche Courier brachten im Mai 1896 Artikel, die sich zu der Aufgabe das Gesetzgebungswerk zu fördern ziemlich lau verhielten. Planck schrieb dagegen an die Nationalzeitung und veranlaßte Bennigsen, das hannoversche Blatt auf den richtigen Weg zu leiten[1]). Dabei kam ein Punkt zur Sprache, der sich auch heute dem aufdrängt, der den Entwicklungsgang des Bürgerlichen Gesetzbuches verfolgt. Wie kam es, daß Miquel, der den Gedanken der deutschen Rechtseinheit seit 1867 am konsequentesten vertreten, der der zweiten Kommission die Wege gebahnt und es später wiederholt bedauert hat, ihr Präsidium nicht haben führen zu können, ohne alle Teilnahme bei der Beratung blieb? War er auch nicht mehr Mitglied des Reichstages, so konnte er, einer der gewiegtesten praktischen Juristen, doch als Bundesratsbevollmächtigter eingreifen. So fand die Vermutung Raum, daß er mit dem Teil der preußischen Konservativen sympathisierte, der dem Zustandekommen des Bürgerlichen Gesetzbuches gleichmütig gegenüberstand.

Die Reichstagskommission, die Spahn zum Vorsitzenden, Kauffmann zu seinem Vertreter gewählt hatte, arbeitete fleißig, so daß sie in der Woche vor Pfingsten die erste Lesung beendet (20. Mai) hatte, und die zweite, in der Woche nach den Pfingstferien begonnen, so rasch zum Abschluß brachte, daß der Bericht am 12. Juni unterschrieben werden konnte. Er trägt 21 Unterschriften von Mitgliedern aller Parteien, und Planck, der als Kommissar des Bundesrats den Sitzungen der Kommission beiwohnte, hat oft den Eifer gelobt, mit dem die Vertreter der sozialdemokratischen Partei an den Verhandlungen teilnahmen.

Die Kommission hatte nicht bloß fleißig, sondern auch erfolgreich gearbeitet. Der wichtigsten Schwierigkeiten war man Herr geworden. Die Differenz mit der Regierung war beglichen, und das Vereinsrecht durch beiderseitiges Entgegenkommen geordnet. Im Gebiete des Eherechts war man durch formelle Konzessionen mit den Vertretern des Zentrums einig geworden. Für den Fortgang der Beratungen war damit noch keine Sicherheit erreicht. Es gab genug Fragen, die außerhalb des Kompromisses lagen, und Parteien, die, an diesem nicht beteiligt, durch ihre Koalitionen dem Schicksal der Kommissionsbeschlüsse gefährlich werden konnten. Die Zukunft des Bürgerlichen Gesetzbuches lag in den Händen des Plenums, und man sah seinen Verhandlungen mit Spannung entgegen. Als die zweite Beratung am 19. Juni beginnen sollte, drohte ein neues Hindernis. Eugen Richter machte

[1]) Oncken, Bennigsen II 598. Courier vom 20. und 24. Mai 1896.

sich zum Vertreter eines Antrags, die Beratung bis in den Spätherbst zu vertagen. Ein großer Teil der Konservativen, geführt von Frhr. v. Manteuffel, und die Sozialdemokraten, auch v. Hodenberg für die Welfen, Vielhaben für die Antisemiten pflichteten ihm bei. Die Sommerhitze, die Abspannung nach einer Session, die es schon auf mehr als hundert Sitzungen gebracht hatte, die häufige Beschlußunfähigkeit des Reichstags ließen besorgen, daß die Beratung, wenn jetzt vorgenommen, in ein bloßes Durchpeitschen der Vorlage ausarten und eine Annahme ihrer Streitpunkte, wenn überhaupt, nur mit kleinen und wechselnden Mehrheiten erfolgen werde. Man wollte auch Äußerungen gleichen Inhalts vom Fürsten Bismarck gehört haben und kolportierte sie fleißig. Die Mehrheit, zu der sich während der Kommissionsberatung Nationalliberale und Zentrum zusammengefunden hatten, ließ sich nicht irre machen. Beide Parteien riefen ihre Mitglieder aus dem Lande herbei, so daß die mittlern Bänke des Reichstages beim Beginn der Plenarberatung voll besetzt waren. Die Wortführer der Reichspartei und der freisinnigen Vereinigung, Stumm und Rickert, schlossen sich ihnen an, und so ging man ans Werk, jetzt wo man unter dem frischen Eindruck der Kommissionsverhandlungen stand, entschlossen ganze Arbeit zu machen. Es war von guter Vorbedeutung, wenn der Zentrumsabgeordnete Lieber bei Beginn der durch den Antrag Richter veranlaßten Geschäftsordnungsdebatte erklärte, seine politischen Freunde betrachteten es als eine der ehrenvollsten Aufgaben, die jemals einem Deutschen Reichstag beschieden, die Einheit des bürgerlichen Rechts herzustellen, und würden alles tun, um dieser Aufgabe gerecht zu werden. Der Präsident brachte die einzelnen Paragraphen und Paragraphengruppen nach einem abgekürzten Verfahren, worüber man sich zuvor verständigt hatte, zur Abstimmung, und so kam man in acht Sitzungen, bis zum 27. Juni mit der zweiten Lesung zustande.

Es fehlte nicht an großen und kleinen Schwierigkeiten. Der § 835, der den Ersatz für Wildschaden auf die Hasen erstreckte, drohte die konservative Partei zur Gegnerin des ganzen Gesetzes zu machen. Konservative und ein Teil der Klerikalen suchten die obligatorische Zivilehe des bestehenden Rechts durch die fakultative zu verdrängen. Die Frage ob Geisteskrankheit als Ehescheidungsgrund anzuerkennen sei, schwankte zwischen prinzipieller und praktischer Beantwortung. Neu aus dem Schoße der Kommission war die Frage nach gemeinrechtlicher Einführung des eigenhändigen Testaments aufgetaucht. Die Mitglieder des Bundesrats und seine Kommissare hatten an verschiedenen Punkten Anlaß in die Debatten einzugreifen. Struckmann und Mandry sprachen wiederholt, Planck nur an einem Tage (25. Juni), aber zweimal, und das in seiner eigensten Domäne. Die Rechtsstellung der Frau, das eheliche Güterrecht waren Themata, die vor den übrigen im Reichstag verhandelten Materien des Gesetzbuchs den Vorzug hatten, außerhalb des Kampfes der politischen Parteien zu liegen; um so mehr versuchte man es, sie mit den modernen sozialen Problemen in Zusammenhang zu bringen. Träger, Rickert, Bebel gegenüber, die alle für die Gleichstellung von Mann und Frau eingetreten waren, nahm Planck den Standpunkt des Entwurfs in Schutz, wie ihn die §§ 1353 und 1354 bezeichnen. Er hat alles getan, was mit der gerechten Rücksicht auf andere Interessen vereinbar ist, hat die Stellung der Frau gehoben im ehelichen Güterrecht, in Vormundschaft und Erbrecht, in der Einführung der elterlichen Gewalt. Die Angriffe auf allgemeine Sätze, wie die bezeichneten, weist Planck zurück; er betont den Wert solch genereller Normen in den Legislationen. Diese hier beherrschen das Eherecht, wie die Vorschrift, daß im Verkehr nach Treu und Glauben verfahren soll, das Obligationenrecht. Bilden die Ehegatten eine Gemeinschaft, so bedarf sie eines Organs; das Entscheidungsrecht des Mannes darf nicht gestrichen und durch den Hinweis auf den § 10, wonach die Ehefrau den Wohnsitz des Mannes teilt, ersetzt werden. Die zweite Rede Plancks hatte ein spezielleres Thema, das System des ehelichen Güterrechts, das der Entwurf zum gesetzlichen zu machen vorschlug. Seine Gegner, der Freiherr von Stumm und die Sozialdemokraten Auer und Bebel, verfochten die Gütertrennung, die völlige Selbständigkeit der Ehefrau in der Verwaltung ihres Vermögens. „Befreien Sie die deutsche Frau von der Knechtschaft der Verwaltungsgemeinschaft," schloß Stumm seine Rede. Bebel bekannte seine Neugier, wie die Verteidiger nach diesen Angriffen die Vorlage aufrecht erhalten würden, und nannte den Ausspruch Plancks: der Kulturgrad eines Volkes bemißt sich nach dem Rechte, das es der Frau anweist, eine schöne Redensart, solange ihr die Tat nicht folge. Das griff Planck auf und zeigte, daß kein Titel des bürgerlichen Rechts so eng mit den Anschauungen und Gewohnheiten des Volkslebens zusammenhänge wie das eheliche Güterrecht. In keinem Teile des Rechts sei deshalb bei einer Kodifikation so große Vorsicht geboten wie hier. Zweierlei gibt er von vornherein zu: Die Frau ist ebenso befähigt zur Vermögensverwaltung wie der Mann; und dem sittlichen Wesen der Ehe kann der eine Güterstand so gut entsprechen wie der andere. Dem Entwurf liegt es fern, die Frau unter eine Vormundschaft oder gar eine Knechtschaft zu stellen. Die Aufgabe ist lediglich die: Wie sollen die ehelichen Lasten getragen werden? Um den zweckmäßigsten, der deutschen Auffassung am meisten entsprechenden Weg zu erkennen, muß man die geschichtliche Entwicklung verfolgen. Sie zeigt, daß die ehelichen Lasten materiell von beiden Ehegatten, formell von dem Ehemann allein getragen werden. Die Frau hat einen Beitrag dazu zu leisten in der Weise, daß dem Manne ein bestimmtes festes absolutes Recht an dem Vermögen der Frau eingeräumt wird. Diesen Grundgedanken weist Planck in den verschiedenen in Deutschland bestehenden Güterständen nach. Unter ihnen hat die Verwaltungsgemeinschaft das weiteste, die dem römischen Dotalrecht entsprechende Gütertrennung das kleinste Geltungsgebiet gewonnen. Bei der Aufnahme des römischen Rechts ist grade dieser Teil zurückgewiesen, und keines der neuen Gesetzbücher hat dies System adoptiert, selbst wo das römische Dotalrecht befolgt wird, hat man es deutschrechtlich modifiziert. Der den deutschen Güterrechten zugrunde liegende Gedanke ist ein psychologisch richtiger, ein durchaus gesunder Rechtsgedanke. Der Entwurf hat unter den Systemen des Güterrechts das der Verwaltungsgemeinschaft bevorzugt, weil es dem Interesse der Frau am besten entspricht. Nur bei ihr ist das Stammvermögen der Frau völlig gesichert, und ist es möglich, der Frau den Ertrag ihrer Arbeit als Vorbehaltsgut zu sichern: eine der wertvollsten Neuerungen des Entwurfs. Dabei bleibt der Entwurf seinem Prinzip treu, sich an das bestehende Recht zu halten. Planck schloß seine Darlegungen mit der Frage: Darf die Gesetzgebung das Experiment machen im Gegensatz zu der ganzen bisherigen Rechtsentwicklung zu einem System überzugehen, das nirgends in Deutschland gilt? Die Redner, die nach Planck zum Worte kamen, Rickert, der Prinz Schönaich-Carolath waren zwar voll Anerkennung für seine Verteidigung des Entwurfs, in der Sache selbst aber nicht überzeugt. Am stärksten blieb die Opposition Stumms. Er bekannte, daß historische Rücksichten ihm keinen Eindruck machten, und er sich lediglich von dem praktischen Bedürfnis leiten lasse. Dies finde er nicht gewahrt in der Vorlage oder in den bisherigen deutschrechtlichen Güterständen, sondern in dem, den das praktische Volk der Engländer, mit seinem bisherigen Recht brechend, seit 1883 adoptiert habe. Sein energisches Auftreten hat ihm viel Beifall eingetragen, und Dernburg hat in seinem Bürgerlichen Recht (IV 122) die Reichstagsszene verewigt.

Die dritte Lesung am 30. Juni und 1. Juli brachte die Entscheidung. Die Wiederherstellung des Hasenparagraphen wurde mit 168 gegen 58 abgelehnt, Geisteskrankheit als Scheidungsgrund mit 161 gegen 133 aufgenommen. Eine Anwesenheitsziffer von 300, wie bei dieser Abstimmung war das Maximum, das in den Verhandlungen über das Bürgerliche Gesetzbuch erreicht ist. In der dritten Lesung trat Planck nicht hervor, wenngleich der Abgeordnete v. Stumm seine Opposition gegen den Güterstand der Verwaltungsgemeinschaft erneute und mit den Worten Arndts schloß: Wir sind geschlagen, nicht besiegt! Der Titel vom ehelichen Güterrecht, wie ihn die zweite Kommission gestaltet hatte, wurde vom Reichstage unbeanstandet angenommen. An der Gesamtabstimmung über das Bürgerliche Gesetzbuch am 1. Juli nahmen 288 Abgeordnete teil: 222 erklärten sich dafür, 48 dagegen, 18 enthielten sich der Abstimmung, über hundert fehlten, davon die Hälfte unentschuldigt. Die Nein kamen im wesentlichen von der sozialdemokratischen Partei, denen sich einzelne versprengte konservative und partikularistische Stimmen zugesellten. Die Welfen gehörten zu den Abstinenten und begründeten das durch ihren Sprecher, den Grafen v. d. Decken, damit, daß bei entscheidenden Abstimmungen sich eine Mehrheit nicht aus sachlichen Gründen, sondern aus unberechenbaren Zufälligkeiten zusammengefunden habe. Wenn Freiherr v. Hodenberg in der Debatte seine Partei gegen den Vorwurf, das Reich in seinem Fortschreiten zu hindern, verwahrt hatte, so hatte sie es durch ihre Abstimmung jedenfalls nicht gefördert. Der Zentrumsführer Spahn bemühte sich, aus Aussprüchen von Windthorst zu erweisen, daß er nicht zu den Gegnern des Gesetzbuchs gehört haben würde. Es ist immer mißlich, einen Toten zu zitieren, um seine Stimme in einer Frage der Gegenwart abzugeben, und mit demselben Recht wie der Redner darf man nach Windthorsts Antezedenzien schließen, er würde schon den Weg gefunden haben, um sich der positiven Förderung der Reichsinteressen zu entziehen. Die Polen stimmten für das Gesetz als einen Fortschritt des Rechtszustandes, wenn sie auch die kirchlichen Bedenken des Zentrums teilten. In den Kreisen der Gesetzbuchkommission war man bis zuletzt nicht frei von der Besorgnis des Scheiterns. Planck schrieb das Hauptverdienst neben der einflußreichen und geschickten Tätigkeit Bennigsens in der Reichstagskommission und seiner guten Beziehung zu dem Abgeordneten Lieber dem Staatssekretär Nieberding zu. Wie er darauf gedrungen hatte, jeden Aufschub der Beratung zu vermeiden, so hatte er auch während der Verhandlungen in der Reichstagskommission wie im Reichstage selbst durch sein großes diplomatisches Geschick und unermüdliche Verhandlungen mit Abgeordneten der verschiedenen Parteien es erreicht, das große und mühsame Werk zu gedeihlchiem Abschluß zu bringen.

Am 2. Juli nach der Verlesung der kaiserlichen Verordnung, die den Reichstag bis zum 10. November vertagte, sprach der Reichskanzler den Dank des Kaisers und seiner hohen Verbündeten für das große Gesetzgebungswerk aus, das der Reichstag in außerordentlicher Opferwilligkeit und Hingebung seiner Verabschiedung entgegengeführt habe. Der Bundesrat erklärte am 14. Juli seine Zustimmung zu dem, was der Reichstag geschaffen hatte, und am 18. August vollzog der Kaiser durch seine Unterschrift das Gesetz, das er durch das am 24. August ausgegebene Stück des Reichsgesetzblattes verkündigte.

In den letzten Monaten des Berliner Aufenthalts hatte Geheimrat Althoff wiederholt versucht, Planck zum Bleiben in Berlin zu bereden, um Vorlesungen über das neue Gesetzbuch an der Universität zu halten. Planck ließ sich in seinen alten Plänen nicht irre machen. Es war immer sein Gedanke gewesen, nach getaner Arbeit in der alten Heimat auszuruhen, ganz abgesehen davon, daß eine akademische Tätigkeit an der Universität Berlin, zu deren juristischen Lehrern er keine Beziehungen hatte und durch das Bürgerliche Gesetzbuch eher in einen Gegensatz gekommen war, nichts Anziehendes für ihn hatte. Planck konnte auf 22 Jahre angestrengter Tätigkeit zurückblicken, die er dem Gesetzgebungswerke in allen Stadien seines Werdens gewidmet hatte. Er verließ Berlin mit dem Bewußtsein eines Kämpfers, der aus einem langen und schweren, aber siegreichen Kriege heimkehrt. Am 29. September erhielt er ein Telegramm:

„Um Ihnen einen besondern Beweis meiner Anerkennung und meines Dankes für die glänzenden Verdienste zu geben, welche Sie sich um die Ausarbeitung und Vollendung des Bürgerlichen Gesetzbuches erworben haben, will ich Sie zum Wirklichen Geheimen Rat mit dem Prädikat Exzellenz hierdurch ernennen. Das Patent wird Ihnen seitens des Reichskanzlers zugehen.

Wilhelm I. R.

Das Telegramm, von Theerbude bei Rominten, den 29. September datiert, suchte den Adressaten erst in Berlin, dann in München, bis es ihn in Göttingen erreichte.

Nach Beendigung der Arbeiten in Berlin hatte er zunächst einen kurzen Ausflug nach Rügen gemacht und eine Woche lang sich in Saßnitz erfrischt und erholt. Am 19. Juli kehrte er nach Göttingen zurück, begrüßt von einem Ständchen, das ihm die nationalliberale Partei bringen ließ, und einem Willkommen, das ihr Führer, der Justizrat Dr. Hermann Eckels aussprach.

Sechstes Kapitel.

Lebensabend.

„Eine große Universität in einer kleinen Stadt“: dies Wort J. Henles, mit dem er bei seinem fünfzigjährigen Doktorjubiläum im April 1882 den Eindruck wiedergab, den ihm Göttingen bei seinem Eintritt dreißig Jahre früher gemacht hatte, paßte nicht mehr ganz auf die Zeit, da die Stadt Plancks ständiger Wohnsitz wurde. Zwar die Universität war an Lehrern und Lernenden noch gewachsen, aber auch die Stadt hatte sich über ihren alten Umfang hinaus gereckt und gestreckt, und mit dem äußeren Wachstum war auch ihre innere Kultur gestiegen. Der Wall, der sie noch 1866 von allen Seiten umschloß, war teils durchbrochen teils niedergelegt. Aus den einzelnen vor den Toren gelegenen Wohn- und Gartenhäusern waren Vorstädte erwachsen. Die Einwohnerzahl hatte sich gegen die Zeit, da Planck mit seiner Mutter hier lebte, fast verdoppelt: 1895 betrug sie 25000 Seelen in 1860 Wohnhäusern und stieg in den nächsten fünfzehn Jahren auf 37000 Seelen in 2600 Wohnhäusern. Mit der Zahl hatte die Bequemlichkeit der Häuser zugenommen, der moderne Komfort Eingang gefunden. Plancks Heim, Hainholzweg 42, war eine glückliche Verbindung alter Schlichtheit und Einfachheit mit den wohnlichen Einrichtungen der Neuzeit. Gleich ihm besaßen viele Professoren und Beamte ein eigenes Haus mit Garten vor dem Tore. Professorenhäuser und Wohnungen innerhalb der Stadt, einst so zahlreich über alle ihre Teile verstreut, gab es kaum noch. Das Verschwinden der alten Zustände hatte nicht bloß vorteilhaft gewirkt. Das Bedürfnis nach einem gemeinsamen, dem geselligen Verkehr dienenden Versammlungsorte hatte sich so gut wie verloren. Klubs, wenn sie noch existierten, fristeten mühsam ihr Dasein. Einer der wertvollsten Anziehungspunkte des alten Göttingen, oft von Auswärtigen beneidet, das Literarische Museum, in dem originellen, einst von Otfried Müller erbauten und nachher zweckmäßig erweiterten Hause seßhaft, war in Verfall geraten. Seine Vereinigung mit dem sog. Zivilklub zur Union hatte keine Abhilfe gebracht. Die Gespaltenheit nach Ständen, Göttingen vielleicht noch stärker als andern kleinen Städten eigen, hatte nur noch zugenommen, seitdem die Stadt eine Garnison und ein zahlreiches Offizierkorps erhalten hatte, das meistens abgeschlossen unter sich lebte. Die politische Zerrissenheit, die das Göttingen der Jahre nach 1866 charakterisiert hatte, war gewichen. Die welfische Partei, in der Gesellschaft nur noch vereinzelt vertreten, war an der Universität verschwunden. In den städtischen Kollegien, in der Bürgerschaft hatte die nationalliberale Partei das Übergewicht. Sie siegte in der Stadt bei den Reichstags- und Landtagswahlen, wenn sie auch bei jenen in der Regel durch die Stimmen der Landbevölkerung, namentlich des katholischen Eichsfeldes, erdrückt wurde. Ein Gegensatz, wie er früher zwischen liberalen und demokratischen Kreisen bestand (oben S. 205), hatte sich unter der Anforderung einheitlichen Zusammenschlusses, wie sie das Jahr 1866 stellte, verloren.

Die Städteordnung, welche die hannoverschen Städte dem Minister Stüve verdankten, hatte ihrer Selbstverwaltung freien Raum verschafft. In Göttingen, soviel alte Schäden es zu heilen gab, war von ihr wenig Gebrauch gemacht. Klagten andere Städte des Landes darüber, daß Straßenpflaster und Schulwesen ihre ganze Steuerkraft aufzehrten, so ließ sich Göttingen mit beidem Zeit. Mochten in den städtischen Kollegien einzelne Mitglieder vorhanden sein, die den Mängeln der Verwaltung abzuhelfen strebten, wie der Bürgermeister Oesterley († 1858), unter den Bürgervorstehern Dr. Ellissen, der Professor der Nationalökonomie G. Hanssen, der einige Jahre (1851—54) dem Kollegium angehörte, ein durch hohe Begabung für das Gemeindewesen ausgezeichneter Mann wie der Rechtsanwalt Miquel, die Mehrheit in beiden Körperschaften und mit ihr ein großer Teil der Bürgerschaft, der wirtschaftlich von einem wechselnden Bestandteil der Einwohnerschaft abhing, hemmte oder erschwerte jeden ernstlichen Fortschritt. Lieber die Mängel des Bestehenden ertragen als eine Erhöhung der Kommunalsteuern, war der Kern ihrer Weisheit. Erst mit dem Ende 1870 zum Bürgermeister erwählten Georg Merkel zog ein rühriger Geist in die städtische Verwaltung ein und schuf auf allen Gebieten Neues und Heilsames. Wie er die Stadt gern als Universitätsstadt bezeichnete und diesen Namen auch mitunter offiziell verwandte, so erklärte er einst bei feierlicher Gelegenheit als seine und der Bürgerschaft Hauptaufgabe, den Professoren und der Studentenschaft eine gastliche Stätte zu bereiten[1]). Dazu gehörte vor allen Dingen, für die arg

[1]) Die Feier des 150jähr. Bestehens der Georg-Augusts-Univ. im August 1887 (Gött. 1888) S. 100. Hansische Geschichtsbl. 1900 S. 25.

vernachlässigte Gesundheit der Stadt zu sorgen. In der Tradition lief ein Diktum um, das auf einen seine Weisheit gern in Sentenzen ausprägenden Mediziner zurückgeführt wurde: „Aus den stinkenden Gossen Göttingens erhebt sich als ein drohendes Gespenst der Bandwurm.“ Wasserleitung, Kanalisation, Schulbäder, Schlachthaus waren die wichtigsten hygienischen Einrichtungen, die die neue Verwaltung schuf. Im 18. Jahrhundert hatte man Göttingen unter die wohlgebauten Städte Niedersachsens gerechnet, weil seine Straßen im Winter nachts durch Laternen erleuchtet wurden und auf beiden Seiten vor den Häusern ein gutes Pflaster von breiten Steinen herlief. Der erbitterte Kampf zwischen „Gas oder Öl“ war schon in dem Jahrzehnt vor Merkels Amtsantritt siegreich durchgefochten und zugleich die Übernahme der Gasanstalt durch die Stadt errungen, während die Gegner, das Risiko der Stadtkasse scheuend, einer Aktiengesellschaft den Vorzug geben wollten[1]). Die allmählich berüchtigt gewordenen Fußbänke der alten Zeit und die Fahrdämme wurden erst unter Merkels Verwaltung und nachher den modernen Forderungen entsprechend hergerichtet.

Die erste Schule, die Planck als Knabe besuchte (oben S. 39), war eine jener alten Pfarrschulen gewesen, die, in dürftigen Lokalen untergebracht, äußerlich und innerlich Anhängsel der einzelnen Kirchen in der Stadt bildeten. In diesem Zustande verharrte das Schulwesen bis in die siebziger Jahre Privatschulen, wie die Schwertfegersche (oben S. 235) in dem einst von den Brüdern Grimm bewohnten Hause, hatten ergänzend eingreifen, das städtische Gymnasium auch Schüler aufnehmen müssen, die in ihrem Leben nichts von gelehrtem Wissen brauchen konnten. Unter der neuen Verwaltung kam es zu einem geregelten Aufbau des ganzen Schulwesens: Volksschulen, Mittelschulen, eine Oberrealschule wurden errichtet und erhielten in acht stattlichen, in den verschiedenen Stadtteilen gelegenen Gebäuden ihren Sitz. Das Gymnasium trat die Stadt an den Staat ab, der die Zahl der Schulbauten um eine weitere von großem Ansehen vermehrte. Das unmittelbar daneben sich erhebende Theater ist ein neues Dokument des städtischen Aufschwungs. Stadt, Bürgerschaft und Staat haben zusammengewirkt, es zu schaffen. Der Erfolg wäre nicht erreicht ohne das Vorangehen eines einzelnen Bürgers, des durch seinen Gemeinsinn, seine Opferwilligkeit und seine Energie um das Zustandekommen gleich verdienten Professors Ludwig v. Bar, den leider der

[1]) G. Hanssen, Lebenserinnerungen (Zeitschrift f. Schleswig-Holst. Gesch. 1910) S. 121.

Dank, den ihm diese Zeilen für alles, was er für Göttingen getan, aussprechen sollten, nicht mehr unter den Lebenden trifft. Das Theater brachte Stadt und Universität einen geistigen und dauernden Gewinn, wie er Mittelstädten von der Größe Göttingens selten zuteil wird.

Über den Bedürfnissen der Gegenwart, den leiblichen und den geistigen, wurde nicht vergessen, was eine deutsche Stadt ihrer Vergangenheit schuldet. Seit man selbst Zeuge der größten historischen Vorgänge geworden, belebte sich der Sinn für Geschichte. Die Begründung der Reichsverfassung mit dem Kaiser an ihrer Spitze wurde im deutschen Volke als die Wiederherstellung von Kaiser und Reich verstanden. Was den Bedürfnissen der Gegenwart, ihren Verhältnissen zu entsprechen geschaffen war, lenkte den Blick zurück auf die Vergangenheit. Nicht im Sinn einer schwächlichen Romantik. Man erfreute sich an den Denkmälern der Vergangenheit, sorgte für ihre Erhaltung, ihre Wiederherstellung. Was konnte es in der Geschichte würdigeres geben, als das deutsche Städtewesen in seiner Blütezeit? Man förderte die Sammlung und Veröffentlichung seiner echten Quellen und verschaffte dem, was früher in dem engen Kreise der Gelehrten beschlossen blieb, in den weiten Kreisen des Volkes Verständnis und Teilnahme. Göttingen blieb darin hinter andern deutschen Städten nicht zurück. Zeuge dessen sind die Veröffentlichungen aus seinem Urkundenschatze, die Begründung der Altertumssammlung, um die Professor Moritz Heyne das Hauptverdienst erwarb, die Pflege, die der würdigen Ausgestaltung des Rathauses, dieses schönsten Denkmals der Kraft mittelalterlichen Bürgertums, zugewandt wurde. Über der alten Zeit wurde die jüngste Vergangenheit nicht vergessen. Den Berühmtheiten der Kunst und Wissenschaft wurden Standbilder errichtet, man benannte Straßen nach ihnen, die früheste unter ihnen bezeichnenderweise die Bürgerstraße, und ließ Erinnerungstafeln an den Häusern anbringen, in denen sie gewohnt hatten.

Unter den ruhmvollen Taten, auf die die Göttinger Kommunalverwaltung dieser Jahrzehnte stolz sein darf, steht obenan, daß sie auch die Natur umzuwandeln verstanden und den Hainberg wieder zu dem gemacht hat, was sein Name anzeigt. Seine kahlen Höhen waren sprichwörtlich geworden, und Spötter hatten die Philosophie der Göttinger Katheder mit ihnen in Zusammenhang gebracht. In der Erinnerung des Historikers Schlosser haftete aus seiner Studentenzeit die „dürre“ Gegend Göttingens [1]). Aus den öden, von Kalk-

[1]) Seine Abneigung gegen Göttingen (ob. S. 27) verleitet ihn zu dem Satze: Graf Haugwitz war in der dürren Nähe von Göttingen geboren (Gesch. des 18. Jahrh. V 406). Der Irrtum beruht vermutlich auf einer Verwechslung mit

geröll bedeckten, Höhen eine Anlage von landschaftlicher Schönheit zu schaffen, gelang unter dem persönlichen Eingreifen des Stadthaupts. „Oberbürgermeister Merkel bewaldete diese Berge“, sagt der schlichte Denkstein, den ihm die Dankbarkeit seiner Bürger am Fuße des von ihm aufgeforsteten Hainberges gesetzt hat. Was er begonnen, hat sein Nachfolger Calsow weiter geführt, und so eine parkartige Verbindung der Stadt mit den Bergen hergestellt. Die staubfreien, von Fahrzeugen jeder Art unbelästigten, Wege konnten niemanden willkommener sein als einem rüstigen Wanderer wie Planck, der sich täglich am Arm seiner Frau oder Schwägerin in diesen seiner Wohnung nahe gelegenen Gegenden erging. Ein Kenner der Umgebung von früh auf, wußte er, wenn man ihn führte, immer genau, wo er sich befand, und alles Neue, das man ihm schilderte, in den alten Rahmen einzufügen, so manches auch anders geworden war seit der Zeit, da er mit frischen Jünglingsaugen die Bilder von Stadt und Umgegend in sich aufgenommen hatte. Die Anlagen im Osten bis hinauf zu dem sie krönenden Bismarckturm, den die patriotische Begeisterung weiter Kreise dem berühmtesten aller Schüler der Georgia Augusta errichtet hat, waren der Hauptspaziergang der Göttinger geworden und an die Stelle der so beliebten Lindenalleen des Walles getreten. Die Gärten in den eingeebneten Festungsgräben waren von Häusern und wirtschaftlichen Anlagen durchzogen und von den Nachtigallen, einst der Freude aller Wallfahrer, verlassen. Einige wenige waren, dem Zuge der Zeit folgend, nach dem Osten ausgewandert, aber auch sie verschwanden, und die letzte, die es gab, schlug in dem Gebüsch dem Planckschen Hause gegenüber.

Die Umgestaltung, welche Göttingen nach allen Richtungen erfuhr wäre kaum geglückt, wenn dem Bürgermeister nicht eine so vorzügliche Kraft wie der Baurat Gerber zur Seite gestanden hätte. Auch andere Mitglieder der städtischen Kollegien gewährten eifrige und sachverständige Unterstützung. Sie war um so nötiger, als die städtische Reformpolitik von zwei Seiten her heftigem Widerstand begegnete. Die einen waren die am Alten hängenden, die „nur nichts Neues“ jedem Besserungsvorschlag entgegensetzten. Es war ja immer so gegangen, hatte niemanden geschadet, kostete Geld und wer weiß wie viel; da sei es das Sicherste, gleich zu Anfang das berufene Göttinger Veto: „Ich bin er chegen“ einzulegen. Hartnäckiger als die Opposition der Philister war die der Welfen. Sie wollten es nicht zur Zufriedenheit mit den

Hardenberg, dessen Stammschloß wenigstens in der Nähe Göttingens lag, wenn er auch selbst in Essenrode im Lüneburgischen geboren wurde. Haugwitz wurde in Wahrheit in Schlesien auf dem Gut seines Vaters geboren.

neuen Zuständen kommen lassen, ihre Unkenrufe durften sich nicht als falsche Prophezeiungen erweisen. Trotz des schweren Kampfes drang die Stadtverwaltung durch. Ihr kam der frische Zug zustatten, der mit 1866 und 1870 das deutsche Leben erfaßt und in der Göttinger Bevölkerung den Bestandteil vermehrt und gestärkt hatte, der sich einer größeren wirtschaftlichen Selbständigkeit erfreute als das bis dahin vorwaltende Kleinbürgertum. Geld hatte die Reform allerdings gekostet. Die bei Merkels Amtsantritt schuldenfreie Stadt hatte 25 Jahre später bei seinem Abgang fünf Millionen Mark Schulden[1]). Aber die Förderung, welche die Stadt nach langer Vernachlässigung durch alle diese Neuerungen erfuhr, fiel doch so mächtig ins Gewicht, daß viele Gegner der Verwaltung zu ihren Freunden wurden. Ihr bester Erfolg zeigte sich darin, daß die Stadt sich in den Bahnen weiter entwickeln konnte, die Merkel zuerst eingeschlagen hatte.

Der Umgestaltung, welche das städtische Leben in diesen Jahrzehnten erfuhr, kam der Aufschwung zugute, den wie die Schwesteranstalten im Deutschen Reich auch die Universität Göttingen im letzten Viertel des Jahrhunderts nahm. Für sie bedurfte es keines Neubaues, hier konnte auf dem Grunde, den eine umsichtige Regierung gelegt und von altersher gepflegt hatte, weiter gebaut werden. „Wir sind am alten Orte, bedenkt jedoch erneuter Zeiten Lauf." Die neuen Zeiten brachten anfangs langsam, allmählich sich steigernd eine Erhöhung der studentischen Frequenz. Gerade von den Jahren, da Planck sich dauernd in Göttingen niederließ, datiert ein konsequentes und entschiedenes Einlenken in die aufsteigende Bahn. Die Semestralfrequenz, die bis 1870 durchschnittlich 750 betrug, brachte es im folgenden Jahrzehnt über 900 und im nächsten über 1000. Die Maximalziffer, die einst das Jahr 1825 aufgewiesen hatte: 1545, wurde im 19. Jahrhundert nicht wieder erreicht. Erst der Sommer 1904 konnte 1601 verzeichnen, und der Winter 1908/9 das zweite Tausend überschreiten. Der Anteil der Juristen an dieser Zahl hatte sich sehr verändert. Hatte er lange Zeit und nicht bloß in der der Blüte die Hälfte ausgemacht, so betrug ihre Gesamtzahl seit 1894 über 200, seit 1896 über 300, seit 1899 über 400. Es wurde die Ziffer 450 erreicht, aber bei aller Zunahme der Gesamtfrequenz nicht überschritten. Nicht weniger änderte sich das Verhältnis zwischen Hannoveranern und Nichthannoveranern. Bis 1892 überwogen die Landeskinder noch; bei Plancks Eintritt standen 438 : 569, in seinem Todesjahr 874 : 1481 gegenüber. Die Veränderung in diesen Zahlen hat die philosophische Fakultät bewirkt.

[1]) G. Merkel, Erinnerungen (1897) S. 69.

Innerhalb derselben ist ein starkes Schwanken zwischen den historisch-philologischen und den mathematisch-naturwissenschaftlichen Fächern bemerklich. Die letzteren erheben sich erst allmählich und erleben zeitweilig starke Rückgänge. Im Winter 1878/79 200 zählend, sind sie 1894 auf 85 gesunken. Seit dem Ende des Jahrhunderts steigen sie aber mächtig empor. 1900 zählen sie über 300, 1904 über 400, 1906 über 500, 1910 über 600. Eine Zeitlang überflügeln sie die historisch-philologische Abteilung, bis diese dann mit 1906/07 die Tete nimmt, 1908 über 600, 1909 über 700 und 1910 800 verzeichnet. Den stärksten Einfluß darauf übte das Studium der neueren Sprachen und die Zulassung der Frauen zum akademischen Studium. Vorlesungen, die früher kaum zustande kamen oder bestenfalls kümmerlich besucht wurden, erhielten einen Zulauf, dem die größten Hörsäle kaum gewachsen waren.

Wenn die Anziehungskraft einer Universität in der Tüchtigkeit ihrer Lehrer und der Vollständigkeit und Zugänglichkeit ihrer Lehrmittel besteht, so hatte sich Göttingen nach beiden Richtungen hin unter den neuen Verhältnissen und ihren gesteigerten Anforderungen zu bewähren. Während sich in den drei ersten Fakultäten die Zahl der Lehrstellen nur unerheblich änderte, machte die fortschreitende Differenzierung in der philosophischen Fakultät eine Steigerung der Lehrkräfte notwendig, die bei dem Einfluß, den hier persönliche Verhältnisse üben mußten, nicht ohne Schwanken vor sich ging. 32 Ordinarien und 13 Extraordinarien, die die Fakultät 1875 zählte, standen 1884: 36 und 16; 1890: 42 und 12; 1896: 38 und 11, und 1912: 48 und 14 gegenüber. Stärker tritt der Unterschied von Einst und Jetzt in dem Gebiete der Lehrmittel hervor. Neben aller Gründlichkeit der Theorie hat man in Göttingen von jeher Wert auf die Brauchbarkeit des Gelehrten und Erforschten für das Leben gelegt und die Hand dazu geboten, um die Studierenden in die Anwendung des Gelernten einzuführen. Das Vorbild dazu hat schon im 18. Jahrhundert das von J. M. Gesner geschaffene und von Heyne weiter geführte philologische Seminar geliefert. Praktika in der juristischen Fakultät, anderwärts Advokaten oder Privatdozenten überlassen, wurden von Männern ersten Ranges gehalten, im 18. Jahrhundert von Pütter, im 19. von Thöl, Briegleb, Hartmann, Ihering. Das Veranstalten solcher Übungen breitete sich auf andere Fächer aus, wie Geschichte, deutsche Philologie. Lange Zeit bewegte sich das alles in sehr anspruchslosen Formen. Die Übungen, Sozietäten, Kränzchen, auf eine kleinere Zahl von Mitgliedern beschränkt, wurden in der Privatwohnung des Professors oder reihum in den Stuben der studentischen

Teilnehmer gehalten, alles in großer Einfachheit, ohne daß darum geringere Anforderungen an den Fleiß und die Intelligenz der Mitglieder gestellt wären. Auf diesen Grundlagen entwickelten sich dann in der hier interessierenden Zeit die staatlich eingerichteten und unterstützten Seminare mit ihren Arbeitsräumen, Lesezimmern und Bibliotheken. In der Medizin und den Naturwissenschaften bildeten die altbegründeten und fortgesetzten Sammlungen den Kern der Institute, die hier für jedes Spezialfach entstanden. Die berühmteste aller Sammlungen war und blieb die Bibliothek. Marschierte sie auch nicht mehr an der Spitze der deutschen Büchersammlungen, so beneidete mancher Vorsteher einer größeren Anstalt Göttingen um die relative Vollständigkeit seiner Bücherschätze. Sie wuchs in den Jahren 1890 bis 1912 von 442000 Bänden auf 595000. Äußerlich sichtbar wurde die Zunahme der Lehrmittel in der großen Zahl akademischer Gebäude, die sich in allen Teilen der Stadt und vor ihren Toren erhoben. In der hannoverschen Zeit waren noch eben vor ihrem Ende das Auditorienhaus und die Irrenanstalt fertig geworden. Die Folgezeit brachte den Neubau der Bibliothek, die ein eigenes Viertel im Norden der Stadt bildenden medizinischen Kliniken, das naturhistorische Museum, die physikalischen Institute, das chemische Laboratorium u. a. m. Im Jahre 1866 hörte man die Klage: wir waren eine Gardeuniversität; nun werden wir eine Linienuniversität. Die preußische Verwaltung hat das, was als Vorwurf darin liegen sollte, glänzend widerlegt. Sie hat es nicht an Fürsorge und Aufwendung staatlicher Mittel fehlen lassen, wenn auch nicht der Anteil aus Landesmitteln vergessen werden darf, den der Klosterfonds in immer gesteigertem Maße zur Bestreitung der Universitätsausgaben beigesteuert hat.

So viel auch die neueren Zeiten in Stadt und Universität geändert haben mochten, eins haben sie Göttingen nicht genommen: seine äußere Ruhe. Den Frieden der Landstadt nach dem geräuschvollen Treiben der Großstadt aufzusuchen, war Plancks Absicht bei seiner Übersiedelung. Von den Menschen, die ihm lieb waren und während der Übergangszeit 1889/90 am nächsten gestanden hatten, traf er die besten nicht mehr. Jhering war 1892, Landgerichtspräsident Roscher 1893 gestorben; der Landgerichtsdirektor Köhler war nach Neuwied versetzt und dort verstorben. Die geistige Anregung, die Planck dem Verkehr mit Jhering verdankte, war nicht zu ersetzen. Gesellig und wissenschaftlich war das ein großer, oft beklagter Verlust. Von den alten politischen Freunden der fünfziger Jahre lebte nur noch der Mediziner Lohmeyer, der sich von der akademischen Tätigkeit schon lange, in den letzten Jahren auch mehr und mehr von der ärztlichen

Praxis zurückgezogen hatte, aber für die städtische Verwaltung als Bürgervorsteher nützlich zu wirken fortfuhr. In seinen alten Tagen widmete er sich nur noch der Pflege seiner wertvollen Kunst- und Altertumssammlung, deren Schätze er seinen Freunden gerne zeigte. Er überlebte den um zwei Jahre älteren Planck um fast ein Jahr.

Planck gewann bald einen neuen Verkehrskreis unter den Angehörigen der Universität und unter den juristischen Praktikern. Zu den Mitgliedern der juristischen Fakultät, den ältern wie den jüngern, bestanden schon von früher her Beziehungen. Planck war weder für die Einseitigkeit noch für die Einsamkeit. Er hatte Freude an dem Umgang mit Menschen, regte an und wurde durch sie angeregt, ein Zug, der ihm mit seiner Mutter eigen war. Eine gesellige Natur, öffnete er sein Haus weiten Kreisen, wie er selbst Gesellschaften förmlicher wie weniger feierlicher Art besuchte. Im November 1896 trat er in das Mittwochkränzchen ein, eine Gesellschaft, die sich im Frühjahr 1873 gebildet hatte und ursprünglich einen Vereinigungspunkt nationalgesinnter Universitätsmitglieder gegenüber dem ältern, dem Welfentum zugeneigten, Freitagsklub abgeben sollte. Je mehr sich die politischen Zustände befestigt hatten, desto mehr war der akademisch-politische Zweck des Kränzchens zurückgetreten und durch den gesellig-wissenschaftlichen ersetzt worden. Der Kreis der Teilnehmer, nicht mehr auf Professoren beschränkt, wuchs über die ursprünglichen neun hinaus, überstieg aber niemals sechzehn. Das war schon dadurch geboten, daß die Sitzungen abwechselnd in den Wohnungen der Teilnehmer gehalten wurden. Sie begannen mit einem etwa einstündigen Vortrage, der die Mitglieder nach alphabetischer Reihenfolge traf, woran sich ein Abendessen unter dem Vorsitz der Hausfrau schloß. Von den Stiftern der Gesellschaft, Albrecht Ritschl, Hermann Sauppe, Reinhold Pauli und Ludwig Meyer, war bei Plancks Eintritt nur noch L. Meyer, der Direktor der Irrenanstalt, am Leben. Der ältern Generation gehörte sonst noch an F. Frensdorff; außer ihm waren Mitglieder aus der juristischen Fakultät: Regelsberger, Joh. Merkel, Detmold. Die theologische Fakultät war vertreten durch den Kirchenhistoriker Tschackert, die philosophische durch den Geographen Hermann Wagner, den Philologen Wilhelm Meyer, den Mineralogen Liebisch, den Oberbibliothekar Dziatzko, den Romanisten Stimming, den Nationalökonomen Lexis und den Gymnasialdirektor Viertel. Ein sehr wertvolles Mitglied des Kränzchens war der General Karl Schwarz, der durch seine anschaulichen Vorträge aus der Kriegsgeschichte der Gesellschaft reiche Belehrung auf einem den meisten fremden Gebiete verschaffte. Nach Plancks Eintritt wuchs der Kreis noch durch die Aufnahme des Professors der Landwirtschaft Fleischmann, des Philologen Leo Meyer, der nach langer segensreicher Tätigkeit in Dorpat in die alte Heimat zurückgekehrt war, des Universitätskurators a. D. Geh. Rat Dr. Ernst Höpfner und des ehemaligen Präsidenten des Reichsgesundheitsamts Dr. Köhler. Von den dreizehn Vorträgen, die Planck im Lauf der Jahre 1897—1909 gehalten hat, behandelte die Mehrzahl Materien des Bürgerlichen Gesetzbuchs: das Ehescheidungsrecht, die Rechtsstellung unehelicher Kinder, den Tierschaden, die Grundlagen des Erbrechts, den § 138 (Nichtigkeit der gegen die gute Sitte verstoßenden Rechtsgeschäfte) als Schutzmittel in den wirtschaftlichen Kämpfen der Gegenwart. Außerdem besprach er allgemeinere Rechtsfragen wie das Laienelement in der Rechtsprechung, die Zwecke der Strafe und den Determinismus, das Schuldmoment beim Schadensersatz, die Gesetzentwürfe des Jahres 1906 betr. Haftung des Tierhalters und der Besitzer von Kraftfahrzeugen. Die Vorträge Plancks fesselten immer durch ihre Klarheit und Sachkunde; ein persönliches Moment kam hinzu, als er im Sommer 1903 in zwei einander folgenden Sitzungen über Rudolf v. Bennigsen und am 28. Juli 1909 über sein eigenes politisches Leben von 1848 bis 1866 redete. Es war der letzte Vortrag, den er hielt. Planck war nicht bloß ein guter Sprecher, sondern auch ein guter Hörer. Er folgte den Vortragenden, so verschiedene Themata sie auch gewählt hatten, mit vollem Interesse, erzählte zu Hause von dem Inhalt, schrieb an den Freund Schwägermann über einen Vortrag von Lexis, der die Geschichte des höheren Schulwesens in Preußen, oder einen von Liebisch, der die Entwicklung der Eisen- und Stahlindustrie behandelt hatte. Gab ein Vortrag zu Debatten Anlaß, so beteiligte er sich lebhaft, wie noch in der letzten Sitzung, der er beiwohnte, als Regelsberger über die rechtliche Verantwortlichkeit des Arztes für die in Ausübung seines Berufs vorgenommenen Handlungen gesprochen hatte. Mit Planck verlor die Gesellschaft ihren Senior. Ihr den Jahren nach jüngstes Mitglied, Johannes Merkel, starb fünf Monate vor, ihr zweitältestes Mitglied, Leo Meyer, kaum vier Wochen nach Planck.

Planck stand bei seiner Rückkehr nach Göttingen im 73. Lebensjahre. Das ist die Zeit, in welcher sich die meisten Menschen zur Ruhe setzen. Der Eintritt in den Ruhestand bedeutete für ihn nicht den Beginn der Muße, sondern neuer Tätigkeit, amtlicher wie privater. Durch akademische Vorlesungen wie durch schriftstellerische Arbeit unterzog er sich der Aufgabe, dem Gesetzbuche, das er hatte schaffen helfen, den Eingang in das Leben zu erleichtern. Wie früher erzählt, hatte er schon in dem Übergangsjahr mit Vorlesungen zu solchem Zweck begonnen (S. 347). Nach Vollendung des Gesetzbuches, wo sich überall das Bedürfnis in dessen Verständnis eingeführt zu werden regte, hatte der Bürgermeister Dr. Pauli Planck aufgefordert, in Bremen solche Vorträge zu halten. Planck mußte ablehnen, um sich nicht zu überbürden. Er hatte die Verpflichtung einen Kommentar zum Bürgerlichen Gesetzbuch zu schreiben übernommen und mußte die Vorbereitung zu seinen Göttinger Vorlesungen treffen. Er fing im Winter 1897/98 mit einem Publikum, Mittwoch von 11—12 Uhr, über das eheliche Güterrecht an, das 218 Zuhörer fand, in einem Semester da die Gesamtzahl der Juristen 336 betrug. Unter seinen Zuhörern nahm auch manch älterer Jurist Platz, um sich in das neue Recht einführen zu lassen, wie der Minister Bacmeister an seiner Vorlesung über den ersten Entwurf Teil genommen hatte. Mit dem Sommer 1898 trat Planck in den vollen Betrieb des akademischen Kursus ein, der das Bürgerliche Gesetzbuch in fünf ordentlichen Vorlesungen behandelte, die sich unter die Professoren Detmold, Merkel, Ehrenberg, Titze und ihn verteilten. Planck las regelmäßig Familien- und Erbrecht, zwischen denen er semesterweise wechselte, allemal an den drei ersten Wochentagen von 10—11 Uhr. Bis 1902 machte er einige Male statt der beiden letzten Bücher des Bürgerlichen Gesetzbuches das Sachenrecht zum Gegenstand einer vierstündigen Vorlesung. Im ganzen hat er viermal Sachenrecht gelesen, das letztemal durch ein Publikum über das Recht an immateriellen Gütern ergänzt. Seine Gesundheit, die in den letzten Jahren seines parlamentarischen Wirkens oft geschwankt hatte und ihm in der Ausübung des Mandats hinderlich geworden war, hatte sich seitdem befestigt und auch den Unbilden der Göttinger Winter Widerstand geleistet, so daß er nur in dem Semester 1907/08 durch Krankheit zum Aussetzen seiner Vorlesung genötigt wurde, die der Privatdozent Dr. Rosenberg übernahm.

Wie die Studenten, so führte Planck auch die Praktiker in das Bürgerliche Gesetzbuch ein. Auf Anregung des Landgerichtspräsidenten Heinroth wurden im Winter 1898/99 und im folgenden Sommer Vorlesungen eingerichtet, um die Juristen des Landgerichtsbezirks Göttingen mit dem Bürgerlichen Gesetzbuch bekannt zu machen. Richter, Staatsanwälte, Rechtsanwälte, Referendare, auch einzelne Verwaltungsbeamte Göttingens und Richter aus der Nachbarschaft der Stadt, im Winter einige fünfzig, im Sommer einige vierzig Zuhörer, beteiligten sich an den Vorträgen von Detmold über die drei ersten, von Planck über die beiden letzten Bücher des Bürgerlichen Gesetzbuches. Jeder las wöchentlich zweimal von 6—7 $^1/_2$ Abends; Planck vom 18. April bis Mitte Juli, dem Beginn der Gerichtsferien.

Als im Januar 1901 auf Althoffs Veranlassung in Göttingen ein staatswissenschaftlicher Kursus für höhere Verwaltungsbeamte, ein Vorläufer der spätern Fortbildungskurse, gehalten wurde, waren unter den Vortragenden neben den Nationalökonomen G. Cohn und Lexis, dem Geographen Wagner, dem Historiker Max Lehmann, dem Hygieniker Esmarch aus der juristischen Fakultät: Schön und Planck. Etwa fünfzig staatliche und kommunale Verwaltungsbeamte hatten sich am 8. Januar in der kleinen Aula eingefunden und wurden von Cohn in einer Ansprache begrüßt, die die Vereinigung eine Winterfrische nannte, die den Mitgliedern den Genuß der freien Bergluft der Wissenschaft verschaffen sollte, wenn sich auch in einer Woche nicht mehr als ein paar Atemzüge nehmen ließen. Während die meisten Redner ein begrenztes Thema behandelten, wie Lexis den Unternehmergewinn, Cohn die Reichssteuerreform, Lehmann die Steinsche Gesetzgebung, Schön die Verwaltungsgerichtsbarkeit, gab Planck eine Übersicht über das Bürgerliche Gesetzbuch, soweit es für Verwaltungsbeamte ein besonderes Interesse bot. Nach dem im Nachlaß vorhandenen Entwurf hielt er sich im wesentlichen an den allgemeinen Teil, einzelne Materien wie die Vereine ausführlich behandelnd, und besprach zum Schluß die Neuordnung von Miete und Pacht. Die Form, die er wählte, war nicht etwa eine Popularisierung des Gegenstandes, sondern im wesentlichen die für akademische Vorlesungen übliche.

Einen öffentlichen Versuch auch nichtjuristische Kreise über die neue Gesetzgebung zu unterrichten, machte er in einem Vortrage über die rechtliche Stellung der Frau nach dem Bürgerlichen Gesetzbuch, den er in einer der vom Göttinger Frauenverein veranstalteten Wintervorlesungen hielt. In dem Vortrage, der nach einem von Planck durchgesehenen Stenogramm zum Besten des Frauenvereins 1899 veröffentlicht wurde, setzte er sich mit den Forderungen der Frauenbewegung auseinander, deren Bedeutung er nicht verkennt, wenn er auch ihre Beschränkung auf die sozialdemokratischen Kreise und auf einen gewissen Kreis der gebildeten Frauen in den größern Städten hervorhebt. Sachlich, nicht polemisch geht er zu Werke, weist das Mißverständliche in den Angriffen auf das neue Gesetzbuch, die von Seiten oder im Interesse der Frauen gemacht sind, nach und zugleich die Verbesserungen, die ihnen das neue Recht gegenüber dem alten gebracht hat. Die Selbständigkeit der Frau, ihre Befreiung von der Vormundschaft des Mannes, ist die wichtigste Errungenschaft; aber auch der von den Gegnern bezweifeltste Punkt. Wie verträgt sich damit das gesetzliche Güterrecht, das das Vermögen der Frau der Verwaltung und Nutznießung des Mannes ausliefert? Planck legt die innere Zweckmäßigkeit dieses Güterstandes nach der Ordnung, die er im Bürgerlichen Gesetzbuch erfahren hat, dar und entwickelt, weshalb man ihn zum gesetzlichen gemacht hat: nicht nach den subjektiven Ansichten der Gesetzesverfasser über das theoretisch beste, sondern im Anschluß an die historische Entwicklung in Deutschland. Er unterzieht auch das entgegengesetzte System, die Gütertrennung, die die Gegner fordern, seiner Betrachtung. „Gegen diesen Vorschlag" — daß beide Gatten ihr Vermögen selbständig verwalten, jeder aber verhältnismäßig zu dem ehelichen Aufwande beizutragen hat — „läßt sich vom rein theoretischen Standpunkte wenig einwenden" (23), er weist aber die praktischen Schwierigkeiten nach und bezweifelt, ob die Einrichtung im Interesse der Frauen liege. Planck macht jedoch nach den Bedenken, die gegen die Gütertrennung sprechen und ihre Aufnahme als gesetzlichen Güterstand zurzeit verbieten, das bemerkenswerte Zugeständnis: „Es ist ja möglich, daß die Entwicklung in dieser Richtung fortgeht" (24). Der Abgeordnete v. Stumm hatte seine Reichstagsrede zugunsten der Gütertrennung mit der Hoffnung auf die Zukunft geschlossen (oben S. 381). Nach den Äußerungen der Theoretiker zu schließen, erfüllt sich diese Voraussicht und gewinnt das System der Gütertrennung immer mehr Fürsprecher. Der Güterstand des Bürgerlichen Gesetzbuches, so sorgfältig er ausgedacht ist, erscheint als zu künstlich gegenüber den Anforderungen des praktischen Lebens und macht die Frau wirtschaftlich nicht so selbständig, wie es der vom Gesetzbuch ihr eingeräumten rechtlichen Selbständigkeit entsprechen würde. Die Gleichgültigkeit gegen die geschichtliche Kontinuität, die übrigens nicht aus historischer Vorliebe, sondern als eine Gewähr für den innern Wert des Geforderten verlangt war, entspricht dem, was in dem Kampf um das Bürgerliche Gesetzbuch wiederholt hervorgetreten ist: wir streben nach dem, was unsern bestehenden Verhältnissen gemäß ist; woher es stammt, ist gleichgültig, oder, wie es für die vorliegende Frage formuliert ist: das System der Gütertrennung entspricht dem Ideal eines ehelichen Güterrechts nach deutscher Rechtsauffassung wenig; aber sie bildet, wie die Dinge jetzt liegen, die einfachste und darum auch praktischste Regelung der ehelichen Güterverhältnisse[1]).

Den Entwurf seiner Vorträge pflegte Planck seiner Frau zu diktieren und ließ ihn sich wieder vorlesen, wenn er denselben Gegenstand zu wiederholen hatte. Im Sprechen band er sich nicht an den

[1]) Dernburg, Bürg. R. IV (1903) S. 169. Titze, Fam.-R. des Bürgerlichen Gesetzbuchs, Sammlung Göschen (1906) S. 75ff. Endemann, Lehrb. des Bürg. R. II 2 (1908) S. IX, 329. M. Wolff in Enneccerus u. a. Lehrb. des Bürg. R. II 2 (1912) S. 143. Knoke in Plancks Kommentar, 4. Aufl. I (1913) S. XLIII.

einmal festgestellten Gang der Aufzeichnung, sondern bewegte sich frei innerhalb seines Rahmens. Aufmerksamen Zuhörern entging es nicht, wie vorteilhaft sich seine Vorträge, deren Stoff er bis ins feinste Detail beherrschte, durch ihre konsequente Anordnung auszeichneten. Schriftliche Arbeiten anderer Art diktierte er seinem Sekretär. Während der ganzen Göttinger Zeit bekleidete Friedrich Meyer, der ihm durch den Rechtsanwalt Dr. Eckels empfohlen war, die Stelle. Er besorgte es auch, ihn in die Vorlesungsräume zu geleiten: er führte ihn vom Hause bis in das Dozentenzimmer und von da, sobald es ein Viertel schlug, bis an das Katheder seines Hörsaals, von wo er ihn mit dem Ende der Vorlesung wieder abholte.

Neben der akademischen Tätigkeit ging eine rege schriftstellerische her. Sie galt vor allem der Herausgabe eines großen Kommentars zum Bürgerlichen Gesetzbuch, der im Verlage der Guttentagschen Buchhandlung in Berlin mit dem Frühjahr 1897 zu erscheinen begann und im Jahre 1902 seinen Abschluß fand, sechs Bände dem Kommentar und dem Einführungsgesetz gewidmet, ein siebenter das Wort- und Sachregister enthaltend. Eine wissenschaftliche Bearbeitung des neuen Gesetzbuches wäre verfrüht gewesen. Dagegen mußte es seiner Einbürgerung dienlich sein, wenn ein sorgfältiger, alle Einzelnheiten genau begleitender und doch die Zusammenhänge des Ganzen und der Teile nachweisender Kommentar den zur Rechtspflege berufenen wie den Lehrern und Studierenden der Rechtswissenschaft zu Hilfe kam. Zu solcher Wegeleitung war niemand geeigneter als Männer, die selbst an der Schaffung des neuen Werkes mitgearbeitet hatten. Planck trat als Herausgeber an die Spitze des Unternehmens, übernahm aber zugleich ein tüchtiges Stück Mitarbeit. Er und der Reichsgerichtsrat Achilles, der als Hilfsarbeiter bei der ersten Kommission, als Reichskommissar bei der zweiten beteiligt gewesen war, verbanden sich mit vier jüngern Männern, die alle als Schriftführer in der zweiten Kommission fungiert hatten: Greiff, André, Unzner und Ritgen, und verteilten die Arbeit unter sich in der Weise, daß Planck die Einleitung, den allgemeinen Teil (Bd. I) und von dem Recht der Schuldverhältnisse (Bd. II) die sechs ersten den allgemeinen Teil umfassenden Abschnitte, Greiff und André den speziellen Teil von Buch II, Achilles und Greiff das Sachenrecht (Bd. III), Unzner das Familienrecht (Bd. IV) und Ritgen das Erbrecht (Bd. V) übernahmen. Nach dem Tode von Achilles trat neben Unzner und Strecker Planck in die Lücke ein und nahm den ganzen Abschnitt von den Dienstbarkeiten und zwei kleinere Stücke aus dem Eigentumsrechte auf sich, wie er auch, als Ritgen seinen Teil nicht so rasch zu Ende führte, als die Publikation forderte, den letzten, den

Erbschaftskauf behandelnden, Abschnitt bearbeitete. Die Rolle des Herausgebers beschränkte sich demnach nicht auf die Fürsorge für die sachliche Einheitlichkeit des Ganzen, sie nötigte auch zum Einspringen in die Bresche, wenn ein Mitarbeiter durch Krankheit oder durch Überhäufung mit Dienstgeschäften an der rechtzeitigen Ablieferung seines Anteils verhindert war, außerdem zu einer ausgedehnten, mitunter schwierigen Korrespondenz. Die ursprüngliche Absicht, den Kommentar vor dem Inkrafttreten des Bürgerlichen Gesetzbuchs zu vollenden, erwies sich bald als unerreichbar. Ein Zirkular Plancks vom Dezember 1899 konstatierte zwar, daß eine rechtliche Verpflichtung hinsichtlich der Ablieferungszeit weder dem Verleger noch dem Publikum gegenüber bestehe, aber doch eine moralische Verpflichtung der Mitarbeiter untereinander begründet sei. Durch Aufforderung zu gegenseitiger Aushilfe versuchte er den Abschluß spätestens mit Ende 1900 zu erreichen; aber erst im Laufe des Jahres 1902 wurde das Werk vollständig. Obschon mehrere Unternehmen derselben Art gleichzeitig auf den Markt traten, fand der Plancksche Kommentar in der Juristenwelt so großen Beifall, daß schon während des Drucks mehr Exemplare abgezogen werden mußten, als veranschlagt war. Hatte man zuerst die Auflage auf 1800 Exemplare bestimmt, so gestaltete sich der Absatz so günstig, daß bis zu 5000 aufgestiegen werden mußte. Vom zweiten Band ab (1900) lautete deshalb die Bezeichnung auf dem Titelblatte: erste und zweite Auflage. Gleich nach deren Vollendung wurde zu einer dritten geschritten, deren Vorwort Planck im August 1903 unterzeichnen konnte. Sie war als vermehrte und verbesserte Auflage bezeichnet; was Literatur und Judikatur inzwischen zur Erläuterung und Vervollständigung des Gesetzbuches und seines Kommentars geliefert hatten, war sorgfältig nachgetragen und eingearbeitet, und zu der Kritik, die an der Auslegung von verschiedenen Seiten her, in Lehrbüchern oder Spezialschriften geübt war, Stellung genommen. Die Arbeitsteilung war im wesentlichen die alte geblieben, nur daß Strecker, damals Landrichter in Göttingen, an die Stelle von Achilles, Professor Strohal in Leipzig an die von Ritgen, der wegen überhäufter Berufsarbeit ausgeschieden war, getreten waren. Strohal hatte dann selbst wieder mehrere Titel seines Pensums an Strecker und Unzner überlassen. Auch hier hatte wieder neben Unzner und Strecker Planck Lücken ausgefüllt, die André in seinem Anteil durch Amtsgeschäfte fertig zu stellen behindert war. 1908 lag mit dem Registerbande die dritte Auflage vollendet vor. Der Absatz des Werkes war so günstig geblieben, daß an die Vorbereitungen zu einer vierten Auflage gegangen werden konnte, und am 29. Oktober 1908 eine Konferenz in Göttingen stattfand, an der außer Planck André,

Greiff, Strecker, Strohal, Unzner und ein Vertreter der Guttentagschen Verlagsbuchhandlung teilnahmen, um die nähern Verabredungen über die neue Auflage, die in den Jahren 1910—12 erscheinen sollte, zu treffen. Vorarbeiten dazu haben Planck bis zu seinem Tode beschäftigt. Doch waren weder die seinigen noch die der Mitarbeiter so weit gediehen, daß innerhalb der angegebenen Zeit der Anfang einer vierten Auflage ans Licht treten konnte. Im Herbst 1913 ist der erste Band der vierten Auflage, herausgegeben von Strohal und bearbeitet von Professor Knoke in Königsberg, Oberlandesgerichtsrat Flad und Reichsgerichtsrat Strecker erschienen. Die neue Bearbeitung konnte ein von Planck fertig abgeliefertes Manuskript benutzen; sie fand vieles davon brauchbar, mußte andererseits nicht bloß seit dem Tode Plancks Hinzugekommenes, sondern auch was er an Gesetzen, Entscheidungen, Literatur nicht mehr berücksichtigt hatte, damit verbinden. In dem Vorworte hat Professor Strohal dem Schöpfer des Kommentars ein schönes Andenken gestiftet. Das Verhältnis der vierten Auflage zu den frühern bestimmt der neue Herausgeber dahin, daß sie zwar an sie anknüpfe, aber selbständig auf- und auszubauen suche und sich auch neue Aufgaben stelle, daß sie vor allem dem Leben und der Praxis dienen, zugleich aber auch wissenschaftlichen Charakter tragen solle.

Mit dem Planckschen Kommentar war nicht bloß äußerlich ein großer Erfolg errungen. Das Buch gewann einen weitreichenden Einfluß auf Theorie und Praxis. „An seiner Hand haben wir uns alle in das Bürgerliche Gesetzbuch hineingefunden" (Sohm). Dies Verdienst verkannte die herbe Kritik, welche Kohler nach der Vollendung der ersten Auflage erscheinen ließ, wenn er ihr Paragraphenjurisprudenz ohne wissenschaftliche Vertiefung, eine unabsehbare Fülle von Einzelheiten ohne Verbindung mit der wissenschaftlichen Zentrale vorwarf [1]). Der Bearbeiter, dem zunächst noch die Entstehung des Werkes nahe lag, verweilte, wie leicht erklärlich, ausführlich bei den Vorgängen in den Kommissionen, die es schufen, und knüpfte an ihre Vorarbeiten seine Erklärungen an. Auch von Plancks ersten Vorlesungen über das Gesetzbuch wird berichtet, daß er den Hörern eingehend die Arbeit innerhalb der Kommission vorgeführt und entwickelt habe, wie die Rechtssätze des Bürgerlichen Gesetzbuches aus dem Widerstreit der Meinungen hervorgewachsen seien: ein Verfahren, das dem Durchschnitt der Studenten, die erfahren wollen, was als Recht gilt, nicht wie es geltendes Recht geworden ist, wenig Interesse einflößt. Wie die Vorlesungen, so hat auch der Kommentar diese Abhängigkeit mehr ab-

[1]) Jurist. Literaturblatt 1902 S. 268 ff.

gestreift, und gerechtere Kritiken haben anerkannt, daß an Stelle der Materialien theoretische Untersuchungen und gerichtliche Entscheidungen der Stoff des Kommentators geworden sind, so daß das Buch, wenn in gleicher Weise fortgeführt, für Theorie und Praxis eine zuverlässige Auskunft über den augenblicklichen Stand der Gesetzesauslegung gewähren werde [1]).

Das Bürgerliche Gesetzbuch gab Planck neben dem Kommentar Anlaß zu einer Anzahl kleinerer schriftstellerischer Arbeiten, die größtenteils in der deutschen Juristenzeitung erschienen. Der Inhalt ist mannichfaltig; es sind rein technisch-juristische Fragen behandelt neben andern, die von allgemeinem, namentlich sozialpolitischem Interesse sind. So, wenn er untersucht, ob die Boykottierung eines Gewerbtreibenden durch einen Gesellenverband, der bessere Lohnbedingungen erstrebt, zu den gegen die guten Sitten verstoßenden Handlungen des BGB. 826 gehört, eine Ansicht, die Planck mit dem Reichsgerichte verneint (1907 S. 7). Der Aufsatz: Die soziale Tendenz des Bürgerlichen Gesetzbuches (1899 S. 181) geht die Äußerungen des neuen Gesetzes durch, in denen es sich aus Gründen des öffentlichen Wohls bemüht, das strenge Recht durch billige Rücksicht auf die Interessen anderer zu mildern und den wirtschaftlich Schwächern zu Hilfe zu kommen. In dem Artikel: Das bürgerliche Recht und die arbeitenden Klassen (1909 S. 28) ist speziell der Dienstvertrag behandelt und gezeigt, welche Abweichungen das Gesetzbuch von den allgemeinen Grundsätzen über gegenseitige Verträge zugunsten der Dienstverpflichteten macht. Der Verfasser verfährt dabei so wenig als unbedingter Lobredner des Erreichten, daß er selbst auf wünschenswerte Ergänzungen und Vervollkommnungen aufmerksam macht. Das hat ihn nicht vor den Angriffen eines Schriftstellers, Heinz Potthoff, in Naumanns Hilfe (1909 S. 81) geschützt, der die Zuhörer beklagen zu müssen glaubt, die durch solchen Lehrer über das soziale Recht unterrichtet und zu „römischen Richtern" ausgebildet werden. Planck mußte den Gegner erst darauf aufmerksam machen, daß er gegen Ansichten kämpfe, die mit seinem Aufsatze nichts zu tun hätten (Jur.-Ztg. 1909 S. 310). Von spezifisch juristischem Interesse sind die Verteidigung des Gesetzbuches gegen die ihm zur Last gelegte Möglichkeit gültiger Doppelehen (1899, S. 38) oder die Erörterung über den Umfang einer auf § 740 der Zivilprozeßordnung gestützten Zwangsvollstreckung in das Gesamtgut bei gütergemeinschaftlichen Ehen (1900 S. 77 und 246), der Auf-

[1]) Eck im Jurist. Literaturblatt 1897 S. 157. Tuhr, Deutsche Jur.-Ztg. 1909 S. 93; allg. Teil des bürgerl. Rechts I (1910) S. 39.

satz im Jahrgang 1899 S. 365 über die Haftung des Erben für die Nachlaßverbindlichkeiten. Einen Beitrag zum Verständnis des Bürgerlichen Gesetzbuches liefert auch die Abhandlung über den Begriff der Widerrechtlichkeit in § 123, den er zu der Göttinger Festschrift für Regelsberger 1901 beisteuerte. Den Genossen, die mit ihm an dem Gesetzbuche gearbeitet, widmete er warme Worte der Erinnerung in den Nachrufen für Mandry (Jur.-Ztg. 1902 S. 287), Gebhard (das. 1908 S. 119), Jacubezky (oben S. 356). Das Andenken Windscheids erneuerte er gelegentlich des fünfhundertjährigen Jubiläums der Universität Leipzig in einem Aufsatze der von der deutschen Juristenzeitung herausgegebenen Festnummer (1909 S. 951 ff.). Er verwahrt Windscheid gegen den Vorwurf einseitiger Bevorzugung des römischen Rechts und nimmt es als sein Verdienst in Anspruch, die Technik, die die deutschen Juristen in der Schule des römischen Rechts gelernt, in die Arbeiten der Kommission eingeführt zu haben.

Zu einem Gegenstand von allgemein pädagogischem und zugleich juristischem Interesse hat Planck einmal in der Deutschen Juristenzeitung das Wort genommen. In der Enquete, die nach der von Oberbürgermeister Adickes im Jahre 1900 veranlaßten Frankfurter Petition an das preußische Staatsministerium über die Frage unternommen wurde, ob die Abiturienten der Realgymnasien zum Rechtsstudium zuzulassen seien, erklärte sich die überwiegende Mehrzahl der in der Zeitung befragten Juristen dagegen, weil sie die der Kenntnis des Griechischen zu verdankende Einführung in die antike Welt und die dadurch vertiefte Vorbildung der jungen Juristen nicht missen wollten. Planck beantwortete die Frage mit sorgfältiger Unterscheidung (1900 S. 281). Der Kenntnis des Griechischen legte er für den juristischen Beruf nur noch geringe Bedeutung, den neuern Sprachen einen größern Wert bei, während sie für wissenschaftliche, insbesondere rechtsgeschichtliche Studien nicht zu entbehren sei. Ob die allgemeine Vorbildung der Gymnasien eine bessere Grundlage für das Rechtsstudium gewähre: diese Frage getraute er sich nicht ohne die Kenntnis der Schulpläne der Gymnasien und deren Ausführung, wie er vorsichtig hinzusetzte, zu beantworten. Er schloß aber mit dem Bekenntnis: Meine persönliche Sympathie steht auf der Seite der humanistischen Gymnasien.

Es ist neuerdings einmal als ein Vorzug der Göttinger juristischen Fakultät gerühmt worden, daß sie wiederholt Mitglieder aus der Praxis gewonnen habe. Das hatte 1872 mit Ziebarth begonnen, John war nach sechsjähriger Tätigkeit am Oberappellationsgericht zu Lübeck 1876 zur Universität zurückgekehrt, 1889 war Detmold eingetreten, als vierter Planck hinzugekommen. Hatte er auch als Honorarprofessor keinen Anteil an der akademischen Selbstverwaltung und der korporativen Tätigkeit der Fakultät, so stärkte er doch durch sein Wirken als Lehrer und als Schriftsteller die Richtung der wissenschaftlichen Arbeit auf das Praktische. Nicht nur für die einzelne Fakultät, auch für die Universität als Ganzes war der Zutritt dieses eigenartig vorgebildeten, charaktervollen Mannes, der ein erfahrungsreiches Leben ganz anderer Art hinter sich hatte, als es die Mehrzahl der akademischen Lehrer in ihren Beruf mitbringt, ein Gewinn. Man hat oft von einem in Göttingen herrschenden Hofratstone gesprochen. In den Schilderungen älterer Jahrzehnte fehlt er nie. Es ist schwer, ihn zu definieren, wenn es auch nicht schwer war, ihm zu begegnen. Eine gewisse frostige Unnahbarkeit, ein vornehmes Sichabschließen von allen andern Kreisen mögen seine echtesten Kennzeichen gewesen sein. Der frische Luftzug, der mit dem Jahre 1866 in die deutsche Welt kam, verleidete ihm das Fortleben. Seitdem häufiger ein Personenwechsel unter den Professoren vorkam, Universitätslehrer jung berufen wurden, der Aufschwung der Naturwissenschaften die Zahl der Professuren und der wissenschaftlichen Institute vermehrte, Mitglieder in die Korporation eintraten, die Zustände außerhalb der Universitäten kennen gelernt, in großen Städten, im Auslande gelebt, die Kriege mitgemacht, sich auf Reisen gebildet hatten, war für enge Gesichtspunkte, beschränkte Sonderbildungen kein Platz mehr. Persönlichkeiten wie Jhering oder der Mineraloge K. v. Seebach, der leider der Wissenschaft und der Universität Göttingen so früh entrissen wurde, der Historiker Reinhold Pauli, der deutsche Geschichtsschreiber Englands, wie ihn sein Grabstein auf dem Bremer Kirchhofe nennt, der Professor der Chirurgie Franz König waren Männer, deren Wesen, so verschieden es auch war, in dem Freisein von allem Hofratsmäßigen übereinstimmte. Planck verband durch seine Herkunft die akademische mit der praktischen Welt. In einer Bücherstadt geboren, war er nichts weniger als ein Mann der Bücher; in einer Stadt der juristischen Grandezza aufgewachsen, hatte er nichts von beamtenmäßiger Steifheit und Feierlichkeit an sich. Nachdem er Professor geworden war, hielt er immer darauf, mit den juristischen Praktikern in Verbindung zu bleiben. Das galt von dem wissenschaftlichen wie von dem geselligen Verkehr. Alle Sonntag Abend suchte er ihre Zusammenkunft im Ratskeller auf und wurde mit den an den Göttinger Gerichten beschäftigten Juristen, alt und jung, bekannt. Einzelne von ihnen wurden seine nahen Freunde. André und Strecker traten in den Kreis der von ihm geleiteten Arbeit am Kommentar. Hermann Eckels, der beschäftigtste unter den Göttinger

Rechtsanwälten, zugleich lange Jahre hindurch Vertreter der Stadt im Abgeordnetenhause, das Haupt der nationalliberalen Partei in Göttingen, stand ihm persönlich, nicht bloß als politischer Gesinnungsgenosse nahe.

So getreue Mitglieder wie Planck hat die nationalliberale Partei wenige gehabt. Er war stets am Platze, wo es für sie zu wirken galt. In keiner Wahlversammlung fehlte er; er hielt aus in Rauch und Hitze. Häufig ergriff er das Wort und mahnte zum Festhalten an den bewährten Grundsätzen und Überlieferungen der Partei, zur Treue gegen die Männer, die sie in gefahrvollen Tagen gegründet und geleitet hatten. Noch die letzte Reichstagswahl, die er erlebte, zeigte das unverminderte Interesse des mehr als achtzigjährigen Mannes an den öffentlichen Angelegenheiten. Die ihr voraufgehende Auflösung des Reichstags, der die Regierungsforderungen für Südwestafrika abgelehnt hatte, erfreute ihn als ein Mittel, aus der Versumpfung herauszukommen. Im Wahlkreise Göttingen hoffte man diesmal die welfische Partei aus dem lange behaupteten Besitz verdrängen zu können und entfaltete eine lebhafte Agitation. Planck nahm im Dezember 1906 viermal in einer Woche an Wahlversammlungen teil, einmal in Hannover, dreimal in Göttingen. Der Wahlkampf hatte den unerwarteten Ausgang, daß der nationalliberale Kandidat ausschied und Stichwahl zwischen dem welfischen Abgeordneten und einem Sozialdemokraten notwendig wurde. Manche unter uns schwankten, nicht zwischen den beiden Kandidaten, sondern ob sie Götz von Olenhusen, den bisherigen Abgeordneten, wählen oder sich der Wahl enthalten sollten. Planck zog vor, nicht zu stimmen. Der Welfe siegte mit Hilfe der Nationalliberalen.

Sowenig Planck die zurückhaltende Natur verleugnete, die man unter den Norddeutschen vor allem den Hannoveranern zuschreibt, so besaß er doch eine gewinnende Freundlichkeit und wußte mit jedermann umzugehen. Die Männer aus der Bürgerschaft, die ihn seinen Weg von jung auf hatten machen sehen, blickten auf ihn voll Verehrung. Selten wird ein Beschluß der städtischen Kollegien solch allgemeinen Beifall gefunden haben wie der vom 1. Januar 1898, der ihm das Ehrenbürgerrecht von Göttingen verlieh. Wie ihm treue Freundschaft in all den verschiedenen Lebenslagen, die er durchzumachen und durchzukämpfen hatte, zuteil geworden ist, so hat er auch treu zu den Freunden gehalten, unerschüttert durch das Schwanken der öffentlichen Meinung. Seines Eintretens für Windscheid ist schon vorhin gedacht worden. Als viele der alten Parteigenossen an Miquel, nachdem er Minister geworden, irre wurden, ließ er sich nicht abwendig machen.

Er wußte von früh auf, daß Miquel eine eigenartige, nicht nach der Parteischablone zu behandelnde, Persönlichkeit sei. Nach einem Vortrage Miquels über agrarische Verhältnisse im Winter 1860 (oben S. 206) äußerte einer der konservativen Hofräte seine Verwunderung über den angeblichen Revolutionär und der Nationalökonom Helferich, in Süddeutschland würde man den Redner, der solche Ansichten vorbrächte, aufhängen. Zu Ostern 1899 trafen sich die alten Freunde Bennigsen und Miquel mit Planck in dessen gastlichem Hause und tauschten wohl mehr als die gemeinsamen Erinnerungen die Sorgen um die Gegenwart miteinander aus. Als das Ehepaar Planck Miquel noch einmal im Mai 1901 in Wiesbaden sah, war er schon schwer leidend und konnte sich nur durch künstliche Mittel Schlaf verschaffen. Am 7. September starb er. Im nächsten Jahre folgte ihm R. v. Bennigsen. Planck hatte noch in den letzten Zeiten Gelegenheit gehabt, mit ihm dauernd und intim zu verkehren. Im Sommersemester 1900 suchte Bennigsen Göttingen auf, um naturwissenschaftliche Vorlesungen zu hören, wie Anatomie bei Friedrich Merkel, Psychiatrie bei Cramer, Physik bei Riecke. Meißner, bei dem er Physiologie hören wollte, hatte ihn, wie er lachend erzählte, nicht angenommen, da ihm wohl die gehörigen Vorkenntnisse fehlen würden. Die Mußestunden und die Abende wurden zu fleißigem Verkehr mit Planck benutzt; man traf sich auf Spaziergängen, in der Union oder im Planckschen Hause. So manches sie auch mit- und nebeneinander erlebt, Bennigsen wußte viel zu erzählen, namentlich aus der Zeit seiner näheren Beziehungen zu Bismarck, wobei dann mancher politische Vorgang in ein anderes Licht trat, als ihm in den „Gedanken und Erinnerungen“ gegeben ist. Die Zeugin, die dem zuhörte, berichtet aber, daß nie ein bitteres Wort über Bennigsens Lippen gekommen sei. Am 10. Juli wurde Bennigsens 76. Geburtstag in Plancks Familienkreise gefeiert, zu dem nur der alte Freund Lohmeyer zugezogen war. Die schweren Schicksale, die Bennigsen in seinen letzten Lebensjahren trafen, bewegten Planck aufs tiefste. Die traurige Affäre, die den Tod des jungen Bennigsen herbeiführte, war ihm ein neuer Beleg für den Widersinn des Duells: Der beleidigte Mann muß dem Verführer Gelegenheit geben, ihn totzuschießen, wovon der Verführer denn auch Gebrauch macht. Den einzigen Weg zur Besserung sieht er darin, daß die Auffassung von dem, was Ehre verlangt, und die darauf beruhende Sitte sich in den gebildeten Kreisen wie in England ändere[1]). Am 27. Juli 1902 hatte Bennigsen noch an Planck über den wenige Tage zuvor erfolgten Tod seiner Frau geschrieben. Am 7. August

[1]) Brief an Schwägermann v. 23. Januar 1902.

folgte er selbst ihr nach. Wie Bennigsen im Jahr zuvor am Grabe Miquels gesprochen hatte, so Planck, als Bennigsen am 11. August im Park seines Gutes beigesetzt wurde.

Es sind acht Jahre her, als ich im Auftrage der nationalliberalen Partei Rudolf v. Bennigsen bei dem Feste zur Feier seines siebzigsten Geburtsages die wärmsten Glück- und Segenswünsche auszusprechen hatte. Heute stehen wir an der Bahre des verehrten Mannes, und wieder habe ich im Auftrage der nationalliberalen Partei den Gefühlen derselben Ausdruck zu geben, auch heute den Gefühlen des Dankes, aber zugleich des tiefsten Schmerzes. Der Mann, dem wir damals so fröhlich zujubelten, weilt nicht mehr unter uns. Die stolze Eiche ist gefallen, und nur die Erinnerung ist uns geblieben. Und tief schmerzlich empfinden wir besonders, daß der Wunsch, dem ich vor acht Jahren beim Schlusse meiner Ansprache Ausdruck gab, der Wunsch, daß dem allverehrten Manne ein recht heiterer, sonniger Lebensabend beschieden sein möge, nicht in Erfüllung gegangen ist. Unendlich schwere Schicksalsschläge haben die letzten Jahre seines Lebens getrübt, und wir empfinden diesen Schluß des reichen Lebens als ein tief tragisches Geschick.

Aber wir wollen, wir dürfen bei dieser Trauer nicht stehen bleiben. Wir wollen und müssen dem Gefühle des Dankes Ausdruck geben für alles, was der Verstorbene für uns, für die nationalliberale Partei, für das ganze Vaterland getan hat, für alles, was er uns gewesen ist. Es ist nicht meine Aufgabe, die politische Tätigkeit unseres verehrten Freundes und Führers näher darzulegen. Jeder von uns kennt sie. Viele von uns waren noch Zeugen der ersten Anfänge des politischen Wirkens Bennigsens, sie erinnern sich, wie er in den dunklen Jahren der Reaktion von 1855 an die Fahne des Liberalismus hochhielt, wie er an der Spitze des Nationalvereins den Gedanken der nationalen Einheit Deutschlands vertrat und durch sein Wirken den Boden bereit zu machen half, auf welchem dann 1866 und 1870 das Deutsche Reich erwachsen konnte. Wir alle wissen ja, welche wesentliche Verdienste er sich bei der Begründung und bei dem Ausbau des Deutschen Reiches erworben hat; wie er als Führer der nationalliberalen Partei im Reichstage die Politik Bismarcks in ihren großen Zielen unterstützte, und wie er dann später, als die Ziele Bismarcks und der nationalliberalen Partei nicht mehr durchaus dieselben waren, die Selbständigkeit der Partei auch Bismarck gegenüber zu wahren verstand, ohne die großen gemeinsamen Interessen zu gefährden. Wollte ich den Versuch machen, alles darzulegen, was Bennigsen für des Vaterlandes Wohl getan hat, so müßte ich die ganze deutsche Geschichte von 1855 an bis zu dem Zeitpunkt, in welchem er sich von dem politischen Leben zurückzog, schildern, denn auf jedem Blatte dieser Geschichte steht mit leuchtenden Buchstaben eingetragen der Name: Rudolf von Bennigsen. Und doch ist nach meinem Gefühle das Wichtigste für uns dasjenige, wofür wir ihm am meisten zu danken haben, nicht *was* er getan, sondern *wie* er es getan hat. Es ist die große, edle, reine Persönlichkeit, zu der wir dankbar aufschauen, eine Persönlichkeit, in welcher der deutsche Geist eine seiner schönsten Blüten hervorgebracht hat. Schon früh hatte Bennigsen sich einen festen Lebensplan gemacht und sich entschlossen, seine Kräfte dem öffentlichen Leben zu widmen. Die Ausführung dieses Entschlusses wurde durch den Umsturz der hannoverschen

Verfassung im Jahre 1855 vielleicht etwas früher ins Werk gesetzt, als es die ursprüngliche Absicht war, aber das Vaterland rief, und er war bereit. Der Entschluß war für ihn kein leichter, denn er bedeutete für ihn den Bruch mit den Anschauungen der meisten seiner Standesgenossen. Er war ein guter treuer Hannoveraner, und er hat, solange es Zeit war, nach besten Kräften dahin gewirkt, die Selbständigkeit des engern Heimatlandes zu erhalten. Aber mehr als Hannover galt ihm Deutschland. Und als die geschichtliche Entwicklung die Erhaltung der Selbständigkeit Hannovers unmöglich gemacht hatte, stand er nicht an, wenn auch vielleicht mit schwerem Herzen, doch mit voller Kraft und mit Einsetzung seiner ganzen Persönlichkeit sich auf den für Deutschlands Einheit gegebenen Boden zu stellen.

Durch gründliche Kenntnisse auf allen Gebieten, welche für eine politische Tätigkeit in Betracht kommen, vorbereitet, trat er in das öffentliche Leben ein. Selbstlos und aufopfernd dachte er nie an sich, sondern nur an die Förderung des öffentlichen Wohles. Sein Ehrgeiz bestand nur darin, dem Vaterlande zu dienen. Er hatte einen klaren Blick für die realen Verhältnisse und für die Bedürfnisse des Lebens. Aber alles einzelne ordnete er der Rücksicht auf das allgemeine Wohl unter. Immer hielt er die großen Ideale fest, welche dem menschlichen Leben Wert verleihen. Jede einzelne Frage betrachtete er nicht für sich allein, sondern immer in dem großen Zusammenhange dessen, was das Gemeinwohl erfordert. Uns allen wird noch gegenwärtig sein, wie er in seinen großen Reden immer die höheren idealen Gesichtspunkte in den Vordergrund zu stellen wußte. Er war der Führer einer großen, in den ersten Jahren des Deutschen Reiches maßgebenden Partei und hat ihr die größten Dienste geleistet. Aber er war viel mehr als das: er sah alle Fragen von einer höheren Warte als von der Zinne der Partei; nicht die Partei war es, sondern das Vaterland, dem er diente. In seinem Charakter, in seiner ganzen Persönlichkeit lag das wesentliche Moment für seine Erfolge. Äußerlich erschien er manchen, die ihn nicht näher kannten, als kühl, aber mit allen großen Gaben seines Geistes war ein tiefes, inniges Gemüt verbunden. Das zeigte sich in seinem Familienleben und in dem Verhältnis zu seinen Freunden. Wer wie ich das Glück gehabt hat, ihm näher zu stehen, weiß, wie warm der Pulsschlag seines Herzens war, wie er an sich selbst immer zuletzt dachte und sein Streben nur dahin ging, andern Gutes zu erweisen. Und dieses warme Herz war auch ein wesentlicher Faktor bei seiner politischen Tätigkeit. In kühler Abwägung der Verhältnisse suchte er das Notwendige und Mögliche zu erkennen; aber das als recht Erkannte verfolgte er dann mit all derjenigen Energie, die aus einem warmen edlen Herzen entspringt.

Mit ihm ist einer jener großen Männer aus jener großen Zeit dahingegangen, der das Vaterland seinen Wiederaufbau und die Wiederherstellung des Deutschen Reiches verdankt. Nicht nur die nationalliberale Partei, sondern das ganze Vaterland schuldet ihm ewigen Dank. Nicht besser aber können wir diesen Dank beweisen als dadurch, daß wir ihm nachzueifern suchen in selbstloser, charaktervoller Tätigkeit für des Vaterlandes Wohl. Nur wenigen gönnt das Geschick so große Gaben, wie sie der Verstorbene hatte, aber wir alle können seinem reinen edlen Streben für des Vaterlandes Wohl nacheifern, und in der Betätigung dieses Strebens, in der dankbaren Erinnerung an unseren großen Führer wollen wir ihm ein unvergängliches Denkmal in unseren Herzen setzen.

Und nun gestatten Sie mir als dem persönlichen Freunde des Verstorbenen ihm noch ein Dankeswort nachzurufen. Seit 1849, als ich ihn in Osnabrück kennen lernte, hat mich ein enges Freundschaftsband mit ihm verbunden, das sich in allem Wechsel der Geschicke bewährt und sich immer inniger gestaltet hat. Tief habe ich das Glück dieser Freundschaft empfunden, und ich bin sicher, daß auch über das Grab hinaus diese Freundschaft fortdauern wird. Vor etwa vierzehn Tagen erhielt ich den letzten Brief von dem teuren Freunde. In tief ergreifender Weise sprach er darin seinen Schmerz aus über die Verluste, die ihn getroffen, insbesondere über den letzten Verlust, den er durch den Tod seiner treuen Lebensgefährtin, mit der er 48 Jahre in glücklicher Ehe gelebt, erlitten hatte. Am Schlusse dieses Briefes sagte er, daß er unerschütterlich an der Überzeugung festhalte, daß das geistige Dasein ein unzerstörbares Ewiges sei. In dieser Überzeugung fand er die Erhebung über seinen Schmerz. Und auch ich teile diese Überzeugung, und deshalb kann ich dir, mein lieber alter Freund, an dieser Stätte jetzt zurufen: Auf seliges Wiedersehen da droben.

Auch aus dem Verwandtenkreise Plancks starben in diesen Jahren die hinweg, an die sich seine liebsten Jugenderinnerungen knüpften: Gustav Wagemann, Oberappellationsrat in Celle, im Jahre 1897 und 1900 Wilhelm Planck in München, an dessen goldener Hochzeit er noch, vom Gardasee heimkehrend, das Jahr zuvor teilgenommen hatte. Den alten Studienfreund Hardeck (ob. S. 48) sah er auf der Rückreise von der Schweiz im Herbst 1900 in Karlsruhe, acht Tage vor seinem Tode, noch einmal wieder. Während dieser ganzen Zeit umschwebte ihn eine bange Sorge. Sein Sohn Wilhelm, sein einziges Kind, hatte sich vortrefflich entwickelt. Nachdem er am Kaiser-Wilhelms-Gymnasium in Berlin das Maturitätsexamen absolviert hatte, war er zum Studium der Rechtswissenschaft nach Tübingen, Leipzig, Berlin und Göttingen gegangen und hatte, ohne sich dem Studentenleben zu entziehen, mit Fleiß und Interesse für sein Fach gearbeitet. Er hatte die Examina beide mit „Gut" bestanden, das Assessorexamen am Tage vor dem siebzigsten Geburtstage seines Vaters. Die Jurisprudenz war ihm ein lieber Beruf; die Tätigkeit im Gericht hatte ihm einen scharfen praktischen Blick verschafft, so daß sein Vater bei Bearbeitung des Kommentars manche Frage aufsparte, um sie erst mit ihm zu besprechen und sicher zu sein, daß seine Antwort vor dem Gesichtspunkte des praktischen Lebens Stich halte. Sein Freiwilligenjahr hatte er in Tübingen abgedient, die nachherigen Übungen in Torgau und in Magdeburg mitgemacht. Von einer solchen im Sommer 1897 war er sehr angegriffen zurückgekehrt, übernahm aber doch wieder das Kommissorium, das er in Hannover innehatte. Sich zu einer Amtsrichterstelle, wie sein Vater wünschte, zu melden, zögerte er in der Besorgnis, um seines Vaters willen begünstigt zu werden. Im Dezember des Jahres erkrankte er in Hannover an schwerer Rippenfellentzündung, die ein Lungenleiden zurückließ, und wurde im Hause seiner Verwandten von seiner Mutter, die von Göttingen herbeigeeilt war, verpflegt. Erst Ende Februar konnte sich der Kranke nach Göttingen begeben. Auf Rat des Arztes gingen die Eltern mit ihm an die Riviera, wo er nach deren Heimreise noch mehrere Wochen blieb, um dann in langsamen Etappen zurückzukehren und, da das Lungenleiden gehoben schien, seinen Dienst in Hannover wieder aufzunehmen. Die Genesung dauerte jedoch nicht an, und so mußte der Patient auf Rat des Professors Ebstein in Göttingen im nächsten und übernächsten Winter Davos aufsuchen. Die Kur hatte so guten Erfolg, daß er nach seiner Rückkehr auf Grund der beigebrachten ärztlichen Zeugnisse die Stelle eines Amtsrichters in Alfeld übertragen erhielt. Man freute sich, nachdem er dort schon früher ein Kommissorium mit Erfolg verwaltet hatte, ihn von neuem zum Beamten zu erhalten. Er lebte sich in den Ort und die Tätigkeit ein und pflegte die Sonntage nach Göttingen zu seinen Eltern zu fahren. Gelegentlich eines solchen Besuchs im Januar 1901 erkrankte er schwer an Influenza, die er schon einige Zeit mit sich herumgetragen hatte. Nach längerem Hin- und Herschwanken nahm die Krankheit einen so schlimmen Verlauf, daß am 20. März der Tod eintrat. Er starb nach schweren, mit großer Geduld ertragenen Leiden im 35. Lebensjahre. Die trübe Ahnung eines frühen Todes hatte ihn wohl seit seiner Erkrankung nie verlassen, aber um die Eltern nicht besorgt zu machen, hatte er sich immer tapfer gehalten. Sie haben den Schlag nie verwunden, und für Planck ist bis zu seinem Tode kein Tag vergangen, an dem er nicht des lieben Sohnes, an dem er mit ganzer Seele hing, gedacht hätte. An den Freund Schwägermann schrieb er: „So tief wir den unersetzlichen Verlust fühlen, so ist doch unser Herz voll Dank gegen Gott, daß er den lieben Jungen erlöst hat. Nach großen heftigen Schmerzen, die der Kranke seinen Eltern zu verbergen suchte, ist er sanft eingeschlafen, so daß ich, der ich seine Hand in der meinigen hielt, es gar nicht merkte. Gott hat ihn gegeben, Gott hat ihn genommen, er wird uns Kraft geben, seinen Ratschluß, der ja ein Ratschluß der Liebe ist, in Ergebenheit zu tragen.“ Gefaßt trat Planck denen entgegen, die ihm ihr Beileid zu bezeugen kamen. Ein Kollege, Professor Regelsberger, erzählte mir, wie er sich vor diesem Besuche gescheut habe, und wie er gehoben heimgekehrt sei, nachdem er ihn gesprochen hatte. Die Rückkehr zur Arbeit wurde ihm zur Trösterin in kummervoller Zeit.

Vorlesungen und Kommentar bildeten sein tägliches Pensum. An den vorlesungsfreien Tagen, den drei letzten der Woche, diktierte er vormittags seinem Sekretär, nachmittags seiner Frau. Sein enormes Gedächtnis kam ihm bei seiner Arbeitsweise zustatten. Er wußte die einzelnen Rechtssätze der Entwürfe nach der Paragraphenziffer zu zitieren und überwand auch die Schwierigkeit, die aus dem mehrmaligen Ändern der Zählung entstand. Seine unter solch erschwerenden Umständen verfaßten Arbeiten zeichnen sich vor vielen anderer, die selbst sehend entwerfen und korrigieren konnten, durch ihre Genauigkeit und Zuverlässigkeit, durch die Richtigkeit ihrer Verweisungen und Zitate aus. Soviel Zeit auch die literarische Arbeit in Anspruch nahm, er versäumte darüber nicht, mit der geistigen Entwicklung der Zeit Schritt zu halten. Die Bewegungen der Politik zu verfolgen war ihm Bedürfnis. So lange er in Berlin lebte, erhielten ihn die alten Freunde in Zusammenhang. In Göttingen mußte er sich auf das Zeitunglesen beschränken. Der Berliner Nationalzeitung blieb er treu bis zuletzt. Sie vertrat am nächsten den Standpunkt, von dem aus er die politischen Hergänge beurteilte. In dem Zusammenbleiben einer großen liberalen und maßhaltenden Partei sah er die einzige Möglichkeit, dem Liberalismus den ihm gebührenden Einfluß im öffentlichen Leben Deutschlands und Preußens zu sichern. Als die Bewegung unter Friedrich Naumann eine Anzahl Mitglieder der nationalliberalen Partei entzog, meinte er, sie hätten ihre Ziele auch innerhalb derselben verfolgen können.

Außer der politischen Literatur interessierte ihn die geschichtliche, namentlich die biographische, die Personen und Zeiten galt, die er selbst erlebt hatte. Wie ihn in jungen Jahren die Schriften von Schlosser und Gervinus beschäftigt hatten, so ließ er sich jetzt die auf Bismarck bezüglichen Bücher, die Schriften Moltkes, die Denkwürdigkeiten Hohenlohes, Roons, Abekens, Werner v. Siemens', Radowitzens, die Erinnerungen eines Schleswig-Holsteiners von Henrici, Friedjungs Kampf um die Vorherrschaft vorlesen, um nur die wichtigsten zu nennen. Eins der letzten Bücher, das er kennen lernte, war Onckens Biographie von Bennigsen. Er hatte dem Verfasser einzelnes zur Geschichte seines Helden mitteilen können und war erfreut, als er jetzt „dies wichtige Monument für die deutsche Geschichte von 1859—1900" in Händen hatte. Einzelne ihn selbst betreffende kleine Irrtümer berichtigte er in seinem Dankbriefe. In dem Komitee, das sich für die Herausgabe der Reden von Bennigsen und Miquel auf Althoffs Anregung bildete, gehörte er dem Ehrenpräsidium an; den Beginn der Ausführung hat er nicht mehr erlebt. Die alte Neigung für Geographie und Naturwissenschaften kam auch in seiner Lektüre zum Ausdruck. Viktor Hehns Buch über Kulturpflanzen und Haustiere erregte sein besonderes Interesse. Mit Vorliebe las er Reisebeschreibungen, wie die von Wißmann, Stanley, Casati, Nordenskiöld, Hans Meyer, Hübner, Otto Ehlers. Alles was sich auf Afrika und die deutschen Kolonien bezog, verfolgte er eifrig, wie ihm überhaupt im Gegensatz zu manchem Nationalliberalen die Kolonialbewegung eine durchaus sympathische Erscheinung war.

Von der modernen schönwissenschaftlichen Literatur lernte er weniger kennen, wenn er sich auch gern abends nach Tisch einen guten Roman vorlesen ließ. Das Theater besuchte er selten. Am ehesten noch, um ein klassisches Stück zu sehen, bei dem er nach der Abnahme des Gehörs das Gedächtnis zu Hilfe rufen und zugleich die Jugenderinnerungen auffrischen konnte. Die letzten Jahre mußte er sich diesen Genuß versagen, aber er sprach noch gern davon, welchen Eindruck ihm Aufführungen wie Lessings Nathan, Kleists Prinz von Homburg, der zweite Teil des Faust, Ödipus hinterlassen hatten. Zur Musik stand er lange Zeit in einem zweifelhaften Verhältnis. In dem Gesangverein zu Meppen, wo die Nichtmitsingenden in Strafe genommen werden sollten, wurde ihm Strafe angedroht, wenn er mitsänge. Erst seine Frau erweckte ein lebhafteres Interesse für Musik, und durch die Konzerte der Berliner Singakademie (oben S. 313) lernte er sich an Bach erfreuen.

Von den geistigen Anstrengungen, wie sie seine großen und schwierigen Aufgaben forderten, erholte er sich durch tägliche Spaziergänge. Regelmäßig verwandte er dazu die Stunde vor Tisch, aber seine Begleiterin weiß zu erzählen, wie oft er auch diese Zeit benutzte, um sich sein Kolleg für den folgenden Tag im Kopf zurechtzulegen oder eine ihn gerade beschäftigende Kommentarfrage zu überdenken, und sie schweigend, bis er mit seinem Nachsinnen fertig war, neben ihm herging. Die schöne Jahreszeit und die waldreiche Umgebung Göttingens luden zu weitern Ausflügen ein. Lange bewahrte sein Körper die Rüstigkeit und sein Geist die Frische zu solchen Unternehmungen, zu denen gern die Sonntagvormittage benutzt wurden. Einen Marsch nach der Mackenröder Spitze, der über unebenes Terrain führte und reichlich zwei Stunden je für Hin- und Rückweg beanspruchte, mutete sich selbst der Achtzigjährige noch zu und bestand die Strapaze ohne Beschwerde. Nach der Krankheit des Winters von 1907 konnte von solchen Anstrengungen nicht mehr die Rede sein; an Lust hätte es ihm nicht gefehlt, und seine Umgebung mußte nur mahnen, sich nicht zuviel zuzutrauen. Sein Äußeres verriet wenig von seinem Alter.

Sein Haar war weder weiß noch grau geworden, und die lichtblonde Farbe der Jugend immer erkennbar geblieben. An seinem Großvater fiel den Beobachtern der rasche und feste Gang auf; der akademische Tanzlehrer soll seinen Schülern den Anstand des alten Planck empfohlen haben, und eine Dame seiner Bekanntschaft bezog auf ihn das Wort Nathans vom Tempelherrn: „ich mag ihn wohl, den guten ... Blick, den drallen Gang“[1]). Auch an dem Enkel, der an dem Arm eines Führers gehen mußte, fiel den Begegnenden, die dem ungleichen Paar nachblickten, das sichere feste Auftreten auf.

Die beste, nachhaltige Erholung brachte ihm das Reisen. Die Schwierigkeiten, die es dem blinden Manne bereiten mußte, schreckten ihn nicht. Seine Frau war ihm eine sichere Führerin. Er reiste mit großem Genuß und zog, je älter er wurde, die weitern Reisen denen in der Nähe vor. Hatte er in den frühern Jahren den Harz, Thüringen, Süddeutschland aufgesucht, so ging er in dem letzten Jahrzehnt vorzugsweise in die Südschweiz und nach Italien. Der Aufenthalt an der Riviera, wohin ihn die Krankheit des Sohnes zuerst geführt hatte, sagte ihm besonders zu. Die Herbstmonate, die das Göttinger Klima in der Regel nicht wie die des Sommers im Garten oder in der Veranda zu genießen gestattete, zu Reisen zu benutzen, erlaubten die akademischen Ferien bequemer als die gemessenen sechs Wochen der Kommissionszeit, die zudem in eine für den Süden noch zu heiße Zeit fielen. Als er in den letzten Jahren nicht nur die großen Herbstferien, sondern auch die Osterferien zu Reisen benutzte, teilte er seine Zeit regelmäßig so ein, daß er den Frühling in Lugano und Menaggio und den Herbst in Sestri zubrachte. Das Sitzen im Freien, in der lauen Luft, war ihm das Wohltuendste. Er ließ sich dabei vorlesen, hatte wohl die Briefe, die er seinen Eltern in jungen Jahren geschrieben, hervorsuchen und mitnehmen lassen, um sich die Vergangenheit wieder lebendig zu machen. Er fand, daß, wenn er auch damals radikaler gewesen, im großen und ganzen bei dem habe bleiben können, was ihm als das Ideal in seiner Jugend vorgeschwebt habe. Fast überall auf seinen Reisen traf er mit alten Freunden und Bekannten zusammen. Gebhard und seine Frau suchten Plancks auf ihren Reisen jedes Jahr in Heidelberg auf, wohin er sich nach dem Eintritt in den Ruhestand zurückgezogen hatte. Die Freundschaft, zu der die gemeinsame Tätigkeit die Männer seit 1871 verbunden hatte (oben S. 302), war durch gleiches Leid nur befestigt worden; auch Gebhards hatten ihr einziges Kind, Titularprofessor in Berlin, in jungen Jahren durch den

[1]) Lücke S. 120 ff.

Tod verloren. In Lugano und Menaggio sah sich Planck die letzten Jahre regelmäßig mit Jacubezky (oben S. 356), mit dem nach der Auflösung der Kommission ein Briefwechsel die Beziehungen aufrecht erhielt. Man schrieb sich über Auslegungsfragen des Bürgerlichen Gesetzbuches, und Jacubezky, der den Interpreten den erforderlichen Mut wünschte zu erforschen, was der Gesetzgeber, wie Windscheid sagt, eigentlich habe denken wollen, wies Planck dabei die wichtigste Aufgabe zu: „Auf Dich kommt hier sehr viel an; man wird Deiner Führung, Deinem Beispiele folgen, man wird nicht auf das Wort schwören, wenn man von Dir erfährt, daß es hie und da ungenau oder unrichtig ist." Als das erste Heft des Kommentars erschienen und Planck nicht völlig mit sich zufrieden war, tröstete er ihn: „Daß Dein Urteil nicht ganz mit dem Befunde übereinstimmt, den Gott Vater feststellte, als er mit der Schöpfung fertig war, entspricht dem Wesen der Aufgabe und Deinem unablässigen Streben nach Vervollkommnung[1])." Der scharfsinnige, kenntnisreiche und vielseitig gebildete Mann war der rechte Umgang für Planck, und er freute sich schon den ganzen Winter auf das Zusammensein mit ihm in den Frühlingstagen am Comersee.

Der 1. Januar 1900, an dem das Bürgerliche Gesetzbuch in Kraft trat, war für alle diese Männer ein Ehrentag. Man gratulierte Planck wie zu seinem Geburtstage. Tief bewegt und dankbaren Herzens freute er sich, dies Ziel vieljähriger Anstrengungen zu erleben. Zu Pfingsten des Jahres vereinigten sich in Berlin noch einmal alle, die an dem großen Werk mitgearbeitet hatten; von mehreren der verstorbenen Mitglieder waren deren Angehörige erschienen, wie Frau Windscheid mit ihrer Tochter, der jüngere Dr. Wolffson mit Frau und Schwester. Die Gesellschaft machte einen Ausflug nach Wannsee, wo der Staatssekretär Nieberding beim Festmahle die Erinnerungsrede hielt.

Seine jungen Jahre hatten Planck kaum eine andere Ehrung eingebracht als die ihm 1863 bei seiner Übersiedelung nach Meppen zuteil gewordene Ehrenmitgliedschaft im Göttinger Schützenverein, um so größer war die Fülle des Alters. Die der letzten 15 Jahre knüpfen fast alle an die Vollendung des Bürgerlichen Gesetzbuches an. Der Erhebung zum Wirklichen Geheimen Rat ist schon gedacht worden (oben S. 382). Der Prinzregent von Bayern verlieh ihm 1896 den Verdienstorden vom heiligen Michael zweiter Klasse mit dem Stern. Die Berliner Juristische Gesellschaft, die ihn zum Ehrenmitgliede ernannt hatte, veranstaltete gelegentlich der Einführung des Gesetzbuches eine Festsitzung, bei der Sohm die Rede hielt und die Büsten von

1) Briefe v. 8. Dezember 1896 und 11. Februar 1897.

Küntzel und Planck enthüllt wurden, nachdem schon vorher die Papes aufgestellt war. Plancks Büste war ein Werk des Berliner Bildhauers Kinne. Eine zweite, von Bildhauer Hartzer im Auftrage des Ministers Studt geschaffene, war für den großen historischen Saal der Göttinger Bibliothek bestimmt und wurde an Plancks 77. Geburtstage, den 24. Juni 1901, enthüllt. Auch in der Flurhalle des neuerbauten Justizpalastes in Magdeburg wurde 1905 Plancks Büste aufgestellt. Als die Königliche Gesellschaft der Wissenschaften zu Göttingen am 8. November 1901 ihr 150jähriges Jubiläum feierte, verkündete sie die unterm 3. August bestätigte Wahl Plancks zu ihrem Ehrenmitgliede. In der Rede, mit der er beim Festmahle seinen Dank aussprach, legte er sich seine Aufnahme in die der dogmatischen Jurisprudenz fernstehende Gesellschaft mit der Begründung zurecht, daß er in seiner gesetzgeberischen Arbeit stets dahin gestrebt habe, das, was sich geschichtlich im Leben entwickelt, wissenschaftlich zu erkennen und, soweit es lebenskräftig, zum Aufbau neuen Rechts zu verwenden.

Den Gipfel der Ehrungen brachte der 80. Geburtstag. Die deutsche Juristenwelt, die deutschen Universitäten, die Stadt Göttingen, die nationalliberale Partei beteiligten sich an der Feier des 24. Juni 1904. Von den juristischen Fakultäten waren Berlin durch Professor Kipp, Leipzig durch Strohal, Marburg durch Enneccerus vertreten. Für das Oberlandesgericht Celle erschienen der Präsident Krah und die Senatspräsidenten Coing und v. Reden, für das Göttinger Landgericht der Präsident Heinroth, der mit dem Prorektor Leo und dem Verfasser als Dekan der juristischen Fakultät die Feier in die Wege geleitet hatte, für die Stadt Göttingen der Oberbürgermeister Calsow. Von den alten Arbeitsgenossen aus den Gesetzbuchkommissionen stellten sich mit ihren Glückwünschen Jacubezky, Unzner, Spahn, Herm. Struckmann und André ein. Die Familie Planck und die ihr Verschwägerten waren durch den Reichsgerichtsrat Planck, Oberlandesgerichtsrat Wagemann aus Hamm, Amtsrichter Hölscher aus Münden und Kirchenrat Hölscher aus Leipzig, Pastor Kranold aus Hannover und Amtsgerichtsrat Kranold aus Köthen, den General v. Oesterley aus Hannover und E. Oesterley aus London vertreten. Die Göttinger juristische Fakultät hatte ihre Glückwünsche in einer Adresse niedergelegt, die ihrem Verfasser neben Zustimmungen auch manchen Widerspruch von Anhängern der Frauenbewegung eintrug. Bei dem Festmahl, das am 25. Juni in der Union unter großer Teilnahme aller Kreise stattfand, sprachen, nachdem der Prorektor das Hoch auf den Kaiser ausgebracht hatte, Professor Regelsberger, Präsident Krah auf den Jubilar, Präsident Heinroth auf Frau Planck, der Verfasser auf die Familie Planck. In der längeren Rede, mit der der Gefeierte antwortete, schilderte er seinen Lebensweg und gedachte dankbar, wie eine weise Führung alles, was ihm an Prüfungen auferlegt, an Hemmnissen entgegengestellt sei, zu seinem Besten zu kehren gewußt habe. Leider hat sich von der Rede, die einen tiefen Eindruck hinterließ, keine Aufzeichnung im Nachlaß erhalten, noch ein heimlicher Stenograph die Worte fixiert. Zahlreiche Preßorgane brachten zur Feier des Tages Begrüßungsartikel, die Deutsche Juristenzeitung ein Widmungsblatt aus der Feder des Geh. Justizrats Professor R. Leonhard in Breslau (1904 S. 609). Die deutschen Regierungen blieben mit ihrem Dank gegen den Jubilar nicht hinter seinen Mitbürgern zurück. Der Regent von Braunschweig, der Großherzog von Hessen verliehen ihm hohe Orden. Der Kaiser gab seinem Glückwunsche den schönen Ausdruck in dem Schreiben aus seinem Kabinett:

Wie Ich zu Meiner Freude erfahren, ist es Ihnen durch Gottes Gnade vergönnt, heute Ihr achtzigstes Lebensjahr zu vollenden. In dankbarer Erinnerung an Ihre Mir und dem Vaterlande geleisteten hervorragenden Dienste, insbesondere an Ihre treue Arbeit an der für die politische Entwicklung des Deutschen Reichs so bedeutsamen Schaffung eines einheitlichen bürgerlichen Rechtes ist es Mir ein Herzensbedürfnis, an Ihrem heutigen Ehrentage Ihnen Meine wärmsten Glück- und Segenswünsche auszusprechen. Möge Ihnen die freudige Genugtuung über Ihr unvergängliches Lebenswerk Ihren, wie Ich hoffe, noch langen Lebensabend erhellen, und seien Sie überzeugt, daß an Ihrem ferneren Wohlergehen lebhaften Anteil nimmt

Kiel, an Bord
M. Y. Hohenzollern
24. Juni 1904.

Ihr wohlgeneigter König
Wilhelm R.

Siebentes Kapitel.

Abschied und Rückblick.

Im Herbst 1907 kehrte Planck von seiner Italienfahrt früher als sonst zurück, um der Enthüllung des Denkmals für Bennigsen beiwohnen zu können. Neben der Freundespflicht gebot ihm das seine Mitgliedschaft in dem Ehrenpräsidium des Komitees. Die Feier fand am 3. Oktober in Hannover unter zahlreicher Beteiligung der alten Freunde und Parteigenossen statt. Bürklin von Karlsruhe sprach vor dem Denkmal, Planck bei dem Festmahl, an dem die Familie von Bennigsen durch eine Reihe von Mitgliedern vertreten war. Hatte die gedankenreiche Rede des Süddeutschen der politischen Persönlichkeit gegolten, die Eigenschaften des Parteiführers, die Verdienste des Staatsmannes gewürdigt, so feierte Planck in seinem Trinkspruch auf die Familie als der älteste noch lebende Freund Bennigsens dessen private Persönlichkeit. Niemand wußte besser als er, wie wenig der Mann, der vielen nur als Politiker bekannt war, in die Politik aufging, wie er bemüht war, sich über die wechselnden Bedürfnisse des Tages zu einer idealen Sphäre zu erheben und das irdische Treiben einer höhern Weltauffassung unterzuordnen. Der Freund kannte aber auch die Innigkeit seines Gemütslebens, seine Herzenswärme, die keinen schönern Ausdruck fand als in dem Verhältnis zu seiner Familie, in der Liebe zu seiner Frau, dem größten Segen, den ihm Gott geschenkt hatte.

Die frühe Rückkehr aus Italien, wo es noch sehr heiß gewesen war, in das herbstliche Klima Norddeutschlands hatte für Planck üble Folgen. Es wäre ratsamer gewesen, wie in den früheren Jahren, Sestri erst in der zweiten Hälfte des September aufzusuchen und später heimzukehren, aber Plancks Gewissenhaftigkeit widerstrebte es, gegen seine Zusage von der Feier in Hannover fernzubleiben. Eine Unterleibserkältung, die er sich bei der Gelegenheit zuzog, führte ein schweres Darmleiden herbei, so daß man besorgte, zu operativen Eingriffen schreiten zu müssen und neben dem Hausarzt, Dr. Langenbeck jun., den Chirurgen Professor Braun zuzog. Machte auch der weitere Verlauf der Krankheit eine gewaltsame Maßregel unnötig, so sah sich Planck doch gezwungen, auf jede akademische Tätigkeit für den Winter zu verzichten und die literarische Arbeit erheblich einzuschränken. Die Spuren der Krankheit verloren sich so bald nicht, und ein Schwächerwerden des bis dahin so gesunden Organismus war unverkennbar. Sobald er genesen war, kehrte er zur Arbeit und zur gewohnten Lebensweise zurück. Die Herbstreisen gehörten zu seinem feststehenden Jahresprogramm. 1908 und 1909 wurden sie in der üblichen Weise unternommen, nur daß man im letzten Jahre einen Umweg auf der Hinreise machte, um der Schwägerin die ihr noch unbekannte Rheingegend zu zeigen. Leider gestaltete sich der Aufenthalt in Sestri diesmal ungünstiger. Bei der Anbringung eines Fliegenbandes am Kronleuchter fiel Frau Planck und zog sich einen Schenkelhalsbruch zu. Das Krankenlager in der Fremde wie die Rückreise wurden unter diesen Umständen sehr schwierig. Zum Glück war ein deutscher Arzt, Professor Trendelenburg von Leipzig, in der Nähe, aber er konnte nur kurze Zeit noch in Sestri verweilen. Die Einstellung eines für den Rücktransport erforderlichen Krankenwagens in einen Eisenbahnzug stieß auf große Schwierigkeiten. Erst nach mehrwöchiger Verhandlung gelang es, einen solchen Wagen von Wiesbaden nach Sestri zu dirigieren, der in anderthalb Tagen die Kranke nach Göttingen beförderte. Als die Heimat glücklich wieder erreicht war, zog sich die Heilung der Erkrankten so lang hin, daß sie bis in den Sommer hinein ans Lager gefesselt blieb. Damit war Plancks allzeit getreue und immer rüstige Helferin selbst pflegebedürftig geworden, während seine eigene Hilfsbedürftigkeit zunahm, seit er im Winter 1909 durch einen unglücklichen Fall auf der steinernen Treppe des Ratskellers einen Bruch des linken Vorderarms erlitten hatte.

Als in den letzten Jahren die nächsten Freunde, einer nach dem andern, der ihm fast gleichaltrige Göttinger Studiengenosse Schwägermann (oben S. 49) im Januar 1907, Jacubezky, mit dem er noch im Herbst 1909 schöne Tage am Comersee verlebt hatte, am 3. Dezember darauf hinwegstarb, ahnte Planck, daß auch an ihn bald die Reihe kommen werde. Der Gedanke an den Tod drückte ihn nicht nieder. Er erfüllte seine Pflicht bis zuletzt und in alter Freudigkeit, der Arbeit treu verbleibend bis an sein Ende. Noch am Morgen seines Todestages beschäftigte er sich mit den Vorbereitungen für die vierte Auflage des Kommentars. Am 6. Mai suchte er den Dekan der juristischen Fakultät auf, um ihm anzuzeigen, daß er mit Rücksicht auf sein vorgeschrittenes Alter und seinen angegriffenen Gesundheitszustand vom nächsten Winter ab keine Vorlesungen mehr halten werde. Für das laufende Semester beabsichtigte er das begonnene Kolleg über Erbrecht weiterzuführen. Das Schreiben des Dekans Prof. Beyerle, das ihm für seine langjährige und erfolgreiche Mitwirkung am Rechtsunterricht dankte und des Ruhms gedachte, der durch seine Persönlichkeit der Fakultät, und der herzgewinnenden Art des Verkehrs, der ihren Mitgliedern zuteil geworden sei, war die letzte Freude seines Lebens. Die begonnene Vorlesung fortzusetzen behinderte ihn die zunehmende Schwäche seines Körpers. Der stramme feste Gang am Arme seines Führers wich einem unsichern Schwanken. Es stellte sich Influenza mit anschließender Bronchitis ein; Herzschwäche und Schwierigkeit der Ernährung kamen hinzu, und am 20. Mai beendete ein sanfter Tod dies kostbare Leben.

Nachdem am Nachmittage des 22. eine stille häusliche Andacht stattgefunden hatte, wurde er am 23. auf dem Zentralfriedhof zur letzten Ruhe bestattet. In der Friedhofskapelle hielt Plancks Schwager, Kirchenrat Hölscher von Leipzig, die Trauerrede, die die Worte Eliesers zugrunde legte: Haltet mich nicht auf, denn der Herr hat Gnade zu meiner Reise gegeben; lasset mich, daß ich zu meinem Herrn ziehe (1. Mose 24, 56). Für die juristische Fakultät sprach L. v. Bar, für die Stadt Oberbürgermeister Calsow, für die Mitarbeiter am Kommentar, die es als ein heiliges Vermächtnis betrachteten, das Werk seines großen Schöpfers und der darauf verwandten Arbeit würdig fortzuführen, in einer den Hörern unvergeßlichen Weise Prof. Strohal von Leipzig. Am Grabe legte Senator Fink von Hannover einen Kranz für die nationalliberale Partei der Provinz nieder; ebenso ein Vertreter der nationalliberalen Jugend. Von nah und fern war man herbeigeeilt, um dem Heimgegangenen die letzte Ehre zu erweisen. Der Unterrichtsminister hatte einen Kranz übersandt mit der Aufschrift: Dem großen Rechtslehrer. Das Reichsjustizamt war durch den Staatssekretär Lisko, das Kammergericht durch seinen an Stelle des verhinderten Präsidenten Heinroth erschienenen Senatspräsidenten Dr. Günther, das Celler Oberlandesgericht durch seinen Chefpräsidenten Wolff und den Oberstaatsanwalt Freytag, die alten Freunde und Mitarbeiter durch Th. Braun, Prof. André, den Bürgermeister Struckmann von Hildesheim u. a. vertreten. Die Zeitungen brachten ehrende Nachrufe, unter denen die des Hannoverschen Couriers, der Göttinger Zeitung aus der Feder V. Ehrenbergs, der Deutschen Juristenzeitung aus der Sohms hervorgehoben zu werden verdienen. Die Königliche Gesellschaft der Wissenschaften widmete ihm in ihrer öffentlichen, den Gedenkfeiern bestimmten, Sitzung am 4. Mai 1911 Worte der Erinne-

rung durch den Verfasser [1]). Das Einfachste und Schönste sagte der Brief, in dem Frau Planck dem in Kissingen weilenden Universitätskurator Osterrath für seine Teilnahme dankte: „Mit meinem lieben Manne ist für mich der Zweck und Inhalt meines Lebens dahin. Aber ich danke Gott, der ihn bis zuletzt geistig frisch erhalten, und nun, wo die Beschwerden des Alters kamen, zu sich genommen hat in die Ewigkeit. Gott wird weiter helfen."

Die Stadt Göttingen schmückte das Haus ihres Ehrenbürgers mit einer Gedenktafel, nachdem sie schon bei seinen Lebzeiten die schönste der neuen nach Osten führenden Straßen nach ihm benannt hatte. Als im Oktober 1911 die zweihundertjährige Jubelfeier des Celler Oberlandesgerichts begangen wurde, ließ die Stadt Celle auf einem der von ihr für das Treppenhaus des Gebäudes gestifteten Glasfenster das Bild Plancks als Repräsentanten des hannoverschen Richterstandes anbringen.

„Es war ein schönes, langes Leben," waren die letzten Worte eines Mannes, der, den Achtzigen nahe, nach einem kraftvollen, für die Menschheit gesegneten Wirken in demselben Jahre mit Planck starb. Der Dank, den Franz König damit aussprechen wollte [2]), gilt auch für das Leben, das wir durch dieses Buch begleitet haben.

Aus schlichten Familienkreisen war Planck in die breite Öffentlichkeit herausgetreten. Das väterliche und noch mehr das großväterliche Haus hatten ihn mit einer reichen Mitgabe für den Lebensweg ausgestattet. Er war im Schatten eines großen Namens aufgewachsen, dem alle, die ihn kannten, mit Verehrung und mit Liebe anhingen. Er war alt genug, um ein deutliches Bild des Großvaters in sich aufzunehmen: er hatte als siebenjähriger Knabe die goldene Hochzeit der Großeltern im Pfarrgarten zu Lenglern mitgefeiert, war neun Jahre alt, als sie den Großvater auf dem Weender Kirchhof begruben. Wie sein Bild das Familienzimmer des Sohnes und des Enkels schmückte, so lebte auch der fromme, liebevolle und heitere Geist in den Nachkommen fort. Wer in den Schriften oder Briefen des Groß-

[1]) Nachrichten v. d. Königl. Ges. der Wiss., geschäftl. Mitteilungen 1911 S. 82 ff.

[2]) Lebenserinnerungen von Franz König (Berlin 1912) S. 151.

vaters liest, auf allen Seiten trifft er auf Äußerungen, die auf den Enkel passen. Nicht bloß, daß er sie auch getan haben könnte, sondern, was mehr ist, die sein Leben in die Tat umgesetzt hat. Der gläubige feste Sinn, die sonnige Heiterkeit des Gemüts, der Rechtssinn, die Unparteilichkeit, der Sinn für das Suum cuique, wie es ein Schüler des alten Planck ausgedrückt hat (ob. S. 31), die Hoffnungsfreudigkeit: alles das kehrt in dem Leben des Enkels wieder.

Männer, die sich an den öffentlichen Angelegenheiten beteiligen, kennt und würdigt man meistens nur in dieser Eigenschaft. Auch Planck geht es so, man weiß von ihm als Parlamentarier und Gesetzgeber. Es verdient aber auch sein Privatleben gekannt und gewürdigt zu werden; um seiner selbst willen und weil es mit seinem öffentlichen Leben in innigem Zusammenhange stand. Seine privaten Tugenden waren zugleich die seines öffentlichen Wirkens. Das Goethesche Wort: Freudigkeit ist die Mutter aller Tugenden, steht als Motto über seinem Leben. Jede neue Stufe seines Lebens sehen wir ihn mit Lust und Liebe betreten, immer in der frohen Hoffnung, daß sie ihn geistig fördern und befähigen werde, andern zu nützen. Er hatte das Glück, von früh auf einen Beruf zu finden, der ihm zur Freude gereichte. Das Beispiel des Vaters, eines der angesehensten Richter seiner Heimat, hatte ihn diesem Berufe zugeführt. Seine Pflichttreue, sein hoher Gerechtigkeitssinn wirkten vorbildlich für den Sohn. Zeitlebens war ihm der richterliche Beruf der erwünschteste. Sich für ihn mit allem Ernst auszubilden, seinen Anforderungen nach allen Seiten hin gerecht zu werden, war das nächste Ziel, das er sich setzte. Aber die Generation, die nach 1840 auf den Schauplatz trat, ließ sich nicht wie die vorangehende, die nach den Stürmen der Napoleonischen Zeit ihr Genüge an der ruhigen Pflege der Güter des Friedens fand und nur zur behutsamen Besserung einzelner Schäden die Hand reichen mochte, bei dem Bestehenden festhalten. Sie suchte nach der Brücke, die vom Recht zur Politik führte, zur durchgreifenden Reform auf allen Gebieten des öffentlichen Lebens. Planck verleugnete den Geist seiner Zeit nicht, blieb aber des väterlichen Wortes eingedenk, daß der pflichttreue Mann sich zuerst an der Fürsorge für seinen nächsten Kreis, seinen Beruf, zu erweisen habe. Seine geistigen Interessen gingen nicht auf in die richterliche Tätigkeit, während andererseits die Rechtswissenschaft ihn nicht weiter anzog, als daß sie die Unterlage für eine gerechte und gewissenhafte Handhabung des richterlichen Amtes lieferte. Er verfolgte zwar die Weiterentwicklung des Rechts in seiner Zeit, aber gleichwertig standen daneben die modernen Erscheinungen in Geschichte, Volkswirtschaft und Literatur.

Fast beim ersten Heraustreten in das öffentliche Leben empfing ihn der Märzsturm. Auch der Völkerfrühling löste in den Gemütern die Stimmung aus: nun muß sich alles, alles wenden! Wer konnte jetzt ein stiller Privatmann bleiben und sich begnügen, seine Aktenarbeit fleißig und redlich zu erledigen? Anteil an dem erwachenden Leben der Nation zu nehmen erschien als öffentliche Pflicht. Die Zeitgenossen stellten sich verschieden zu dieser Aufgabe. Die einen, wie R. v. Bennigsen, sahen der Entwicklung aufmerksam und kritisch von ihrer Studierstube zu; andere, wie K. Gödeke, packten ihre gelehrten Arbeiten zusammen und sagten den Studien für einige Zeit Valet, um Mensch unter Menschen zu sein [1]); Planck warf sich hoffnungsfreudig in den Strom der Bewegung, hielt aber dabei fest an seinem Berufe und ließ ihn auch als Politiker nicht aus den Augen. Er empfand das Bedürfnis nach einem neuen Rechtsboden. Die Revolution hatte ihn geschaffen. In einem ausführlichen Briefe vom Februar 1849 setzte er seinem Vater, als es sich um die praktische Frage handelte, wie die Gerichte die deutschen Grundrechte zu behandeln hätten, auseinander, daß sie wie die Beschlüsse der Nationalversammlung überhaupt Gesetz seien. Das anzuerkennen sei nicht bloß eine politische, sondern eine juristische Notwendigkeit. Er legte dabei weniger Wert auf die Bundesbeschlüsse aus dem Frühjahr 1848, auf die man sich gewöhnlich berufe, als vielmehr auf das Gewohnheitsrecht und seine dem Gesetze gleichstehende Kraft. Das Rechtsbewußtsein des deutschen Volkes hat sich deutlich kundgegeben durch die Märzrevolution, durch die Vornahme der Wahlen zur Nationalversammlung, deren fast einstimmige Beschlüsse, durch die ohne Befragung der Regierungen erfolgte Schaffung der provisorischen Zentralgewalt, durch den Beschluß der hannoverschen Zweiten Kammer in der Grundrechtsfrage, ja selbst durch die Handlungen der hannoverschen Regierung, die die von der Zentralgewalt ausgeschriebenen Matrikularbeiträge ohne ständische Bewilligung zahle und das Reichsgesetzblatt den Gerichten zuschicke: alles das zeige, daß der Nationalversammlung die höchste maßgebende Gewalt, und zwar von Rechts wegen, zustehe [2]). Daß das Rechtsbewußtsein, das Planck anrief, allgemein vom deutschen Volke geteilt wurde, wird mancher bezweifeln. Wenn es vorhanden war, erwies es sich jedenfalls von geringer Nachhaltigkeit und wich nach kurzer Dauer dem Widerstand und den Angriffen derer, die ihm von Anfang an widersprochen hatten. Planck beirrte das nicht; er

[1]) Gödeke in der Widmung seiner Elf Bücher deutscher Dichtung (1849).
[2]) Brief v. 28. Februar 1849.

hielt fest an dem, was er für Recht erkannt, und traute ihm die Fähigkeit zu, aller Hindernisse Herr zu werden. Er unterschätzte die Kraft der entgegenstehenden tatsächlichen Verhältnisse und glaubte den Deutschen Bund ignorieren zu können, weil er rechtswidrig wiederhergestellt war. Die Anfänge seines praktischen Mitwirkens in der Politik haben Planck den Tadel, und zwar von Gesinnungsgenossen, zugezogen, daß er politische Aufgaben nach juristischen Grundsätzen behandele und durch die scheinbare Konsequenz seiner Deduktion andere verleite, denselben Weg einzuschlagen (oben S. 123 und 133)[1]). Sein Vorgehen wurzelte in seiner Verehrung des Rechts. In seinen Formen erblickte er die Mittel zur Bezwingung des Widerstandes. Wie oft hat er in den hannoverschen Verfassungskämpfen den Paragraphen anwenden wollen, der den Kammern ein wirkungsvolles Beschwerderecht gegen das Ministerium beilegte, ohne je damit Anklang, geschweige denn Erfolg zu erringen (oben S. 96 und 123)! Diese Neigung zum Rechtsformalismus hinterließ auch ihre Spuren in dem ersten Entwurf des Bürgerlichen Gesetzbuches. Man geht kaum irre, wenn man sie auf seine juristische Erziehung und Ausbildung zurückführt. Er stammte aus der Schule des unerschütterten gemeinen Rechts. Mühlenbruch in Göttingen, Puchta in Berlin waren seine einflußreichsten Lehrer. Durch seinen Vater kam er früh mit der Rechtsprechung des Celler Tribunals in Berührung, die sich im Anschluß an die historische Rechtsschule streng in den Bahnen des römischen Rechts bewegte, neuen Ideen, Rücksichten der Billigkeit wenig Eingang verstattete, auf korrekte Form und vollendete Rechtstechnik hielt[2]). Planck gehörte selbst, wenn auch nur einige Jahre, dem Celler Gerichtshofe an, und sein Verwandter und naher Freund G. Wagemann galt als der nachdrücklichste Vertreter jener streng romanistischen Richtung des ersten Senats. Den größten Teil seiner richterlichen Tätigkeit verbrachte er in verschiedenen Obergerichten des Landes, die doch nicht alle der neuen, von bloßer Begriffsjurisprudenz sich freimachenden, Richtung fremd und abweisend wie die oberste Instanz gegenüberstanden. Sein Aufwachsen in der geistig bewegten Zeit des Vormärz, sein früher Eintritt in die politisch-parlamentarische Tätigkeit machten ihn mit den Bedürfnissen der Zeit genugsam bekannt. Alles das bewahrte ihn vor dem Aufgehen im Rechtsformalismus. Daß er davon berührt worden ist, läßt sich nicht leugnen; ebensowenig aber, daß er sich davon immer mehr freizumachen gewußt hat.

[1]) Oppermann, Zur Gesch. des Kgr. Hannover II (1862) S. 377.
[2]) Biermann, oben S. 356 Anm. 2.

Von den beiden Zielen der Märzbewegung überwog anfangs, dem Ausgangspunkt entsprechend, die Erringung der Freiheit. Sie gelang, ohne erheblichen Widerstand zu finden. Um so schwerer war es, das andere Ziel, die nationalen Forderungen, zu verwirklichen. Ich weiß nicht, ob Planck je den Radikalismus des jungen Bennigsen geteilt hat, der in der „reinen Demokratie" das Ideal verehrte, in Friedrich Hecker und Arnold Ruge kräftige Persönlichkeiten erblickte und nur bedauerte, daß „sie sich so traurige Rollen — wie die der äußersten Linken — auferlegt hätten"[1]). Die Verehrung für den Philosophen Ruge hat Planck mit der vormärzlichen liberalen Jugend geteilt. „Er gehörte zu denjenigen," schrieb er einmal an seine Braut, „die ganz wesentlich die Bewegung von 1848 mit vorzubereiten geholfen haben, nicht sowohl durch direkte politische Agitation als durch seine kritischen philosophischen Arbeiten. Sein und seiner Mitarbeiter Verdienst bestand in der energischen Wahrheitsliebe, mit der sie allem bloßen Schein zu Leibe gingen, in der schonungslosen Kritik, mit der sie an alle Einrichtungen in Kirche und Staat die Frage richteten: Welches innere Recht habt ihr, zu bestehen? mit der sie alle altüberlieferten Ansichten und Meinungen einer vorurteilsfreien Prüfung unterzogen. Als praktischer Politiker hat er nie etwas geleistet." Planck, der ihn kurz vor 1866 sah, war überrascht von der merkwürdigen, fast kindlichen Frische des Geistes- und Gemütslebens und dem jugendlichen Äußern, die er sich zu bewahren gewußt habe. Wenn Planck unter dem Eindruck der Februarrevolution im Prinzip und im Ideal die Republik als die allein naturgemäße Verfassung ansah (oben S. 81), so hatte ihn die Betrachtung der deutschen Verhältnisse bald belehrt, daß, um ein freies und einiges Deutschland zu erlangen, der Entwurf der Siebzehner und nachher die deutsche Reichsverfassung den einzig möglichen Weg darboten (oben S. 86). Die beiden Ziele der 48er Bewegung standen miteinander in Zusammenhang. Mochte man sich eine Zeitlang in der Hoffnung wiegen, die Errungenschaften des März still auf gerettetem Boot im Hafen des Einzelstaates bergen zu können, einerlei, was aus der Reform des Gesamtstaats wurde, die Entwicklung seit 1850 machte es bald gewiß, daß der Zusammenbruch der nationalen Hoffnungen auch die freiheitlichen Einrichtungen, die sich die Einzelstaaten gegeben hatten, aufs schwerste bedrohte. Die rückläufige Bewegung vollzog sich nicht ohne Widerstand zu finden. Es kamen die Kämpfe, die sich Planck als Jüngling gewünscht, die er in jugendlicher Zuversicht für leicht ge-

[1]) Brief v. 23. Juni 1848, Oncken I 156.

halten hatte (oben S. 99). Sie rückten ihm dicht auf den Leib, zogen ihm Verfolgungen zu und setzten ihn den Handlungen der Willkür aus. Man suchte ihn aus dem Staatsdienst zu verdrängen und sperrte ihm den Zugang zur Anwaltschaft. Es gelang nicht, ihn dadurch nachgiebig zu machen und zu bewegen, das Unrecht Recht zu nennen. Er focht die Kämpfe tapfer durch, nicht nur für sich, sondern für die Gesamtheit. Unter den Forderungen des Rechtsstaats, die er gegenüber dem Polizeistaat vertrat, stand ihm die Unabhängigkeit des Richters obenan: er stritt für das richterliche Prüfungsrecht gegenüber landesherrlichen Erlassen; für die unbeschränkte Teilnahme der Richter an Preß- und Redefreiheit, an Vereins- und Versammlungsrecht. Wie mutig und unermüdlich er aber auch seine Sache vor Gericht und in der Presse führte, das letzte Ergebnis war, daß die Ziele, die er verfolgt, nicht erreicht wurden, die Güter, für die er gekämpft, verloren gingen, und er selbst aus der ihm liebgewordenen amtlichen Tätigkeit entfernt wurde. Der Ausgang entmutigte ihn nicht. Die Hoffnungsfreudigkeit, die sein ganzes Leben durchzieht, bewährte sich jetzt. „Erhalte mit aller Kraft des Geistes den Glauben fest, daß ein Umschwung zum Bessern nicht ausbleiben wird", waren Worte des Großvaters, die der Vater in dessen Nachlaß gefunden hatte und dem Sohn in trüber Zeit zurief. Er ließ sich nicht an dem Hoffen genügen, legte nicht die Hände in den Schoß und erwartete vom Zufall den Umschwung zum Besseren. Er trat aufs neue an die Arbeit. Hatte die bisherige einen abwehrenden Zweck verfolgt, den in Hannover gewonnenen Rechtsboden gegen den Angriff von innen und von außen, gegen die einheimische, von einer Partei im Lande gedrängte Staatsgewalt und gegen die im Bundestag vereinten deutschen Regierungen zu verteidigen, so stellte sich jetzt eine positive Aufgabe ein. Das Jahr 1848 hatte vor allem die Lehre gepredigt, daß ohne eine nationale Reform alles andere eine prekäre Existenz führte. Die deutsche Einheit über alles und vor allem! Wir müssen heraus aus der Kleinstaaterei, und ein großes Vaterland uns alle vereinigen. Der alte burschenschaftliche Gedanke entsprach so sehr dem Bedürfnis, daß er die weitesten Kreise ergriff, solange auch seine Träger verfolgt und verfehmt waren. „Die Burschenschaft hat eine Vorahnung gehabt, doch zu früh. Schließlich haben Sie doch recht bekommen," sagte Fürst Bismarck zu dem Sprecher der Burschenschaft, als er im Juli 1892 in Jena von Stadt und Universität begrüßt wurde[1]). Die alten Studienfreunde, die die prophetischen Farben getragen und 1845

[1]) Burschenschaftliche Blätter 1892 S. 231.

Planck das: Bemooster Bursche zieh ich aus, zugesungen hatten, sahen alle in dem 1866 und 1870 Erreichten die Ideale erfüllt, denen ihre jugendliche Begeisterung gegolten hatte.

Die Jahre 1866 und 1870 brachten neue Erfahrungen, neue Lehren. An manchen der bisherigen Kampfgenossen Plancks gingen sie spurlos vorüber; andere nahmen sie mit verhaltenem Grimm auf. An die Erfolglosigkeit ihrer politischen Arbeit gewöhnt, waren sie mißtrauisch gegen jeden Erfolg, mochte er auch ihre Ziele verwirklichen. Das Neinsagen gehörte zur Gesinnungstüchtigkeit. Der Mann, der das vollbrachte, was sie auf anderen Wegen für erreichbar gehalten hatten, wurde der Gegenstand erbitterter Anfeindung. Planck hatte im Nationalverein zu denen gehört, die wußten, daß zu einem Staat vor allem eine Staatsgewalt erforderlich sei. Gegenüber dem Rufe nach einem deutschen Parlamente, in dem die Menge die Zauberformel sah, die alle Schäden zu heilen imstande war, verlangte er vor allen Dingen eine Zentralgewalt. Treffend mißt er an diesem Maßstabe das Vorgehen des Frankfurter Parlaments (oben S. 218), das die Grundfrage der Verfassung an letzter Stelle erledigen zu können gemeint hatte. Die zentrale Staatsgewalt, der wir bedürfen, ist nicht erst zu konstruieren noch für sie ein Träger ausfindig zu machen, sondern der größte deutsche Staat ist durch Natur und Geschichte berufen, an die Spitze des Bundesstaats zu treten: diese nüchterne politische Erwägung bestimmte seine Haltung schon in den Jahren 1848 und 1849. Ich weiß nicht, wie lange er den Gedanken seiner jungen Jahre festgehalten hat, Preußen müsse, um ebenbürtig mit den übrigen deutschen Staaten einen engern Bund eingehen zu können, sich in seine Teile auflösen (oben S. 94). Erst das Jahr 1866 mit seinen militärischen und seinen diplomatischen Leistungen und Erfolgen überzeugte ihn wie so viele Deutsche von der nationalen Kraft, die dem Preußischen Staat und seinem Königtum innewohnte. Nur im Anschluß an die größte staatliche Einheit, die schon in Deutschland vorhanden und wie sie vorhanden war, war die deutsche Einheit zu erreichen.

Der nachdrücklichste Lehrer des Jahres 1866 war Bismarck. Seine Politik zeigte, daß das Recht nur siegen könne, wenn die Staatskunst seine Forderungen zu den ihrigen mache. Den Bundestag brachten die Rechtsdeduktionen der Gelehrten und die Reden der Opposition nicht um, ihn erschlug erst die Hand, die eifrig zu seiner Wiederherstellung beigetragen hatte. Planck hatte nicht anders wie die große Mehrzahl nicht bloß seiner Parteigenossen über Bismarck geurteilt und ihm auch nach den Erfolgen der Jahre 1864 und 65 keine andere Absicht als eine Vergrößerung Preußens zugetraut. Das Recht eines Volkes auf seine Einheit ist sein oberstes Recht. Als Bismarck die deutsche Einheit auf seine Fahne schrieb, erkannte Planck in ihm den Führer, dem jeder Vaterlandsfreund zu folgen habe, auch wenn seine Politik noch nicht alles brachte, was erstrebenswert war. Die Mainlinie schmerzte ihn tief, aber er sah ein, daß vorderhand nicht mehr erreichbar war. Die Reaktionsjahre, die so manchen der Kämpfer von 1848 zum Pessimisten gemacht, hatten ihn das geduldige Warten gelehrt. Er hatte die Flamme des politischen Geistes, der Anteilnahme an den öffentlichen Geschicken von Jugend auf genährt, nicht bloß bei sich selbst, sondern auch bei seinen Landsleuten. In ernsthaftem, unablässigem Wirken hatte er dem Ziele zugestrebt. Mochten Wolken es verhüllen, er hörte nicht auf zu hoffen und für das Erhoffte zu arbeiten. Auch als das Ziel auf anderem Wege erreicht wurde, als er erwartet hatte, blieb er ihm getreu, sich und andere aufrufend, ihm mit frischem Mute zu dienen, aufs neue ans Werk zu treten und dafür zu sorgen, daß es nicht zum zweiten Male fehlschlug und durch die Fehler der Volksvertretung zugrunde ging. Er unterstützte die Bismarcksche Politik und förderte sie nach Kräften in allem, worin sie mit der Einheit Deutschlands Ernst machte.

Planck war kein bloßer Unitarier. Über den nationalen Forderungen vergaß er die liberalen nicht. Er war ein Sohn des Jahres 1848. In der Formel der französischen Republik hatte er die fraternité unterstrichen (oben S. 81). Er bekannte sich stets zur demokratischen Partei. Hat er auch manche ihrer Irrgänge mitgemacht, wie seine Sympathie für die hannoversche Rondeputiertenbewegung, für die Männer der Linken des Frankfurter Parlaments, seine kühle Äußerung nach den Ereignissen des 18. Septembers (oben S. 90) zeigen, so bewahrte ihn doch seine nüchterne norddeutsche Natur und sein unerschüttertes Festhalten an der nationalen Einheit vor jedem Einlenken in extreme Wege. Wie er den Unterschied zwischen Liberalen und Demokraten verstehen will, zeigt seine schon oben S. 218 behandelte Flugschrift. Man darf bezweifeln, ob seine Ansicht 1861, als jene Schrift erschien, richtig war; um wieviel weniger war sie es später, als allgemeines Wahlrecht und soziale Gesetzgebung die Entwicklung in ganz andere Bahnen gedrängt hatten. Jedenfalls hat das demokratische Glaubensbekenntnis Planck sein ganzes politisches Leben hindurch nicht gehindert, mit Konstitutionellen in ehrlicher Freundschaft zusammenzuarbeiten. Viel eher liegt oder lag ein Gegensatz in der Stellung der beiden Parteien zum allgemeinen und gleichen Wahlrecht, obschon Planck es nicht als ein Kriterium gelten lassen will. Er war von Anfang an dessen Anhänger um des Prinzips der Gleichheit willen. Hat die Aufnahme des allgemeinen

Wahlrechts in unser öffentliches Recht manchem ehrlichen Konstitutionellen den beherzten Anschluß an die Bismarcksche Politik erschwert; für Planck war dieser Schritt ein Grund mehr, sie zu unterstützen.

Nachdem er an seinem Teile dazu mitgeholfen, den deutschen Staat aufzurichten, kam es darauf an, den Bau im Innern so auszugestalten, daß er die nationalen Aufgaben zu erfüllen vermochte. Dazu gehörte vor allem die Pflege des Rechts, und für die deutschen Verhältnisse in erster Linie die Fürsorge für ein einheitliches Recht. Die Resultate der wissenschaftlichen Erforschung des bisherigen Rechts und die Anforderungen des Lebens der Gegenwart miteinander zu verbinden war die große Aufgabe, die den Schöpfern eines neuen gemeinen Rechts gestellt war und nur unter schweren Kämpfen vollbracht werden konnte.

Plancks Leben ist in Kampf aufgegangen. Er sieht das als ein Erbteil des Zeitalters an. Schon im Jahre 1857 schrieb er an einen Freund: „Der Kampf, den unsere Zeit durchzukämpfen hat, fordert von den meisten dies oder jenes Opfer. Glücklich, wer wie ich dabei leichten Sinn und frohen Mut hat [1].“ Diese Begleiter sind ihm treu geblieben bis ans Ende. Stolz hätte er zurückblicken dürfen auf das, was erreicht war und wie er es erreicht hatte. Was erreicht worden ist, liegt jedermann offen, nicht auch, wie es erreicht wurde. Nicht die Freude am Kampf leitete ihn; er war im Grunde eine friedliebende Natur. Aber da die Sache, das Ziel, das es zu erreichen galt, Widerstand fand, kämpfte er unermüdlich. Wer im öffentlichen Leben tätig ist, muß, wie wer an der Straßen baut, „mannegen meister han“; aber auch mit dem nötigen Gleichmut gewaffnet sein, die öffentlichen Angriffe zu ertragen. Das hatte Planck schon in dem politischen Kriegsdienst seiner jungen Jahre gelernt und tröstete seine empfindlichere Umgebung, die es schwer aufnahm, wenn die redlichste Überzeugung verkannt und, wie es auch vorkam, verunglimpft wurde. Es ist ihm nicht leicht geworden, seine Entschlüsse zu fassen. Ein tiefgründiger Mann, ging er ernstlich mit sich zu Rate, die Argumente der Genossen und die der Gegner sorgfältig prüfend. Sein Gerechtigkeitssinn beherrschte ihn auch dem Gegner gegenüber. Er griff nicht dessen Person an, nur seine Waffen. Er dachte sich in dessen Beweggründe hinein und suchte ihnen etwas Erklärendes, Rechtfertigendes abzugewinnen. Leidenschaftlichen Freunden ging diese kühle Ruhe oft zu weit. Als Planck einmal den Minister v. Borries in Schutz nahm, fuhr Miquel auf: „Und wenn der Gottseibeiuns käme, du würdest ihn noch verteidigen.“

[1]) Brief an Claus Ramdohr vom 8. Dezember 1857.

Er hat diese Kaltblütigkeit nicht von jeher besessen, war in seiner Jugend zum Auffahren, zum schnellen Eingreifen und Antworten bereit. Das reifere Alter lehrte ihn abzuwarten und reiflich zu überlegen. Erst dann entschied er oder ergriff er das Wort, um andere für seine Meinung zu gewinnen. Gelang ihm das nicht, so zwang er den Gegner doch zur Anerkennung seines Strebens nach allseitiger unparteiischer Prüfung und Gerechtigkeit. Von diesem Geist zeugen auch seine Reden. Sie sind schmucklos, brauchen keine Bilder, regen den Hörer nicht durch Zitate oder Vergleiche an. Sie reden die Sprache des Juristen, der mit wenig Worten viel zu sagen weiß. Die Wärme des Herzens, die den Redner beseelt, wird zurückgehalten, um die planvolle Entwicklung der Gedanken nicht zu stören; nur sie soll auf die Zuhörer wirken und hat ihm oft genug ihren reichen Beifall eingetragen. Wie die Rede, stand ihm auch die Schrift zu Gebote. Sie entsprachen einander. Was er schrieb, geschah im Dienste der Rechtswissenschaft oder der Politik, stets um praktischer Aufgaben willen. Sie führten ihn selten über die Form der Deduktion hinaus. Wo er einmal Gelegenheit hat zu historischer Betrachtung, weiß er die Vorgänge so zu durchdringen, daß man bedauern muß, ihm nicht öfter auf diesem Gebiete zu begegnen. Die Flugschrift von 1861 bietet schöne Beispiele solch historisch-kritischer Behandlung in den Ausführungen über das Frankfurter Parlament, den tiefern Sinn des Kampfes zwischen der erbkaiserlichen und der demokratischen Partei, die Grundgedanken der Bewegungen vor 1848 (oben S. 218). Einen breiten Raum in Plancks schriftstellerischer Tätigkeit nehmen die Abhandlungen über das richterliche Prüfungsrecht ein (oben S. 165 und 209). Man mag es bedauern, soviel Kraft auf eine Frage verwandt zu sehen, die, doch nur von vorübergehender Bedeutung, durch die Übergangszeit vom absoluten zum konstitutionellen Staat erzeugt war, in der man die alten Formen für einen neuen Inhalt, die Verordnung anstatt des Gesetzes, fortbrauchen zu dürfen meinte. Aber der Kampf gegen diesen Mißbrauch war zurzeit notwendig, und Planck ist nicht müde geworden, diese Aufgabe gründlich und scharfsinnig zu behandeln.

Die ruhige leidenschaftslose Weise des Redens, der sorgfältige Gang des Deduzierens, die Planck in seinem öffentlichen Wirken charakterisieren, machen ihn zu einem rechten Repräsentanten des norddeutschen, speziell des hannoverschen Typus. Auch im Bürgerlichen Gesetzbuch ist er wahrnehmbar. Man hat es dem schweizerischen Zivilgesetzbuch gegenübergestellt. Abgesehen davon, daß dort eine Kommission, hier ein einzelner Redaktor redet, kommt dem Süddeutschen die größere Plastik seiner Ausdrucksweise zustatten, wo der

Norddeutsche sich in begrifflichen Vorstellungen und Entwicklungen bewegt. Die süddeutsche Herkunft seiner Familie hatte in dem Enkel des Mannes, den der schwäbische Dialekt auch auf dem Katheder nie verließ, keine Spur hinterlassen. Wie die Familie sich ganz in das hannoversche Wesen eingelebt hatte, so war Planck auch im Sprechen ein Hannoveraner geworden. In seiner Rede vor dem Celler Oberappellationsgericht hieß es: ich habe bereits ersten darauf hingewiesen (oben S. 172) und in einem Briefe an Albrecht, den er zur Beschleunigung in einer Wahlangelegenheit antreiben will: „wenn Ihr nicht bald zu macht, soll Euch der Teufel holen".

Seine Sachkunde, der Ernst und der Fleiß, mit dem er alle Aufgaben ergriff, gepaart mit der Freundlichkeit seines Wesens, brachten ihn überall, wo er sich betätigte, bald in die vorderste Reihe. So in der Zweiten Kammer der hannoverschen Ständeversammlung, im Juristentage, im Nationalverein, in den Kommissionen des Bürgerlichen Gesetzbuches. Die bedeutende Stellung, die er einnahm, hat er nicht erstrebt, er gewann sie durch die ihn auszeichnenden Eigenschaften. Nicht anders wurde er in der nationalliberalen Fraktion von Einfluß (oben S. 277). Er bewahrte sich das erlangte Vertrauen, weil er in allen Schwierigkeiten den Kopf oben und ein festes Ziel vor Augen behielt und auch unter den schweren persönlichen Schicksalen, die ihn trafen, in der Erfüllung seiner Aufgabe nicht wankend wurde. Die größte stand ihm gerade in der Zeit bevor, da er sein Augenlicht verlor. Er hat sie nicht bloß trotzdem durchgeführt, sondern die geistige Konzentration gab ihm die Kraft, bei ihrer Lösung die wichtigste Arbeit zu tun. In dem Glückwunsch, den ihm der Staatssekretär des Reichsjustizamts zu seinem achtzigsten Geburtstage sandte, hieß es: „Wenn Sie auf die langen Jahre Ihres Schaffens zurückblicken, werden Sie von einem Gefühle reiner und ungetrübter Befriedigung, zugleich aber von dem Bewußtsein erfüllt sein dürfen, daß es selten einem Manne beschieden ist, unter so neidloser Anerkennung und so aufrichtiger Verehrung für große Ziele erfolgreich zu wirken." Den Angriff, der auf das Bürgerliche Gesetzbuch um seinetwillen gemacht wurde und dessen angebliches Mißlingen seiner Blindheit zuschrieb, hat Planck nicht mehr erlebt[1]). Der Verfasser tat ihm und seinen Mitarbeitern zugleich unrecht. Sie waren Manns genug, um sich nicht durch die einseitigen Ansichten eines aus ihrer Mitte bestimmen zu lassen, am wenigsten eines Juristen, wie Kohler ihn schildert: eines Blinden, der das frische Leben nur vom Hörensagen kennt, der sich

[1]) Berliner Tageblatt vom 22. Okt. 1910 (oben S. 349).

in Abstraktionen einspinnt und der Gegenwart veraltete und fremdartige Vorschriften in schwülstiger Fassung als Gesetzbuch vorlegt. Die Mitglieder der Kommission bezeugen alle von ihm, wie wenig er sich von der Doktrin allein beherrschen ließ, wie er den Bedürfnissen des Lebens, in dem er doch sehend lange genug gestanden hatte, gerecht zu werden strebte. Und wer ihn sonst persönlich gekannt hat, wird es bestätigen, wie er nach und trotz der Erblindung alle Vorgänge des juristischen, des wirtschaftlichen, des politischen Lebens, die Stimmen der Literatur und der Judikatur mit einer Aufmerksamkeit und einem Interesse verfolgte, die die sehenden Zeitgenossen oft genug beschämten. Der Angriff, so unberechtigt er war, ließ sich nicht übergehen, zumal er in das Laienpublikum eingedrungen ist und an dem Erscheinen des schweizerischen Zivilgesetzbuches eine Stütze gefunden zu haben scheint [1]). Man kann dessen vorzügliche Seiten bereitwillig anerkennen, eine gerechte Würdigung wird um deswillen den Wert des deutschen Gesetzbuches nicht herabsetzen [2]). Planck selbst wäre der letzte gewesen, dessen Mängel zu verkennen. Strohal durfte mit Recht sagen: Wenn wir vielleicht in der Lage sind, manches besser zu machen, als es im Bürgerlichen Gesetzbuch gelungen ist, so verdanken wir das dem Gesetzbuch selbst. Es schließt Weiterbildung und Fortschritt nicht aus, sondern es gedeiht beides gerade am besten auf seinem Boden. Planck war dieser Zukunftsentwicklung nicht fremd und würde dieser Gesinnung in der vierten Auflage des Kommentars Ausdruck gegeben haben [3])." So wird sich das deutsche Volk in seiner Dankbarkeit gegen die Männer, die das Gesetzbuch geschaffen haben, nicht beirren lassen.

Die Erfolge, die Planck in seinem Leben errang, und die Mittel, durch welche es ihm gelang, seine großen Aufgaben durchzuführen, hätten ihn vollauf berechtigt, mit Stolz auf sein Leben zurückzublicken. Aber er kannte keinen Stolz. In einer Welt voll Überhebung war er bescheiden. Er unterschätzte seine Leistungen nicht, war sich bewußt, redlich gearbeitet und die hohen Aufgaben, die ihm gestellt waren, in ihrer Bedeutung erkannt und an ihrer Erreichung nach besten Kräften mitgewirkt zu haben. Seine Gerechtigkeitsliebe ließ ihn bei allen Ehren, die ihm erwiesen wurden, immer wieder den Anteil betonen, der den Genossen an dem gemeinsamen Werke gebührte. Mit rührender Resignation hatte er in einer Jugendarbeit von den kärglichen Freuden

---

[1]) Klein-Hattingen, Gesch. des deutschen Liberalismus II (1912) S. 516.
[2]) Rabel in der DJZ. 1910 S. 26 ff. Sohm das. S. 613.
[3]) Rede beim Begräbnis Plancks (oben S. 416).

des nordischen Frühlings gesprochen, die gleichwohl das Ideal des Lenzes nicht zu trüben vermöchten (oben S. 41). Nun war ihm das Glück zuteil geworden, eine Zeit von unvergleichlicher Größe zu erleben. Wie dankbar war er Gott dafür und daß er ihn ungeachtet seiner Blindheit zur Mitarbeit an einem der bedeutsamsten Werke der Zeit berufen und ihm die Kraft gewährt hatte, ihm bis zum glücklichen Ende treu zu bleiben.

Als alles Erstrebenswerte erreicht war, traten Zustände ein, die manchen ehrlichen Mann verwirrten, zum Pessimisten machten oder der Reaktion in die Arme trieben. „Das politische und wirtschaftliche Leben der Gegenwart", heißt es in einem Briefe Plancks, „ist in ein Chaos gebracht durch Agrarier, Junker und Zentrum auf der einen, durch die Sozialdemokraten auf der anderen Seite." Aber er findet den Trost für die Beschwerden des Übergangsstadiums, in dem wir uns befinden, darin, daß neben der rücksichtslosen Geltendmachung der Einzelinteressen Keime einer bessern Zukunft aufsteigen, wie sie die soziale Gesetzgebung zeigt. „Wer den Abschluß der politischen Entwicklung durch die Errichtung des Deutschen Reichs erlebt hat, kann nicht erwarten, auch noch den der sozialen Entwicklung zu erleben. Wir haben uns durch die trostlose politische Lage der 50er Jahre nicht entmutigen lassen, so wollen wir uns auch jetzt das Vertrauen auf die gesunde Kraft und Zukunft unseres Volkes erhalten [1])." Auch in seinem Privatleben fand er sich in solche Wandlungen und suchte ihnen die beste Seite abzugewinnen. Als die Arbeiten in Berlin zu Ende gingen, hatte er gedacht, in Göttingen mit Muße alle seine alten Lieblingsstudien, Naturwissenschaften, Philosophie und Geschichte wieder aufzunehmen. Statt dessen — sagt er in einem Rückblick — ist mir als Nachwirkung meiner Tätigkeit am Bürgerlichen Gesetzbuch ein solcher Haufen juristischer Arbeit beschert, daß ich erst abends nach 10 Uhr zu anderer Lektüre komme. Aber ich bin doch mit dieser Gestaltung meines Lebens zufrieden und freue mich der Arbeit.

Alle, die dies Leben betrachtet haben, sind darin einig: so Großes er auch durch sein Wirken erreicht hat, was will es besagen gegen das, was er selber war [2])? Er wirkte durch sein Beispiel. Eine selbstlose Persönlichkeit, auf die eigene Vervollkommnung bedacht, um anderen desto wirksamer dienen zu können. Von dem Spruch des Dichters:

Will einer merken lassen,
Daß er mit Gott es hält,
So muß er keck erfassen
Die arge, böse Welt

[1]) Brief an Schwägermann vom 24. Januar 1904.

[2]) Ehrenberg in der Göttinger Zeitung vom 27. Mai 1910.

hätte er sich wohl nur die letzten Worte nicht aneignen mögen, denn er sah die Welt nicht als arg und böse an. Sein äußeres Leid hatte ihn nicht um die Heiterkeit seines Gemüts und die freudige Auffassung des Lebens gebracht. Wie mancher der jungen Männer seines Umgangs der Frau versicherten: man wird besser durch den Verkehr mit Ihrem Mann, so bezeugte der Geistliche an seiner Bahre: es ist keiner von ihm hinweggegangen, der nicht das Gefühl gehabt hätte, besser, geläutert von ihm geschieden zu sein. Dazu wirkte die äußerste Schlichtheit seines Wesens mit. So hoch er an Ehren gestiegen war, er blieb immer der einfache Mann seiner Jugend. Er brauchte sich nicht erst seines Ausgangspunktes zu erinnern. Pietätvoll war er stets dessen eingedenk. Bei allen Gegensätzen, die zwischen den Ansichten der Eltern und seinen eigenen bestanden, das innige Verhältnis zu ihnen ist nie gestört worden. Je weiter sich die Kreise ausdehnten, in die ihn Wissenschaft und Politik brachten, er wahrte mit Liebe den alten Familienzusammenhang, suchte die Verwandtschaft in Schwaben auf wie er den Verkehr in Hannover und den Nachbarländern pflegte, über die sich das Plancksche Geschlecht verbreitet hatte.

In jedem Kreis, in den er kam, erwarb er sich Freundschaft und Zuneigung. Sie ging oft aus von seiner Hilfsbedürftigkeit. Die Schwäche seiner Augen machte ihm früh in fremder Umgebung oder im Dunkeln das Gehen ohne Führer unmöglich. Der Abgeordnete Becker von Oldenburg, mit dem er während des konstituierenden Reichstags in Schmelzers Hotel zusammen wohnte, wurde aus seinem treuen Begleiter sein treuer Freund. Wer sich ihm näherte, lernte bald, welch kräftiger Mann, welch anziehende Persönlichkeit hinter dieser äußern Erscheinung stand. Er war zurückhaltend im Gespräch; kam es zu einer Debatte, so unterließ er nicht, seiner Meinung Ausdruck zu geben. Er konnte dabei lebhaft werden, aber ich habe ihn nie aufbrausen sehen oder auch nur ungeduldig werden. Ein feinfühlender Mensch, tat er nicht bloß selbst niemanden unrecht, sondern duldete auch nicht, daß es andere taten. Dankbar für jeden, auch den kleinsten Dienst, den man ihm erwies, scheute er die Anstrengungen nicht, die solche Herzensgüte zur Folge hatte. Seinem Zartgefühl widerstrebte es, auf die Fülle der Glückwünsche, die ihm der achtzigste Geburtstag gebracht hatte, durch ein gedrucktes Zirkular zu danken; trotz der Last, die ihm aus der Einzelbeantwortung jeder Gratulation erwuchs. Die Mitgliedschaft eines im Großen wie im Kleinen getreuen Mannes wie Planck in einer Korporation wurde zu einem Segen für die Lehrer wie die Lernenden. Er gab ihnen ein Beispiel nicht bloß von Fleiß und Ausdauer, diesen gottlob nicht seltenen Eigenschaften des akademischen Lebens, sondern von freudiger, alle Widerstände überwindenden Erfüllung einer selbsterwählten Pflicht. Durch die Glückwünsche der alten Studienfreunde und der parlamentarischen Kampfgenossen, die ihm bei seinen Ehrentagen zukamen, geht ein Zug: die Freude an dem Mann, der, den Idealen seiner Jugend getreu, ihre Verwirklichung erlebt, für sie gearbeitet hat, und die alte Fahne in einer von Selbstsucht und Materialismus erfüllten Zeit hochhält.

Das Leben hat ihm schwere Prüfungen auferlegt. Aber dieselbe Hand, die sie über ihn verhängte, lieh ihm auch ihre Stütze und half ihm, sie glücklich zu bestehen. In ihm selbst wirkte sein hoffnungsreicher Sinn, sein Gottvertrauen. Ihm zur Seite stand seine Frau, deren ganzes Wesen den Beobachter immer wieder an die taciteische „laborum periculorumque sociam, idem in pace idem in proelio passuram ausuramque“ erinnerte. Beim Rückblick auf die Feier seines achtzigsten Geburtstages wollte Planck von dem, was zu seinem Lobe gesagt sei, viel abgezogen wissen, zum Lobe seiner Frau habe gar nicht genug gesagt werden können.

Der sittliche Grundzug seines Wesens hatte seine Wurzel in seiner religiösen Überzeugung, seinem festen Standpunkt im Christentum, im evangelischen Bekenntnis. Er dachte und handelte religiös, sowenig er auch die Religion im Munde führte. An der Bahre seines Großvaters sagte der Universitätsprediger Dr. Ruperti: „In der wissenschaftlichen Theologie gab es nur eine Disziplin, in der er nie unterrichtet hat, das ist die christliche Sittenlehre, die hat er bloß im Herzen getragen und bloß ausgeübt[1].“ Das Wort darf auch dem Enkel nachgesagt werden. Er war ein fleißiger Besucher des öffentlichen Gottesdienstes. War er verhindert, so ließ er sich eine der Predigten aus dem akademischen Gottesdienst von Hermann Schultz vorlesen, den er besonders gern hörte. Seinen frühzeitigen Tod beklagte Planck auch deshalb, weil er gehofft hatte, Schultz würde ihm die Leichenrede halten. In seinem täglichen Leben hatte die Bibel ihren Platz. Seit seiner Verheiratung hat er daran festgehalten, das Tagewerk mit Vorlesung eines Kapitels aus der Bibel, anfangs auch des Alten, später nur des Neuen Testaments, zu beginnen. Neben der lutherschen Übersetzung wurde die Weizsäckers dabei zu Rate gezogen. Die neuere theologische Literatur verfolgte er fleißig. Die Schriften von Uhlhorn, Kampf des Christentums mit dem Heidentum und die christliche Liebestätigkeit; Kahnis, der innere Gang des deutschen Protestantismus; v. d. Goltz, die christlichen Grundwahr-

[1]) Lücke S. 137.

heiten; die der modernen Theologen wie Harnack, Otto, Bousset bildeten den Gegenstand der Lektüre an den Sonntagnachmittagen, die er gern, um sich von der Juristerei der Wochentage zu erholen, benutzte. Was er in dieser Weise in sich aufgenommen, machte er nicht zum Gegenstand der Unterhaltung, sondern der eigenen inneren Vertiefung.

Dies lange und schöne Leben, das neben Mühe und Arbeit und schwerem Leid große und glückliche Tage gesehen hatte, endete ein kurzes ruhiges Sterben. Mit klarem Bewußtsein ging er dem Tode entgegen. Die Überzeugung von der Unsterblichkeit der Seele hatte sein ganzes Leben erfüllt. An sich selbst arbeiten, um sich für das Jenseits reif zu machen, darin lag für ihn die Hauptaufgabe jedes Menschen. Legten sich andere das geistige Fortleben philosophisch zurecht, so ruhte es bei ihm auf religiöser Grundlage. Der Hoffnung auf Wiedersehen im Jenseits gab er an Bennigsens Grabe in ergreifenden Worten Ausdruck. Im festen Glauben an seinen Heiland und Erlöser ging er in die Ewigkeit.

Die er zurückließ, seine Angehörigen, seine Freunde, wußten, was sie an ihm verloren, waren aber Gott dankbar dafür, einen Mann wie diesen gekannt zu haben. Unter den Charakterköpfen, die das neue Deutschland heraufführen halfen, eine eigenartige Erscheinung, so manches ihm auch mit seinen Zeit- und Streitgenossen gemeinsam war. Ein warmherziger charaktervoller Patriot, dem die deutsche Einheit über alles ging; ein Vorkämpfer des deutschen Rechtsstaats, ein Pfleger, ein Bildner, ein Lehrer des Rechts; dabei eine Persönlichkeit von äußerster Schlichtheit, Zurückhaltung, Bescheidenheit, ungeachtet aller Festigkeit, mit der er seine in treuer Arbeit errungene Überzeugung vertrat. Selbstlos in einer Welt des Egoismus, ideal gesinnt in einer Zeit des Materialismus, auf das Echte und Wahre gerichtet, wo so viele unter den Zeitgenossen dem Schein huldigten: so hat er unter uns gelebt und gewirkt. Möge sein Bild so auch unter dem deutschen Volke, dem die Arbeit seines Lebens galt, fortdauern!

Halte das Bild der Würdigen fest! Wie leuchtende Sterne
Teilte sie aus die Natur durch den unendlichen Raum.

Beilage.

Adresse der Göttinger Juristenfakultät zu Plancks achtzigstem Geburtstage (oben S. 412).

Exzellenz!

Unter allen denen, die heute kommen, Sie zu begrüßen, den einzelnen wie den Korporationen, darf die juristische Fakultät der Universität Göttingen ein besonderes Recht auf Sie in Anspruch nehmen und damit ein vorzügliches Recht, den heutigen Tag festlich zu begehen.

Sie sind ein Mann des Vaterlandes, des Rechts, der Wissenschaft.

Als die Königliche Gesellschaft der Wissenschaften Sie zu ihrem Ehrenmitgliede erkor, begründeten Sie selbst diese Wahl mit dem Hinweis darauf, daß Sie in ihrem gesetzgeberischen Beruf stets dahin gestrebt, das, was sich geschichtlich im Leben entwickelt, zu erkennen und in Rechtssätze zu fassen. Ihr ganzer Werdegang zeigt den innigsten Zusammenhang mit dem geschichtlichen Leben, zeigt eine Verbindung des Lebens des einzelnen mit dem des großen Ganzen, wie sie selten wiederkehren wird. Ausgegangen von unserer Stadt, sind Sie in immer weitere Kreise hinausgetreten und zu einer Bedeutung emporgestiegen, die Sie zu einem Manne der ganzen Nation machte. Und nachdem Sie sich in jahrzehntelanger anstrengender Arbeit diesen Namen und diese Stellung verdient hatten, sind Sie zu uns zurückgekehrt und haben in schlichter stiller Tätigkeit gestrebt, das Errungene zu sichern und zu befestigen.

Sohn eines hochverdienten hannoverschen Richters, Enkel jenes berühmten Gottlieb Jakob Planck, der Ihre Familie aus dem schwäbischen Süden nach Norddeutschland verpflanzte, mit seinen Landsleuten Spittler und Hugo große Zeiten für die Geschichte an der Universität Göttingen herbeiführte, größere vorbereitete, sind Sie erst ein Zögling, dann ein Lehrer der Georgia Augusta geworden und haben die ererbten Gaben, die Richtung auf das praktische Recht und auf die Wissenschaft, zu selbsteigenem Besitz erworben und zum Besten Ihres Landes und Ihres Berufs gepflegt und genützt.

Nach Vollendung Ihrer Studien stellten Sie Ihre Kraft in den Dienst des hannoverschen Staats. Ihre Jugend fiel in eine hochstrebende Zeit. Wie ein rechter Mann Ihres Landes, waren Sie auch ein rechter Sohn Ihrer Zeit. Als Sie in den öffentlichen Dienst eintraten, waren jene Wunden noch nicht verharscht, die der Rechtsbruch von 1837 dem Lande geschlagen hatte. Ein junger Jurist aufgeweckten Geistes, lebendigen Rechtsgefühls mußte sie doppelt schwer empfinden. Ein kleinlicher ängstlicher Geist hielt alle Regungen des öffentlichen Lebens darnieder, wies alle Forderungen einer freiheitlichen verfassungsmäßigen Ordnung ab und sperrte sich gegen die Bedürfnisse einer nach Einheit aufstrebenden Nation. Ein junger Mann von 24 Jahren, beteiligten Sie sich an der großen Bewegung des Jahres 1848. Sie hofften und arbeiteten für die Erringung der deutschen Einheit auf den damals eingeschlagenen Wegen wie für die Sicherung und den Ausbau der neugeschaffenen freiheitlichen Institutionen. Sie hatten dadurch die Augen Ihrer Landsleute auf sich gelenkt, jung wurden Sie Mitglied des hannoverschen Landtages. Zur Zeit Ihres Eintritts waren die Aussichten auf eine nationale Verfassung bereits gescheitert; der Bundestag hatte sich aufs neue erhoben. Die Arbeiten am Landtage galten der Einführung organisatorischer Gesetze in Justiz und Verwaltung. Sie sicherten das hannoversche Land gegen die größten Gefahren, als auch hier unter dem Schutze des Bundestages die Reaktion hereinbrach. Es erneuten sich Zeiten und Zustände, an die Leiden erinnernd, die das Land nach 1837 durchgemacht hatte. Und wie damals die unvergeßliche Tat der Sieben den Rechtsbruch bei seinem wahren Namen genannt hatte, so traten Sie jetzt den Verordnungen vom 1. August 1855 entgegen und übernahmen den Beweis ihrer Rechtswidrigkeit. Sie standen allein. Es war eine Zeit, die, dem materiellen Genusse hingegeben, auf Mehrung des Wohlstandes bedacht war, in Kunstgenüssen schwelgte und sich wenig um den Kampf zwischen Recht und Unrecht kümmerte. Sie ließen sich dadurch nicht hindern, Ihrer Rechtsüberzeugung festen Ausdruck zu geben und büßten dafür. So standen Sie für Gesetz und Recht ein, als noch Gefahr damit verbunden war. Die Gefahr hat Sie nicht gebeugt, aber auch nicht verbittert. Die Zeit unfreiwilliger Muße, die Ihnen auferlegt war, benutzten Sie zu erneuten Studien. Ihre Vaterstadt sah Sie wieder auf den Bänken der Studenten sitzen und mathematischen und nationalökonomischen Vorlesungen folgen. Ihre Freude und Ihr Interesse an der schönen Literatur verließ Sie nicht. Die Heiterkeit Ihres Gemüts entwaffnete die Polizei. Statt der demagogischen Schriften beschäftigten Sie, ein Kreuz für die Buchstabierkunst des kontrollierenden Gendarmen, die Dramen Shakespeares. Wie Sie der Haß nicht zum Hasse trieb, so blieben Sie auch unerschüttert in Ihren Hoffnungen, in Ihren Idealen. Sie waren unter den Männern, die unbeirrt durch die Enttäuschungen und Niederlagen der Reaktionszeit die Fahne mit dem alten Wahlspruch wieder aufpflanzten: die Einheit Deutschlands unter Preußens Führung. Die Dankbarkeit gerät in neuerer Zeit in die Gefahr, eine altfränkische Tugend zu werden. Wir wollen der drei Männer unseres Landes, die, angefeindet und verlästert, in dem Kampfe um das alte Ziel voranstanden, eingedenk bleiben und über dem Errungenen die Mühen und Arbeiten derer nicht vergessen, die es erringen halfen.

Sie haben das Glück gehabt, die Erfüllung Ihrer vaterländischen Hoffnungen zu erleben. Wie vielen Ihrer alten Gesinnungsgenossen war es für Sie der stolzeste Tag Ihres politischen Lebens, als sich die Krone des Deutschen Reichs auf ein an Ehren und Siegen reiches Haupt herabsenkte. Das war nicht die heilige Krone Karls des Großen, das war die Krone dessen, der den Fürsten den ersten Diener des Staates genannt hatte. Sie blickten bewundernd zu dem Manne auf, dessen kluger Politik und staatsmännischer Kraft es gelungen war, den unsterblichen Gedanken von Deutschlands Einheit und Größe zu verwirklichen.

Ihr öffentliches Leben hat zwei Zielen gegolten: dem Vaterlande und seinem Rechte. Als Abgeordneter von der Zweiten hannoverschen Kammer an bis zum Deutschen Reichstage hatten Sie für die rechtlichen, politischen und wirtschaftlichen Bedürfnisse des Volkes wirken, in richterlicher Stellung vom Amtsauditor an bis zum Mitgliede des Celler Tribunals das Recht in praktischer Handhabung aufs gründlichste kennen gelernt, ehe Sie das Vertrauen der Reichsregierung zu gesetzgeberischer Tätigkeit berief. Wie einst Ihr Vater an einer Reform der hannoverschen Prozeßordnung gearbeitet hatte, so war Ihr erster Schritt auf der neuen Bahn die Teilnahme an der Beratung der Deutschen Zivilprozeßordnung. Es kam die große Arbeit Ihres Lebens. Ihr Wirken für das Bürgerliche Gesetzbuch steht im frischen Gedächtnis aller. Sie haben das große Gesetzgebungswerk auf seinem ganzen Lebenswege begleitet. Mitglied beider Kommissionen, Generalreferent der zweiten Lesung, Verfasser des Familienrechts, Vertreter des Entwurfs vor dem Reichstage, durften Sie den Neujahrstag des Jahres 1900 zugleich als Ihren Ehrentag feiern. Es wird kaum dem künftigen Geschichtschreiber möglich sein, den Anteil und Einfluß, der den einzelnen Mitgliedern der Kommission an dem Gelingen des Ganzen zuzuschreiben ist, zu bestimmen. Aber wir dürfen es rühmen, daß die das Gesetzbuch auszeichnende weise Abwägung zwischen den historischen Elementen unsers Rechts, dem einheimischen und dem fremden, zwischen den Forderungen derer, die sich auf eine Kodifikation des überlieferten Rechts beschränken, und denen, die alles neu machen wollten, daß die

die Gegensätze ausgleichende reformatorische Tendenz des Gesetzbuches dem maßvollen Sinne und der praktischen Rechtsauffassung entspricht, mit denen Sie an die große Aufgabe, die schwierigste, die je einem deutschen Gesetzgeber gestellt war, herangetreten sind. Sie glaubten zu allen Zeiten an die Kraft des Rechts, und das Recht war Ihnen nie bloß eine Sache der äußern Ordnung. Sie verstanden es nur in enger Verbindung mit der Sittlichkeit. In Ihrer Redaktion des familienrechtlichen Teils gaben Sie dem beredten Ausdruck. Bei aller Anerkennung des geschichtlich Gewordenen sperrten Sie sich nicht gegen die berechtigten Forderungen der Zeit und brachten den humanen Gedanken, die Rechtsstellung der Frau zu heben, zur Geltung, ohne den Utopieen zu verfallen, die die Ordnung der Natur und der geschichtlichen Entwicklung umkehren. Sie verstanden die schwere Kunst, das Gemäßigte mit Kraft zu tun, die Gegensätze auszugleichen, Festigkeit und Milde zu vereinigen und damit das große Werk durchführen zu helfen, mit dem Ihr Name allezeit verbunden bleiben wird.

So anstrengend die Arbeit am Bürgerlichen Gesetzbuch gewesen war und so sehr die äußern Verhältnisse sie Ihnen besonders erschweren mußten, Sie kannten kein Ausruhen. In der Zeit zwischen den beiden Lesungen traten Sie in den Lehrkörper der Georgia Augusta und führten die Vorlesung über das Bürgerliche Gesetzbuch ein, wohl der erste Dozent einer deutschen Universität, der diesen Gegenstand behandelte. Als das Gesetzbuch vollendet war, kehrten Sie zu uns zurück und machten das Wort des Dichters zur Wahrheit:

Der ist ein Held der Freien,
der, wann der Sieg ihn kränzt,
noch glüht, sich dem zu weihen,
was frommet und nicht glänzt.

Sie wurden ein Lehrer des Rechts in einem Alter, da andere sich zur Ruhe rüsten, und widmeten sich mit unermüdlichem Eifer dem freiwillig erwählten Amte. Zugleich begannen Sie Ihren Kommentar über das neue Gesetzbuch, der die Juristen von ganz Deutschland zu Ihren Lesern machte. Und was Sie begonnen, führten Sie mit eisernem Fleiße und organisatorischer Kraft durch. Nach fünf Jahren lag das große Werk fertig vor. Kaum war die erste Auflage vollendet, griffen Sie mit frischem Mute die Arbeit von neuem an und legten in kürzester Zeit die ersten Teile in erneuter Bearbeitung vor. So haben Sie dem Recht in allen erdenkbaren Stellungen gedient: als Richter aller Instanzen, als Gesetzgeber, als Lehrer in Wort und Schrift.

So reich Ihr juristisches Leben gestaltet war, nur sehr unvollständig würde Sie kennen, wer in Ihnen bloß den Juristen erblickte.

Keine Seite des menschlichen Lebens war Ihnen fremd. In welche Kreise Sie immer traten, überall gewannen Sie die Herzen und die Hörer. Die Schlichtheit Ihrer Rede, die strenge Sachlichkeit, mit der Sie jeden Streitgegenstand behandelten, verschafften Ihrem Wort willige Aufnahme. Kam es doch aus dem Munde eines Mannes, der, eine reiche Erfahrung hinter sich, aus dem Leben gelernt hatte, nie zu verzweifeln, immer zu hoffen und zu arbeiten, der bei allem Ernst und aller Strenge des sittlichen Charakters nie den Sinn für die Schönheit und den Humor des Lebens verloren hatte. So haben Sie in allen Kreisen, in die Sie Ihr Lebensweg führte, innige Freunde gefunden, und die Worte, die Sie dem größten unter ihnen an seinem Grabe nachriefen, hat ganz Deutschland mitempfunden. Sie haben sich mit freudigem Stolz zu einer Partei bekannt, aber Ihre Wahrhaftigkeit, Ihr unbeirrtes Streben der Sache zu dienen entwaffnete die Gegner. So scharf der Kampf des politischen Lebens gewesen war, als Sie ihn verließen, hatten Sie, in einer politisch und sozial zerrissenen Gesellschaft, wie der heutigen, keinen Feind, und manchen Ihrer Gegner zum Freunde gewonnen.

Sie blicken heute auf einen Lebensweg zurück, wie er wenig Menschen beschieden ist. Wir danken mit Ihnen Gott dafür, daß Sie ihn in unvergleichlicher Frische und Rüstigkeit zurückgelegt haben. Trotz Ihrer achtzig Jahre, wer dürfte Sie einen Greis nennen? Die treue Berufserfüllung und die sonnige Heiterkeit Ihres Gemüts, die die Hand, die so sichtbar über Ihnen gewaltet, Ihnen als köstliche Gabe mitgegeben, haben Sie bei ewiger Jugend erhalten.

Ihrem Lebenswege hat es nicht an schwerem Leid, herben Schicksalsschlägen gefehlt. Mit gottergebenem, gläubigem Sinn haben Sie ertragen, was Ihnen auferlegt war. Unverzagt haben Sie Ihren Weg fortgesetzt; niemand hat von Ihnen ein Wort der Klage gehört. Sie hatten einen treuen Beistand an Ihrer Seite, eine Frau, die nicht bloß Leid und Freud mit Ihnen teilte, die auch eine Genossin aller der Mühen und Anstrengungen, der ganzen wissenschaftlichen Arbeit war, die Ihre Aufgabe mit sich brachte. Es war nicht das kleinste der Güter, das Ihnen beschieden war. Wenn je ein Menschenleben köstlich war, so war es das Ihre. Was kann es für einen Mann Besseres geben, als den großen Aufgaben seiner Zeit, seinem Volke bei der Erringung eines seiner wichtigsten Güter, seiner Rechtseinheit, erfolgreich gedient zu haben?

Ihnen dazu Glück zu wünschen, sind wir heute vor Ihnen erschienen. Mit unserm Glückwunsch verbindet sich unser Dank. Wir sind dankbar dafür, daß wir Sie zu unsern Kollegen zählen, uns Ihres

Umgangs, Ihrer Freundschaft erfreuen dürfen; dankbar dafür, daß Sie sich an der mühevollen Arbeit beteiligen, unsere akademische Jugend in das Verständnis des neuen Gesetzbuches einzuführen. Wer könnte sich besser zu seinem Interpreten eignen, als wer selbst an seiner Schöpfung in so hervorragender Weise teilgenommen hat!

Der Johannistag ist ein alter Freudentag des deutschen Volkes. Mögen seine Feuer Ihnen leuchten zu weiterm glücklichen Wirken! Möge Ihr Beispiel uns allen eine Mahnung sein zu freudiger und mutiger Pflichterfüllung! Möge Ihr Bild uns und der heranwachsenden Jugend vorleuchten als das eines Mannes, der sein ganzes Leben hindurch schlicht, selbstlos und treu dem Vaterlande, dem Recht und der Wissenschaft gedient hat!

Die Juristische Fakultät der Universität Göttingen.

F. Frensdorff, z. Z. Dekan.

Göttingen, den 24. Juni 1904.

Personenverzeichnis.

Abkürzungen: G. bedeutet Göttingen, H. Hannover, c verheiratet mit. Die Mitglieder der Gesetzbuchkommissionen sind mit M. d. GK., die des Frankfurter Parlaments mit Abg. in Frankfurt bezeichnet.

Druck von C. Schulze & Co., G. m. b. H., Gräfenhainichen.

FSC
www.fsc.org
MIX
Papier | Fördert gute Waldnutzung
FSC® C083411

Kolibri 360 GmbH
Ferdinand-Jühlke-Straße 7
99095 Erfurt, Deutschland
produktsicherheit@kolibri360.de